〔美〕埃里克·阿尔特曼　著
王本涛　徐蒙　译

This edition published by arrangement with Viking, a member of Penguin Group (USA) Inc.

Eric Alterman

当总统撒谎

官方欺骗
及其后果的历史

社会科学文献出版社
SOCIAL SCIENCES ACADEMIC PRESS (CHINA)

WHEN PRESIDENTS LIE

a history of official deception and its consequences

目　录

第一章　引言：关于个人的谎言与总统的谎言

报道：从华盛顿到布什，美国总统可能都在重大问题上说过谎。

——《洋葱报》（*The Onion*）（2002 年）

在克林顿总统任期的最后几天里，手机预付运营服务商全 1
客丰（Tracfone）开始播放一则电视广告，这个电视广告采用了大家非常熟悉的镜头，取材自最近几届美国总统。第一个出场的是理查德·尼克松，他坚称自己不是骗子。接下来是老布什，他要求他的共和党同僚读懂他的唇语，承诺“绝不加税”。最后，画面切换到克林顿，他在电视镜头中摇动着手指，坚定地说他“没有和莱温斯基女士发生性关系”。最后的结语是广告商的声明：“说起来好听，就是不动真格”。全客丰几乎立即收到了白宫所谓的“勒令停止通知函”。问题并不在于克林顿总统对如下指控感到愤怒：他像所有现代总统那样，讲话不诚实。相反，白宫律师解释说，总统的一项实施已久的政策“禁止将总统的名字、肖像、言语或者活动用于任何广告和商业促销中”。事实上，在控告总统说谎这件事上，没有人会真的较真。

在今天的美国政坛，把谎话说得圆，毫无疑问已经被视为担任高官的基本条件。官员说的许多谎话显然都无伤大雅。广大政客需要取悦听众，而他们对此也感到责无旁贷。各地居民都期望到访的政客歌颂他们的城市“美丽”“充满活力”。每个利益集团的成员都期待着被告知，他们所关心的问题“至关重要”，希望现场的参议员、众议员或者总统表示“非常高兴在这里和好朋友们相聚”。除了少数例外，美国政治家出版竞
选自传时被默认为传记作者只是为了方便。当《纽约时报》的 2

专栏作家陶曼玲（Maureen Dowd）想要嘲讽乔治·W. 布什（小布什）的对华政策时，她指出："小布什在大学毕业后，进行了为期六周的中国之行探望父母，当时他的父亲担任美国驻中国联络处主任，这段内容在《自传》中只占据一个自然段的篇幅。关于中国文化他只字未提，他只提到中国人穿得都差不多一样'单调'，都骑着一样的自行车。"[1]但是，陶曼玲和在华盛顿特区的所有人一样知道，这位总统并没有"撰写"他的自传，而是将这份工作委托给他的顾问卡伦·休斯（Karen Hughes），甚至没有人知道总统有没有读过书稿。然而，由于她想表达更重要的观点，这个谎言被忽略了，甚至没有人想到要提出这个问题。[2]在这方面，竞选自传和美国政治家看到自己被提名为总统或副总统候选人时要遵循的仪式相似。大家期待候选人回应称，他不想离开目前的职位。如果承认了真实的野心，候选人就会不幸地被打上毫无经验的标签，这也可能意味着他没有资格担任所竞选的职位。所以，候选人会选择说谎，媒体也会忠实地报道他的立场。甚至与此事几乎不相干的人也能理解这并非真实，大家都继续过着自己的生活。讽刺性报刊《洋葱报》的编辑撰写了一篇关于乔治·华盛顿樱桃树传说的讽刺文章，这篇读来令人窒息的报道揭露了总统的骗术，"震惊"了媒体，其逻辑上的结论是："无论如何，证据表明整个故事可能从一开始就是伪造的。这对总统的声誉造成了毁灭性的双重打击，因为它不只是一个谎言，还是一个教人不要说谎的谎言。"[3]

这并不是说所有的谎言都具备同等效力。当然，有些谎言具有令人震惊的冲击力。但是，正如后文将提到的，总统们讲话越来越不真实了。2004 年 5 月，《华盛顿邮报》（*Washington Post*）的新闻公评人迈克尔·格特勒（Michael Getler）就布什总统发动战争一事委婉而敏锐地指出："到目前为止，除了萨达姆·侯赛因是个恶人以外，我们在战前被告知的所有事情，结果都被证明并非事实：大规模杀伤性武器、外界对伊拉克‘爆发’核蘑菇云的描述、侯赛因与基地组织的联系、美军受到的欢迎和抵抗、为此付出的代价以及需要出动的军力。在今天看来，政府提出所有这些因素，最好的情况下是出于错误的确定感。”[4]然而，当媒体发现，在美国是否要发动其第一场“先发制人”的战争这个重大问题上，他们被布什政府内阁成员多次蓄意误导时，得到的回应是几乎漠然的否认和各种借口。令人奇怪的是，无论人们如何看待所有支持战争的新闻报道，几乎所有的主流媒体都将注意力更多地聚焦于《纽约时报》记者杰森·布莱尔（Jayson Blair）的谎言和造假行为，而不是美国总统和副总统关于伊拉克的谎言。[5]“布莱尔事件” 3
引起了巨大反应：大量基于大规模内部调查撰写的冗长的反思文章以及《纽约时报》两位资深编辑被迫辞职。这就使得任何关于总统及其顾问支持战争的理由是否真实的讨论都相形见绌。实际上这两场骗局几乎是同时发生的，这表明尽管有些形式的蓄意行骗不被公众所容忍，但这不包括美国总统的谎言。

尽管我们已经习惯于将日常的政治谎言视作理所当然，仍然值得注意的是，总统的谎言在多大程度上塑造了我们的战后历史。然而，这些谎言的后果很少得到关注。诚然，比尔·克林顿 (Bill Clinton) 在讨论自己与莫妮卡·莱温斯基 (Monica Lewinsky) 的通奸关系时不诚实这一点让华盛顿建制派感到不安，但几乎所有人都觉得有必要通过强调他的声明“遵守了宣誓内容”来证明克林顿这一态度的正当性，以此证明这与普通的总统谎言不同。[6]

在 2000 年的总统大选期间，总统说谎的问题也引起了极大的争论。副总统戈尔的竞选活动不断地受到媒体的质疑，因为他涉嫌不可自制地说谎。这些争议大多数集中在戈尔的声明上，记者们认为戈尔夸大了个人的政治成就；在这些故事中，他美化或误记了一些细节。根据民意调查和新闻报道，相比之下，人们普遍认为乔治·W. 布什在“品行”问题上胜过戈尔，但人们也发现他隐瞒了遭拘捕的记录，并且他在陈述其在得克萨斯的经历、先前在私营企业以及在得克萨斯州国民警卫队（Texas National Guard）的经历时也多次蓄意误导。然而，布什的不诚实在选举时没有上升成主要问题，因为报道这些不诚实行为与媒体的作风不符：媒体在报道各候选人时，需要选择大料。照这种说法，戈尔的“谎言”意味着他与自己的“人设”不符，他不过是一个精于算计的政客，不能作为一个“真实的人”与人打交道。不管怎样，乔治·W. 布什的谎言被认为与选举无任何关系，因此，不管这些谎言对他的总统任期的潜在影响如何，人们都予以忽略或原谅。《ABC 新闻》（*ABC News*）主持人科基·罗伯茨（Cokie Roberts）为自己和同事辩解称：布什的谎言不是“这个故事的一部分……在布什的例子中，你知道的，他只是在错误地陈述，而不是不断蓄意夸大事实”。[7]

换句话说，谎言只有在涉及候选人的“品行”问题时才变
4 得重要。如果候选人没有公认的“品行”问题，根据这些奇怪的游戏规则，他就可以自由地说谎。[8] 布什一旦当选总统，也会充分利用这一悖论，笔者将在本书的结论部分详细讨论这一点。现在，我们必须一开始就认识到，我们目前进行的讨论基于一个未经阐明的假设：我们的总统以及其他岗位的政治家对公众大量撒谎，这种做法在美国政治领域已经成为常态。在这种情况下，实质性问题就变成了哪些谎言是可以原谅甚至是值得赞赏的，而哪些谎言则是不被容忍的。

在《当总统撒谎：官方欺骗及其后果的历史》一书中，笔者将通过调查总统的谎言造成的持久影响，重新开启对以上问

题的讨论。笔者不想从道德家的视角探讨这个问题。尽管说谎在道德层面上的影响也值得写一本书，但这不是本书的主题。千百年来，家长都在告诫孩子们不要说谎，但效果微乎其微。大多数人就像大多数总统一样，明知道说谎是“错误的”，还是会说谎。这个观点当然不能让大多数战后的美国总统信服。笔者希望本书中基于结果的论据比过去基于道德的论据更有说服力。

本书详细研究了四位重要的总统所说的谎言：富兰克林·罗斯福与雅尔塔协定、约翰·肯尼迪与古巴导弹危机、林登·约翰逊与第二次北部湾事件、罗纳德·里根与20世纪80年代的中美洲。在每个案例中，总统都在事关战争与和平的重大问题上，对国民和国会说了明白无误的谎话。这并不是说这些总统只会撒谎。在某些情况下，他们可能会不断重复自己误认为是正确的错误事实，但即使后来他们发现这些情况不属实，也会继续重复这些谎言。例如，林登·约翰逊当时显然确信，1964年8月4日美军在北部湾遭到了袭击。在他的例子中，直到几天后他和他的顾问团被告知真相，他的言论才变成了谎言。罗纳德·里根和富兰克林·罗斯福无疑都相信他们为各自的政策辩护时作出的一些虚假承诺。但这些都不是本书所关注的重点。

我们都知道，正如米歇尔·德·蒙田所说：“真理的反面有千万张面孔和无限的范围。”[9]同时，路德维希·维特根斯坦（Ludwig Wittgenstein）、威廉·詹姆士（William James）、约翰·杜威（John Dewey）、雅克·德里达（Jacques Derrida）、米歇尔·福柯（Michel Foucault）等人的理论——更不用说西格蒙德·弗洛伊德的理论——对人类在任何时间了解任何情况的“真相”的能力提出了许多质疑，更不用说准确描述的能力了。[10]弗里德里希·尼采问道：“这些语言约定本身如何呢？它们是知识的产物也就是真理感的产物吗？名称符合事物吗？语言是全部实在的准确表达吗？”[11]但是，语言本身是否能复制真相这个根本性问题，超出了本书的研究范围，也不可能在笔者寻求解决的问题的框架下得到公正的解决。[12]本书的研究对象是蓄意的谎言。笔者之所以选择关系战争与和平问题的谎言，部分是因为，这是总统最神圣、最重要的职责所在，因为军事事务是总统话语权最大的领域，而公众对此又知之甚少，比方说，总统对经济或环境问题的影响力远不及此。例如，总统的演讲撰稿人西奥多·索伦森（Theodore Sorensen）指出：“肯尼迪总统在处理外交和国内事务方面最主要的差异是国会和公众舆论产生的相对影响。尽管他的外交政策和外交行动受到这些因素的制约，但是它们的作用是间接的，而不是直接的，而且他自己也掌握着更大的主动权和决策权。”[13]

在这些案例中，笔者都不会追究总统及其顾问团说谎的道德问题，乃至于谎言的虚伪性。笔者认为虚伪是政治行为中的一种既定事实，就和金钱、自利、贪婪、偶尔出现的性丑闻或者热衷公益的自我牺牲行为一样。虽然有些谎言比其他谎言更为“不道德”，但是这样的区分没有抓住要点，因为笔者只专注于谎言在现实生活中产生的后果和影响，并从两方面予以分析：总统推行的政策及为此发表的堕落言论。因此，我没有选择仍在世的重要人物，为他们提供事后辩解、致歉或反驳的机会。动机和忏悔不是本书讨论的重点，因为笔者完全可以从历史记录中找到证据：本书的证据来源于国家的公开言论和政府在国内外的行动。通过研究这些谎言的长远影响，以确定其对总统本人、他的政党以及整个国家产生的实际影响，笔者认为，在每个案例中，这些谎言都会反过来困扰说谎者（或者在罗斯福和肯尼迪的案例中，两人的总统任期因他们的死亡而缩短，而他们的谎言对其继任者造成了影响），并破坏他最初通过说谎来支持的政策。每一任总统（或其继任者），无一例外地都为他们的谎言付出了惨重的代价。他们被授权领导的国家也同样如此。

关于说谎

2000年，杰出的调查记者西摩·赫希（Seymour Hersh），在一篇为小众犹太杂志《奥兰》（*OLAM*）撰写的文章中，试图把对家人说谎和对国家说谎联系起来：

> 总统是好人这一信念伴随我长大，我相信管理我们
> 国家的人都是可敬的和值得信赖的。罗斯福是神，而哈里 6
> ·杜鲁门也成了神。在我的心目中，总统的权威和父亲的
> 权威是分不清的。我仍然记得，少年时期我曾在父亲的车
> 上弄出一个小凹痕，为此我向父亲撒过一个小小的谎。当
> 然，我被发现了，并尽可能地说了谎。这不仅是被抓住的
> 问题，我感觉自己没有通过对公民资格或者男子气概的考
> 验。今天对父亲说谎，明天就有可能背叛国家。[14]

赫希哀叹道："现在的孩子和父母，对他们的领导人有着全然不同的认知，而且他们没有错。总统们不说实话，他们的国家安全顾问也搞不清他们的宣传与现实有何差别。"但是，西摩·赫希没有去识别这些谎言，或者凭借其丰富的职业经验去揭露各种形式的政府谎言，而是求助于自己在孩童时期接受的类似教训，那时他相信富兰克林·罗斯福和哈里·杜鲁门都是品行崇高、说真话的人：

> 我们作为父母和孩子，依然明白——和我的父亲一样——我们的个人和家庭生活必须建立在真诚和信任之

> 上。在重要时刻，我们不对孩子说谎，也期望孩子对我们讲真话。这就是我的主张。我们看到这些人——总统和国家安全顾问、尼克松们、基辛格们和克林顿们——有权利以美国的名义带走我们的孩子，训练他们杀戮和被杀的技艺，而我们没有以我们在家庭生活中坚持的原则要求他们。我们不接受他们停止说谎和宣传。我们毫无怨言地接受这样的现实，即我们的领导人谎话连篇，将个人的需求置于公民的需求之上。我们说，这是为了满足公众利益而必须付出的代价。对于总统的不端言行，我们不以为然地耸耸肩，或者开些无关痛痒的玩笑，如在北部湾事件中谎称敌方攻击，在水门事件中破坏神圣的选举程序或者在公众面前挥舞着手指否认自己与实习生之间的不正当关系。[15]

我希望通过本书证明这样的观点：即便是出自像西摩·赫希这样以意志坚定著称的人士，这种对美国过去的总统及其情非得已的谎言的看法既幼稚，又不符合历史实情。说谎实际上比包括赫希先生在内的大多数人愿意承认的复杂得多。

《希伯来圣经》(Hebrew Bible）和《新约全书》(New Testament) 在谈及说谎问题时都表现出相当大的矛盾性，并提供了证据表明，无论是在道德层面上还是在世俗层面上，说谎的后果都完全取决于具体情况。虽然以色列人被命令不能作“假见证”，但是在《摩西五经》(Five Books of Moses）中有
7 许多案例表明，作者似乎由衷地赞成说谎，只要它有助于确保以色列人的生存。最著名的案例出现在《创世记》(Genesis）(27：12）中：雅各故意欺骗他的父亲，让他父亲把祝福（和遗产）给他，而不是他的兄弟以扫。雅各占有了他父亲的祝福，并因此变得更好。其他的例子比比皆是。[16] 在《出埃及记》(Exodus）(1：20）中，埃及人的收生婆被下令杀死以色列人

的长子，她们辩解说不能这么做，因为以色列女人比她们埃及女人更为“健壮”，她们在收生婆到达之前就已生下孩子。这个欺骗行为也得到了明确的赞许。“神厚待收生婆。以色列人多起来，极其强盛。”在《士师记》(Judges)(4：23)中，基尼人希百的妻子欺骗了迦南王耶宾(Jabin)军队的将军，目的是要杀了他，显然这也让故事的讲述者非常高兴。

《新约全书》中对说谎的审判更为严厉，但是又有重要的例外。《约翰福音》(John)(8：44)将撒旦认定为所有谎言之父。在《使徒行传》(Acts)(5：5)中，亚拿尼亚因为向圣灵谎称愿意把自己所有的财产进献给彼得和约翰而被击毙。而在所有的福音书中最著名的谎言，可能是彼得为了保护自己的生命，在鸡鸣之前三次否认他是耶稣的门徒，他因此被上帝留下自我惩罚。[17]

早期的基督教作家也表现出类似的矛盾心态。在《反对说谎》(*Against Lying*)中，奥古斯丁根据罪孽程度将谎言分为八类。如有可能，所有的谎言都应该被避免，但是根据他的谎言等级，有些谎言显然更难以避免。[18]同样，阿奎那也区分了两类谎言：有些谎言只会导致轻罪，而有些则会导致重罪。前一种谎言是“为邻人的利益着想”或是“出于简单取乐的目的”，而后一种则是为了伤害别人。阿奎那还认为，即使是在保护他人免受伤害的情况下，说谎也是不被允许的行为，但是“以回避的方式谨慎地隐瞒真相”有时候是被准许的。[19]

尽管我们试图教导孩子，说谎永远都是错误的，但实际上我们很少有人相信这一点。我们都承认，在“同等条件下”，说谎可能都是错误的，但是“条件”永远不可能同等。我们的大部分社交生活都被各种看似无害的(实际上往往都是无害的)谎言所调剂，无论是为了得体还是礼貌。有许多日常事件都会诱使人们说一些小谎，在这些事件中，不诚实的行为不仅在道德上是合理的，而且几乎是一种道德上的要求。[20]当贝琪·撒切尔（Becky Thatcher）不小心撕破老师书中有特殊意义的一页时，汤姆·索亚（Tom Sawyer）替她承担责任，
8 并代替她挨鞭笞，我们谁会为此事谴责他？她的法官父亲说，这个谎是“高尚的，它是慷慨、宽宏大量的谎话。它完全有资格，昂首阔步，永垂青史，与华盛顿那句曾大受赞扬的关于斧头的老实话争光！”我们现在从更高的层面去思考哈克·费恩（Huck Finn）的案例，他坐在木筏上，在他的朋友吉姆（一个逃离庄园主控制的黑人奴隶）的陪伴下，沿着密西西比河顺流而下。吉姆告诉年轻的哈克，他计划从女奴隶主那里偷偷救出他的家人。哈克感到矛盾：奴隶是财产，拥有吉姆家人的女人“从未伤害过［哈克］”。正当哈克与这一困境搏斗时，两名寻找吉姆的奴隶捕手在海岸上喊他，要求他告知木筏上是否还有别人，如果有，是黑人还是白人？哈克英勇地谎称：“白人。”谁敢劝这位英雄回答“黑人”，从而背叛他的朋友，让他和他的家人遭受苦难和屈辱呢？

在短篇论文《论出自人类之爱而说谎的所谓法权》（On a Supposed Right to Lie from Altruistic Motives）中，伊曼努尔·康德（Immanuel Kant）的主张相当偏激，他认为：“人们不能回避陈述中的真诚，是人对每个人的形式义务，不管由此是给他还是给一个他者带来多么大的坏处。”康德认为，这种责任是无条件的，是一种“神圣的理性诫命”，并且“不能通过任何习俗来限制”。与他同时代的法国人邦雅曼·贡斯当（Benjamin Constant）认为，康德的原则“如果被无条件且孤立地采用，那么任何社会都将成为不可能”。他追问康德自己举的例子，“一个杀人犯在追杀我们的一位朋友，而这位朋友藏在我们家里，当凶手询问我们朋友的下落时，对这个凶手说谎是不是一种罪恶”。贡斯当得到的答案是不言而喻的。在

这样的情况下，说真话就是帮助实施恶行而将朋友的生命置于危险之中。对一个潜在杀人犯故意说谎，这种行为的非正义性相对而言是微不足道的。但是，康德拒绝接受贡斯当的观点。他坚持认为："如果你以一次说谎阻止了一个现在要去行凶的人的行动，则你对由此可能产生的所有后果要负法律责任，但是，如果你严守真诚，则公共的正义不能对你有所指摘；不管无法预见的后果会是什么。"对康德而言，"讲真话是根本的规则，而这个规则就其本质而言是不能有例外的"。[21]

不太可能有人，包括康德本人，真的会像他建议的那样去避免故意说谎。而实际上，我们大多数人根本就不会努力地避免说谎。汉娜·阿伦特（Hannah Arendt）指出，由于现实生活的偶然性和不可预见性，事实报道难以令人信服，而谎言往往可以。对于讲述者而言，谎言往往比实话更有吸引力，甚至听起来更有道理，因为说谎者有一个重要的优势，就是事先知道自己的想法和听众的期望。[22]

来自社会学、语言学和社会心理学等不同领域的数据都 9
已表明，人际交往中的谎言，远比我们许多人意识到或承认的多得多。黛博拉·A. 凯莎（Deborah A. Kashy）和贝拉·M. 德保罗（Bella M. DePaulo）研究认为："说谎是社会生活中无法避免的事实，而不是什么特别不寻常的事件。人们说谎是为了达到最基本的社交目的，例如影响他人、印象管理、给予安慰和支持。"[23]根据一项研究，大多数人每天都会说一到两个谎言，受访者承认对他们生活中 30%~38% 的人说过谎。（当然，他们对调查者也会说谎，所以这些数据本身也是可疑的。）很明显，不同的人在不同的情形下会说不同的谎话。研究人员发现："人们在追求经济利益和物质利益这类目标时，较少说谎，而在追求尊重、情感和恭敬这类精神奖励时，更常说谎。"男人说谎常常是为了自我夸耀，而女人说谎则常常是为了避免矛盾和冲突，并最小化感情伤害和怨恨。[24]

同样地，在当今美国的许多行业中，说谎被认为是商业活动正常的一部分。《洛杉矶时报》（*Los Angeles Times*）的记者大卫·肖（David Shaw）在2001年发表的一篇研究娱乐业中真相和谎言所起作用的长文中写道："在好莱坞，对于记者和依赖他们的人而言，欺骗是日常生活中一个令人沮丧的现实。从各种谈判、工作变动、角色分配、筹集资金到试映评分，谎言好像无处不在。"《首映》（*Premiere*）杂志的编辑安妮·汤普森（Anne Thompson）解释说，新电影的首映票房总额通常是"虚假的——编造的——每周都是如此"。电影制片人恬不知耻、心安理得地要求记者说谎。帕特里克·戈尔茨坦（Patrick Goldstein）是《洛杉矶时报》的一名电影记者和专栏作家，据他所言，电影行业的"真相"就是"编出好故事，就是这样。他们整天随意编造故事，期望他们对我说实话，那肯定是痴心妄想"。[25] 2001年6月，一名《新闻周刊》（*Newsweek*）的记者发现，一个名为"大卫·曼宁"（David Manning）的影评人一直在大力吹捧索尼影视娱乐公司制作的一些作品，他声称自己为康涅狄格州的一家小周刊《里奇菲尔德新闻报》（*Ridgefield Press*）工作。[26]

说谎在女性杂志行业也毫不稀奇，至少涉及性时如此。一群参加了纽约市一个以性为话题的论坛的编辑证实，在杂志上关于性的谎言比实话多。在一个非常典型的案例中，一位叫劳丽·亚伯拉罕（Laurie Abraham）的作者在为《魅力》（*Glamour*）杂志写的一篇名为《恢复你的性生活》（Reviving Your Sex Life）的文章中，举了一位老朋友的例子。这位朋友告诉她，"她和她丈夫，结婚差不多8年了，每周有5次性
10 生活。然而，这个数字在编辑过程中竟然被改成了每周3次！"为什么呢？"因为编辑不相信，一对结婚8年的夫妻每周仍有

5次性生活。”[27]

在报告收入方面，这些作家和编辑与一些美国大公司的顶级CEO之间的区别其实只在于程度。安然公司（Enron）和安达信会计师事务所（Arthur Andersen）在2002年成为虚报销售额和盈利额的代表。但当20世纪90年代的经济大繁荣以萧条告终时，人们发现这种做法在大公司、为它们做审核的会计公司和投资者信赖的分析师中非常普遍。在2002年夏天的短短一个星期里，我们看到了媒体多年来有意视而不见的后果：安达信会计师事务所被判妨碍司法公正。泰科国际有限责任公司（Tyco International Ltd.）的首席执行官L.丹尼斯·科茨洛芬斯基（L. Dennis Kozlowski）被控巨额逃税和与下属秘密交易。有线电视巨头阿德菲亚传播公司（Adelphia Communications Corp.）承认伪造数据并暗中给股东贷款。施乐公司（Xerox Corp.）因为故意夸大收入而被迫支付1000万美元的罚款。美林证券（Merrill Lynch & Co.）支付1亿美元以解决纽约州对分析师误导投资者的指控。28个州的沃尔玛员工联合起诉沃尔玛提供错误的出勤报告以避免支付加班费。来德爱公司（Rite Aid）的三名高管被控犯有证券欺诈和会计欺诈两大罪名，这些犯罪行为导致的收益重述创下了美国证券史上的最高纪录，然而就在同一周，这项纪录被迅速打破，世界通信公司（WorldCom Inc.）宣布他们将重述五个季度内近40亿美元的收益，原因在于人们发现该公司之前的报表中存在“大规模欺诈”。这个数字很快就突破了90亿美元大关。[28]再者，虽然在极少情况下，“伪造账目”或公然进行大规模欺诈会导致说谎者被判监禁，但是在商业领域，说谎本身似乎不会或者极少成为社会污点。斯坦福商学院的杰弗里·普费弗教授（Jeffrey Pfeffer）认为，在美国企业界，“人们不寻求、不鼓励、不认可直言不讳的做法”。因此，股票市场和大多数企业高管“比起不利的真相，更喜欢迷惑人的谎言”。[29]

不诚实在我们的公共话语中如此普遍，以至于在某些情况下，那些以绝对真理的捍卫者自居的人，会毫不犹豫地通过欺骗来实现这一目的。以“水门事件”重犯查尔斯·科尔森（Charles Colson）为例，他在监狱里改宗新教后，创立了一个全国性的监狱团契，撰写了38本书，销量超过500万册，同时每天发表广播评论，并在全国最重要的福音派杂志《今日基督教》（*Christianity Today*）上开设了定期专栏。在2002年的冬天，科尔森谈论了颇受欢迎的历史学家史蒂文·安布
11 罗斯（Steven Ambrose）的事例，他被控抄袭了科尔森的部分著作。科尔森的专栏谴责美国为“后真相社会”（post-truth society），在这个社会中，“甚至普通民众都认为说谎没什么大不了”。然而，颇为讽刺的是，尽管专栏署名科尔森，旁边还有他的照片，他也声称专栏内容是他自己写的，但实际上真正的作者是一名叫安妮·莫尔斯（Anne Morse）的女子，她是科尔森聘请的两位全职作家之一，与其他“签约”作家一起负责撰写他的专栏。[30]

尽管科尔森没有意识到自己的问题，但他提出了一个有意义的观点。当人们谈论当前美国社会的谎言时，往往带着某种程度的天真，至少在公共场合如此，而这本身就成了一种不诚实。正如路易斯·梅纳德（Louis Menand）所说：“伪善者始终是伪装者世界的一部分。”尽管我们中的大多数人可能甚至对自己也隐藏这种意识，但是“所有成年人之间的交流都理所当然地存在某种程度的伪装和欺骗。话语往往有一个没有人会完全当真的字面意思和一个会真正得到回应的隐含意思，尽管我们假装自己回应的是字面意思。大量的文学作品（大量的情景剧亦是如此）都围绕着这样一种虚构的情景展开：一个角色误解另一个角色的暗含信息，或者有人因为坚持将周围

其他人都知道最好通过婉言或否认加以隐瞒的事情说清楚而受伤”。[31]

梅纳德的观察相对直接，但是它在当代美国政治辩论的背景下被遗忘了。在 1998~1999 年的弹劾危机中，华盛顿许多官方和半官方人士声称，他们为比尔·克林顿在婚外性行为问题上对民众说谎一事感到忧虑。虽然许多权威人士坚持认为，总统执行国家法律的能力和大陪审团程序的神圣性等相关问题属于宪法范畴，但一些德高望重的评论员选择从谎言和撒谎的角度来解读此事。“我希望能够告诉我的孩子，‘你们应该说真话’”，《国家杂志》（*National Journal*）的斯图尔特·泰勒（Stuart Taylor）在美国 NBC 电视台的节目《面对媒体》（*Meet the Press*）中说，“我希望能够告诉他们，‘你们应该尊重总统’。我希望能同时告诉他们这两件事”。“我们有自己的一套乡规民约。”《美国新闻与世界报道》（*U.S. News & World Report*）的总编辑大卫·格根（David Gergen）抱怨道。他曾为罗纳德·里根和理查德·尼克松做事，也为克林顿工作过，因此他不能说自己对官方的谎言一无所知。“当他不仅对全国人民说谎，还拉拢自己的朋友并对他们说谎时，深刻而强烈的侵犯就发生了。”[32] 有线电视脱口秀主持人和原民主党国会助理克里斯·马修斯（Chris Matthews）解释说：“克林顿说谎时知道你知道他正在说谎。这种行为是残酷的，并使被欺骗的人屈服。
我对自己不断被欺骗深恶痛绝。”[33] 经常为里根总统的欺骗行为 12
辩护的资深媒体人乔治·威尔（George Will）甚至坚持认为，总统“精心算计的、持续的谎言对语言极具腐蚀性，而语言是人类特有的能力，它能够说服别人，从而让民主政体成为可能。因此，只有愚笨的人才会说克林顿的行为符合宪法原则、总统职责和共和党的道德原则（republican ethics）”。[34]

不同的总统，不同的谎言

比尔·克林顿的案例虽然可能是最近[①]最引人注目的总统说谎事件，但不在本书的关注范围内，因为它与笔者的研究无关。与上述观点相反，笔者和哲学家托马斯·内格尔（Thomas Nagel）一样认为，总统或者其他任何公众人物在私人领域所说的谎言，除了说谎者和他的密友外，与其他人无关。内格尔的观点颇有说服力，他认为如果没有这样的区分，文明就不可能存在。内格尔认为："如果我们在日常交往中表达我们好色、好斗、贪婪、焦虑和自恋等所有情绪，就无法维系社会生活，与此相同，如果我们试图完全成为一个思想、情感和私人行为可以安全地公开的人，就不可能维持内心生活。"[35]根据这种观点，克林顿公然说谎只是因为他被一群狂热的政客和思想家追着不放，他们想在独立检察官的大力支持下，把他的私生活公之于众，这在美利坚合众国近220年的历史上从未发生在任何总统身上。克林顿对他的通奸行为说谎，为的是让他自己和家人免遭公众进一步的羞辱。然而，无论这件事多么令人反感，无论克林顿做出怎样的错误判断使自己处于何种难堪的窘境，这都不能与历任总统在和平条约或战争动因上说的谎相提并论。（理查德·尼克松和水门事件没有选入本书，部分原因是那些谎言及其后果已经得到了非常充分的记录和探讨。此外，我将尼克松的谎言归因于他自身的神经官能症和犯罪特质。因此我认为，与我选用的案例相比，水门事件的教育意义较小。）

本书所关注的是总统在国家事务上声称是为了公共利益说的谎。这种对真相的操纵起源于一种古老而庄重的治国传统，它的历史可以追溯到古希腊。柏拉图（Plato）曾为一个

---

① 此书原版于2004年首次出版。——编者注

虚假的故事辩护，他认为应该通过将这个故事讲述给民众，劝说穷人接受命运，从而维护社会和谐。根据这个故事，神将 13
金、银、铁、铜混合在一起，创造了统治者、保卫者、农民和工匠，目的是让这些群体在一个和谐的等级社会中各司其职。这个故事告诫穷人要接受他们的命运，不要抱怨太多，以免扰乱了神圣的秩序。几个世纪之后，尼科洛·马基雅维利（Niccolò Machiavelli）向他未来的君主说，对一位英明的君主而言，说谎是必需的，原因很简单，人人都会说谎，说谎骗人要比被谎言欺骗好。“对你并不是守信不渝的”，你同样也“无需对他们守信”。[36]

国会议员说谎的权利事实上是由美国宪法赋予的。关于参众两院议员在各自的议员席上的发言，宪法第一条第六款规定“不得因其在各自议院发表的演说或辩论而在其他任何地方受到质问”。宪法制定者撰写这一条款是为了鼓励国会议员之间开展自由和公开的辩论，不受诉讼威胁的束缚。然而，正如参议员麦卡锡的案例，其结果是相关人员声称自己有权说谎且不受惩罚。

即使不诉诸宪法的复杂性，众多的日常因素也会在几乎每一个问题上阻碍现代美国总统向其选民说出不加修饰的真相。最著名的一个观点主张，普通公民由于太愚昧、太忙碌或者心智上不成熟，无法理解政治决策的艰难现实。评论家兼哲学家沃尔特·李普曼（Walter Lippmann）1924 年做了一个很有名的比喻，他将民主制度下的普通公民比作坐在后排观看体育赛事的聋子。“他不知道正在发生什么，为什么发生，应该发生什么，他生活在一个他无法看见、不能理解，也触碰不到的世界。”[37] 在写于 1969 年的回忆录《创世亲历记》（*Present at the Creation*）中，美国前国务卿迪安·艾奇逊（Dean Acheson）写道：

> 对于一名为一项重要政策寻求解释并争取支持的公职人员来说，其任务不同于撰写一篇博士论文。在阐述观点时，简洁的表述胜于华丽的辞藻，直截了当，甚至简单粗暴都胜于字斟句酌……在国务院，我们常常讨论，面对发生在国外的各类事件，神奇的“普通美国公民”每天会花费多少时间聆听、阅读和议论。假设一个普通男人或女人受过良好的教育，有家庭，在家或者在外拥有一份工作，在我们看来，这个人每天花费10分钟关心外国事务就已经是很高的水平了。如果这一点大致正确，那么要理解的观点必须要明确。如果我们使自身观点比真相还要清楚，那我们与其他大多数教育家并无区别，也几乎无法做其他事情。[38]

14 鉴于美国人对政治和国家政策的兴趣似乎在稳步下降，加之新闻媒体日益关注耸人听闻的话题和“软”专题，[39]艾奇逊关于普通公民的关注范围的观点，在今天看来似乎是乐观的。政治学家估计，关心又了解重大外交政策的公众比例在8%~20%之间。[40]然而，艾奇逊“比真相还要清楚”这一说法十分狡猾。艾奇逊在暗示，总统之所以能够在他的公开声明中达到更高层次的真实性，是因为他没有痴迷于精确传达他所知道的一切——这是另一种为谎言辩解的方式。现代经常听到的一个论点也是如此，即政府需要在外交和国家安全问题上迅速而秘密地采取行动，这就使得民主协商无法进行，考虑到民众的相对愚昧，它甚至是不可行的。

然而，这些问题都有重要的意义，因为民主制度的基础是公众的信任。约翰·斯图亚特·密尔（John Stuart Mill）的追问很有道理，公众又怎能对“不允许他们看到的事情加以制止或鼓励呢”？[41] 没有对公众的诚实态度，投票就变成了对被统治者的操纵，而不是争取被统治者的同意。许多学者提出了很有说服力的观点：官方欺骗可能会带来便利，但随着时间的推移，它会破坏政府和人民之间的信任，而信任对民主制度的运作至关重要。

总统也知道，对选民说谎是“错误的”，无论是在道德意义上还是在哲学意义上都是如此，谎言还会损害我们政治制度的民主基础。但他们仍然继续说谎，因为他们相信他们所说的谎言在相关问题上有助于实现他们狭隘的政治利益。2002年初，五角大楼被迫取消设立战略影响办公室（Office of Strategic Influence）的计划，该办公室的任务是向外国媒体散布虚假消息。当时，乔治·W. 布什总统试图通过承诺“我们会告诉美国人民真相”来消除不良影响。然而，就在这场争论发生的同时，布什的副检察长西奥多·奥尔森（Theodore Olson）在针对克林顿政府时期官员的诉讼中提交了一份法庭之友摘要，詹妮弗·哈伯雷（Jennifer Harbury）——一位丈夫在危地马拉惨遭中情局的人杀害的年轻女性——指控这些官员非法不如实告知她他们已掌握的关于杀害她丈夫的凶手的信息。奥尔森的摘要认为，“在很多不同的情况下，政府有合法理由发布虚假信息”以及“不完整的信息，甚至是错误的信息”。（最高法院驳回了该诉讼，并拒绝就官方谎言的合法性作出裁决。）[42]

当然，总统说谎在美国历史上并非新鲜事，尤其是在 15
关乎战争与和平的重要问题上。过度保密是说谎的近亲，也常常是它的帮手和灵感来源，从建国时期开始就是美国国家治理的一个重要方面。1789年，记者被禁止参加制宪会议（Constitutional Convention），参会代表被禁止透露他们商讨的内容。这一努力虽然最终取得了成功，但也带来了更大的问题。哲学家希瑟拉·博克（Sissela Bok）指出，“隐瞒”使官僚免受“批评与干涉；它允许他们纠正错误和转变方向，而无须付出代价，也不用给出尴尬的解释，它还允许他们投机取巧而不被质询”。[43]

很少有领导人否认，无论对方是敌是友，在进行敏感谈判时保密都是有必要的。自美利坚合众国成立，根据美国宪法第二条第二款，总统作为宪法授权的最高统帅，要限制传播关于国防和外交政策的信息。总统们强烈地主张，如果不能对政府的大部分行动保密，他们就不能维护和平或保卫国家。这一主张在 1789 年的费城是正确的，今天依然如此。司法部门普遍认可这个观点，因此，同一部宪法中赋予美国人审查其领导人行为的权利的关键部分被宣告无效力。在某些情况下保密是客观需要，公民也本能地理解，没有一个现代国家会向公众展示一切，以免本国公民的安全遭到威胁。但是，在拒绝泄露信息和蓄意欺骗之间有一条界限。政治家越过这条界限，需自担风险。

保密与说谎不是一回事，正如拒绝评论与故意误导是两码事。但是，为了诚实地保守秘密，一位勇敢的政治家需要冒被攻击的危险，而他也可以通过说谎来轻松解决这个问题。在建国初期，美国有幸拥有许多这样勇敢的领导人，他们将个人的荣誉感和使命感置于狭隘的政治私利之上。例如，在 1795 年，华盛顿总统拒绝向国会透露他的特使约翰·杰伊（John Jay）与英国达成的条约细节。他要求国会拨款以实施其条款，但是拒绝提供条款内容，坚称他的“职责禁止他这么做”。[44] 华盛顿的行为是违反民主的，但也令人敬佩地诚实。如果国会因不明白其意图而不想拨款，也完全可以拒绝。然而，不到一代人
16 的时间里，这种在外交事务中致力于保密的精神已经退化为蓄意欺骗的手段。在门罗总统（President Monroe）任职期

间，国务卿约翰·昆西·亚当斯（John Quincy Adams）故意送呈参议院几套关于中美洲条约的不完整文件，以通过这种诡计获取参议院的意见和同意。面对质问，他以化名“福基翁”（Phocion）发表一系列信函，就南美革命的性质误导毫无戒心的读者。[45]

在美国的第一个百年历史中，美国的外交活动常常伴随着故意回避和不诚实，尤其是在可能会引发战争的外交场合。例如，亚伯拉罕·林肯的名字第一次为公众所知是在1848年，那时他还是一个不知名的国会议员。他从国会议员席上站起来，回应国会对“承认”与墨西哥存在战争一事的决定。事实上，在詹姆斯·K.波尔克总统（President James K.Polk）错误地坚持认为墨西哥袭击了一支美国领土上的美国分遣队之前，美国并未同墨西哥交战。林肯要求知道所谓的袭击发生的确切“地点”。波尔克没有回答。[46]

随着美国开始迈向超级大国，总统说谎的潜在风险变得难以估量。虽然用谎言引导美国发动对墨西哥的征服战争，并非无关紧要的总统行动，半个世纪后麦金莱总统（President McKinley）通过就西班牙在古巴的行动发表夸大的言论和虚假的信息把美国带向战争，也绝非小事，但是，直到美国参加第二次世界大战，美国才进入一个永久战备状态和说谎的时代，其带来的危险成为美国政治文化生活的一部分。

参与这个新国家建设的总统是富兰克林·德拉诺·罗斯福，他用隐瞒和欺骗成功地把美国拖入战争的深渊。这位总统喜欢称自己为“魔术师”，声称他“从不让自己的右手知道左手做些什么”。用他自己的话说，他十分愿意“误导和说谎，如果这样做有助于赢得战争”。[47]在《1937年中立法案》（1937 Neutrality Act）的基础上，罗斯福增加了“现购自运”（cash and carry）条款，以允许英国和法国购买美国武器。面对国会和全国人民，总统用虚伪的措辞为自己辩解，将实际上迈向战争的一步说成避免战争的措施。他让国民相信“这项措施为保护美国人的生命和财产提供的保障远比我们现有的或曾经采取的措施更为有力”。罗斯福还在大西洋和亚速尔群岛部署军舰，并让美国军队在冰岛登陆，同时坚称，他的主要目的是让国家远离战争。此外，罗斯福经常向美国人民夸大美国的脆弱
17 性。他极度夸大轴心国所拥有的飞机数量及它们的生产速度。在 1939 年 4 月，他警告报纸编辑“这些极权主义国家……现在拥有 1500 架飞机。他们不能直接飞跃穿过我国东西长 3000 英里的国土，但是他们可以分三次完成……驻扎在尤卡坦半岛的新式轰炸机可以在 1 小时 50 分钟内摧毁新奥尔良”。一年之后，在同样的听众面前，罗斯福用类似的语言重复了这个看法。不过，他这次声称，某个相关“未被提及的欧洲国家”可能将“5000 架轰炸机投入到巴西”。[48]

在 1940 年的总统大选中，如同林登·约翰逊（Lyndon Johnson）24 年后所做的那样，罗斯福再三向美国人民保证，他们的儿子不会被送去参加“对外战争”。在 11 月 2 日，他断然声明：“你们的总统宣告这个国家不会参加战争。”[49]然而，在 1941 年 9 月初，一艘美国驱逐舰“基尔号”（Greer）追踪一艘德国 U 型潜艇三个小时，在这艘潜艇转向和发动攻击之前，向英国军队报告了其位置。“基尔号”曾接到秘密命令，要为英国船队护航，并且协助击沉德国潜艇。这是第二次北部湾事件的可怕预兆，“基尔号”毫发无损地逃脱了，但罗斯福利用这个事件谴责德国。“我告诉你们确切的事实，”罗斯福解释说，“这艘德国潜艇首先开火……没有发出警告，而且企图击沉我方驱逐舰。”罗斯福没有告诉美国人，这艘美国舰艇是如何挑衅那艘德国潜艇的，罗斯福利用此次事件，加快推动美国在北大西洋对德国不宣而战。一个月以后，三艘美

国军舰在北大西洋执行护航任务时被鱼雷击中，一艘沉没，172名士兵丧命。这让罗斯福得以说服国会，废除《1937年中立法案》保留的对总统权力的制约条款。在缓和美国人对参加欧洲战争的抗拒方面，当日本对美国发动袭击、德国向美国宣战时，罗斯福总统诡计多端的赌注赢得了回报，这两起事件为美国参加欧洲战争送上了一份无法拒绝的邀请函。参议员J. 威廉·富布莱特（J. William Fulbright）后来评论说："罗斯福基于正当理由的欺诈，比起林登·约翰逊失当的欺诈策略，更加容易付诸施行。"[50]

在冷战期间，总统出于安全目的的欺骗行为成为惯例，精英圈子为之辩护称，这是现实政治中令人反感但又必要的事情，而且常常事关国家存亡。不仅是说谎者，那些被期待会持最强烈的反对意见的独立知识分子和学者都持类似的观点。资深的外交史学家托马斯·A. 贝利（Thomas A. Bailey）在1948年提出："众所周知，民众目光短浅，通常不到危急关头看不到危险的存在，因此我们的政治家不得不欺骗他们，让 18
他们认识到自己的长远利益……欺骗人民事实上变成了必要之事，这是我们为了更重要的安全问题不得不付出的代价。"[51]苏联扩张主义和潜在核攻击带来的威胁以及随之产生的保密和警戒的需要变得如此迫切，以至于美国人民不能够再奢望领导人告诉他们真相，以免这些真相被奸诈的敌人所利用。这项原则，后来在最高法院的一系列案件中被奉为法律，并在古巴导弹危机期间，得到了美国国防部负责公共事务的助理部长巧妙的阐释，他告诉美国人民："在必要的时候说谎自救，是美国政府的固有权利。"[52]

这个时代的"大宪章"后来被证明是1950年4月提交给杜鲁门总统的一份名为"国家安全委员会第68号文件"（NSC-68）的内部官方报告。尽管这份文件直到1975年才被公开，但它在政府内部被当作可操作的行动计划使用。遏制政策的灵感来自乔治·凯南（George Kennan）被称为《长电报》（Long Telegram）的论文，该论文以《苏联行为的根源》（*The Sources of Soviet Conduct*）为标题用笔名“X”发表在《外交事务》（*Foreign Affairs*）上。作为多个部门之间广泛协商的最终成果，NSC-68文件不如凯南的文章有文采。但是，它所阐明的基本事实是清楚的、现实存在的，而且威胁到宪政民主的规范。文件制定者认为，克里姆林宫的领导人具有“新的狂热信仰”，正寻求“在世界的其余地区建立绝对权威”，因此主张，“我们的制度的完整性无论如何都不能受到危害，无论是通过秘密或公开、暴力或非暴力的方式，其目标都是挫败克里姆林宫的计划”。[53]在1795年，詹姆斯·麦迪逊（James Madison）曾经警告，“没有国家能够在连续的战争中维护其自由”。但是在1962年，约翰·肯尼迪（John Kennedy）发现他领导的国家“没有宣战，但是危险却显而易见，且几乎迫在眉睫”。所有的战争都一样，首先牺牲的必然是真相。因此，冷战期间，在美国政治精英中，高尚的谎言的必要性几乎成了一个先验假设，全球共产主义对美国构成的威胁成为广泛而深刻的共识。

即便如此，总统可以完全欺骗国民这种想法仍然让许多美国人感到震惊，艾森豪威尔总统（President Eisenhower）将明白这一点，并相当懊悔。1960年5月1日，当苏联领导人尼基塔·S. 赫鲁晓夫（Nikita S. Khrushchev）公开一架美国飞机在苏联境内被击落时，艾森豪威尔的下属立刻发表声明否认。白宫坚称，美国宇航局的一架“气象研究飞机”在土耳其执行任务时可能意外漂移到苏联领空，并认定飞行员是美国洛克希德公司（Lockheed）的雇员弗朗西斯·加利·鲍尔斯
19 （Francis Gary Powers）。白宫的谎言导致尼基塔·赫鲁晓夫

向最高苏维埃揭露事实："同志们，我必须告诉你们一个秘密。两天前我作报告时，我故意没有提到，我们有飞机的残骸，也活捉了飞行员，人家还活蹦乱跳的。"伴随着哄堂大笑，赫鲁晓夫补充道，苏联还复原了"一盘记录了我们许多地面雷达站信号的磁带——这无疑是美国从事间谍活动的证据"。艾森豪威尔向他的秘书承认："我想辞职。"[54]

艾森豪威尔总统的幕僚急于让他摆脱这个谎言造成的难堪处境。他们想出的虚假托词是，总统并不知道这些飞机。事实上总统本人深入参与了他们的计划，甚至知道鲍尔斯被指派窃听的目标。然而，参谋长安德鲁·古德帕斯特（Andrew Goodpaster）明确告知国务卿克里斯蒂安·赫脱（Christian Archibald Herter）："总统不想让这个特殊事件牵涉到他。"[55]总统公开表示他"完全同意"国会调查此事的提议，但私下却指示中央情报局和参谋长联席会议采取一切必要措施阻碍国会调查，甚至命令他的内阁官员，即使被要求宣誓作证，也要隐瞒他曾参与此事。

作家詹姆斯·班福德（James Bamford）认为，克里斯蒂安·赫脱确实向委员会说谎，误导他们认为，U-2 轰炸机计划"从未向总统汇报"。班福德认为，艾森豪威尔因此犯了教唆他人作伪证罪，赫脱犯了伪证罪。[56][1977 年，中央情报局原局长理查德·赫尔姆斯（Richard Helms）因相似罪行被判入狱两年。] 更重要的是，他们犯下这些罪行不是为了保护"我们的情报系统"，总统给国家安全委员会下达命令也是如此，其目的是保护艾森豪威尔自己的政治地位。鲍尔斯已签下认罪书，飞机上的所有窃听设备已经在莫斯科高尔基公园（Gorky Park）向公众展出。[57]但是，总统选举年即将到来，总统不希望冒任何会暴露出不光彩的真相的风险。尽管艾森豪威尔在飞行计划中扮演的角色和随后的欺骗行为直到他死后几十年才被揭露，但他从未从这次羞辱中完全恢复过来。在他卸任两年后，记者大卫·克拉斯洛夫（David Kraslov）问艾森豪威尔，他一生中“最大的遗憾”是什么。这位前五星上将回答说：“我们在 U–2 事件上说了谎。我没有想到我们会为这个谎言付出如此高的代价。”[58]

40 年后，当自己要被揭露为说谎者时，艾森豪威尔对荣誉和信誉的担忧，似乎成了那个过往时代古怪的遗物。此后，美国人知道了他们的领导人对本国国民说过如此多的谎言，以至于大多数人已经习惯于将政府的欺骗行为看作生活的一部
20 分。根据 1996 年由《华盛顿邮报》、哈佛大学和凯泽家族基金会（Kaiser Family Foundation）面向成年人联合开展的一项调查，1964 年，有 3/4 的美国人完全或在多数情况下相信联邦政府，但在后来的民意调查中，只有 1/3 的受访者赞同这一观点。虽然美国人对政府事务的无知程度往往令人震惊，但最近一项研究发现了一个不同寻常的事实，即美国人对他们的政府了解得越多，他们对政府的信任就越少。在对当前问题或政治事务有深入了解的受访者中，77% 的人表示对联邦政府只有少许信任，那些了解较少的受访者中，67% 的人表达了同样的观点。[59] 在 2001 年 9 月 11 日国家遭到袭击后，民众对政府的信任度有过短暂提升。在 2002 年和 2003 年初，小布什总统在伊拉克对美国构成的威胁问题上隐瞒事实，导致民众信任度跌至被袭击前的水平，甚至更低。[60]

反馈的问题

如前所述，这些状况对任何一个民主制度而言都是不健康的。但是，当总统或其助理想方设法对选民隐瞒令人不安的真相时，国家民主的质量，如同说谎的道德性问题，也就无关紧要了。或者更准确地说，无论它多么重要，都源于这样的认

知，即总统对民众透露一个复杂的真相是一种非常勇敢且颇具政治家风范的行为。事实上，总统经常透露这样的真相，以避免承认隐藏在其后的更多有损声誉的真相。

官员撒谎的实际问题是它们有像变形虫一样自我复制的倾向。一位领导人越是对其人民说谎，就越是不得不对人民说谎。最终谎言会失控，并且有可能会反过来控制说谎者。也许说谎在短时间内对总统有利，在许多情况下，也的确有用。但是总统总是忽略他需要自己承担欺骗行为带来的政治风险。

艾伯特·赫希曼（Albert Hirschman）评论说，这种非预期后果的概念和古希腊人口中傲慢与惩罚的因果关系（hubris-nemesis sequence）一样古老。此外，他还指出："对非预期后果的研究和系统性描述［自 18 世纪以来］一直是社会科学的主要任务，如果不是其存在的理由的话。"[61] 社会科学家所称的政治中官方谎言的"系统效应"（system effects）或"反馈效应"（feedback effects）既是巨大的，又是未被充分研究的，它们与政治学家以及另一种语境下经济学家所称的"路径依赖"（path dependency）密切相关。罗伯特·杰维斯（Robert Jervis）写道："在一个系统中，后果链会随着时间延伸并延伸至许多领域。作用效应总是多重的。医生把药 21
物不被期望的效果称为'副作用'。尽管语言具有误导性，除了我们的欲望和期待，没有其他标准决定哪些效果是'主要作用'和哪些效果是'副作用'，但这一点提醒我们，打乱一个系统将产生多重变化。"杰维斯运用环境政策的各种例子证明了一个显而易见却常常被忽视的观点："本想要杀死昆虫，我们却可能让鸟儿停止鸣唱。本想要快点'到达'目的地，我们却让烟雾损害自己的肺。本想要通过发展无污染的电力能源保护环境，我们建造的风车却杀死了飞进风车叶片的鹰雕；清洁港湾的水，让软体动物和甲壳动物得以增殖，但它们却毁坏了木制桥墩和舱壁；增加过多的安全设备，降低了某些事故的发生率，但由于操作者的信心增强以及设备之间的相互作用，其他事故的发生率却增加了；在敌方阵营中安插一名间谍，虽然可以获取有价值的信息，但是间谍一旦被发现，也很容易被敌方欺骗；消灭东非的牛瘟导致当地的狮子很容易感染犬瘟热，因为牛瘟的消失让牛的数量激增，更多的牛需要更多的狗来放牧，狗为犬瘟热病毒提供稳定的来源，而牛很容易感染这种病毒。”[62]

在社会中同在自然界一样，由于没有认识到行为者的行为对以后将对他们产生重大影响的环境负有部分责任，观察者和行为者都低估了行为者的影响力。[63]根据路径依赖的相关文献资料，总统的谎言中存在某种“因果机制”，它引发“事件的内在逻辑”，通过内在逻辑，“决策的影响［在此案例中表现为‘谎言’］持续到现在，并规定了未来的选择”。[64]在我研究的这些案例中，由总统关于国家重要事务的谎言所开启的路径，虽然具有固有的不可预测性，但还是可以预见，它们都是无法控制且几乎总是负面的。

在接下来的篇幅中，我将说明一种模拟上述自然界现象的政治动态。总统可能会制造一些在最初说谎的时候没有注意的问题。总统像我们其他人一样，几乎从不考虑他们说谎导致的系统效应，尤其是谎言造成的“反馈环路”（feedback loop）。但是，这些后果相当严重且不可避免，在我研究的四个案例中，谎言都产生了极其恶劣的政治后果。原因很简单。在几乎所有的案例中，引发说谎的问题或议题没有消失，而谎言让总统更难以解决问题。现在他不仅必须解决问题本身，还要解决谎言所产生的附带问题。卡尔·克劳斯（Karl Kraus）曾经略带夸张地说，许多战争的起因都是外交官对记者说谎，然后
22 又相信了自己在报纸上读到的内容。随着时间的推移，领导人

倾向于相信自己的宣传，这就是一种“反冲”（blowback）形式，这一术语来源于中情局特工，后被政治学家采用。反冲的一大特征是，其后果几乎总是被描述为无法解释的事件，而事实上它们通常肇始于政府自己最初采取的行动。[65]问题在于，如果总统告知国民真相，可能不得不面对复杂、困难又往往危险的问题，而这些问题无疑是他们希望避免的。但这些问题至少是真实的，它们的存在与领导人的行为无关。毕竟，这是他们应尽的职责。但是，总统一旦决定在重大问题上对国民说谎，必然就会创造一个只有谎言会引发的独立的动态，我们都会因此遭殃。

正如笔者前文所述，本书刻意回避两起最近非常有名的总统说谎事件——其中一起以总统辞职结束，另一起导致总统被弹劾——重点讨论了更受欢迎的总统。此外，笔者更有兴趣研究本人所钦佩的（罗斯福、肯尼迪和钦佩程度较低的约翰逊）和被众多美国人视为英雄人物（罗斯福、肯尼迪和里根）的总统的谎言以及那些与当时被普遍认为代表总统个人声望和政治胜利的巅峰的事件紧密相连的谎言，如林登·约翰逊的谎言。笔者这么做是希望证明，总统的谎言及其必然会带来的实际的和政治上的不幸，都是总统的常态而非例外。本书中讨论的所有总统都认为，他们欺骗国民是出于爱国的需要。罗斯福相信自己是在维护战后的和平。肯尼迪认为自己的欺骗行为是为了保护政治上不受欢迎的一个妥协方案，而这一妥协对防止一场潜在的超级大国战争必不可少。林登·约翰逊觉得，为了防止东南亚共产主义的传播，欺骗是有必要的，20年后，里根对于他在中美洲所做的事情也是同样的态度。甚至乔治·布什也毫无疑问地相信，他在伊拉克问题上对国民说谎，是为了国家的生存。笔者认为，这些总统不但成功地欺骗了人民，也成功地欺骗了他们自己。在每个案例中，总统或他的政党连同被他们如此傲慢地误导的人民，为他的谎言付出了代价。正如我们将在接下来的章节中看到的，总统在国家的重要事务上说谎，无论这是道德的还是不道德的，最终必然会导致其自我毁灭。我们应该不惜一切代价避免这种情况。

第二章　富兰克林·罗斯福、哈里·S.杜鲁门和雅尔塔会议

我当然了解关于雅尔塔的一切，在我们的历史中，很少有一个事件被如此多的谎言所包围。有人说罗斯福出卖了美国，这当然是一则十足的谎言；如果苏联人遵守了在雅尔塔达成的协定，就根本不会有任何麻烦了，但他们没有这么做；他们从不遵守任何已达成的协议，这正是问题的根源，而我们都知道这导致了什么后果。

——哈里·S.杜鲁门，被莫尔·米勒（Merle Miller）引用于《坦率而言：哈里·S.杜鲁门的口述自传》（*Plain Speaking: An Oral Biography of Harry S. Truman*）

很少有词汇像“雅尔塔”那样以如此大的破坏力成为一个流行政治词汇。雅尔塔是一座位于克里米亚半岛的迷人的度假小镇。1945年2月初，约瑟夫·斯大林在此地会见了富兰克林·罗斯福和温斯顿·丘吉尔。后两者可能是20世纪的最大赢家，他们设计了第二次世界大战的最后阶段并且规划了战后世界的格局。会议结束之后，斯大林返回苏联并遵守了相关协议，而罗斯福和丘吉尔却违背了承诺。对于美国民主而言，那是冷战开始阶段最大的也是最让人痛苦的讽刺事件之一。苏联人遵守了协议，而美国及其盟友英国却背弃了它。这便是冷战的序曲。

在政治上和隐喻上，“雅尔塔”一词成为代表外交上的猜疑、违约、背信甚至背叛的便捷词汇。半个多世纪之后，也就是苏联解体10年后，学者和政治家们仍旧用它来表示政治上

的耻辱。2001 年，在与俄罗斯领导人弗拉基米尔·普京的首
24 次会面后，乔治·W. 布什总统在华沙向欢呼的人群宣称，“慕尼黑和雅尔塔的历史不会重演”，他的这番言论受到了《纽约时报》的威廉·萨菲尔（William Safire）和《华盛顿邮报》的詹姆斯·霍格兰（James Hoagland）的赞颂。[1、2]

“不要再让我们犹疑”

雅尔塔会议发生于菲利普·罗斯（Philip Roth）自我虚构小说中的角色内森·祖克曼（Nathan Zuckerman）所说的“美国历史上集体陶醉的巅峰时刻”。在一次几乎完全在海外取得的伟大军事胜利的前夕，美国正作为全球最强的军事、经济以及道德模范国家，首次登上世界舞台。这个国家刚把全人类从一个由处心积虑想要统治世界的恶魔独裁者领导的罪恶的残暴政权的祸害中解救出来。杜鲁门总统后来宣称它为“世界上最伟大的国家……历史上最伟大的国家……太阳照耀过最伟大的国家”。美国富有感召力的战时领袖罗斯福总统与旧世界坚毅精神的化身温斯顿·丘吉尔和美国眼中“新兴斯拉夫民主的新化身”约瑟夫·斯大林一起，不辞辛苦地旅行六千英里，就是为了确保上一代人的错误不再重演，伍德罗·威尔逊曾经尝试创建稳定的战后和平局面，而这一错误让他的努力付诸东流。这一次，世界将不再避开世界人民的关注被秘密瓜分。经过长期的艰苦斗争，美国阻止了欧洲沦为法西斯恶魔的牺牲品，现在将确保欧洲的和平建立在民主与繁荣这两大支柱上，以保证此类悲剧不再重演。

总统由小儿麻痹症引起的瘫痪和极度糟糕的健康状况——其严重程度不为公众所知——让他这次引人注目的行程呈现出一种毫不妥协的决心和坚忍不拔的态度。1944 年 12 月，罗伯特·邓肯医生（Dr. Robert Duncan）给总统进行了一次全面

体检，并且告知他只剩下几个月寿命。原因是，正如查尔斯莫兰勋爵（Lord Charles Moran）所述，“[总统的]大脑动脉硬化病情已进入晚期”。[3]罗斯福确实从克里米亚回国不到10周就离开了人世。

为了这次艰辛的行程，罗斯福不仅要在战时危险的情况下长途跋涉，到达目的地后还要忍受较差的生活条件。这座村庄曾经洋溢着田园牧歌般的风情，后来被纳粹士兵洗劫一空。丘吉尔抱怨说，盟国找10年也找不到比这更糟糕的会议地点。丘吉尔首相刚开始反对在此地开会，但是罗斯福已经接受了斯大林的邀请，丘吉尔也别无选择。他只好克制自己的怨气并储备酒水，因为只有靠足够的威士忌（丘吉尔声称，威士忌既有 25
助于预防斑疹伤寒，还能灭虱），他才能忍受在这里的生活。[4]从唐宁街10号发往宾夕法尼亚大街1600号的电报上写着：“没有什么能再动摇我们！从马耳他到雅尔塔！任何人都挡不住！”[5]

会议的东道主斯大林元帅虽然热情、慷慨地款待客人，但却很少作出让步，各方之间几乎立刻出现了分歧。为了争取这位苏联领导人对建立一个强大的联合国的支持——与威尔逊无能的国际联盟不同，联合国将由大国的军事力量和政治意志来支撑——罗斯福被迫同意一项计划，即美国将承认苏联在波兰和其他东欧国家的统治的合法性。国务院的内部文件显示，尽管美国人希望避免这种妥协，但他们担心这种让步可能是必要的。[6]虽然这一点从未向国民透露，事实上，总统在这件事上没有任何选择的余地。不管丘吉尔或罗斯福的意见如何，苏联红军对这些国家的占领将最终决定其未来的政治形态。

在会议最后，罗斯福总统又向斯大林作出了在广大东亚领土方面的让步，以换取苏联进攻日本的承诺。这些交易同样令人难以接受，但罗斯福及其军事顾问把它们看作是赢得战争及创造持久和平的关键。特别是美国参谋长联席会议坚持认为，有必要让苏联参加太平洋战争，以减少美国在预期的进攻中的伤亡人数。当时，绝密原子弹制造项目曼哈顿计划仍充满不确定性，因此还不能以此为基础制定战争计划。[7]［罗斯福的参谋长、海军上将威廉·莱希（William Leahy）直到投下原子弹的那一刻还在担心它会失败。］[8] 即使各方在雅尔塔没有达成协议，苏联红军也可以自由地攻入中国东北地区，但到那时，美国就没有办法为自己的需求而谈判了。事实上，杜鲁门总统的顾问后来得出结论，如果美国试图退出在雅尔塔会议上达成的协议，就无法阻止苏联以他们认为合适的方式参战。[9] 鉴于孤立主义在美国历史上的政治力量，完全可以理解罗斯福为什么不愿意让国家致力于要求美国长期在海外驻军的安排。然而，他几乎没有选择的余地。一方面，苏联提出的要求以红军取得的一系列胜利为基础，另一方面，向一个在其作为大国的短暂历史中从未经历过类似事件的国家解释这种复杂的外交权衡是十分困难的。在此两难之中，总统感到身处困境，既不能实现
26 自己所预期的目标，也无法解释他已经取得的成果。于是，他决定采取整个战争期间领导国家时经常使用的方法：隐瞒交易的具体细节。他认为等时机成熟时会想出合适的解释办法。

罗斯福已经表明，他是一位对自己的欺骗行为不以为意的领导人，而且他经常表现得似乎喜欢欺骗胜过讲真话，这几乎成为一种他个人的审美观。1936 年，当时的《纽约时报》白宫通讯员特纳·卡特利奇（Turner Catledge）就他对罗斯福的采访说："罗斯福总是本能地说谎，但是回答到一半，他又意识到自己可以说实话并能够逃脱追究，因而变换方式，吐露一些真相。"[10] 纵观罗斯福的一生，他的传记作者杰弗里·沃德（Geoffrey Ward）认为，"罗斯福是他自己最不可靠的证人，因为他无法或者不愿意说出关于自己个人历史的真相"。

“在美国的公共生活中，不乏比富兰克林·罗斯福更聪明的人，他们更加见多识广、言行一致，不那么狡猾，”沃德继续说道，“但是在让人爱憎交织的能力上，在政治成就和自信方面，没有人能超越他”。[11]正如沃德所指出的，罗斯福或许不是一个传统意义上的天才，但他知道自身的局限性，并有异乎寻常的发挥自身优势的能力。罗斯福的直觉判断力很强，且在说服别人相信自己是在维护他们的利益行事这方面很有天赋，无论事实是否如此。正如在他第一次就任总统后不久，奥利弗·温德尔·霍姆斯（Oliver Wendell Holmes）法官对他作出的著名评价：“他有二流的智力，但有一流的性格”。[12]

罗斯福在雅尔塔达成的交易，神似精明的19世纪欧洲现实主义者之手笔，但他领导的国家缺乏此类政治传统，而他也无意去学习其基本原则。此时的罗斯福63岁，身体健康每况愈下，他不愿意接受这种教育。这场战争在美国理想主义的旗帜下，在故意以一种缺乏远见的态度对待斯大林和苏联的情况下，以传播自由和民主的名义公然打响。罗斯福决定，战后和平必须在同一面旗帜下构建。他意识到，威尔逊总统的豪言壮语与在凡尔赛达成的秘密交易之间存在着巨大差距，这一点毁灭了他要创建国际联盟的设想。罗斯福本人也对这一设想十分迷恋，因此他不会允许关于苏联的一些“不利”的事实或苏联可能战后在东欧采取的行动干扰他为世界和平新架构奠定基础的伟大计划。在战争期间，罗斯福曾预言一个“文明而光辉的美国”将崛起，它比世界上任何一个国家都更富有，更有生产力。[13]那个万众瞩目的国家不可能签署一项秘密协约，抛弃所 27
有的波兰人、捷克人、斯洛伐克人以及其他民族，使之落入苏联人的统治之下。

罗斯福没有抱着以后在动荡的局势中改善交易内容的希望试图隐瞒真相，而是决定就交易的实质对国民、国会甚至他最亲密的顾问说谎。罗斯福无疑希望未来能够说服苏联人在某种程度上缓解东欧的紧张局势，他也坚信自己有能力解决在新成立的联合国出现的任何问题。在这期间，他将尽力应付自己的各类选民，并在他们因为这样或那样可怕的细节上互相争吵时，时刻关注大局。

不幸的是，罗斯福没有活到足够长的时间向有关各方施魔法并说服他们相信自己的完美判断。从克里米亚回来仅仅10周，他就把未完成的谈判留给了毫无经验的副总统，此人对罗斯福关于《雅尔塔协定》框架的想法的了解甚至比约瑟夫·斯大林还要少。

冷战的开始：另一种解释

尽管冷战影响了我们将近半个世纪的国民生活和政治想象，但对冷战的起源，美国人仍缺乏一种有说服力的解释。历史学家对冷战局势有着诸多复杂的分析，都反对简单地贴标签，但是多年以来，关于这一时期的各种历史叙述往往都属于三个类别中的一个。那些被称为“正统派”的学者把关注点集中于苏联人的背信和美国人的无辜。[14]与之相反，许多（但不是所有）“修正主义”史学家倾向于强调美国的责任和苏联作出的被动回应。[15]所谓的后修正主义者则很少正面讨论“罪责”问题，但通常都认为，斯大林统治下的苏联人是顽固的，而美国人虽然偶尔被误导，但整体上是谨慎和高尚的。[16]根据第三种解释，冷战不过是由两大超级大国之间的地缘政治和意识形态分歧以及它们之间的权力真空注定的。著名的后修正主义学者约翰·刘易斯·加迪斯（John Lewis Gaddis）提出了一种新的观点，将冷战完全归咎于斯大林的性格。这种解释认为：“斯大林到处发动冷战，包括在国际体系内，与盟友之间，在苏联本国内，甚至在他的家庭内部。”加迪斯承认，把美国和

苏联引向 1945 年的因果链由许多环节组成。但“它因一人而 28
起”，加迪斯写道，“是他偏执和自恋的禀性致使世界深陷冷战的泥潭之中”。[17]

归根结底，这些解释都是信念问题，支撑它们的更多是心理上和意识形态上的假设，而不是整理出的令人信服的证据。加迪斯的最新解读作为对冷战的公认解释迅速在美国大众媒体上取得了近乎共识的地位。正如梅尔文・莱弗勒（Melvyn Leffler）所指出的那样，这种解释“与贯穿我们当代文化的必胜信念产生了共鸣”。[18] 实际上，无论冷战的原因是什么，原因有多少，无论其道义上或政治上的理由是什么，正如本书将论述的，冷战爆发的直接原因就是美国背弃了罗斯福在雅尔塔（与其他国家）所达成的协议。因为了解协议规定的实际责任的美国人极少，再加上部分知情人士对其确切含意说了谎，这导致美国政府指责苏联方拒绝履行协约，从而使美苏关系进一步恶化。美国通过宣传攻势在国内为他们的行动辩护，以免在迅速变换的政治文化中被指责向共产主义者出卖国家利益，而这让问题变得更加复杂。这些行动及其引起的反应，以及人们对苏联在波兰和东欧地区之行为的震惊，与美国政坛上爆发的大规模多疑症交织在一起，很快就削弱了美国政府应对苏联政权的实际情况和创建战后世界和平的能力。一旦美国人相信苏联在雅尔塔的背叛，他们在任何问题上都不再相信与莫斯科的外交或磋商。“苏联人只明白一件事”，据说卢修斯・克莱（Lucius Clay）将军在柏林曾对他的参谋人员说，“那就是武力”。[19]

对于 1945 年初聚集在里瓦几亚宫（Lividia Palace）的人来说，这一切似乎是完全可以避免的，甚至是不可能发生的。在雅尔塔会议的最后一个晚上，三位领袖相互祝酒，他们都相信在过去几周的努力取得了划时代的成就，奠定了战后和平的基础。此时，东西方关系达到了历史顶峰。当晚的宴会可能也是头脑清醒的人能够抱有建立一个基于合作和相互尊重的世界体系的希望的最后时刻。享受着丰盛的伏特加和鱼子酱，罗斯福把在里瓦几亚宫的感受比作“在家的感觉”。斯大林希望
29 “和平时期的关系将和战争时期一样牢固”。丘吉尔表示“我们现在都站在山丘之巅，可以看到各种美好的未来”。[20]罗斯福最亲密的顾问哈里·霍普金斯（Harry Hopkins）曾对他后来的传记作家罗伯特·E. 舍伍德（Robert E. Sherwood）说：“我们确实发自内心地相信这是我们多年来一直在祈求和谈论的新时代的开端……我们赢得了和平的第一场伟大胜利。”[21]

“世界的巨大希望”

在国内，人们对《雅尔塔协定》的公开充满了期待，因为在美国几乎没有人知道总统去了哪里。当谜底最终被揭开，《雅尔塔协定》被公开时，总统还在国外。它在美国博得了几乎一致的喝彩，甚至连那些同总统势不两立的政敌都对此称赞不已。在纽约共和党俱乐部举办的林肯纪念日晚宴上，原共和党总统赫伯特·胡佛（Herbert Hoover）宣称，该协定将会“给世界带来巨大的希望”，并称它“本应在亚伯拉罕·林肯诞辰日公之于世”。[22]纽约州州长汤姆斯·杜威在1948年准备共和党总统竞选时赞扬该协定“为未来和平做出了真正的贡献”。战前孤立主义领导人及共和党参议员阿瑟·范登堡（Arthur Vandenberg）宣称，该协议是“目前为止在重大会议上达成的最好的协议”。参议院多数党领袖阿尔本·巴克利（Alben Barkley，肯塔基州民主党代表）致电总统，祝贺他称：“这是为促进世界和平与幸福所采取的最重要的步骤之一。”[23]

主流媒体的反应也同样夸张。主要报纸的社论都欣喜地表示，这次会议“证明并超越了”所有的希望，“扫除了许多

障碍”，并且“为所有的可能性打下了坚实的基础”。[24]畅销杂志《生活》（*Life*）的编辑们以典型的亨利·卢斯（Henry Luce）式的长辈口吻写道：“当一场国际会议受到莫斯科新闻界、《纽约时报》、新政专栏以及赫伯特·胡佛等不同声音的赞扬时，其中必有特别之处。”[25]卢斯的《时代》周刊——它可能是美国关于外交事务最具影响力的出版物——称雅尔塔会议为“本世纪最重要的会议”，并补充道：“所有关于三巨头在和平时期能否延续战时合作关系的疑虑，现在似乎都消失了。”[26]沃尔特·李普曼（Walter Lippmann），美国最重要的外交事务独立评论人，写道：“这个军事同盟正在证明自己不是只有在面对共同敌人时才能发挥作用的短寿的组织，而是新的国际秩序的核心和基础。”[27]

战争期间，美国不断向其民众进行亲苏宣传，内容都是关于苏联及其所谓的令人钦佩的领导人“乔大叔”——斯大林。
即使罗斯福在1944年得知，1939年秋，苏联红军在卡廷向 30
被捕的波兰军官、士兵和平民实施了恐怖的大屠杀，他对同苏联当局维持友好关系的必要性的信念也没有被动摇。[28]总统希望在和平时期继续维持战争时期成功的合作关系，这种想法当然很受欢迎。[29]美国国务院对300家报纸和60家期刊进行的一项调查发现，绝大多数媒体评论都赞同《雅尔塔协定》，但是也特别指出，波兰“自由选举”的未来对于维护这种支持极其重要。[30]同样是这篇刊载于《生活》杂志、赞美该协定的文章——如同当时所有的媒体评论一样，文章的立意都是基于对协定中关于波兰的条款的误解——也警告道，除非美国驻苏大使W. 埃夫里尔·哈里曼（W. Averell Harriman）和英国驻苏大使阿奇博尔德·克拉克-克尔（Archibald Clark-Kerr）“证明自己忠于在雅尔塔得到的信任”，并且确保波兰将成为“真正民主和独立的国家，如同斯大林多次承诺的那样”，否则，

《雅尔塔协定》的后果很可能就是“美国成为谋害波兰的帮凶”。《生活》杂志还教导两位大使，不要“如此害怕冒犯苏联”，以至于“完不成真正的使命”。考虑到美国和苏联对于“自决”和“民主”两词的理解不同，《生活》杂志建议保持冷静。“我们无须担心关于这些词汇内涵的分歧”，编辑们提醒说，“危险在于，苏联当局可能会改变其政策，在国外推行同国内一样的集权主义政策”。[31]

媒体最初一致赞同《雅尔塔协定》，虽然有极少数不同的声音，但是自始至终都被笼罩在美国政治的阴影之下。这些声音几乎仅存在于东欧移民的政治和文化聚集区，尤其是波兰裔美国人以及“永不言败”的可怜的孤立主义者中。[32]然而，后者最有说服力的支持者、参议员范登堡投向了另一方，因此他们缺乏可信任的全国发言人。而前者从来就没有过这样的代言人。波兰流亡政府在英国谴责这份协定是一种令人失望的出卖，美籍波兰人大会也对此表示谴责，但都没有产生多大的效果。波兰裔美国国会议员还写了一封愤慨的抗议信。[33]人们对这些无助的抗议漠不关心，连总统的政治对手也是如此。亲共和党的《纽约先驱论坛报》(*New York Herald Tribune*)刊登了一幅漫画，描绘的是一位衣着土气的老人正用放大镜查看协定内容。漫画配文:“如我所料，这是个错别字！”标题是:《史上最重量级评论家》。山姆大叔以大度的娱乐心态作壁上观。[34]

不幸的是，这些溢美之词被发表时，还没有人认真研究过
31 协定的大部分内容，更不用说看到（秘密的）附属细则了。罗斯福通过邀请保守的南卡罗来纳州原参议员詹姆斯·F.“吉米”·伯恩斯（James F. “Jimmy” Byrnes）参加雅尔塔会议，精心为其宣传运动做了铺垫。罗斯福带着伯恩斯参加一场又一场毫无意义的会议，在最终的交易谈判之前却提前把他遣送回家，

故意让喋喋不休又极度虚荣的伯恩斯蒙在鼓里，不知道总统在秘密进行的艰难谈判的真相。即便如此，即将成为杜鲁门政府国务卿的伯恩斯还是热衷于吹嘘自己在会议上的影响力，并宣称总统很乐意听从他的建议。据《时代》周刊报道，他仅用38小时完成近7000英里的旅程回到了美国，并紧急召开新闻发布会，“所有会爬、会走或会跑的新闻记者”都参加了，“一分钟都没有浪费”。《时代》周刊写道：在罗斯福的支持下，伯恩斯成了“向美国人民和国会解释在克里米亚签订的这份协定的官方权威”。[35]新闻发布会后，伯恩斯与15位参议员共进午餐，并进行了两个小时的讨论，然后在参议院外交委员会主席汤姆·康纳利（Tom Connally）家中会见了该委员会成员。伯恩斯还与所有共和党国会领导人共进午餐，然后与个别参议员、新闻专栏作家以及有关各方举行了多场会谈。

在每场会谈中，伯恩斯都把协定描述为罗斯福和美国取得的一场巨大胜利。他称赞罗斯福是“会议主席”，称总统在会上“表现出了卓越的技巧、娴熟的外交手段、极大的耐心和良好的幽默感”，并以此达到了其目的。许多评论员担心，斯大林可能会主导这场在他的地盘上举行的会议，而伯恩斯向他们保证：“从已达成的决议中可以看出，苏联对这场会议没有任何支配行为。如果说三巨头中的一位对会议产生的影响更大，那此人非总统莫属。”而伯恩斯所作的会议记录并不能完全证实这一观点。[36]

和副总统杜鲁门一样，伯恩斯在外交方面几乎没有经验。他歪曲了《雅尔塔协定》关于波兰的内容，并错误地把这种误读延伸到东欧其他地区。他告诉大众：“三大国已经宣布，将联合行动，为波兰成立一个临时政府。”他也反复提到一个“新的波兰民族统一临时政府”，这个政府“既不是由伦敦流亡政府也不是由卢布林政府组成，而将是一个由双方代表和生

活在波兰的波兰人代表共同组成的临时政府”。在这个问题上，伯恩斯被不断追问，但他的回答翻来覆去都是基于自己的期
32 望，而不是对刚刚进行的谈判的了解。例如，根据伯恩斯自己的会议记录，斯大林对伦敦的波兰人在将来任何一个波兰政府担任重要角色持极为悲观的态度，并坚称，“华沙政府的主要人物不希望与伦敦的波兰流亡政府扯上任何关系”。但是，伯恩斯显然没有理解他的意思。[37]

由于伯恩斯是协定宣布当天唯一的信息来源，尽管他的话有明显的前后矛盾之处，轻信的记者团几乎没有怀疑。[38]（伯恩斯是如何知道他离开以后所发生的事情的？他如何确定自己听到和看到了会议的所有结果？）[39]面对得意忘形的伯恩斯在雅尔塔给自己带来的烦扰，罗斯福认为自己必须忍字当头，原因之一就是：25 年前伍德罗・威尔逊不愉快的凡尔赛之行萦绕在罗斯福的心头。虽然罗斯福在创建一个世界性组织以维护世界和平方面的许多目标和威尔逊一致，但他对威尔逊持蔑视态度，因为威尔逊怀着傲慢的态度，试图向公众推销自己的设想，并最终适得其反。正如《纽约时报》记者詹姆斯・赖斯顿所提到的，现在美国人担心自己在另一场国际会议上再次“受骗”，罗斯福需要消除这种担忧。[40]由于同样希望避免重蹈凡尔赛的覆辙，许多媒体人和国会成员都警告罗斯福，解释在克里米亚发生的事情时要坦诚。《纽约时报》的编辑们呼吁“与过去决裂”并“从美国方面的信息源获取对相关事件的真实解释”。同时，共和党在外交政策方面最有影响力的发言人阿瑟・范登堡发表总统“坦诚的必要性”[41]的公开演讲，获得了好评与喝彩。这是善意的劝告，但是罗斯福却无意接受它。

别再问我问题

具有讽刺意味的是，正是詹姆斯・赖斯顿几乎独自一人在

这种普遍欢欣鼓舞的气氛中瞬间捅破了窗户纸。詹姆斯·巴雷特·赖斯顿（James Barrett “Scotty” Reston，外号“斯科蒂”）此时刚刚开始其在《纽约时报》长达半个世纪的职业生涯。在这段时间里，他不断地展示出一种神奇非凡的能力，即他能够与华盛顿官方及其最初的政治机构进行深入的对话，并为他们发声。如果哪位总统对“斯科蒂（意为苏格兰狗）”赖斯顿有意见，那总统确实遇到了严重问题。[42] 消息刚出不久，赖斯顿就仔细分析了这份协定中刻意采取含糊措辞的内容，并指出“真正让首都各界人士感兴趣的问题在三巨头的声明中都没有被提及”。赖斯顿指出，该协定对其中最重要的日本问题只字未提。这位记者也注意到，协定没有提及在伦敦的波兰流亡政府，却称卢布林政府为波兰的“当前政府”。然而，赖斯 33
顿却解释说：“对于三巨头的协定中涉及波兰的内容，人们普遍感到欣慰，因为罗斯福总统明确表明了美国的立场。”[43] 当然，事实本非如此。

赖斯顿能迅速指出协定中的主要缺陷，而下一秒又对其视而不见，这一点恰恰反映出《雅尔塔协定》似乎在华盛顿引起了集体认知偏差。赖斯顿的导师沃尔特·李普曼称：“毫无疑问，[总统手下] 回来时没有背负着任何让他们难堪的重要秘密。”[44] 在李普曼和赖斯顿的引导下，华盛顿大多数人抱着一种充满希望的无知态度接受了这份协定，仿佛和平的未来取决于人们是否愿意避免提出太多令人不安的问题。[45]《生活》杂志的编辑们甚至预测道：“前总理 [斯坦尼斯瓦夫·] 米科瓦伊奇克 [波兰流亡政府的领导人] 将会受邀领导新的 [波兰] 政府。他和他的人民党对苏联人很友好……”[46]

虽然，对关键问题避而不谈这种做法，最终将被证明对罗斯福的宏伟目标是致命的，并会毁灭他构建一个和平世界的希望，但是罗斯福的瞒骗手段卓有成效，现在的任何政客都不可能效仿他的手段。最值得关注的是，他隐瞒了自己迅速恶化的健康状况。尽管每天能集中精力处理国家事务的时间为2~4个小时，他的工作效率受到限制，但是在1944年的竞选活动中，他非常善于掩饰自己的病痛，以至于他的私人医生罗斯·麦金泰尔（Dr. Ross McIntire）在日记中写道："这让我怀疑自己的诊断结果。"[47]到他参加雅尔塔会议时，罗斯福患上了心肺功能不全、高血压、鼻窦炎、贫血症及痔疮出血等疾病。在这次艰难的行程中，总统面色苍白，让见到他的许多人震惊不已。[48]在雅尔塔会议期间，他曾突发"交替脉"（pulsus alternans），其病症为脉搏强弱交替出现。他的医生立即取消了所有的工作安排，罗斯福因此得以康复。[49]尽管没有证据表明——医学上也没有理由怀疑——罗斯福的疾病影响到了他思考或决策的能力，但毫无疑问的是，他和助手与医生合谋策划，塑造了一个比真实的他更为健康的人物形象。[50]

罗斯福的演讲稿撰写人塞缪尔·罗森曼（Samuel Rosenman）在其出版于1952年的回忆录《与罗斯福共事》（*Working with Roosevelt*）中声称，总统在从雅尔塔返航途中，对他将在国会两院发表的重要演讲的第二稿和第三稿，做了大量修改，后来又和他的女婿约翰·伯蒂格（John
34 Boettiger）一起仔细检查了一遍。但是在1968年和1969年进行的口述史访谈中，罗森曼讲述了故事的另一个版本。他表示自己当时非常沮丧，因为他长途跋涉来到阿尔及尔，迎接归国途中的总统一行人，却发现"总统极其疲惫，不愿意工作，这与他一贯的习惯相反"。他在回忆录中还承认，他发现罗斯福的演讲暴露了总统每况愈下的身体状况。罗曼森的原话是："十分明显的事实是，他在4个月前的总统竞选中表现出来的雄辩的口才和演说能力已不见踪影，12年的总统任期的沉重压力带来的后果越来越明显。"[51]如果他身体健康的话，他可能会在演讲中更加坦诚地叙述《雅尔塔协定》。但是，考虑到罗斯福过去一直毫无顾忌地撒谎，这样的假设似乎更多是基于希望而不是历史。

“我能做到最好的程度”

回想起来，罗斯福决意走上欺骗隐瞒之路具有希腊悲剧的色彩。老天给了这位总统一次历史性的机会，给同胞们上几堂关于国际政治现实的沉重的课。作为取得辉煌胜利的战时盟国成功的领袖、美国唯一一位连任四届的总统、在个人声望的顶峰时期受到美国人民举国爱戴的人物，罗斯福具有无与伦比的独特地位，能打破美国人关于世界的一些浪漫信念。但体弱多病的总统却选择奉承美国人的无知。尽管美国人作为买方和卖方参与全球市场的历史很长，但是他们还不熟悉外交上取舍的概念。迄今为止，美国一直在两种徒劳状态之间摇摆不定，即要么把外交政策视作商业上有利可图的传教工作，要么只要当地人不理解美国为他们的利益制订的计划，就想退出世界事务。这两种状态都让人难以理解。美国位于两大洋之间的缓冲地，自身领土广袤无垠，周围没有强邻窥探，这些因素共同塑造了美国人的思维习惯，让他们相信，他们可以基于自己认为普遍适用的原则来构建世界体系，而不是更传统的均势原则。

虽然罗斯福知道，在雅尔塔的谈判中逃不掉典型的外交
权衡，但他不愿花费必要的政治资本来解释为什么美国人也必
须接受这种权衡。相反，从克里米亚回国后，他出席国会联席
会议，告诉了天真无知的美国人他们想要听到的内容。他承诺 35
说，雅尔塔意味着“原先由单边行动、排他性联盟、势力范围
和权力平衡构成的体系宣告终结”。[52] 虽然这种描述非常符合
美国人的自我形象，但它与罗斯福刚刚在雅尔塔通过艰难的谈
判达成的协定毫无关系。

罗斯福很清楚他所签署的协定的弱点。例如，他在雅尔塔未能保护波兰的自由。但“自由”并不是罗斯福和丘吉尔首要关心的问题。当埃夫里尔·哈里曼向罗斯福指出，有人似乎正酝酿在巴尔干半岛划分势力范围时，罗斯福解释说，他的目标是“防止巴尔干半岛把我们拖入一场未来的国际战争”。哈里曼在 1944 年 10 月已经注意到，罗斯福“对东欧事务几乎不感兴趣，除非它们影响到美国国内的情绪”。[53] 经过艰难的、有时激烈的谈判，有关波兰未来安排的最终措辞，依然没有保证用伦敦的波兰流亡政府的成员取代莫斯科支持的卢布林政权。协定中的确提到了，未来波兰政府的成员包括“来自国外的波兰人”，但由于没有具体所指，这完全可以被解读成在克利夫兰或密尔沃基的共产主义工会领导人或流亡政府的成员。（这一事实引起了在伦敦的波兰人的注意，当协议公之于众时，他们强烈谴责该协议。）[54] 虽然协议要求举行选举，但没有规定确保选举公正的方式，甚至也没有规定举行选举的确切日期。

斯大林同意签署美国的《欧洲解放联合宣言》（*Joint Declaration for a Liberated Europe*），三大国宣布他们“决心与其他爱好和平的国家合作，以建立一种法治下的世界秩序，致力于全人类的和平、安全、自由与幸福”。[55] 然而，这份文件实际上也毫无意义，因为它还是没有明确解释相关条款。美国先前的草案提出“自由而不受限制的选举”和各国共同治理，在苏联的要求下这项条款被弱化为，仅需要三大国之间的“磋商”，“期待”在未来某个未定的日期进行自由选举。[56] 苏联把对“立即组建一个适当的机构以执行宣言中提出的共同责任”的保证改成，仅仅要求他们“立即采取措施以共同磋商”，赢得了又一次让步。[57] 但是，会议记录表明，美国草案中的变动几乎没有引起什么讨论，因为它的目的从来只是迎合美国公众舆论，尤其是波兰裔美国人的舆论。[58] 据记载，当莫洛托夫（Molotov）

担心宣言内容“太过分”时，斯大林回答说：“不用担心……我们会努力完成……以后会按照我们自己的方式行事。”[59]而在另一方也发生了类似的对话，罗斯福的参谋长联席会议主 36
席、海军上将威廉·莱希，在离开雅尔塔时向罗斯福抱怨，协议中关于波兰的表述“太有弹性，以至于苏联人用不着从技术层面上违背条款，就完全可以将它从雅尔塔延伸使用到华盛顿头上”。“我知道，比尔”，罗斯福回应说，“我知道这一点。但是这一次，我已经为波兰尽了最大的努力”。[60]

罗斯福愿意对斯大林作出让步，确实反映出了某些难以回避的现实。首先，苏联红军解放了波兰和东欧地区，这可能是历史上代价最高的军事胜利，多达2700万人为此丧生。[61]基于意识形态和经验，加上斯大林自己的性格特点，苏联领导人的一项毫无商量余地的条件是，必须允许他们在苏联和德国之间的各个国家扶植对苏友好的政府，其中最重要的一个国家是波兰。因为他们已经占领了这些国家，除了战争，几乎没有什么能够阻止他们。

斯大林自己对于这些决定性因素的看法，可以从他在战后所讲的一则玩笑中看出：丘吉尔、罗斯福和斯大林一起去打猎并最终杀死了熊。丘吉尔说：“我要熊皮，让罗斯福和斯大林分熊肉吧。”罗斯福说：“不，我要熊皮，让丘吉尔和斯大林分熊肉。”斯大林沉默不语，于是丘吉尔和罗斯福就问他：“斯大林先生，你有何意见？”斯大林只回答：“整头熊都是我的——毕竟是我杀死了它。”西蒙·塞巴格·蒙蒂菲奥里（Simon Sebag Montefiore）对此作出了非常贴切的解读，即熊是希特勒，而熊皮则是整个东欧。[62]

在去雅尔塔之前，总统就已告知国会领导人：“苏联人在东欧拥有权力，与他们决裂明显是不可能的，因此，唯一切实可行的做法是利用我们所拥有的影响力来改善形势。”[63]对此，丘吉尔、美国国务院以及美国陆军部都持更为悲观的看法。英国首相在启程去克里米亚时，向他的私人秘书抱怨说："可以肯定的是，除了希腊之外，所有巴尔干国家都将被布尔什维克化，对此，我无能为力。我也无法帮助可怜的波兰。"[64]如果在战争期间采取某种联合行动反对苏联扩张，或许可以改变战后政治现实。但是现在已经太迟了。1945年春天，在雅尔塔会议之后的一次与美国记者埃德加·斯诺（Edgar Snow）的非正式采访中，苏联外交人民委员马克西姆·李维诺夫（Maxim Litvinov）问道："为什么你们美国人等到现在才开始反对我们在巴尔干地区和东欧的行动？三年前你们就应该这么做。现在已经太迟了，你们的抱怨只会引起怀疑。"[65]

37 此外，鉴于在1943年的意大利停战谈判中，美国与英国没有同斯大林协商，因此，在向苏联投降的国家的治理问题上，英美两国也很难指望被苏联视作全面的合作伙伴。

根据温斯顿·丘吉尔的说法，1944年10月，在他和约瑟夫·斯大林于莫斯科举行的一次会谈中，他们秘密瓜分了欧洲。这颇具讽刺意味。根据丘吉尔在其回忆录中的记载，两人根据丘吉尔写在一张纸上的以下比例，就他们对大国命运的控制权作了交易：罗马尼亚，苏联90%，其他国家10%；希腊，英国90%，苏联10%；南斯拉夫，各50%；匈牙利，各50%；保加利亚，苏联75%，其他国家25%。据丘吉尔回忆（后来发现，英苏双方的记录都无法证实其内容），"斯大林研究了一会儿，默默地在数字旁边画了一个大对勾。停顿了一阵子，我又有了一个新的想法：'如果世人发现，我们以如此草率的方式处理这些事关几百万人的前途命运的问题，会不会对此冷嘲热讽？我们还是烧了它吧。'""不要烧，留着它"，斯大林如此回答。丘吉尔还说斯大林接着说："最好用外交辞令来表述这些事情，不要用'划分势力范围'这样的措辞，因为美国人可能会震惊。”[66] 尽管丘吉尔的回忆可能并不准确，甚至可能只是一种想要准确表述的真诚的尝试，但这表明，他对罗斯福提出的宏伟计划是多么不信任。在埃夫里尔·哈里曼的建议下，他甚至都没有告知罗斯福自己与斯大林的会谈内容。[67] 事实上，丘吉尔对未来的联合国组织确保欧洲和平的能力也持十分悲观的态度，他也知道，不能指望美国人做到这些（即使他们最终在北约和冷战问题上做到了）。1943 年冬天的德黑兰会议后不久，罗斯福在一封信中坚持要求：“请勿要求我在法国保留美国军队。我不能这么做。我必须把他们全部带回国。”[68]

如果罗斯福真的想努力让他的国家为战后世界的严峻现实做好准备，他就应该听取青年外交官和苏联问题专家乔治·凯南（George Kennan）的建议。凯南在美国驻莫斯科的大使馆工作期间，给总统写了一封信，建议公开承认这一事实：红军已占领半个欧洲并且不会放弃对当地的控制。他劝告美国，“应当放弃在波兰与东欧举行自由选举的想法。因为只要苏联军队进入该地区，这种想法就不可能实现，并且只会不必要地激怒苏联”。[69] 事实上，苏联人不可能冒险在波兰成立一个亲 38
美政府，就像美国也不允许苏联在墨西哥成立一个亲苏政府。鉴于中欧地区的血腥历史，他们的疑惧来自不可抗拒的环境。国务院在为罗斯福出访雅尔塔而准备的简报资料中建议他，为苏联在波兰与东欧占据“主导地位”做好准备。[70] 这对罗斯福完全不成问题，他没有表达过自己关心在东欧建立什么类型的政府，只要它们不妨碍他的宏伟计划就好。[71] 在 1943 年 11 月至 12 月的会晤期间，罗斯福向斯大林明确表示，他理解苏联对东欧、波罗的海和巴尔干地区的安全关切。[72] 这意味着，无论罗斯福被迫表现出对波兰流亡政府的何种关切，都是为了取悦美国国民，尤其是“波兰裔美国人”，而斯大林则无需关心这个问题。[73]

在国会发表关于《雅尔塔协定》的演讲时，罗斯福选择谎称斯大林在雅尔塔作出了让步，而他显然没有作出任何让步。伯恩斯在最初概述就波兰问题达成的协议时，传达了夸大的不实之词，罗斯福在伯恩斯言论的基础上给出了更充分的阐释，表示战后的“政治和经济问题”将会是“三国政府的共同责任”，三方“将在战后的不稳定时期，帮助人民……通过稳固的民主程序解决他们的问题”。[74]总统也承诺，在前法西斯国家中成立的临时政府“将尽可能代表所有的民主因素，并且此后尽快举行自由选举”。他特别提到波兰，宣称三大国的目标无非是“让波兰成为一个强大、独立和繁荣的国家，其政府最终由波兰人民自己选举产生”。[75]

罗斯福的演讲中关于波兰的部分并不是他蓄意说谎的唯一例子。当他坚称“这次会议只关注欧洲战争和欧洲的政治问题而不涉及太平洋战争”时，他完全在撒谎。事实上，为了换取苏联对打败德国之后立刻进攻日本的承诺，罗斯福已经与斯大林达成一份秘密协议：罗斯福同意恢复苏联于 1905 年被日本打败以前在远东的地位，其中包括美国支持苏联收回南库页岛的请求（该地于 1875 年由日本自愿通过条约割让给沙皇俄国，但在日俄战争中被日本重新占有）；承认苏联在外蒙古的现有
39 霸权；租借旅顺港为海军基地；保证苏联在大连的商业利益优先权，大连将成为自由港；联通苏联与大连的南满铁路，由中苏共同经营。（除了恢复 1905 年之前的地位之外，罗斯福同意支持苏联对千岛群岛的主权要求，该群岛连接着日本北部和苏联的堪察加半岛，最初两国都向这里渗透，1875 年后由日本占有。）[76]

罗斯福在他关于雅尔塔的演讲中，甚至没有提及尚未解决的英、美、苏关于德国赔偿数额的争论；也未提及苏联在联合国大会中能够取得多少席位的问题。（苏联援引英联邦的先例，

最初要求16个席位，但最终接受了3个席位的安排。）总统关心的是三大国合作本身的价值，而非其实质。他很早就承认，“波兰和南斯拉夫等少数情况造成的特殊问题”导致各方“在谈判桌上自由而坦诚地争论”。然而，罗斯福在演讲中却保证：“我们在每一个问题上都达成了一致。而比言语上的一致更重要的是，我可以说我们已经达成了思想上的统一，并且找到了共同前进的道路。”

在其中一些情况下，罗斯福完全有正当理由不说他知道的真实情况。战争时期在和谈问题上说谎与和平时期在战事问题上说谎是两类完全不同的行为，前者也远不如后者那样麻烦。成功的军事行动常常需要保密，有时甚至需要欺诈。雅尔塔会议召开时，纳粹势力在欧洲还未投降，日本仍然在亚洲疯狂作战。在协定签订时，苏联与日本仍签署有条约，而苏联方面的军事力量还全部集中在欧洲。公开谈论签订一项在德国投降后进攻日本的协议，可能会导致日本先发制人进犯苏联边境。此外，斯大林同意这项协议的前提是保密，这样他才能够在敌人对自己的计划毫无警觉的情况下跨越西伯利亚投送兵力。爱德华·斯退丁纽斯（Edward Stettinius）后来回忆道：“无论在雅尔塔还是在波茨坦，军事参谋部都特别关注驻扎在中国东北地区的日本军队。这支独立且自给自足的军队号称‘日军之花’，拥有独立的指挥权和工业基础，被认为即使在日本本土被占领后，也有能力拖延战争，除非苏联参加战争并与这支军队交战。”[77]虽然军事上的需求决定了要对远东问题保密一段时间，但这也不是公开说谎的理由，因为说谎是没有必要的。［十年以后，当雅尔塔会议相关文件最终被公开时，参议院少数派领袖威廉·诺兰（William 40
Knowland，加利福尼亚州共和党代表）谴责罗斯福“提交给政府立法机构的虚假报告”。］[78]

总统关于《雅尔塔协定》中设立联合国之相关规定的做法问题更大。他没有承认，他已经同意给予斯大林联合国大会额外的席位。这或许是因为他期望以后能够说服斯大林放弃这些席位，或是因为他计划为美国争取额外的席位。[79]（当杜鲁门知道罗斯福对斯大林作出的这个让步时，他会吓得“目瞪口呆”。）[80]罗斯福及其顾问无法相信，斯大林会在一个旨在成为全球辩论平台的机构中坚持如此愚蠢的安排。同样，美国也不愿对斯大林关于英联邦拥有实际上完全由英国控制的六个联合国席位不公平的论点发表意见，因为英国自然也会反对苏联人的看法。[81]而在波兰与东欧问题上，罗斯福说谎仅仅是一种政治上的懦弱行为。

罗斯福之所以能赢得美国同胞对《雅尔塔协定》的认可，很可能得益于精彩的戏剧化事件。任何一个人只要近距离见到总统，都看得出总统本人身体状况堪忧。风尘仆仆的行程显然让总统的气色变得更差。在向国会演讲时，罗斯福打破了惯例，让人推着轮椅通过走廊到达讲台，而不是依靠朋友或者拐杖，艰难地“走”到圆形大厅中央。“我希望你们能原谅我在作报告时，不同于以往，采取坐姿”，他向满怀感激之情的观众恳请道，“我知道你们理解这样会让我这种腿不好的人更舒适一些，而且我刚刚完成了一次 14000 英里的行程”。

这种坦白激起了现场观众热烈的喝彩和雷动的掌声。劳工部长弗朗西丝·珀金斯（Frances Perkins）感动到几乎落泪。她回忆说，这是“他第一次提及自己的身体残疾和机能障碍，而且是以如此富有魅力的方式。我记得自己当时意识到，他实际上在说，‘你看，我是一个瘸腿的残疾人’，就哽咽了。他以前从没有说过这种话，也不曾有人对他说过或者当着他的面提及过。……他只有处于完全谦卑的状态，才能在国会上说出这番话”。[82]直到这一刻，公众才知道美国总统只能短暂地站立，只有在别人的帮助下才能行走。新闻短片从未展示他的病重程度；白宫记者团也从未提及过。当有人试图打破“不展示总统健康状况”这一不成文的规定时，被指派给总统的摄影师甚至会挡住其视线。即使是共和党反对派也从未利用过这一点。这 41
是罗斯福“华美的骗局”。曾经极力掩盖其残疾的罗斯福，现在实际上在告诉国民，“我是一位年迈的领导人，身心疲惫，有病在身，我没有什么可对你们隐瞒的”。尽管，实际上他的这次演讲没有向国民交代多少发生在里瓦几亚宫的事情，但也无人不惊叹于罗斯福几近超人的政治意志——不惜一切代价赢得听众的信任。不幸的是，这场关于雅尔塔会议的演讲是一场骗局，结果并不那么“光彩”。

遵守诺言的苏联领导人

一边是他向美国民众诉说的内容，另一边是他在克里米亚接受的协议，富兰克林·罗斯福究竟想如何弥合这两者之间的差距？历史几乎没有留下线索。我们知道，罗斯福清楚地知道自己关于已签署的协议的陈述具有多大的误导性。在为协议辩护时，面对将要出任美国驻巴西大使的阿道夫·伯利（Adolf Berle），他承认：“我没有说这个结果是圆满的。我是说这是我能争取的最好的结果。”[83] 在 3 月 1 日的国会演讲之后仅仅六周，总统便去世了，在这期间他感觉身体很虚弱，没怎么工作。温斯顿·丘吉尔故意伪造的关于罗斯福最后日子的印象，让历史的书写蒙上了一层阴影。（这是一例关于欺骗的谎言。）为了把罗斯福描述成希望在会议之后对斯大林采取“强硬”政策的领导人，丘吉尔从他们的信件中——从雅尔塔返回后的数周内两人频繁通信——删除了一些意见，其中罗斯福建议丘吉尔“尽量减少”与苏联在波兰问题上的分歧。总统还违背丘吉尔的意愿，坚持认为苏联人不应被排斥在经济组织之外，因为他不想给人留下“我们在无视《雅尔塔协定》中关于在解放区三方联合行动的决议。[这]很容易被解读为，我们认为《雅尔塔协定》已失效”。[84]然而，丘吉尔本人也自相矛盾，他将罗斯福拒绝和他一起采取敌对立场归咎于罗斯福恶化的健康状况：“我们现在可以看到，杜鲁门总统对重大世界问题的把握能力的增长，没有跟上罗斯福总统身体的衰竭，而这造成一个致命的裂缝。在这令人沮丧的裂缝中，一位总统无法采取行动，而另一位不知道如何行动。”[85]

面对苏联对在克里米亚达成的协议的解释，罗斯福也不像丘吉尔那么担忧，他不断尝试让这位越来越焦虑不安的首相冷静下来。在每一份电报中，丘吉尔都催促罗斯福协助他在波兰
42 问题上对苏联施加影响，甚至把伦敦的波兰人声称受到新政府政治压迫的报告发给罗斯福。[86]根据丘吉尔的解释，苏联人没有遵守关于波兰政府构成的约定。[87]丘吉尔给罗斯福发电报，提议给斯大林写信，表达他们不赞成波兰事态的发展。[88]但是总统拒绝加入抗议的行列。[89]他写信给丘吉尔表示：“我向你保证，我们的目标是完全一致的……唯一的区别是，我们的策略不同。”[90]尽管罗斯福一再保证，美国对《雅尔塔协定》的解释和英国一致，但他在去世 13 天前写的一封信中警告丘吉尔，不要“试图回避协定中明确规定的内容，即我们更重视将要成为新政府的卢布林政府而不是另外两个群体”，以免罗斯福和丘吉尔“被指责试图背弃克里米亚的决议”。这是总统最后一次就这个问题和丘吉尔通信。[91]

丘吉尔从雅尔塔回国后，承诺将开创一个人类之间手足之情的新时代。他这么告诉议会下院，“这次克里米亚之行和其他接触给我留下的印象是，斯大林元帅和苏联领导人都希望和西方民主国家平等友好共处”。他私下里也同样乐观。“可怜的内维尔·张伯伦（Neville Chamberlain）以为他可以信任希特勒”，他若

有所思地说，“他错了。但是我相信我没有看错斯大林”。[92]

然而，随着东欧局势的恶化，丘吉尔改变了看法，并公开表态称，自己在雅尔塔受到了蒙骗。但是，他没有做出任何会破坏他代表英国达成的谈判结果的举动，这些谈判结果是波兰交易的交换条件。例如，3 月 5 日，他指示安东尼·艾登（Anthony Eden）不要挑衅苏联在罗马尼亚的行动，以免“损害我们在波兰的地位，并动摇苏联对我们在雅典长期斗争的默许”。12 日，他再次要求艾登克制：“考虑到你所熟知的因素（即希腊），要在一定程度上接受苏联在这个战场（罗马尼亚）上的主导地位。”[93] 英美两国决定不让苏联参与正在瑞士首都伯尔尼举行的意大利北部德军投降谈判，斯大林对此非常愤怒，他认为这违反了无条件投降原则，双方关系因此进一步恶化。[94]

在同一时期，濒死的罗斯福经常对其亲信表达对斯大林在雅尔塔会议后的行为的失望之情，包括他指责斯大林违背了“他在雅尔塔会议上所做的每一项承诺”。[95] 这让埃夫里尔·哈 43
里曼等人有理由确信，罗斯福在准备冷战，这些观察者都认为冷战迫在眉睫。[96] 也许确实如此，但是，根据罗斯福实际上所作出的政策决议以及他对最重要的盟友温斯顿·丘吉尔提出的明确请求，几乎没有确凿证据来支撑这一观点。这一点很关键，因为虽然可以解释冷战起源的合理原因有很多，但是具体原因是有限的。这些合理原因包括：美国和苏联的社会和经济制度不相容、斯大林的偏执及其导致的政策、苏联历史上的扩张主义倾向、美国在全球重新界定其国家安全的需要，以及双方宣传的意识形态。对于战时联盟在战后迅速走向分裂的原因，最有说服力的解释是美国决定从《雅尔塔协定》中脱身，即使他们也责备苏联做了同样的事情。尽管西方未能在雅尔塔为波兰人争取到更好的条款，但是在莫斯科的美国代表埃夫里尔·哈里曼和英国代表阿奇博尔德·克拉克－克尔，在会议后屡次试图迫使斯大林同意建立一个包括伦敦流亡政府领导层在内的新波兰政府。[97]因为雅尔塔会议仅仅要求“波兰正在运行的临时政府按照广泛的民主基础改组，并吸纳来自波兰本国的民主派领导人和来自国外的波兰人”，而既没有提及重组后的政府也没有提及伦敦流亡政府，因此斯大林有理由指责美国人的立场“无异于直接破坏了克里米亚会议的决议”。[98]斯大林在可以要求回报的时候没有向丘吉尔和罗斯福作出让步，现在更没有理由向两位大使妥协。一个难以打破的僵局随即形成，波兰的命运成为定局，东西方的关系在未来的半个世纪里持续恶化。

认为违反《雅尔塔协定》的是美国（和英国）而不是苏联的主张，并不是在为苏联在东欧的政策辩解，因为斯大林以有效的方式巩固了他在波兰获得的利益。这也不是说，没有必要或不应该抵制斯大林主义的行径。当罗斯福回国向国会发表关于未来和平与自由的演讲时，卢布林政府已经在苏联内务人民委员部的协助下开始逮捕和清除他们的对手。[99]人们被号召，以某种形式——无论是利用肉体、政治、文化还是心
44 理——保卫欧洲尚存的民主。据此可以肯定的是，冷战即便不是因为美国人背弃和遗忘《雅尔塔协定》而被催化爆发，也必然会发生。这是一个反事实的论点，也远远超出了本书的研究范围。就本书中的探讨而言，冷战爆发的时间和方式，至少部分是因为美国拒绝遵守在雅尔塔作出的承诺。

但是即使斯大林可能是个统治手段严酷的领导人，我们也不能由此得出逻辑上的结论，认为他也无意遵守《雅尔塔协定》或与美国保持理性的友好关系，即使只是从纯粹实际的理由出发也是如此。尽管看似矛盾，但斯大林可能［用波兰历史学家伊萨克·多伊彻（Isaac Deutscher）的话来说，就是出于“古怪的”“极度复杂”的原因］“在与他的资产阶级盟友打

交道时……墨守成规，保持谨小慎微的态度”。[100] 阿诺德·奥夫纳（Arnold Offner）在其关于这个时代的权威历史著作中也写道：“……没有证据表明，斯大林打算带领他的红军向西行军，进入其协议规定的欧洲占领区之外的地区，此外，他把苏联的国家利益置于传播共产主义意识形态的愿望之上。他也准备以实事求是的态度与美国打交道，他敬重美国的军事和经济实力。”[101] 尽管西方领导人认为自己在处事方式上比苏联领导人具有更高的道德水平，但事实证明，他们在遵守雅尔塔会议上的诺言方面远不如斯大林谨慎，在辨别对手的动机和阴谋方面远不如斯大林精明。例如，杜鲁门总统认定苏联人醉心于“征服世界”后，苏联采取的几乎每一个行动都被仅仅归因于这一征服欲。[102]

死亡的干扰

富兰克林·罗斯福可能相信自己能够排除万难，说服斯大林放松对波兰的控制，并逐步动摇美国国内的舆论，让民众接受苏联在政治上控制了东欧大部分地区的事实。罗斯福并不是没有察觉到斯大林对波兰和东欧的意图，但他和他的多数顾问一样，相信战后世界的和平取决于美国、苏联、英国和中国四大国在联合国中共同协作，在各自势力范围之内维持秩序的能力。事实上，罗斯福关于四国共治战后世界的设想，不仅是为了遏制德国和日本的军国主义，也是为了遏制苏联的扩张主义以及英法的帝国主义，但这一设想从未被准确定义，更未得到实践的检验。根据沃伦·F. 金博尔（Warren F. Kimball）的
研究，“他的设想模糊不清、定义不明确，充满了微妙的（或 45
被忽视的）差异，以至于连他最亲近的顾问都不确定它将如何运作”。[103] 埃莉诺·罗斯福（Eleanor Roosevelt）认为，这一设想是“充满危险”的，在这一点上她被证明有先见之明。[104]

历史不会为假设性问题提供答案，但来自克里姆林宫内部的新证据表明，虽然斯大林偏执疯狂，但在外交上，用历史学家弗拉季斯拉夫·祖博克（Vladislav Zubok）和康斯坦丁·普列沙科夫（Constantine Pleshakov）的话说，他主要是“一个精明的现实主义者”。[105]他在审时度势之下当然不反对把自己的统治和苏维埃制度扩张到更广阔的地带。“尽管他作为一个冷酷的统治者而闻名于世”，他们写道，但斯大林“并不准备在二战后大肆进行单方面扩张。他想避免与西方产生冲突。他甚至准备与西方大国建立合作，以建立自身影响力，并解决不断出现的国际争端。因此，冷战并不是他的选择，也不是他的思想产物”。[106]这两位历史学家认为，斯大林的战后外交政策是防御性的、应对性的和谨慎的，而不是某个整体规划的实现。[107]尽管在苏联的影响下这些国家的传统社会遭到了破坏，将苏联的国家模式强加给这些国家也违背了它们各自民众的意愿，但是诺尔曼·奈马克（Norman Naimark）认为，根据东德的经验，斯大林和苏联“之所以把这个地区布尔什维克化，不是因为事先有这种计划，而是因为这是他们所知道的组织社会的唯一方式”。[108]

这种假设的与西方进行温和的、相对和平的竞争的愿望，实际上在苏维埃国家之外的每一个地区都是经得起推敲的。艾伯特·雷西斯（Albert Resis）指出，1944 年 10 月，他们在莫斯科进行所谓的分配比例讨论期间，斯大林对丘吉尔的答复提供了“令人震惊的证据表明，至少在口头上，斯大林为了三大国的团结，愿意牺牲多少国外革命共产党的利益”，尽管他也抱怨自己不能对意大利共产党施加影响，意大利共产党希望“斯大林滚开”和“少管闲事”。[109]同年 11 月，斯大林表示他相信，盟国的基础不是“偶然的或短暂的动机，而是至关重要的长远利益”，最重要的是“能防止新的侵略和新的战争，即使做不到永绝后患，至少能在很长一段时间内维持和平”。[110]

俄罗斯历史学家列奥尼德·吉比安斯基（Leonid Gibiansky）指出，在1945年斯大林仍十分热衷于维护美苏大国共同治理带来的利益和巩固苏联的军事与外交成果。随着冷战后苏联档案的公开，战争时期斯大林的核心外交顾问给他准备的备忘录被公之于众。备忘录似乎表明，他在德国和日本事务以及维持 46
非正式势力范围等方面与西方保持持续的合作。[111] 诺尔曼·奈马克，他关于“苏联残酷对待德国民众”的研究影响了许多冷战史学家，也得出了这样的结论：尽管苏联在这里的确采取了许多矛盾的行动，但他们在1947年之前的主要目标一直都基于“地缘战略和经济”。他们想要的是“一个不会威胁苏联安全的德国政府。为了达到这些目的，苏联愿意牺牲德国共产党的利益，并扶植那些‘资产阶级’政党”。[112] 大卫·霍洛韦（David Holloway）在他颇受推崇的关于苏联原子弹计划的历史著作中明确指出，斯大林在这一时期的目标是“巩固苏联所获得的领土，建立苏联在东欧的势力范围，对德国的政治命运拥有发言权，如果可能的话，也共同决定日本的政治命运”。[113] 根据学者冈察洛夫（Goncharov）、刘易斯（Lewis）和薛理泰（Xue）所发掘的档案，斯大林在亚洲的目标是“与中国结盟以遏制日本”。[114] 以新证据为基础，凯瑟琳·魏瑟斯比（Kathryn Weathersby）针对斯大林在朝鲜的战略野心展开了类似的研究。[115]

莫洛托夫曾经解释说，苏联“完全相信”罗斯福对通过合作解决分歧的诚意和承诺。[116] 但是，一旦他们相信美国人对此已失去兴趣，就抛弃了合作的念头。[117] 也许斯大林和罗斯福的合作关系会带来一个稳定的，分为东西两部分的世界体系，即便其中充满竞争。在这样一个世界，可能就不会有

双方在亚洲、非洲、拉丁美洲发动的那些杀死数百万民众的
代理人战争；可能就不会有代价高昂且危险的核军备竞赛；
可能就不会有美国国内政治中所有对公民自由的侵犯和政治
上的偏执。杜鲁门后来推测说："如果罗斯福身体健康，他可
能会取得比任何人都高的成就……他对世界舆论的影响力是
无人能比的。"但杜鲁门也总结说，他"认为没有人能说服
苏联遵守协定"，因为他认为，"斯大林必须优先处理国内事
务以防止军队掌权……苏联的一切都是阴谋"。[118]然而，正
如一些人所主张的，如果没有冷战，世界可能会变得更不安
全、更不稳定，像波斯尼亚、塞尔维亚以及克罗地亚这样的
问题将会不断转移并延续50年之久。[119]在美国国内，罗斯福
的运气和政治手腕在其12年的执政生涯中被证明十分有效，
47 他很可能也因此成功躲过了被人揭发在雅尔塔问题上蓄意误
导美国大众。但他没想到，自己会在会议结束后如此关键的
时刻死去。他没能让他指定的继承人或让他所领导的国家为
接下来将发生的一切做好准备，这是罗斯福留下的最大的
污点。[120]

罗斯福选择的继承者，哈里·S. 杜鲁门，是一位不擅长处理美国与斯大林和苏联之间的潜在冲突和外交上的模糊性的领导人。绝大多数了解他的人都知道，杜鲁门说话直言不讳，行事为人简单直率，他认为说话最重要的一点在于清晰易懂。他在性格上与罗斯福截然相反，喜欢处理完一个问题，就开始着手处理下一个问题，往往不顾自己是否有足够的信息来作出明智的判断，或者推迟作出相关决定是否更有益。在波茨坦进行了整整两天的谈判后，杜鲁门抱怨说："我开始失去耐心了，我想要少说话，多行动。"[121]这与罗斯福的作风几乎完全相反。这种果断最初让某些罗斯福的老顾问兴奋不已，他们已经厌烦了前任总统总想保留所有选项。"和罗斯福形成了鲜明的对

比”，前美国驻苏联大使约瑟夫·戴维斯（Joseph Davies）评论说。副国务卿约瑟夫·格鲁（Joseph Grew）在5月初写给朋友的信中写道：“我今天见他时，有14个问题需要和他讨论，不到15分钟，我们就处理完了所有问题，针对每一个问题他都给出了明确的指令。你可以想象这是多么愉快的事……”[122] 戴维斯一贯主张与苏联合作的政策，但未能成功。冷战开始后，他会最终意识到罗斯福更为深思熟虑的行事风格的优势。[123]

作为生意场上的失败者，杜鲁门的职业生涯归功于这样一个事实：在一战期间，作为一名40岁的陆军上尉，他给战友留下了深刻的印象。其中一位战友的父亲是堪萨斯城政治集团的首脑汤姆·彭德格斯特（Tom Pendergast）。这个政治集团把杜鲁门送进了县政委员会。在此期间，他在行政管理和道路建设方面施展了令人印象深刻的卓越才能，并最终进入了美国参议院。当民主党资深政客反对罗斯福重新提名亲苏的亨利·华莱士（Henry Wallace）为副总统时，作为妥协，罗斯福提名当时默默无闻的杜鲁门为候选人。他既不让人反感，也很少受欢迎。在美国参战之前，杜鲁门在获得提名后就欧洲危机发表的最著名的声明是：“如果我们看到德国将要取胜，我们就应当帮助苏联；如果苏联将要取胜，我们就应当帮助德国，这样会让他们尽可能地互相残杀。”[124]

这位前男装生意小老板往往通过他在小城镇的实践经验看 48
待国际政治。“如果你了解杰克逊县，你就会理解这个世界”，他曾经这么说。[125] 按照杜鲁门的说法，苏联人“就像来自贫民区，行为举止粗鄙不堪”。[126] 而斯大林“就类似于大家［杜鲁门］都知道的汤姆·彭德格斯特”。[127] 在美苏双方持续争论波兰问题期间，杜鲁门时而将斯大林看作“想做正确事情的好人”，时而又把他看作不懂收买反对派的基本规则的三流政客。

为什么“乔大叔”不做出“某种姿态呢？无论他是否有意维持”？杜鲁门曾经在日记中这样问道。“任何精明的政治领袖都会那么做。”[128]

哈里·杜鲁门完全不知道该如何理解罗斯福认为自己在雅尔塔取得的成就，这一点也不奇怪。会议期间，他没有被告知罗斯福的行踪。此时，杜鲁门几乎不了解总统，也只被介绍给了国务卿。无论是罗斯福还是他的高级顾问团，都没有采取任何努力，让杜鲁门了解会谈的进展和最新策略。继任总统后不久，杜鲁门承认他不清楚《雅尔塔协定》的条款，尤其是关于波兰的条文，他每次阅读协定时都会发现新的含义。[129]“他们没有告诉我发生了什么”，他向亨利·华莱士抱怨说。他对财政部部长小亨利·摩根索（Henry Morgenthau Jr.）哀叹道：“了解外交事务的人都不在了。”[130]因此，杜鲁门完全依赖自己的幕僚来解释文本令人费解的含义。然而，由于罗斯福过度保密，而且关于他的政策，他愿意让他的顾问和公众相信他们希望看到的内容，而不管他们对政策的解读多么自相矛盾，所以没有人能够为杜鲁门解疑。实际上，罗斯福的顾问团了解得也不多，而且他们认为自己知道的大多数内容都是错误的。

哈里曼大使

1945 年 4 月中旬，当这位完全没有准备好又易受影响的新总统上任时，罗斯福的高级顾问团内部对苏联问题已经产生了分歧。此时，驻苏联大使 W. 埃夫里尔·哈里曼正在进行一场激烈的战斗，以阻止一场他所说的“20 世纪对欧洲的野蛮侵略”。[131]作为传奇的强盗式资本家爱德华·H. 哈里曼（Edward H. Harriman）的儿子，他从父亲那里继承了联合太平洋铁路公司（Union Pacific Railroad Company）。他不习惯接受任何他认为不符合自己地位的待遇。在莫斯科担任大使期间，他

变得极端反苏，部分原因是他与斯大林打交道时的挫败感，另一部分原因是他极强的自尊心受到了伤害。哈里曼经常对自己 49
的判断过于自信。约翰·J. 麦克洛伊（John J. McCloy）后来评论道："大多数与埃夫里尔在华尔街共事过的人都觉得他在工作中没有全力以赴。"[132]

1943 年至 1944 年间，哈里曼试图通过说服伦敦的波兰人在有关政治组织和安全方面的基本问题上对苏联作出让步，来安抚苏联。他认为，波兰流亡政府"主要由一群贵族组成，他们希望依靠美国和英国恢复他们的地位、土地财产和封建制度"，他向在莫斯科的美国记者明确表示，波兰问题的任何解决方案都必须在符合"美国重大利益"的前提下才能考虑"波兰人民的公平和正义"。他还补充道，他也"照此区分在伦敦的政府和波兰人民"。[133]1944 年 3 月，他还多次向斯大林保证，美国"不想干涉波兰人民的内部事务，但相信他们能被说服采取适当的行动"。他还强调，美国之所以如此重视波兰，很大程度上是因为"美国国内对波兰问题的公共舆论"。[134]斯大林、莫洛托夫和赫鲁晓夫在被他竭尽所能地蒙蔽很久以后，都还认为哈里曼是美苏友好关系的倡导者，这充分体现了哈里曼同时对不同的对象提出相互矛盾的不同主张的能力。[135]

在哈里曼试图引导美苏关系最终走向的整个期间，这种短视将是美苏关系一贯的主题。在此仅举一例，1945 年秋，正处于关于远东地区谈判的紧张时期，斯大林在他位于加格拉（Gagra）的黑海度假官邸里接见了哈里曼，并宣布苏联将在日本问题上给美国让路。他告诉哈里曼，苏联"不会干涉（美国在日本的安排）"。孤立主义者在美国长期掌权，而斯大林本人从未奉行过孤立主义政策，但"也许苏联现在会采取这种政策。实际上，这没什么问题"。哈里曼在他的回忆录中写道，他认为斯大林不是想采取"美国传统模式下的孤立主义"，而是想在靠近苏联边境的东欧国家采取“单边行动政策”。[136] 然而，正如沃尔特·拉费伯尔（Walter LaFeber）和许多历史学家有力证实的那样，美国的“孤立主义”政策在执行友好边界政策时本身就是极端的“单边主义”，而不考虑所谓的民主或
50 人权问题。[137] 即使像哈里曼这么老练的观察家都不能领悟这项基本原则，这也预示着，人们期望后罗斯福时代的美苏两国达成谅解完全是痴心妄想。

哈里曼后来修改了他的个人历史，悄然去除或重写了某些事件，以给人留下这样的印象：他在波兰问题上始终没有妥协。他也试图让临终前的罗斯福和他保持观点的一致。根据哈里曼所说，罗斯福在突发脑出血前，几乎 180 度转变了观点。此时的罗斯福已经确信，“我们对苏联的重要性超过苏联对我们的重要性”，在任何实质性问题上，只要美国拒绝妥协，他们都会退让。[138] 正如我们看到的那样，这在很大程度上是哈里曼的一厢情愿。事实上，在罗斯福生命的最后时刻，这位大使正在莫斯科全力以赴设法窜改罗斯福写给斯大林的信件，因为他担心罗斯福在信中作出了过度妥协。[139] 罗斯福是一位顽固的战时领导人，他不太在乎财富权贵哈里曼对任何事情的看法——因为总统本人出身美国世家大族，不太可能被其他人的财富或个人权势所吓倒——而哈里·杜鲁门，这位大使发现他更像一名心甘情愿的学生。

在新总统执政的第二个星期，推动冷战开始的重要会议就召开了。参加会议的有陆军部长亨利·史汀生（Henry Stimson）、乔治·马歇尔将军（General George Marshall）和海军上将莱希，他们都一致认定：苏联几乎没有为破坏《雅尔塔协定》给出解释。史汀生是位脾气暴躁的一战老兵、威廉·霍华德·塔夫脱（William Howard Taft）总统执政时期的陆军部长、赫伯特·胡佛（Herbert Hoover）总统的国务卿、罗

斯福总统的陆军部长、美国外交政策精英集团的奠基人，在战
争与和平问题上，他的观点的可信度也许和任何在世的美国人
一样高。在卸任总统后的一次采访中，杜鲁门称他为“内阁中
最优秀的人”。[140] 让这位“上校”暗自不满的是，他发现一些
美国人“既渴望死守门罗主义夸大的观点，同时抓着中欧地区
的各种问题不放”。[141] 他指责美国过分强调他所称的“理想主
义”和“利他主义”，而不重视战后世界“赤裸裸的现实”，
导致美苏关系再一次陷入紧张。总的说来，他认为苏联在军事
问题上“常常做得比他们承诺的要好”，还认为用波兰问题做
试验非常不明智，警告总统不要“在没有弄清苏联人对波兰问
题重视程度的情况下冒险”。他还补充道：“苏联人在自己的安
全问题上可能比我们更现实。”[142] 他在日记中写道，尽管他努 51
力地说明情况，但发现总统“明显对他的谨慎感到失望”。[143]
莱希是名坚定的反共主义者，他认为《雅尔塔协定》是一场灾
难，未能确保在波兰建立一个自由政府。然而，他试图向杜鲁
门解释，针对《雅尔塔协定》“存在两种解释”，尽管不熟悉
波兰的局势，他和史汀生意见一致。[144]

这些人都是军人，因此他们主要关注的是苏联是否继续参加对德战争，以及迫在眉睫的对日本的进攻。根据莱希的记录，这拨人没有达成任何“意见共识”，并逐渐产生冲突。出席会议的都是文官，包括国务卿爱德华·R. 斯退丁纽斯、海军部长詹姆斯·福莱斯特（James Forrestal），还有从莫斯科飞回来试图左右杜鲁门的哈里曼。他们都主张开战，即使“苏联可能放慢或停止在欧洲和亚洲的战争”，莱希记录道。[145]

哈里曼在雅尔塔秘密会谈，甚至包括在远东协议签订过程中发挥的作用，使他个人对这些事件的解释非常有说服力，因为没有人比他更有资格解答杜鲁门关于雅尔塔会议内幕的疑惑。而哈里曼则努力让这位新手领导人更加困惑。他向总统解

释说："坦率地讲，我急速返回华盛顿的原因之一就是担心你不知道斯大林正在破坏协定，据我所见罗斯福已经了解到了这一点。"[146] 事实上，哈里曼见到的并非如此。这说明了他为什么在罗斯福去世前就已经开始计划自己的行程。丘吉尔和罗斯福之间的电报往来显示，丘吉尔一直在设法说服罗斯福和他一起向苏联抗议，不排除在波兰问题上与斯大林决裂的可能性。而罗斯福直到去世前一天都在劝告丘吉尔，要"尽可能减少与苏联之间的一般性问题，因为这类问题每天都会以各种形式出现，而且大部分也容易解决"。他还要求丘吉尔要事先让他了解所有的公开声明，以免造成误会。[147] 这些电报后来被收集提交给了杜鲁门，他对自己收到的相互矛盾的建议感到奇怪，但此时已到 5 月底。[148] 在会议召开期间，他多次怒气冲冲地提到雅尔塔问题，坚称："到目前为止，我们与苏联的协定一直都是单方面的。如果苏联人不愿意和我们联盟，他们就该滚蛋。"[149]

不知是这次会面说服了杜鲁门，还是像有些人说的那样，他早已下定了决心，当苏联外交部长莫洛托夫当天晚些时候到
52 达白宫时，杜鲁门接待他的态度就像在酒吧里挑衅决斗，至少杜鲁门自己是这么说的。[150] 总统那天的实际行为被自吹自擂所掩盖，在后来讲述的不同的故事版本里对此有不同的描述。杜鲁门可能警告莫洛托夫，美国将要求"苏联政府执行在克里米亚达成的有关波兰的决议"。他还交给这位苏联外长一份备忘录，其中要求把履行《雅尔塔协定》和在波兰建立"新"政府当成同等目标。[151] 在杜鲁门让人代写的回忆录中，惊愕的莫洛托夫回应说："我这辈子从来没有人以这种态度跟我说过话。"对此总统反驳道："执行你们的协定，就不会有人这样和你说话了。"[152] 但是，根据当时在场的两名目击者，查尔斯·波伦（Charles Bohlen）和安德烈·葛罗米柯（Andrei Gromyko）回忆，杜鲁门是这样结束会见的："那就这样吧，莫洛托夫先

生。如果您愿意把我的看法转达给斯大林元帅，我会感激不尽。”[153]杜鲁门后来吹嘘说：“我让莫洛托夫见识了我的厉害。我这是在给苏联人下马威。”[154]但在同一天晚上，史汀生在他的日记中坦言，他“对总统感到非常抱歉，因为他刚上任就不得不面对本不应该发展到这一步的局面。我认为雅尔塔会议是造成这种局面的主要原因”。[155]

喜欢耍小聪明的埃夫里尔·哈里曼后来批评杜鲁门，对哈里曼给予的建议反应过度，并认定这次会议是冷战的开端。[156]如果事实真的如哈里曼所言，美国人毫无疑问要为冷战负责，而哈里曼要负主要责任。[157]在 4 月 20 日的一场会议上，哈里曼向杜鲁门虚假描绘雅尔塔谈判，称“斯大林发现，如果忠实地执行《雅尔塔协定》，受苏联支持的卢布林政府在波兰的统治将会宣告终结”。受到哈里曼言论的影响，精神紧张而又缺乏经验的杜鲁门故意威胁和羞辱苏联外交部长，并指控对方政府背信弃义。[158]毫无疑问，不了解实情的杜鲁门相信了哈里曼的说法。（莫洛托夫知道斯大林会对这次侮辱做何反应，只是如实传达了杜鲁门的意思，没有添油加醋。但多年以后，他表达了自己的看法，认为杜鲁门有点“缺心眼儿……不如罗斯福有智慧”。）[159]20 世纪 50 年代中期，杜鲁门想拿他对莫洛托夫的粗鲁无礼炒作，这为后来美国官方冷战声明的大男子主义姿态打下了基础。1995 年出版的一本杜鲁门传记的作者把讲述关于杜鲁门可疑的回忆的人说成了“在场的每一个人”。[160]很多历史学家热衷于反复转述杜鲁门的说法而不加以说明，这既发人深思也令人感到不安。[161]

此时，哈里曼决定推迟返回莫斯科，以尽其所能地在国内 53
进一步破坏美苏关系。在杜鲁门和莫洛托夫的会见结束后，他就立即飞往旧金山，当时此地正在举行联合国谈判。在那里，他告诉美国代表团：苏联人正在“通过诈骗、恐吓、施压和其他不择手段的方式”破坏《雅尔塔协定》，并宣称双方的分歧是不可调和的。[162]沃尔特·李普曼退出了哈里曼的情况通报会，他对这种好战的论调感到非常震惊。I.F.斯通（I. F. Stone）在《国家》（*The Nation*）杂志上撰文问道：“联合国国际组织会议的主要任务难道是让美国人民在心理上适应和苏联的战争？”[163]尽管如此，大多数新闻记者乐于不加区别地相信哈里曼的所有言论。《新闻周刊》（*Newsweek*）的记者欧内斯特·K.林德莱（Ernest K. Lindley）写道，莫斯科“行事不守信用……《雅尔塔协定》还没有被公布”，“苏联人就开始放弃遵守相关条文了”。他还说，“罗斯福在去世之前就清楚地知道这一点”。哈里曼在与伊利·艾贝尔（Elie Abel）合著的回忆录中自吹称，他说服各类新闻记者“以他们自己的名义发表哈里曼的警告”。[164]

得而复失的波兰

哈里曼回到莫斯科后，杜鲁门主要依赖詹姆斯·伯恩斯向他解释《雅尔塔协定》，此举在政府内部引起了相当大的不安。迪安·艾奇逊（Dean Acheson）评论道：“伯恩斯先生不够灵敏，缺乏自信。”[165]但他很快就在焦虑的新总统的支持下，成了某种“总统助理”，树立了比杜鲁门更精通高级政治的长者形象，并建立了对自己的知识的过度自信。[166]

约翰·奥林（John Olin）是杜鲁门在参议院的前同事，出生于南卡罗来纳州。正如杜鲁门对奥林所言，他有意让伯恩斯担任国务卿，因为“这是我能够确保了解雅尔塔会议实情的唯一办法”。[167]但正如我们所看到的，伯恩斯虽然比哈里曼诚实，但他对雅尔塔会议的了解，远不及他假装的多。由于他的无知，伯恩斯误导了亲密朋友杜鲁门，就像之前从克里米亚回国后误导国会和媒体一样。[168]奇怪的是，他似乎完全意识到了

自己对在雅尔塔的所见所闻所持的过于乐观的态度引起了一些
问题，但他完全没有采取行动。罗斯福去世后不久，他就把自
己的“会议记录”发给了杜鲁门。伯恩斯觉得必须加上一句警 54
告：“当你阅读这份文件时，你就会明白为什么必须将之严密
保管。如果它落入任何与专栏记者关系密切的人手中，就可能
会引发一系列战争。”[169]然而，伯恩斯的笔记只能说明，他所
参加的和真正理解谈话内容的谈论极其有限。在一系列事件奇
怪的作用下，伯恩斯担任了国务卿一职，这是罗斯福隐瞒事实
的另一个苦果。

美苏关系发展的曲线图看起来像一条陡峭的山脉，而1945年2月10日在雅尔塔举办的晚宴是这条山脉的巅峰。在2月至4月间，山脉的海拔稍微走低，但仍然很高。4月23日，杜鲁门和莫洛托夫会见之后，曲线图呈现出急剧下降的趋势，除了轻微的中断，将持续不断下降，直到冷战成为美苏双方处理超级大国关系的唯一方式。

尽管美方对波兰问题存有某些误解和歧义，不可否认的是，首先拒绝履行《雅尔塔协定》的是美国。罗斯福和斯大林达成一致，只有在3月1日前对纳粹德国宣战的国家才能被允许参加联合国大会。但是，联合国谈判在旧金山召开后，美国就违背了诺言，提议让阿根廷参加，然而阿根廷连较为宽松的期限都没能遵守。[170]

紧接着在5月3日，亲苏的波兰政府拘捕了16名重要的波兰反共分子。随着对德国和日本的战争逼近胜利，美国领导人逐渐对妥协失去兴趣。苏联人察觉到美国将拒绝兑现战后安排中苏联最为重视的部分，并变得更加愤怒和戒备。[171]后来，美国政府不知为何没有回应苏联申请60亿美元重建贷款的请求。无论其理由是真是假，都无法指望苏联人会相信。德国在5月5日刚投降，杜鲁门就突然取消对英国和苏联的租借政策，

命令船舶返回。他声称这是根据国会法案的条文行事，但对于粮食匮乏的苏联来说，这是终止战时合作的直接信号。[172]4天以后，哈里曼提交给总统一份备忘录，建议“由于苏联违约，需要重新审议《雅尔塔协定》”。[173]在准备7月波茨坦会议(Potsdam Conference，雅尔塔会议的后续会议)期间，杜鲁门的国务院官方简报建议总统忽略远东协议的“正常结构”。相反，简报建议“无论是单独行动，还是联合英方”，美方谈
55 判代表都应该试图改写协议，使之有利于美方。简报也敦促杜鲁门，在答应履行罗斯福在雅尔塔做出的承诺之前，先获得苏联对美国关心的一些问题的承诺。[174]当苏联出乎意料地同意缩减交易中已许诺给苏联人的利益时，杜鲁门和伯恩斯却完全推翻了协定。[175]毫无疑问，前几天的一则消息影响了美国在波茨坦的态度：美国在新墨西哥州大沙漠里成功完成原子弹试验。用史汀生的话说，美国代表团“相当傲慢地把这个新武器戴在屁股上”，这无疑是在努力阻止苏联对日本出兵，而罗斯福和哈里曼为了保证苏联进攻日本，已经作出了很大的让步。[176]无疑是受到迄今为止的成功的鼓舞，哈里曼甚至向杜鲁门建议，利用所谓的苏联违背《雅尔塔协定》一事完全废除该协定。[177]伯恩斯也意识到，“有人犯了一个致命的错误，导致苏联在战争结束时获得更多权力”。[178]（那年秋天，史汀生发现伯恩斯“非常反对美国与苏联合作的一切尝试”，并且指望通过“原子弹这个伟大的武器来达到他的目的”。）[179]

对此杜鲁门完全同意：一来有原子弹为自己壮胆，二来哈里曼和伯恩斯不断催促杜鲁门开始着手扭转“糟糕的局势”[180]，完全没有考虑这会对美苏关系的未来产生什么影响。正如他在从波茨坦回国途中，在美国奥古斯塔号军舰（USS Augusta）上的军官餐厅里所说的那样：“美国现在已经研制出一种全新武器，其威力和性质让我们不再需要苏联或者其他任何国家来

摆平局势。”[181]

在1945年7月17日到8月2日的波茨坦会议上，杜鲁门、斯大林和克莱门特·艾德礼（Clement Atlee，他领导的工党在英国大选中击败了丘吉尔领导的保守党）继续讨论雅尔塔会议的遗留问题，包括解决德国的治理问题和东欧的领土争端（尤其是波兰），并向日本发出最后通牒。不顾杜鲁门的反对作出的最有争议的决定之一是，将奥得河和尼斯河以东的前德国领土移交给波兰和苏联管理，同时将德国人口从这些地区驱逐出去，直到缔结最终的和平条约。与此同时，斯大林的赔偿要求被巧妙地转化为，允许苏联将德国境内苏联占领区上所有有用的资本设备和其他资源运回苏联。

斯大林的困惑

苏联最初即使没有遵守雅尔塔会议的精神，也遵守了其协定内容。尽管很清楚美国已破坏协定，斯大林仍按照自己所签
订的协议遵守承诺。他还一丝不苟地遵守1944年10月他与丘 56
吉尔达成的协议，并依此协议没有干预丘吉尔对希腊共产党的镇压，在伊朗遇到问题时也没有动用苏联的军事优势。苏军完全撤出芬兰，甚至从色雷斯和马其顿撤出了保加利亚军队。苏联在匈牙利组织的选举给一位美国记者留下的印象是，这些选举比纽约市的选举更加公平，尽管共产党人的表现很糟糕。但是，当苏联强迫罗马尼亚政府进行自我改造并且签订双边贸易协定时，美国人难以容忍。杜鲁门也不打算承认克里姆林宫在保加利亚建立的临时政府。论及波兰问题，苏联在4月初向罗斯福提议，在新成立的波兰政府中，大约80%的内阁职位留给卢布林委员会的成员，其余的分配给伦敦的波兰流亡政府，而这一提议超额满足了《雅尔塔协定》中的要求。同时，美国在德国赔偿问题上撤回了先前与苏联达成的临时协定。尽管杜

鲁门承认“从道义上，［德国］应该被要求赔偿”，但他决定“美国对任何一方的赔偿要求都不感兴趣”。因此，总统拒绝了苏联关于召开在雅尔塔商定的赔偿委员会会议的要求，直到美国最终修改波茨坦会议的协议后才对此松口。苏联甚至也接受了这一点。尽管如此，美国人很快就撕毁了新协议。至此，最终协定的条款已经变得非常混乱，以至于双方都无法真正理解。因此，双方都觉得自己可以任意破坏协议而又同时指责对方毁约。[182]

苏联人始终不明白，美国人为什么就因为美苏双方在波兰命运问题上存在分歧，就急于抛弃罗斯福、斯大林和丘吉尔苦心打造的整个雅尔塔框架。斯大林问哈里曼：“为什么总统不能把波兰留给我们？难道他没有意识到，这里一直以来都是西欧入侵我国领土的通道吗？为什么他不明白，我们必须要有一个友好的邻邦？”哈里曼解释说：“美国有那么多的波兰裔选民，没有哪位美国总统能够忽略他们。”[183]即使这个借口听上去很合理，也完全不属实。的确，时任美籍波兰人大会的主席查尔斯·罗兹马利克（Charles Rozmarek）就宣称自己是共和党人，但没能带动多少同胞支持共和党。在1946年的选举期间，一贯持右翼立场的《芝加哥论坛报》（*Chicago Tribune*）坚称，投票给罗斯福和杜鲁门的政党，只会“鼓励对波兰、匈牙利、捷克斯洛伐克、南斯拉夫和波罗的海诸国的
57 人民继续实行掠夺、饥饿和流放的政策”。[184]但是在美国的选举中，即便是在少数族裔密集的选区，选民也极少关注外交事务。实际上，波兰裔美国人仍是罗斯福新政联盟最忠诚的支持者群体之一。1946年，可能有三位美国中西部民主党国会议员由于雅尔塔会议引发的相关问题在选举中失利，而在其中至少两个案例中，政党内部的分歧是其失利更有说服力的原因。[185]此外，尽管波兰人无疑对他们国家在雅尔塔会议后的形势变化

感到不满，并且真心渴望选择民主的道路，但是西方对于流亡政府的支持可能是不合时宜的举措。在1945年5月，副国务卿约瑟夫·C. 格鲁告诉杜鲁门总统，根据“众多第一手报道内容……现在伦敦的波兰流亡政府的支持率不高”。[186]

美国领导人私下里甚至不再伪装遵守《雅尔塔协定》。当杜鲁门在5月底派哈里·霍普金斯去莫斯科同斯大林会谈时，苏联领导人抱怨道，“德国的败局一定”，美国对苏联的态度“明显变得冷淡”。美国表现得似乎“不再需要”苏联。[187] 这位罗斯福执政时期的政坛老将没有试图为美国对波兰问题的立场辩解，而是以安抚美国公众舆论的需要为由请求苏联的谅解。[188] 斯大林表示，他不会允许自己“利用苏联的公众舆论做掩护”，但也只是提到了，“美国政府最近的举动在苏联政府内部引起的”愤怒和困惑。[189]

虽然斯大林采取行动的依据明显是错误的，即他把公众舆论对苏联和西方国家产生的相对影响等同了起来，但是试图以苏联制度和美国制度之间的区别为由为美国导致《雅尔塔协定》最终崩溃开脱，明显也站不住脚。约翰·刘易斯·加迪斯（John Lewis Gaddis）在1972年出版了一本极具影响力的冷战史专著。在此书中，他认为协议崩溃的主要原因是，斯大林不愿意利用苏联政权特有的外交灵活性。他的依据是，民主国家的政治家必然会为无视民意而付出代价，而苏联统治者则无须为此担心，因此可以更自由地作出艰难的妥协。[190] 事实上，杜鲁门在冷战初期的关键时刻经常无视民意，但在政治支持度上没有付出任何明显的代价。大多数美国人对外交事务不感兴趣，甚至几乎都不知道他采取了什么行动。[191] 但加迪斯有意无视美国在后雅尔塔时代多次推翻罗斯福的立场，这进一步削弱了他的论点。

那些仔细研究《雅尔塔协定》的人，甚至是杜鲁门政府内

部人员，往往会发现总统所持的立场是基于对在克里米亚发生
58 的事情的误读。沃尔特·李普曼解释说，英国驻莫斯科大使阿奇博尔德·克拉克－克尔曾经承认，他对《雅尔塔协定》中涉及波兰的相关条文的理解和苏联一样。但是温斯顿·丘吉尔和美国人一样希望修改协定，这让他进退两难。[192]詹姆斯·伯恩斯应该也认识到了真相。在1945年6月6日一次同戴维斯的晚餐中，他承认："根据协定的精神或条文，哈里曼和英国大使没有理由坚持要求建立一个全新的波兰政府，并将伦敦的波兰流亡政府成员纳入其中。"[193]在1945年9月，伯恩斯以国务卿的身份，试图在波兰问题上制定出一份协议，使之符合《雅尔塔协定》的实际内容，而不是美国对协定的误解，并且要求苏联作出表面上的让步，以赋予这份协议合理性。但是罗斯福最初就协定的实质误导国民的决定所带来的政治后果给伯恩斯的这番努力造成了阻力。共和党外交事务发言人、伯恩斯代表团成员约翰·福斯特·杜勒斯（John Foster Dulles）警告称，这份协议会引发大规模的政治抨击。因为伯恩斯和杜鲁门都不愿意承认最初欺骗民众的事实，伯恩斯只好听从杜勒斯的要求。美国内部关于其谈判立场的所有争吵都让苏联困惑。一名官员问伯恩斯代表团的查尔斯·波伦："伯恩斯准备什么时候开始谈判？"但是伯恩斯已放弃谈判，因为出于政治上的原因他不能这么做。[194]美国人这是搬起石头砸自己的脚。

到1945年的夏天，杜鲁门也认识到，他在斯大林和罗斯福于雅尔塔所达成的协定的实质上被误导了。他选择降低其重要性，并沿着同样引发争议的路线继续，于是宣称《雅尔塔协定》只是一份"临时协议"，需要根据最新局势重新评估。[195]伯恩斯建议他的上司不要因为罗斯福的"欺诈和虚伪"而责怪自己，这强化了杜鲁门的决心。[196]从政治的角度而言，这是一个进退两难的困局。如果总统承认罗斯福欺骗了国民，民主党

和杜鲁门都将付出代价。罗斯福的不诚实创造了一个弗兰肯斯坦①（Frankenstein），而这个怪物正控制着美国的外交政策。

哈里·杜鲁门在拒绝遵守罗斯福和苏联所达成的《雅尔塔协定》时，完全没有意识到他的举动会带来什么后果。他真诚地希望和苏联建立良好的关系，但前提条件是美国能够“在重要问题上达到预期目标的85%”。[197]当双方关系看起来变得糟糕时，杜鲁门的确做了许多努力，试图与苏联达成某种和解。
他派年老多病的哈里·霍普金斯在当年春天飞往莫斯科，希望 59
他和斯大林能够找到某种消除分歧的方法。因为霍普金斯作为罗斯福最亲近的顾问，深受斯大林的信任，曾是这两位领导人之间的密使。在1945年10月，伯恩斯宣布，美国不会干预与苏联接壤的任何国家的事务，也“绝不会加入这些国家中任何密谋反对苏联的组织”。[198]另外一次尝试是，在丘吉尔的铁幕演说之后，杜鲁门致函斯大林，提议派密苏里号战舰（USS Missouri）把他接到美国，让他向美国人民解释自己的立场。[199]但是这些姿态不可能克服两国之间日益增长的敌对和猜疑。10月份，哈里曼在克里米亚拜访斯大林。回国后他担忧道，苏联领导人已经变得“对我们的每个提议都非常怀疑”。[200]的确，新年伊始，杜鲁门在私下里威胁称，如果苏联不作出改变并接受美国的要求，他就要发动战争。[201]

雅尔塔与建制派

在1945和1946年，美国人民没有心情去质疑他们的领导人对外交政策的判断。大多数人通常不关注也不了解外交事

---

① “弗兰肯斯坦”是玛丽·雪莱（Mary Shelley）的长篇小说《弗兰肯斯坦》（*Frankenstein*）中的人物，是一个疯狂的科学家。后来用以指代“顽固的人”或“人形怪物”。

务，除非涉及战争。在罗斯福对国会发表演讲 9 天后，最初的质疑者中只有 9% 的人告诉民意调查员，他们不支持《雅尔塔协定》，然而他们当中几乎没有人能准确解释协定条款。一份国务院的报告抱怨道："公众对《雅尔塔协定》的实质极其无知。"然而美国国民对于美苏合作的前景仍然非常乐观。[202] 不过这一满怀希望的时刻没有持续下去，在 1945 年剩余的时间里，美国公众开始和他们的领导人一样，对苏联失去信心。[203] 但是，除了有大量东欧移民的中西部国会选区之外，外交关系几乎不是国民优先考虑的事情，此时他们最为关注的是如何消除复员带来的影响，并对就业形势以及向和平时期经济的过渡感到极度焦虑。[204]

《雅尔塔协定》的宣布带来的兴奋期过去后，关注协定的人寥寥无几。处于外围的是来自东欧的国民，他们憎恨关于协定的一切。战前孤立主义势力的残部也加入了他们的行列。持左派态度的，是人民阵线的狂热支持者，包括与《国家》杂志有关联的团体、《新共和周刊》（*The New Republic*）以及原
60 副总统亨利·华莱士。他们赞同所有形式的美苏合作，而不论其实质。大多数了解相关问题的美国人则处于这两者之间。

最有影响力的观点来自那些统治集团内部知情者。凭借他们在政府、媒体、法律界和相关领域的地位，这些人决定着重大辩论的走向。[205] 尽管美国建制派将决定美国未来 40 年的外交政策方向，但是该群体仍然处于其发展的早期阶段。在 1945 年，建制派分子主要关心的是美国建立一个世界体系的雄心壮志，该体系将实现志同道合的民族国家之间稳定的和平和自由贸易，同时阻止美国试图退出世界舞台的周期性尝试。当英国孤军奋战时，美国对希特勒的漠视和孤立主义者对总统的阻挠所产生的作用让建制派人士大为震惊，因此他们决意尽其所能地防止回到战前的政治状态。

此时建制派秉持反共产主义立场，但还没有对对手投入太多精力。建制派的固定原则很少且可塑性很强：维持美国的世界领导地位；支持自由市场；惩罚侵略者；支持英国；反对各地的暴力革命。这种最低限度的共识使其有可能同时纳入史汀生和艾奇逊世界主义的亲英立场和共和党人约翰·福斯特·杜勒斯的僵硬的主流道德主义理念，而无须挑战其基本的思想理念。

建制派普遍拥护《雅尔塔协定》，尽管其成员比大多数美国人，甚至比杜鲁门，更为了解罗斯福被迫作出的让步。《美国新闻与世界报道》（*U.S. News & World Report*）的编辑大卫·劳伦斯（David Lawrence）在协定公布后抱怨称："波兰已被处以私刑……而美国舆论在很大程度却认为这是可以接受的。"[206] 甚至在罗斯福从克里米亚回国之前，《时代》周刊的编辑就声称，"看到一辆巨大的黑色灵车……等待着把波兰的流亡政府送往历史的波特墓园（Potter's Field）"。[207] 但是他们也像李普曼和赖斯顿一样，勉强接受了协定的众多缺陷。[208]

直到罗斯福关于雅尔塔会议的欺骗变得不可避免，该协定才开始在建制派内部引起争议。第一次令人不快的意外发生在旧金山的联合国谈判期间，当时《新闻周刊》报道称，存在一份秘密协议，苏联将通过该协议在联合国大会中得到额外的席位。[209] 参议员阿瑟·范登堡（密歇根州共和党代表）是参加旧金山会议的国会代表团团长，他的支持对于正在形成的国际主义共识非常关键，他抱怨说："如果我事先知道此事，就不会 61
接受当代表。"沃尔特·李普曼和马奎斯·蔡尔兹（Marquis Childs）建议立即暂停磋商。[210]

这次联合国危机没有严重损坏《雅尔塔协定》的好名声，只是因为它造成的不安很快就被更大的波兰危机所掩盖。在《时代》周刊的编辑们发现一辆灵车正把波兰人的自由送往波特墓园5个星期之后，他们开始竭力抗议苏联没有遵守其承诺，“以一个让美国、英国以及苏联都满意的［波兰］政府取代苏联的卢布林走狗政府”。[211] 到6月份，《时代》周刊已经“在惊恐的世界公众的眼中看到了爆发第三次世界大战的可能”。[212]

杜鲁门政府没有揭露战争结束时罗斯福与斯大林曾达成的远东秘密协定的相关内幕，并且继续谎称，关于该协定已没有什么秘密，不料正是这一点进一步加剧了外界对雅尔塔谈判真实内幕的猜测。詹姆斯·赖斯顿在他最初的报告中指出，许多建制派成员并不关心罗斯福为了确保与苏联联合对抗敌人作出了什么让步。《纽约时报》的军事专家汉森·鲍德温（Hanson Baldwin）在其于1945年10月在建制派的旗舰杂志、由外交委员会（Council on Foreign Relations）发行的《外交事务》（*Foreign Affairs*）上发表的文章中只是提到，“斯大林同意（尽管可能没有书面保证）在欧战胜利日后三个月‘以内’或‘左右’（确切的用词不得而知）参加太平洋战争”。[213] 然而，他完全没有谈及罗斯福可能作出何种让步以回报斯大林。6个月前，亨利·卢斯在《财富》杂志上表达自己的担忧称：“如果我们的强硬自由派为了三巨头的团结而默许了波兰的毁灭，那么也会默许瓜分中国吗？”[214] 卢斯没有想到的是，情况可能正是如此。

这种公众的漠视将使协定本身和建制派在协议条款最终被揭露时对抗故意背叛的指控的能力都受到影响。时任国务卿爱德华·斯退丁纽斯错误地坚称，除了“在雅尔塔商定的军事计划和与战胜敌人相关的事务”以外，联合国的投票方案绝对是唯一没有对美国人民公布的秘密协议，这让问题变得更加复杂。[215] 杜鲁门很快就用伯恩斯替换了斯退丁纽斯，他认为斯退丁纽斯“非常愚蠢”，[216] 而伯恩斯拿不定主意，就协定问题应该说谎还是敷衍了事。在 9 月 3 日的一场记者招待会上，倒霉的伯恩斯宣称，他“非常清楚地记得”在雅尔塔有过关于远东地区的讨论——罗斯福曾明确否认这一点——但拒绝承认他们把千岛群岛和南库页岛的主权让给了苏联。他表达了对苏联立 62
场的支持，但是回避了许多具体问题，比如这些事务是否已经在雅尔塔秘密解决，或有过相关讨论。[217] 后来在 12 月，当被共和党参议员斯特尔斯·布里奇斯（Styles Bridges）直接质问政府是否还在隐瞒关于雅尔塔和远东的任何细节时，伯恩斯含糊其词地回应说：“我想不起来那么多的协议。在雅尔塔达成的某些共识在整体上可能会以某种方式影响到中国。”[218] 事实上，在 1945 年 7 月份的波茨坦会议上，他曾奋力试图修改相关条款。

最后，在 1946 年 1 月 22 日的一场记者招待会上，代理国务卿迪安·艾奇逊承认存在远东协议，但是他也否认该协议包含关于千岛群岛的内容。伯恩斯在一周之后继续表态，但他说他本人对该协议全然不知，因为他在罗斯福签订协议前就离开了雅尔塔，而国务院里根本没有该协议的任何副本。此外，他也不知道罗斯福把副本保存在白宫何处。他所知道的只是，“文件在总统手里，而我不知道总统把它放在哪里”。他表示自己最近才知道这份协议，但也说不出是具体什么时候知道的。令人惊讶的是，他没有借机以军事需要为由为该协议辩护，而军事需要是罗斯福和为这份协议游说的参谋长联席会议成员最重要的动机。这位国务卿只是说他“不知道为什么必须签一份协议，因为我不在那里。我不知道必须要签该协议的任何原因。我只是从已有的事实才了解到它”。[219]

杜鲁门所采取的策略更加奇怪。在 1 月 31 日的一场记者招待会上，当被问到关于该协议的问题时，杜鲁门表示，他是在为 7 月份的波茨坦会议做准备而审阅协议文本时才得知这一远东协议。当时苏联人一定是既高兴又警惕地注视着美国人如何羞愧地挣扎。他们很快就公布了秘密协议的相关内容，从而使所有美国人都成为说谎者，并且占领了美国人的新领地。

政府拒绝披露协议真相，只是在帮助和教唆雅尔塔阴谋论者，随着时间的推移，他们的影响力会越来越大。斯退丁纽斯最晚在 5 月份就已清楚地知道该协议，伯恩斯在 7 月份的波茨坦会议上就已知道此事，因为他在那里曾试图修改其内容。[220] 此外，伯恩斯早在 9 月份就提到过该协议，当时他试图回避参议员布里奇斯的尖锐提问。[221] 杜鲁门在 4 月中旬成为总统以后，斯退丁纽斯和伯恩斯就立马向他作了详细内容汇报，他在从莫斯科回国 10 天后，哈里曼也向他汇报了此事。据查尔斯·波
63 伦称，4 月下旬，苏联外交部长莫洛托夫问杜鲁门，“在雅尔塔达成的关于远东局势的相关协议是否仍然有效”，杜鲁门回答说仍然有效，并提议为斯大林元帅干杯。[222] 据笔者的研究发现，后来在 6 月份，杜鲁门要求并收到了乔治·埃尔西（George Elsey）的一份秘密备忘录，备忘录记述了在雅尔塔达成的所有协议，并明确详述了秘密的远东协议。[223]

但即便是在 8 月中旬亚洲的战事结束以后，杜鲁门也没有承认此事。可能是因为美国官员不再想要或需要苏联出兵日本，并且也缺乏公开承认此事的勇气。他们别无选择，只有歪曲最初的承诺。杜鲁门甚至对他自己的内阁说谎，否认苏联人在中国东北地区有任何的权益。[224] 他还命令美国军队要设法阻止苏联军队攻占罗斯福许诺给苏联人的土地，并指示哈里曼尽其所能地破坏中苏两国之间为履行《雅尔塔协定》而进行的谈判。[225] 在《芝加哥论坛报》上可以找到这些决策将带来的后果的预兆。该报纸曾严厉斥责“罗斯福的秘密协定”，并报道称还有更多如《雅尔塔协定》这样的秘密协定，其中包括想象的协议，即把朝鲜半岛的控制权移交给苏联，并承诺在战后向苏

联交付大量的美国船只。[226]

然而，在这些事件发生之时，它们对建制派的辩论或者更大层面的政治文化没有产生什么明显的影响。在 1946 年 2 月 11 日，当远东协议的条款在协议签订整整一年后最终公之于众时，大多数建制派批评家和广大美国公众，依然对总统的政策表示顺从。[227] 有些报纸批评它过度保密，但是几乎没有人批评决策本身，而批评政府的欺骗行为者则更少。[228] 亚瑟·克罗克（Arthur Krock）在《纽约时报》上撰文为最初的决策辩护，认为对协议内容保密是基于军事需要，在“占领日本之初的危险几个月”里更是如此，但也表示“此后可以对此进行公正的批评”。[229] 克罗克的专栏文章的措辞还是不够犀利，其重点仍然是如何说服苏联履行美国人想象中的《雅尔塔协定》承诺。[230]《纽约时报》的编辑也同样不以为然地指出，美国做出“出卖中国”这种“令人遗憾的交易”，是为了“让苏联加入对日战争，以更快地结束这场冲突”。[231]

只有孤立主义者和少数族裔批评家抨击罗斯福总统的“谎言和欺骗”。亨利的妻子克莱尔·布思·卢斯（Clare Boothe Luce）本身也是一位具有高度影响力的共和党政治家。她坚称新政拥护者“不会或不敢告诉我们，这位身患重病的总统和极度恐惧的国务院顾问们在战争结束时公开或秘密作出的承诺”。[232]《芝加哥 64
论坛报》又开始报道他们想象中的《雅尔塔协定》，称协定中确定了德国和意大利的战争赔款问题，并已授权斯大林在未来 20 年内组建一支由 200 多万名德国人组成的苦役队伍。《美国新闻与世界报道》报道了另外一份协定称，该协定给予各方军事长官在其占领区内的完全支配权，从而允许苏联“将中国东北地区洗劫一空”。[事实上，如埃德温·鲍莱（Edwin Pauley）大使在 11 月告知杜鲁门的那样，苏联正把所有日本军火弹药移交给中国共产党，为其赢得内战做准备。][233] 虽然这些奇异的论点刚开始被提出时都还不是政治的主流认识，但在紧张时期它们会以爆炸性的后果重新出现。

舆论共识的形成

1946年2月将被证明是美苏关系最严峻的一个月。当月9日，斯大林在莫斯科选民大会上发表了具有强烈意识形态色彩的演讲。第二天，温斯顿·丘吉尔访问了白宫，他在此预演了即将在密苏里州富尔顿发表的“铁幕演说”。[234] 16日，加拿大当局宣布拘捕22名涉嫌窃取原子弹机密的间谍。6天以后，乔治·凯南从莫斯科发出的那份著名的《长电报》被发表，总结了他持续发出的一系列极其悲观的报告。（他在一份报告中写道：“我认为，美国公众舆论中最危险的倾向莫过于将这样一个义务强加给我们的政府，即通过对一个在宪法上无法和解的政治实体表达善意与和解的姿态来实现不可能完成的目标。”）[235] 27日，阿瑟·范登堡发出质问，其所在的密歇根州选区有相当多的东欧族裔人口，要求知道“苏联现在在做什么？”《纽约时报》警告说，美国可能正在失去和平，并表示“西方与一个集权主义国家作斗争，不是为了屈服于另一个集权主义国家”。第二天，为了对范登堡所暗示政治压力作出回应，也出于对自己工作的担忧，伯恩斯在海外记者俱乐部（Overseas Press Club）发表讲话，保证要抵制“侵略”。《纽约时报》将这次强硬的演讲正确地解读为“对苏联的警告”和“对美国外交关系的重大调整”。[236]

然而，伯恩斯试图为保留《雅尔塔协定》某些成果所付出的努力，被外界严厉谴责为绥靖态度。海军上将莱希把伯恩斯的政策比作内维尔·张伯伦在慕尼黑采取的政策，并且指责他让国务院变成了“具有共产主义倾向的”机构。[237] 伯恩斯假
65 托健康原因在4月份辞职，其职位由马歇尔将军接任。[238] 到

夏天时，杜鲁门宣称，自己厌倦了被苏联人摆布，苏联在破坏自己签订的所有协定。[239] 他命令克拉克·克利福德（Clark Clifford），罗列出所有苏联破坏《雅尔塔协定》及其后续协定的行为，克利福德又转而把任务委托给了乔治·埃尔西。这项工作受到了高度重视，他们给所有相关的内阁成员和高级军事将领发出信函，以征求他们的意见和证据。[240] 这份 1946 年 9 月的所谓克利福德 – 埃尔西报告（Clifford-Elsey Report），本应列举苏联人“诈骗”的各种手段，但是报告撰写者却很难拿出具体事例。他们抱怨，苏联正在把“苏联军事力量的有效控制范围伸展到美国认为对自身安全至关重要的核心区域”。苏联的根本目的是“削弱美国在欧洲、亚洲和南美洲的地位并摧毁美国在这些地区的威信”。尽管如此，当涉及苏联违反已签订协议的具体行为时，他们却未能提供证据。参谋长联席会议指出，苏联遵守了其战时签订的协定。美国驻德国占领区的总司令卢修斯·克莱（Lucius Clay）也承认这个事实。代表国务院发言的迪安·艾奇逊也不愿意指控苏联违反了任何协定条款。因此，克利福德和埃尔西被迫承认，仍然“很难举出违反协定条款的直接证据”。关于波兰，两位作者能想到最好的证据就是，苏联曾为了对卢布林政府（即后来的华沙政府）采取“单独行动”，采用“大量技术性措施”。[241]

此外，如阿诺德·奥夫纳指出的那样，这份报告没有作出任何努力来实现平衡或客观性：

> 尽管杜鲁门对除了波茨坦会议以外的会议都含糊其词，但是这份报告也没有概述从 1942 年到雅尔塔会议复杂的外交情况。这种概述或许能够为目前的冲突找出除了苏联的侵略之外的原因。报告没有提及伯恩斯在波茨坦会议上有争议的外交举措，这导致苏联指责美国放弃其在雅

> 尔塔会议上作出的100亿美元赔款的承诺。报告没有提及克莱的观点，即苏联人遵守了他们有关德国问题的协议，并且可以就此问题与他们谈判，也没有提及苏联允许在匈牙利和捷克斯洛伐克进行自由选举，并且从挪威北部和博恩霍尔姆岛撤出了军队。没有迹象表明，莫斯科有理由去惧怕一个复兴的德国或日本。苏联也许有理由去寻求对海峡地区控制权的保证，以保护本国的核心区域，就像英国
> 66 对苏伊士运河、美国对巴拿马运河的控制一样，他们现在也有意要在地中海巡逻。此外，莫斯科允许美国军队进入朝鲜半岛，几乎没有对美国在中国的主导地位提出抗议，也接受美国在日本的影响力。[242]

现在除了亨利·华莱士之外，建制派内部无人敢挑战这种强硬的共识，而华莱士本人将很快被赶出美国执政当局，并最终完全离开上流社会。当莫斯科提出合作时，美国人怀疑这是个圈套；当莫斯科表现得具有攻击性时，他们认为这只是证实了他们的怀疑。美国人认为，面对共产党的挑战，他们的安全和生活方式是相当脆弱的，尽管他们在所有可衡量的实力和影响力方面都具有显著优势。在20世纪40年代，苏联还没有远程空军，没有原子弹，没有远洋舰队，没有能力攻击美国，也没有能力损害美国经济。

即便如此，美苏关系继续恶化。当英国撤回对希腊和土耳其反共军队的支持时，杜鲁门和艾奇逊发现他们必须动用几近末启修辞法的言辞，方能说服国会拨出资金替代英国人留下的权力真空。根据参议员范登堡的建议，杜鲁门决定通过"吓唬［美国人民和国会］"来获得最初4亿美元的援助。[243]到6月份，美国政府为马歇尔计划进行宣传攻势时警告称，苏联醉心于统治世界，并宣称美国的行动完全基于利他主义，而这已经成为

一种常态。1948 年 2 月在捷克斯洛伐克发生的事件，以及 6 月份对柏林的封锁，只是进一步证实了这些观点。

蒲立特的子弹

在这一时期，《雅尔塔协定》问题本身在美国政治中尚未掀起波澜。无论是对 1946 年的美国参众两院选举，还是对 1948 年的美国总统大选，《雅尔塔协定》相关问题几乎没有产生任何影响。共和党人偶尔提及雅尔塔会议引发了许多世界性问题——有位共和党员试图削减国务院的葡萄酒预算，谴责《雅尔塔协定》导致美国代表团沉迷酗酒——但这类话题逐渐失去了吸引力。[244] 杜鲁门政府通过持续谴责苏联没有履行承诺，成功遏制了真相披露可能会产生的不良后果。在 1946 年 4 月，杜鲁门称赞雅尔塔会议是一次有价值的尝试，可以以此考验斯大林和苏联致力于和平的认真程度，但是鉴于苏联的实际表现，美国在未来只能依靠武力。[245] 他在回复埃莉诺·罗斯 67
福 3 月份的一封充满担忧的信时解释说，关于《雅尔塔协定》，“我们严格地执行了协定条款……而苏联没有遵守诺言”。[246] 为了满足其狂妄的自尊心，乔治·马歇尔和迪安·艾奇逊登门拜访范登堡。[247] 这一努力得到了回报，因为他可以界定右派意见可接受的界限，他也确实只是呼吁政府“运用我们所有的影响力，包括我们的财政资源，坚持忠实地执行”《雅尔塔协定》。[248] 他私下里认为，远东协议是一个“错误……以中国为代价，换取了苏联在抗日战争迟来的且不必要的参与”。[249] 但是他没有把指控提升到叛国的程度。无论是范登堡，还是杜勒斯和总统竞选人托马斯·E. 杜威（Thomas E. Dewey），都没有在 1948 的选举中利用《雅尔塔协定》。

然而，这不过是表面上的风平浪静，因为在 1946 年的选举中，一位名叫约瑟夫·麦卡锡（Joseph McCarthy）的年轻退伍军人当选为威斯康星州的参议员。当时，腐败的中国国民党在与毛泽东领导下纪律严明的共产党军队的内战中，无力扭转节节败退的局面。1948年8月，变节的前共产党间谍惠特克·钱伯斯（Whittaker Chambers）向众议院非美活动调查委员会（House Un-American Affairs Committee）举报前国务院官员和雅尔塔会议代表阿尔杰·希斯（Alger Hiss）是他以前在共产党内的同事。同月，《生活》杂志发表了威廉·C.蒲立特（William C. Bullitt）所写的文章的上篇，蒲立特是罗斯福政府第一任驻苏联大使，他在文章中带着被抛弃的情人的盲目仇恨来评价苏联人。《生活》杂志的编辑们深感有必要解释他们发表这篇文章的原因，并称“像大多数美国人一样”，他们“根据迹象担忧我们在第二次世界大战中的胜利只不过是第三次世界大战前的一个插曲”。[250]理由是：雅尔塔。

蒲立特所描述的情形是这样的：“三年前……我们矗立于权力的顶峰，任何国家都不能与我们匹敌……仅仅三年后的今天，我们就陷入了如此不安全的境地，甚至有可能会被拖入战争。”这都是任职于国务院、财政部和军事机构的苏联“支持者”和“同情者”的错。此外，罗斯福总统在雅尔塔倾向于给予斯大林“他想要的一切”而且“不求回报”。罗斯福及其顾问们“为了赢得美国人民对绥靖路线的支持，发动一波又一波的亲苏宣传攻势”，并前往雅尔塔“为苏联外交的最后胜利铺平了道路，美国为此付出了代价”。

然而，蒲立特和《生活》杂志的编辑们还没有做好准备，把这场惨败归咎于罗斯福自己的背叛。相反，在他们看来，总统的健康状况使他容易受到他的政府中的苏联线人和特工的影
68 响。“当时罗斯福总统感到非常疲惫”，蒲立特解释说，尽管他无法提供支持其论点的证据，当时他也不在总统身边。罗斯福总统“阐述自己的思想时有困难，而且更困难的是连贯地表

述其思想”。然而，他“背着中国暗地里与丘吉尔和斯大林密谋达成协议，把中国在东北地区的重要权益献给了苏联帝国主义”。[251]

如果麦卡锡没有赢得参议员选举，如果杜威真的击败杜鲁门，如果蒋介石的军队能够齐心协力成功地阻挡中国革命，如果苏联没有爆炸原子弹，如果惠特克·钱伯斯从未遇到过阿尔杰·希斯……那么蒲立特的言论就可能永远不会成为美国政治的主流。然而不知何故，他的言论最终将在未来 18 个月里主导美国的政治对话。蒲立特颠覆了民主党在意识形态上错误的雅尔塔叙事，他没有把战后世界秩序体系的失败归咎于苏联的虚伪或美国误入歧途的慷慨。相反，他指控罗斯福犯下了叛国罪，依据是一些从未被充分解释的因素：一方面是罗斯福的狡猾、愚蠢和精神上的无能，另一方面是共产党人发动的颠覆活动——这种颠覆活动深深根植于美国政府内部，其历史比罗斯福的任期还长远，并且在多年之后继续操控着哈里·杜鲁门。

尽管他在亨利·卢斯媒体帝国旗下发行量最好的杂志上表现突出，但蒲立特的抨击谩骂没能在公共话语中获得立足之地。杜鲁门在那年的总统选举中为防范自己受到这样的抨击，同杜威和共和党人一样积极地反对斯大林和苏联。在 1947 年的年末，由于他政治命运飘忽不定，加之再次当选的前景黯淡，杜鲁门总统采纳了克拉克·克利福德和顾问詹姆斯·罗威（James Rowe）提交的战略备忘录，这份备忘录建议他在国内事务上左倾，而在外交政策上右倾。备忘录还建议：“事态变得越严重——严重到一定的程度，如真正的战争危机迫在眉睫——民众就越有危机感。在危机时刻，美国民众往往会支持他们的总统。”[252]

因此，美国在此期间产生的危机感，也即所谓的 1948 69

年战争恐慌（War Scare of 1948），完全由政府一手炮制。尽管实际上，如查尔斯·波伦在1948年1月的一份机密备忘录中说明的，政府认为目前的状态“与苏联的状态相比，比战争结束以来的任何时候都好”，[253]但引起公众恐慌的策略还是奏效了。杜鲁门开始就“欧洲局势的危急性质”、“迅速行动”的必要性以及苏联威胁的“迫在眉睫”发表讲话。[254]同时他扩大了富兰克林·罗斯福执政时期的战时忠诚度计划（Wartime Loyalty Program），现在覆盖200多万名政府职员和70多个所谓的颠覆分子团体，杜鲁门的恐吓辩术成功击败了他的共和党对手。但是这也导致在他的第二届任期内产生一种恐惧和不安全的有害氛围。[255]杜鲁门政府中有3000多名官员因为“忠诚”问题而失去工作，美国正陷入最高法院法官威廉·O.道格拉斯（William O. Douglas）所说的“恐惧的黑色沉默”。[256]正是在这种危险的局势下，惠特克·钱伯斯诬陷“阿尔杰·希斯为苏联在雅尔塔的秘密间谍”。

“路西法本尊”

共和党对他们在1948年总统大选中出人意料的败北愤恨不已，这让共和党的温和派名声扫地。阿瑟·范登堡身患绝症，约翰·福斯特·杜勒斯在纽约参议员选举中意外败选，这两件事进一步把共和党推进了激进派的怀抱。雅尔塔是以下事件共同的罪魁祸首：美国出卖波兰；美国无力挽回中国恶化的局势；苏联建立的军事霸权（尽管在很大程度上这是美国人的想象）有可能会吞噬美国及其盟友。明尼苏达州的共和党议员周以德（Walter Judd）怒斥“《雅尔塔协定》放弃了世界上3/4人民的自由”并为“随后共产党征服中国提供了蓝图”。[257] 1949年2月，雷蒙德·斯温（Raymond Swing）在《纽约时报》杂志发表评论说，“雅尔塔”不再仅仅代表“历史上有分量的事件”，它“已经成为失败、愚蠢和叛国的代名词”。[258] 蒲立特已勾画出情节梗概，剧本交给惠特克·钱伯斯来完成。钱伯斯原先是马克思主义经验主义者和间谍，后来成了右翼斯宾格勒主义者和基督教徒，

钱伯斯在20世纪30年代曾为斯大林从事间谍活动，后来成为有宗教信仰的反共产主义者。此后，他成为书评家，并曾短暂地担任过《时代》周刊的国际编辑，他在纽约撰写 70
了关于雅尔塔会议的报道。（亨利·卢斯后来给他支付了稿酬。）在1939年《苏德互不侵犯条约》签订后不久，钱伯斯曾背地里向助理国务卿小阿道夫·A. 伯利（Adolf A. Berle Jr.）控告国务院职员阿尔杰·希斯参加过共产党的基层组织。但是，希斯的导师、最高法院法官费利克斯·弗兰克福特（Felix Frankfurter）还有其他人向伯利作证，这是一项虚假的指控，而钱伯斯不过是一个沉迷于想象的偏执狂。右翼记者艾萨克·唐·莱文（Isaac Don Levine）在随后的几年里坚持这一指控，并集中关注其所谓的对雅尔塔会议的影响。

在希斯和联邦调查局副局长D.M. 拉德（D. M. Ladd）的一次会见中，拉德提到了莱文刊登在1945年的某期《读者文摘》（*Reader's Digest*）上的指控，“该文声称在雅尔塔会议举办期间，在一次有罗斯福、希斯和斯大林都在场的会议上，希斯曾说服已故总统罗斯福同意乌克兰和白俄罗斯加入联合国［作为有独立投票权的成员］”。用拉德的话说，“希斯说该指控是捏造的，因为他从来没有单独与罗斯福和斯大林一起开会，而且，他也不会说俄语”。（事实上，雅尔塔会议相关文件后来证实，希斯曾反对这种让步。）[259] 两年以后，在激进的反共月刊《实话实说》（*Plain Talk*）上，莱文指控称：“国务

院中某些高层和被认为可靠的官员，包括那位在雅尔塔会议上和筹建联合国过程中发挥主要作用的官员，都曾向共产党的间谍发送秘密文件，间谍把文件制成缩微胶卷发给莫斯科。”[260] 钱伯斯本人在雅尔塔会议后不久就在《时代》上发表一篇离奇又颇具文采的历史幻想文章。文章标题是“屋顶上的幽灵”，描绘的是在雅尔塔里瓦几亚宫的宫顶上举办的一场庆祝会，尼古拉沙皇和皇后庆贺斯大林实现了俄罗斯帝国历史上孜孜追求的目标，文章借此控告美国总统违背世界历史的大势。钱伯斯认为他要表达的是他所谓的当时“苏联对外侵略的残酷事实”。钱伯斯相信，富兰克林·罗斯福在雅尔塔有意认可苏联实现其在欧洲和亚洲的帝国主义野心。他把这一信念和他讲述的苏联间谍的故事联系在一起，将战后美国外交政策失败的故事重新编写成了一个背信弃义和蓄意颠覆的故事，其中阿尔杰·希斯在世界历史的中心位置占了一席之地。钱伯斯的故事将把对民主党叛国的指控从美国政治舆论的低地直接推至中心位置。

杰伊·维维安·“惠特克”·钱伯斯（Jay Vivian “Whittaker” Chambers）是一个相当夸张的历史阴谋论者。这位神秘的偏执狂，在他自己杜撰的陀思妥耶夫斯基式的小说中自封英雄，代表他认为注定无能的上帝，与反基督教势力打一场意识形态
71 战争。[261] 钱伯斯深信，人类历史的命运已在雅尔塔被决定，首先是罗斯福对苏联“对外侵略”的妥协，其次是美国愿意根据罗斯福所签订的远东秘密协议承认共产党对中国的统治。他后来解释说：“从 1930 年至 1948 年期间，肯定有一群不知名的男女是共产党员或其同路人，抑或是其傀儡，他们在美国政府内工作……改变了现在在世的每一个美国人的未来……如果人类将要遭受决定性的转变，如果人类将要结束 2000 多年的基督教文明，并且开始另一种全然不同的新文明，那么这些人可

以在历史上占有一席之地。”[262]

钱伯斯的历史分析实质上与蒲立特的分析如出一辙：罗斯福在最好的时代显得天真幼稚，但是大限将至之时，他在雅尔塔轻易地受到狡诈的苏联共产党人摆布，不知不觉地与斯大林同谋，把世界布尔什维克化。但是当蒲立特无法对这些共谋者指名道姓时，钱伯斯却把矛头指向了被他的律师称为“路西法本尊”的人：阿尔杰·希斯。

如果钱伯斯是一个从陀思妥耶夫斯基小说中走出来的人物，那么希斯就是F. 斯科特·菲茨杰拉德（F. Scott Fitzgerald）笔下小说人物的化身。他年幼失怙，在一个贫穷但喜欢讲究排场的家庭中长大，他凭借着运气、勤奋、聪明和良好的举止，成功被新政中最优秀、最聪明的人任用。他在雅尔塔会议开始前参与起草《关于被解放的欧洲的宣言》（*Declaration on Liberated Europe*），并且陪同国务卿斯退丁纽斯和一个小规模顾问团前往摩洛哥的马拉喀什，详细介绍美国在即将召开的会议上要提出的建议和战略。根据研究希斯的历史学家艾伦·韦恩斯坦（Allen Weinstein）的说法，在雅尔塔会议上“美国代表团的规模非常壮观，而希斯远远不是最突出或最有影响力的成员”。他的任务包括，为国务卿收集和准备关于各种事务的简报，并组织美国关于联合国未来的立场。[263]作为联合国事务顾问，希斯曾反对一份允许为苏联在联合国大会增加两个席位的草案，而当时他不知道罗斯福已经同意这一点。[264]会议结束后，苏联人建议任命希斯为旧金山工作组的负责人，负责创建这个新的世界组织，美方也表示同意。

希斯在众议院非美活动调查委员会中的控告者，还为希斯编造了一个在雅尔塔更为有趣的角色。在非美活动调查委员会的控文中，希斯通过向苏联人传递美国的军事和外交秘密情

72 报，提醒他们注意英美谈判立场中容易利用的分歧和劣势，从而与苏联合谋出卖波兰和欧洲。然后，他说服疾病缠身的罗斯福在中国问题上对苏联作出重大让步，从而为毛泽东和中国共产党的胜利铺平道路。[265] 虽然钱伯斯指控希斯的证据随着冷战后内情被揭露变得更加有力，但没有任何证据能支持希斯在雅尔塔为苏联从事间谍活动的说法。

阿尔杰·希斯的审判案是人类历史进入美国世纪（American Century）以来第一个重大的政治媒体审判案。钱伯斯最初不愿意指控希斯为间谍，而且考虑到他自己充当间谍、叛国投敌、作伪证和偷偷摸摸同性恋的经历，钱伯斯扮演起诉人的角色几乎是个滑稽的错误。让非美活动调查委员会调查员恼火的一点在于，钱伯斯不断地改变证词并隐瞒关键证据，他说这是出于对自己生命的担忧和对希斯的仁慈。1948 年 8 月，在他第一次面对众议院非美活动调查委员会时，钱伯斯就指控希斯是共产党员，但是否认其从事间谍活动。直到当年 12 月并于次年的 3 月，钱伯斯才指控希斯是苏联在华盛顿“干劲最为十足”的间谍之一。希斯当时担任卡耐基国际和平基金会（Carnegie Endowment for International Peace）的秘书，也是未来民主党政府的国务卿候选人，他要求有机会与控告者当面对质。随后发生的审判改变了美国的政治。将近 40 年以后，记者戴维·雷姆尼克（David Remnick）评论称，这个案件已成为“冷战的罗生门”，在该案件中“一个人对有关证据和人员的解释变成了检验其政治立场、品行和忠诚的试金石。人们对希斯或钱伯斯的同情，与其说是对事实的判断，不如说是一种信仰”。[266]

众议院非美活动调查委员会的成员特别热衷于利用钱伯斯的证词，来指责罗斯福和杜鲁门出卖国家荣誉与安全。该委员会的代理主席、南达科他州的议员卡尔·蒙特（Karl Mundt）

重点关注中国问题，认为政府仍然在设法以最小的政治代价除掉蒋介石政权。蒙特利用钱伯斯的控词宣称，他个人发现，“有理由相信他［希斯］在国务院内部组建过一支共产党基层组织，致力于影响我们的中国政策，并造成蒋介石政权垮台”。他强烈要求知道希斯是否“起草或参与了《雅尔塔协定》的草案”。当希斯回答说，“在某种程度上说，是的”时，雅尔塔再次成为头版新闻。[267]

然而，民主党人对他们周围不断变化的政治方向不够灵敏。在钱伯斯刚站出来指控不久，杜鲁门嘲讽调查委员会，指 73
责它违背《权利法案》，“诽谤许多与之无关的人”，并且“伪造事实”。在希斯反驳以后，总统进一步声援。他表示这是“荒唐的诬告”，非美活动调查委员会和共和党一起不自觉地成为“美国共产主义者的帮手”。[268]事实上，美国政府内部几乎没有人相信钱伯斯的离奇故事。阿尔杰·希斯曾是德高望重的奥利弗·温德尔·霍姆斯（Oliver Wendell Holmes）、费利克斯·弗兰克福特和迪安·艾奇逊的门生。他曾由约翰·福斯特·杜勒斯推荐而担任目前的工作，最近又被乔治·马歇尔提名领导一个委员会。1945 年，在卢斯明确的命令下，《时代》周刊赞扬“年轻英俊的阿尔杰·希斯”在旧金山联合国会议期间处理问题灵活娴熟、“出类拔萃”。而写出这些评语的正是惠特克·钱伯斯。[269]

但是 1945 年以后情况发生了很大的变化。杜鲁门政府不遗余力地使美国人民相信，是苏联没有遵守其在雅尔塔作出的承诺，而这以一种政治话语的形式结出了果实，人们越来越相信关于蓄意背叛的指控。罗斯福从雅尔塔回国后所作的关于战后世界的承诺，开始看起来像是阴谋诡计。那些从克里米亚回国后大谈“新的一天的黎明”的人，现在被视为愚蠢的理想主义者，甚至是卖国贼。杜鲁门及其团队辩解称，罗斯福及其团队只是太过信任斯大林和苏联人。但是，东欧族裔群体、孤立主义者，甚至是《时代》周刊及其国际编辑惠特克·钱伯斯，在《雅尔塔协定》公布后不久就已清楚地认识到波兰实际上被抛弃了。在罗斯福对苏联作出让步后，紧接着共产党在中国取得了胜利，这使得整个过程看起来更像一场无情的骗局——也许是自我欺骗，或者更甚。官方欺骗公众，再加上世界似乎要失控落入共产主义的掌控之中，这在美国形成一种政治态势，决意要在美国政治体制核心揭露阴谋并揭发叛徒。当杜鲁门总统试图用危言耸听的警告和强硬的国内安全措施去平息这股势头时，他只是徒劳地激励了这些参与者。在 1949 年 4 月，克利福德对杜鲁门抱怨说，“美国限制言论自由的不良趋势在增长”，并且担心这“会有利于苏联和共产党”。[270] 虽然杜鲁门、克利福德和艾奇逊等人都发现这种态势很危险而又
74 难以对付，但是他们都宁愿面对这一危险而不愿面对真相——这相当于承认关于背信弃义的指控是真实的，而所有相关行动都是有意为之。甚至连通常秉持忠诚立场的《华盛顿邮报》都指责杜鲁门“企图压制所有事务”。[271] 大陪审团终于以伪证罪起诉希斯，所有人都明白这项指控只是用以替代间谍罪，希斯本身就象征着一个更大的阴谋。他的审判在 1949 年 6 月 1 日开始，有一大群知名的记者报道此案。哥伦比亚广播公司（CBS）派出爱德华·R. 莫罗（Edward R. Murrow），《纽约客》（*The New Yorker*）派出 A.J. 利布林（A. J. Liebling），《纽约邮报》（*New York Post*）则是颇为风趣的体育记者吉米·坎农（Jimmy Cannon），他的报道排在头版。四位现场报道的记者后来出版了关于该案的书。亨利·卢斯派了一名私人速记员。《国家》杂志的记者罗伯特·班得纳忠实地写道：

> 宣告无罪将证明，众议院非美活动调查委员会的无能：这将揭露该机构的成员是一群笨蛋，他们在两年的时间里听信一个被普通美国人认为是个大骗子和精神病患者的人。而有罪判决将表明，共产主义阴谋在美国取得的进展远比自由派所认为的要多，而且其间谍比以往任何一个同行都更为狡猾、职位更高、更加成功。[272]

尽管这次审判的证据几乎没有涉及雅尔塔会议，但这个问题在公众舆论和防御战略中占据突出地位。詹姆士·赖斯顿担心希斯被描述成，“在雅尔塔会议上坐在富兰克林·罗斯福右手边的人，一个指导国家政策的重要人物”。“他在雅尔塔没有参与决策”，赖斯顿对其读者保证说。“他不过是其中一名按照吩咐做一些无关紧要的工作的技术人员。”[273]

1949 年 7 月 8 日，第一次审判因陪审团不能取得一致意见而结束，某些受挫的反共产主义者总结说，公民自由权已成为美国不能再提供的奢侈品。在宣布无罪判决后不久，希斯在众议院非美活动调查委员会中的主要仇敌、年轻的理查德·尼克松（Richard Nixon）出现在一次广播节目中，公开要求审查考夫曼（Kaufman）法官是否“适合”他的职位。这位年轻的共和党议员在踏入政坛以前是名律师，他承认：虽然考夫曼法官有法律依据决定不考虑某些证据，但“普通美国人想了解这个案件中所有被放弃的技术性细节”。[274]

二审在 11 月 17 日开始，并且到 1 月 21 日，希斯被宣判犯有两项伪证罪。4 天以后，他被判处在联邦监狱服刑五年——在 1951 年 3 月他的申诉程序结束后，他开始在宾夕法尼亚刘易斯堡的一个中等监狱服刑。 75

由于未能作出准确的预测，国务卿艾奇逊在回应希斯在

1月份的有罪判决以及随之兴起的反共狂潮时，引用“登山宝训”（Sermon on the Mount），声明不会背弃朋友。此时展示他高尚的责任感，完全不合时宜，因为共和党的愤怒已经爆发。卡尔·蒙特奉上一场义愤填膺的演讲详述：“我们制定的对华政策，导致独立自主的中国完全崩溃，曾经是我们伟大盟友的国家，现在完全被莫斯科支持的共产主义军队控制了。”蒙特进而罗列了“国务院远东事务司中相当多的共产主义支持者”，并称他们效忠的不是美国而是阿尔杰·希斯。[275] 然而，威斯康星州一位籍籍无名的参议员约瑟夫·麦卡锡打断了蒙特的演讲，并问艾奇逊“莫名其妙的声明”是否意味着他也不会“背弃与希斯有关联的其他共产主义者”？斯特尔斯·布里奇斯接着问道：“希斯先生在国务院里的影响力究竟有多大。”参议员威廉·詹纳指出：“阿尔杰·希斯集团……策划了雅尔塔卖国阴谋，放纵共产主义蔓延半个地球。”[276] 印第安纳州的参议员霍默·卡佩哈特（Homer Capehart）在参议院讲述了一个耸人听闻的故事，说希斯单独和罗斯福、斯大林还有一名翻译在一个房间里，关着门，用某种强迫的方式迫使美国领导人屈服于共产党的要求。“我们能获得多少？”他询问道。“富尔斯、艾奇逊、希斯和氢弹在外面威胁，新政主义腐蚀着国家的核心。美国只能做到这种程度吗？”[277]

1950年1月26日，理查德·尼克松通过一场长达4个小时的精彩表演，使国会的反应达到高潮，他高呼“希斯案：美国人民的教训”。在这场可以称为尼克松自己的政治“大宪章”的演讲中，这位年轻的国会议员得出以下教训：“五年之前，当阿尔杰·希斯正在筹备战后的会议时”，在苏联的势力范围内只有1.8亿人，“我们占据着9：1的优势”。现在有8亿人生活在“苏联的统治之下”，“他们占有5：3的优势”。最后，他戏剧性地总结道：“我们有庄严的职责去揭露这个凶险的阴谋。”这位野心勃勃的议员离开众议院时，得到了长时间的站立鼓掌，一位政治明星由此诞生。那年，尼克松在竞选加利福尼亚州参议员席位时击败了海伦·G. 道格拉斯。实际上，在美国的主流政界，只有她不把《雅尔塔协定》的失败归咎于苏联的背信弃义，而是归因于富兰克林·罗斯福的去世以及其继任 76
者杜鲁门总统对其政策的否定。[278]这样的观点给予尼克松充分的机会，把他的对手描述成臭名昭著的“粉红佳人”，不能把国家的安全交到她手里。随后不到两年的时间里，他就当上了副总统。

尼克松的国会演讲刚过两周，乔·麦卡锡就预定在西弗吉尼亚州惠灵市的俄亥俄县妇女共和党俱乐部（Ohio County Republican Women’s Club）发表演说。最初他计划演讲的主题是老人救助或房屋问题。但是受到希斯审判案的激励，麦卡锡决定借鉴尼克松的演讲。他在俱乐部中说，“阿尔杰·希斯的重要性不在于其个人，而在于他是国务院中一个集团的代表”。[279]现在有 8 亿人生活在“苏联的专制统治之下”，而“在我方，这个数字已缩减到大约 50 万”。接着，他高举他那份著名的 205 位共产党员的“名单”，说这些人“仍然在国务院工作和制定政策”。（第二天，名单上的人数降到只有 57 人。准确的数字本来也无关紧要。）到 2 月底，麦卡锡已经成为一位全国性领导人和共和党内最具影响力的人物之一。

尽管麦卡锡主义的起源涉及政治、文化和心理等许多方面，但它从民主党对雅尔塔问题的不诚实中获得了相当大的力量。美国人感到被欺骗了，因为民主党关于波兰、东欧以及战后世界的承诺都没有兑现。他们被苏联的炸弹和中国的革命吓坏了，而且也没有做好心理准备去接受其他国家不愿意以美国为榜样或不欣赏其善意。杜鲁门政府指责苏联没有履行承诺，但从未提出令人信服的论据，说明为什么美国人这么容易上当。阿尔杰·希斯为此提供了一个答案。

像威廉·蒲立特一样，麦卡锡和他的支持者反复叙说希斯对“身心交病的罗斯福”所谓的支配。[280]麦卡锡坚称，《雅尔塔协定》是由“希斯和葛罗米柯，还有一位我现在想不起名字的英国人”共同起草的，并再三声称希斯“对国务卿斯退丁纽斯施加斯文加利式[①]的影响。”[281]罗斯福在雅尔塔谈判期间的前驻中国大使帕特里克·J. 赫尔利（Patrick J. Hurley）将军，很快就放大强化了麦卡锡的传言，他突然回想起国务院的共产主义者曾传送秘密情报给“中国的武装共产党”，他们掌握了对赫尔利保密的关于雅尔塔会议的信息。这位将军说他在1945年3月试图向罗斯福总统提及此事，但是发现他“骨瘦形销”。[282]赫尔利对《雅尔塔协定》的立场发生了180度的转
77 变，他没有提供支持其观点的证据，但是证据似乎不是核心问题。他坚持认为，斯大林实际上没有破坏任何协议，因为“我们在与他签订的所有协议上都懦弱地屈服于他，而且这一切是偷偷进行的”。他认为《雅尔塔协定》被证明是“国务院为共产党征服中国而设计的蓝图”。[283]问题并不像杜鲁门及其顾问们所辩解的那样在于政府在雅尔塔所托非人，而在于，用麦卡锡的话说，那些“二十年来叛国投敌”的人。“我们知道，自雅尔塔会议以来，美国政府的领导人有意无意不断地出卖我们”，麦卡锡愤怒地说。“我们也知道，这些背叛者仍然在领导美国。我们不能允许卖国贼继续领导被出卖者。”[284]

尼克松和麦卡锡对雅尔塔会议的解读很快就成为共和党的样板文案。对雅尔塔“卖国论”的迷信不再局限于美国政治文

---

① 斯文加利（Svengali）是英国小说家乔治·杜·莫里耶（George du Maurier）的小说《特里比》（*Trilby*）中通过催眠术控制女主人公的邪恶音乐家。后人用斯文加利来形容那些对他人具有极大影响力和控制力的人。

化的小范围内，成了主流共和主义的一部分，为从苏联崛起到朝鲜战争爆发之间发生的一切提供解释。[285] 由于新闻客观性原则，各家报纸在报道麦卡锡的疯狂指控时，对他们认为可敬的政治人物给予了严肃和冷静的态度。例如，当麦卡锡指控乔治·马歇尔将军和迪安·艾奇逊国务卿参与亲共产主义阴谋，并且指出亲共产主义阴谋在某种程度上是基于他们在“怂恿”苏联参与远东战争时起到的作用时，《纽约时报》在没有任何背景信息或反驳的情况下刊登了这则荒唐的指控。[286] 其他报纸如法炮制，麦卡锡的影响力在建制派内部和全国范围内都得到了加强。

希斯案也为共和党提供了关键论据，让他们得以在政府内部开展政治迫害，以铲除更多像希斯一样的间谍和仍未披露的秘密协议。迪安·艾奇逊、乔治·马歇尔和已故的哈里·霍普金斯等人，都被认为是嫌疑人。[287] 共和党领导人和继任者罗伯特·塔夫脱（Robert Taft）在他的《美国的外交政策》中坚持认为，罗斯福的政策“或许在共产主义和共产主义者对美国政治家的间接影响下得到了更为危险的补充……值得注意的是，阿尔杰·希斯也参加了［雅尔塔］会议并且显然对会议产生了影响……”[288] 然而，这个国家所需要的不是更多的“雅尔塔秘密协定”，它们“把苏联置于一个对世界构成威胁的位置”，而是让一位不同情他们的总统和国务卿替代国务院里的“共产主义者”。[289] 在竞选当年 9 月，美国海外退伍军人协会（American Veterans of Foreign Wars）强烈要求，“所有需要对美国‘在雅尔塔被出卖’负责的政府官员，无论职位高低，都应被勒令辞职，并依法受到严惩”，包括“那些把激进 78
分子和同性恋送进政府部门的人”。[290]

希斯在二审中被定罪，不仅让那些在更大的政治舞台上支持他的自由主义者名声受损，而且由于分散了反对麦卡锡主义的潜在力量，从而削弱了它的潜在对立者。反共主义自由主义者分为支持和反对希斯的两派，双方都受到削弱。《新领袖》（*The New Leader*）杂志对反共主义内部的分裂进行了这样的描述："温和的"支持希斯的自由派，他们要么"对该案件所暴露的政治现实视而不见"，要么"感情用事……不谙世事"，不能够"直面冷战"；而"强硬的"一方则是无动于衷的老世故，他们能够胜任冷战的意识形态战斗。[291]虽然很少有自称为自由主义者的人能做到《评论》（*Commentary*）的主编欧文·克里斯托（Irving Kristol）的程度——他为麦卡锡说过一些好话——但是自由派强硬一方愿意承认红色追猎行动（Red-hunting project）的合法性，让自由派无法联合抵制对言论自由、公民自由和思想交流自由的侵犯。例如，亚瑟·施莱辛格（Arthur Schlesinger）坦言，美国对共产主义颠覆威胁的抵制"很大程度上是歇斯底里和卑鄙无耻的"，但他不愿意指责这种抵制完全没有必要。[292]因为美国的政治文化从来都不善于仔细区分自由主义知识分子的立场，麦卡锡的疯狂指控和钱伯斯偏执的想象都被当成了事实。希斯不再仅仅是钱伯斯说服陪审团相信的低级间谍，而变成了一手操纵罗斯福在雅尔塔出卖波兰和中国的幕后黑手。受到谴责的不仅有共产党员，还有自由主义的新政拥护者。社会学家大卫·理斯曼（David Riesman）指出，有罪的希斯在使人们相信这些极端观点的过程中对这个国家所造成的"危害远远大于，他早先很可能无关紧要的间谍活动和试图影响外交政策的努力所产生的影响"。[293]

在1952选举之年出版的钱伯斯回忆录《证人》（*Witness*），进一步把这种诠释深入灌输到美国政治文化中。该书最初印刷10万册，通过在《星期六晚报》（*The Saturday Evening Post*）特刊上进行连载和宣传，在《时代》周刊上用四个整版报道，以及其他后续的宣传，钱伯斯关于背叛和救赎的道德故事连续四个月占据《纽约时报》畅销书榜首。[294] 尽管这本书把自由主义者等同于共产主义者，又把共产主义者等同于间谍，但是左派名流纷纷都在媒体上称赞它，包括《纽约时报书评》（*The New York Times Book Review*）的西德尼·胡克（Sidney Hook）和《党派评论》（*Partisan Review*）的菲利普·拉夫（Philip Rahv）。[295] 罗伯特·本迪纳（Robert 79
Bendiner）早期在《国家》上的预言现在看来无懈可击：众议院非美活动调查委员会的威信高涨；红色追猎愈演愈烈；公民自由变得可疑，雅尔塔成为一种诅咒。

罗斯福：受骗者还是代理人？

到 20 世纪 50 年代初，在美国建制派内几乎没有人拥护罗斯福的"雅尔塔精神"。几乎所有与雅尔塔会议有一丝关联的政治家，都被迫对其在会议中扮演的角色作出交代。基于哈里·霍普金斯曾经提出的假设，前国务卿斯退丁纽斯在 1949 年试图通过其关于雅尔塔会议的报告《罗斯福和苏联人》（*Roosevelt and the Russians*），为此提供一个原始的借口。斯退丁纽斯提出，友好和善的斯大林在雅尔塔会议结束后被其持强硬线路的政治局推翻，因为"他对资本主义国家太过友好，并作出太多让步"。[296] 尽管他的观点很快就在媒体上遭到嘲讽，[297] 但是在一份 1945 年 5 月 15 日的备忘录中，苏联问题专家和副国务卿查尔斯·E. 波伦写道："我们在雅尔塔就感觉到，苏联之所以未能执行在雅尔塔所达成的协定，很大程度上是因为斯大林在回国后在苏联政府内部遭到了反对。"[298] 即将竞选纽约州州长并心怀总统之志的埃夫里尔·哈里曼，在 1950 年末来到参议院外交委员会，详尽地讲述了他自己参加雅尔塔会议的经历，他对斯大林的描述与斯退丁纽斯和波伦相似。他强调："导致战后问题的不是在雅尔塔所达成的协议，而是斯大林未能执行那些协议的事实以及苏联政府的侵略行为。”他问道，如果《雅尔塔协定》实际上是一种“出卖”，且完美地概括了民主党立场，那么为什么苏联“如此极力地破坏《雅尔塔协定》”？他认为，这个“事实为自由世界共同努力建立防御和团结起来对抗侵略提供了凝聚点”。[299]

鉴于这种讨论具有煽动性，建制派只能通过采用麦卡锡主义者的部分观点，并偶尔牺牲替罪羊来拉拢他们——这样往往会产生深远且完全难以预料的影响。随着左派在麦卡锡主义的攻击下遭到摧毁，自由派成了麦卡锡主义非难的目标。大学教员如果不愿意与联邦调查机构合作，按要求告发他们的同事，就会被解雇。劳工运动的领导人驱逐那些涉嫌与共产主义威胁
80 有联系且没有坚持反共路线的人。好莱坞巨头、公立中小学校长、律师合伙人以及科研实验室负责人都感到不得不屈服于麦卡锡主义恶魔。政治和文化领域为进步事业所付出的代价简直不可估量：人们不再探索、电影人不再拍电影、作家不再发表小说、群众不再组织工会活动、公民不再发动各类运动、政客不再缔结政治联盟、活动家不再伸张公民权利、学者不再产生新的思想。[300]最终结果是，美国文化在所有曾经激发过创造力的领域都出现了某种同质化。一位网络电视台主管在1956年3月曾抱怨道：“那些总是置身事外，因此我们可以‘放心’雇佣的人的问题在于，他们一般都不是优秀的作家、演员或制片人，甚至算不上是健全的人。”[301]

在国务院内部，迪安·艾奇逊被迫“清除”几乎所有在雅尔塔会议期间参与过美中政策制定的顾问。这导致，美国在制定外交政策时严重缺失亚洲问题专家，这在面对朝鲜半岛危机时显得尤为重要。几乎所有的问题，都与摧毁雅尔塔会议的成果有关。

议员保罗·沙弗尔（Paul Shafer）在1950年6月发出疑

问："如果中国不值得保护，为什么对南朝鲜问题紧张不安？"他在众议院对此解释说，答案或许能从"雅尔塔秘密协议的条文"中找到，它"揭示了中国和朝鲜是如何通过秘密交易、欺骗和诡计被推入苏联势力范围的。阿尔杰·希斯在雅尔塔是罗斯福的顾问"。[302] 尽管国务卿艾奇逊就在朝鲜发动攻击前，在一次向全国新闻记者俱乐部（National Press Club）发表的广为报道的演讲中，明确宣称不可能往朝鲜半岛派兵，但杜鲁门政府由于认识到沙弗尔指控的危险性，加之许多其他象征性的动机，承诺出战朝鲜。[303] 艾奇逊私下里对一位朋友解释说，在朝鲜，美国"在与次要队伍战斗，而真正的敌人是苏联"。杜鲁门总统也向专栏作家亚瑟·克罗克指出，"如果其他任何地方爆发战争……我们将放弃朝鲜……我们希望在西欧一决胜负，在那里我们可以使用原子弹"。[304]

1950 年以后，关于《雅尔塔协定》的唯一遗留问题是：罗斯福所谓的出卖，到底是一种无心之过，还是一种蓄意的卖国阴谋。为了推广前一种解释，杜鲁门政府需要让自己有别于上届政府的错误，因此在国内安全问题上采取强硬态度，并且小心提防政敌以任何借口指控其外交上的软弱。1947 至 1952 81
年期间，杜鲁门不断扩大政府内部的忠诚度调查。美苏之间的谈判被当作原则问题排除在外，因为即便隐晦地承认苏联可能抱着缓和紧张局势的意图进行谈判，也会被视为承认共和党对雅尔塔会议的控告是有道理的。实际上，除了孤单的人民阵线支持者以及《国家》杂志和少数独立的左派刊物，这种论点在自由主义者和前新政拥护者中间几乎没有遭到反对。事实上，《纽约时报》的社论批评的正是首脑外交，它认为这只会有利于苏联，甚至可能会导致产生一个"超级雅尔塔"，其结果比"备受指责的原来的雅尔塔会议"更糟糕。[305]

尽管有证据表明政府的反共主义热情，但与雅尔塔的联系依然困扰着杜鲁门和艾奇逊的外交政策。最初前总统胡佛对《雅尔塔协定》的热情起到了非常重要的作用，但在 1951 年 8 月，他谴责该协定“出卖了 5 亿人民的自由”，并登上了头版新闻。胡佛认为，雅尔塔是“让我们丧失和平，并陷入热战和冷战的地方”。[306] 同一年晚些时候，杜鲁门为了完成美日和平条约谈判，不得不任命共和党的福斯特·杜勒斯代表他出席谈判，然而当年正是福斯特·杜勒斯破坏了詹姆斯·伯恩斯在雅尔塔会议后在莫斯科进行的谈判。杜勒斯在参议院承诺，新条约代表着“美国将采取的涉及明确放弃雅尔塔会议成果的第一个正式行动”，同时也意味着“美国完全摆脱在克里米亚达成的协议所带来的义务”。[307] 反对该条约的见证人则认为，它只不过是认可了《雅尔塔协定》的相关内容，而这有悖于参议院的意愿。外交委员会就修改条约的必要性进行辩论，以确保该协议不被外界理解为是对《雅尔塔协定》的认可。尽管委员会避免使用明确的措辞，但评论家指出，这次辩论标志着官方开始抛弃《雅尔塔协定》。[308]

然而，无论做出多少调整来遏制，关于《雅尔塔协定》的争论依然不会停止。1951 年 4 月，当杜鲁门把道格拉斯·麦克阿瑟（Douglas MacArthur）免职时，《雅尔塔协定》再次成为头版新闻。保守派愤怒地认为，这次免职“对苏联来说，是同斯大林格勒战役一样伟大的军事胜利，也是同雅尔塔会议一样伟大的外交胜利”。[309] 麦克阿瑟错误地坚称，他最初是反对《雅尔塔协定》的，这导致许多最初以极大的热情支持《雅尔塔协定》的出版物在主流媒体上激烈地抨击它。专栏作家雷蒙德·莫利（Raymond Moley）和《时代》编辑们的言论尤
82 为激烈。莫利谴责《雅尔塔协定》让苏联威胁“中国东北”，并以麦卡锡式的语言控诉“艾奇逊式的”思想观点影响了“体弱多病”的总统。[310]《时代》把蒋介石在中国的失败归咎于《雅

尔塔协定》，并报道称，赫尔利将军在1945年曾提交一份由“一个由50位专家组成的高级别团队”撰写的可疑的报告，该报告警告马歇尔将军允许苏联进军亚洲的危险性。[311]

在1952年的选举中，《雅尔塔协定》继续困扰着民主党，而且这时有几位民主党候选人也开始利用其恶名。当时有位名叫约翰·菲茨杰拉德·肯尼迪的年轻人——当时任马萨诸塞州议员，正在竞选参议院席位——他甚至把前波兰外交官和将军愤怒的言论都附入国会议事录。[312]为了竞争共和党的提名，罗伯特·塔夫脱不断攻击雅尔塔会议和“共产主义者的间接影响”，以此激发忠诚者的愤怒，并把自己与艾森豪威尔将军区分开来。[313]而这位前盟军司令官仅仅批评在雅尔塔所达成的“政治决议”。[314]两者的区别主要在语言风格上，因为这两位共和党人都没有公开反对猖獗的麦卡锡参议员，尽管塔夫脱的支持态度更加明确。（应参议员的要求，这位将军决定放弃在麦卡锡的家乡为乔治·马歇尔辩护的计划。）[315]然而，共和党的纲领承诺“拒绝履行秘密协定中所包含的所有责任，比如《雅尔塔协定》中的此类条款，因为它们助长了共产主义的奴役”。[316]《纽约时报》《时代》《星期六晚报》和许多其他刊物都支持共和党的立场。[317]那些没有参选的民主党人只是尽力回避该问题。民主党发布了一份旨在为罗斯福总统辩护的情况简报，比如，反驳了关于相关协议明确把中国割让给共产主义者的指控，并用谨慎的措辞奉劝选民去阅读原始文件。民主党的纲领重申广为熟悉的路线，谴责“苏联违背向罗斯福作出的庄严承诺”。[318]

共和党总统候选人艾森豪威尔将军和民主党候选人阿德莱·史蒂文森（Adlai Stevenson）州长，都不愿意在竞选期间声援《雅尔塔协定》。艾森豪威尔在普拉斯基日所发表的一份声明中保证摒弃该协议，他的副总统候选人理查德·尼克松，也在纽约呼吁拒绝接受协议中那些“怂恿共产主义奴役自由国家”的部分。[319] 尼克松在希斯案中的角色，他斗牛犬式的竞选策略，以及麦卡锡在政治演说中耸人听闻的指控所造成的喧嚣背景，让共和党得以充分利用美国反雅尔塔热潮，而不至于让艾森豪威尔采取过于强硬的立场。

83 艾森豪威尔的解决方案

然而，艾森豪威尔在1953年上台执政后，就立即试图消解此事。[320] 总统让国会通过一项没有实效的决议，指控苏联“歪曲”战时协定，但是没有具体说明他所指的是什么“歪曲”。[321] 他的政党提出了9项不同的要求政府抛弃协定的决议，但拒绝了他的提议。很快，艾森豪威尔就经历了杜鲁门曾遭受过的来自麦卡锡及其盟友的激烈谴责，攻击者包括：仍持孤立主义立场的《芝加哥论坛报》、新兴保守派商业周刊《美国新闻与世界报道》；右翼权威人士乔治·索科尔斯基（George Sokolsky）和威斯特布鲁克·佩格勒（Westbrook Pegler），还有美籍波兰人大会和欧洲受奴役国家大会（Assembly of Captive European Nations）等少数族裔组织。[322]《纽约时报》的编辑们大力支持这项提议，并称之为“艾森豪威尔总统发出的可能是最重要的声明之一”，而且有可能“使我们摆脱过去的承诺……恢复我国道义上的地位”。对《纽约时报》的编辑们而言，它代表着“完成一项竞选誓言”，[323] 尽管它的目的是替代一项具体的竞选誓言，即明确拒绝履行协定。这一棘手的事实几乎没有引起建制派或主流媒体的关注。

国际关系教授塞缪尔·L.夏普（Samuel L. Sharp）在《新共和周刊》（*The New Republic*）上撰文，把后来人们对《雅尔塔协定》的反应归咎于《雅尔塔协定》公布时“某些民主党发言人解释和辩护方式中令人恼火的自以为是”。但是，夏普指出，“激发美国公众的想象力”比“夺回中国和波兰”容易。[324]林登·约翰逊（Lyndon Johnson）不知疲倦的传记作者罗伯特·A. 卡罗（Robert A.Caro）认为，通过支持艾森豪威尔，反对以塔夫脱为首的共和党人——他们希望利用新获得的对立法程序的控制，彻底抛弃《雅尔塔协定》——这位新当选的参议院少数派领导人助推了对共和党保守派和中西部孤立主义残余势力的毁灭性打击。正如卡罗正确指出的那样，共和党的塔夫脱派“坚信，雅尔塔会议上还达成了其他不为人知的协议”，塔夫脱打算利用参议院多数派的权力来获取这些可疑的文件，希望以此证实已持续 7 年的“卖国”指控。他的最终目的是限制总统缔结条约的权力，以阻止未来出现任何此类的秘密协定。[325]《新闻周刊》首席国会通讯员萨姆·谢弗（Sam Shaffer）指出，共和党人对雅尔塔会议几乎歇斯底里的热情一直在积累，假如他们控制了国会和总统职位： 84

> 共和党人应该能够……轻松实现梦想……实现梦想需要的只是一场大扫除，为此，共和党国会和共和党总统在就职典礼那天宣誓就职后就可以尽快联手废弃《雅尔塔协定》。如今我们很难理解，共和党政治家是如何坚持这一信条的。[326]

更为讽刺的是，正是约翰逊这位民主党少数派领导人在这个问题上挽救了艾森豪威尔，并为其帝王总统地位奠定了基础，但艾森豪威尔在 10 年后的越南问题上非常遗憾地滥用了这一权力。但短期结果是——斯大林于 3 月 4 日在审议决议期间去世，这也强化了这一结果——原来民主党人关于苏联背信弃义的说辞被奉为美国官方对雅尔塔失败的解释。由于共和党的战时英雄兼总统、共和党东部派以及约翰逊领导的民主党人都支持关于苏联违反协定的指控，而不仔细查看那些协定的内容，塔夫脱和他的支持者无处表达他们在这一问题上的挫败感。用约翰逊的话说，参议院这种打折扣的解决办法，只是在“告诉世人美国人民团结一致反对苏联专制”。[327]

1953年3月，当艾森豪威尔和杜勒斯提名罗斯福在雅尔塔开会期间的俄语翻译查尔斯·波伦为美国驻莫斯科大使时，塔夫脱、麦卡锡和他们的共和党盟友设法实施了某种程度上的报复。波伦的提名确认听证会引起极大的争议，因为参议员再次回到阿尔杰·希斯在雅尔塔的角色这个问题上。麦卡锡势力作梗，阻止了这次提名，并暗示波伦是一名危险分子和一个有问题的“恋家的男人”——换句话说，是一名同性恋。许多保守分子在其中推波助澜。后来担任该党国会领袖的埃弗雷特·德克森（Everett Dirksen）大喊：“查尔斯·波伦也曾在雅尔塔……我不接受雅尔塔会议，所以我也拒绝接受参与过雅尔塔会议的人。”[328]艾森豪威尔最终不得不亲自出面，在一次记者招待会上向支持者保证，没有“左派的留任官员”利用“波伦欺骗他”。[329]由于共和党强大的政党纪律，艾森豪威尔的保证足以让大多数的批评者沉默，并确保波伦上任。一年以后，当参议院就布里克修正案投票表决时，也出现了同样的情况，该修正案将限制总统在没有获得国会明确批准的情况下与他国签
85 署行政条约的能力。修正案的一个版本——对修正案的支持在某种程度上源于共和党参议员期望限制未来的总统签署类似于“令人难以接受的《雅尔塔协定》”的协议——只差一票没有得到所需要的2/3多数支持率，只有自由派敢于公开发表反对意见。在艾森豪威尔和杜勒斯惊慌失措的游说下，并在林登·约翰逊对其参议院同僚的利益需求的巧妙操控之下，该修正案才被否决。共和党中的绝大多数党员仍然希望防止“更多的《雅尔塔协定》”，并投票反对他们自己的总统。[330]

尽管在广受欢迎的艾森豪威尔总统的领导下，国民享受着相对的和平与繁荣，《雅尔塔协定》的幽灵也不会悄然消失。1955年，当国务卿杜勒斯不顾温斯顿·丘吉尔和英国政府的激烈反对，决定公开雅尔塔会议的秘密文件时，它再次出现在政治话语中。虽然秘密文件的公开削弱了叛国罪指控的遗留问题，但也造成了一系列新问题。这些文件被曝光的方式很特别，但也说明了一些问题。在向英国政府承诺将继续保密，以保护丘吉尔和罗斯福的历史声誉并防止法国和东欧人再次抗议4天后，杜勒斯把这些文件泄露给了《纽约时报》。和以往的总统一样，艾森豪威尔坚称他从来没有读过雅尔塔会议相关文件，也不知晓公开相关文件的决定。[331]他的政府对于《雅尔塔协定》的立场是，尽管它们依然对苏联有约束力，但由于苏联曾违背协定，美国不再承担义务。[332]詹姆斯·赖斯顿在说服国务卿杜勒斯出版这些秘密文件方面发挥了关键作用。他遵照传统惯例，发表了一篇头版分析文章，谈论“雅尔塔的悲剧”，他定义这是英国的“实用主义和犬儒主义”与美国的“理想主义和乐观主义”在面对苏联的背信弃义时的冲突。[333]

丘吉尔立即指责这种解释为不正确言论，他是雅尔塔三巨头中唯一仍在世的当事人。丘吉尔声称，英国在远东协议中发挥了“微小而次要”的作用，因为“我和［外交大臣］艾登都没有参与协议相关条款的制定过程”。从严格意义上来说，丘吉尔的观点可能是对的，但是正如沃伦·F. 金博尔所指出的，丘吉尔的说辞是蓄意的误导，因为罗斯福在雅尔塔被迫向苏方作出的让步，实际上与丘吉尔在1944年10月与斯大林在莫斯科会见期间作出过的让步几乎一模一样。此外，当秘密文件被公开时，丘吉尔不怀好意地告诉英国同胞，虽然美国国内对于向苏联作出的妥协有许多责骂，但责任在于美国人自己的代 86
表。对英国人而言，这个问题的确是“微小而次要的”。[334、335]

法国和加拿大与许多来自不知名国家的不知名外交官一样——他们认为这一行为违反了外交礼仪——公开指责秘密文件的公布。[336]包括参议院外交委员会主席沃尔特·乔治（Walter George）和多数党领袖林登·约翰逊在内的民主党人都谴责泄露这些文件的方式，指责杜勒斯试图通过重提有争议的问题和“向美国的团结和自由世界的团结施加压力”，为反对派争取政治得分。约翰逊断言，参议院“最好把历史问题留给专业的历史学家去解决”。[337]纽约的民主党人赫伯特·莱曼（Herbert Lehman）进一步表示，这些文件的公布是“对历史的歪曲……完全是断章取义”。像所有民主党人一样，他也希望“苏联没有粗暴和肆无忌惮地破坏《雅尔塔协定》中关于波兰的条款及其精神”。他将这种“可耻的行为”归咎于杜勒斯和艾森豪威尔“自私的和不光明的动机”，其目的不仅是党派的利益。[338]

无论是媒体从业者还是两党相关人士，似乎都没有注意到，美国政府在过去10年里一直在就《雅尔塔协定》的实质误导民众。同样，反对派想象中的秘密协议也没有得到证实，也没有任何证据表明，阿尔杰·希斯在雅尔塔会议上起到所谓的斯文加利式的作用。参议院少数党领袖威廉·诺兰的反应最为激烈，他把阿尔杰·希斯参加美国代表团比作“一个人背靠着镜子打扑克，他的对手在开始玩之前就能看到他的手”。[339]1954年11月，希斯在路易斯堡监狱服刑44个月被释放以后，确认了自己在一份声明上的签名，该声明质疑罗斯福给予苏联联合国大会三个席位的决定，这让他的控告者感到十分困惑。[340]诺兰也大力谴责罗斯福在1945年3月1日的演讲中就远东协议的事实向国会说谎。参议员麦卡锡坚持认为，仍有真相尚未被揭露。[341]但是，此时麦卡锡和他的“麦卡锡主义”的影响力江河日下，建制派中也很少有人认为有必要像刚过去那样对麦卡锡宽宏大量。前麦卡锡主义者理查德·尼克松通过升职为副总统而被驯化，这与这种盘算不无关系。美国政坛上后来出现了许多“新的”尼克松式的人物，理查德·尼克松作为他们当中的第一人告诉芝加哥行政俱乐部（Executive Club of Chicago），他不相信在雅尔塔上“真的有过任何把我们出卖给共产党的蓄意企图”。[342]

紧接着，发生了第二件窘困之事。当时，麦克阿瑟将军试图降低那些表明他曾经也强调必须不惜一切代价让苏联加入远 87
东战争的文件的可信度。[343]麦克阿瑟的立场确实令人感到奇怪。他坚称，他在雅尔塔会议开始前曾提交给总统一份长达 40 页的备忘录，告知罗斯福总统，入侵日本已经没有必要，因为日本人的和平提议表明，他们即将宣布无条件投降。事实上，麦克阿瑟的一位发言人在雅尔塔会议前曾告诉记者：“除非苏联军队提前承诺将采取行动，我们绝不能进攻日本。”[344]据詹姆斯·福莱斯特在当时的日记记录，麦克阿瑟要求在中国东北的 60 个红军师介入对日作战。[345, 346]

共和党全国委员会也出版了一份题为《雅尔塔会议文件和相关资料要点》的报告，以迎接 1956 年的选举。报告复述了所有的传统主题，并突出了罗斯福对于波兰人、犹太人和其他少数族群恶意的评论。但是由于没有一位民主党总统提出反对，这份报告的指责影响力很小。该党在一份题为《新政拥护者在保密十年后否认并谴责雅尔塔相关文件的重要性》的文件中，试图抹黑现任纽约州州长埃夫里尔·哈里曼。当问到“谁在雅尔塔策划了这些重大协议”时，共和党人坚持认为，证据“径直指向埃夫里尔·哈里曼一人”。三年以后，未来的副总统、共和党人纳尔逊·洛克菲勒（Nelson Rockefeller）击败了现任州长，此前他在纽约的东欧族群面前攻击雅尔塔会议上的交易为“历史上最大的背叛之一”。[347]然而，这些攻击究竟造成了多大影响，我们很难讲清。即使在纽约，我们也很难说，州长选举结果取决于13年前的外交事务。

在1956年或1958年，民主党人都没有费心为雅尔塔会议本身进行辩护，而只是反驳了共和党人现在听起来荒诞不经的指控——更为荒谬的是，这些指控暗指共和党总统掩盖真相。[348]甚至连建制派也开始赞同杜鲁门和艾森豪威尔两位总统对雅尔塔会议的解释。1955年7月，雷蒙德·桑塔格（Raymond Sontag）在《外交事务》上写道："苏联领导人在雅尔塔以英美两国的利益为代价设下的骗局是如此成功和决绝，这在历史上是罕见的。"[349]与此同时，共和党政纲认为，不宜再提及此事。虽然现在一般怀疑是艾森豪威尔"出卖"了美国，但是公众对此不以为然且漠不关心。有了共和党总统甚至理查德·尼克松的声援，主流舆论很快又回归到最初杜鲁门对雅尔塔会议的解释，而无视目前影响衰微的塔夫脱、尼克松、麦卡锡三人关于雅尔塔会议的说法。

88 主流舆论回到前麦卡锡主义时期的解释，再次导致大众把《雅尔塔协定》的失败完全归咎于苏联。因此，对建制派而言，关键的政治问题是，是把这一指控的矛头指向背信弃义的约瑟夫·斯大林个人，还是连带指控所有共产党人以及后斯大林时期的苏联领导层？因为斯大林已死，前一种解释将为改善美苏关系提供契机，后一种解释会使这两个超级大国的关系持续恶化。毕竟，为什么要费心与一个保留说谎权利的国家谈判呢？哪个政治家会傻到冒这个险呢？

1955年，当艾森豪威尔政府与苏联在日内瓦进行核武器谈判时，美国刚好就面临着这个问题。果不其然，参议员麦卡锡指控称，这次谈判本身就代表着一次"共产主义的重大胜利"，很可能会导致"又一次妥协……又一次雅尔塔"。[350]参议员诺兰将长达9页的"苏联破坏的条约和协定"列入国会议事录，其中最引人注目的是《雅尔塔协定》中关于东欧问题的部分。[351] 正如赫利将军在四年前在参议院军事委员会（Senate Armed Services Committee）所说，雅尔塔会议的教训是："美国在雅尔塔有能力用共产党人理解的唯一的语言与他们交流，即权力的语言。"[352]《外交事务》上的一篇文章也用"雅尔塔的微笑幽灵"来衡量与苏联谈判的效果，作者把这个形象比作柴郡猫的微笑①。[353] 甚至连《纽约时报》的编辑也附和这种看法，认为："雅尔塔会议相关记录必定会让人们对与共产党人达成的任何协议的价值产生新的怀疑。"[354] 换句话说，即使是共和党总统和前盟军司令，在谈判桌上也不能被信任。这也是罗斯福在雅尔塔会议后的谎言留下的另一个遗产。[354] 然而，鉴于后雅尔塔时期的经验，过于热切的美国政府急于与苏联达成某种协议，也不是什么值得担忧的事。在 1954 年的一次会议上，国务卿约翰·福斯特·杜勒斯问他的一位助手，如果苏联外交部长同意德国实现自由选举，并让东西德统一，他是否会感到满意。"当然了"，他的助手回答说。"好吧，这正是我和你有分歧的地方"，杜勒斯反驳说，"因为我不会感到满意。这里面肯定有陷阱"。[356]

换句话说，没有一位美国总统能够或者应该相信，任何共产党领导人会在任何共同利益问题上遵守诺言。当问题出现时，只能通过武力威胁来解决。如果美国的威胁有任何不可信之处，苏联将会视之为可以欺压我们的信号，正如他们在雅尔塔会议后的做法一样，当时我们没有动用武力保卫东欧。"雅 89
尔塔"，如同"慕尼黑"，由此成为支配美国外交关系的一个

① 柴郡猫（The Cheshire Cat）是英国作家路易斯·卡罗的作品《爱丽丝梦游仙境》（*Alice's Adventures in Wonderland*）中的猫，以特殊的笑容著称，即使它身体消失，仍能在空气中留下一抹露齿的笑容。

永久性的隐喻，它要求我们的领导人对苏联人说话要强硬，并准备好用武力支持自身的强硬立场，而不顾特定情况下最需要做的是什么。如果他们不这么做，就会面临“另一个雅尔塔”的风险，包括该词隐含的所有其他危险。像约翰·F.肯尼迪这样的政治家正是从中吸取了教训，面对苏联在古巴部署导弹的问题时，这些教训让他有了思想准备。在1962年的核毁灭威胁后，这位总统才冒着“另一个雅尔塔”的风险进行核武器谈判。美国在越南进行了近10年的战争，牺牲了58000多名美国人，以此保护东南亚地区免受同样的危险。即使在20世纪80年代，罗纳德·里根总统也知道，最好不要相信共产党人会在萨尔瓦多或尼加拉瓜问题上真诚地进行谈判。德国在毫无必要的情况下保持了40多年的分裂状态。更奇怪的是，希斯案从未真正结案。迟至1996年，这个案件还离奇地影响着美国政坛。当时中央情报局局长备选人安东尼·雷克（Anthony Lake）在竞选时陷入被动并最终失去提名，部分原因在于，他在国家电视台被问及已经有40年历史的关于希斯罪行的老问题时含糊其词。[357]如果说雅尔塔作为一件有害的政治事件已在美国政坛销声匿迹，那么作为一个被误导的隐喻，它继续支配着美国政治。

最后，雅尔塔对美国政治生活和历史轮廓的影响令人唏嘘，不仅因为它对美国的政治话语造成了无可置疑的破坏，而且还因为它败坏了真正崇高的事业：在美国领导下，人们抵抗苏联的扩张，并致力于欧洲文明的复兴与保护。假如当时的富兰克林·罗斯福和后来的哈里·杜鲁门愿意告诉本国民众关于雅尔塔的真相，美国领导人本可以选择联合美国及其盟友反对斯大林主义，而无须诉诸不诚实的声明和明显错误的指责。我们可以想象另外一种历史，在这段历史中，美国没有遭到麦卡锡主义的祸害，自由派和民主党人凭借着坚定的信念致力于建构一种战后秩序，而不是不断向保守派的批评者屈服，以维护他们在某种程度上可疑的爱国主义信誉。我们几乎无法避免冷战以某种形式发生。但是，如果美国领导人如实告知民众将如何战胜冷战，也许美国会以更光荣、更诚实、更谨慎的方式参与其中。谁能真正说清楚，我们失去了什么？

第三章　约翰·F. 肯尼迪和古巴导弹危机

自古巴导弹危机以来，还有哪位总统能够像约翰·肯尼迪那样，享受同等程度的公众崇拜？向来性格内敛的《纽约客》撰稿人理查德·罗维尔（Richard Rovere）评论道："总统及其幕僚在准备我方大胆而有力的行动方案时表现出了深思熟虑、严谨、敏锐和稳重的品质，任何关注这一事件进展的人，无不对其印象深刻。"[1]肯尼迪的助理、历史学家小阿瑟·施莱辛格（Arthur Schlesinger Jr.），给出了一段在往后数十年时间里被反复引用的评语，他把肯尼迪的表现赞誉为："坚韧与克制，意志、勇气与智慧的完美组合，各个要素控制得如此到位，判断精度无人能比，整个世界都为之感到惊艳。"[2]罗杰·希尔斯曼（Roger Hilsman）是肯尼迪的另一位前助理，他也将总统的此次行动称颂为"一次具有历史性意义的外交胜利"。[3]总统的弟弟罗伯特·肯尼迪则极富深情地回忆道：整个国家都充满着"对美国总统的坚强、抱负和勇气的自豪感"。[4]

考虑到当时公众所听到的对该事件的叙述，这些溢美之词并无过分之处。古巴导弹危机犹如一个惊险的英雄故事，而沉着冷静的肯尼迪总统便是故事里那位风度翩翩、浪漫多情的主角。全国各地的新闻媒体迅速开始用电影明星宣传单文案的风格报道此次事件。谈及危机过后的总统新闻发布会，《时代》周刊的通讯记者休·西德尼（Hugh Sidey）如此报道："肯尼迪将手深深地插进了他的外套口袋里，这一常见的下意识动作表示他已恢复高昂的兴致。"[5]《新共和周刊》的理查德·斯特劳特（Richard Strout）则更多地描述了新闻发布会现场的情形，他写道："381 名记者恭敬地站立着，静静地（紧张地）注视着这个身材修长、留着红褐色头发的年轻人。此人的西装手帕佩戴得恰到好处，他快步走上讲台并开始发表讲话。"[6]

无论媒体如何将其传奇化，古巴导弹危机都是一段非同寻常的历史。苏联秘密而又迷惑性地在古巴部署核导弹时，正值美国中期选举前夕，而所谓的来自古巴共产党的威胁问题，有可能会成为民主党的主要弱点。肯尼迪的顾问极力劝说他立即采取空袭轰炸或者全面入侵的方式予以反击，但肯尼迪否决了 91
这项建议，他认为面对两个拥有核武器的对手，这样的对策十分危险。相反，他采取了一套以武力威胁为后盾的复杂外交政策。他向苏联对手尼基塔·赫鲁晓夫公开发出了最后通牒，但同时也给自己留了退路，以最大程度防止他在公众面前陷入窘境。他选择对古巴实施“隔离”，而不是己方顾问所建议的战争政策，肯尼迪让世界免于陷入一场毁灭性极大的潜在核战争，拯救了全人类。通过公开承诺不进攻古巴——而美国原本就没有这番打算——肯尼迪总统没有作出任何实质性的让步，但又让对手获得了部分意义上的胜利（尽管这种胜利没有多少实际意义），从而避免苏联方面颜面尽失。

官方叙事

关于古巴导弹危机的“官方叙事”和众多记者报道一样给我们这位复杂而又神秘莫测的总统赋予了英雄般的品质。这位激励了那么多人追求伟大梦想的总统，自己却很少有时间去追求理想主义。肯尼迪身上的矛盾如此之大，以至于在他遇刺 40 年后，人们都难以对他的总统任期作出任何形式的清晰总结。他恣意玩弄无数女人的感情，其中有几个后来竟被人发现是间谍或黑手党的卧底，他很可能因此对国家安全和他的总统事业造成了威胁。他在执行一项试图暗杀古巴领导人菲德尔·卡斯特罗（Fidel Castro）的政策过程中，再次让黑手党当中间人。他还任凭一伙南越军官推翻（在肯尼迪事先不知情的情况下实施谋杀）美国的盟友吴廷琰（Ngo Dinh Diem）的政权，并就美国在这项决定中起到的作用说谎。肯尼迪在以其沉着冷静的智慧激励、吸引和感染周围人方面能力非凡；他有无穷无尽的精力；他在激励他人牺牲方面本领过人，在今天的公众想象中，他的这些特质远胜过其缺陷，这一点与古巴导弹危机爆发时毫无二致。事实上，如果官方的说法真实可靠，原肯尼迪国家安全顾问麦克乔治·邦迪（McGeorge Bundy）如今就没有必要反思他于1964年发表在《外交事务》杂志上的观点了：他赞美肯尼迪在处理危机时表现出了“勇气、克制和对人类意见的尊重”。[7] 邦迪和后来的许多评论家都得出了一样的结论：危机的解决证明“美国的武装力量，如果被坚定而审慎地运用，就是一支伟大的和平力量”[8]

但是，如果有人试图深究形成牢不可破的肯尼迪神话背后
92 的原因，总会遇到一些复杂的情况，比起古巴导弹危机，其他任何事件无论就其在肯尼迪神话体系中的地位，还是就其表面现象背后真相的复杂程度，可能都排不上号。正是因为受到这次导弹危机的鼓舞，一位美国高级官员首次主张如下原则：面对美国民众，政府“有权说谎”。在1962年10月19日召开的一场新闻发布会上，当被问及美国情报部门是否已经查明苏联在古巴部署的导弹时，负责公共事务的国防部助理部长阿瑟·西尔维斯特（Arthur Sylvester）保证说：“五角大楼还没有信息表明古巴存在进攻性武器。”[9] 然而就在当天，美国高级军官们正在催促总统下令全面入侵古巴，以解决该国的苏联进攻性导弹问题。后来，西尔维斯特解释此举称：“必要时为了拯救自己而说谎，这是政府的固有权利。”他坚持认为，“由政府行为所产生的新闻……是总统所拥有的武器之一种”。他总结道：“在我看来，结果会证明我们所采用的方法是正确无误的。”[10] 在当时那种欢欣鼓舞的氛围下，很少有人质疑这种逻辑。考虑到肯尼迪政府就古巴导弹危机随意说谎所导致的长期影响，西

尔维斯特的推断在今天看来或许就没那么简单了。

尽管约翰·肯尼迪告诫其他人，不要因为古巴危机后对尼基塔·赫鲁晓夫造成的所谓的羞辱而表现得幸灾乐祸，但他自己后来却禁不住在他的挚友面前吹嘘："我割了他的蛋蛋。"[11]许多学者和政治家在他们自己的公开声明中也同样保持沉默。《芝加哥论坛报》持反罗斯福的立场，政治立场极端保守，该报在华盛顿的总编辑沃尔特·特罗安（Walter Trohan）写道："20 年来第一次，美国人终于可以昂头挺胸，因为美国总统对抗并击退了苏联最高领导人……肯尼迪先生终止了绥靖政策，（也结束了）东欧和亚洲人民当年在雅尔塔的屈辱投降……当年轻的肯尼迪先生以战斗的姿态挺起下巴，直面克里姆林宫的'恶霸'时，美国人无不感到自豪。"[12]"面对摊牌对决"，兹比格涅夫·布热津斯基（Zbigniew Brzezinski）后来在《国务院公报》（*Departmentof State Bulletin*）上写道，"苏联却不敢作出回应"。[13]

1962 年 10 月发生的事件本来本身就足够扣人心弦，新闻记者几乎不需要再添油加醋，但是他们不可能错过这么做的机会。《新闻周刊》的报道是这样开场的："从表面上看，这一切发生在短短的七天时间内——在这七天里，世界不得不正视威胁其存在的真正的危险，这是从未有过的。美国通过以这种方 93
式应对危险局面，获得了度过危险的冷战时期的新自信。另一方面，苏联在世界面前成了说谎者和试图打破均势的鲁莽冒险者。"[14]《时代》周刊刊登的一篇文章称："未来的几代人很可能会把约翰·肯尼迪的决定看作 20 世纪最关键的时刻之一。因为不管风险有多大，肯尼迪都决心勇往直前。面对这种决心，好战的苏联总理先是动摇，然后是逃避，最后退缩了。"[15]《纽约时报》题为《震动世界的十天》（*Ten Days That Shook the World*）的一篇社论指出："面对美国的军事力量和坚定意志，赫鲁晓夫先生放弃了他的幻想，并开始分阶段地从西半球撤军，他以为我们‘太自由而不会战争’。”[16] 该报的一流通讯员詹姆斯·赖斯顿（James Reston）补充道：“在与苏联人周旋的过程中，他［肯尼迪］很可能消除了苏联认为美国不可能开战的错觉，因而减少了莫斯科误判的机会。”[17]

然而，如同所有的“重大”事件，古巴导弹危机的真相也是一点一点被揭开的。对该事件最早的报道几乎完全基于总统及其幕僚的回忆，他们中的大多数人组成了国安会执委会（ExComm）——严格来讲，该组织是国家安全委员会的执行委员会（Executive Committee of the National Security Council），但实际上，其成员是一群大体志同道合的人，他们大多是肯尼迪内阁的保守派成员，其中也有一些前政府高级官员，他们聚集在一起帮助总统解决危机。根据当时的新闻报道，他们都以坚韧不拔的英勇精神完成了各自的艰巨任务。

《星期六晚邮报》（*The Saturday Evening Post*）于 1962 年 12 月刊登的一篇回顾文章可能是早期最为夸张，也最具影响力的一篇。这篇报道之所以广为流传，是因为它的共同作者之一是查尔斯·巴特利特（Charles Bartlett）。众所周知，他是总统的心腹密友，而且危机过去后他曾在总统的弗吉尼亚庄园里度过一个周末。与他一同合著此书的斯图尔特·奥尔索普（Stewart Alsop）也与总统相识。［就在肯尼迪就职典礼当晚，肯尼迪出席了斯图尔特的哥哥约瑟夫·奥尔索普（Joseph Alsop）的晚宴，这让斯图尔特倍感荣耀。］[18] 该杂志将这篇文章宣传为“独家幕后报道”和“对国家安全委员会执委会绝密会议的权威解读”，尽管其措辞风格有时更像《超人》漫画，而不是严肃的新闻报道。[19]

巴特利特和奥尔索普的报道建立了一种叙事框架。文章以迪安·腊斯克（Dean Rusk）的名言开始：“我们怒目而视，我

想是对方先眨眼了。”在这些作者看来，这句话“值得与诸如 94
‘不要眨眼，直到你看到他们的眼白’这样的不朽名句并列，因为它概括了美国历史上一个伟大的时刻”。这个故事里的英雄是约翰·肯尼迪和罗伯特·肯尼迪，这一点不足为奇。后者被描述为国安会执委会中“鸽派带头人”，因为他坚决反对可能会被称作“逆向珍珠港事件”的空袭。[20]

《星期六晚邮报》的报道丝毫没有含糊或矛盾之处，尽管事实并非如此。例如，国防部长罗伯特·麦克纳马拉（Robert McNamara）最初把古巴的导弹仅仅视作“内政问题”而未予理会。由于肯尼迪早先的强硬态度，这并没有对美国的安全造成新的战略威胁。[21]他的观点最初得到了罗斯韦尔·吉尔帕特里克（Roswell Gilpatric）和卢埃林·汤普森（Llewellyn Thompson）的支持，并在相当程度上得到了国家安全事务助理麦克乔治·邦迪（McGeorge Bundy）的认同。[22]分析家们倾向于认同这种观点，不仅因为它符合麦克纳马拉的存在主义观点，还因为他们很清楚，危机发生时，美国拥有3000枚核武器，可以装在172个洲际弹道导弹发射器和1450架远程轰炸机上，投放到世界任何地方。然而，苏联却只拥有大约25~44个洲际导弹发射台，大概200架轰炸机以及总数不超过250枚的核武器。[23]（其确切数量仍是机密。）但巴尔利特和奥尔索普的报道只提道：“所有参会者都一致认为，苏联的导弹必须在其投入使用之前被移除或者摧毁”，即使这意味着爆发核战争。作者引用罗伯特·肯尼迪的话说：“最后我们都一致认为，如果苏联人准备因为古巴问题发动一场核战争，那么他们也已做好开战准备，事实就是如此。所以，我们不妨在那时就摊牌，不必等到6个月以后。”无论如何，这次冒险完全是对的。“假如这次他们没有受到惩罚”，作者引用“国安会执委会的一位成员”的话解释说，“就证明我们是一只纸老虎，一个二流大国”。[24]

《星期六晚邮报》的报道塑造了大量各式各样的英雄人物，同时也毫不避讳地刻画了一些必要的反面人物。在这个故事里有两个坏蛋。第一个是尼基塔·赫鲁晓夫，他在故事里是个诡计多端的人，显然，这仅仅是因为他是个共产党人。第二个是美国驻联合国代表、前伊利诺伊州州长阿德莱·史蒂文森（Adlai Stevenson），在1960年的民主党总统提名中，他是约翰·肯尼迪(John Kennedy)的自由派对手，备受自由主义知识分子的喜爱。肯尼迪家族及其盟友们对史蒂文森恨之入骨。[25]他是国安会执委会中唯一一位公开大力主张和苏联进行导弹交易的成员。“‘阿德莱想要的是一种绥靖行为’，一位不愿意透
95 露姓名的官员在得知他的提案后说。‘他想用我们在土耳其、意大利和英国的导弹基地跟苏联在古巴的导弹基地做交换’”。[26]

在古巴导弹危机的官方说法中，上述故事以及对该事件的所有早期描述也都反映出，拟议的美苏两国导弹交易的故事如下：当危机处于剑拔弩张之时，国安会执委会的成员正在各种拟议的军事行动之间作出抉择，以移除古巴导弹，并研判每个方案导致常规战争或核战争的可能性，这时肯尼迪收到了来自赫鲁晓夫的一封冗长杂乱的信函。这位苏联领导人在信中基本上同意按美国的要求解决危机，只要求美方承诺不出兵古巴。美国人对此得意扬扬，但是他们高兴得太早了。正如《时代》周刊报道的那样，不到24小时，“赫鲁晓夫突然提出嘲讽性的交换建议；如果肯尼迪同意撤除美国在土耳其的导弹，他就会撤除苏联在古巴的导弹。他那冗长杂乱的备忘录最显著的特点是其谄媚的语气，像是出自一个走投无路的恶霸之手……肯尼迪毫不客气地拒绝了导弹交易，并且加快了美国的军事集结速度”。[27]白宫在收到第二封信函后发表声明，控诉苏联的提议“涉及西半球以外国家的安全。但正是西半球国家，而且只有

这些国家受到了导致当下这场危机的威胁”，并强调这件事没有任何商讨的余地。

小阿瑟·施莱辛格在其1965年出版的《一千天：约翰·菲·肯尼迪在白宫》（*A Thousand Days: John F.Kennedy in the White House*）中写道，肯尼迪被赫鲁晓夫的导弹交易提议搞得“不知所措”，他“认为这项建议是不可接受的，于是立即予以驳回”。[28]西奥多·索伦森（Theodore Sorensen）在其同年出版的《肯尼迪》（*Kennedy*）中回忆道：“总统不想因为作出让步而破坏联盟。”[29]但是，愤怒的美国人在如何推进事情发展方面仍然存在分歧。他们担心任何有关土耳其导弹问题的严肃讨论都会让脆弱的盟友陷入恐慌，并且会动摇所有的北约盟国对美国领导地位的信任。但是他们也清楚，在北约的授权下部署在土耳其的美国“朱庇特导弹”，就其实际情况而言，用麦克乔治·邦迪的表述说“有害无益”，用罗伯特·麦克纳马拉的话说则是“一堆废铁”。[30]罗杰·希尔斯曼的报告称，这些导弹设备“陈旧而不可靠，攻击精度非常差，极易受到破坏——它们完全可能被狙击手用一把步枪和望远镜干掉”。倘若战争爆发，这些导弹必须立即被爆破或者拆除，以防止其引发事故。根据格雷厄姆·艾利森（Graham Allison）等政治学家的说法，事实上，肯尼迪在危机发生前几个月就已经下令移除这些导弹。但官僚主义的惰性最终阻挠了总统的计划。因此，肯尼迪陷入了进退两难的困境。[31]美国国会和军 96
方开始要求空袭古巴，面对压力，国安会执委会中的“鸽派带头人”罗伯特·肯尼迪想到了“特罗洛普策略”（Trollope ploy），这是根据一位19世纪的英国小说家作品中常见的故事情节而设计的。根据这一策略，总统没有回复赫鲁晓夫的第二封信，假装没有收到。相反，他只回复第一封信，并接受它的条件。令人惊奇的是这个伎俩奏效了，因此肯尼迪从未面临过这样的选择：要么为了保留他认为“或多或少没用”的武器而开战，要么，用索伦森的话来说，“通过对苏让步来摧毁联盟”。[32]虽然有些左派和右派的批评家抨击肯尼迪太过强势或者太过软弱，但这些批评只会让肯尼迪的行动在绝大多数的美国人和建制派精英评论家看来更加合理明智，后者为这一创伤性事件更广泛的公众讨论定下了基调。危机刚结束不久，肯尼迪的支持率就猛增到77%，那些曾经质疑过总统是否英明睿智的评论家则被迫承认错误。在建制派中，沃尔特·李普曼几乎是唯一一个公开主张导弹交易的重要人物。危机结束后，他写了专栏文章公开道歉，并赞扬这位年轻的总统展现出的“不仅有一位勇士面对危险所必有的胆略，而且也有……一位政治家懂得克制地运用权力的智慧”。[33]

在苏联人表面上屈服之后的一片欢腾中，美国的新闻媒体大肆赞扬肯尼迪政府在朱庇特导弹问题上的坚定决心。10月29日《纽约时报》的一则新闻标题为《土耳其对美国的坚定立场感到宽慰：对导弹基地没有被放弃感到满意》。《纽约时报》驻伊斯坦布尔的一名（匿名）记者向读者提供的唯一证据，是他引用自一位匿名的土耳其编辑的话：“我感觉好像我们赢了。这是我国强有力的政策以及依赖美国的结果。”[34]《美国新闻与世界报道》在安卡拉的一位撰稿者感到“欣慰，因为当赫鲁晓夫提议美国撤除在土耳其的导弹，以换取苏联撤除在古巴的导弹时，美国总统拒绝了”。[35]土耳其媒体通过表达感激之情和重拾对美国作为盟国的信任而强化了这种解释。[36]《时代》周刊通过特别报道向读者解释，为什么美国在土耳其的导弹和苏联安置在古巴的导弹没有可比性。“赫鲁晓夫通过拆除在古巴的导弹基地来换取美国拆除其在土耳其的导弹的企图，是一种无耻的政治伎俩”，该杂志解释道。“他们狡猾地利用了美国和其他国家许多爱好和平的非共产主义者的恐惧和感情。”虽

然这种对比激发出《时代》周刊所谓的“表面上似乎可信的口号”，但事实上，“苏联部署导弹基地的意图是进一步征服和 97
统治，而美国建立导弹基地则是为了保卫自由。两者之间的差异显而易见”。[37]

在危机爆发后不久，或许是因为考虑到雅尔塔会议对政治辩论结构造成的破坏，美国官员极力否认存在任何秘密协议的可能性。然而，在宣告胜利后没几天，国防部长麦克纳马拉就命令将部署在土耳其的导弹销毁，并拍摄导弹（一旦被拆毁）被拆卸和销毁的照片。[38]这个过程持续了六个月时间，美国政府仅与土耳其和北约盟友进行了形式上的磋商。这项微妙的行动刚一完成，就有少数共和党和保守派人士在美国和欧洲的媒体上抱怨说存在秘密交易。[39]为了平息他们的担忧，政府官员在国会和媒体上讽刺关于交易的猜想。肯尼迪本人向《纽约时报》的记者C.L.苏兹贝格（C. L. Sulzberger）表示，苏联的最高领导人“不可能真的打算让我们拆除部署在土耳其的导弹”，还假装“完全不理解”沃尔特·李普曼在他如今名满天下的专栏上对这个话题的讨论。[40]在向参议院外交委员会作证时，国务卿腊斯克被伯尔克·希肯路波（Bourke Hickenlooper，艾奥瓦州共和党代表）要求确认，没有任何“密约”或者“交易”以“任何形式，直接或间接地影响最后的解决方案……或得到批准”。他回答道：“没错，先生。”面对委员会提出的类似问题，即肯尼迪政府是否可能与苏联在朱庇特导弹问题上进行交易，国防部长麦克纳马拉的回应是：“绝对没有……苏联政府确实曾经有过这样的提议……但是肯尼迪断然拒绝予以讨论。他不仅不愿意讨论这个问题，甚至都不想予以回复。”[41]

在国会听证会的会场外，政府官员们也都坚决否认美苏双方达成秘密交易。在危机爆发后的诸多新闻发布会上，国务院发言人林肯·怀特（Lincoln White）不断地强调政府的公开声明，他一直坚称，古巴导弹与土耳其的朱庇特导弹根本不存在“任何形式上”的关系。[42]1962 年 12 月，国家安全顾问麦克乔治·邦迪在访谈节目《与媒体见面》（*Meet the Press*）上非常明确地表示，美国公众已经知道“全部的真相”，根本没有发生任何秘密交易。[43]邦迪还写信给法国政治哲学家雷蒙·阿隆（Raymond Aron）说，那些“传播关于朱庇特导弹谣言的人，想必是从一开始就极度不信任美国”。出于对这种潜在的不信任的担忧，迪安·腊斯克指示美国驻安卡拉大使向土耳
98 其官方重申，肯尼迪没有利用朱庇特导弹来解决这场冲突，与此同时，肯尼迪负责消除西半球盟友的疑虑。[44]1964 年在美国国家广播公司（NBC）公布的一份有关导弹危机的白皮书中，邦迪解释说，这次导弹交易很可能会给美国带来“最为严重的政治危害”，因为倘若这次交易“在枪口下进行，大西洋联盟（Atlantic Alliance）就很可能会分崩离析”。[45]假如邦迪更用心地斟酌他的措辞，他可能会在谈及这场交易给联盟带来的危险时，在“导弹交易”前面加上“公开的”作为限定词。事实上，美苏之间确实进行了秘密的导弹交易。但是美国人民在多年之后才能了解相关真相。

另一个英雄？

第一部讨论古巴导弹危机的著作延续了以伟人自己的言论为基础的做法。亨利·M. 帕赫特（Henry M. Pachter）的《冲突过程：古巴导弹的危机与共存》（1963 年）（*Collision Course:The Cuban Missile Crisis and Coexistence*）详细描述了冲突解决的过程，行文中好像排除了所有相互矛盾的可能性。仅仅是“提出问题就意味着给出否定的答案”。他总结道：

> 肯尼迪的目标正是结束这些威胁和平与安全的恃强凌弱的行为。他开启了一项行动，以彻底证明苏联的冲击能被遏止。这项行动要求只要开始实施就必须执行到底。赫鲁晓夫必将无条件地撤出导弹……若迫于压力而放弃土耳其的导弹基地，则会使盟国政府遭受危险，并让原本就不算繁荣的国家陷入新的危机。不管那些导弹基地究竟有多陈旧，现在都不可能用来交易。无论是土耳其同我国的盟友情谊，还是以土耳其为基石的整个北约以及中央条约组织（Central Treaty Organization，CENTO）联盟体系的稳定性，现在都处于岌岌可危的境地。赫鲁晓夫可能把卡斯特罗看作马前卒，而把古巴当作一个交易品，但是美国绝不能这样对待盟友……为了保护和平的稳定以及为了维持均势，美国必须坚守她的所有承诺。[46]

然而，在1964年夏天，曾任肯尼迪政府负责情报事务的助理国务卿的罗杰·希尔斯曼在《展望》（*Look*）杂志上［以及他于1967年出版的书《推动国家前进》（*To Move a Nation*）中］揭露说，事情并不像起初讲述的那么简单。希尔斯曼以引人入胜的方式揭露了危机期间美苏双方所进行的秘密谈判。希尔斯曼认为，这些谈判促使美苏双方达成共识，从而使世界免于遭受核战争。和巴特利特以及奥尔索普一样，希尔斯曼在书中采用了许多廉价商店惊悚小说（dime-store thriller）的叙述笔法，当讲到赫鲁晓夫提出要以古巴的导弹换取土耳其的导弹的时候，希尔斯曼将其说成是“危机中最黑 99
暗的时刻”。他指出，总统身边有人推测，“克里姆林宫的强硬派可能在军队的支持下，或许正在接管……”[47]

希尔斯曼主要的爆料内容涉及危机期间美国广播公司（ABC News）通讯记者约翰·斯卡利（John Scali）和一位

化名为“福明”（Fomin）的苏联大使馆官员之间的商谈。根据斯卡利给希尔斯曼的报告，福明认为，如果阿德莱·史蒂文森提议以美国保证不出兵古巴来换取苏联撤除导弹，苏联驻联合国代表将会接受这样的解决方式。[48]由于斯卡利是希尔斯曼本人的非官方特工，在国务卿腊斯克的监视下行事，这一故事让希尔斯曼成了对于危机的最终解决至关重要的人物。

希尔斯曼认为，赫鲁晓夫最初的和平提案“起草的时间肯定与福明收到指示的时间几乎重叠。因为这两则信息有很明显的联系：电报表明了进行谈判的意愿，而斯卡利提供的非官方信息则传达了谈判的方案”。希尔斯曼还推测，赫鲁晓夫在第二封信中之所以提出更多要求，是因为受到了沃尔特·李普曼主张导弹交易的专栏文章的“鼓舞”。不管这种想法从何而起，恰恰是这个导弹交易的建议引发了几场斯卡利及其苏联对手之间的对手戏，虽然明显具有误导性，但却引人注目。斯卡利显然告诉福明，与苏联导弹基地的交易“是彻彻底底、完完全全、永永远远不可接受的选项”。“过去不可能、今天不可能、明天以至今后永远都不可能被接受。”[49]

关于古巴导弹危机的又一本早期重量级历史学著作，是1966年出版的《导弹危机》（*The Missile Crisis*）。这本出自伊利·艾贝尔（Elie Abel）之手的长篇新闻调查作品，至少在出版后三年时间里都是权威著作。[50]作者是华盛顿的一位经验丰富、受人尊敬的记者，他曾是约翰·肯尼迪和罗伯特·麦克纳马拉最为器重的国防部发言人，1962年初再次受邀担任该职务。艾贝尔比帕赫特更详细全面地描述了事件的全过程。他曾得到乔治·鲍尔（George Ball）、罗伯特·麦克纳马拉、卢埃林·汤普森、罗斯韦尔·吉尔帕特里克等人的情况简报，并且获取了罗伯特·肯尼迪的笔记，后来肯尼迪本人基于这些材料撰写了关于危机的专著《十三天》(*Thirteen Days*)。艾贝尔充实了巴特利特和奥尔索普的报道中的许多资料，增加了大量的细节和说明，其中包括国安会执委会委员之间关于与莫斯科进行某种交易是否明智的辩论。[51] 艾贝尔对史蒂文森的主张的解读，也远没有肯尼迪总统通过《星期六晚邮报》的作者所传达的看法那么不留情面。艾贝尔认为，史蒂文森关于导弹交易的想法是一套整体解决方案的一部分，旨在“让古巴非军事化、中立化，并保证古巴的领土完整”。他这么做是因为相信， 100
“民众肯定会问：为什么美国在土耳其部署导弹基地是正确的，而苏联在古巴部署导弹基地就是错误的”。史蒂文森还相信，“美国应该愿意为古巴的中立化付出一些代价，假如这意味着可以让苏联人连同他们的导弹一起撤出古巴”。[52] 然而，他却激怒了国安会执委会中较为保守的成员，他们和总统一样公开鄙视这位联合国代表所主张的“软性”解决方式。

根据艾贝尔的说法，肯尼迪也断然拒绝了史蒂文森的建议。尽管“总统自己也怀疑它们[土耳其的朱庇特导弹]继续存在的价值，并愿意考虑在适当的情况下将其移除”，但肯尼迪坚持认为，“现在不能作出可能会破坏西方联盟的让步；这么做似乎就是在证实夏尔·戴高乐所散播的猜疑，即美国会牺牲盟国的利益来保护自身安全”。艾贝尔指出，国安会执委会的委员之间曾讨论过，找出一种解决方案，既能移除导弹，又不会看起来顺从了苏联的要求，也许可以通过劝说土耳其请求美国用北极星潜射弹道导弹(Polaris submarine)替换陆基导弹来解决这一难题。“尽管史蒂文森被认为是主要的倡导者，但是那些深孚众望、坚决主张冷战的人士”也曾支持这种主张。但是这些提议都被拒绝了。艾贝尔写道：“在全面裁军会议的框架下，在会议桌上讨论清除国外的导弹基地是一回事，因苏联在古巴的导弹威胁美国而牺牲在土耳其的导弹基地则完全是另外一回事。”[53]

艾贝尔称，肯尼迪“马上意识到土耳其的导弹只是一个次要问题。假如他最终不得不下令武力打击古巴，并进而导致全面战争，其原因不会是美国五年前在土耳其部署的朱庇特导弹。原因肯定是苏联人在1962年试图暗地里改变东西方之间的国力均势”。[54]史蒂文森的建议让罗伯特·肯尼迪认为，他“不够强硬，无法在联合国与苏联人有效沟通解决导弹危机”，因而决定邀请保守的共和党人约翰·J.麦克洛伊（John J. McCloy）去支援这位美国驻纽约的联合国代表。这一决定让史蒂文森沦为众人的笑柄，直到临终前都还“愤恨不已”。[55]

在20世纪60年代中期，大多数美国人都还不习惯于质疑他们的领导人的荣誉和诚信，即使是对肯尼迪在这一时期的行为持最激烈态度的批评者也接受了古巴导弹事件的官方和准官
101 方版本。尽管如此，这些得到认可的说法还是激发了一批修正主义论文和专著的出现，这些作品质疑的不是关于该事件的叙事是否属实，而是总统的行动是否明智和审慎。早期的修正主义者认为，肯尼迪鲁莽行事，冒战争甚至是核战争的风险，以保护他自己的政治利益。[56]保守派对肯尼迪向赫鲁晓夫公开妥协的程度表示愤怒，他们宁愿出兵古巴，而不是和平解决危机，让卡斯特罗的政权屹立不倒。[57]由于美国的政治文化——除了在长期危机时期——倾向于边缘化那些持有极端政治立场的批评者，因此这些批评者的声音可能产生了强化主流信念的效果，即肯尼迪确实表现得十分英勇。此外，由于这位总统在遇刺后被公众神化，这让大多数美国人都难以接受任何关于他总统任期的客观评价，更不用说关于一项看起来大获全胜的外交政策的评价。

因此，这一事件一直未被重新调查，直到1969年，西奥多·索伦森编辑出版罗伯特·肯尼迪的危机日记，书名是

《十三天：古巴导弹危机回忆录》（*Thirteen Days: A Memoir of the Cuban Missile Crisis*）。肯尼迪的回忆录很大程度上还原了真相，首次披露了星期六深夜与阿纳托利·多勃雷宁（Anatoly Dobrynin）的会谈：罗伯特·肯尼迪在会谈中警告说，如果苏联不采取缓和措施，几天之内就会爆发战争。此外，他在书中还解释道："在这种威胁或压力下，不可能达成任何交易或协议，而且归根结底，这个决定必须由北约作出。然而，［罗伯特·肯尼迪］说，肯尼迪总统在危机爆发前早就急于想要移除北约部署在意大利和土耳其的那些导弹。不久前他已下令移除这些设备，根据我们的判断，危机结束以后的短时间内，那些导弹都将消失。"[58]

这种戏剧性的承认证实了许多人暗自相信，但很少有人公开大声说出来的事实：撤除土耳其的导弹和撤除古巴的导弹两者紧密相关，这一点不光体现在美苏双方的想法中，而且也体现在危机本身的解决过程中。肯尼迪的日记在这场至今活跃的关于导弹危机的辩论中被视作"圣经"。[59]由于这本书是在作者身后出版的，并且罗伯特·肯尼迪因透露鲜为人知的真相而声望日隆，公众给予他的信任比他那位被奉为神明的兄长还要多。肯尼迪在书中表示，美苏双方并不存在交易：他只不过告知苏联人美国总统打算要做，而且过去也曾试图做的事情，即
拆除导弹。那些怀疑有事情正在秘密进行的人也证实了他们的 102
猜测，但是最有争议的猜测——存在一项像罗斯福在雅尔塔会议上达成的那样明确的秘密协定——已销声匿迹。再者，关于该事件的这套说法符合时代精神。1962 年的美国仍然深陷冷战思维中。雅尔塔会议已证明，与共产党谈判是徒劳的，而且在随后的 17 年里，也没有发生任何能够改变这一主流想法的事件。然而，到 1969 年越南已摧毁冷战共识，反共产主义的强硬路线也在知识界和学术界失去了市场。《十三天》中所

描述的交易把肯尼迪家族描绘成更温和、更灵活的协商者，并且让他们与越战罪人林登·约翰逊和理查德·尼克松形成隐性对比。肯尼迪的部下在危机之后精心构筑的“毫不妥协”的姿态，现在被证明是这两位遇刺领导人英勇声誉的累赘。这个故事的新版本虽然更复杂，但也更契合美国历史上的这一妥协与和解成为政治文化关键词的时期。

隐藏的事实

第一个开始更正官方记录的历史学家不是别人，正是小阿瑟·施莱辛格。肯尼迪家族为他1978年问世的传记《罗伯特·肯尼迪及其时代》(*Robert Kennedy and his Times*)提供了查阅肯尼迪家族档案的特殊权限，施莱辛格补充了在《十三天》中仅仅暗示没有明说的大部分故事。施莱辛格关于与多勃雷宁的深夜会谈的描述基于罗伯特·肯尼迪写给迪安·腊斯克的一份关于此次会谈的备忘录，但显然这份备忘录从未被寄出。[60]肯尼迪解释，他跟多勃雷宁说：

> 不存在补偿交易，不可能进行这种交易。这是一个必须由北约考虑的问题，也必须由北约作出决定。我说，在目前这种受到苏联威胁的局势下北约完全不可能采取这样的措施。[61]

施莱辛格还指出，肯尼迪对多勃雷宁强调，如果苏联政府试图获取公众的支持，这一谅解将被立即取消。[62]后来，肯尼迪（也可能是索伦森，他说他不记得了）划去了信函中的如下内容：“~~过一段时间——按照你的指示，我提到4~5个月——我说我相信这些问题会得到满意的解决。~~”[63]无论是谁划去的，这个决定让人记起约瑟夫·肯尼迪对他儿子的告诫：“千万不要写下来。”

施莱辛格的记述让我们更接近真相，因为它阐明了肯尼迪 103
家族不仅想欺骗美国的北约盟友、国会和美国人民，还想欺骗他的几位国安会执委会内部的亲密顾问，以便与苏联达成一项他一直坚称从未存在过的秘密协定。“可能除了肯尼迪家族、麦克纳马拉、腊斯克、鲍尔和邦迪以外没有人知道肯尼迪对多勃雷宁说了什么”，施莱辛格写道。“美国人对此当然一无所知，直到六年后罗伯特·肯尼迪自己在《十三天》里提及这次会谈，罗伯特的叙述太过轻描淡写，以致哈罗德·麦克米伦（Harold Macmillan）直到最后都以为没有达成这种交易。”施莱辛格还讲述了交易之后的情况，赫鲁晓夫和多勃雷宁试图通过交换信函的方式把这次交易记录汇编成档案。然而，鲍比·肯尼迪拒绝接受该建议，以免未来出现政治问题时，这些档案被翻出来成为证据。[64]

故事的这一版本保持到 1982 年，当年是危机爆发 20 周年，肯尼迪的六位顾问在《时代》周刊上对该事件发表了联合声明。在声明中，迪安·腊斯克、罗伯特·麦克纳马拉、乔治·鲍尔、罗斯韦尔·吉尔帕特里克、泰德·索伦森（Ted Sorensen）和麦克乔治·邦迪引用施莱辛格的著作和《十三天》所披露的内容，承认了秘密交易的存在，但他们表示，“‘交易’并不是完全按照苏联政府的提议进行的，即我们放弃在土耳其的导弹，他们撤出在古巴的导弹”。他们解释道，这么做的原因是“此事涉及我们盟国的关切，我们不能让自己显得似乎在拿盟国的安保换取我们自己的安保”。他们辩解说，实际的情况是“由于国务卿腊斯克已开始与土耳其高级官员进行必要的讨论……苏联政府应该了解实情，这是完全正确的”，因此，鲍比·肯尼迪只是向他们解释了这一点。他们还坚称，关于不进行交易的讨论需要保密是因为，“任何其他做法都将对美国及其盟国的安全产生毁灭性的影响。如果在苏联提议进行‘交易’的情况下将之公之于众，那么总统达成的单方面决定会被误解为因恐惧而作出的不情愿的让步，以牺牲一位盟友的利益为代价”。肯尼迪政府的这些要员最后赞美“我们自己的总统谨慎而坚定、沉着冷静，有根深蒂固的同情心，尤为重要的是，他持续谨慎把控我们的选择与行动，他的这些品质让他出色地服务于我们的国家”。[65]

6年后，麦克乔治·邦迪在其于1988年出版的回忆录《危险与生存：在前50年关于原子弹的抉择》（*Danger and Survival: Choices About the Bomb in the First Fifty Years*），此书亦是他对核时代的思考，基本上讲述了同样的故事，并补充了细节：当初提出让罗伯特·肯尼迪与多勃雷宁会谈的正
104 是迪安·腊斯克。在场的9个人（包括肯尼迪总统、麦克纳马拉、罗伯特·肯尼迪、乔治·鲍尔、罗斯韦尔·吉尔帕特里克、卢埃林·汤普森和西奥多·索伦森）都对“在巨大的压力下牺牲土耳其的利益进行公开交易的代价感到担忧。我们从那天的讨论中意识到，对一些人来说——甚至对我们最亲密的委员会成员来说——即使是这种单方面的私人保证也可能显得我们背叛了一个盟国。我们毫不犹豫地达成一致，除了在场这些人之外的其他任何人都不能得知这条额外的信息”。[66]

实际上，即使是这些全面而诚实地解释这场交易的尝试，最终也被证明是基于不完整和具有误导性的叙述。在20世纪80年代末，新的档案资料、苏联的“公开性”（glasnost）和“改革”（perestroika）、由此导致的苏联解体，以及美国和苏联官员之间围绕危机展开的一些坦诚的讨论，披露了该事件许多关键性的新细节，尽管在某些方面，它们让人们更加困惑。[67]

最引人注目的一则新消息来自1989年1月在莫斯科召开

的一场会议，当时阿纳托利·多勃雷宁（Anatoly Dobrynin）站起来对罗伯特·肯尼迪在《十三天》中的表述提出质疑：肯尼迪声称，他在星期六深夜的会谈中给苏联大使下了实质上的最后通牒。多勃雷宁要求美国人在隐藏事实27年后交代事情的真相。西奥多·索伦森此时显然认为，美国关于这件事的说法是站不住脚的。他站起来宣布："我必须向我的美国同事以及在场的其他人坦白……我是罗伯特·肯尼迪著作的编者。实际上，这是一本关于那13天的日记。他在日记中非常清楚地写道，这是交易的一部分；但在当时，这对美方也是保密信息，只有我们与会的6个人知情。所以，我自作主张将这部分内容从日记中删除了。因此，大使有理由认为日记没有忠实地还原他进行的那场谈话的内容。"[68]

然而，揭露这一内幕仅仅是开始。《十三天》以及所有其他已经出版的著作使研究该危机的学者完全相信，如果赫鲁晓夫在星期天没有屈服，很快会发生一场针对古巴的导弹打击，并有可能导致军事冲突升级，进而爆发全面战争。大多数研究者认为，导弹打击最晚会在24~36小时内发生。然而，在1987年的一次会议和在他随后发表的回忆录中，迪安·腊斯克揭露，在星期六晚上的小型国安会执委会会议后，肯尼迪兄弟两人又召集了另一场秘密会议，与会者只包括国务卿迪安·腊斯克和卢埃林·汤普森。罗伯特·肯尼迪在会议中得到了关于他与多勃雷宁谈话内容的进一步指示。汤普森随后离开了房间，国务卿腊斯克单独与总统和副总统在一起，获准在罗 105
伯特·肯尼迪和多勃雷宁的会谈未能解决危机的情况下，启动一项新计划。假如其他所有方案都不成功，腊斯克就与哥伦比亚大学校长安德鲁·科迪埃（Andrew Cordier）协商，让科迪埃给其密友、时任联合国秘书长的吴丹（U Thant）打电话。科迪埃届时将以严谨的措辞向吴丹建议，如果联合国秘书长公开提出请求，美国将愿意接受这一导弹交易。如果赫鲁晓夫拒绝了肯尼迪提出的私下交易，那么肯尼迪政府就会实施“科迪埃策略”，肯尼迪总统也会按照他和腊斯克还有鲍比·肯尼迪一起事先编排好的表述，答应进行公开交易。[69]

阿纳托利·多勃雷宁于1995年出版的回忆录为该事件增添了许多诱人的细节，但并不是所有细节都能得到证实。多勃雷宁似乎认为，这笔交易是在他与罗伯特·肯尼迪的两次单独会谈中协商达成的：一次在星期五晚上，另一次在星期六。第一次会面时，罗伯特·肯尼迪在会谈期间似乎离开过房间给他的兄长打电话，回来后告诉多勃雷宁，一旦整体局势恢复正常，美国将会从土耳其移除导弹。然而，多勃雷宁在这一点上的记忆受到怀疑，他所描述的很可能是星期六晚上的那次会谈，而他把这次会谈与危机期间更早的会谈记混了，尽管白宫的电话记录似乎至少能为他的说法提供间接证据。[70]无论是在星期五还是在星期六晚上，据多勃雷宁本人的说法，鲍比·肯尼迪都非常焦虑，担心美国军方可能无法被牵制太长时间。在莫斯科存档的多勃雷宁的同期记录，引述了罗伯特·肯尼迪下面的话：“如果在土耳其的导弹是我们按照刚才草拟的方案解决问题的唯一障碍，总统认为这不是什么难以克服的困难。他遇到的主要问题是发表公开声明……这将破坏整个北约的结构，并危及美国对北约的领导地位。”[71]多勃雷宁答复说这是“一条非常重要的信息”，并承诺尽快将其转达给莫斯科。在莫斯科的档案中发现了多勃雷宁在这次会谈后立即发给葛罗米柯（Gromyko）的备忘录，这证实了他的这段回忆。[72]

据多勃雷宁的回忆录记载，赫鲁晓夫在他的别墅里召开的一次政治局会议期间收到了这项提议，并称之为这次危机的终点。在那时，赫鲁晓夫决定接受肯尼迪总统的提议，“主要是因为肯尼迪同意逐步从土耳其撤出美国导弹，这为我们的撤退

提供了合理的理由”。[73] 第二天，多勃雷宁与肯尼迪通电话，
表示苏方同意交易，随后两人再次会见。多勃雷宁写道，肯尼
迪“再次要求我对有关土耳其的协议严格保密”。[74] 随后，莫 106
斯科广播电台（Radio Moscow）用英语播放了赫鲁晓夫的答复，没有提及土耳其和意大利。那时苏联民众第一次听到有关古巴导弹危机的消息。

历史学家亚历山大·福尔先科（Alexandr Fursenko）和蒂莫西·纳夫塔利（Timothy Naftali）提供的详细资料补充了关于赫鲁晓夫和多勃雷宁的记述。通过引用苏联最高苏维埃主席团在 10 月 28 日的会议记录，他们认为赫鲁晓夫召开这次会议是要向他的同僚表明：“为了拯救世界，我们必须撤退。”他正准备争取其同僚的支持，接受肯尼迪的提议，尽管他担心，他会在美国总统在朱庇特导弹问题上不采取行动的情况下被迫这么做。就在此时，出现了戏剧性的一幕，赫鲁晓夫手下一位名叫奥列格·特罗扬诺夫斯基（Oleg Troyanovsky）的助理接到外交部部长打来的电话，收到了多勃雷宁发来的紧急解密电报的消息。正在召开的会议中断，特罗扬诺夫斯基宣读了他关于电报内容的记录，赫鲁晓夫迅速作出决定。[75] 特罗扬诺夫斯基后来告诉 CNN 纪录片的制作人，是肯尼迪最后的让步解决了危机。[76]

10 月 29 日星期一，多勃雷宁交给罗伯特·肯尼迪一封赫鲁晓夫写给肯尼迪总统的信。赫鲁晓夫在信中承诺不会公开关于土耳其导弹的秘密，但也“强调苏联领导层接受关于古巴的协议条款是在总统同意撤出美国在土耳其的导弹基地之后”。[77] 一天后，即 10 月 30 日星期二，罗伯特·肯尼迪回信解释道，总统“不愿意达成正式的和解协议，即使是通过绝密信函的方式。此外，美方不希望在如此敏感的问题上进行任何通信”。罗伯特·肯尼迪又非常隐秘地写道：“也许有一天，肯尼迪总

统会再次竞选总统，谁知道呢？如果这次关于土耳其导弹的秘密交易被泄露出去，他的政治前途可能就被毁了。”[78]谢尔盖·赫鲁晓夫（Sergei Khrushchev）说，他的父亲没有因此生气。“他理解，肯尼迪总统不想在史册上留下任何踪迹，他害怕被指控迎合共产主义者。对此谁也无能为力……重要的是他们——总统和父亲——相互理解彼此的志向并彼此信任。”[79]

未解谜团

多勃雷宁的记述加上腊斯克和索伦森的供词，以及许多历史学家和研究该危机的专家学者深入细致的挖掘，填补了前
107 30 年关于这个事件的叙述中的许多漏洞。尽管如此，许多重要的问题仍未得到解答。例如，肯尼迪兄弟显然达成了某种他们一再否认的交易，但是它的条款内容源自哪里？这个主意可能是受启发于沃尔特·李普曼在 10 月 25 日的专栏文章上关于导弹交易的主张。苏联人很了解李普曼在美国政界的影响力，他们可能据此得出结论，这个专栏即使不出自官方授意，也得到了官方的认同。（的确，李普曼最初帮助说服史蒂文森接受了政府的职位，并受邀给肯尼迪著名的就职演说的演讲稿提意见。他也通过把指代苏联的词由“敌人”换成温和的词“对手”，作出了贡献。）[80]后来的档案研究显示，赫鲁晓夫实际上的确读过李普曼的专栏文章，也有专家告诉阿纳托利·多勃雷宁，尽管总统本人没有提议写这篇文章，但他咨询过军备控制与裁军署（Arms Control and Disarmament agency）的成员，“这个人可能是约翰·麦克罗伊（John McCloy）”。[81]同时，《纽约时报》在前一天也刊登过麦克斯·弗兰克尔（Max Frankel）的一篇文章，据此文章政府官员据说认可了“[交易]的主张”。有人指出：“美国有可能愿意拆除某个靠近苏联边界、已经废弃的导弹基地。”第二天，弗兰克尔报道了“非

官方层面有关人士”对这种交易的关注。[82] 苏联方面无疑也读到了《纽约时报》相关报道，这可能是他们提出交易条件的另一个根源。

然而，1989年1月，多勃雷宁出人意料地宣称，土耳其-古巴导弹交易是在他和罗伯特·肯尼迪在苏联大使馆的会谈中首次被提出的。[83] 格奥尔基·沙赫纳扎罗夫（Georgi Shaknazarov）是米哈伊尔·戈尔巴乔夫的助理，参加过一次美国和苏联之间关于古巴导弹危机的讨论会，他也证实了这个观点，即导弹交易的想法“是在苏联大使馆被提出的，可能是在一次与罗伯特·肯尼迪的交谈中……这次会谈给多勃雷宁留下的印象是，这可以是导弹交易协议的基础”。[84] 另外，研究者还发现，克格勃官员、罗伯特·肯尼迪在苏联大使馆中最亲密的联络人格奥尔基·博利沙科夫（Georgi Bolshakov）曾写信给上级表示，“罗伯特·肯尼迪和他的亲信认为，可以探讨以下交易：美国撤出在土耳其和意大利的导弹基地，苏联也撤出其在古巴的导弹基地”。[85] 谢尔盖·N. 赫鲁晓夫关于他父亲外交政策的研究也认为，关于交易的提议是在10月26日深夜，肯尼迪和多勃雷宁的会见中被提出的。在会谈期间罗伯特·肯尼迪曾短暂离开房间，到隔壁房间通电话，返回来后他说：“总统说，我们已准备好探讨土耳其问题。进展很顺利。”作者指出，“大使做梦都没想到会得到这样的答复”。这次他还是没有提供书面证据，但似乎依据的是他父亲和多勃雷宁的回忆录。[86] 尽管如此，即使这种描述是旁证，但也有力地证明罗伯 108
特·肯尼迪是交换条件最早的提出者。

那么，这次交易既包括意大利的也包括土耳其的朱庇特导弹吗？同样没有明确的答案。罗伯特·麦克纳马拉下令在危机结束后立即拆除这两地的导弹装置。许多历史学家都认为，肯尼迪和多勃雷宁的交易肯定包括意大利的导弹，但是没有人能够让任何一位参与者证实，交易协议的正式或非正式内容是否包括这些导弹。[87]罗伯特·肯尼迪在他给总统的备忘录中从未提过意大利的朱庇特导弹，但他在《十三天》中曾引述自己的话："很长时间以来，肯尼迪总统就想撤出意大利和土耳其的导弹。"[88]菲德尔·卡斯特罗表示，在哈瓦那召开的一次关于导弹危机的会议上，自己问过苏联外交部长葛罗米柯这个问题，但得到了令人费解的答复："'土耳其，是的，但不是意大利。'但是在尼基塔·赫鲁晓夫读到的译员所翻译的信息中，写的是'我们已经撤回，将会撤回，正在撤回'，也就是说它指的是从土耳其和意大利撤回导弹。"[89]赫鲁晓夫在他无法核实的回忆录中解释说："我没有告诉卡斯特罗，肯尼迪承诺从土耳其和意大利撤出导弹，因为这个协议只是在我们两人之间达成的。"[90]

跌落的神话

抛开这些问题不谈，新的资料也推翻了人们对迄今为止被视作危机救星的其他细节的传统认识。例如，肯尼迪的回忆录和许多其他的记述均声称，罗伯特·肯尼迪建议忽视赫鲁晓夫的第二封信，而只回复第一封信，也即所谓的特罗洛普策略。但是记录国安会执委会讨论的解密录音带表明，提出这一建议的并不是罗伯特·肯尼迪。[91]在国安会执委会的成员中，吉尔帕特里克、邦迪、索伦森和史蒂文森在危机期间的不同时间点都提出过这一建议。[92]罗杰·希尔斯曼关于约翰·斯卡利和亚历山大·福明（Alexander Fomin）——真名为费克里索夫（Feklisov）——之间多场秘密讨论的记述，结果也被证明完全说不通。这些讨论从未获得苏联官方的认可，费克里索夫在他同斯卡利的第二次会面以后，才向克格勃总部报告自己同这位美国人之间的接触。因此，那次会见的消息直到莫斯科时间星期六，10月27日才送达，四个小时后克格勃把这个信息发给了外交部部长葛罗米柯。所以赫鲁晓夫在给肯尼迪写完两封信之前，对这些会见一无所知。因此，正如希尔斯曼所断言的那样，赫鲁晓夫的第一封信和费克里索夫的会见之间不可能存在“明显的关联”，更不可能是“同时起草的”。费克里索夫甚至 109
反驳了希尔斯曼的说法，即费克里索夫主动接触了斯卡利，而不是斯卡利接触了费克里索夫。[93]他们的谈判无疑确实影响了美方的团队，但这种影响是基于对费克里索夫的指示的来源的错误理解。

另一个被证据破除的危机神话是：人们普遍相信，罗伯特·肯尼迪在国安会执委会中发挥“鸽派带头人”的作用。总统的弟弟在危机初期确实表达过不安，如果美国对古巴实施突袭（即类似珍珠港事件的突袭行动），他的兄长就可能被比作东条英机（Tojo）。然而，根据10月27日的国安会执委会会议备忘录记载，罗伯特·肯尼迪表示他宁愿空袭导弹基地，也不主张与苏联舰船在隔离区对峙。回想起1898年“缅因号”战舰（Maine）在哈瓦那港爆炸曾促使美国发动美西战争（Spanish-American War），罗伯特·肯尼迪大声问道：“……我们是否可以通过别的方式来采取行动，呃，关塔那摩湾或者别的什么理由，嗯，或者有舰船再次撞沉‘缅因号’等诸如此类的事件，大家都懂的。”[94]在危机初期的不同时刻，肯尼迪曾多次透露发动军事攻击的想法。譬如，在10月25日星期二，他建议美国“首先摧毁古巴的导弹基地”，还补充道，10分钟的警告将减少公众对美国“珍珠港事件”的指控。[95]他的这项建议没有得到支持。罗伯特·肯尼迪也是最强烈、愤怒地诋毁阿德莱·史蒂文森的鸽派建议的人之一。可能只有当单独与他的兄长、个人幕僚和格奥尔基·博利沙科夫在一起时，鲍比·肯尼迪才是一名鸽派人物。他的确为最终和平解决危机做出了最大的贡献。但是，他在国安会执委会的言行都极端强硬，这些主张若被采纳，必定会导致战争，也可能会引发核战争。事实上，在国安会执委会中自始至终持鸽派态度的除了史蒂文森，只有约翰·菲茨杰拉德·肯尼迪。

可以说在国防部长罗伯特·麦克纳马拉身上，也出现了同样的情况。他在公众面前对有关越南的问题保持沉默数十年后，于20世纪90年代中期开始积极活动，致力于把自己重塑为当局内部的战争反对者。他为此作出的努力包括，无数次采访，一本误导性极强的回忆录，以及与埃罗尔·莫里斯（Errol Morris）合作的让人入迷但又问题百出，上映于2003年年底的纪录片《战争迷雾》（*The Fog of War*）。片中，时年86岁的罗伯特·麦克纳马拉声称，导弹危机期间，“肯尼迪在努力防止我们卷入战争，我在努力帮助他实现这一点”。记者弗雷德·卡普兰（Fred Kaplan）在他的影评中写道：“这句声明的前半句是真的。后半句也是真的，至少在13天危机的前两天是如此。”实际上，虽然他把导弹危机理解为仅是一
110 次“国内政治问题”，但在10月18日，麦克纳马拉曾支持参谋长联席会议提出的入侵建议。根据肯尼迪秘密录音系统中的记录，麦克纳马拉曾说：“换句话说，我们认为全面入侵是最为切实可行的军事行动，但前提是，我们打击的对象是一支不拥有战术核武器的军队。”一个星期后，在决定最后结局的关键讨论中，麦克纳马拉坚决反对封锁而主张采取军事行动这一解决方案。他强调说：“我认为，不使用强大的武力……经济力量和军事力量，无法把这些武器搬出古巴，也从没想过我们能把它们搬出古巴。”两天后的10月27日，麦克拉马纳试图说服肯尼迪拒绝任何有关导弹交易的提议，而是为“我们进攻古巴前”所必需的一系列行动做好准备。他的战争计划要求，连续7天每天出动500架次飞机，并同时发动一次陆地和海上的入侵。[96]

然而，在国安会执委会神化自己的记录中还有一个自吹自擂的例子。杰出的政治学家汉斯·摩根索（Hans Morgenthau）认为："1962 年的古巴导弹危机……是高水平集体智慧的杰作，这在历史上非常罕见。"[97] 组织学专家托马斯·哈尔珀（Thomas Halper）还说："执委会在研判现实情况方面发挥着重要作用……其成员镇静、理智，并且十分坦诚……执委会是智力对决的地方，而不是人际矛盾的情绪化争吵之所。"因此它"允许自由而卓有成效的讨论"并且"充分利用所能利用的时间"。[98] 巴特利特和奥尔索普甚至认为，危机中的最大幸事之一是，"少数几位身负重任的人士之间的内在信任感"。[99]

但是，随着国安会执委会的会谈内容被解密，会谈的磁带内容被公开并被妥善转录，它们揭示出一种完全不同的决策过程。的确，在接近真相之时，除了泰然自若的肯尼迪本人之外——鉴于所面临的风险和那些主张军事道路的人士的经验和地位，肯尼迪对局势的掌握就更令人印象深刻——国安会执委会中的多数人都失去了光彩。詹姆斯·内森（James Nathan）认为，从 10 月 16 日和 27 日会议的磁带转录内容中"几乎看不出，与会人员冷静地讨论备选方案，或审慎地分析周密的行动计划。与会人员发言结结巴巴，语句表达不完整，想法观点游移不定，语言十分混乱，前言不搭后语"。[100] 正如罗伯特·肯尼迪汇报的那样，当时的气氛像是在一个政治的高压锅里。据说这些委员们几近崩溃，并且长时间、无缘无故地缺席会议。我们听说有位助理秘书受到惊吓，心不在焉，在凌晨 4 点开车撞上了树。[101] 其他委员在谈及自己和同事时都说感到"神经紧绷"，经常处于一种"焦虑而精疲力竭的状态"。[102] 阿德莱· 111
史蒂文森认为，国安会执委会是"你见过最讨厌的一群四处乱跑的少年组成的突击队"。鉴于阿德莱·史蒂文森在执委会中受到的待遇，他的这种想法可能会被宽恕。[103]

有些学者甚至怀疑，国安会执委会本身至少在某种程度上就是一种政治游戏。总统、总统的弟弟还有其他几个人在周六晚上召开国安会全体会议前就早已秘密决定用朱庇特导弹进行交易，这一事实让巴顿·J.伯恩斯坦（Barton J.Bernstein）认为，国安会执委会的影响力可能远比评论家通常论述的要小。据伯恩斯坦所说："尚不清楚的是，国安会执委会的审议意见在帮助［总统］决策方面起多大的作用。这群人或者个别委员到底有没有影响到他？或者，无论他最初意图如何，这些会议是否很快就成了总统为其政策建立共识的一个更大的、未经阐明的潜在战略的一部分？"[104]国安会执委会中除了备受非议的史蒂文森以外，自由派代表相对而言比较少，这也表明该组织的目的不是广泛地辩论，而是政治掩护。录音转录内容也不断表明，这位极度冷静并精于算计的总统始终认为有必要进行某种交易，并一再纵容自己亲信顾问的鹰派言论，尤其是邦迪的言论，而邦迪本人好像不明白这意味着什么。（只有肯尼迪兄弟知道这个录音系统，约翰·肯尼迪可能计划以后写回忆录时利用它。其他的参会者以为自己在秘密行事。）好像也只有肯尼迪清楚，对于其他人提议采取的行动，世界上的其他国家会持何种看法。正如肯尼迪对态度更强硬的国防部长解释的那样，美国的大多数盟友都认为，古巴"是美国的一个固着物而不是严重的军事威胁"，他还说，"他们认为我们在这个问题上有点过激……许多人会将这种行动（攻击古巴的提议）视作美国由于缺乏勇气而采取的疯狂行为，因为他们认为，在最坏的情况下，这些导弹也根本不会真正改变"核均势。[105]事实上，肯尼迪无疑是其政府中最具洞察力的战略分析家，但谁能说他在处理最亲近的人的潜在威胁和算计时也如此机敏呢？

为了把那些有影响力的潜在保守派对手留在"帷幕内"，肯尼迪可能是想以国安会执委会的讨论为手段，把潜在对手牵涉进所有处理局势的计划的构想和执行过程中。历史学家马克·怀特（Mark White）指出，这就能解释为什么像理查德·古德温（Richard Goodwin）、切斯特·鲍尔斯（Chester Bowles）、阿瑟·施莱辛格这样的人物被排除在执委会之外，为什么史蒂文森被如此孤立，为什么从未允许执委会内部进行更广泛的辩 112
论——如果进行辩论，“温和的”方案会获得会更多的认可。[106]肯尼迪相信，自由派无论如何都会赞成进行交易。如果怀特的观点是正确的，总统的计谋相当成功。众所周知，肯尼迪憎恶任何形式的会议，这一点进一步支撑了怀特的观点。据西奥多·索伦森说，约翰·肯尼迪时期“总统从未召开过一次员工会议”。盖里·威尔斯（Garry Wills）补充说，“为数不多的几次会议都是为了做做样子”。[107]正如伯恩斯坦指出的那样，在最后一场真正作出决定的古巴问题讨论中，约翰·肯尼迪“召集会议，挑选与会人员，并排除了大约8人”。这次肯尼迪“急切要求达成朱庇特导弹交易，并且在场每一个人都忠诚地接受了这一提议，尽管其中一些人曾表示强烈反对”。伯恩斯坦指出，在这个决策过程中最重要的事实是：“总统明确表示，他非常关心这个问题；他选定了政策，没有人会反对他。他们是总统的手下，而他是总统。”[108]

另一个被新证据证实是错误臆断的说法是：苏联人和古巴人，至少在某种程度上，以担心美国可能会入侵古巴为由为部署导弹辩解，不是偏执就是虚伪。[109]事实上，苏联人和古巴人都有充分的理由担忧。当然猪湾事件就能说明这个问题，在这个阴谋失败后，罗伯特·肯尼迪告诉中央情报局局长约翰·麦科恩（John McCone），破坏卡斯特罗的政权是“美国政府的第一要务，其他都是次要的，时间、金钱、人力、物力都要投入其中”。[110]伯恩斯坦指出，1962年2月在罗伯特·肯尼迪的指挥下，爱德华·兰斯代尔（Edward Lansdale）正在为

“1962 年 10 月前将在古巴发生的叛乱”制订计划。三个星期后，马克斯韦尔·泰勒（Maxwell Taylor）将军推断：“最终的成功需要美国决定性的军事介入。”[111]

历史学者詹姆斯·赫什伯格（James Hershberg）发现，“1962 年的前 10 个月内，‘猫鼬行动’（Operation Mongoose）作为肯尼迪政府针对古巴的秘密计划，与五角大楼加强的应急计划密切协调，为美国可能进行的军事干预提供便利，以使卡斯特罗下台。在此期间，美国官员积极考虑在古巴挑起内部叛乱，并以此为借口进行公开、直接的军事行动”。[112] 3 月份，美国参谋长联席会议提出一系列完全不可思议的行动方案，包括发动针对美国公民、美国空间项目和国际航空旅行（包括学生）的恐怖主义行动，其目的是激起全球的反应，以此为美国入侵和占领古巴岛提供正当理由。[113] 这项行动一直持续到危机
113 爆发，有证据表明，就在危机来临之际，政府高官们正设法加剧紧张局势，甚至可能会引发战争。10 月 4 号，罗伯特·肯尼迪对执行“猫鼬行动”的国安会委员表示，总统对这项行动的进度感到不满，认为需要采取“更有力的动作”，包括蓄意破坏。[114] 根据欧内斯特·梅（Ernest May）和菲利普·泽利科（Philip Zelikow）两位作者的研究，罗伯特·麦克纳马拉曾在 10 月 15 日会见参谋长联席会议长官、麦克乔治·邦迪和其他官员，以讨论“大规模空袭和入侵古巴的应急方案”。[115] 甚至在 10 月 16 日，讨论完苏联导弹布置在古巴的证据以后，罗伯特·肯尼迪在当天召开了一次‘猫鼬行动’会议，他在会上强烈要求采取更激进的行动，并呼吁提出可以对古巴采取的新的行动措施。[116]

古巴人和苏联人知道这项阴谋的大部分内容，但肯定不是全部。[117] 他们知道的内幕肯定比美国公众多，这无疑会影响他们的举动。罗伯特·麦克纳马拉后来承认：“如果我是古巴人，

看到美国针对本国政府采取秘密行动的证据，我会非常愿意相信美国打算发动侵略……我很可能会想象，侵略即将发生。”[118] 然而在整个危机期间，美国人民被误导相信：赫鲁晓夫在古巴部署导弹的决定——以及卡斯特罗接受导弹的意愿——是一种无端的挑衅行为，在威胁美国国家安全的同时打破全球均势。假如美国民众知道，古巴政权有充分的理由抵抗美国支持的颠覆活动和潜在的侵略行为，那么肯尼迪公开的强硬政策无论是在美国国内还是在国外，都不可能得到太多的支持。

此外，外交政策专家和美国的情报人员也意识到，苏联和古巴完全有理由担忧入侵，然而这并没有影响他们对危机的认识，无论是在危机前还是在危机期间。1962 年 9 月，中央情报局的分析员推断：“目前在古巴进行军事部署的主要目的是巩固当地共产主义政权，以应对古巴人和苏联人认为的美国试图通过某种方式推翻该政权的危险。”危机爆发后国务院出的一份研究报告也得出结论：“毫无疑问，卡斯特罗，可能还有苏联，在 1962 年冬季和春季期间越来越担心美国有新的入侵计划。”[119] 再加上美国直接在土耳其和苏联边境区域部署用来进行第一打击的核导弹这一挑衅行为，赫鲁晓夫在古巴部署导弹的决定，很难说是不理性的，而且在相当程度上是可预测的。[120]

然而，这次危机中最值得关注的谬误是关于导弹交易本身 114
的记述。肯尼迪兄弟不仅对国民、国会、美国的北约盟友、自己的顾问和朋友以及前总统杜鲁门和艾森豪威尔说谎，而且还千方百计地毁坏忠诚公务员阿德莱·史蒂文森的声誉，他勇敢地在国安会执委会上提出的解决方案正是他们正暗中实行的方案。他们如何又为何这么做，值得深思且十分重要。

首先，在危机开始前，肯尼迪有时对他有关土耳其朱庇特导弹问题的决策表现得很困惑。10 月 16 日星期二，肯尼迪在思索苏联在古巴的导弹部署问题时抱怨道："现在仿佛我们突然开始在土耳其部署大量中程弹道导弹一样。现在我认为，这也太危险了。"这时麦克乔治·邦迪解释说："是的，我们确实这么做了，总统先生"，肯尼迪回答说："是的，但那是 5 年前了。"[121] 事实上，根据伯恩斯坦的说法，朱庇特导弹在 1962 年 4 月才开始运作，仅仅在 6 个月以前。这些导弹——不包括美国军方取走的弹头——据说在 10 月 22 日被移交给了土耳其政府。[122]

但是，许多关于这场危机的早期记述显示，总统早已知道美国安置在土耳其的导弹的存在及其重要性，他一直在想办法移除。据伊利·艾贝尔所描述的传统说法，总统曾指示迪安·腊斯克向土耳其提出这个问题，但土耳其反对拆除。副国务卿乔治·鲍尔后来再次奉命提出这个问题，根据艾贝尔的说法，这个提议再次被土方断然拒绝。"因此，星期六上午［10 月 27 日］肯尼迪听到这个消息时非常震惊。导弹不仅留在土耳其，而且已经成为致命棋局中的卒子。肯尼迪遗憾地认为这是由大政府所固有的低效率所致。"据艾贝尔所述，总统对"这种形势变动非常生气，他怒气冲冲地离开了国安会执委会正在开会的房间"。当总统的特别助理肯尼斯·奥唐纳（Kenneth O'Donnell）紧随其后出来时，据说肯尼迪指使他去核对关于移除土耳其导弹的总统命令的记录。据称，奥唐纳回来报告说，最近的命令是发布于 1962 年 8 月第三周的一份国家安全委员会的行动备忘录，就在古巴导弹危机发生整整两个月前。[123]

艾贝尔的第一手资料来自罗伯特·肯尼迪，他在《十三天》中也讲述了完全一样的故事。总统"想要移除导弹，哪怕它可能给我国政府造成政治麻烦……总统认为，既然他是总
115 统，而且他的要求表达得很清楚，手下就会遵循指令，移除导弹。因此他就没有再想这个问题。现在［10 月 27 日，星期六］

他了解到，由于他的指令未被执行，使得已被废弃的土耳其导弹成了苏联手中的把柄。他很愤怒。”[124] 几乎每一个详细报道这场危机的人都采用这一对土耳其局势的描述为资料来源。[125]

1957 年，苏联人造卫星“伴侣号”（Sputnik）升入太空，在美国国内造成了政治层面上的歇斯底里情绪，而最初在土耳其部署导弹的决定，实际上是对这一情绪仓促且整体上欠考虑的回应。然而，由于导弹质量存在诸多显而易见的问题以及由此产生的战略难题，这项决定从未得到军方内部的坚定支持。[126] 在国会原子能联合委员会（Joint Congressional Committee on Atomic Energy）于 1961 年 2 月建议反对美国部署导弹之后，国家安全委员会接管此事，但未能就撤销或者处理导弹提出具体的措施。[127] 1961 年 4 月下旬，国务卿腊斯克在安卡拉召开的中央条约组织会议上提出撤除导弹的意见，但土耳其的代表表示反对，并指出土耳其议会最近刚刚拨款用以支付导弹相关费用，所以移除导弹将会使土耳其政府大失颜面。腊斯克接受了这种说辞，返回国后告知总统，延迟拆除导弹或许是最好的处理方式。肯尼迪同意了该建议。[128]

无论肯尼迪计划采取什么样的行动，1961 年 6 月 4 日举行的肯尼迪和赫鲁晓夫的维也纳峰会似乎阻碍并破坏了撤除朱庇特导弹的进一步计划。6 月 22 日，国务院官员乔治·麦基（George McGhee）向麦克乔治·邦迪汇报称：“不应该采取行动取消在土耳其部署中程弹道导弹的计划……鉴于赫鲁晓夫在维也纳表现出的强硬姿态，取消行动会让我们显得软弱。”麦基的意见显然被采纳了。[129] 最后在 1962 年 8 月，肯尼迪发布了一份国家安全委员会关于移除导弹的行动备忘录。然而，这份备忘录不包含要求撤除朱庇特导弹的命令，而是提出了一个更为初级的问题：“采取什么样的行动才能把朱庇特导弹撤出土耳其？”[130] 因此，肯尼迪总统先发制人地要求移除导弹，后来又因官僚主义的障碍而遇挫，这则不断被讲述的故事，往最好处说是对基本事实的误解，往最坏处说就是对真相的严重歪曲。

1962 年的秋天，肯尼迪似乎已经意识到这些导弹会引起苏方的严肃关注，因此他在 10 月 16 日与邦迪商讨时最初表现
116 出的困惑令人十分费解。另外，为什么他命令副官乔治·鲍尔和保罗·尼采（Paul Nitze）于 6 月份再次会见土耳其大使以寻求解决办法？为什么他在 1962 年 8 月的第三周发布关于解决该问题的国安会行动备忘录？再者，《纽约时报》在 9 月份发表了一篇关于苏联对此次导弹部署的控诉的文章，而总统在 9 月 13 日的新闻发布会的记录显示他对此有所了解。[131] 实际上，到 10 月初，肯尼迪政府已在整合有利论据，以回应将美国部署朱庇特导弹与苏联在古巴的行动相提并论的说法。[132] 就肯尼迪在导弹危机开始时显露出的困惑程度而言，这种困惑充其量是暂时的。

“房间里的懦夫”

关于阿德莱·史蒂文森在国安会执委会会议上提出的建议，即美国应当考虑用部署在意大利和土耳其的朱庇特导弹进行交易，并且将关塔那摩非军事化，肯尼迪两兄弟要了卑鄙的两面派手法。正如我们所看到的那样，如果仔细阅读对这两人在整个危机期间讨论的录音转录会发现，约翰·肯尼迪一直都在准备交易，然而甚至连他的助手都认为他们在备战。当总统在 10 月 20 日星期六让执委会成员保罗·尼采研究从意大利和土耳其撤除朱庇特导弹可能给北约造成的潜在问题时，他已着手开始进行交易。在随后的星期一，总统命令马克斯韦尔·泰勒指示北约欧洲盟军最高司令诺斯塔德（Norstad）上将，若发现任何企图发射的行动，就销毁朱庇特导弹。[133] 肯尼迪还

要求乔治·鲍尔提交一份来自美国驻土耳其大使雷蒙德·黑尔（Raymond Hare）的报告，概述土耳其对总统正在考虑进行的交易可能会作出的反应。[134]

在危机爆发后的第二个星期，肯尼迪与顾问们之间的交谈中出现零星的评论和低语，颂扬土耳其–古巴交易的好处。在收到赫鲁晓夫的第二封信后不久，总统告诉英国驻华盛顿大使戴维·奥姆斯比–戈尔（David Ormsby-Gore）："从许多方面来看，在保证这两个国家的完整统一的同时，从土耳其和古巴撤除导弹，有相当多的好处。"[135] 后来他对国安会执委会说："首先，我们去年曾设法撤出这些导弹，因为它们在军事上没有用处，这是第一点。第二点，对联合国中的任何人或任何其他理性的人来说，这看起来都是一次相当公平的交易。"这时肯尼迪讲述了他的思路："想一想总有一天我们不得不做的事情，那就是突围，也很可能是入侵，都是因为我们不肯把导弹撤出土耳其，我们都知道当鲜血开始流淌时每个人都会迅速鼓起勇气，这就是北约将会发生的事情，当他们和我们都开始做 117
这些事情，他们占领柏林，每个人都会说，'嗯，那本来是个非常好的建议'……我们不要自欺欺人……今天，拒绝它［交易］听起来很不错，但是真的拒绝后，我们会发现情况并非如此……我们不能在能够通过在土耳其导弹问题上进行交易来移除古巴导弹的情况下，不惜一切代价入侵古巴。如果这记入档案，我不认为我们能打一场好仗。"[136] 在另一次国安会执委会的讨论中，肯尼迪解释道："现在这是最令人不安的，乔治［鲍尔］，因为他［赫鲁晓夫］让我们处于一个非常有利的地位。因为大多数人会认为这是一个不失公平的建议。我要告诉你们的是……我想你们将会发现，我们很难解释清楚为什么要在古巴采取敌对的军事行动，进攻这些我们一直在考虑的地点……［而］他在说：'如果你们把你们的导弹撤出土耳其，我们就把我们的撤出古巴。’我认为，这时我们需要谨小慎微……你会发现，许多人认为这［交易］是一个相当合理的处置方式。”后来，总统又说：“我们不要欺骗自己。他们提出了一个非常好的建议……”[137]

肯尼迪温和的主张似乎没有得到执委会成员太多的支持，这可能是因为导弹危机带来的威胁本身、当时的美苏关系，抑或是出于对联盟管理的考虑。麦克·邦迪一度作出了回应，他的发言满怀感情：“我想我们应该坦白……政府中与联盟问题有关的每个人都普遍认为，如果我们拿土耳其的防御设施来解决在古巴受到的威胁，我们将面临一次严重的挫折。”正如我们所见，罗伯特·麦克纳马拉也这么认为。[138]

阿德莱·史蒂文森几乎独自一人在国安会执委会中极力支持总统的想法，并为此受到嘲笑和误解，也正因为如此，肯尼迪兄弟对他下了黑手。史蒂文森在危机期间的立场和肯尼迪的立场一样，但被巧妙且彻底地扭曲了，这再次证明胜利者书写历史。

当史蒂文森向执委会提出他的导弹交易计划时，其中包括从关塔那摩撤离美军，他并没有排除美国采取军事行动的可能性。史蒂文森在写给总统的信中陈述他的观点时强调：“国家安全必须放在第一位。”然而，动用“军事手段，会导致太多难以估计的后果，所以我觉得你应该解释清楚，在我们开始行动前，部署于任何地方的核导弹基地都是可以谈判的……”尽管他希望通过外交途径解决，史蒂文森也承认：“我们不能在有人拿枪指着我们脑袋时进行谈判”，并且“如果他们不撤出（古巴的）导弹，恢复危机爆发之前的局面，我们将不得不
118 自己采取行动”。[139]据史蒂文森的传记作者说，这位大使在危机爆发期间的一次聚会上曾向肯尼斯·奥唐纳为自己的方法辩解：“我知道，大多数同事都可能因为我今天所说的话而认为

我是一个懦夫。但是，当我们讨论核战争时，或许我们需要在房间里有一个懦夫。”[140]

在国安会执委会内部，总统气愤地拒绝了史蒂文森的建议，这种回应态度得到执委会中保守派共和党人的欢迎，包括道格拉斯·狄龙（Douglas Dillon）、约翰·麦科恩和罗伯特·洛维特（Robert Lovett）。洛维特是杜鲁门政府时期的国防部长，他曾经对肯尼迪承认他投票给了尼克松。此外，麦克罗伊对史蒂文森说，只要古巴的苏联导弹“还在瞄准我们的心脏，这你知道……它将让我们在履约时处于一个非常不利的地位，不仅对我们的西欧盟国，而且对西半球都是如此。”[141] 尽管史蒂文森的主张与埃夫里尔·哈里曼在 10 月 22 日写给总统的信中所包含的主张几乎一致，并且与巴西提出的颇具雄心且相当有用的和平计划也没有区别，[142] 罗伯特·肯尼迪还是派阿瑟·施莱辛格与史蒂文森一起前往联合国，并指示他，“我们指望你在纽约观察形势。那个家伙可能会把所有的事情都泄露出去”。[143]

危机爆发后不久，肯尼迪就开始诋毁史蒂文森。当查尔斯·巴特利特请求总统的合作，为《星期六晚邮报》撰写关于危机的内幕故事时，肯尼迪派迈克尔·福莱斯特（Michael Forrestal）去诽谤史蒂文森。福莱斯特在私下告诉巴特利特，人民之所以猜疑可能会发生导弹交易，都是因为“阿德莱的过错”。福莱斯特解释说，“总统反对这个想法，后来还阻止让赫鲁晓夫了解到它”。[144] 肯尼迪为了进行他认为必要的修改，还要求在文章正式发表以前亲自查看。当巴特利特把草稿交给总统时，他做了相当多的“标记修改”才返还。据奥尔索普说，肯尼迪“删除了关于［史蒂文森的发言人］克莱顿·弗里奇（Clayton Fritchey）对史蒂文森关于导弹基地的主张的说明和解释的两三句话”。[145] 按照巴特利特的说法，他后来对采访者承认，他认为肯尼迪需要完全摆脱史蒂文森，肯尼迪的军事助手特德·克利夫顿（Ted Clifton）发挥了使者的作用，返回来的文章上“满是肯尼迪的修改痕迹”。奥尔索普想要保留原稿作为纪念，但是巴特利特“为了保护肯尼迪，在斯图尔特的家中将其付之一炬”。[146]因此，史蒂文森的主张看起来不如实际上的理性。文中一幅插图的配文是：“史蒂文森在联合国的辩论中态度强硬，但白宫内部的强硬派认为他太软弱了。”[147]让这一事件显得更加奇怪，同时让肯尼迪的行为更加恶劣的
119 是，在某种程度上，他曾声称钦佩史蒂文森向执委会建议导弹交易的鲁莽勇气。“我认为像这样一位聪明的政治家不会把自己置于危险境地。这里有许多混蛋对他恨之入骨，认为他是个和事佬。让自己与这些人对立是一种相当冒险的行为。”[148]

实际上，指责史蒂文森想要“慕尼黑协定般的绥靖政策”的“不赞成的官员”正是约翰·肯尼迪本人，其父亲是《慕尼黑协定》最狂热的支持者之一。奥尔索普还在文章发表前通知他的非正式编辑加上“阿德莱想要一个慕尼黑协定”这行内容。据说，在发表前对文章进行复校时，总统表示，“我要加上这句话”。[149]

约翰·肯尼迪企望在政治上搞垮阿德莱·史蒂文森有两个原因。第一，他和弟弟都极端憎恨这个人。他们认为史蒂文森傲慢自大、缺乏男子气概、过于聪明，可能还是个同性恋，如果J. 埃德加·胡佛（J.Edgar Hoover）可信的话。肯尼迪兄弟也对史蒂文森在1960年的总统大选中太迟才支持约翰·肯尼迪而感到不满，史蒂文森一直希望奇迹发生，第三次获得总统提名。肯尼迪承诺任命他为国务卿，以在1960年的大选中换取这位伊利诺伊州前州长的支持，但是史蒂文森傲慢地拒绝了肯尼迪的提议，并对记者说，肯尼迪当总统“太嫩了”，“不能胜任这项工作”。（在1960年的俄勒冈州初选后，肯尼迪警

告史蒂文森说："听着，我得到的选票已足够我获得提名，如果你再不支持我，我就对你不客气。"）[150] 此外，总统和司法部长可能还担心他们的权力基础受到史蒂文森的威胁，史蒂文森在民主党的自由派分子中被认为是英雄人物，总统和司法部长也很厌恶这些自由主义者。史蒂文森在发表精彩的《地狱冰封》（Hellfreezes Over）演讲后，他的政治地位有所提高。他在演讲中就古巴导弹问题与苏联驻联合国大使针锋相对，他可能会在未来招致真正的麻烦，比如在越南问题上。但是，比这些血海深仇更为重要的是，肯尼迪兄弟需要毁掉史蒂文森因建议古巴－土耳其导弹交易而获得的正直、可敬的声誉。没有这场反对阿德莱的运动，某些有胆识的记者或共和党议员可能会发现，肯尼迪虽然公开宣称自己取得了全面胜利，但却秘密进行了一笔与史蒂文森的提议并无二致的交易。

史蒂文森很快就沦为了公众嘲弄的对象，甚至更糟。终其一生，他都未能摆脱"绥靖主义者"的指责带给他的耻辱。《纽约每日新闻》（*New York Daily*）上的一则新闻标题是：《阿德莱在古巴问题上转向绥靖主义立场》（*Adlai on Skids Over Pacifist Stand on Cuba*）。肯尼迪竞选总统的潜在对手巴里·戈德华特（Barry Goldwater）呼吁肯尼迪解雇史蒂文
森，"因为阿德莱太不了解共产主义和现代世界"。他强调说， 120
总统应该"把那些一贯主张对古巴或世界其他地方的共产主义者实行温软政策的人清除出自己的政府"。[151] 肯尼迪面对这些呼吁，仍支持他任命的争议人选，摆出一副大事化小，小事化了的模范姿态。

史蒂文森并不是唯一一个在危机后发现自己在其中的作用被蓄意歪曲的高官。从罗伯特·肯尼迪的危机口述史中可以看出，他也曾相当无情地对待林登·约翰逊和迪安·腊斯克。罗伯特·肯尼迪在其中解释说，"约翰逊在 1962 年 10 月反对我

们对古巴的政策……在那些会议结束以后”，约翰逊“可能会四处散布内幕消息，哀叹并抱怨我们的软弱态度”。肯尼迪进一步说，约翰逊在最后一场执委会会议后似乎崩溃了，这次会议详细讨论了出兵计划，但是他在《十三天》中未提及这些讨论内容。肯尼迪还取笑约翰逊经常说自己在危机期间一直陪伴肯尼迪左右，坚持说:“依我看，他只参加了第一次会议。接着他就去了夏威夷，因为他不想……表明有一场危机即将到来。整个决策过程中他都不在场。”[152] 事实上，这位副总统在10月22日巡回演讲回来以后，参加了从1962年10月22日到1963年3月29日之间47场会议中的42场，只在11月和12月期间缺席了5场会议。[153] 至于迪安·腊斯克，他对和平解决危机作出的贡献也许仅次于赫鲁晓夫和肯尼迪兄弟。罗伯特·肯尼迪后来声称，国务卿“经常不能参加会议”并说“他在精神上和身体上几乎都彻底崩溃了”。[154]

肯尼迪兄弟的目标并非都是他们的助手和潜在的政治对手。危机爆发前和危机期间，罗伯特·肯尼迪和以新闻记者身份作掩护的克格勃官员乔治·博利沙科夫保持着互惠互利的关系。根据福尔先科和纳夫塔利的说法，10月23日博利沙科夫会见《纽约每日新闻》的作家弗兰克·霍尔曼（Frank Holeman），霍尔曼告诉他司法部部长办公室有人，可能就是肯尼迪本人，“认为可以考虑以下交易：美国清除在土耳其和意大利的导弹基地，苏联也这么做”。这两位学者写道，博利沙科夫指出，“这种交易的条件只能在和平时期讨论，而不是在有战争威胁的情况下”。[155] 查尔斯·巴特利特也曾向博利沙科夫传达进行交易的可能性。这些接触可能都有助于让赫鲁晓夫确信，可以通过和平的方式解决危机。（它们可能也鼓舞了赫鲁晓夫第二次致信肯尼迪。）

然而，危机一结束，肯尼迪兄弟就决定泄露博利沙科夫以

记者身份作掩护的真相，破坏了他作为中间人的作用。巴特利 121
特，肯尼迪兄弟的非官方喉舌，对人说赫鲁晓夫在十月份利用一名苏联记者散布关于在古巴部署导弹地基的谣言。总统的朋友，评论家乔·奥尔索普（Joe Alsop）于危机后在《华盛顿邮报》发表了一篇题为《苏联安排的骗局》（*The Soviet Plan for Deception*）的文章，更直接地提及博利沙科夫，从此让他在美国失去了利用价值。[156] 多勃雷宁大使告知莫斯科，文章包含只有肯尼迪兄弟了解的事实，不难理解这让赫鲁晓夫非常生气。[157] 赫鲁晓夫在危机后致信肯尼迪："我们读到你们的专栏作家和记者写的各种文章……他们好像与我们之间所建立的秘密渠道没有关系。根据这些文章的内容判断，很明显文章作者了解内情，我们认为这不是秘密情报意外泄露的结果……这么做明显是为了向公众传达片面的信息。"他还写道，"两国的最高领导人之间需要最低限度的相互信任"，苏联领导人承诺，如果继续泄密，"这些渠道将被取消使用，甚至可能会造成伤害"。[158] 肯尼迪很虚伪地回复说："我很遗憾他将回到莫斯科……我们会非常想念他。"[159] 博利沙科夫最后在莫斯科变成了失业的酒鬼。他的罪名是，他掌握了肯尼迪兄弟关于导弹交易的谎言。

古巴的"威胁"

在制造这些骗局的人中，没有一个人为其在导弹危机解决方案，尤其是导弹交易方面误导公众的过程中所扮演的角色而公开表达过悔意。麦克乔治·邦迪承认，7 名幸存者"欺骗了我们的同事、国人、后继者以及盟友，让他们相信，政府没有向苏联提供任何交易条件来结束危机"。他承认，政府向美国人民传达了"对苏联采取坚定不移的强硬立场"这一具有误导性的信息，但他为此辩解称，"尽管付出了种种代价，保密工作防止了美国国内和大西洋联盟内部出现严重的政治分歧”。[160]西奥多·索伦森解释说，他是知道“罗伯特·肯尼迪代表约翰·肯尼迪传达口信，确认最终拆除在土耳其的朱庇特导弹”的人中级别最低的一个。索伦森还说，作为肯尼迪身边“与国家安全事务的‘官方’联系最少”的亲信，他“觉得我没有权力独自泄露这个信息”。[161]小阿瑟·施莱辛格直到他在肯尼
122 迪的档案中发现相关史料才了解到真相，他为此骗局辩解道：“毫无疑问，作出额外让步的意愿有助于让苏联人相信美国政府真正致力于和平（这也是后来苏联有关危机的报道对肯尼迪兄弟如此宽厚的原因）。也许，至少在牵涉核战争，并且本国或盟友的根本利益未受损害的情况下，可以允许秘密外交的存在。”[162]皮埃尔·塞林格（Pierre Salinger）与之前研究该问题的阿瑟·西尔维斯特（Arthur Sylvester）持相同立场，他在危机之后解释称：“谎话和虚假信息是民主国家在冷战处境中用来抵御可以秘密行动的敌人的手段。”[163]

抛开这些琐碎的政治阴谋不谈，假如有人要为肯尼迪兄弟的欺骗行为寻找高尚的正当理由，不必绞尽脑汁就能想出一套强有力的论据来支撑肯尼迪兄弟隐瞒真相的行为。没有人比约翰·肯尼迪更理解他自身的微妙处境。正如他在 1963 年 2 月告诉《新闻周刊》编辑本·布拉德利（Ben Bradlee）的那样：“17000 名苏联军人驻扎在古巴……这件事本身是一回事，但当你知道有 27000 名美国军人驻守土耳其时，它又是另外一回事。”他接着补充说，“完全以这种逻辑去理解赫鲁晓夫的问题，在政治上并不明智”。[164]

事实上，在 1962 年的秋天，人们甚至还没有在古巴发现任何苏联建筑工人，菲德尔·卡斯特罗的政府就已经成为约翰·肯尼迪总统任期内一个有争议的问题。肯尼迪的铁杆支持者罗杰·希尔斯曼承认：肯尼迪在 1960 年大选中试图让理查德·

尼克松在古巴问题上显得软弱无力，但肯尼迪一上任，就遭到了反噬。希尔斯曼也承认："真相就是，肯尼迪总统及其政府在古巴问题上特别脆弱。他曾在大选中利用这一点对付尼克松，取得了非常显著的效果。他反复质问为什么允许一个共产主义政权在距离美国海岸只有 90 英里的地方上台执政。接着发生了猪湾事件，而现在苏联正在把古巴变成一个进攻性的军事基地……"[165] 肯尼迪政府派驻印度的大使、经济学家约翰·肯尼斯·加尔布雷斯（John Kenneth Galbraith）赞成希尔斯曼的评价。他强调："一旦那里出现［导弹］，肯尼迪政府的政治需要迫使他们冒着一切风险把导弹清除出去。"[166] 在星期三上午，美军开始封锁古巴当天，据说罗伯特·肯尼迪对他的兄长说："如果你没有采取行动，可能会遭到弹劾。"这个判断总统也同意。[167]

鲍比·肯尼迪说得很有道理。1961 年 4 月，当肯尼迪决定在没有空中掩护的情况下中止猪湾登陆行动时，他不仅让那里的小规模流亡军队陷入困境，而且还助长了他在推翻卡斯特罗独裁政权时即将面临的压力。在 1962 年中期选举前的这段时间，共和党人在他们的媒体盟友的帮助下，竭尽全力就古巴 123
问题向肯尼迪施加压力，决意要为两年前尼克松所遭受的攻击报仇雪恨。

当时共和党人指责肯尼迪政府蓄意对美国人民隐瞒苏联在古巴进行军事集结的重要事实。肯尼迪称之为苏联的"技术人员"；共和党人称他们是"军队"。肯尼迪称苏联导弹为"防御性武器"；共和党人当然更愿意称之为"进攻性武器"。尽管前总统艾森豪威尔曾警告过，不要让古巴变成"党派斗争的对象"，但许多共和党人和保守的新闻记者都认为这个事件是个不容错过的良机。[168] 有些民主党人也不表示同情。9 月 20 日，两大参议院委员会，即陆海空三军委员会和对外关系委员会发

表一项联合声明，赞成必要时对古巴动用武力。这项决议的幕后操盘手就是具有重大影响力的佐治亚州政客理查德·拉塞尔（Richard Russell），他希望利用这个问题“让总统完蛋”。[169]

9月14日，《时代》周刊的一篇社论坚持认为：“美国不能容忍古巴一直作为位于美国海岸附近的苏联要塞和整个西半球的毒瘤而存在。”[170]一个星期后，《时代》周刊为其关于门罗主义的封面文章配上血红的锤子和镰刀图案，文中引述了许多共和党人要求封锁和入侵古巴的言论。“一剑封喉干掉它”，副标题如此宣示。《时代》周刊的编辑随意地将苏联的警告，即入侵可能导致核战争，视作“不过是虚张声势罢了”。[171]

“国会在这个问题上施加压力的程度，是我们从未见过的”，国家安全事务顾问麦克乔治·邦迪觉得不得不警告总统。邦迪担心肯尼迪政府“可能会显得软弱和优柔寡断”。总统必须“非常明确和积极地解释”美国的政策，以让人确信古巴问题处于“我们的管控之下”。[172]实际上，此时的中情局正尝试着用各种稀奇古怪的秘密手段推翻卡斯特罗，甚至暗杀他。这些计划包括雇佣黑手党杀手、制造爆炸性雪茄，或在雪茄中加入迷幻药等。这些秘密计划都没有奏效，美国政府至今都没有诚实地说明这些秘密计划。即使是中情局于1992年出版的关于该机构在危机中扮演的角色的历史专著，也未提及这些阴谋，许多美国人至今对这些行动一无所知。[173]

我们再把时钟拨回到1962年的秋天，肯尼迪那时信心满满地认为，古巴在选举前不会给他造成任何麻烦。他曾收到赫
124 鲁晓夫通过阿纳托利·多勃雷宁转交的一封秘密信函，信中承诺“在美国国会选举前不会采取任何可能使国际局势复杂化或加剧我们两国紧张关系的措施”。[174]这个保证让肯尼迪相信，他可以随意对古巴问题发表强硬的言论而不顾后果。在9月13日的新闻发布会上，这位总统掌握主动权，如此开场：“如

果任何时候古巴的共产主义政权以任何形式危及或干扰我们的安全，……或者如果古巴变成苏联麾下强有力的进攻性军事基地，那么，我国将会采取一切必要的行动保护自身的安全和盟国的安全。”但他也谴责那些想要入侵古巴的人言论“轻率”且“不严谨”。他也抱怨说，这种言论为“共产党人声称美国造成威胁的言论提供了某种程度上的支撑”。

然而，总统当时没有意识到，他正在创造一种局面，即假如赫鲁晓夫背叛他——当然，赫鲁晓夫的确这么做了——总统自己的言论将成为要求采取军事行动的理由。如果肯尼迪只是简单地否定古巴这个小国会对世界上最强大的国家构成真正的军事“威胁”这一可悲的说法，卡斯特罗和赫鲁晓夫将对他无可奈何。[175]

美国大多数报刊编辑部都支持总统的立场，但《芝加哥论坛报》将古巴军事集结的事实归咎于肯尼迪的“不干涉”政策并且质问：“肯尼迪先生打算什么时候面对这些事实？”[176]《芝加哥论坛报》报道称，“哈瓦那已被由苏联人和古巴人管理的军事设施所包围”。第二天，该报转载了《纽约每日新闻》的一篇报道，告诉读者：“如此多的苏联人进入古巴，以至于菲德尔·卡斯特罗不得不投入一项紧急建设项目用以安置他们。”该报还解释说，绝大多数古巴人民都在呼吁美国解放他们，然而并没有提供任何证据。[177]一面是《芝加哥论坛报》的危言耸听，另一面是共和党大张旗鼓地反对卡斯特罗和肯尼迪政府的古巴政策，两者观点不谋而合。许多民主党人也加入其中。参议两院通过的决议案建议总统使用武力打击古巴对美国的挑衅行为，并保护美国的安全。但是来自纽约州的共和党人肯尼斯·基廷（Kenneth Keating）不久就揭露出苏联部署在古巴的导弹位置，认为这项决议案“毫无价值”，并要求采取“更果断的政策”。[178]当基廷发表头版声明指出苏联军队抵达古巴岛时，两位民主党参议员乔治·斯马瑟斯和斯特罗姆·瑟蒙德要求美国采取军事行动。[179]

实际上，肯尼迪在古巴问题上作茧自缚，自己挖坑自己
125 跳。在1962年初，它是唯一一个公众对政府的相关态度持负面评价多于正面评价的外交政策问题。到9月份，在关注这件事的民众中，有70%以上的受访者在接受民意调查时表示支持严厉的措施，其中有些人认为美国应该“让他们饿到就范”。[180]由于他在古巴问题上夸大其词的好战言论，再加上门罗主义漫长而纠缠不清的历史，一旦危机开始，总统就没有任何政治立场给苏联提供一个公开的妥协方案。虽然在政治上，他不能忍受古巴岛上存在具有象征性威胁的导弹——尽管这些导弹在战略上毫无意义——但他也不能允许将在土耳其的朱庇特导弹和苏联在古巴的导弹相提并论，而苏联显然会这么做。

在公开场合，政府拒绝接受在美国部署在土耳其的导弹和苏联部署在古巴的导弹之间进行任何比较。美国新闻署的一份政策指导建议国务院官员拒绝承认这种类比，但前提是，“有恶意评论把古巴的导弹基地与美国在其他国家的导弹基地相提并论”。[181]赫鲁晓夫的第二封信提议双方达成正式的交易，国安会执委会收到后，白宫马上发表声明谴责这个提议，反对“涉及西半球以外国家的安全，内容反复无常又相互矛盾的建议”。[182]五角大楼向记者提供一份简报，10月24日《芝加哥论坛报》的一篇题为《为什么古巴不同于土耳其》的社论概述了其内容。据报道，五角大楼的官员认为，“共产主义国家的侵略企图已被他们的言论和行动充分证实；而60年来，美国已表明它无意推翻古巴政府”。[183]同一天，国务院把包含同样内容的指导方针传达给了美国驻世界各国的使领馆。[184]

“后退”的危险

此外，尽管肯尼迪尽力保护自己的侧翼，让多名保守主义

者加入执委会，但是如果交易细节被披露，肯尼迪还是极易遭到保守派的攻击。[185]他愿意与苏联人谈判，而不是立即发动军事行动，这一点早已让他饱受右派的抱怨。鹰派的执委会顾问和原国务卿迪安·艾奇逊后来甚至在对交易不知情的情况下就批评他。艾奇逊抱怨说：“我觉得我们太急于结束这件事了。只要我们还能对赫鲁晓夫施加压力，就应该每天变着法给他施压。”[186]执委会成员保罗·尼采也认为：“我们应该尽力推动我们的优势……我们在 1962 年能够逼迫克里姆林宫放弃在西半球建立苏联优势的努力。”[187]那些被历史学家加迪斯·史密斯 126
（Gaddis Smith）称为“门罗主义的圣武士”的人也认为，肯尼迪背叛了这份神圣的文献，因此他们从未宽恕他。资深外交家罗伯特·墨菲公开指责总统，“温顺地屈从了这次对门罗主义危险的违犯”。另一位拉丁美洲事务老手和狂热的反共产主义者斯普鲁伊尔·布雷登（Spruille Braden）认为，肯尼迪不入侵的承诺是“门罗主义的全面失败”，也是对美国誓言的违背。[188]

国会和媒体中的许多保守派都赞同这一进攻主张。罗伯特·D. 克兰（Robert D. Crane）在右翼学术期刊《奥比斯》（*Orbis*）上发表文章抱怨说，苏联摆脱危机时，“对美国坚定意志的体会并没有比危机刚开始时深”。根据克兰的评判，美国未能推进其战略目标，即“逆转共产主义者全球战略的整个进程，并最终迫使他们放弃其意识形态”。[189]戴维·洛温塔尔（David Lowenthal）在小威廉·F. 巴克莱（William F. Buckley Jr.）创办的《国家评论》（*National Review*）上谈及肯尼迪不入侵古巴的承诺时指出，“从来没有一位总统采取过如此接近于明确撤销门罗主义的行动”。肯尼迪的失败现在将“助长共产主义军事力量和颠覆活动在这个半球的扩张”。[190]肯尼迪的政坛死敌理查德·尼克松在《读者文摘》撰写文章，哀叹肯尼迪不愿意实施空袭或武力入侵，“让美国在胜券在握时一败涂地”。[191]

一群保守派活动家不久就组织了门罗主义委员会（Committee for the Monroe Doctrine）。在一些共和党议员、巴克莱等权威人士、亚瑟·W. 雷德福（Admiral Arthur W. Radford）海军上将等前军官的支持下，该委员会控告肯尼迪保护“共产主义殖民地”，破坏了门罗主义禁止域外的“制度”蔓延到西半球的规定。巴里·戈德华特和众议院共和党竞选委员会主席鲍勃·威尔逊（Bob Wilson）一起要求总统废除与苏联达成的协议。他们控诉，不入侵的承诺相当于“把卡斯特罗和共产主义锁在拉丁美洲，并扔掉清除他们的钥匙”。[192] 印第安纳州的参议员霍默·凯普哈特（Homer Capehart）抱怨道，肯尼迪把“古巴的地契”永远地送给了共产主义者。[193] 我们可以想象，如果肯尼迪透露他进行交易的内容并告诉世人，他实际上是通过谈判以相互让步的方式和平解决了危机，那些右翼分子会如何暴怒抓狂。

肯尼迪在古巴事务上的一些最严重的潜在问题在于美国军方。柯蒂斯·李梅（Curtis LeMay）上将对该问题的描述最为
127 形象：“苏联熊总想着把它的爪子伸向拉丁美洲，现在我们已经困住了它，让我们砍掉它的腿，直到睾丸。转念一想，我们把它的睾丸也摘掉吧。”[194] 当听到危机已和平解决时，乔治·W. 安德森（George W. Anderson）上将断言：“我们被出卖了。”即使是肯尼迪的亲密支持者，参谋长联席会议主席马克斯韦尔·泰勒也难以接受。多年后谈到这次危机时，他感叹道：“直到此时［危机期间第二个星期六］我才知道总统曾与国务院讨论过把导弹移出土耳其的可取性。显然我反对这样做。当你已经抓住逃跑的家伙，为什么还要说：‘回来，我会给你一块蛋糕！’”[195] 甚至在赫鲁晓夫表现出退缩后——当时

导弹交易还处于保密状态——李梅和参谋长联席会议的其他人都还主张入侵古巴。在一份递交给总统的备忘录中（由泰勒转交给总统，但是泰勒本人反对其内容），军官们坚持认为赫鲁晓夫表面上的屈服只是一种诡计，他试图“拖延美国直接采取行动，同时为进行外交敲诈作准备”。他们建议立即发动空袭与入侵，除非有“确凿的证据”表明苏联已经开始拆除导弹。[196]

纯粹从肯尼迪在危机中保护决策过程不受他个人政治利益影响的程度来看，肯尼迪的表现远比许多批评家指责的要好，尽管没有像他的许多铁杆拥趸所声称的那样令人印象深刻。他的拥护者认为，如果总统处理危机时完全以即将到来的中期选举为重的话，那么阻力最小的方式就是军事进攻，这无疑是正确的。在军事冲突的早期阶段，20 世纪的美国人坚定地支持他们的总统，执行委员会中许多颇具影响力的委员，包括其共和党和军方成员，显然都不耐烦地急于结束悬念，并开始实施轰炸行动。国会领导人也强烈支持立即进攻。[197] 肯尼迪的拥护者经常辩解说，没有听说过执委会中有人在选择正确的处理方式时提到国内的政治影响，而这种说法既是错误的，也很虚伪。[198] 首先，道格拉斯·狄龙在 10 月 18 日交给西奥多·索伦森一份便笺时确实提出过这个问题。狄龙问道：“你是否考虑过这种可能性，如果我们允许古巴完成导弹基地的安装和运行准备，共和党在下一届众议院中很可能会拥有多数席位？”[199] 其次，由于执行委员会中既有共和党人也有民主党人，从选举政治的角度来讨论国家安全危机非常不妥当，而且会产生反作用，无论这个话题在决策者的心中占有多重的分量。最后，我 128
们已经看到，肯尼迪兄弟在最终决定处理方案时，是多么希望抛开执委会。因此，他们没有向执委会成员寻求党派战略意见建议这一事实，只能证明他们有基本的政治良知。

新的证据也相对澄清了那些修正主义批评家对肯尼迪兄弟

的不实评价，如I.F.斯通（I. F. Stone）认为，他们“不愿意为和平付出任何代价，哪怕是最小的［政治］代价”。[200]肯尼迪兄弟很显然准备接受和平方案的代价；他们只是不想承认这一点。如果这对兄弟被迫公开作出让步，那么高层军事官员一旦得知这一秘密协议将会暴跳如雷，中央情报局、五角大楼以及过去和未来的国家安全机构中的大多数人都会如此。但是，诺斯塔德将军和优秀军人马克斯韦尔·泰勒可能会帮忙，想办法让大家与政策保持一致。肯尼迪兄弟肯定也会在11月给共和党人提供一个政治争论点，尽管我们不知道，这样的胜利会为共和党争取多少张选票或多少个国会席位。外交政策议题一般不会影响美国人的投票倾向，在选举地方或州代表时更是如此。此外，艾森豪威尔在执委会的校友——洛维特、狄龙和麦科恩——会提供宝贵的政治掩护。假如肯尼迪面对的是一个敌对的国会，他的立法计划肯定会受到限制，他的许多外交政策都会受到质询。但因为他说谎，他成了两党都称赞的英雄。

对于一个经验丰富、绝不感情用事的政治家来说，这似乎并不是一个艰难抉择。将近30年后，古巴行动的策划者之一、苏联陆军将领阿纳托利·I.格里布科夫（Anatoli I. Gribkov）声称，在封锁开始前，古巴境内已有36枚核弹头和158枚战术核弹头，这时肯尼迪的决策看起来更为明智。格里布科夫还声称，当时在古巴的苏联指挥官已被授予“火力控制”权，美国一旦入侵就可出击。[201]虽然后一种说法并没有完全被证实，但最近基于苏联档案的学术研究表明，至少在10月22日以前的某些时候，当地的指挥官确实有权对美国的入侵军队使用战术核武器。[202]因此，肯尼迪与苏联进行导弹交易的决定，看起来比当时任何人所意识到的都更有先见之明。

假如交易被披露，北约的盟友也同样可能经历一些不愉快的动荡。后来的国务卿亚历山大·黑格（Alexander Haig）当

时是一个五角大楼团队的执行官，负责从军事角度撰写一份危
机分析研究报告。他在研究的过程中无意中发现，在土耳其 129
和意大利的朱庇特导弹正在被秘密拆除，他立即向上级抱怨此
事。黑格后来以其典型的夸张武断的风格辩称：

> 朱庇特导弹的拆除，意味着土耳其的国家安全遭到严重削弱，这不仅因为导弹本身，而且还因为这些导弹的拆除象征着美国不愿意保护一个北约盟友。朱庇特导弹被拆除一事已经在整个西方联盟中引发担忧，尤其是因为美国没有事先和盟友商议就拆除导弹。如果我们不保护土耳其，我们会保护西德或法国吗？欧洲人一直担心，如果美国面临要么欧洲城市，要么美国城市遭到涂炭这一抉择，美国会放弃其盟友。以拆除保护欧洲的朱庇特导弹为条件，换取拆除威胁美国的苏联在古巴的导弹这一结果，肯定会被视为美国事实上把本国人民的安全置于盟国人民的安全之上的证明。[203]

亨利·基辛格在《外交事务》上撰文分析危机的直接后果，公开表达了黑格的某些忧虑。他警告说："我们在未来的几个月里必须谨慎行事，不要让人怀疑我们通过牺牲欧洲的利益来换取苏联从古巴撤除导弹。"[204] 当然，肯尼迪兄弟正是这么做的。

黑格和基辛格的担忧似乎都有相当大的夸张成分，他们或许有意为之。土耳其政府可能经历过一些来自公众的不安，但它也很容易得到安抚，最后也确实如此：用不那么脆弱且精确度更高的海基北极星潜射弹道导弹取代朱庇特导弹。意大利人可能也很满意，因为该国政府正努力改善与东方集团（Eastern Bloc）的关系。[205] 美国政府愿意用欧洲的弹道作交

易，以减轻本国附近的威胁，这无疑被许多盟国看作一个令人担忧的先例。但是，执委会成员和肯尼迪政府官员关于危机灾难性后果的预言都不可能成为现实，这些预言曾在关于导弹危机的官方史或半官方史中备受推崇。[206]麦克乔治·邦迪在事隔多年后确信，哈罗德·麦克米伦“在公开拒绝土耳其导弹交易时支持肯尼迪，在他接受交易时至少也会以同样的力度给予支持”。[207]英国人和德国人都不会在大西洋联盟的重要事务上对
130 美国政府提出异议。哈罗德·麦克米伦在一次会议上甚至还一度表示希望美国撤出部署在英国的雷神导弹，以让苏联保全脸面。[208]具有讽刺意味的是，公开交易可能让法国感到高兴，因为这将证实法国当初对美国核保护承诺的怀疑。半官方的《军情信息报》（*Revue Militaire d'Information*）指控美国与苏联进行导弹交易，从而表明它愿意牺牲其盟国的安全。戴高乐主义派媒体使用此论点支持法国独立军。当法国真正脱离北约军事组织时，他们的决定更多的是基于这样的信念，即美国对欧洲大陆的安全越来越不感兴趣，很有可能会让欧洲卷入一场与其利益无关的战争。1966年2月，戴高乐在宣布法国退出北约军事组织时解释说：“虽然因欧洲而爆发世界大战的可能性不复存在，但美国在世界其他地区参与的军事冲突，比如先前在朝鲜、前不久在古巴、如今在越南，可能会升级并蔓延，最终导致一场全面战火。在这种情况下，即便欧洲不希望卷入战争，也会自动卷入其中，因为在北约内部，美国的战略就是欧洲的战略。”[209]

经过仔细研究每个相关政府的政治结构及其与肯尼迪政府的关系，巴顿·J.伯恩斯坦得出结论：“一场正式的交易，尤其是公开的交易，会让一些国家感到不安，特别是德国和英国，可能还有荷兰；它会证实法国总统戴高乐的分析，让加拿大感到高兴，感到高兴的可能还有意大利、比利时、希腊、丹麦和

挪威的政府。"伯恩斯坦指出，拉丁美洲国家不可能赞同美国入侵的想法，无论这些国家在公开场合秉持何种态度和立场。它们的援助取决于美洲国家组织（OAS）内的赞成票，但几乎所有国家都害怕国内潜在的卡斯特罗式激进主义，这可能必然诱发另一次"扬基"（Yanqui）入侵。[210]

最后，在总统的政治权衡中，其他国家(无论是否为北约成员国)的敏感度可能都无足轻重。在1961年，肯尼迪曾告诉国务卿腊斯克，盟国"必须一起来或留下来……我们不能接受其他任何大国的否决权"。[211] 西奥多·索伦森还补充说："在最重要的事务上"，肯尼迪确实不觉得"他必须得到盟国的赞同"。[212] 但是，对于所有相关人员来说，还是不要正面面对这个问题为好。因此，肯尼迪政府甚至对最亲密的盟友也拒绝承认该协议。例如，国务卿腊斯克告诉英国驻美国大使戴维·奥姆斯比－戈尔，"不存在任何与苏联立场的变化相关的'秘密交易'。赫鲁晓夫得到的唯一好处……是美国不会对古巴进行 131
军事干涉"，前提是证实进攻性的武器已拆除。[213] 在危机之后的1973年，人们仍误认为不存在交易，此时哈罗德·麦克米伦写道："美国的所有盟友都会感觉，为了避免古巴的威胁，美国已放弃对他们的保护。"[214]

莫斯科付出的代价

颇具讽刺意味的是，尽管这份秘密交易可能导致了身为苏联部长会议主席和共产党总书记的赫鲁晓夫下台，但他也有强烈的动机为这笔交易保密。赫鲁晓夫在10月28日星期天通过广播讲话宣告危机已经解决，在此之前苏联人民从未被告知发生了导弹危机，因此他在处理危机期间没有受到国内的限制。然而，他还是有理由担心受到同样的指责，即为了本国的安全利益而牺牲盟友的安全，正如肯尼迪遭到北约的指责一样。这种指控不仅会损害苏联和古巴的关系，也会损害苏联和其他盟国或潜在盟国的关系。

据说，当从广播中听到赫鲁晓夫宣布投降时，卡斯特罗的反应“很激烈”，他怒气冲冲地去探访他的军队，并连续几天拒绝会见苏联大使。[215]10月31日，卡斯特罗在写给赫鲁晓夫的信中表达了他对苏联危机处理方式的强烈不满。卡斯特罗写道：“我不明白，你怎么能说你作出撤走导弹的决定时和我们协商过……正如你们被告知的那样，此时在表达难以言表的愤恨和悲哀的古巴人不在少数。”[216]卡斯特罗后来在一次关于危机的会议上解释说，赫鲁晓夫的宣布“激起了极大的愤慨，因为我们觉得自己变成了某种讨价还价的筹码。这项决议没有征求我们的意见……我们受到了屈辱”。他后来解释说，他感到非常愤怒，是因为“从国际政治的角度来看——对于世界上爱好和平的、诚实的人民而言；对于支持古巴的社会主义、国家独立或其他事业的人们来说——用古巴的导弹与土耳其的导弹进行交易是毫无意义的。如果原因在于古巴，那么土耳其与古巴的防御设施有什么关系？毫无关系！”[217]在苏联宣布导弹交易后，卡斯特罗让苏联的高级特使阿纳斯塔斯·米高扬（Anastas Mikoyan）等了10天，才同意接见他，并开始尝试解决问题。卡斯特罗情绪化的谩骂让克里姆林宫的老人们特别
132 痛苦，因为，正如米高扬后来对腊斯克解释的那样，像他们两个这样的“老布尔什维克，毕生都在等待一个国家在没有红军的情况下实现共产主义。这一梦想在古巴得以实现，让我们感到重返青春”。[218]

赫鲁晓夫恪守了对肯尼迪兄弟的承诺。当主席团把两位领导人之间的信件分发给中央委员会其他成员时，赫鲁晓夫故意隐藏了10月28日的那些本可以为他的立场开脱的信件。他在会议发言中说，和平之所以得到维持，是因为“双方互相让

步，达成妥协”，并只提到了美国不入侵古巴的承诺。[219]

在肯尼迪遇刺后的很长时间里，这种保守交易秘密的意愿，用阿纳托利·多勃雷宁的话说，“让他付出了沉重的代价”。在 1998 年接受 CNN 的采访时，原苏联外交官哀叹道：“全世界都以为赫鲁晓夫输了，因为他屈服于一位强硬总统的压力，他从古巴撤出所有，但什么也没有得到。没有人知道关于土耳其导弹交易的任何事情”。[220] 事后不到两年，赫鲁晓夫就在一场不流血的政变中被迫下台。虽然 1964 年 10 月 14 日政治局会议的记录尚未公开，但现在已公开的一份检方备忘录显示，检方对赫鲁晓夫未能就其在古巴的战略撤退得到相应的回报进行了恶意攻击。作者德米特里·波利扬斯基（Dmitri Polyanski）写道：“由于没有其他出路，我们只能接受美国的每一项要求和条件，甚至允许美国飞机检查我们的船只。在美国的坚决要求下，我们不得不撤出导弹和我国驻守在古巴的大部分军队……这个事件损害了我国政府、政党和军队的国际威望，同时也助长了美国的气焰。”[221]

赫鲁晓夫显然是希望利用这次危机的解决实现埃夫里尔·哈里曼在给麦克乔治·邦迪的一份秘密备忘录中提到过的目标，即“明显缓解与美国的紧张关系，并保持一段时间”。危机爆发后，在莫斯科举行的一系列会谈中，赫鲁晓夫曾暗示哈里曼他愿意就“限制（若不能削减）军费”进行谈判，以留出资金推进苏联农业现代化。赫鲁晓夫认为，他拥有“相当充足的导弹”，但他需要通过和美国达成协议来“约束军方的胃口”。[222] 但是，由于肯尼迪兄弟需要延续其先前对危机的虚假渲染并保持“强硬态度”，他们对稳定美苏双方关系完全不感兴趣。结果，苏联在危机之后就开始进行大规模核武器和常规武器建设工程，以期与美国分庭抗礼。这反过来又迫使美国与 133
之竞争，将大量的政府研究预算和越来越多的工业综合体投入到非生产性的武器制造领域，以最终超过苏联。这是肯尼迪欺骗的又一遗产。

与此同时，总统表现得好像古巴局势并未改观。他让参谋长联席会议认为，在危机结束后仍有可能发生入侵。他在迈阿密的橘子碗体育场（Orange Bowl）向4万名欢呼雀跃的古巴人承诺，在猪湾事件中惨败的第2506突击旅（Brigade 2506）将“在自由的哈瓦那夺回”他们的旗帜。[223] 与此同时，肯尼迪私下终结了“猫鼬行动”并指示反卡斯特罗的流亡者停止骚扰古巴船只。1963年11月，他还接见了法国记者让·达尼埃尔（Jean Daniel）并明确承认，美国对导致革命的原因负责，并表示愿意同虽然是共产主义政权，但不受苏联控制的古巴开展某种程度的往来（尽管他仍禁不住对该政权发起新的攻击）。[224] 在旨在解决危机细节问题的联合国谈判期间，在美国和苏联严格的要求下，美苏双方的谈判代表都没有提出撤回朱庇特导弹的问题。[225] 对交易不知情的美国政府官员，如麦克乔治·邦迪的助手罗伯特·科默(Robert Komer)，直到1963年仍在主张保留这些导弹。[226] 这个秘密就这样被保守了将近30年。

保密35年的代价

尽管自1989年以来，肯尼迪兄弟骗局的真相已广为人知，但随着时间的推移，人们对约翰·肯尼迪处理古巴导弹危机的评价却越来越高。1997年，在纪念危机35周年期间，社会各界发表了许多庆祝的文章和演讲，赞扬这种冷静而适当的处理方式拯救和平并挽回了美国的荣誉。同年，欧内斯特·梅和菲利普·泽利科编辑出版了执行委员会录音转录文本。他们在书中指出，10月27日星期六，肯尼迪兄弟与阿纳托利·多勃雷宁暗中谋划秘密交易，接着又参加了一次掩人耳目的执委会会议，这是“约翰·肯尼迪作为公众人物的生活中最辉煌的时刻”。[227]

但是，肯尼迪兄弟决定就他们为结束危机所达成的协议的实质误导世界人民，造成了许多不幸的后果。美国政府、美国人民，乃至全世界许多国家都为这些为危机编造的谎言付出了多方面的巨大代价。这些谎言催生其他谎言，这又反过来创造 134
了一整套围绕肯尼迪兄弟及其政府的神话体系，让其继任者陷入一个对世界有着错误而危险认识的迷宫。人们无休止地颂扬肯尼迪兄弟在解决导弹危机中所发挥的作用，没有注意到这些已经付出的沉重代价。

其中，第一个，也是最明显的代价是美国民主的品质受到影响。虽然少数国会议员和民众相信肯尼迪及其集团在撒谎，但他们没有办法迫使总统及其助手揭示真相。众议员肯尼斯·基廷（纽约州共和党代表）指出，政府在1963年初为其用北极星潜射弹道导弹替代朱庇特导弹的决定所给予的解释“与国防部官员在古巴危机解决以前所发表的声明不一致”。关于肯尼迪当局对史蒂文森的抨击，他指出，在危机期间，在白宫内部讨论导弹交易被批评为“绥靖主义”。[228] 巴里·戈德华特在当时就怀疑存在某种交易，但他没有任何证据，也不知道该如何去寻找证据。在参议院会议上，他气愤地质问：“总统先生，到底发生了什么？”他问道，在土耳其和意大利的朱庇特导弹的拆除是否是“涉及古巴和裁军计划的某种交易”？[229] 戈德华特从未发现真相，而他的大多数右翼盟友除了抱怨他们的猜疑没有其他办法。在一篇后来收录在《国会议事录》（*Congressional Record*）中的演讲稿中，原参议员威廉·F. 诺兰（William F. Knowland）指出：“我国政府当时否认，现在也否认存在任何交易，但在没有事先与意大利和土耳其政府商议并达成协议的情况下，我们就把导弹从这两个国家撤除了。这是一个历史性巧合还是和赫鲁晓夫进行的交易？我不知道。我和在华盛顿的两党参议员讨论此事，他们也都不知道。”我们是否已经成为‘不惜一切代价维持和平’（peace at any price）和‘宁屈不死’（better red than dead）信条的俘虏，以至于我们准备在苏联的持续不断的蚕食策略下一步步俯首称臣？[230]许多这类的演讲和文章都被保守派议员收录进《国会议事录》，他们也同样缺乏证据来追究此事。当时，美国的右翼势力已趋于偏执，具体表现为投靠麦卡锡主义和拥护约翰·伯奇协会（John Birch Society），肯尼迪政府可疑的欺骗行为迫使美国右翼对联邦政府产生担忧并与之疏远。

然而，在左翼方面，许多有思想的历史学家和新闻记者控
135 告的只是肯尼迪兄弟假装犯下的罪行。在避免核战争方面，肯尼迪兄弟似乎倾向于将自己的利益置于国家利益之上，这让许多自由主义者和新左派感到非常震惊，他们不愿意相信总统和他的弟弟在道德上如此冷酷无情。西德尼·伦斯（Sidney Lens）在《进步》（*The Progressive*）杂志上抱怨说：“即使胜利仅仅意味着毁灭也要冒险进行核战争的想法表明，他们已脱离现实，这几乎是一种自取灭亡的冲动。”[231]托马斯·帕特森（Thomas Paterson）在总统身上看到了冷战时期那种对坚韧、刚毅和复仇的迷恋：“总统渴望取得胜利，挽回先前的损失并展现实力，但这加剧了危机，并阻碍了外交。肯尼迪没有给赫鲁晓夫任何机会来纠正错误或保住颜面……他几乎没有留下讨价还价的余地，而是公开发出最后通牒，仿佛要用疯狂的核战争毁灭数百万人。”[232]即便在近40年后，这个传说仍旧存活在大众的想象中。在2000年出版的回忆录中，小说家马丁·艾米斯（Martin Amis）引用他的朋友克里斯托弗·希钦斯（Christopher Hitchens）的话讥讽：“和其他人一样，我清楚地记得，肯尼迪总统差点杀了我的那一刻，我站在哪里，身边有谁。”[233]如果肯尼迪兄弟说出关于土耳其交易的真相，这些

猜疑就能够在为进一步的不信任播下种子之前得到平息——这种不信任将为20世纪60年代的反战运动中最令人愤怒，也最容易引起分裂的因素奠定基础。再加上上述的右翼的疏远，这种不信任促使美国的统治者和被统治者之间形成一种遗留至今的怀疑主义。

有“责任”说谎

肯尼迪兄弟在危机期间对新闻媒体的系统性欺骗也产生了持久的破坏性影响。美国国防部助理部长阿瑟·西尔维斯特称，美国政府的“说谎权”是总统“武器库”的一部分，古巴导弹危机做的不仅仅是为这种说法开辟先河。[234] 西尔维斯特还解释说，美国必须“对敌人统一口径”，从而把媒体卷入战争。此外，他还说，对新闻的管控是“我们重要的权力之一。在军事、政治和心理因素如此密切相关的情况下，精确地处理所发布的新闻可以影响事态的发展”。的确，危机期间为了管控信息传播，国防部和国务院都发布指令，要求员工向部门上级报告与媒体代表的所有谈话。[235] 当媒体人表达对这项政策的担忧时，政府官员辩解说：“我们的目标是防止在不负责任或粗心的官员的协助下产生危险的报道……确实存在这样的报道，而 136
且也存在这样的官员。”[236] 此外，“这涉及一项重要的原则。部门上级在进行所负责的公共事务时，当然有权知道他的政策官员在信息传播方面的行踪”。[237] 白宫秘书肯尼斯·奥唐纳向一群新闻记者作出的解释最为清楚：“你们要么支持我们，要么反对我们。”[238] 在肯尼迪政府的冷战世界观中，连对客观性的追求都没有一席之地。媒体也没有多大兴趣去驳斥这个二元论。除非某位作家或编辑像沃尔特·李普曼一样具有威信，或者像I.F. 斯通那样顽强独立，否则很难指望这个人去挑战当时的意识形态真理。到1962年，这些真理包括，政府有说谎的权利，只要其备受质疑的对“国家安全”的定义有需要。

政府的有些谎言是微不足道的，很难激起理性的民众的抗议。激发西尔维斯特著名论断的问题实际上跟总统所谓的“感冒”有关，总统因病情无法参加竞选活动，但实际上当时他正在参加执行委员会的会议。在总统没有生病的情况下对记者谎称他身体抱恙，不属于对共和国的自由和尊严的迫切威胁这一范畴。但接下来政府在10月19日发表了虚假声明，即五角大楼没有任何消息表明在古巴存在进攻性武器。在3天后的10月22日，总统新闻秘书皮埃尔·塞林格发布一份备忘录，其中列举了国家安全的12个领域，并要求记者和编辑在急于发表他们所了解的相关领域的信息时“谨慎行事”。新闻界没有人抱怨或拒绝配合塞林格的指导原则。当古巴在10月27日击落一架美国U-2侦察机时，根据“君子协定”，美国媒体完全没有报道该戏剧性事件，以免过度刺激民众情绪，导致民众要求当局立即对古巴开战。[239]

新闻界大亨无论是面对可疑的谎言本身，还是面对政府不断强调的有权说谎的主张，都出奇的乐观。即使有记者进行相关报道，但他们似乎都没有积极地去调查可能存在的导弹交易的内情。因为麦克纳马拉、邦迪、腊斯克等人向他们保证没有进行任何秘密交易，广大记者就接受了这番说辞，在土耳其和意大利的朱庇特导弹的撤除也被认为是巧合。1963年11月，《美国新闻与世界报道》的一名记者在题为《古巴交易的奇怪后果》的文章中揭露，危机结束后仅90天，美国就开始撤除
137 朱庇特导弹。这篇文章称，这是在“没有同欧洲盟友商议”的情况下进行的。[240]可能是因为总统遇刺，这篇报道到此结束，没有后续报道。

人们对肯尼迪政府“政府有权撒谎”这一主张的反应也出奇的平静。作为对罗斯福持反对态度的孤立主义的最后一个代

表，《芝加哥论坛报》是少数激烈反对该主张的报刊之一。该报编辑抗议说："肯尼迪政府损害了美国人民知晓政府真相的固有权利"。《芝加哥论坛报》的社论指出，与罗斯福、杜鲁门和艾森豪威尔总统不同，本届政府甚至没有援引"行政特权"，而直接"宣称政府有权让人民只了解政府希望他们知道的事情"。在编辑看来，这是"向独裁专制的宣传管控迈出的一大步"。[241]

然而，没有党派倾向的各大媒体都相对比较平静。《美国新闻与世界报道》刊载了一篇题为《美国媒体人如何在古巴问题上被误导》的短文，重点介绍了五角大楼 10 月 15 日的声明："古巴的威胁现在不是一种军事威胁"，美国已排除入侵或封锁古巴的可能性。[242] 该报刊只是指出这些声明不符合事实，但没有下结论，也没有予以反驳。《新闻周刊》提出的问题不是和平时期是否该允许新闻审查，而是和平时期应该允许"多少新闻审查"？这些编辑认为，如果政府确实"误导了公众，那么它也达到了其战术目的，即让美国的战略家在秘密状态下工作……这种新闻政策的务实论点很有说服力：它确实有效。这也是美国伟大战略的一部分，即冒发动核战争的风险，但在没有发动核战争的情况下取得胜利"。[243] 詹姆斯·赖斯顿后来评论说："如果官员只是没有说出全部真相，我们很少有人抱怨。但西尔维斯特一说出真相，新闻编辑就像扑漏球一样扑向他。"[244]

媒体不愿意在古巴问题上挑战政府"说谎的权利"，这将对媒体今后追究政府责任的能力产生有害影响。虽然媒体不可能强迫政府官员讲出真相，但假如这些官员被迫担心在谎言被发现后可能会遭到媒体的猛烈抨击，或至少可能遭到公众谴责，他们可能会更不愿意参与在约翰逊和尼克松执政时期经常发生的系统性欺骗行为。《宪法第一修正案》的理论基础正是

媒体问责政府官员的能力。但是，如果这些官员觉得自己可以对媒体乃至国家任意说谎而不受惩罚，那么，民主就会变成伪
138 民主，因为问责制形同虚设。只有一次战争中的失败或总统的辞职，才能迫使媒体直面这个问题，并重新确立其宪法赋予的代表人民监督政府的作用。

欺骗的实质

肯尼迪的误导对美国知识界（intellectual life）的影响并不亚于对政治领域的影响。事后证明，古巴导弹危机几乎就是为美国政治学研究量身打造的。这是一个有限的事件，表面上看来只涉及两周时间和少数几个政治角色，因此它作为一个研究课题既容易理解也易于处理。这场危机固有的戏剧性自然激起了学者们的好奇心，同时，肯尼迪的前助手们对他们留在史册上的名声的痴迷——尤其是那些因越南战争而声名狼藉的人——让他们的私人档案和自证清白的回忆录都变得很容易获取。许多危机的当事人在坎布里奇、纽约或其他地方获得了令人尊敬的学术职位，这进一步增加了这样一种可能性，即这场危机的故事所引起的反响，远远大于人们对超级大国关系史上一个短暂时期的叙述。

大多数美国人了解古巴导弹危机的“意义”是通过在成千上万的大学政治科学和国际关系课程中阅读《决策的本质》（*Essence of Decision*），这是一本由哈佛大学教授格雷厄姆·艾利森于1971年出版的小书。[245]由于它具体阐述了古巴导弹危机并概述了美国的决策进程，《决策的本质》成了一本，正如一位分析家所说的，“近乎神圣的教科书”。[246]这本书在美国大多数的国际关系教科书中都有简介，几乎所有研究外交政策的专著都引用过它。根据政治学者大卫·A. 韦尔奇（David A. Welch）的统计，在1971至1991年间，在社会科学引文

索引收录的期刊中有1100多篇论文引用了艾利森的这本书，包括所有涉及政治科学的期刊，以及其他诸如《美国农业经济学杂志》（*American Journal of Agricultural Economics*）和《护理管理杂志》（*Journal of Nursing Administration*）等不同的期刊。[247]它的方法论很快就成为兰德公司（RAND Corporation）一次专题会议的主题以及普林斯顿大学伍德罗·威尔逊学院（Woodrow Wilson School）一门新课程的主题。

艾利森的著作不是直接产生于从古巴导弹危机中所感知到的事实。相反，这场危机为已经独立形成的理念的应用提供了规范性基础。艾利森本人指出，他的研究结果于1969年9月首次发表在《美国政治学评论》（*American Political Science Review*）上，可以被视作当时哈佛大学政治研究所一 139
次关于官僚主义、政治和政策的科学研讨会产出的“最新，但仍未完成的论文”。[248]除了艾利森，参加研讨会的还有理查德·诺伊施塔特（Richard Neustadt）、莫顿·霍尔珀林（Morton Halperin）、沃纳·席林（Warner Schilling）、托马斯·谢林（Thomas Schelling）、欧内斯特·梅、斯坦利·霍夫曼（Stanley Hoffmann）、弗雷德·伊克尔（Fred Ikle）、威廉·考夫曼（William Kauffman）、安德鲁·马歇尔（Andrew Marshall）、唐·普莱斯（Don Price）、哈利·罗恩（Harry Rowen）、詹姆斯·Q. 威尔逊（James Q. Wilson）和亚当·亚尔莫林斯基（Adam Yarmolinski）。这些人在这个最具盛名和势力的精英政治思想机构的影响力，使他们颇像某种美国政治学和国际关系研究的董事会。[249]

在最初的文章里，艾利森感叹道：“政治学的耻辱在于，一般性命题很少经过系统性阐述和检验。”[250]古巴导弹危机提供了一个机会来检验艾利森关于领导人和官僚机构在一个真实而富有戏剧冲突的情境中的互动的理论。在这个冲突事件中，大多数参与者仍在世，可以提供具体的细节，而且学者们得到了几乎所有必要的信息，至少是美方的信息。

艾利森对土耳其－古巴导弹交易条款的理解绝对是他的分析的核心。他认为，危机爆发的根源是官僚机构拒绝支持肯尼迪撤除部署在土耳其的导弹，而不是肯尼迪坚持要推翻卡斯特罗政权。艾利森格外强调，肯尼迪在发现自己在危机前下达的撤除土耳其导弹的命令被忽视时据称所经历的挫败感。他声称："在1962年春天，总统曾两次坚持下令拆除导弹。腊斯克曾向土耳其外交部长提出此事，得到强烈的反对意见，便将此事搁置。对于国务卿来说，没有必要为了从土耳其撤除已被废弃的导弹和土耳其政府争吵。总统第二次向国务院提出该问题，并明确表示他希望撤除这些导弹，甚至愿意付出一些政治代价。但是，国务院代表再次发现土耳其人不愿妥协，并决定不允许此事导致美国与土耳其和北约的关系不和。"[251]艾利森还强调，肯尼迪未能把封锁古巴的离岸距离从800英里推进到仅500英里，这让苏联船只在面临潜在冲突之前有更多时间考虑他们的选择。[252]然而，这两个对艾利森的分析非常关键的假设，都被证明是错误的。[253]

艾利森关于土耳其－古巴导弹交易的说法主要来自《十三天》。他甚至还说过，"假如罗伯特·肯尼迪没有写他的回忆
140 录，实际上的确有可能不是他自己写的，假如他有机会编辑书的初稿"，他永远都不会留下如此坦诚的叙事。[254]同罗伯特·肯尼迪一样，艾利森也更强调在动摇苏联方面美国暗示即将进攻的最后通牒所发挥的作用。然而，他对最后通牒的真相感到困惑，

> 因为，总统具有独特的视角，还面临着特殊的问题（在不触发战争的情况下从古巴拆除苏联的导弹）……更

> 重要的是，他早先倾向于推迟武力行动。人们可以理解，美国国务院的代表们在谈判移除土耳其导弹时失败了，他们可能会被一则说法说服：美苏之间的导弹交易协议会分裂北约盟国。但是，总统已经表明愿意付出部分的代价，无论美国说什么，许多欧洲人都把拆除土耳其导弹理解为交易的第一步。既然他对北约盟友的反应感到担心，那为什么现在他又愿意给赫鲁晓夫一条可以接受的远离战争的退路？[255]

艾利森被他自己对肯尼迪兄弟早前涉及土耳其导弹的行动的误解，以及《十三天》中的误导性描述所蒙蔽。肯尼迪对土耳其并没有做艾利森所假设的事情，后来在拆除导弹的问题上，他所做的远比艾利森知道得多。

艾利森提出疑问，肯尼迪和多勃雷宁之间的“私下交流”是否可以被称为“交易”？他的答案是：“在第一层面，不可能有‘交易’。核心问题很清楚：苏联的导弹必须不带任何附加条件地被撤除。但在第二层面，不要产生误会。美国总统曾在一年多以前就打算撤出土耳其的导弹。什么都没有改变。”[256]此处，错误的信息导致艾利森得出错误的结论。

艾利森的这番分析将有力促使“官僚政治”模型被确立为美国政治学主流的研究范式。艾利森与莫顿·霍尔珀林，正式化这一范式，并将之应用到许多论题的分析中，包括美国参与越战、美国对华政策、马歇尔计划、美土关系、反弹道导弹的决策以及美国的国际经济政策。哈佛大学肯尼迪学院在艾利森担任院长以后确立官僚政治学为其新的公共政策课程的核心。到 20 世纪 80 年代，他的研究框架被誉为“在所有社会科学中传播最广泛的概念之一”。[257]

官僚政治范式被应用于分析肯尼迪在危机中的决策过程和 141

交流方式，以支持艾利森的论点，即官僚机构的组织程序可以使领导人的决议无效。这个论点进一步为肯尼迪总统在危机期间的行为平反，因为它让总统免受他自己导致危机的指责，而是把责任推给一个抽象且无法为自己负责的官僚机构。同时，艾利森的范式把危机决策推崇为最有效的管理方法，因为这一范式所描述的官僚机构不可能在任何情况下都服从总统的意愿。我们可以有把握地推测，总统和在这一范式影响下工作的所谓的危机管理者不太介意相关问题发展成为危机，因为危机被视为有效治理的机会，而不是曾经的潜在灾难。

在艾利森的官僚政治模型中，政治行为和意识形态都不起任何作用。甚至国会和民主都未被提及。正如政治学家斯蒂芬·D. 克拉斯纳（Stephen D. Krassner）所指出的那样，艾利森的分析“掩盖了总统的权力，并通过免除高级官员的责任，破坏了民主政治的假设”。既然成功或失败与在任何特定领域做出的关键决策无关，为什么还要费心举行选举？克拉斯纳继续说：“只有当政府这个最复杂的现代组织机构能被控制时，选举才能产生影响。如果甚至连最高官员都无法控制和管理官僚机构，那么惩罚就没有意义。选举变成闹剧，并不是因为人们受到虚假意识的影响，而是因为公职人员无能为力，他们被庞大的官僚机构所束缚，以至于政府的行动与他们的意愿不一致。”[258]

无须多言，当美国深陷越南的灾难中时，任何一种有助于使决策者与他们的决策结果保持距离的政治学说，都不难被那些决策者接受。这一学说还在这样一群学者和作家中间受欢迎：在外交政策机构在校园里受到无情的攻击时，他们希望继续对他们在政府中任职的朋友和同事的意图持良好的看法。（艾利森明确表示，他赞同理查德·诺伊施塔特的观点，即他通过采访得到的当事者的回忆内容，优先于任何其他的文献证据，特别是当后者与前者相矛盾时——对于战争的幕后操纵者来说，这是又一次逃避责任的机会。）[259] 正如克拉斯纳进一步指出的那样，在官僚政治范式的背景下，越南战争是“机构” 142
的失败。小阿瑟·施莱辛格指出，这是一场“没有一位总统会希望发生”的战争。这个“机构”要求制定一项既不能成功也不能成功终止的政策，而这反映的既不是错误的意识形态，也不是美国政府官员的傲慢。相反，这是官僚机构内部简单机械运作的必然结果。[260] 没有人最终承担责任或负责面对公民同胞的责难，甚至连总统本人也是如此。

通过采用艾利森的范式，政治学家们不仅就导弹危机的事实迷惑了数百万学生，还让他们对美国政治进程的性质及其所谓的不受上层理性的领导这一点有了深刻的错误理解。J. 加里·克利福德（J. Gary Clifford）指出，最近，“托尔委员会的报告暴露了这种官僚政治分析的缺陷，这份报告简单地将‘伊朗门事件’归咎于白宫基层一位我行我素的工作人员，并为据称被排除在政策‘圈子’之外的超然总统开脱”[261] 他们没有调查丑闻背后的政策，这一点颇似艾利森当年分析导弹危机的疏忽，即无视肯尼迪要推翻古巴政府的企图和肯尼迪尽管有疑虑，依旧允许继续部署土耳其导弹的决定。但是，正如克拉斯纳所给出的一则正确分析：“官僚机构独立制定政策的能力是总统关注的一项功能。”[262] 如果约翰·肯尼迪将撤除土耳其的导弹列为优先事项，那么导弹就将会被撤除。如果罗纳德·里根对其政府的高级官员明确表示，他希望在康特拉问题上严格遵守所有法律，那么奥利弗·诺思（Oliver North）、威廉·凯西（William Casey）、约翰·波因德克斯特（John Poindexter）以及其他职员就不可能着手开展最终导致“伊朗门事件”的那些项目。

谎言的遗产

肯尼迪兄弟决定隐瞒关于导弹危机解决方案的真相，这一决定最重大和最持久的遗产无疑是它在总统离世后对美国产生的政治影响。与大众媒体的观点一致，大多数研究危机的历史学家和学者都普遍认为，危机本身的遗产是非常正面的。哈佛大学的国防战略学家托马斯·谢林坚持认为，“古巴导弹危机是二战以来发生在我们身上的最好的事情。这场危机帮助我们避免了与苏联的进一步对抗；它解决了柏林问题；它建立了美苏之间互动合作的新的基本谅解”，他的这一观点没有什么争议。麦克乔治·邦迪同意该观点并补充说：“它是一件发人深
143 省的事件，在很大程度上产生了积极的长远影响……我真的认为，古巴导弹危机强有力地降低了风险。”[263]分析家和外交家雷蒙德·L. 加特霍夫（Raymond L.Garthoff）曾表示：“这场危机加强了人们对相互和解的可能性的信念。”西奥多·索伦森说，他认为危机对总统顾问的影响“是至少暂时地清除了他们头脑中关于冷战的陈词滥调”。[264]

确实，1963 年 6 月 10 日，肯尼迪总统在华盛顿特区的美利坚大学发表演讲时宣称：“如果我们现在不能结束我们的分歧，我们至少能为多样性创造一个安全的世界。”从实现世界和平与稳定的角度来看，这一演讲是导弹危机留下的一个积极遗产。苏联媒体转载了这次演讲，苏联也短暂停止封锁西方的广播电台。苏联很快同意维也纳的国际原子能组织检查本国的核电站，并在 6 周内签署《禁止大气层的核试验条约》（Atmospheric Test Ban Treaty）。[265]毋庸置疑，这次危机让两个超级大国从冲突的边缘都后退一步，并试图寻找遏制冷战的方法，以免导致难以预料的灾难。它让负责维护世界和平的那些人清醒冷静，至少在美苏冲突方面。在 20 世纪 80 年代和罗纳德·里根（Ronald Reagan）当选总统之前，双方甚至都

不认为冷战的两大主角之间有爆发军事冲突的可能性。

这些重大的成就不应当被忽略。但是大多数历史学著作和几乎所有的大众媒体对危机的论述都仅仅集中于这些遗产，而没有过多地关注事件的幕后隐情。美国人从总统表面上壮观的胜利中看到的一切，自然地成了肯尼迪自己以及继任者在未来外交上的榜样。肯尼迪政府中许多对交易内情全然不知的成员，也是约翰逊政府外交政策的主要设计者，包括约翰逊本人。因此，他们的判断力不仅被他们自己对危机期间真正发生的事情的无知破坏，而且还受到公众对危机的错误理解所引起的期望的影响。

政治学家杰克·斯奈德（Jack Snyder）在讨论斯蒂芬·范·埃弗拉（Stephen Van Evera）称为“反冲”（blowback）的现象时指出，精英人物往往以各种方式被自己编织的神话困住。“只要精英阶层的权力和政策建立在社会对帝国神话的接受之上，那么当神话的副作用变得代价昂贵时，精英层宣布放弃神话就会危及他们的统治。为了继续掌权并保持中央政策目标不变，精英们可能不得不接受他们的帝国神话所带来的一些意外后果。”[266] 因此，就导弹危机而言，即使有新的相关信息，也无法改变肯尼迪政府（以及不久后将上台的约翰逊政府）成 144
员对事实真相的理解。

肯尼迪的古巴导弹危机骗局在大体上与 17 年前罗斯福从雅尔塔返回后撒下的弥天大谎惊人地相似。在这两起事件中，两位民主党总统都和苏联对手达成了协议，承认并尊重对手利益的同时，又保证实现美国最重要的目标。[267] 但在这两起事件中，总统甚至都不愿意向他最亲密的政治顾问透露真相，更不用说向美国民众坦白。两位总统都认为，公开承认政治妥协是件相当危险的行为。罗斯福用威尔逊理想主义的误导性语言描绘他的协商解决方案，从而向国民灌输关于苏联的动机和行为错误且根本不可持久的观点。肯尼迪将美国对苏联的部分妥协掩饰成美国的绝对胜利——一种兵不血刃就取得的胜利。两位总统都把他们的继任者以及他们国家的政治文化禁锢在一个自我强化且充满危险妄想的心理迷宫里。

在古巴导弹危机之后，对战略部署军事力量好处的信念成为肯尼迪和约翰逊政府外交政策团队施展对策的先决条件。肯尼迪的支持者对他的成功激动人心的赞美，用阿瑟·施莱辛格的话说，“让全世界都眼花缭乱”。这位历史学家和肯尼迪时任顾问认为：“导弹危机的最终影响超出了古巴，甚至超出了西半球……在导弹危机之前，人们可能担心我们会过度使用自身强权，或根本不用。但这 13 天向全世界，包括苏联，展现了美国在运用权力方面的决心和责任心，如果继续维持，这可能真的会成为东西方关系史上的转折点。”[268] 罗伯特·肯尼迪在完全了解他自己参与交涉的秘密交易的情况下，仍然在 1964 年的大西洋城民主党大会上吹嘘：“[肯尼迪总统]还意识到，要促进国内的发展，就必须在海外保持强大——我们的军队必须强大。他曾经说过：‘只有当我们拥有绝对充足的武器时，我们才能完全确信，永远不必使用它们。’因此，当我们在 1962 年 10 月与苏联和共产党集团发生危机时，苏联从古巴撤除了导弹。”[269] 罗杰·希尔斯曼也认为：“苏联在常规武器
145 和战略武器的联合威胁下退缩了。”[270] 这些政府顾问唯一争论的问题是，迫使苏联落荒而逃的到底是美国的核武器还是常规武器。执委会成员保罗·尼采坚持认为，美国的“无可置疑的核力量优势”发挥了决定性作用。[271] 亨利·基辛格对此表示赞同：“如果不是这样一个事实，这场危机不可能如此迅速、果断地结束，即如果美国先发制人，就能赢得全面战争，就算被突袭，也会造成难以承受的损害。”[272] 麦克乔治·邦迪认为，最终解决危机的是美国的常规武器优势，而是时局部常规武器

优势，因为苏联不可能敌得过肯尼迪能够对古巴施加的军事力量。因此，美国的核优势从未进入双方的权衡范围。[273] 阿瑟·施莱辛格在肯尼迪总统死后也支持这个观点。[274] 所有这些判断的错误前提是，肯尼迪在没有进行土耳其导弹交易的情况下击败了苏联。

因此，导弹危机在美国政策制定者的头脑中巩固了这样一种观念，即武力是一个梯子，它的每一个梯级都可以被用作向顽抗的对手传达“意志”和“强硬”的手段。在研究肯尼迪的“强制性外交政策”成功模式的影响时，政治学家亚历山大·乔治（Alexander George）表示，“当局未能理解古巴危机的特殊性很可能导致了……约翰逊政府在 1965 年决定使用空军力量作为强制手段打击北越”。[275] 实际上，乔治根本不知道古巴局势的“特殊性”遭到了多么严重的歪曲，因为他不知道土耳其导弹交易的存在。巴顿·伯恩斯坦（Barton Bernstein）指出，“肯尼迪的继任者林登·约翰逊在未来数年里将承担”这种“由危机解决的神话造成的”误解。[276]

伯恩斯坦提出：“分析家们可能从功利的角度推测，从 1966 至 1968 年间，当约翰逊总统不顾其顾问的建议，为自己在东南亚的胜利而奋斗时，对肯尼迪在导弹危机中的伟大胜利的广泛信念发挥了什么作用？如果约翰逊和美国民众都知道 1962 年 10 月的秘密交易的真相，约翰逊是否会在心理上和政治上更加感到可以自由地改变政策？”[277] 美国人对导弹危机的错误认识在多大程度上促就了美国在越南的惨败，这一点无法量化，但是可以从行动中去观测。

这种影响有三种形式。第一是无意识的假设，这是危机的必然结果，从未被讨论或书写，但却为美国对越南的思考提供 146
了思想基础。这些假说对战争的指挥非常重要，因为大部分战略计划不是根据越南当地的情况，而是根据美国独立推导出来的理论来制定的，而且运用到越南时未经完善。当我们考虑到越南战争在很大程度被美国视为与苏联——有时与中国——的代理权争夺战时，关于冷战本质的潜在推测就会成为焦点。

据乔治后来的观察，对肯尼迪政府的许多成员来说，总统没有进行导弹交易就成功逼退苏联人的假象“证明了强制策略的潜力，但这种策略在捍卫美国的全球利益时却很少被采用。他们认为主要的教训是，古巴事件表明在此类国际危机中能否获胜主要取决于国家的胆量；如果总统能够坚定而明确地表达决心，对手在美国军事力量的压力下就将会退缩”。[278]詹姆斯·内森认为：“可以通过武力来实现互不相关的外交目的这一信念，让这些人兴奋不已。因为它解决了将近200年来形成的困局。”[279]到1962年，武力早已取代外交，成为各国解决分歧的手段。但这一转变发生的同时，各国能够相互施加暴力的手段已经超出了能够提供任何合理的可衡量的收益的范围。

这一点在美国表现得最为真实，美国面临的后果也更为严重，因为美国的核武库在当时令另外两个核大国苏联和英国相形见绌。在美国政界，到了肯尼迪政府时期，慕尼黑会议的失败被视为这样一个过程中的一步：有人提出使用外交手段解决问题，就会被当成鼓励犯下绥靖大罪。随着雅尔塔会议的失败以及随后美国政治文化对它的误解，建议通过外交手段解决与共产主义国家的分歧，已几乎成为道德上的叛国行为。内森指出，如果武力能够以“适当而有效”的方式被使用，如果它能够成为“一种独立的外交谈判工具”，那么“苏联扩张主义的内在动力就能被驯服和击败，而不会带来相应的危险”。[280]除了所谓的慕尼黑和雅尔塔事件的“教训”，现在又多了被误报的导弹危机的教训。这些历史经验共同构成了美国外交政策的思想基础，以及美国人民对世界的理解。

从古巴到越南

上述所有的教训都被有意无意地应用到了越南问题。一 147
些肯尼迪的追随者也认为，他们有意识地汲取了经验。他们认为国家安全委员会执行委员会的组织构成很成功，于是在1965年初建议约翰逊召集一个类似的团队去研究应对越南问题的各种方案。[281] 此外，历史学家布赖恩·范德马克（Brian VanDeMark）指出，许多政府成员"轻易地认为，美国'有控制'的军事升级能在1965年劝阻胡志明，就像在1962年成功逼退尼基塔·赫鲁晓夫一样"。[282] 迪安·腊斯克在1965年末推测，"对方审视前方的路可能会断定，继续坚持下去对他们来说代价太大或危险太大。在希腊游击队事件、柏林封锁、朝鲜半岛危机以及古巴导弹危机中，都发生过这种情况"。[283] 赛勒斯·万斯（Cyrus Vance）在肯尼迪政府和约翰逊政府中都是高级官员，他后来说："我们看到在古巴导弹危机中逐渐增加军事压力并取得相当成功的效果。因此，我们当时相信，如果在越南问题上也采取同样的措施，即渐进且有节制地加强军事压力，可以期望收获同样的效果；我们相信，对方的理智人士在不断增加的军事压力下，会寻求政治解决的方法。"[284]

我们在罗伯特·麦克纳马拉的建议中可以找到这种思维的另一个例子。在1965年夏天的重要辩论中，他建议逐步升级美国在越南的军事介入。为了"通过向越南共产党/北越政权表明他们没有胜算，从而为得到预期结果创造条件"，麦克纳马拉提议增加兵力并继续轰炸北越，"轰炸架次应从每个月2500架次增加到4000架次或更多"。在部署军队并"在轰炸计划中实施一些强有力的行动后……我们可以考虑暂停轰炸6~8周，作为外交行动的一部分"。根据这种概念框架，越南共产党可能会就像1962年的苏联一样认识到，他们必须寻求政治解决方案，因为美国既有压倒性的军事力量也有使用武力的意愿。[285]执委会的鹰派人物道格拉斯·狄龙将导弹危机的影响明确归咎于罗伯特·麦克纳马拉的战争指挥。狄龙曾参加研讨这个问题的早期内阁会议，他很厌恶约翰逊和麦克纳马拉的决定，即逐步升级在越南的军事行动，而不是从一开始就打赢这场战争。狄龙同意他的采访者詹姆斯·G. 布莱特（James G. Blight）的观点，即这两个人“过度吸取了导弹危机的教训”，认为“逐步升级的方法总是奏效”。[286]

时任国务院政策计划委员会（State Department's Policy Planning Staff）主席的越南问题鹰派人物W.W. 罗斯托（W. W. Rostow）在1966年初写给埃夫里尔·哈里曼的信中表示：
148 “把古巴导弹危机和越南战争进行类比非常合理。两者都是共产党在关键时刻有意识且有目的地想要改变均势，使之对我们不利的尝试。”[287]1966年极力主张停火谈判的参议员理查德·拉塞尔也仍然从古巴危机的角度阐述他的立场。他认为美国需要寻求一种体面的和平，而不是“与苏联的妥协”，就像他和其他人“真心实意而又积极努力地争取把共产主义、卡斯特罗和导弹统统踢出古巴”时那样。[288]事实上，在1964年11月24日约翰逊总统顾问们的一次重要会议上，在讨论派遣大规模地面部队的决定时，国务卿腊斯克将该计划与肯尼迪在古巴危机期间暂停对苏联施压的决定相提并论；然而，正如历史学者戴维·凯泽（David Kaiser）指出的那样，这是一个基于腊斯克对肯尼迪妥协方案的误解的“误导性的论点”。[289]具有讽刺意味的是，莱斯利·德瓦特（Leslie Dewart）从修正主义左派的思维视角提供了一个相关的解释。德瓦特提出，“即使是为捍卫社会主义革命，苏联也不愿意仓促进行核武器交易，这一事实是否消除了美国政策计划中的某些疑虑”，这个事实“可能是促使美国决定在猪湾事件之后的1964年8月初轰炸北越的一个重要因素”。[290]

最后，我们应该记住的是，越南问题产生的政治背景也是由从导弹危机汲取的错误教训造成的。由于约翰逊总统在外交事务的判断上缺乏经验和自信，他感到自己在很大程度上受到肯尼迪的人马和他们制定的政策的摆布。“没有他们，我可能就会失去和约翰·肯尼迪的关联，没有这种关联，我就绝对没有机会获得媒体、东部地区民众和知识分子的支持。若没有这种支持，我就绝对没有机会管理这个国家。”[291]

在约翰·肯尼迪在古巴挫败赫鲁晓夫之前，“强硬”是美国政治中非常稀缺的品质，但在这位年轻的总统遇刺后，这种特别的“强硬”标牌成为后任总统被衡量和评价自己的标准。为肯尼迪和约翰逊撰写传记的作家罗伯特·达莱克（Robert Dallek）认为：“肯尼迪在古巴导弹危机中展示了他的强硬态度，现在约翰逊必须向中国人和苏联人展示，他也已同样准备好英勇地对抗他们。”[292] 实际上，在 1965 年 7 月审议是否进行军事升级时，约翰逊担心共产党国家误解美国（和他）在越南问题上的决心。约翰逊与他的顾问们会面时说：“肯尼迪在维也 149
纳会见后征召预备役部队并使国家处于战时状态，苏联也明白这一点。在导弹危机中，他们理解美国的态度。20 个月，我们一直在克制，我不想让他们误解我。”[293] 此外，我们从多丽丝·卡恩斯（Doris Kearns）提供的证据得知，林登·约翰逊被约翰·肯尼迪的政治幽灵严重困扰，担心自己达不到担任总统职位的严苛要求。正如加里·威尔斯（Garry Wills）指出的那样，让约翰逊受到心理折磨的不是“肯尼迪家族认为他是篡位者，而是他们不时地让他感觉自己是个篡位者”。[294]

这场战争中最令人心碎的也许就是，当约翰逊投入战争时，他就明白自己正深陷战争泥潭之中。他对于越战几乎不抱幻想。1964 年 5 月，在北部湾事件之前，他曾对麦克乔治·邦迪抱怨：“我昨晚彻夜未眠思考此事……在我看来我们似乎正在陷入另一场朝鲜战争……我认为我们不能到离家 10000 英里的地方与他们打仗……我认为这不值得为之战争，可我们又不能退出。这是我见过最糟糕的困境。”[295]但是，在被雅尔塔会议流毒危害的政治年代里，约翰逊担心把中南半岛“输给”共产主义国家，就像 10 年前哈里·杜鲁门和迪安·艾奇逊“输掉”中国一样。根据卡恩斯的记述，他“和所有人一样确信，一旦我们显露出自身的软弱，苏联和中国就会利用我们的弱点立即行动……这样有可能爆发第三次世界大战。如你所见，我进退维谷，动辄得咎”。[296]

然而，比起国内极右派的反应和国外的共产主义动员，林登·约翰逊更担心罗伯特·肯尼迪。因为，如果他不在越南参战，约翰逊对卡恩斯抱怨说：

> 罗伯特·肯尼迪将会领头反对我，告诉所有人我背叛了约翰·肯尼迪对南越的承诺。我让一个民主政权落入了共产党的手中。我是一个懦夫，一个怯懦、没有骨气的人。哦，我完全可以预见这些。每天晚上，当我入睡时，我会看到自己被捆绑在一片空旷的场地中央，我能听到远处数千人的嘈杂声。他们都在对我大喊大叫地向我跑来："懦夫！叛徒！胆小鬼！”他们越来越近，他们开始向我扔石块……[297]

鹰派学者如肯尼迪的盟友约瑟夫·奥尔索普，利用他们观察到的约翰逊在这个问题上流露出的脆弱心理，将他在越南战争问题上的摇摆不定与约翰·肯尼迪在导弹危机期间强硬的一致态
150 度对比。在 1965 年底，肯尼迪的亲信奥尔索普抨击约翰逊在投入战争时畏首畏尾。奥尔索普嘲笑他说：“林登·约翰逊面对越南问题，就犹如约翰·肯尼迪第二次面对古巴危机。如果约翰逊

先生回避挑战，我们将能从他的经验中了解到，如果肯尼迪在1962年10月回避挑战，将发生什么。”[298] 从谈话录音中可以听到麦克乔治·邦迪跟总统说：“乔·奥尔索普又在叫嚣需要在南越开战，我今天下午要去见他，看看他到底有多忧虑。”[299]

从奥尔索普的阴谋中可以看出，约翰逊在政治上的偏执并非完全没有根据。罗伯特·肯尼迪确实看不起他，千方百计地想在政治上羞辱他。约翰逊要承受的其他方面的政治压力也相当大。这种压力在很大程度上也是导弹危机及对它普遍的误解的副产品。在就如何应对据称美军在北部湾遭到的袭击事件进行初步磋商时，约翰逊向国会领导人介绍了基本情况，但没有透露任何军事指挥部传递的对那些袭击性质的质疑。参议员伯克·希肯卢珀（Bourke Hickenlooper）迅速将当时的局势与导弹危机相比较并说：“对美国而言，古巴危机的处理是一个莽撞而危险的行动。没有人知道，如果我们没有作出反应会发生什么。这一次，事态会朝着与先前同一个方向发展吗？如果我们不作反应，这将使我们与北越之间的关系发生什么变化？”[300] 希肯卢珀和其他的国会议员，包括参议院军事委员会主席理查德·拉塞尔和众议院议长 W. 埃弗雷特·德克森（W. Everett Dirksen）坚定地支持约翰逊尽快全力实施报复。事实上，众议院少数党领袖查尔斯·哈勒克试图缓解总统对北部湾决议案措辞的疑虑，宣称他将不会面对党派的反对，因为“我们在处理古巴问题时从未有过任何犹豫。我会第一个公开表态说：总统先生，算我一个”。[301]

此外，约翰逊在竞选过程中和其他场合不断提到肯尼迪在古巴击败苏联的事迹，以此来建立他作为总统的信誉和他作为战时领导人的合法性，但这并没有使他自己的任务变得更容易。1964年10月，总统在洛杉矶自豪地宣布：“古巴危机期间，我在38次不同的会议上见过肯尼迪总统。我们坚持到最后几

个小时，赫鲁晓夫让他的导弹瞄准我国，可能会彻底摧毁旧金山和洛杉矶。我看见身经百战的陆军上将、海军上将和外交经
151 验丰富的国务卿进入房间，我认真倾听每一句话。每天早晨离开家时，我都知道我当晚无法赶回家见到夫人和女儿。”[302]

罗伯特·肯尼迪对约翰逊的憎恨与日俱增，他嘲笑约翰逊的说法，坚称约翰逊从未“参加过任何真正的会议”。但是，罗伯特·肯尼迪的言辞也十分敌对且具有误导性，因为他亲历过约翰逊不知内情的导弹交易。在1966年2月17日的一份声明中，罗伯特·肯尼迪说：“必须让河内明白，他们现在的公开要求是要我们放弃重要的国家利益。但是，一个更大、更强大的国家在1962年10月已认识到，要美国放弃重大的国家利益是一个不可能实现的目标。”[303]鉴于罗伯特·肯尼迪在与苏联达成交易以及在后来掩饰交易真相中的作用，他的这番言论的无耻程度确实令人印象深刻。[304]事实上，1969年西奥多·索伦森在一本赞扬肯尼迪兄弟的书中毫不留情地批评他所称的“‘古巴导弹危机综合征’（Cuban Missile Crisis Syndrome），它要求在面对其他冲突时重复杰克·肯尼迪1962年10月的强硬立场，当时他告诉部署导弹的苏联人，要么撤出导弹，要么看着办！”[305]罗伯特·麦克纳马拉在1995年认为，约翰·肯尼迪“极有可能”会在越南采取相反的处理方式，在发动战争之前撤出美国军队，因为他在导弹危机期间“似乎愿意”用朱庇特导弹进行交易。这种论点只会进一步加强痛苦的讽刺性。[306]如果肯尼迪在当时愿意承认事实，或许约翰逊就不会觉得深陷肯尼迪的大男子主义神话。

神话的力量

在解决导弹危机的这个故事中最令人费解的一个方面是，肯尼迪兄弟拒绝与苏联做交易这一原始神话的持久力，尽管不

断有驳斥这一神话的无可争议的证据出现。1989年夏天，在索伦森承认导弹交易的真相后（在小阿瑟·施莱辛格在他的罗伯特·肯尼迪传记中揭露这一真相后十多年），保守派辩论家马克·福尔科夫（Mark Falcoff）称，在导弹危机之后形成的“建制派共识”（Establishment Consensus）对“从那以后的美国历届政府处理重大战略问题的方式产生了巨大影响”。乔治H.W.布什政府的国家安全事务官员彼得·罗德曼（Peter Rodman）写道，这一共识表明了“可控范围内有限程度的军事升级有以坚定与克制相结合的方式传达美国的决心”的作用。美国的决策者因此形成了这样的信念：“我们不需要真正 152
动用强大的武力，就能实现我们的目标。”罗德曼总结道，这对许多处理导弹危机的人来说是“核武器时代最重要的经验教训”。[307]

福尔科夫仍然深信，肯尼迪曾决定从土耳其撤除导弹，只是由于“行政部门的疏忽和官僚主义的怠惰”而没有实现。他很感激肯尼迪“反对进行交易，因为这样一场交易将被视为对苏联侵略行为的奖励，当然，这也将给危机带来非常不同的‘反转’。这种做法大概会给苏联和美国带来不同的教训。”因此，他对以下事实感到遗憾：“战后最引人注目、最危险的核危机……使阶段性军事升级这一概念与政策目的几乎无关。之所以如此，是因为事实上每一个阶段都受到同样的限制。根据‘建制派共识’，小规模冲突有成为大规模冲突这一不可接受的风险；大规模常规冲突有成为核冲突这一更不可接受的风险；核冲突则不堪设想。”在文章的结尾，福尔科夫“依然希望，苏联已经或可能从古巴导弹危机中吸取了和我们一样的教训”。[308]

在这个事件中，危机给公众带来的“教训”比危机的真相更重要。由于在超过一代人的时间里没有人知道这笔交易的真相，所获得的教训完全基于约翰·肯尼迪努力展现的形象。福尔科夫希望苏联汲取同样的教训，但是如果他仔细研究历史记录，他就会发现苏联应该会汲取完全不同的教训。福尔科夫的文章是在他感到极其失望的情况下撰写的，因为国会中许多人不愿意在中美洲更为激进地反对受苏联援助的政权。他抱怨说，鉴于美苏之间的核均势，“我们似乎没有底气宣称，我们现在能够对苏联在尼加拉瓜部署的战略武器作出强有力且让人信服的反应，就如同25年前肯尼迪总统在古巴作出的反应一样”。但他仍然嘲笑美国国会在是否往中美洲动用更大军事力量一事上的犹豫不决：“我们现在在政治上远不能维持类似于1965年越南战争以前的状况，以至于美国国会将美国的军事任务规模固定在65名官兵。”福尔科夫的分析无意中表明，这种误读继续困扰着美国政界以及美国的对外关系。

里根政府在1984年试图利用这些错误的记忆，为了动员人们支持其推翻尼加拉瓜的桑迪诺民族解放阵线政府的企图，
153 公开将保加利亚相对低端的L-39教练机（L39 aircraft）运输至尼加拉瓜一事，描述成类似于1962年在古巴部署核武器的威胁事件。[309]很不幸，这些企图并未得逞。

未来的克林顿政府国防部长莱斯·阿斯平（Les Aspin）在1991年争论得相当成功，此时的争论对象是伊拉克，“1962年古巴导弹危机是典型案例。在那场危机中，如像在这次伊拉克危机中一样，美国试图恢复原状，即古巴不能部署可以攻击美国本土的苏联导弹。此时此刻，恰如彼时彼刻，美国在基本需求上没有退让。那时导弹必须被撤出，现在伊拉克也必须撤离科威特”。[310]假如阿斯平知道肯尼迪和古巴危机的真相，不知他是否还会毫不犹豫地把肯尼迪的行动树为典范，或许他可能不会得出结论认为，对于任何形式的国际冲突，唯一可想得到的反应就是战争威胁。

在2002年秋天，当乔治·W. 布什试图说服美国和全世界相信，美国对伊拉克发动“先发制人”的战争的时机已到来时，这场特殊的历史类比之战即将再次重演——这次作为一场闹剧。总统把来自伊拉克的“威胁”比作发生在40年前的古巴导弹危机：“就像肯尼迪总统在1962年10月所说：‘无论是美国，还是国际社会，都不能容忍来自任何国家、任何程度的蓄意欺骗和进攻威胁。’他说：‘我们不再生活在一个，只有真正发射武器才对国家安全构成最大威胁的世界。’”据《纽约时报》记者报道，“他的助手承认”，这样比较的目的“就是为了让冲突有紧迫感，并解释为什么只等几周或数月就解除伊拉克领导人的武装”。[311] 在小布什向全国民众发表演讲后，白宫发布了据称是伊拉克核设施的间谍卫星照片，这样做明显是为了让民众回想起肯尼迪展示苏联在古巴的导弹照片的决定，尽管布什先生的照片显示的只有建筑物而非武器。然而，拿古巴导弹危机举例，是一个错误的历史类比，因为美国现在面对的不是苏联那样强大的对手，而伊拉克也没有瞄准美国，或者能够打击到美国的导弹。此外，就像许多肯尼迪原助手急于解释的一样，小布什试图在伊拉克发动先发制人的攻击，而肯尼迪总统亲自阻止了对古巴采取这种方案。[312]

但这个比喻，无论理解得多么不全面，应用得多么不恰当都是一个很有效力的手段，小布什的对手迅速援引美国历史上同样闪光的时刻，以提出与总统相反的观点。其中言辞最为雄辩，也最能引起情感共鸣的是参议员爱德华·M. 肯尼迪（Edward M. Kennedy）。他作为回应说，他的兄长特意避 154
免对古巴进行先发制人的攻击，而是选择对古巴实施海上“隔离”，他的兄长罗伯特认为，对古巴发动突袭将是“反向的珍珠港事件”。肯尼迪参议员认为，“预防性的军事行动”在当时和现在都不明智。[313] 无论是支持还是反对入侵伊拉克的评论员，似乎都不大清楚古巴危机真正的解决方案。弗雷德·卡普兰（Fred Kaplan）在网上期刊《石板》（*Slate*）上撰文指出，由于肯尼迪在最后一刻向赫鲁晓夫提供秘密交易这一事实，"如果［乔治·布什］想要效仿约翰·肯尼迪，拒绝为了避免战争而妥协这一可能性，可能不是明智的选择"。[314] 大多数的讨论者都不知道危机解决的真实历史，与此同时，布什和他的顾问们不惜夸大美国当时面临的威胁程度，以使这个比喻更具有合法性。2003 年 1 月，《华盛顿邮报》的外交记者迈克尔·多布斯（Michael Dobbs）写道："在 1962 年，肯尼迪断定古巴出现苏联导弹是对国家安全的不能容忍的威胁；小布什对大规模杀伤性武器的传播，也持同样的看法。"[315]

人们对国家荣誉的神话仍然怀有根深蒂固的信仰，甚至连那些对历史记载的准确性负有责任的学者也不例外。卡普兰在他关于古巴问题的文章中认为，尽管现在关于导弹交易的录音带和其他证据"已经由约翰·肯尼迪图书馆公开多年……但几乎没有任何关于该危机的历史著作收录或正确解读这些资料"。[316] 他的观点可能有些夸大——事实上 2002 年就有许多历史学家已经把这些新证据纳入他们的著作——但对于相关问题研究专著中最知名且最受欢迎的那一部分而言，卡普兰的指责可谓深中肯綮。理查德·里夫斯（Richard Reeves）关于肯尼迪总统在白宫生活历程的著作出版于 1994 年，此时西奥多·索伦森的"坦白"已过去四年。他在这本曾获奖的著作中讲述了导弹危机的故事，但除了《十三天》中所描述的错误内容以外，并没有提及肯尼迪和多勃雷宁的会谈。[317] 危机爆发 35 周年之际，里夫斯在《纽约时报》的社论对页版上撰文称，让肯尼迪"感到惊讶的是，苏联领导人竟满足于如此少的导弹拆除回报：美国保证不入侵古巴"。[318]

关于导弹危机神话的力量，最令人惊奇的例子也许就是罗杰·希尔斯曼。1996年，这位原国务院情报研究局局长出版了第二本古巴导弹危机专著，献给约翰·肯尼迪和罗伯特·肯尼迪。他向读者承诺，书中所含信息是他“以前无权对外公布的内容”。[319]然而，危机后一直在学术界任职的希尔斯曼，在 155
这本书中写的还是他在25年前讲述过的内容，而这些内容都已被否定。他讲述约翰·斯卡利和“亚历山大·福明”的故事时，根本没有意识到这两个人的讨论与危机的解决没有任何关系。书中还有“福明通过斯卡利提供的方法和赫鲁晓夫的电报实际上是一揽子提议”这样的谬论。他抱怨说，“莫斯科在宣传中把苏联部署在古巴的导弹与美国部署在土耳其的朱庇特导弹联系在一起，其灵感来自沃尔特·李普曼周三发表的一篇报纸专栏文章，其中提议以古巴的导弹交换土耳其的导弹。强硬派可能促使其他人将两者相提并论，这样一来，在世界其他国家的眼中，苏联在古巴部署导弹的决定就显得合情合理，因为他们不知道肯尼迪在这很久以前就决定从土耳其撤除美国的导弹”。[320]

作者接着抨击李普曼“自以为是”地要“指导美国政府，此时政府正连续10天夜以继日处理危机。他在危机期间发表这篇文章是不负责任的，因为他不知道约翰·肯尼迪为从土耳其撤出朱庇特导弹所作的努力，也没有向政府了解其对土耳其导弹的看法，以及政府是否对它们有所行动。这个事件展示了傲慢自负的新闻业或至少是傲慢自负的专栏报刊所能带来的最坏影响”。[321]实际上，第一，李普曼在写这篇专栏以前确实同乔治·鲍尔协商过，他的结论也没有受到劝阻。第二，约翰·肯尼迪没有为从土耳其撤除导弹作出真正的努力，因此李普曼不了解情况也没有错。第三，如果苏联是从李普曼的专栏文章受到启发而要求进行交易——没有任何证据说明这一点——那么全世界都应该感谢他，因为正是这种交易最终和平解决了危机。最后，希尔斯曼在批评李普曼提出如何解决危机的善意建议时，实际上是在攻击自由媒体的主要功能之一。然而，通过这些努力，危机的神话得以延续，它所传授的错误教训在新一代领导人身上得以强化。

近 40 年后，好莱坞投资超过一亿美元（包括影片宣发费用）拍摄影片《十三天》，重现导弹危机。这一事实就说明该事件对国家集体想象的持续影响。正如作家布鲁斯·汉迪（Bruce Handy）在公映前指出的那样，这部影片的赞助商“期望通过某种历史性共鸣——若不是纯粹的怀旧——来贩卖他们关于世界几乎终结的时刻的故事”。有位该影片的营销人员告诉汉迪，那些 40 多岁的人“希望与他们的孩子分享这段经历……冷战最恐怖的一面”。[322]

156 在 2000 年底，2001 年初上映的《十三天》确实相对准确地描述了美国的应对过程。然而，影片试图通过引入许多虚构的人物角色创造属于自己的肯尼迪英雄神话。凯文·科斯特纳（Kevin Costner）出演总统的特别助理肯尼斯·奥唐纳，他在现实中主要负责总统的日程安排。尽管他在执行委员会的记录中很少出现，但在电影中，他在协助肯尼迪兄弟拯救世界于毁灭边缘方面发挥了积极的作用。有个镜头中奥唐纳在批评总统对共产党软弱，下个镜头他就对麦克·邦迪提出同样的建议。奥唐纳被描述成是两种角色的结合体：一方面是对战战兢兢的政客发号施令的超级助手；另一方面是一条蓬头垢面的狗，捧着装满苏格兰威士忌的华登峰牌水晶酒杯跟在主人后面。他指示阿德莱·史蒂文森在联合国对抗苏联，并吩咐一名战斗机飞行员假装在古巴没有遭到射击。愤世嫉俗者在为这样一部奇怪的历史虚构作品寻找解释时，可能会考虑这样一个事实：这部电影的部分资金来自奥唐纳的儿子、地球连线（Earthlink）公司的共同创始人凯文·奥唐纳（Kevin O’Donnell）。

影评家通常把《十三天》描述成一部"中规中矩"且"接近完美"的电影。[323]事实上，这部电影随意篡改文献记录的地方数不胜数：

- 它随意忽略了罗伯特·麦克纳马拉最初的观点，以免破坏电影整体上的合理性。麦克纳马拉建议，应该忽略苏联部署的导弹，因为这会让它们失去战略意义。
- 它忽视了美国破坏卡斯特罗政权稳定的相关历史档案记录，包括在部署导弹时美国正在准备的可能的入侵计划。
- 它明确地粉饰了这样一个事实，即肯尼迪兄弟诋毁鸽派阿德莱·史蒂文森，却又最终基本上（而且秘密地）采纳了后者的建议。
- 它把提出导弹交易的建议归功于沃尔特·李普曼的专栏文章，但没有证据。
- 它安排肯尼迪兄弟决定支持导弹交易的会议发生在国安会执委会内部，但事实上当时他们对这些会议保密。

有意思的是，当科斯特纳和奥利弗·斯通（Oliver Stone）在斯通于 1991 年上映的电影《刺杀肯尼迪》（*RFK*）中献上他们关于肯尼迪遇刺的虚假故事时，华盛顿的大多数官员都感到愤怒。没有人愿意看到，斯通关于暗杀事件和越南战争的阴谋论取代官方叙事。然而，这部由奥唐纳自己的家人赞助的电影，试图通过谄媚原始的神话制造者重写历史，并受到了赞许和高度评价。《十三天》在白宫放映，受到评论家和历史学家 157
的赞誉，尽管有所保留。[324]

"胜利"来得太轻松？

如果赫鲁晓夫没有接受罗伯特·肯尼迪在 1962 年 10 月 27 日晚上向阿纳托利·多勃雷宁提出的交易协定，肯尼迪会怎么做，对于这个问题，历史学家和事件的参与者之间意见不一。当然，总统的每次公开讲话似乎都以战争的可能性为前提。军方正准备攻击导弹基地，罗伯特·肯尼迪告诉多勃雷宁，他不确定总统在将军们的压力下还能坚持多久。但是，这次危机背后的秘密历史告诉我们，依靠约翰·肯尼迪的公开言论来理解该事件是多么不明智。实际上，肯尼迪对他的助手、兄弟以及亲信大卫·奥姆斯比－戈尔私下里的每次谈话，都重复了这样的信念，即美国无法承受一场因拒绝达成一项“相当有价值”的协议而引发的战争。[325] 罗伯特·麦克纳马拉总结认为，“如果有必要，肯尼迪愿意用美国在土耳其已经废旧的朱庇特导弹换取苏联部署在古巴的导弹，以避免［全面战争爆发的］危险。他知道，土耳其、北约以及美国国务院和国防部高级官员都强烈反对这样的行动。但他准备采取这种立场以让我们免于战争”。[326] 这就是为什么他允许迪安·腊斯克在苏联拒绝罗伯特·肯尼迪在星期六晚上的提议的情况下，实施所谓的“科迪埃策略”，而腊斯克在危机中扮演的角色遭到罗伯特·肯尼迪的贬低。腊斯克也表示：“我以为，如果当时需要，安德鲁·科迪埃的策略很可能在星期一就会被尝试实施。”[327] 这笔交易对国安会执委会的成员来说是一个不愉快的惊喜，他们以为是他们在帮助总统决策。正如道格拉斯·狄龙告诉他的采访者：“腊斯克揭露的事情……真的让我错愕。我不知道总统在考虑这样的事情。”[328]

1969 年，在与《纽约书评》（*The New York Review of Books*）记者罗杰·希尔斯曼的一次交流中，罗纳德·斯蒂尔表示：“回想起来，如果完成导弹基地的建设，再以此作为谈判更广泛的问题的基础，可能会更好。我们不但会免遭走向核边缘的危险，而且我们也不会取得希尔斯曼所谓的‘历史性的外交政策胜利’。那次‘胜利’激发的权力的狂欢，使林登·

约翰逊痴迷于肯尼迪和他的顾问们如此‘理想化’地开启的帝国冒险……现在帝国已开始崩溃，它的一些思想基础也开始逐 158 渐站不住脚。”[329]

假如赫鲁晓夫再坚持久一点，肯尼迪就会被迫达成麦克纳马拉和腊斯克确信他会接受的公开交易，那么导弹危机可能会给美国和世界带来更令人满意的遗产。苏联人不会被迫接受公开的羞辱——这是不应该的，因为他们作出的交易比他们会承认的更好——赫鲁晓夫可能也不会被迫出局。在为冷战寻找和平的解决方案时，美国会拥有更积极的合作伙伴，苏联也可能不会急于建设它们的军事机器与核武库，以保障自己不再遭受如此窘境。

如果世人对作为危机解决方案核心的交易有所了解，那么危机可能就不会在美国政治阶层激发出自鸣得意的狂欢情绪，而正是这种狂欢情绪后来促使我们陷入越南问题。“强制性外交政策”的概念将失去一些光彩，美国在任何地方进行军事部署都会散发的不可战胜的光环可能会大大减弱。美国政府的“说谎权”也不会不受到沉默的新闻媒体的质疑，这些媒体在继续相信政府关于东南亚的谎言多年以后，才开始相信自己的眼睛和耳朵。对导弹危机的虚假描述不会损害美国的政治学和国际关系研究，也不会让从中产生的有缺陷的理论假设被付诸应用。阿德莱·史蒂文森的声誉将不会因为虚假的理由而遭到损害，因为他至少会被承认是最终危机解决方案的制定者之一。

最后，虽然肯尼迪确实有勇气对苏联人提议真正的妥协，以化解危机并施行核限制政策，但他没有勇气对他最亲密的顾问承认交易。因此，当林登·约翰逊就任总统时，他的做事方式和接任罗斯福的杜鲁门十分相似。作为参议院的实权人物和国内政策专家，他不知道他的这位传奇前任与苏联达成了什么协议。肯尼迪的手下在对秘密交易一无所知的情况下为他在导弹危机期间的表现描绘出了一个坚韧不屈和毫不妥协的形象，约翰逊在他的任期内一直在努力达到这个标准。

对这场危机的错误解读，教给约翰逊总统、他的顾问和美国人民的是哈里·杜鲁门所说的他在波茨坦学到的教训："武力是苏联人唯一能理解的东西。"[330]但是，现在总统和他的手
159 下相信，他们可以通过威胁和轰炸逐渐传达他们的信息。这个教训后来不仅被应用于美国与苏联和古巴的冲突，而且还被应用于与越南、柬埔寨、尼加拉瓜、伊拉克以及任何其他被认为与美国的国家利益相冲突的国家。古巴导弹危机无疑是约翰·肯尼迪总统任期内在公共关系方面的巅峰时刻，也可能是美国霸权在后雅尔塔时期的世界中所达到的顶点。当赫鲁晓夫通过广播宣布苏联向美国的条件妥协时，这似乎是一个再明显不过的胜利。肯尼迪很聪明地利用这次机会，在危机之后采取行动减少军备竞赛，与苏联缔结了重要的军备控制协议。但美国和世界为此付出了巨大的代价。难怪罗伯特·肯尼迪后来反思："我们是否在许多事情上，尤其是古巴问题上，因为精力旺盛而不明智而付出了巨大的代价。"[331]他和兄长都没有活着看到这场胜利的代价将多么巨大。

第四章　林登·B. 约翰逊与北部湾事件

我从越战中得到的最大教训是不要相信政府声明。直到那时我才明白这一点。

——J. 威廉·富布赖特（J. William Fulbright）

1995 年 4 月，美国移民及归化局（U.S. Immigration 160
and Naturalization Service）拒绝了 50 名越南公民所递交的移民申请，这些越南人声称他们在 25 年前被中央情报局雇用为秘密突击队员。他们表示自己曾被北越逮捕，之后被关押在劳改营里。移民及归化局拒绝就其决定发表评论，但为了作出这个决定，他们不得不无视前国防情报局分析员戴维·F. 塞吉维克（David F. Sedgwick）的一份电报，这份电报提供了“具体而详细的信息”支撑这 50 名越南人的说法，即他们是“美国的合同制雇员，在被捕之前从美国政府专款中领取薪水”。据一位官员说，他们是在执行美国指示的针对北越的“收集情报、进行军事和心理行动”的任务时被捕的。原国家安全顾问麦克乔治·邦迪回忆这次行动时说：“行动没有成功。几乎所有的突击队员都被杀死、俘虏或是失踪”。参议院战俘委员会（Senate committee on prisoners of war）的原调查顾问约翰·马茨（John Mattes）指出：“大部分人都是被活捉的”，并且被当作“战犯”审判。马茨先生回忆道，那时候，“我们先是把他们的名字划去，然后去见他们家属，对家属说：‘他们死了。’我们没有在领回人质或释放人质方面付出一丝一毫的努力，而是对该行动保密。”[1]

虽然美国的这些突袭行动（中央情报局提供的定时炸弹和装在香烟盒里包装成香烟模样的炸药包在这项行动中起到

了重要作用）被美国官员认为“基本上没有价值”，但它们并非毫无历史意义。1964 年 8 月 2 日，在北部湾一支由越南鱼雷快艇组成的小型舰队逐渐逼近一艘名为“马多克斯号”（Maddox）的美国驱逐舰，据驱逐舰舰长所说，这支舰队“显
161 然是想要发动一次鱼雷攻击”。关于谁先开火的问题仍然令人困惑，但是如果越南人确实计划发动一次进攻的话，事实证明这个计划完全失败了。因为所有越南船只面对占据优势的美军部队，要么很快就被赶走，要么被击沉。海军军官和文职官员们都认为这件事令人费解，至少不合情理。

其实就在两天前，中央情报局在这个区域就发动过一次突袭行动。时任美国国防部长罗伯特·麦克纳马拉在其战争回忆录《回顾：越战的悲剧与教训》（*In Retrospect: The Tragedy and Lessons of Vietnam*）（1995 年版本）中写道，有些人认为这次突袭“可能激起了北越随后在北部湾采取的一个非常重要的反应”。[2] 与此同时，8 月 4 日发生了更令人困惑的事件，美军报告说发生了第二次袭击。这一消息被转达给约翰逊总统，他很快就开始了美国对北越的第一次直接军事打击。

美国移民及归化局在 1995 年秘密作出决定，否决了这些越南突击队员的避难请求，而且没有给出任何解释，这与美国加入越战的方式完全一致。与此相一致的做法还有美国退伍军人管理局（U.S. Veterans Administration）的决定：拒绝任何在 1965 年 8 月 5 日之前于越南负伤的美国人的战争赔偿要求，而正是在这一天，国会通过《北部湾决议案》，美国正式宣战。

困惑……和骗局

1964 年 8 月 4 日晚，美国东部标准时间晚上 11 点 37 分，林登·约翰逊总统出现在电视上，宣布他刚刚命令美军轰炸北

越。总统解释说：“恐怖分子先是侵犯南越的和平村民，现在又在公海上公然攻击美国。对于这种屡次攻击美国武装部队的暴力行径，我们不只要警戒防御，而且要正面回应。我今晚的讲话就是一种回应。”尽管如此，总统仍然保证：“我们仍然不寻求扩大战争。”

约翰逊通过他的老朋友、参议院外交委员会主席 J. 威廉·富布赖特（亚利桑那州民主党代表）的帮助，说服国会通过一项决议，授权他采取“所有必要的措施击退任何对美国军队的武装袭击，以防止进一步的侵略”。这项含糊不清的授权在众议院获得一致通过，在参议院也仅有两票反对，这实际上将允许约翰逊对越南不宣而战。约翰逊打趣道：“它就像祖母的睡衣，覆盖了一切。”[3] 多年后当战争不再得到支持时，国会的 162
一些人试图辩解说这项决议被总统不正当地利用了，他们从来没有打算赋予总统他最终获得的权力。约翰逊对那些曾经支持过他的人的表里不一感到愤怒，后来有人听到他抱怨：“如果是良心驱使他们这么做的，我甚至都不会批评他们采取这种立场。但我希望他们在作其他任何决定时，都要遵从良心行事。因为国会给了我们这个权力。在 1964 年 8 月，我们获得了采取‘所有必要的措施’的权力。我们被赋予了无限的权力。”[4]

虽然约翰逊对于决议的确切措辞或许有其合理的辩解，但他在 1964 年 8 月 4 日向国会和美国人民描述的那场突袭事件，几乎可以肯定从未发生过。事实上，总统错了——他在讲话中所描述的每个细节基本上都是错的。在有些事情上他是在蓄意欺骗；但在其他事情上他只是感到困惑，这一点完全可以理解。所谓的第二次北部湾事件，的确是战后美国历史上最令人困惑的事件之一。但是，仅仅是感到困惑这一点并不能合理化林登·约翰逊任意利用国会和人民在此事上对他的信任并决定把美国拖入战争的做法。

论及当局对越南局势的不诚实态度，约翰逊政府与之前的几届政府不相上下。艾森豪威尔政府成员就曾捏造理由，拒绝遵守《1954年日内瓦和平协定》(1954 Geneva peace accords)。在艾森豪威尔政府后期和肯尼迪政府早期阶段，美国政府从资助法国镇压胡志明和他于1941年创立的越南独立同盟会领导的暴动这一立场，逐步转向自己接管战争。1954年法军在奠边府遭遇溃败，在同年召开的日内瓦国际会议上，(据说)越南暂时分裂为共产党领导的北越和非共产党领导的南越，随着这两件事的发生，美国开始直接承担战争本身的责任，并试图在其培育的新国家"南越"建立一套引人注目的政府体系。由于胡志明领导的北越从不承认国家的分裂，而且南越的许多人也不承认，美国人发现他们同时要努力做三件事：打一场战争、创建一个国家，并对抗国际舆论。而国际舆论支持越南南北双方在日内瓦达成的选举方案。但由于美国的冷战思维，加之当时流行的多米诺骨牌效应理论，美国国内几乎没有异议，华盛顿建制派之外的美国人甚至很少知道正在进行的斗争。

163 南越政府代表着军队和寡头集团的利益，而不是真正的民众运动，而且很快南越当局对战争的需求就超过了其他需求。美国人决心避免法国人犯过的错误，他们逐渐增加在越南的"顾问"人数，并很快放松了限制他们与敌人交战的规定，但他们仍然无法回避一个基本矛盾，即他们试图从共产主义阵营中"拯救"的人民根本不想被拯救。肯尼迪政府似乎总是觉得他们可以改进南越的领导层，但却不知道如何改进或改进对象是谁。参谋长联席会议当时承认，"若要实行自由选举，几乎可以肯定[中南半岛]会落入共产党的控制"[5]，艾森豪威尔总统本人也认为，支持共产党领导人胡志明的选民人数"可能高达80%"。[6]国防部长罗伯特·麦克纳马拉后来向约翰逊总统解释说，正是由于美国以顾问的形式“在 1954 年后介入”南越，才“使得吴廷琰［美国支持的越南国首相］拒绝执行 1954 年的协定条款，即在 1956 年进行全国自由选举”。[7]《五角大楼文件》（*The Pentagon Papers*）的作者也承认，美国的整个政策实际上是基于一个错误的观念，即南越从任何意义上来说都是一个真正的国家。他们写道：“‘南越’（不同于东南亚的任何其他国家）实质上是一个美国的创造物。”[8] 肯尼迪政府的发言人同样也参与了骗局，他们否认对 11 月 3 日的军事政变事先知情或负有责任，而这场政变导致腐败的吴廷琰遇害身亡。美国事先知道并同意了这场政变，即使不是谋杀本身。[9]

越南战争开始于一个谎言，这个谎言一旦被揭穿，最终会玷污整个战争在美国人民眼中的形象。因为无心之过错而让年轻人去送死，这是任何一位大国领导人都可能要承担的风险。但是，让年轻人在一场他们因不被信任而未被告知真相的战争中送死，从道义上说，这是一种更让人担忧的行为。就像雅尔塔会议和古巴导弹危机那样，总统欺骗国民的理由不是为了国家安全，而是出于政治上的权宜之计。这次欺骗如同以前，国家最终付出的代价远远超过人们的想象。

即使撇开战争对东南亚人民造成的可怕后果不谈，无论以何种角度衡量，越南战争对美国都是一场灾难。美国在战争中投入将近 2000 亿美元。超过 300 万美国人被派往越南，其中 58000 多人阵亡，超过 30 万人作战负伤，另有 519000 人因其他原因受伤。将近 2500 名士兵被列为“在行动中失踪”， 164
并被判定死亡。[10] 许多士兵在战争中存活下来，身体上没有受伤，但在精神上遭受巨大创伤。战争结束五年后，越战老兵的死亡率比没有参加过战争的人高出 45%，自杀率则高出 72%，几乎所有形式的暴力死亡的发生率都更高。[11] 他们自己的政府让他们暴露于有毒化学物质中，后来发现这些化学物质与至少

9 种疾病有关，包括肺癌、前列腺癌、成年型糖尿病，以及他们后代的脊柱裂和白血病。[12] 越战还导致了阶级和种族的撕裂。富家子弟通常通过大学延期毕业逃避征召入伍，那些拥有优秀的医生和律师的家庭也可以通过其他方式避免让他们的儿子入伍。与此同时，在越南，普通士兵的阵亡率几乎是他们长官的 8 倍。没有完成高中学业的士兵阵亡的可能性是高中毕业的士兵的 3 倍。同样，来自贫困和中产阶级下层家庭的士兵的阵亡率比父母年收入高于 17000 美元的士兵高。[13]

美国军队作为一个机构，也在越战中深受其害，因为其士兵和军官的士气与职业精神在战争的压力下几近崩溃。美军最高层掩盖了屠杀事件。"死亡人数"，即战争中敌人的阵亡人数，通常被夸大。从 1965 年到 1972 年间，大约 55 万人被派往越南战场，其中超过 10% 的士兵当了逃兵。在国内，有 57 万美国男子逃避兵役。[14] 有超过 2000 名的服役士兵试图"蓄意杀伤"——抱着杀死、伤害或恐吓的意图攻击——他们的长官。[15] 在大约 100 起这样的事件中，军官作为攻击目标被杀害。麻醉剂等毒品就像香烟和糖果一样在驻越美军中流行。到战争结束时，五角大楼承认大约 1/3 的美军士兵在使用海洛因，大概有 20% 的人一度上瘾。[16]

到 1967 年，从每天播报的晚间新闻中，人们可以清楚地感受到越战对美国国内造成的损害。除了造成愤怒的激烈抗议运动之外，战争还激发了人民对国家领导人相当程度的不信任，这种不信任直到今天还在毒害我们的政治制度。1967 年的一项盖洛普民意调查（Gallup Survey）结果显示，大约 70% 的美国人认为政府在越南问题上欺骗了公众。[17] 同年的一项哈里斯民意调查（Harris Survey）得出结论，美国人对约翰逊总统最"严厉的批评"针对的是"他在向越南派军问题上隐瞒真相"。[18] 对于一位现代美国总统来说，这样的统计数

据以及情绪（考虑到其所涉及的人数）是令人震惊的，尤其是对于一位仍在参与相关冲突的战时总统。在国内，林登·约翰 165
逊关于“伟大社会”（Great Society）的构想也因由种族、地域和阶级仇恨的不断增加导致的政治共识崩溃而受挫。城市中充斥着种族骚乱。战争引发美国经济过热，这又进一步导致美元疲软。世界各地的示威者焚烧美国国旗，宣布支持我们的敌人。我们认为自己在向其证明自己的“可靠性”的那些人，对我们的努力既恐惧又厌恶，而我们的敌人从美国虚弱而分裂的国家状态中找到了力量和机会。在战争结束时，战争最终造成了许多它原本旨在防止的不幸事件，甚至更多。

“越南！越南！越南！”

美国在越南遭遇的灾难最大也是最令人痛苦的讽刺之处在于，尽管林登·约翰逊在开始战争之前就已经意识到战争可能的后果，但他感到被历史环境和政治形势所困。在许多方面，约翰逊和所有曾经入主椭圆形办公室的掌权者一样慷慨和仁慈，他想要利用这个职位的巨大权力去帮助那些最需要帮助的人。罗伯特·卡洛（Robert Caro）指出，当约翰逊在1937年成为国会议员时，得克萨斯州希尔县还没有通电，而到1948年他成为参议员时，他已设法为当地通电。约翰逊多次申请电气化项目让顾问们抓狂，因为根据规定，那些县的人口数量低于可以提供电力的标准。“他简直是在消磨总统和顾问的意志。”[19]据劳埃德·加德纳（Lloyd Gardner）观察，和其他的新政拥护者一样，“约翰逊发现政府确实拥有巨大的权力来改变受压迫者的生活，他对此充满热情（或许还有点吃惊）”。富兰克林·罗斯福的顾问托马斯·柯克兰（Tommy Corcoran）承认：“这家伙是那个地区最好的国会议员。”[20]

作为总统，约翰逊决心要为地球上的所有人谋福利，正如他在得克萨斯州南部任职期间通过罗斯福政府的项目帮助当地的20万贫困群众那样。这种助人的愿望是非常感性的。他的妻子“伯德夫人”（Lady Bird）回忆说，有一次看见他观看约翰·福德（John Ford）1940年拍的改编自约翰·斯坦贝克（John Steinbeck）的小说《愤怒的葡萄》（*The Grapes of Wrath*）的电影时，“他为俄克拉荷马州流动雇农（Okies）无助的悲惨境遇而静静地哭了大约两个小时”。[21]约翰逊在利用总统权力为弱势群体带来社会正义方面，比任何一位除了他的偶像富兰克林·罗斯福之外的前任总统都做得更好，他的帮扶对象包括那些一直生活在种族主义和社会歧视阴影之下的美国人。正如约翰逊最严厉的批评者之一卡洛承认的那样，约翰逊的总统任期标志着20世纪“社会正义潮流的顶峰时期”。[22]

166 林登·约翰逊身材高大魁伟，有多幅面孔。他强烈、丰富的感情让他的性格具有多重性。迪安·艾奇逊（Dean Acheson）指出，总统“就像万花筒一样多面”。[23]他的助手约瑟夫·卡利法诺（Joseph Califano）补充说，约翰逊“既无私又小气，既关怀体贴又言行粗鲁，既慷慨又暴躁，既诚实坦率又精明狡猾——所有这些可以在短短几分钟内表现出来”。[24]他的很多最亲密的顾问都注意到，约翰逊似乎天生就更喜欢拐弯抹角而不是坦率直接，更喜欢隐瞒欺骗而不是坦诚相告。他年轻时作为高中老师，曾写下稀松平常的师生往来信件，他后来要求人们烧掉这些信件，还反复向收件人核实他们是否已经这么做了。甚至连他的大学报刊中涉及他在大学期间生活细节的副本也要从大学图书馆的收藏中被撤走。[25]据卡洛说，约翰逊正是在那里获得了“公牛”（Bull）的绰号，这是“胡说八道（bullshit）”的缩写，这是因为如他的一位同学所说，他“就是不肯讲实话”。[26]“在和人打交道时，”克拉克·克利福德（Clark Clifford）承认，“我常常有种感觉，即便正门开着，他也会选择从侧门进去”。[27] 据罗伯特·肯尼迪所说（不可否认，他的观点极具偏见），1963 年 11 月 21 日在他与自己兄长进行的最后一次谈话中，肯尼迪总统从多个方面详尽阐释了“约翰逊根本不会说实话”。[28] 此外，无法控制的情绪波动也会让林登·约翰逊作出过分情绪化的判断，因此他要用自己坚定的信念和知识结构抗争过度情绪化，以指导他应对世界性的事件。

历史学家沃尔特·拉菲伯尔（Walter LaFeber）理智地指出，约翰逊是在两个相互矛盾的历史背景之下来解读越南内战的。“第一个背景是 20 世纪 30 年代，在那些年里，约翰逊作为一名年轻的国会议员，利用罗斯福新政帮助了得克萨斯的穷人，但他也看到欧洲大国在 1938 年的慕尼黑会议上针对希特勒的领土要求采取‘绥靖’政策。约翰逊自那以后就认为罗斯福新政在哪儿都能发挥作用，但前提是任何地方都不能容忍‘绥靖’行为。”总统通过新闻记者乔纳森·谢尔（Jonathan Schell）定义的一种“心理多米诺骨牌理论”让自己相信，在越南的任何让步都会像《慕尼黑协定》那样导致一场世界大战。约翰逊还赞同广为接受的观点，即中苏关系破裂后，两国依然是盟友。他后来向多丽丝·卡恩斯（Doris Kearns）解释道：

> 你知道的，我和其他任何人一样确信，一旦我们暴露出自身弱点，苏联和中国就会立刻利用我们的弱点采取行动。他们可能会单独行动，也可能会一起行动。但他们会有所行动，无论是通过核讹诈、暗中颠覆、常规武装力量
> 还是其他方式。我清楚地知道，他们不会放弃任何机会去 167
> 抢占我们留下的权力真空。这样一来，第三次世界大战就要开始了。[29]

拉菲伯尔补充道，这位得克萨斯人决定在越南开战，也是源于他对美国边疆以及对他自己在这场正在上演的独特历史剧中的角色的看法。他在1967年宣称，亚洲就是“混乱的外部边疆”。它必须接受文明开化，就像拓荒者建设得克萨斯一样：“一手拿枪，一手持斧”。他的一位密友、得克萨斯州的众议员赖特·帕特曼（Wright Patman）称约翰逊为“最后的拓荒者”。[30]约翰逊曾作为副总统访问南越，在那里他大肆宣扬美国是南越的保护者，活像一个把文明带给西部遥远的边区村落，富有理想主义情怀的长官。他后来指出，违背诺言是可耻的，也是不道德的。[31]

约翰逊总统了解卷入东南亚事务的危险。他知道，他在总统任期内取得政治和社会成就这一梦想可能会受到损害，甚至会被摧毁。他认识到盟友可能会瞬间变成敌人。他也知道自己正在把一柄授人口实的利剑交给敌人。但他觉得无法逃避这个承诺。他带着深深的悲伤和遗憾，向卡恩斯倾诉道：

> 我所有的计划；我所有关于让没饭吃的人有饭吃，让无家可归的人有地方住的希望；我所有关于为印第安人、拉丁美洲裔、黑人、残疾人和穷人提供教育和医疗救助的梦想……我知道这些的确能实现。但是，那些最优秀的改革家造福众生的愿望与梦想却被战争的号角摧毁，历史上有很多这样的事例：美西战争淹没了平民主义的精神；第一次世界大战终止了伍德罗·威尔逊的“新自由”誓言；第二次世界大战使新政政策走向终结。一旦战争爆发，国会里的保守派就会利用战争来反对“伟大社会”政策。你知道的，他们从来没有想过帮助穷人或黑人。在繁荣时代，他们很难用高尚的方式提出他们的反对意见。但在战争时期。哦，他们会利用战争说，他们反对我的政策不是

> 因为他们反对穷人——他们为什么要反对穷人呢？他们像最优秀的美国人那样慷慨仁慈——而是因为我们必须先打败那些没有信仰的共产党人，然后我们才能再来担心无家可归的美国人。[32]

约翰逊认为他动辄得咎，进退维谷。他确信如果自己在越南问题上示弱，那他最深切的渴望将无法实现：报效祖国，像罗斯福一样青史留名。早在美国不可挽回地投入战争之前， 168
约翰逊就承认，“如果我现在不开战，他们就不会讨论我提出的《民权法案》（civil rights bill）、教育计划或‘美化运动’（Beautification Movement）。绝对不会，他们会天天拿着越南问题跟在我屁股后面。越南！越南！越南！一直逼着我”。[33]

从约翰逊秘密谈话的录音转录文件中可以看出这位总统在竭力摆脱他面对困境时所经历的痛苦。1964 年 5 月底，在北部湾事件爆发大约 60 天前，约翰逊向他的国家安全事务顾问麦克乔治·邦迪抱怨说，他陷入了“一场我所见过最严重的困境”。当邦迪回答说他也认为这是一件“可怕的事”时，约翰逊主动说，他那天一直在观察他的男仆肯尼斯·加迪斯（Kenneth Gaddis），这个人有“6 个孩子，他正在拿出我的东西。我正想着让他的孩子们进去。我到底为什么让他出去？越南对我有什么价值？……对这个国家有什么用？”约翰逊完全明白，就像他对邦迪所说，“卷入一场战争很容易，但一旦陷入，再想脱身就难上加难”。[34]

此外，约翰逊希望避免他预感到的在东南亚即将发生的灾难，他背后并非没有强大力量的支持。佐治亚州的参议员理查德·拉塞尔（Richard Russell）是颇具影响力的参议院军事委员会亲军方的主席，也是约翰逊年轻时当参议员期间的重要导师。那天早些时候，他劝告约翰逊，在越南发动一场战争将是“世界上最恐怖的灾难”。他说，美国会“深陷泥淖”。在后续一次谈话中，约翰逊询问拉塞尔如何看待亲战派关于越南战略价值的观点。拉塞尔告诉总统，他对肯尼迪的智囊团的逻辑不以为然：“他们说越南有重大战略和经济价值，如果我们失去越南，就会在东南亚全盘皆输。”实际上，根据这位令人尊敬的参议员的估计，“有了这些新的导弹系统，那地方根本就不重要”。约翰逊承认，他认为“美国民众对越南了解不多，他们就该死的根本不在乎”，但同时他也担心，如果不发动对越战争，他可能就会遭到弹劾。拉塞尔并没有淡化这样的困难，即“如何告诉美国民众你正在走出冲突”，而不让他们认为“你受到了逼迫，被摧毁了意志，因而吓破了胆”。但这没有降低他可怕的预测能力。这位参议院军事委员会主席告诫总
169 统说：“我告诉你，这将是美国有史以来所付出的代价最为昂贵的冒险……这将需要至少 50 万兵力，他们可能会困在那里 10 年之久……如果一定要处理此事的话……我会撤退。”[35] 回顾当年，在苏联入侵古巴一事上，拉塞尔是参议院里最直言不讳的鹰派人物之一。他在发现导弹前的几个星期就曾要求总统“该死的快主动出击”。[36] 因此，拉塞尔支持肯尼迪减少对越南事务的介入更有说服力。然而同样值得注意的是，当他的朋友要求他在参议院陈述自己的观点，为约翰逊有朝一日照此办事打下基础时，拉塞尔拒绝了。

“我不要失去越南”

弗雷德里克·罗格瓦尔（Fredrik Logevall）和凯·伯德（Kai Bird）根据收集到的重要证据认为，如果约翰逊实际上真的希望采纳拉塞尔的建议，并诉诸自己正确的直觉，他的操作空间可能会比两人认为的更大。1964 年，公众对越南问题几乎不知情。在那年年底，盖洛普民意调查显示，有 25% 的

美国人甚至都不知道美军在越南作战。美国外交委员会的一份调查发现，在了解越南问题的人中，有一半的人赞成从越南撤军，只有不到 1/4 的人“明确赞成”在必要时动用美国地面部队来赢得战争。这些数据在 12 月中旬公布的密歇根大学的民意调查中得到证实。在 1965 年初的一项调查中，对于林登·约翰逊是否应该“安排一场与东南亚以及中国领导人的会议，看看能否达成一项和平协定”这一问题，有 81% 的受访者表示赞成[37]。正如詹姆斯·赖斯顿在《纽约时报》上指出的那样，当时全国大多数人的态度是默许更大规模地投入战争，但几乎没有人为之叫好。而这时美国人还不知道，这场战争将带来多大的苦难和折磨，而我们的南越盟友是多么的糟糕无能。[38] 美国公众对西贡政权的腐败无能、不得人心和反民主的特点，以及敌方的顽强不屈如果稍微有所了解，他们就可能不会那么倾向于参加战争。

根据《五角大楼文件》，尤其是关于“37% 的美国人期望我们从该地区撤退”的内容，实际上早在 1964 年春天，美国民众就普遍缺乏对战争的热情，这在约翰逊政府内部引起了一定的担忧。[39] 在负责公共事务的助理国务卿罗伯特·J. 曼宁 170 （Robert J. Manning）看来，做什么都难以“让美国人对局势感到满意或放心”。他向总统表示，导致这种情况的原因有很多，包括对朝鲜战争的痛苦记忆、法国在中南半岛的经历以及“西贡政府的丑陋和沮丧”。曼宁承认，所有这些“糟糕的事实都不利于获得民众的理解和信任。这些问题提供的很多答案都是不利的”。[40]

此外，在政治体制内部，并非只有理查德·拉塞尔感到担忧。差不多就在约翰逊和拉塞尔谈话的同一天，约翰逊收到了一份来自参议院多数党领袖迈克·曼斯菲尔德（Mike Mansfield，蒙大拿州民主党代表）的备忘录，其中写道：“我不能断定军事上深度卷入东南亚符合我国国家利益。”[41] 民主党在国会中负责外交事务的三号人物、外交委员会主席 J. 威廉·富布赖特也赞成用谈判的方式解决问题，而不是通过大规模战争。[42] 学术界很多知名人士也支持中立立场。汉斯·摩根索（Hans Morgenthau）是美国很有影响力的外交政策分析“现实主义”学派（realist school）的鼻祖，他在 1964 年初主张建立一个“铁托主义”（Titoist）的越南。1964 年 6 月，摩根索的名字出现在一份由 5000 名学者联署的呼吁采取这种政策的请愿书上，《纽约时报》的编辑将之视为头条新闻。曼宁在对此事的回应中撒了谎，坚称政府此时没有任何想要扩大战争的意图。[43] 摩根索的观点很快就成为广大学者的共识，他们赞成用这种温和而非激进的方式批评美国参与战争。但是，约翰逊甚至都不允许自己的政府对摩根索的观点作出体面的回应，坚决要求麦克乔治·邦迪取消自己与这位威望素著的芝加哥大学政治学家本已约好的辩论。[44]

在外交层面上，在美国的盟友（当然也包括美国的敌国）看来，这场战争是一场即将发生的灾难。许多人都曾目睹法国为了保住自己在越南的地位而牺牲生命，挥霍财富，几乎所有观察家都预测，如果美国傲慢或天真地认为自己不会遭遇同样的命运，那么等待美国的将是同样的结果。尽管约翰逊和美国国务院施以强大的压力，但到 1965 年年底，全世界只有澳大利亚一个国家明确表示支持美国的越南战争。接受美国巨额援助的泰国、菲律宾以及韩国等国家也都给予了一定的支持。

在媒体方面，通过谈判达成协议的决策可能会赢得许多强有力的支持，包括《纽约时报》的编辑和美国最有影响力的
171 评论家沃尔特·李普曼。他们都将持续不断地严厉批评军事升级的决定。（曼宁在给总统的备忘录中指出，“已失去”《纽约时报》的编辑和李普曼的支持。）此外，不同于几乎所有约翰

逊咨询过的政治家，李普曼能够正视自己的撤军主张在政治和外交领域的全面影响。当麦克乔治·邦迪警告李普曼，像戴高乐总统提议的那种中立化协议将导致越南共产党接管全国政权时，李普曼反击说："麦克，请别再说这些陈词滥调"，并于第二天在他的专栏上赞美了该计划。忧心忡忡的白宫传唤李普曼与总统会面。约翰逊也问李普曼，这样的协议如何能保证南越不落入共产党的控制。李普曼回答说不能保证，但也表示约翰逊没有更合理的选择。如果美国试图强行实施军事解决方案，一定会像法国那样遭遇失败。[45]

尽管他们不能忽视李普曼的政治影响力，但约翰逊和邦迪仍然拒绝考虑李普曼所批评的实质性问题，正如他们在一段被约翰逊录下的谈话中沮丧地指出的那样，约翰逊说："假如敌人越过防线，对着我们的院子开火，他还希望我们说，'谢谢你'。"邦迪回应说："他憎恨武力。"[46]这段对话发生在1965年2月23日。仅仅3天之后，约翰逊就对麦克纳马拉承认，"现在我们要去轰炸这些人了。我们跨越了障碍。我认为没有什么比失败更糟糕，而我看不到任何获胜的办法"，他由此肯定了李普曼的观点。[47]然而，他不仅缺乏胆略照此观点行事，还在高级顾问的支持下，继续嘲讽像李普曼、富布赖特以及其他人那样说出过自己的疑虑的人。

虽然在1964年初，李普曼和《纽约时报》的观点还相对孤立，但不到一年，他们就成了日益壮大的反战队伍的领袖。到1965年1月，呼吁约翰逊政府停止进一步扩大战争的报纸有《纽约时报》《圣路易斯邮报》(*St. Louis Post-Dispatch*)、《密尔沃基日报》(*The Milwaukee Journal*)、《明尼阿波利斯星坛报》(*Minneapolis Star*)、《得梅因纪事报》(*Des Moines Register*)、《纽约邮报》(*New York Post*)、《印第安纳波利斯时报》(*Indianapolis Times*)、《旧金山观察家报》

（*San Francisco Examiner*）、《芝加哥每日新闻》（*Chicago Daily News*）以及《哈特福德新闻报》（*Hartford Courant*）。就连右翼（但仍保持孤立主义立场）的《芝加哥论坛报》也警告说，如果美国不从越南撤军，那很可能就会被赶出来。该报编辑抱怨说："如此讽刺的鲁莽行为在美国的全球干预和对外援救的曲折历史上很罕见。"[48]

但是，民众和媒体都相当善变，并且至少在短时期内很容
172 易被操纵，尤其是在事关战争与和平的问题上。非同寻常的是，约翰逊这位伟大的政治操盘手，居然怀疑自己能否为和平解决赢得民意。公平地说，他可能会收到非常尖锐的反对意见。共和党人斯特罗姆·瑟蒙德（Strom Thurmond）、理查德·尼克松，当然还有巴里·戈德华特（Barry Goldwater），一直在呼吁不惜一切代价争取胜利。在这个时期，戈德华特在一次演讲中严厉谴责约翰逊政府的"让步策略"，并警告说："要勇于承认，不要有意掩饰，我们正在越南打仗。可是总统作为我们的三军统帅，竟然不肯说，注意啊，是不肯说，我们的最终目标是否是胜利。"[49]外交政策建制派虽然灵活，但比其他群体更为强硬。该群体的非官方主席、前驻德国高级专员约翰·J.麦克洛伊（John J. McCloy），曾任美国外交委员会和福特基金会（Ford Foundation）的主席，他认为越南是冷战中的一次"关键的"考验。"你必须这么做，你必须去进攻"，他坚持道，我们要集思广益，众志成城。[50]鹰派报纸如《洛杉矶时报》《波士顿环球报》（*The Boston Globe*）、《西雅图时报》（*The Seattle Times*）、《达拉斯晨报》（*The Dallas Morning News*）、《堪萨斯城市星报》（*The Kansas City Star*）以及《圣路易斯环球民主报》（*St.Louis Globe-Democrat*）都使用雅尔塔后的"背叛"这样的言语来施加压力。乔·奥尔索普（Joe Alsop）在他的专栏中动辄就拍着胸脯支持战争，就像李普曼劝说谨慎行事一样

频繁。为了让约翰逊清楚，如果他选择和平道路会面临什么后果，奥尔索普强调，在南越的失败意味着“我们在二战和朝鲜战争中为之奋斗的一切”都将付诸东流。[51]

这时就战争的利弊进行一场真正的辩论是可能的，但约翰逊莫名其妙地似乎比起秘密战争更害怕公开辩论。当然，谁都没法预测这样一场辩论的结果，但人们很难理解，为什么约翰逊会认为，如果他选择撤军，自己就会处于不堪一击的绝境。在 1964 年选举中取得压倒性胜利后，副总统休伯特·汉弗莱（Hubert Humphrey）告诉总统，1965 年对“约翰逊政府来说将是政治风险最小的一年”，约翰逊几乎可以做他想做的任何事。[52] 麦克乔治·邦迪后来承认，如果约翰逊“认定正确的做法是减少我们的损失，他完全有能力以一种不会破坏‘伟大社会’计划的方式做到这一点”。[53] 威廉·邦迪（William Bundy）是这场战争的主要设计师和最热情的支持者之一，他基于关于这个问题所有相互冲突的立场和观点最终得出结论：约翰逊本可以引导公众舆论“走向他选择的任何道路”。[54]

但在政治上，选择和平的道路显然需要更大的勇气，因为 173
这会招致鹰派的攻击，需要总统及其手下进行激烈的辩护。讽刺的是，选择战争就能使反对者败下阵来，并让鸽派对手走投无路。而且，战争似乎更符合约翰逊自己的自我形象，他一直没能将其与美国的自我形象区分清楚。当他对即将在越南面临的危险感到痛苦时，约翰逊用他的对手可能会在他选择和平而不是战争时利用的论据来嘲弄自己。考虑到在 20 世纪 60 年代初，美国政坛上强硬的反共产主义共识，任何一位政治家如果在面对共产党的挑战时公开主张克制态度，都会面临巨大的政治风险。作为参议院多数党的领袖，约翰逊曾目睹并参与关于朝鲜战争和所谓的金门马祖危机（Quemoy and Matsu crisis）的辩论，并且毫无疑问地注意到，在 1960 年的竞选中，当民主党的约翰·F. 肯尼迪在一次总统辩论中利用金门马祖危机时，副总统尼克松所暴露出的软肋——尼克松因不能泄露机密而无法自由地作出回应。[55]约翰逊自己的心理是反共意识形态与得克萨斯大男子主义不稳定的混合物，他绝对不会批评当时外交政策上的共识。对共产党的强硬态度——至少也要持有这种观念，就像肯尼迪总统在古巴导弹危机中所表现出来的那样——是美国政治家在 1964 年可以采取的最无可争议的立场。特别是对于一个无法将自己的男子气概与自尊心和国家尊严区分开的领导人来说，积极主张开战是唯一普遍认同的证明自己的方式。

当参议员拉塞尔警告约翰逊在越南等待美国的将是战争的泥潭时，约翰逊回答道："所有参议员都在说，'我们行动吧，我们进军北方吧'。他们难道不会弹劾一个选择逃跑的总统吗？"[56]他抱怨道："逃跑并让多米诺骨牌倒塌——全能的上帝啊，他们重提当年我们撤离中国一事将只是开始……我看到，[理查德·]尼克松今天提到了这档子该死的事。[巴里·]戈德华特也是……"这的确是事实。在 1964 年春天，多米诺骨牌理论被认为是一个无可争议的政治现实，约翰逊如果无视它，就可能会面临巨大的风险。戈德华特有望被提名为共和党总统候选人，他 5 月份就曾在国家电视台上批评总统，尖锐地指出："我认为首要的决策就是我们要赢得这场战争"，他还建议轰炸桥梁、道路以及其他一切从北越通往南越的补给线。[57]约翰逊告诉拉塞尔，他在前一天晚上一直与自己的一位多年好友、得克萨斯州的贸易商 A.W. 穆森德（A. W. Moursund）交谈，穆森德坚持认为："该死的，没有什么能像临阵脱逃那样
174 迅速毁了你。"当约翰逊反驳说，"是的，但我不想杀戮这些人"，穆森德劝告总统说："我才不在乎。我不想在朝鲜杀人，但如果你不坚定地捍卫美国……"穆森德强调说："约翰逊城

（Johnson City）的人除了懦弱什么都能原谅。”[58]

尽管他知道在越南等待他和美国的危险，但总统还是摆脱不了自己老朋友观点的逻辑。约翰逊后来对卡恩斯抱怨说：“如果我放弃那场战争，让共产党接管南越，那么我就会被视为懦夫，我的国家就会被看作绥靖主义国家，到那时我们都将发现，我们不可能在全世界任何地方为任何人做到任何事。”在共产主义革命在中国取得胜利后，他在国会目睹的那场龌龊的争论给他留下了难以磨灭的记忆，前车之鉴警告他，若是容许亚洲国家“走向共产主义”，一位民主党总统将落得何等下场。

> 我对历史经验的了解告诉我，如果我撤出越南，任由胡志明穿行在西贡的街道上，那么我就是在重蹈张伯伦在二战期间的覆辙……这将在国内引发一场无休止的辩论——一场刻薄且具有破坏性的争论——它将摧毁我的总统生涯，扼杀我的政府，破坏我们的民主。我知道，哈里·杜鲁门和迪安·艾奇逊从共产党统治中国那天开始就失势了。我认为，在中国问题上的失败极大地推动了乔·麦卡锡的崛起。我也知道，所有这些问题加起来，与我们失去越南可能会造成的后果相比，简直就是小巫见大巫。[59]

约翰逊在作有关越南的决策时总对这些问题提心吊胆。1965年，当乔治·鲍尔警告他，美国校园里正在兴起反战浪潮时，总统反驳道：“乔治，别去管校园里那些小混蛋的胡闹。最大的敌人是这个国家中的保守分子。他们才是我们必须惧怕的人。”[60]

约翰逊之所以惧怕，部分是因为他担心任由共产党军事接管南越对国内的反响，部分是因为这可能会给他的政治声誉造

成损害，还有部分是因为他无法把自己的声誉与美国的声誉区分开来。这位前参议院多数党领袖目睹了乔·麦卡锡的兴衰浮
175 沉，他不想让曾烧毁杜鲁门政府的炮火再危及自己的政府。在宣誓就职后几个小时内，约翰逊总统就承诺将继续执行约翰·肯尼迪的政策，“从柏林到南越”。[61]肯尼迪遇刺后不到两天，约翰逊就发表了他的第一份战争声明，并且在措辞中没有留下任何模糊的空间。“我不会失去越南”，他说，“我不会成为眼看着东南亚走上中国所走的那条道路的总统”。[62]

约翰逊也非常清楚，公开场合下，肯尼迪在越南问题上从未偏离过鹰派路线。虽然这位被刺杀的总统有时确实私下向内部人员表达过自己的疑虑，甚至有可能启动过在1964年大选之后开始撤军的进程，但他在世时从未向记者或者可能会泄密的人透露过这些计划。[63]与此同时，肯尼迪在执政期间相当公开地大力扩大美国对南越的责任，并派林登·约翰逊到南越向南越领导人传达美方对他们坚定不移的支持。林登·约翰逊告诉媒体，他认为吴廷琰是“东南亚的温斯顿·丘吉尔”，而他在私下里却承认说：“该死，吴廷琰是我们在那儿唯一靠得住的人。”[64]就在他去往达拉斯几个星期前，肯尼迪告诉切特·亨特利（Chet Huntley）和戴维·布林克利（David Brinkley），“如果南越丢了，那么游击队就会畅通无阻地进攻马来西亚”，这会“给人一种印象，即东南亚将是另一个中国，并将淹没于共产主义的大潮之下”。在肯尼迪遇刺几小时之后，约翰逊宣誓就职总统，并承诺将坚定不移地坚持肯尼迪的路线，包括“在越南坚持到底”。[65]

驱使约翰逊发动战争的另一个恐惧因素是，他因遇刺总统的弟弟、时任司法部部长的罗伯特·肯尼迪的野心对他构成的政治威胁而产生的心理困扰。总统的忧虑尽管也有道理（肯尼迪确实厌恶他，而且乐见约翰逊下台），但也暴露了他一定

程度的偏执，这损害了他通常敏锐的政治直觉。约翰逊担心如果他不走战争这条路，罗伯特·肯尼迪就会称他为“懦夫”和“叛徒”，而事实上，罗伯特最终还是这么做了，因为约翰逊在战争开始在国内造成分裂很久之后仍坚持继续作战。

约翰逊对这件事的忧虑，也被他从肯尼迪总统那里继承的外交政策顾问加强了，但这些所谓的智囊团成员并没有给理查德·拉塞尔留下什么好印象。这些人的才智、社会经验、精英管理成就以及他们之间的紧密联系都远远超过约翰逊，这位被唬住的总统是个出身得克萨斯州圣马科斯市西南州立师范学院（South West Texas State Teachers College）的穷困毕业生，即使按照当时的标准，这也是一所三流学校，在约翰逊就读期 176
间，这所学校只有一位教师拥有博士学位，其他 56 位教授根本就没有学位。[66] 而且，约翰逊察觉到在东部建制派知识分子中存在着歧视南方人的偏见，他对此的敏感程度超过了一般单纯的强迫症患者。在围绕国内立法协调进行政治安排方面，约翰逊是一位自信的大师，但在外交政策领域，他感到自己十分稚嫩。总统对自己的知识匮乏和（相对）较弱的教育背景深深地感到不安。约翰逊的前任总统在哈佛大学受过教育，他所选用于指导美国国际关系的顾问们也都拥有高学历，事实证明，约翰逊特别容易接受这些人的建议。

总统的班底

约翰逊强迫自己讨好那些他认为在某些无法替代的方面比自己更“优秀”的人，这就可以解释他为什么以如此诡秘且自我毁灭的方式投入到战争中。除了乔治·W. 鲍尔（Goerge W.Ball）之外，那些奉劝他保持克制的朋友和顾问都是约翰逊的好友和参议院的同事：詹姆斯·威廉·富布赖特、迈克·曼斯菲尔德、理查德·拉塞尔、副总统休伯特·汉弗莱、民主党的资深顾问克拉克·克利福德，以及年轻的神童比尔·莫耶斯（Bill Moyers）。这些人都清楚赢得选举的重要性，也明白需要推行那些能够被选民理解和认可的政策。他们对国外的共产主义或国内的反共产主义几乎不抱什么天真的想法。但比起他们熟悉的国内的政客，他们更怕他们不了解的魔鬼，即在中南半岛的丛林中展开的陆地战争。约翰逊认为这些人知道的他都懂，其中有些人是他培训的，另一些人则培训过他。他不需要他们的认可，当他们的结论与自己不一致时，他觉得没有必要怀疑自己的判断。他们都曾在同一条赛道上，但只有林登·约翰逊成功当上了总统。

但肯尼迪的手下完全是另外一类人。他们是冷静而自信的知识分子，相信自己能够从容高效地指挥一场亚洲的陆地战争，就像他们最近在处理古巴核危机时那样。几乎没有什么他们不了解或最终无法解决的棘手问题。他们欢迎危机，尤其是外交危机，因为他们相信自己解决危机的能力，也因为他们知道庞大的官僚机构需要通过重大事件的刺激来走向一个更有活力的方向。古巴危机后，他们几乎陶醉于自己解决惊天动地的重大事件的集体能力。他们刚刚赢得了一场与共产党国家的核
177 对决——他们中的大部分人都如此认为——而且他们秘密完成了此事，没有得到约翰逊副总统太多的帮助。因此，他们不想任由落后的农业社会领导人摆布。约翰逊非常渴望这些人尊重他，即便这意味着他要卷入一场灾难性的战争。

对于那些被他识破弱点的下属，他都颐指气使，而对于那些在某些方面让他感到自卑的人，约翰逊则会阿谀奉承。仅就声望而言，肯尼迪集团就让他十分担忧。肯尼迪的国家安全事务顾问麦克乔治·邦迪是耶鲁大学的毕业生、美国大学优等生荣誉协会（Phi Beta Kappa）的成员，还是哈佛大学文理学院最年轻的院长。尽管他也有一些忧虑，并偶尔用非常委婉的言

辞向约翰逊表达自己的担忧，但邦迪倾向于支持战争，不只是出于战略上的考虑，也有政治上的原因。早在1964年他就劝告总统：“作为一名前历史学家……中国的失陷之所以会给杜鲁门和艾奇逊带来政治上的灾难，是因为大多数美国人都认为我们本可以而且应该作出更多的努力，阻止这件事情发生。如果我们在西贡率先放弃的话，这种政治灾难又会重演。”[67]除了货真价实的学术文凭，邦迪还写过一本书，在这个问题上为艾奇逊辩护，由此提高了他的历史解读的可信性。

加入邦迪支持战争一派的还有国务卿迪安·腊斯克，他也是美国大学优等生荣誉协会的成员、罗德奖学金（Rhodes Scholar）获得者，以及洛克菲勒基金会（Rockefeller Foundation）的前主席。腊斯克作为一位外交家，除了秘密参与古巴导弹危机解决过程外，很少在外交上发挥作用。当约翰逊在犹豫应该升级战争，还是接受乔治·鲍尔的一项提议寻求撤出战略时——某种程度上是因为美国的盟友都一致反对美国开战——腊斯克回答说：“重要的是说服共产党的领导人，而不是担忧非共产党国家的意见。”作为西方联盟中最重要的国务卿，说出这种言论真是让人惊愕。[68]作为一个狂热的反共分子，腊斯克曾经对一名英国记者说：“要是苏联人打到了英国的萨塞克斯地区，别指望我们会来帮助你们。”[69]考虑到他的偏见和个人风格，腊斯克乐于将自己与自己领导的部门完全置于国防部之下，从而使约翰逊无法作出任何有价值的投入用以弥补在欧洲和其他地方的战争导致的外交损失。

毫无疑问，让总统印象最深刻的人是罗伯特·麦克纳马
拉。他毕业于哈佛商学院，曾是福特汽车公司的总裁，即使在 178
这个如此显赫的公司里他也是个沉着自信、处事不惊的人物。作为“无所不能”的终极执行者，他可以将任何问题简化为数值输入和输出。麦克纳马拉对于犹豫、猜疑和灰色地带表现得

很不耐烦。有问题，就会有解决办法，就是这样。现在的问题只是把所有的信息放在正确的位置，并确保答案被自由地传递给需要它们的人。

麦克纳马拉和林登·约翰逊一样，也有说谎的强迫症。他对一群人讲一套故事，然后转身又在暗地里解释说真实的情况与此相反。有时候他自己也忘记了哪种说法才是真实的，因此他必须经常为自己不合逻辑的主张辩解，好让自己显得一贯正确。

罗伯特·麦克纳马拉把国防部当作世界上最大的私营公司来管理——事实上，如果它是私营公司，确实会是最大的一个——因此忽视了本部门独有的特点和使命。此外，麦克纳马拉对待美国人民的态度，就像一个成功的首席执行官喜欢向令人讨厌的股东展示的那种蔑视。在他的观念里，美国人有权知道他选择提供给公众的信息，仅此而已。遗憾的是，他忽视了支配所有信息系统的基本规则："无用输入，无用输出"。当轮到评估他策划和发动的战争的进程时，麦克纳马拉忘记了，他几乎从冲突发生的第一天起就在捏造事实、掩过饰非，有时还公然撒谎。他还忽视了一个因素，即因为他向军方施加巨大的压力要求就取得的明显进展作汇报，导致许多向他汇报的各级人员也编造信息。例如，早在 1962 年 3 月，英国官员听到美国驻南越大使弗雷德里克·诺尔廷（Frederick Nolting）告诉英方，他因为需要展示成果而感到有压力时，这让他们非常震惊。[70] 但是人性就是如此，麦克纳马拉开始相信自己的谎言，以及他鼓励别人告诉他的谎言。在他 1999 年出的研究越战的书《无尽的争论：探寻越战悲剧的答案》（*Argument Without End: In Search of Answers to the Vietnam Tragedy*）中，麦克纳马拉似乎在暗示，如果他知道北部湾事件的真相，美国可能就不会走向战争。但是，如果这位国防部长在建议林登·约翰逊采取一系列草率的军事和政治行动前就认真调查危机的真相，那么他本可以在危机发生几天内就发现真相。[71] 事实上，这个越南战争背后伟大的数字思维头脑在一座庞大的信息大厦之上建立了一套完整的分析系统，但即使是一次最粗略的审计也足以让这座大厦崩塌。这次对系统分析错误的应用以及约翰
逊对它不自觉的依赖所带来的不可估量的代价很快就会为世人 179
所知。

然而，对于林登·约翰逊而言，罗伯特·麦克纳马拉就是权威，是他所认识的“最聪明的人”，他一出现人们“好像就能听见电脑的咔嚓声”。参议员拉塞尔提到过麦克纳马拉对总统的“催眠作用”，约翰逊的助手哈里·麦克逊（Harry McPherson）也说：“约翰逊处处都在抬高并提拔麦克纳马拉……毫无疑问，他是在努力争取［肯尼迪的手下］成为他的朋友和支持者。”[72] 约翰逊甚至考虑过给麦克纳马拉设立一个类似总理的职位，以便麦克纳马拉对国内外政策的各个方面都能施加影响。参议员曼斯菲尔德对战争的走向感到担忧并建议约翰逊向“那些过去向你施压走向这条路，现在仍在向你施加压力继续走下去的人”讨个说法，要求他们解释“这场战争在狭义的军事意义上有什么直接的好处，以及它最终将走向何处？”约翰逊几乎将这位多数党领袖的建议视为背信弃义。他的答复只有一句：“我认为鲍勃·麦克纳马拉是美国历史上最出色的国防部长。”[73]

这些人组成了腊斯克所说的“战争核心内阁”或者有人所称的“无敌四人帮”。正如汤姆·威克（Tom Wicker）所言，约翰逊环顾四周，“在鲍勃·麦克纳马拉身上看到战争在技术上的可行性，在麦克乔治·邦迪身上看到了战争在理智上的重要性，在迪安·腊斯克身上看到了战争在历史上的必要性”。[74] 麦克纳马拉、邦迪和腊斯克还与自由主义建制派的核心搭建了

联系，包括顶尖常春藤盟校的教授、《纽约时报》的顶级编辑以及美国外交关系协会的主要官员，这只是有助于他们打击总统在处理外交事务上的自信心。他们的强硬态度之所以对约翰逊意义重大，部分是因为约翰逊对他们中的许多人都抱有敬意，以及这样的态度默许无视许多知识界人士对他的战争政策日益强烈的抗议。

尽管罗伯特·麦克纳马拉后来试图把自己描绘成怀疑派人士，甚至在事件发生 40 年后，胆敢把自己比作一位在五角大楼前以自焚抗议战争的贵格会抗议者，但事实证明，他曾坚持不懈迫使约翰逊升级战争。例如，根据谈话录音，在 1964 年 6 月，当约翰逊提到有人建议他考虑撤退时，麦克纳马拉立即反驳道——历史学家迈克尔·比齐罗斯（Michael Beschloss）认为他在“逼迫”总统——“我就不相信我们能被赶出那里，
180 总统先生。我们决不能允许这种事发生。你不会希望后人记住你曾……”在麦克纳马拉讲完“把越南输给共产党”或相关类似的警告之前，[75] 总统打断他说：“完全不”。麦克乔治·邦迪表示赞同并向总统保证，要求在越南开战的“戈德华特群体远比小打小闹的教授们”人数更多、势力更强且更加危险。[76] 长期担任约翰逊助手的比尔·莫耶斯后来回忆说，私下里“约翰逊会看着他周围的肯尼迪人马，比如罗伯特·麦克纳马拉，麦克乔治·邦迪和迪恩·腊斯克，若有所思地说，如果他采取某种在他们看来比较柔和的立场，这帮人会怎么想”。[77]

对他在不同选择之间作出抉择的能力十分不利的是，约翰逊把几乎所有的不同意见都视为不忠，他是一位以把个人的忠诚看作一切而出名的政治家。他曾经对一位助手说，“我不要一般的忠诚，我要的是死心塌地的忠诚。我想让他在正午时分在梅西百货的橱窗前亲吻我的屁股，并告诉我它闻起来像玫瑰花。我要把他的命根子捏在手里”。肯尼迪人马在这方面努

力地证明自己，并基本上取得了成功。“如果你让内阁中的这些年轻人为他们的总统赴汤蹈火，鲍勃·麦克纳马拉会第一个这样做”，约翰逊可能会这么想。“而且我也不必担心腊斯克，腊斯克没有问题。”[78]（对于邦迪他从未如此肯定。）约翰逊迷恋忠诚的一个不良后果就是，这不仅要求他的助手们打消对其政策的质疑，还要求他们扼杀说真话的良知。1965 年 2 月 17 日，副总统汉弗莱给他的上司递交了一份勇敢的备忘录，这份文件是他和国务院情报研究局局长托马斯·休斯（Thomas Hughes）一起起草的。汉弗莱在备忘录中提出，对北越的大规模攻击会破坏本届政府在全球范围内的外交政策。他列举了哈里·杜鲁门在朝鲜战争中付出的政治代价，并指出美国在越南取得“成功的概率非常小”。他奉劝总统减少损失，寻找脱身的办法。约翰逊对此暴跳如雷，并迅速作出回应：在几个月内不允许副总统参加国家安全委员会的所有会议。[79]

如果林登·约翰逊决定在战争问题上或其他任何问题上说谎，他的助手和盟友就要作出选择：要么跟约翰逊一起说谎，要么辞职回家。如果他们选择辞职，最好悄悄地离开，而不是大张旗鼓地公开关于政策的原则性分歧。在总统认定麦克纳马拉在越南政策上不可靠，并决定“提拔”他就任世界银行行长后，麦克纳马拉给约翰逊写了一封信，他在信中非常动情地写道：“您领导的这届政府在民权、卫生和教育领域都取得了突破性进展，能在这样的政府里工作，没有人会不感到骄傲。”他所列举的领域中很显然缺少外交政策。麦克纳马拉 181
在信的结尾补充说：“我不会说再见，您知道我会恭候您的召唤。”[80]因为原则问题而辞职，这在美国政府的历史上很罕见，在约翰逊的世界里，一个人可以忠于理想而不是忠于个人这一观念并不存在。林登·约翰逊把一切都看成个人行为。

最后，在探讨林登·约翰逊在越南发动战争的决定时，很难忽略约翰逊性格中带有种族色彩的大男子主义因素，这种因素驱使他投入战争。尽管这种特征在他那个时代和地方的男人身上并不少见，但在约翰逊身上这种特点体现得尤为突出。[81] 在林登·约翰逊时期的美国，精心打造的好莱坞影星约翰·韦恩（John Wayne）的形象和约翰·肯尼迪的形象非常相像，总统则证明了传奇人物韦恩几乎能代表20世纪美国的任何一位政治家。约翰逊偶尔会编造他的家族史，说他的祖父在阿拉莫之战（Alamo）中为国捐躯，他似乎觉得没有人敢去查看档案。［当一位作家真的查看档案时，约翰逊又用另外一个谎言进行反击，这次他又谎称他的祖父曾参与圣哈辛托战役（San Jacinto）。］他让新闻秘书“树立一个骑在马背上身材高大、意志坚定的得克萨斯人形象”，尽管他的骑术并不好。在多米尼加危机期间，这位美国总统指示一位即将要与多米尼加叛军首领谈判的助手：“告诉那个狗娘养的，我可不会像年轻人一样怕事。”当参议院多数党领袖麦克·曼斯菲尔德建议让越南中立化时，约翰逊轻蔑地回应道：“他没骨气。”[82] 当他的政府成员中有人开始在战争问题上表现出鸽派倾向时，约翰逊也轻蔑地说道：“该死，他跟个娘们儿似的。”[83] 关于越南，他向记者吹牛：“我不仅整了胡志明，我还阉了这崽子。”[84] 传记作家罗伯特·达莱克（Robert Dallek）讲过一个可怕得令人难以置信的故事：有一次，一群记者追问约翰逊为什么他认为必须继续在越南的战争，据说这位美国总统“拉开裤子的门襟拉链，掏出他的命根子，宣告说：‘这就是原因！’”[85]

从种族上来说，东南亚人的“他者性”使约翰逊无法理解他们，只能把他们看作是对美国世俗利益的潜在威胁，就像约翰·韦恩经常在荧屏上与之搏斗的印第安人，或者像在约翰逊成长期间密集地居住在美国西南部的墨西哥人。约翰逊警告说要提防后者：“如果你不注意，他们就会进入你家院子，如果

你不阻止，他们就会占据它。第二天他们会出现在门廊上，光 182
着脚，拖着重达130磅的身子，接着占领门廊。但如果你一开始就对他们说：‘站住，等一下’，他们就会明白他们面对的是一个懂得反抗的人。此后，你们就会相安无事。”[86]

无论最直接的动因是什么，这些因素的某种组合影响了林登·约翰逊，进入他的内心，使他甚至无法想象向国民坦白8月4日在北部湾发生的真实情况，并在对事件本身知之甚少的情况下，下令美国轰炸机发动袭击，然后要求国会授权发动战争。

决定去欺骗

当然不能说，林登·约翰逊的恐惧与不安全感是导致美国进军越南发动战争的唯一原因。就像冷战本身一样，美国卷入越战有某些历史必然性。虽然有些肯尼迪的党羽坚称，这位遇刺的总统曾计划在1964年选举结束后就撤出越南，但事实上他的很多顾问已经达成共识，决定背道而驰，而且许多共和党人也在大声疾呼，要求采取最强硬的应对措施。这意味着任何一位冒险挑战他们的总统，必须做好耗费巨资以遏制潜在的政治损害的准备。虽然很多民众对此事漠不关心，但几乎没有美国人相信，美国在这个时期可能会输掉这样一场战争，或者在没有胜利的情况下撤军。[87]即使是约翰·肯尼迪，要把南越放手让给北越，也需要拿出比当年通过秘密谈判解决古巴导弹危机时更大的勇气。毕竟，他不能像掩饰他在古巴问题上作出的妥协一样掩饰这样一次“失败”。而约翰逊不由自主地将肯尼迪在古巴的辉煌时刻与他自己在越南为争取胜利而进行的斗争联系起来，他在许多场合表现出了这一点。在两人一次罕见的慷慨交流中，当罗伯特·肯尼迪建议约翰逊读一段关于美国内战的历史时，约翰逊作出了发自肺腑的回应，他在开头没有提到林肯或李将军，而是提到了肯尼迪以及“古巴导弹危机的苦难”。[88]

与约翰逊相比，肯尼迪对外交政策的兴趣更大，也能更为精明老练地评估美国在试图影响于其总统任期内发生在世界各
183 地的冲突的结果或远离冲突方面的作用。他在承认自己的失误并努力从中吸取教训方面也做得比约翰逊好，猪湾事件的惨败就是最好的例子。最后，不同于约翰逊，肯尼迪能够听取与自己持不同看法的人的意见，并相应地调整自己的观点。以赛亚·伯林（Isaiah Berlin）爵士曾这样评论肯尼迪：“我从未见过像约翰·肯尼迪那样会聚精会神地倾听别人说的每一个字的人。而且他总是非常恰当地予以回应。他的脑子里显然没有什么想要阐述的想法，或者他只是把别人的话当作表达自己想法的契机。他会真的认真倾听别人说的话，并作出回应。”[89]

此外，肯尼迪对古巴导弹危机的处理也证明，当涉及冒险使用武力时，他不太可能被助手的强硬立场所左右。正如詹姆斯·赖斯顿在宣布和解的第二天，即 1962 年 10 月 29 日，所说的那样，肯尼迪认为这场危机“不是一场伟大的胜利，而仅仅是‘冷战’中一个孤立地区的一次体面的和解”，并以此“驳斥了传统的‘强硬派’结论，即美国在世界各地与莫斯科打交道的方式应该像在古巴一样‘强硬’”。[90]虽然约翰逊（就像迪恩·腊斯克那样）愿意支持秘密进行导弹交易，但他的公开声明却极其果断强硬。

肯尼迪总统会不会认识到，试图按照我们的意愿塑造中南半岛是愚蠢的？他是否会向美国人民交代其决定的原因？当然，我们永远都不可能知道这些问题的答案。但种种迹象表明，他至少会避免约翰逊在越南问题上所犯下的诸多致命的政治错误，这些错误迫使约翰逊为了掩盖最初的谎言不断地说谎。

约翰逊越南政策的最大缺陷，也是他在历史的审判中最明显的罪过，就是他坚持不允许就发动战争的利弊展开公开的对话。当林登·约翰逊最终得出结论，他别无选择，只能在越南孤注一掷时，他没有勇气向国民坦诚交代自己的决定。因为比起发起战争的主张本身，约翰逊更惧怕就战争问题展开民主辩论。一方面，就像这位总统告诉理查德·拉塞尔的那样，他“担心如果我们在没有国会授权的情况下采取行动，会引起更多人的愤怒，招致许多通常支持我们的人的反感”。但“另一方面，如果我们要求授权”，约翰逊抱怨拉塞尔的参议院同僚道，“一想到他们可能会辩论很长一段时间，我就会不寒而栗，而他们很可能会这么做。所以我认为这不是个明智的选择”。[91]
在这个问题上，约翰逊再次严重依赖了肯尼迪智囊团，尤其是 184
麦克纳马拉的建议。这位国防部长在 1964 年春天告诉总统，他认为“对你而言，明智的做法是尽可能少地”[92]对国民谈论战争。约翰逊决定把这个世界上最早的民主国家秘密地拖入战争，这个决定不仅最终毁了他的总统生涯以及他利用权力为民谋利的梦想，而且也使美国人民曾经赋予他们选出的领导人的信任遭到损害。

约翰逊可能没有意识到他已经决定秘密地将国家带入战争，但如果没有这样一个有意识的决定，他采取的一系列行动就变得无法解释。1964 年 6 月，约翰逊在一次新闻发布会上被问到美国是否准备“把越南战争推向北方”。他断然否认有任何此类计划，然而参议员梅尔文·莱尔德（Melvin Laird，威斯康星州共和党代表）曾公开表示，麦克纳马拉已经向众议院委员会简单介绍了这么做的计划。[93] 9 月 28 日，在新罕布什威尔州曼彻斯特市（Manchester）的竞选活动中，约翰逊保证说：“我一直在努力做的事情就是，让越南的青年人配备我们的武器、按照我们的建议去打他们自己的战争。”他说他不认为，“我们已经准备好让美国的青年人为亚洲的青年人打仗”。接下来的一个月里，约翰逊在俄亥俄州的阿克伦市反复说，他不打算“把美国男孩派到离家九千或一万英里以外的地方，去做亚洲男孩应该为自己做的事情”，并得到了热烈的掌声。[94]但是，约翰逊已经作出承诺，而且尽管没有人公开讨论，但政府内部所有相关部门也都在运作此事。在约翰逊的脑海里，他似乎把参与战争当作唯一可以选择的路径。因为当他听到第一份关于 8 月那晚发生的北部湾事件事实不清的报告时，他几乎没有费心思去查清事件背后的真相。相反，他决定发起一场战争。

同时，在北部湾……

所谓的第一次袭击发生于 1964 年 8 月 2 日，当时一艘美国驱逐舰“马多克斯号”正在北部湾巡逻，这是一次名为“德索托巡逻计划”（DeSoto Patrol）的监视演习的一部分。“马多克斯号”7 月 31 日进入北部湾，然后开始在海岸巡逻。军方对这艘军舰的命令是，至少要保持离海岸线 8 英里，离近海岛屿 4 英里的距离。这艘军舰的指挥官、海军准将约翰·赫里克（John Herrick）不知道的是，就在一天前，由美国武装、训练和指挥的南越突击队已经袭击了北部湾内的两个岛屿，湄岛（Hon Me）和纽岛（Hon Ngu），这次行动称为“34-A 作
185 战计划”（Oplan 34-A）。这是到那时为止针对北越的最猛烈的袭击之一。突击队在 8 月 1 日和 8 月 2 日又发动了两次袭击。[95]

8 月 2 日下午，北越对美国的袭击行动发动反击，三艘北越鱼雷快艇突然从湄岛后面向“马多克斯号”射击。赫里克命令他的战舰驶向公海，但是三艘鱼雷快艇穷追不舍。赫里克在鱼雷快艇进入可反击范围之前就向它们开火，并同时向附近的

“提康德罗加号”（*Ticonderoga*）航空母舰求援，航母上的飞行员击沉了一艘鱼雷快艇，并使另外两艘失去战斗力，它们噼里啪啦地返航。[96] 尽管国会后来被告知，“马多克斯号”在北部湾的巡航和这次事件没有联系，但这是虚假信息。同大多数“德索托巡逻”舰艇一样，“马多克斯号”为其任务装备了移动通信拦截设备“通信车”（communications van），其接收器用来在海岸沿线截取北越通信信息。[97] 实际上在 1964 年 1 月，威斯特摩兰（Westmoreland）将军曾要求“定于 2 月进行的德索托巡逻行动应为即将开始的 34-A 行动提供重要情报”。在北部湾进行的该行动计划将“不迟于 8 月 11 日执行，其主要目的是查明北越的海岸巡逻活动”。[98]

尽管约翰逊对下级说过一些强硬的话，但他还是决定不进行报复性攻击。埃德温·莫伊兹（Edwin Moïse）关于北部湾事件的研究是迄今为止最详细和权威的一个，据他推测，美国国家安全局截获的情报肯定已经告知约翰逊总统，这次袭击行动是由一名指挥官下令的，而不是更高层的北越当局。美国国家安全委员会（NSC）的成员迈克尔·福莱斯特（Michael Forrestal）告诉麦克乔治·邦迪：“北越人似乎以为，那艘驱逐舰是这次行动的一部分……也有可能是河内故意下令袭击，以报复我们对岛屿骚扰。”[99] 事实上，埃德温·莫伊兹 25 年后在越南进行调查时得知，越南鱼雷快艇指挥官那边的情况也很混乱，当他们的上级发现他们在全速冲向“马多克斯号”时，曾向他们发出撤回命令。两份同时期的越南民主共和国（北越）的文件也证实了这一说法。[100] 同时，约翰逊希望树立一种有坚定决心的形象，与他预期的对手巴里·戈德华特被公认的好斗的特点形成对比。莫伊兹认为，麦克纳马拉曾把这些截获的情报交给约翰逊，这些情报表明这次“袭击”实际上是个失误，已被北越方叫停。无论如何，总统决定向河内提出正式抗 186

议。就在那天晚上，迪安·腊斯克在纽约发表讲话时说："如果不保持清醒施以控制"，1945 年以来的很多事件都可能导致战争。[101]

然而，在幕后，约翰逊正在让国会为军事回应做好准备。他打电话给罗伯特·麦克纳马拉，让他召集 15~20 位国会外交委员会（congressional Foreign Affairs Committee）高层人士，向他们预示总统要发动战争。"我想给人留下这种印象……就是我们非常强硬"，他解释道。"那些给我打电话的人想要确保我不会把他们拉出来，然后自己逃跑……戈德华特在大肆宣扬要打破他们的幻想。"[102] 事实上，约翰逊有史以来第一次通过"热线"和苏联领导人赫鲁晓夫联系，告诉他倘若再发生类似的事件，不要期望他还如此克制。更吊诡的是，就在同一天，政府官员批准了第二天晚上再次发动突袭作战计划。[103]

这些新的袭击发生在 8 月 3 日晚，南越的武装力量在美国顾问的指挥下，又策划了两次针对北越海岸线的快艇突袭。由于担心这次会遭到更严重的反击，已被告知突袭实情的赫里克指挥官断定，他的任务会带来"不可接受的风险"。他向总部发了一份密码电报，要求立即终止任务，但遭到在檀香山的上级的否决，上级认为这样一来就不能"充分展示美国在公海维护其正当权利的决心"。[104] 然而，在总统的亲自命令下，他们同意加强巡逻队的力量，又增派了一艘"特纳·乔伊号"驱逐舰（*C. Turner Joy*）让赫里克指挥。在后方的华盛顿——华盛顿时间比西贡时间晚 12 个小时——国家安全局的分析员收到的截获情报显示，北越即将对北部湾的美国驱逐舰发起一次袭击。[105] 美国国家安全局立刻通知五角大楼，五角大楼又转达给赫里克舰长，在越南的赫里克当晚早些时候收到了消息。同时，约翰逊在华盛顿正在指示邦迪和麦克纳马拉做好准备盯准北越目标，万一北越方面再次发动袭击，好予以反击。两人都向总统保证已做好准备。[106]

1964 年 8 月 4 日的无月之夜，在赫里克收到五角大楼的警告后仅仅一个小时，事件似乎已到千钧一发之际。“马多克斯号”开始向檀香山的总部发送报告，说它遭到北越舰队“持续不断的鱼雷攻击”。这 21 封鱼雷袭击报告都是由两年前入伍的 23 岁声呐兵戴维·E. 马洛（David E. Mallow）发出的。187
马洛在自己的岗位上极其缺乏经验，而且从未遇到过这样的情况：因为北部湾的天气模式诡异多变，再加上船只本身发出的噪音和干扰，识别声呐信号就变得非常复杂。当马洛认为自己发现了鱼雷袭击时，立刻向“特纳·乔伊号”发出警报，“特纳·乔伊号”随即开始了连续四个小时的射击。然而“马多克斯号”却没有发现任何反击目标。派驻在“特纳·乔伊号”的声呐兵们没有探测到来袭的鱼雷，那天晚上从附近的“提康德罗加号”和“星座号”（*Constellation*）航母上起飞的美国飞行员也都没发现有任何敌舰。

在一片混乱中，“马多克斯号”上的一名火炮手接到命令，险些扣动自己手中的五管六英寸火炮的扳机，后来发现目标竟是“特纳·乔伊号”。“如果我开火了”，他后来说，“会彻底把它炸飞”。[107]

在华盛顿，国防部长麦克纳马拉在上午 9 点收到所谓的袭击报告。12 分钟后，他打电话给约翰逊，此时约翰逊正在和民主党的国会领导人开会，筹划即将发布的《民权法案》。现在，五角大楼内部有一项基本规则，即假设所有来自战区的第一份报告都是不准确的，麦克纳马拉是否知道这一点不得而知。战争的迷雾，甚至还有对战争的预测，往往让人无法看清情况。“他们袭击了？”据当时在场的众议院多数党领导人卡尔·阿尔伯特（Carl Albert）说，约翰逊在听到所谓的袭击时咆哮如雷。麦克乔治·邦迪建议总统在贸然行动之前稍做等待，但是约翰逊全然不顾。约翰逊对麦克纳马拉说："现在我告诉你我想要什么，我不但要摧毁那些袭击'马多克斯号'的巡逻艇，我还要摧毁那个海港的一切；我要让整个工程灰飞烟灭。我要给他们一个真正的教训。"[108]

尽管约翰逊直到那天晚上才下达最后的进攻命令，但在五角大楼工作的亚历山大·黑格总结说："将要发动空袭这一点，是毫无疑问的。"到上午 10 点，麦克纳马拉的办公室里有一个"行动小组"正在认真研究选定的轰炸目标。[109] 麦克乔治·邦迪说，决定进攻方针的那场午餐会议的"特点是严谨、清晰且没有重大分歧"。[110]

在作出决定后，约翰逊立刻问他的国会说客劳伦斯·奥布莱恩（Lawrence O' Brien）："今晚轰炸越南人会对［《民权法
188 案》］产生什么影响吗？我想［国会］会更不愿意投票反对总统吧。"奥布莱恩明确回答说："这当然不会对我们有所伤害。"助手肯尼思·奥唐纳（Kenneth O' Donnell）也回忆说，总统"非常想知道这件事的政治后果，他还非常认真地问我，我对他决定进行军事报复的政治态度……他的对手是巴里·戈德华特，对林登·约翰逊的攻击将来自右翼和鹰派。他肯定不想让他们指责他摇摆不定，也不想成为一个优柔寡断的领导人"。[111]

公正地说，约翰逊在同一天还在处理另外一场危机。詹姆斯·切尼（James Chaney）、安德鲁·古德曼（Andrew Goodman）和迈克尔·施沃纳（Michael Schwerner）这三位在密西西比州失踪的年轻"自由骑士"被发现已遇害，这引发了一场政治风暴，使约翰逊在南部各州和平消除种族隔离的各种努力受到严重影响。但是，总统的顾问们非常清楚，他完全没有兴趣了解那天晚上发生的混乱事件的相关报告可能存在的任何问题。他煞有其事地警告获知这个事件的国会领导人，不要对媒体泄露任何信息，比如"我们的人正漂浮在水中，等

等”。他还描述了一个比他的实际计划更温和的反击计划：“我们可以夹着尾巴走人。但如果我们逃跑了，这些国家就会觉得，他们只要朝着星条旗开一枪，就会吓到我们。”[112]

麦克纳马拉呈交给约翰逊的那份报告很快就受到了质疑。几乎就在发出关于所谓袭击的警报后，赫里克又立马发送了另一份报告，内容是：“重新审查发现，报告中所提到的诸多双方接触和鱼雷袭击存在问题。恶劣的天气对雷达的影响以及过于急切的声呐兵可能是造成诸多此类问题的原因。‘马多克斯号’没有实际观察到任何可疑状况。建议全面评估后再采取进一步行动。”[113]这份报告让五角大楼陷入恐慌，双方频繁地互发电报。据一位在场者回忆，“所有人”都在直接向赫里克提问。盘问的电报往来之快，通讯员都来不及译码。在经受了五角大楼狂轰滥炸的尖锐盘问之后，赫里克又发了一份新报告，他再次推翻了自己的说法。这份报告写道：“进一步调查显示，‘特纳·乔伊号’曾被探照灯照射并遭到小口径火炮的射击。‘特纳·乔伊号’追踪到两条鱼雷尾迹，射击13个目标点，正面命中一个，击沉一个，可能击中三个。”但赫里克继续表示：“‘特纳·乔伊号’也报告说没有目击敌方目标或航迹。报告中没有提到是否有人目击飞行器，但就算有似乎也很少。整个行动留下了许多疑团，唯一能肯定的是，对方在开始时明显有伏击我们的企图。建议在白天用飞机进行全面彻底的侦察。”[114]詹姆斯·B. 斯托克代尔（James B. Stockdale）从“提康德罗加号”航母上起飞，“以最好的视角去侦测船只”，他从“马 189
多克斯号”和“特纳·乔伊号”上方飞过，海面上没有烟雾或海浪遮挡视野，但他“什么都没看到”。“没有船舰，没有航迹，没有舰船的跳弹，没有舰船的炮火，没有鱼雷尾波，什么都没有，只有黑海和美国军舰”。当斯托克代尔得知赫里克的电报对这次袭击提出疑问时，最初松了一口气。他想：“至少在海湾地区有一位准将敢于对搞砸了的事情提出质疑。”遗憾的是，第二天早上有人叫醒他，告诉了他发动报复性袭击的命令。“报复什么？”斯托克代尔反问。“我该如何和总统取得联系？他在莽撞行事。”他担心美国“准备假借名义发动一场战争”。[115]

在发第二封和第三封电报时，赫里克不知何故就已肯定攻击确有其事。他给位于檀香山的美军太平洋司令部的总司令小尤利西斯·S.格兰特·夏普（S. Grant Sharp Jr.）上将发电报说，他现在“确定最初的伏击确有其事”。“我们该如何处理这些事？”麦克纳马拉在考虑。他问夏普：“没有发生袭击是没有任何可能性的，是吗？”“是的……可能性微乎其微”，这位海军上将承认。为了方便记录在案，麦克纳马拉指出，政府其实“显然”不想攻击北越，“直到我们非常确定到底发生了什么”。夏普建议，既然这样，也许美国可以推迟报复行动，“直到我们找到确凿的证据”。[116]

可惜没有人愿意听从这个贤明的建议。如果他们听从了，美国在中南半岛的战争走向很可能会被改变，尽管是以一种无法预测的方式。相反，在麦克纳马拉的巨大压力下，夏普在5点15分下了结论，尽管有许多相互矛盾的信号，也缺乏来自舰船本身的确凿数据，但“有力的证据”支持了有关袭击的说法。麦克纳马拉的上司约翰逊总统也对他施加了压力。实际上，这些“证据”包括国家安全局窃听北越通信内容获取的信息。但是，如果有人仔细查看将会发现，所谓截获的关键信息与8月2日的攻击有关，而不是据称发生在8月4日的事件。（麦克纳马拉迅速将这些截获的情报归为“机密”文件，并继续用它们反驳质疑者，而不透露其内容。）尽管如此，8月4日，这些证据已足以让美国的太平洋舰队总司令和国防部长确信，美国开始轰炸的时间到了。

历史学家加雷思·波特（Gareth Porter）在他的著作《优势的危险：权力的不平衡和通往越战之路》（伯克利：加利福尼亚大学出版）(*Perils of Dominance: Imbalance of Power and the Road to War in Vietnam*, Berkeley: University of California Press) 中，详细论述了麦克纳马拉对林登·约翰逊隐瞒的证据：海军特遣舰队司令赫里克和美国太平洋舰队总司令夏普请求在采取任何报复行动前先调查所谓的 8 月 4 日的 190
攻击。波特断定，麦克纳马拉没有告诉约翰逊战区的两位军事权威对此事的不确定意见，从而有效地从约翰逊手中攫取了决策权。

在檀香山的赫里克和美国太平洋舰队总司令夏普被汹涌而至的问题包围，麦克纳马拉承认，这些问题是“奉已经决定下令开战的总统之命而提问……总统已安排好广播时间公布决定”。总统的高级幕僚也以自己的方式拥护袭击事件的真相，而不管真正发生了什么。几个月来，约翰逊的顾问们一直在为全面进攻北越寻找借口。他们深信这个行动将重振土崩瓦解中的西贡政权，为被中央情报局断定为“异常脆弱”、可能“不能维持”到年底的这个政府和社会奠定生存根基。[117] 迪安·腊斯克当时推测，“美国人的全面介入”可能是抓住南越领导人的“脖颈并坚决要求他们抛开所有的争吵”唯一可行的方法。[118] 五角大楼的历史学家们后来概括出麦克纳马拉在当时的观点：南越领导人阮庆将军（General Khanh）和他的亲信们“无法对胜利抱有信心，除非美国全面参加战争，甚至成为共同交战国”。

这种逻辑认为，“如果美国能以这种方式作出承诺，美国的决心将以某种方式影响到越南政府”。因此，所需要做的是“找到某种突破性手段，让美国作出不可逆转的承诺”。[119] 然而，作出这种承诺需要北越的某种公开交战行为的推动。

准备就绪的战争

在国防部长麦克纳马拉的指导下，五角大楼已经为美国全面参战制订出一系列计划。麦克纳马拉在 1964 年 3 月赴南越访问后，对南越军队的糟糕状况越来越感到恐慌。这个政府已经腐败到难以想象的地步，军队完全无心为之战斗。他知道没有人能够在一支训练有素、士气高涨的军队面前坚持太久。[120]

同时，国务院在沃尔特·W. 罗斯托（Walt W. Rostow）的指导下，早在 1 月份就在制定可行的战争方案，罗斯托所领导的政策计划委员会（Policy Planning Council）后来被负责远东事务的助理国务卿威廉·邦迪（William Bundy）接管。[121] 从冬季到春季，应急计划在国务院、国防部和国家安全委员会
191 的各种会议上都在持续被讨论，但是，在总统和他的主要顾问心目中，国内事件和选举政治一直占据首要地位。3 月 4 日的一次会议上，参谋长联席会议催促总统决定“向越南挺进还是从越南抽身”，会后约翰逊抱怨道，“国会根本就不会支持我们，也没有任何一位母亲会赞同我们走向战争。在这 9 个月里我只是个顶包者——我是一个托管人。我必须赢得选举”。[122] 5 月 24 日的高层会议同样也没有制定出明确的方针，麦克纳马拉尖锐地指出：“局势在不断恶化，我们在继续失去机会，现在我们横竖都是输。”麦克乔治·邦迪在为 6 月 10 日的另一次高层会议所准备的备忘录中补充道，“在《民权法案》再次列入参议院议程之前”，再次提出这个计划可能不合时宜，因为那“需要政府准备好对一连串相当麻烦的问题给出答案”，包括给总统开空头支票的问题。他指出，通过一项决议“需要政府组织大规模的公共运动”，包括“总统讲话，在讲话前还要明确表明政府的立场日益坚定”。[123] 两天以后，他的兄弟威廉·邦迪敦促总统“与国会领导层一起紧急审查一份决议案”，其内容与他草拟的

考虑扩大战争的方案相似。（它很快就被采用。）但他没有明确表示赞同立刻采用该决议。[124]

开战的决定似乎是随着时间的推移而作出的，当局犹豫不决更多的是为了约翰逊《民权法案》的通过和整个选举战略不受到影响，而不是因为对所选择的参战方式有任何不适感或存在分歧。

不论是罗伯特·肯尼迪本人，还是其意志，都一直是约翰逊考虑问题的一大重要因素，罗伯特也建议保持耐心。他也认为必须优先考虑《民权法案》，他建议约翰逊，国家现在还没做好准备“宣战”，这就是他对国会决议的看法。[125]威廉·邦迪后来总结说，如果政府不清楚要通过这项决议实现什么目标，“它就会成为被踢来踢去的政治皮球，而不是国家意志的宣布。我想这就是促使总统改主意的原因。”[126]

但边境两边的越南人都不肯配合约翰逊的日程计划。7月27日，在第二次北部湾事件发生一周前，阮庆将军告知泰勒（Taylor）大使，南越军队需要的是美国的严肃态度，以激励他们投入战斗。阮庆将军故意没提到大规模的地面部队，但似乎有意通过“以牙还牙的报复性轰炸”动员他自己的人，可能还想威胁北越人。[127]威廉·邦迪领导了一个跨部门的小组，其 192
任务是制订一项不顾一切拯救南越的计划，并让国会以及全国都参与进来。一份详细的战争计划已被制订出来：阮庆将军同意开始“公开空袭北越的目标”，条件是美国保证，如果“北越发动报复性反击”，美国将保护南越。美国国会将在袭击后的20天内通过一项支持这场战争的决议。在任何情况下，国会和国民都不会被告知开始这场战争所必需的蓄意挑衅，也不会知道一旦决议通过，美国就将立即开始直接攻击。[128]这个计划也因为和先前的计划一样的原因被搁置，尽管据威廉·邦迪称，该计划“差一点”就被实施了。[129]

然而，8 月 4 日的事件似乎正好给政府提供了麦克乔治·邦迪在 6 月的备忘录中所描述的必要机会。虽然此时离选举还有几个月，《民权法案》仍在讨论中，但所谓的袭击几乎可以确保总统提交的任何决议案都“以压倒性的支持率迅速通过”。[130] 同时，“每位在职的人”，亚历山大·黑格（Alexander Haig）后来指出，“都想尽可能支持总统去做他想做的事情”。[131]

在那天上午召开的国家安全委员会紧急会议上，中央情报局局长约翰·麦科恩（John McCone）最后一次提议重新考虑，他解释说他认为，北越只不过是“在他们的近海岛屿上对我们的袭击进行防御性反击”。美国新闻署（U.S. Information Agency）署长卡尔·罗恩（Carl Rowan）也建议慎重，他问：“我们是否明确知道北越存在挑衅行为？我们能确定到底发生了什么吗？我们必须做好准备被指责我们自己捏造了该事件！”麦克纳马拉回答说，他们第二天早上就会知道真相。[132] 但等待的时间显然太长了。迪安·腊斯克要求“立刻发动直接的反击”。麦克乔治·邦迪在 8 月 4 日的国家安全委员会会议上的手写笔记显示，现场有人问了这个问题：

“34-A［作战计划］”在其中起了什么作用？

肯定是诱因；否则不合理。[133]

虽然总统本人确实想知道，“他们攻击我们在北部湾的舰队，真的想要挑起一场战争吗？”但他最终还是撇开了这个问题。那天晚上（在总统演讲前），在被约翰逊告知这一事件后，巴里·戈德华特在自己的声明中对总统的疑问给出了肯定的答
193 案，他向媒体表示：“我相信，每个美国人都会赞同总统在声明中提出的行动。我认为这是在当前形势下我们唯一能做的事。如果我们想要继续维持我们的声望和尊严，就不能允许星条旗在地球上任何地方遭到攻击。”[134] 在那天早些时候和国会领导人举行的会议上，麦克纳马拉对艾奥瓦州的共和党参议员

伯克·希肯卢珀（Bourke Hickenlooper）保证，袭击的证据确凿无疑。当鹰派人物希肯卢珀提出以下问题时无疑触动了总统敏感的心弦，他问道："古巴［导弹危机］和这次事件之间有没有可比性？对华盛顿而言，古巴事件是一次大胆而又危险的行动。没人知道，如果我们不作出反应会发生什么事。"[135]

当约翰逊决定他希望告诉国民轰炸南越的计划时，第二个令人困惑的闹剧上演了。关于袭击是否发生的困惑造成了一个严重的时机问题，而这一困惑一直持续到赫里克下结论说它可能确实发生了。约翰逊最初想宣布这一消息，并让它登上晚上7点的新闻广播，但事实证明这是不可能的，因为麦克纳马拉无法及时确认这次袭击，更不用说派出轰炸机并等候它们安全返回。当时担任麦克纳马拉助手的亚历山大·黑格回忆说，很快就出现了这样的情况，"总统的声明似乎已经错过了晚7点的新闻，可能也会错过晚11点的晚间节目（这个时间点也是东海岸早报的截稿时间）"。据黑格说，约翰逊多次给麦克纳马拉打电话，要求知道他什么时候可以发表电视讲话。"电视台工作人员已准备就绪"，黑格说，"广播电视网在等待，黄金时段在一分一秒地过去"。正如麦克纳马拉后来向夏普上将解释的那样："你瞧，现在我们遇到的部分问题就是守住这则新闻。总统必须向全国人民发表声明，而我在妨碍他这么做，而且离我向他保证的时间已过去40分钟。"[136]

约翰逊希望多等一会儿，以便确认机组人员的安全，但随着时间一分一秒地过去，他变得越来越急躁。"鲍勃！"他大喊，"我被晾在这里！我现在就要发表演讲！"当晚最后一场新闻报道在11点开始，约翰逊和麦克纳马拉疯狂地工作，试图赶上这个截止时间。夏普上将告诉麦克纳马拉，轰炸机抵达目的地时东海岸已经晚上11点了，麦克纳马拉反驳说，飞机一起飞，敌人就会知道。夏普对国防部长的回应很不满意。毕竟，他知道，飞机在空中并不意味着北越方就能猜出它们要飞往哪里。[137] 事实上，飞机所用的时间远比夏普原先估计的要长。在美国东部时间晚上 11 点 20 分，夏普再次给麦克纳马拉打电话，告诉他飞机在 10 点 43 分起飞，需要 1 小时 50 分
194 钟才能到达目的地。这时麦克纳马拉表示："见鬼去吧！总统可能会发布通告"。"我当然不想让有些母亲说：'就是因为你宣布开战，我儿子被杀了'"，约翰逊担心地大声说道。"我不认为有那么大的危险，总统先生"，他所信任的助手再次向他保证。[138]

总统最后在美国东部时间晚上 11 点 36 分发表了电视讲话，宣布美国已经对"北越的炮舰和某些配套设施"实施空袭。这并非事实。直到约翰逊发表讲话超过一个半小时后，锁定舰艇目标的飞机才起飞。麦克纳马拉在深夜 12 点 02 分向媒体提供了更多细节，具体解释了有哪些目标被击中，尽管夏普上将特地通知他说飞机还在路上。他后来解释说，总统一直等到飞机出现在敌人的雷达范围内才发表电视讲话，这个谎言很快就被"提康德罗加号"航母上的海军少将摩尔（Moore）揭穿，摩尔承认："我不相信，总统开始讲话时飞机已经在雷达范围内。"[139]

事实上，第一轮飞机直到凌晨 1 点 15 分（美东时间）才抵达第一个攻击目标，第二轮飞机于凌晨 2 点 30 分才抵达。麦克乔治·邦迪解释说："总统选择向全国发表讲话的时间时面临很复杂的情况。讲话时间必须恰到好处，不给北越任何战斗优势的同时，又必须早于北越宣布行动。我们最终选定的时间点符合这些要求。"[140] 但据埃德温·莫伊兹说，约翰逊的电视讲话早已在河内被外交部的一个无线电监听部队监听到，他们随即警告防空部队，美军即将发动空袭。之后不久，一个雷达站侦察到入侵的战机，河内方面设法击落了其中两架攻击机。

理查德·C. 萨瑟（Richard C. Sather）中尉在北越上空被击毙。艾弗莱特·阿尔瓦雷兹（Everett Alvarez）中尉从飞机中弹出，然后在北越港口鸿基（Hon Gay）附近被俘。他在降落时背部骨折，最后被送到河内的一所战俘营，在那里经受了8年半肉体和精神上的虐待。[141] 在亚历山大·黑格看来，这名飞行员“代表了所有在中南半岛战争中阵亡的美国人……因为他们的政府不能下定决心表现得像个处于战争状态的国家”。[142] 这种批评肯定让总统烦恼不已，因为在空袭过去一个月后，麦克乔治·邦迪仍在设法打消他的疑虑。“仍然没有任何证据表明，您为发表声明挑选的时间对这次空袭产生了任何不利影响。事实上，所有的证据都指向相反的情况”，他向约翰逊保证说。[143]

一名飞行员阵亡，另一名被俘虏，这只是约翰逊决定攻击北越所带来的一连串不幸后果的开始。接下来，三天后国会通 195
过了东南亚决议，通常称为《北部湾决议案》（Gulf of Tonkin Resolution）。尽管约翰逊依然坚持要阻止国会对他的战争计划展开辩论，但他坚持让国会从一开始就批准这场战争。他告诉顾问，杜鲁门总统在没有得到国会明确授权的情况下发动朝鲜战争是愚蠢的：只有当国会参与“起飞”时，它才愿意承担“迫降”的责任。[144] 约翰逊在没有充足准备的情况下把国家拖入战争，他对由此产生的政治后果甚为忧虑。他在北部湾事件之前曾对罗伯特·肯尼迪说：“我担心，如果我们在没有得到国会授权的情况下行动，会引起很多人的愤怒，包括许多通常支持我们的人。”[145]

“不用”

早在三个月前，以乔治·鲍尔为首的一群官员就已经开始起草一项决议案，该决议案旨在认可“所有的措施，包括诉诸武力”来保卫南越或老挝。在 5 月 24 日的国家安全委员会会议上，麦克纳马拉坚持认为，除非约翰逊决定在南越投入美国作战部队，而不是训练中的部队，否则不应该向国会提交该决议案。三星期后邦迪写道：“总的来说，似乎当且仅当我们决定，在即将到来的夏天大幅增加全国的关注和提升国际紧张局势是保卫东南亚的一个必要条件时，我们才需要一项国会决议。”[146]

8 月 4 日，当这一“大幅增加”到来时，麦克乔治·邦迪的兄弟，时任负责东亚和太平洋事务的助理国务卿的威廉，正在马撒葡萄园岛（Martha's Vineyard）度假，他认为总统在大选之前不会采取任何关于战争的新行动。他接到腊斯克的紧急电话，腊斯克指示他立即回来工作。邦迪于当天下午 3 点 30 分回到华盛顿，并立刻和副国务卿乔治·鲍尔以及最近辞去国务院法律顾问职务的亚伯拉姆·蔡斯（Abram Chayes）一起起草了一份国会决议案。威廉·邦迪记得被告知有第二次袭击，“总统决定实行报复行动并且……设法通过一项国会决议案”。[147]麦克乔治·邦迪的回忆和他兄弟的回忆相吻合。“我记得很清楚。他［约翰逊］给我打电话，说我们需要一份决议案，我表达了自己的疑虑，因为我总体上感觉，如果你需要一份有持久效力的国会决议案，你不能基于某些突发事件和因为这个突发事件而骤生的激情去争取它。他明确告诉我，事情已经决定，他不是在征求我的建议，而是在要求我……就这一
196 决定采取行动，然后我就照做了。”[148]从邦迪和总统谈话后不久与白宫助理道格拉斯·卡特（Douglass Cater）进行的对话中可以看出这一决定是在不假思索的匆忙中作出的。卡特问：“这是不是有点鲁莽？我们掌握所有的相关信息吗？”“总统已经决定了，我们照着他的意思办就行了”，这位国家安全事务顾问说。“啊，麦克”，卡特坚持说，“我还没有考虑清楚”。

邦迪用一个词的答复结束了这场讨论："不用。"[149]

约翰逊渴望避免杜鲁门在朝鲜犯的错误，但不那么想在国会冒险进行一场诚实的辩论——无论讨论议题针对的是发生在北部湾的事件还是美国关于越南的计划。而且，他非常不愿意把自己的计划公之于众，因为他还有一场大选要赢，并准备把自己塑造成提倡"和平"的候选人。

美国政府的决议称，北部湾袭击是"北越共产主义政权对其邻居发动的一场蓄意、有组织的侵略行动的一部分"。它授权总统"采取一切必要措施，包括动用武力"，允许他让美国武装力量做任何他想做的事。总统说服詹姆斯·威廉·富布赖特去操纵参议院的程序，在投票进行前向同僚们解释这个议案。"[该决议案]将授权总司令采取任何他认为'必要'的行动，包括派遣大规模美军在越南登陆。"副国务卿尼古拉斯·卡岑巴赫（Nicholas Katzenbach）后来告诉参议院外交委员会，这份议案在"功能上等同于"宣战书。[150]

富布赖特接受了这个任务，因为他还没有足够的疑心或勇气去仔细研读决议案文本。这名阿肯色人确实担心决议案的长期影响，其语言的模糊性，以及总统对他有所隐瞒的可能性。约翰逊确实确保了他的这位老朋友对赫里克和五角大楼之间的往来电报以及北部湾事件发生前几天的"34-A作战计划"袭击行动都一无所知。虽然富布赖特知道不应该相信狡猾的华盛顿，但在1964年8月，对于这位南方民主党外交政策领导人来说，这位特别的总统是唯一可依赖的人。他没有"像通常情况下那样假设"，他解释说，"总统会对你说谎"，但他和参议员查尔斯·马蒂亚斯（Charles Mathias，马里兰州共和党代表）一样认为，即使国会同意签署这张"空头支票"，它也不会被兑现。马蒂亚斯预测道："你所要做的只是在你的债权人面前挥舞它，然后他们就会走开。"在富布赖特看来，该决议

案是避免战争而不是进入战争的手段：“如果我们对他们发动
197 严厉的轰炸，这些人就会投降。他们会看到我们的能耐。然后他们就会停止。”[151] 这个简单明了的想法虽然对美国人很有吸引力，但它与在北部湾实际发生的事情没有什么关系，与越南也没有任何关系。

“空头支票”

富布赖特拥护当时普遍的观点，即美国需要展现其决心，以避免更大的战争。他也不想惹怒约翰逊，约翰逊不仅是他的朋友和他所属政党的领袖，而且还是一名非常受欢迎却又报复心很强的政治家。尽管富布赖特可能怀疑过约翰逊，但在明显将爆发一场冷战危机的背景下，他不愿意冒险放慢脚步以调查北部湾事件的真相。根据小阿瑟·施莱辛格（Arthur Schlesinger Jr.）的说法，作为副总统人选的约翰逊曾大力游说约翰·肯尼迪任命富布赖特为国务卿，但富布赖特公认的种族隔离主义立场和他对以色列的尖锐批评，使他未能如愿。（约翰逊也对富布赖特不积极争取这份工作感到恼火。）[152] 尽管约翰逊通过精心策划让富布赖特担任他的委员会主席，但是总统告诉顾问，他认为这位特立独行的参议员是个不折不扣的大嘴巴，因此不值得信任。约翰逊后来对参议院多数党领袖迈克·曼斯菲尔德说：“我担心如果我告诉富布赖特……他就会告诉《纽约时报》……就是不能和富布赖特说。”[153] 因此，他从未告诉富布赖特任何针对北越采取的秘密行动，更别提白宫内部的混乱状况。因此，每当有参议员试图了解北部湾事件的来龙去脉时，富布赖特都会不经意间误导他们。当批评美国越南政策的艾伦·埃伦德（Allen Ellender，路易斯安那州民主党代表）质问富布赖特时，富布赖特向艾伦提供了来自麦克纳马拉和腊斯克的虚假保证，即这次事件与可能在同一区域活动的任何越南船只都没有关系。当埃伦德接着说，他“试图调查清楚我们的军队是否可能采取了任何挑起这些攻击的行动”时，富布赖特坚称“绝对”不是这么回事。[154]

在约翰逊的坚持下，倒霉的富布赖特成功挫败了参议员盖罗德·纳尔逊（Gaylord Nelson，威斯康星州民主党代表）的努力，纳尔逊试图收紧修正案的措辞，使其授予总统的权限仅限于“提供援助、训练支持和军事建议”。纳尔逊的修正建议也郑重提到，国会“应当继续努力避免美国直接卷入东南亚冲突”。富布赖特向纳尔逊保证，这样的限制性措辞是没必要的。“我听到的每个人都在说，我们最不愿意做的就是在亚洲卷入一场陆地战争”，他辩解说。美国的强项“是海军和空军，我 198
们希望这一优势能够阻止北越扩大战争”。

欧内斯特·格鲁宁（Ernest Gruening，阿肯色州民主党代表）曾恳求富布赖特在通过任何决议之前先展开全面调查，或至少收紧约翰逊那份决议案的措辞，他以令人印象深刻的先见之明警告他的同事，他们在签署“一份提前的宣战书”。[155]韦恩·莫尔斯（Wayne Morse，俄勒冈州民主党代表）预言，“历史将记录下我们所犯下的这个大错，我们破坏并绕过了美国宪法”，赋予了总统“在没有宣战的情况下发动战争的权力。让宪法按照我们的立宪的先辈所制定的方式运作有什么不对吗？”他问道：“当美国人民和他们的生命受制于这些人时，为什么我们还要把不受控制的自由裁量权交给这些碰巧在特定时刻执政的普通人？”[156]

这份没有限制的决议案最后还是在没有任何修正的情况下得以通过，只有格鲁宁和莫尔斯投了反对票。理查德·拉塞尔等人大肆宣扬的典型的战时沙文主义强化了富布赖特的论点。(“我们的国家荣誉危在旦夕”，他坚称，“我们不能也不会在需要捍卫它时退缩”。）[157]参议院的辩论进行了不到10个小时，众议院也只辩论了40分钟就全票通过了决议案。在讨论发动战争的议题时，两院各自到场的议员人数甚至只有全部人数的三分之一，这种情况相当罕见。联邦调查局后来专门统计了给参议员莫尔斯发支持电报的公民名单。[158]格鲁宁和莫尔斯在下次选举中失去了议会席位。

正如作家保罗·卡特伯格（Paul Kattenberg）所准确指出的那样，“如果国会在对外政策上没有履行忠诚的反对派角色，那么它的这个角色似乎根本就没有发挥作用”。[159]国会不愿意更深入地调查政府关于北部湾事件的说法，这一点表明国会未能履行宪法规定的发动战争相关的责任。数十年后，罗伯特·麦克纳马拉辩解说：“北部湾事件的主要问题不是欺骗，而是滥用决议案授予的权力。”他坚称，国会“承认该决议案给予约翰逊总统的巨大权力，但没有将其视为一份宣战书，也无意让它被用作对美国在越南大规模扩军的授权——从16000名军事顾问升级至55万作战部队。”[160]麦克纳马拉错得离谱。国会完全是在欺骗的基础上投票授予总统这些巨大的权力。此外，从政治角度来讲，在1964年的战争与和平问题上，一个
199 由民主党控制的国会除了支持总统之外，也别无他择。正如詹姆斯·赖斯顿当时指出的那样，一旦被约翰逊和麦克纳马拉为难，“国会只是在理论上是自由的。实际上，尽管很多人私下持保留意见，但国会不得不附和……国会可以选择帮助［约翰逊］或者帮助敌人，这也意味着它根本就没有选择。此外，潜在的主战论者巴里·戈德华特正在伺机而动，这也为不向总统索取太多证据提供了更有力的论据”。[161]国会相信确实发生了袭击，因为麦克纳马拉和他的同伙没有提供任何质疑它的理由。他们知道，如果约翰逊愿意，他可以利用这个决议案发动一场战争，但他们被保证这种情况不会发生。

我们现在几乎可以肯定，在那个决定性的夜晚，北部湾没有发生袭击事件。埃德温·莫伊兹在历时10年对证据进行详尽调查后得出结论：“马多克斯号”上那位没有经验的声呐兵认为是鱼雷攻击的迹象，实际上是一种通常被称为“北部湾幽灵”（Tonkin Spook）的局部气象现象和舰船自身发动机的噪声所混合而成的声音。莫伊兹解释道：

> 唯一能够有力证明袭击发生的是官兵从驱逐舰上的肉眼观察结果。雷达提供的证据非常模糊。声呐显示没有发生袭击。航拍照片显示没有发生袭击。飞行员的报告，无论是那天夜间在驱逐舰上空的飞行员，还是第二天早上寻找敌舰残骸和油污痕迹的飞行员，都强有力地证实没有发生袭击。电子情报证据显示没有发生袭击：没有侦察到敌方使用雷达，也没有截获确凿的通信信息。在接下来的几年里，对被抓获的越南民主共和国海军人员的审问结果也证明没有发生过……在巨大压力下撰写报告的疲惫不堪的人员看着外面他们相信隐藏着鱼雷的漆黑夜晚……这些报告也无法让事件的这个版本更加可信。[162]

约翰逊、麦克纳马拉和他们的整个团队很可能在决议通过前，甚至在决议通过后的几天里仍对事件的具体细节模糊不清。不过很快就真相大白了。中央情报局的副局长雷·克莱因（Ray Cline）读了从北部湾截获的敌军情报。他后来说，他“试着显出一幅乐观姿态，告诉他们发生了一场袭击……我无意推翻总统”。但克莱因确实指出，几乎没有任何迹象表明 200
发生了袭击。那些似乎能证实袭击事件的证据都不是8月4日留下的，而是8月2日留下的证据，对此没有什么争议。克莱因觉得自己有责任向总统外交情报咨询委员会（President's Foreign Intelligence Advisory Board，PFIAB）报告这个令人不愉快的消息，于是打电话给该委员会主席、约翰逊的顾问（杜鲁门时任随从参谋）克拉克·克利福德。克利福德大概在8月10日把克莱因的结论转达给约翰逊，但这两个人显然都没有进一步向其他人转达。[163]

既然约翰逊已经完成了他计划中的任务，他可以更加谨慎地利用他的轰炸机。几周后，在9月18日发生的所谓“第三次”北部湾事件中，麦克纳马拉和腊斯克都在国家安全委员会上主张实施新一轮空袭，而事实证明，这次事件也和第二次一样没有确实可靠的证据。腊斯克坚持认为，重要的是不要怀疑“我们在现场的海军官兵”的话，而麦克纳马拉则想要“展示军事力量，向河内和全世界表明我们没有被吓到”。但这次乔治·鲍尔提了反对意见：“假设这些驱逐舰中的一艘连同舰上的数百名官兵被击沉。那将不可避免地引起一场国会调查。你要如何辩解呢？”鲍尔说，北越方面认为这些驱逐舰的情报任务非常具有挑衅性，这些任务可以通过其他手段实现。“相关证据将有力地表明，你们派舰队到北部湾，只是为了挑起北越攻击，以便我们进行报复。”约翰逊权衡了鲍尔的意见，决定不采取任何措施，他告诉他的国防部长：“鲍勃，我们不继续了。我们先把这事放一放。”毫无疑问，约翰逊担心鲍尔的设想可能与捏造的第二次袭击事件有关系，提到了珍珠港事件听证会的先例，以及对罗斯福政府故意挑起袭击以确保美国参战的指控。总统告诉麦克纳马拉和其他的鹰派顾问，他“不想基于如此脆弱的证据扩大战争，而且南越政府也非常脆弱”。[164]约翰逊还向乔治·鲍尔透露了他的看法：“那些愚蠢的海员只是在射杀飞鱼。”[165]

然而混乱和困惑仍在持续，而且有增无减。例如，威廉·

邦迪写道，约翰逊所说的“飞鱼”指的是第三次事件而不是第二次事件，但他的叙述有许多不同的版本，以至于无法判断他指的到底是哪起事件。但在那段时间，邦迪和政府中的许多其他人都在全力以赴地说服国会、媒体和国民，他们对8月4日 201 的袭击事件比其他任何人更有把握。威廉·邦迪继续强调，没有人“对那天发生的第二次袭击有任何疑问……那天发生的事确实不是编造出来的。我们所说的就是我们所相信的”。[166]不幸的是，邦迪对他自己和他的同事们都太过宽宏大量。白宫对局势的了解比所承认的要多很多，如果国会当时掌握这些信息，至少有可能避免这场鲁莽的战争。

2001年，随着约翰逊在这段时间秘密录制的总统办公室私人录音带的公开，这个事件的真相在很大程度上得以澄清。在9月18日录制的一次对话中，约翰逊在考虑该如何应对仍然模糊不清的“第三次”事件，他向麦克纳马拉承认，他怀疑第二次袭击是否真的发生过。“现在，鲍勃”，他说：

> 这些年来我发现，我们看到、听到、想象了很多事情，如陷阱、枪声和别人对我们的袭击，我认为，如果我们认定这些人在攻击我们，而我们只是在作出回应，这会让我们变得很脆弱，事实也证明这根本就不是真的。我认为我们应该非常、非常仔细地检查这一点。而且我真的不懂，他们有时候怎么就不能确定自己是不是在遭受攻击。在我看来，在他们被激怒并开始轰炸之前，他们应该会听见枪声，或者看到有人射击，或者做什么事情。我想如果我们这样回应，然后事态发展成我们开始动用我们自己的驱逐舰，人们就会下结论说……我们在扮演警察，想吸引大众眼球，想展示我们多么强硬。我想要在我们……有理由强硬的时候强硬起来。但我希望海军将领

和驱逐舰的指挥官们在他们是否被袭击这一问题上更加谨慎。

当麦克纳马拉回答“是的”时，约翰逊说了这段极具典型约翰逊风格的话：

> 我不希望他们像更年期妇女一样跑过来说，上帝啊，有个男人走进了房间，她肯定被强奸了！在我看来，这就是我观察他们30年来所发生的事情。一个穿着军装的人走进房间，然后立刻断定说自己受到了攻击。

202 约翰逊这么说对军队是不公平的，因为显然是来自上层的巨大压力，即来自约翰逊本人和麦克纳马拉的压力，迫使海军指挥官在充分评估之前就提交一份对“攻击”的评估报告。无论如何，总统这次希望能确定袭击确实发生了，于是他指示麦克纳马拉：

> 不过，把你手下最优秀的军人叫来，就告诉他我在军事委员会（Armed Services Commission）听这类故事30年了，我们总是确信我们受到了攻击。再过一两天我们就不那么确定了。然后再过一两天，我们就确定它根本就没发生过了……就说你想确认……我们被攻击了。你在几个星期前［第二次北部湾事件发生于不到六个星期前］还说：“该死，他们在攻击我们——他们在向我们开炮。”等我们完成所有炮轰之后，我们断定他们可能根本就没开火。

麦克纳马拉试图和总统争辩，坚持认为已发生“实质性交战”（尽管从对话的上下文中无法确定他指的是第二次事件还是第三次事件）。但约翰逊似乎确信，没有发生任何袭击事件——至少没有发生任何可以合理化美国的政治或军事反应的事件。他问麦克纳马拉：“好，那什么是‘实质性交战？’这是指可能是我们先进行了袭击，而他们只是在作出回应吗？”当国防部长回答说，“但是他们在那里停留了大约一个小时……”时，总统打断了他，“如果我们先对他们开枪的话，他们完全有理由停留在那里”。[167]

当然，所有这些担忧他都没有告诉国会或者国民。尽管从没有和阴谋扯上联系，但北部湾骗局很快就发展到空前规模，产生了它自己的巨大冲击力。比如，约翰逊向国民暗示，北越没有理由对美国驱逐舰出现在他们的海岸感到担忧。事实上，美国政府近三年来一直在秘密进行一系列针对北越的行动。从1961年5月开始，肯尼迪总统命令中情局去开展一项针对河内政府的秘密行动计划，包括派遣特工渗透到北越，以收集情报和实施破坏行动。1963年12月，在林登·约翰逊的要求下，这些破坏行动的规模进一步扩大。

34-A 作战计划

由于对战争进展不满，约翰逊批准了一项名为“34-A-64 203
作战计划”（Operations Plan 34-A-64）或“34-A 作战计划”（Op Plan 34-A）的秘密行动计划，内容包括针对胡志明小道（Ho Chi Minh Trail）的游击袭击。1964年3月，在麦克纳马拉沮丧地从南越返回后，美国加大了这些攻击的规模和力度。国防部长轻蔑地称这项计划的攻击行动跟“针眼一样小”，“毫无收获”。威廉·邦迪也同意，认为它们“不值一提”，并开始思考该如何加强这些行动。但这个行动计划的效果因为一个难以克服的缺陷而大打折扣：尽管美国付出巨大努力，但据一位国务院官员说，南越“即使用这种颠覆性的方式，也无力对北方实施打击”。他们不报告自己的任务；真的报告时，他们又常常醉醺醺的，如果他们中有人设法进入北越，将“再也不会回来”。[168]因此需要更加强硬的措施，而美国人也在为此做准备。

约翰逊对这些行动计划的参与解释了他为什么不怎么愿意重视第一次北部湾事件。“马多克斯号”的指挥官、海军准将约翰·赫里克并不知道两天前的袭击事件，因此他也就对北越鱼雷艇前来复仇的可能性一无所知。但华盛顿的美国官员显然知道其中的关联，这也就解释了国务卿腊斯克在事发后第二天晚上发给美国驻越南大使、美国在越南负责战争的高级官员马克斯韦尔·D. 泰勒（Maxwell D. Taylor）的加密电报：“马多克斯号事件与［北越］抵制这些行动的努力直接相关。”[169]8 月 3 日晚上，美国和他们的南越盟军又发动了一次突袭行动。据“马多克斯号”截获的敌方通信信息显示，北越方把该攻击行动与赫里克的巡航任务混淆了。

第二次攻击事件显然刚好为政府提供了它一直期待的机会。对北越的报复行动将巩固南越政府政权，给北越一个教训，并打击巴里·戈德华特的强硬抨击，从而把这个共和党人和他的支持者孤立于主流舆论之外。正如迈克尔·福莱斯特（Michael Forrestal）后来指出的：“如果你和一些人希望的那样已经作出决定，出于战术上的原因我们无论如何都要进行轰炸，那么你就要找个方式实施你的想法。对这些人来说，北部湾事件就是一个很好的机会。”[170]

204 至少，正如麦克乔治·邦迪后来承认的那样，“总统抓住北部湾事件这个时机，向国会提交了他的越南决议案。他在找到关于北部湾事件的确凿证据之前就作出决定并安排了那次电视讲话……他对一个未完全核实的事件快速作出了决定”。[171]

但事实更令人震惊。约翰逊和麦克纳马拉一起通过极度简化他们所了解的情况，并蓄意伪造大量他们所不知道的情况，来确保政府从该事件中获得最大的政治利益。在有关美国驻扎在北部湾的部队以及北部湾事件本身的几乎所有问题上，这两人一直都在欺骗所有的提问者，包括媒体、国会，以及大部分其他政府人员。他们通过这种方式故意阻止人们对美国参战的原因有任何了解。这些错误信息中有多少是他们故意编造的，有多少是由当时的混乱局面造成的，我们不得而知。但无论如何，政府所发布的情况通报都是为了把越南人描绘成远比真实情况更富侵略性的民族，把美国描绘成更为爱好和平的国度，把北越的局势也描绘成比真实情况简单得多。

麦克纳马拉在获悉 8 月 4 日事件大约 12 个小时后向媒体作简报时解释说，据“特纳·乔伊号”的报告：“该驱逐舰在被探照灯照亮时遭到自动武器的炮击。”[172] 此前，他已经向国家安全委员会讲述过这个故事，8 月 6 日，在国务卿腊斯克和惠勒将军的陪同下，他在参议院外交委员会作证时又重复了一遍。当被询问具体细节时，他断言敌方用的是 3 英寸口径的火炮。事实上，从未有人相信整个北越海军部队拥有口径超过 1.5 英寸的火炮，人们也错误地认为北越鱼雷艇装备了 1 英寸的火炮。事实上，根本没有任何一艘舰艇遭到炮击。麦克纳马拉还坚称，这些舰艇在距离北越海岸至少 30 英里的区域巡航时遭到攻击。而这个数字是那场想象中的袭击发生时，舰队离海岸真实距离的两倍。在说到美国的报复性袭击时，这位国防部长还辩解说：“我们认为几乎没有平民伤亡，因为这些基地和仓库都在北越的偏远地区。”事实上，他说的仓库位于义安省（Nghe An province）的省会荣市（Vinh）。（人员伤亡的确很少，因为美国飞行员在只打击目标方面表现优异。）[173]

袭击发生后的次日，约翰逊在雪城大学（Syracuse

University）发表了一次计划已久的演讲，在演讲中他再次谴责了北越“存心而为、有计划的蓄意侵略”，这次侵略“向全世界露出它的真实面目”。[174] 两天后，作为对赫鲁晓夫正式抗议的回应，约翰逊重申了“完整且无可争议的证据”这一说
205 法，而这时尼基塔·赫鲁晓夫肯定已经知道这个谎言，并得出了相应的结论。8 月 5 日，美国驻联合国代表阿德莱·E. 史蒂文森（Adlai E. Stevenson）在安理会发表了类似的误导性声明。[175]8 月 7 日，国务院发布了一则同样错误和误导性的声明用于宣传。[176]

约翰逊的助手们被召唤到国会，不得不回答关于这次事件的具体问题。在参议院外交委员会作证时，面对参议员韦恩·莫尔斯发出的严厉审问——他已通过五角大楼内部渠道得知一些消息——麦克纳马拉选择公然说谎。这位国防部长对莫尔斯坚称：“我们的海军绝对没有参与、没有插手，也不知道南越的任何行动（如果有的话）。我要清楚地告诉你们。‘马多克斯号’当时在公海上作业，执行的是我们在世界各地一直执行的那种例行巡逻……我直截了当地说，这是事实。”在莫尔斯的坚持下，麦克纳马拉重复了这一声明的许多版本，每一个版本用的都是最明确的措辞。[177] 多年以后，愤怒的参议员们会拿着一份泄露出去的给“马多克斯号”的指示电报与麦克纳马拉对质，该电报要求驱逐舰将北越巡逻艇“引向北边，远离 34-A 行动区域”。太平洋舰队司令已命令延长巡逻时间，并指示避免“干扰 34–A 作战计划”。[178]

当参议员艾伯特·戈尔问麦克纳马拉，赫里克几天前还发电报抱怨“马多克斯号”的官员们给他的任务带来危险，他们怎么会不知道南越的行动时，麦克纳马拉回答道：“他们不知道细节，当然，我也是这么说的。”[179] 麦克纳马拉还继续坚称，虽然赫里克准将确实完全了解突袭的事实，但“美国海军”却

不知为何不知情。最令人震惊的也许是，麦克纳马拉谎称这些袭击是南越人自己策划和发动的。麦克纳马拉坚称，他“在发生针对该岛的袭击时完全不知情”。[180]

在 1995 年的回忆录《回顾：越战的悲剧与教训》中，麦克纳马拉评价自己的相关证词是“诚实但错误的”。但是，时任国防部副部长约翰·麦克诺顿（John McNaughton）助手的丹尼尔·埃尔斯伯格（Daniel Ellsberg）在其关于越战的回忆录《秘密：越战和五角大楼文件回忆录》（*Secrets: A Memoir of Vietnam and the Pentagon Papers*）中指出，自己的工作之一就是确保这些袭击的行动细节在五角大楼内部得到传播。埃尔斯伯格坚持说：“这些行动的每一个具体细节都被华盛顿的最高当局所了解和批准，包括军方和文官。”[181] 事实上，美国的海军官员们曾就他被审问的这些突袭行动下达过命令，麦克乔治·邦迪和塞勒斯·万斯都曾明确予以批准。[182] 参议院的 206
听证会持续了大约 100 分钟，众议院的听证会则不到 1 个小时。

扑朔迷离的“截获情报”

对于那些对袭击事件仍持怀疑态度的人，麦克纳马拉坚称，他掌握从北越方截获的情报，可以证明美国的立场，但这些情报目前还太敏感，不能公之于众。他还命令参谋长联席会议向所有参与此次行动的美国军队指挥官发出“闪急”电报，要求提供“能够让联合国相信攻击事实确实发生”的证据。指挥官们尽可能地予以回应，但无法编造不存在的证据。（调查员后来声称发现了一枚子弹。）美国官方越战海军史至今仍坚持认为，第二次北部湾事件确实发生了。[183] 在得克萨斯州奥斯丁市的林登·约翰逊图书馆（Lyndon Johnson Library）的墙上，关于这次事件的博物馆陈列说明解释说，有两艘船报告发生了袭击，接下来发生的事情在后来导致了“一些争论”。[184]

也许更不可原谅的是迪安·腊斯克在1990年和他儿子理查德·腊斯克（Richard）一起写的回忆录《如我所见》（*As I Saw It*）。在书中，作者再次试图用两起事件的日期迷惑读者，以此证明事件确实发生过。正如麦克纳马拉和夏普（也许是故意）混淆北越情报的截获日期一样，腊斯克写道："现在，越南共和国将北部湾事件发生的8月2日作为其反美战争的一部分来纪念，因此，无论那天晚上在北部湾到底发生了什么事，这起事件显然都很重要。"当然，没有人质疑8月2日发生袭击的事实，但这位前国务卿的记述必然是虚伪的。唯一重要的是8月4日的袭击，但腊斯克没有为此提供任何新内容，相反，他只是再次提到"我们截获的北越无线电情报"。[185]

在短期内，政府的欺骗策略相当奏效，媒体几乎没有怀疑就接受了这套说辞。[186]《时代》周刊向读者讲述了一个关于这场想象的袭击耸人听闻的故事，甚至赋予"马多克斯号"的雷达系统以追踪鱼雷的功能，而这在当时的技术上尚不可行。该杂志的记者写道："至少有六艘，其中有……装备37毫米、28毫米火炮的'汕头级'炮艇（Swatow）以及由苏联设计的P4型鱼雷快艇。9点52分，他们使用自动武器向驱逐舰开火，此时他们之间的距离只有2000码。黑夜被照明弹和船只的探照灯照亮，令人毛骨悚然。3个半小时内，小舰一次又一次对驱
207 逐舰发动进攻。10枚敌方的鱼雷在水中嘶嘶穿行。但每一次，船长都用雷达跟踪鱼雷，灵活地设法避开它们。"[187]

其他刊物如法炮制，但很少能与《时代》周刊耸人听闻的精彩描写相提并论。《新闻周刊》写道："一艘鱼雷艇突然着火并沉没……另一艘爆炸，其他舰艇见势不妙，掉头逃入黑暗中修整。"[188]没有任何一家主流出版物质疑美国政府的官方叙述，哪怕是其中最微小的细节。《华盛顿邮报》也评论称：

> 美国昨晚向北越大展军威，以阻止河内的共产党领导人作出错误的决定，认为他们可以不受惩罚地攻击美国的船舰。但是，美国最初决定只采取有限的行动，以一种以牙还牙的方式开展报复行动，而不是使东南亚战争升级……这里最大的谜题是，北越鱼雷艇对美国舰队的攻击是不是共产党方面试图升级战争的更大阴谋计划的一部分？[189]

《纽约时报》对这次交火进行了扣人心弦的逐分钟描述，报道说美国驱逐舰"在一次例行巡逻中遭到无端的袭击"，而且，"为什么鱼雷艇能够有效地袭击强大的第七舰队，尚没有合理的解释"。它的社论称这次事件为"北越共产党一次疯狂冒险的开始"。[190] 詹姆斯·赖斯顿解释说美国进行报复性轰炸"不是为了扩大战争，而是为了进行谈判"。他还说，这次袭击据了解是"有预谋的"军事行动。[191]《时代》周刊的军事记者汉森·W. 鲍德温（Hanson W. Baldwin）毕业于安纳阿波利斯美国海军学院（Naval Academy at Annapolis），他补充说："这次袭击……可能反映了企图挑动美国采取报复性行动的一项蓄谋已久的政策。"[192] 然而，北越为什么要故意卷入一场与美国的战争？鲍德温没有说。

电视台的新闻主播们同样也是约翰逊政策的狂热支持者。沃尔特·克朗凯特（Walter Cronkite）向数百万收看《CBS晚间新闻》（*The CBS Evening News*）的电视观众说道，美国人民在战斗，"以遏止住共产主义侵略的苗头"。[193]

与此同时，几乎所有媒体都在称赞美国对这场根本不存在的袭击"克制的"反应。只有《时代》周刊、《纽约时报》和《亚利桑那共和报》（*The Arizona Republic*）承认北越有理由对美国的驱逐舰出现在北越海岸边感到担忧，但这些媒体后来 208
又将这种说法斥为共产主义宣传。没有人注意到巴黎日报《世界报》（*Le Monde*）在 8 月 7 日的头版报道，其中详细指出美国军队在鼓动和支持针对北越的游击队行动方面发挥的作用比承认的要大得多——这篇报道让国务院感到担忧，但没有引起美国媒体的关注。[194] 记者们通常都只是选择附和官方发布的信息。[195]《纽约每日新闻》的编辑也为“把胡志明逼到墙角”的时刻而庆祝。[196]

媒体的反应是一片叫好。《华盛顿邮报》是如此拥护约翰逊，以至于约翰逊开玩笑说它已经成为他的私人刊物。华盛顿邮报公司（Washington Post Company）旗下的《新闻周刊》指出：“约翰逊先生对袭击事件冷静又不失克制的处理方式似乎为他带来了比他预期中更多的公众信任。”[197]《纽约时报》和各类新闻周刊如同广播电视一样，都同样称赞不已。甚至连沃尔特·李普曼也赞成总统对危机所作出的克制反应，尽管他从未停止过对在亚洲发动陆地战争的危险性的警告。[198] 9 月，在所谓“第三次北部湾事件”的消息传出后，《纽约时报》的编辑发现，“有些人（据推测这其中还包括约翰逊的军事顾问和文职顾问），极力主张迅速进行报复并对北越进行轰炸”，这让人“非常不安”且“值得深思”。然而，让他们感到欣慰的是，“正如人民所期望的那样，总统头脑冷静，正确地拒绝了那个建议”。编辑们解释说，如果总统没有这样做，“如果美国将轰炸北越作为对鱼雷的‘报复’——即使接受官方的说法，这些鱼雷也从未发射过——那么美国在世界舆论面前就会站不住脚”。[199]

然而，即便人们如此强烈地支持约翰逊的政策，也不能让他满意。1964 年 9 月，他向记者威廉·S. 怀特（William S. White）抱怨说：“如果你在 1960 年看看在肯尼迪身边的李普曼家族、赖斯顿家族、奥尔索普家族、罗兰·伊万斯（Rowland Evanses），还有乔·克拉福斯（Joe Krafts）和其他人，我认为约翰逊家族得到的个人待遇确实最低。现在，每当我得到一些待遇，就显得很糟糕，但当别人享受时，就显得很正常。”[200]然而，正是这种错误赢得的信任、尊重和钦佩，再加上当时的新闻业风气，阻碍了媒体更深入地调查这个事
件。直到4年以后，在富布赖特开始苦心研究该事件后，《纽 209
约时报》才重新开始挖掘北部湾事件的真相。

公众舆论则毫不奇怪地倒向总统。哈里斯民意调查显示，约翰逊的支持率一夜之间飙升了30%。在北部湾事件和美国的报复行动之后，另一次哈里斯民意调查表明，公众对于美国在越南的角色所持的看法发生了逆转。在该事件发生之前，58%的受访者对约翰逊政府的对越政策持反对立场，事件发生之后，有72%的受访者表示赞成。[201]从1965年到1966年的民意调查数据也不断表明，大多数民众持强硬立场。[202]

在这一短暂而闪耀的时刻，林登·约翰逊的雄心壮志似乎唾手可得。他即将在总统选举中大获全胜，赢得肯尼迪拥护者的支持，全面继承这位罹难总统的衣钵。因为共和党准备在1964年推选一个不可能当选的右翼激进分子担任他们的领导人，约翰逊可以拒绝罗伯特·肯尼迪成为他的副总统候选人，以此进一步羞辱他的反对者。在1964年的大选季，约翰逊拯救穷人和受压迫者的愿望变得前所未有地充满希望。约翰逊曾告诉助手：“那些黑人从地上爬起来。他们抓着我的手不放，仿佛我是走在他们中间的耶稣。”这有可能是美国历届总统的傲慢言辞中最纯粹彻底的一个。[203]

确实，1964年的选举将证明，约翰逊比他的偶像富兰克林·罗斯福的顶峰时期还要受欢迎。在1936年的大选中，仅有36%的报刊支持罗斯福连任，而57%的报刊支持他的对手艾尔弗·兰登（Alf Landon）。28年后，据《编辑与发行人》（*Editor and Publisher*）的统计，约翰逊在竞选中以42%对35%的优

势战胜了巴里·戈德华特。如果只统计大城市的报刊，支持戈德华特的只有三个。约翰逊还赢得了比罗斯福更多的选民票，并成了自 1820 年的詹姆斯·门罗（James Monroe）之后第一个在佛蒙特州获胜的民主党人。[204] 这位总统赢下了全国 50 个州中的 44 个，并且他在国会两院中早已占据压倒性多数的政党也获得了更多席位。[205] 在他的系列著作《美国总统的诞生》（*Making of the President*）中，白修德（Theodore H. White，本名西奥多·H. 怀特）称约翰逊的胜利为“在自由人民选举史上最伟大的一场胜利”。[206]《时代》周刊的编辑毫不犹豫地封总统为 1964 年的“年度人物”。该周刊刊登了一幅漫画，画中这位高大的得克萨斯人大清早站在白宫的窗边大喊：“我就是世界——准备好了没有。”[207] 在圣诞节期间，约翰逊宣布，美国人正生活在“自基督耶稣在伯利恒诞生以来最充满希望的时代”。
210 《新闻周刊》的一名记者曾斥责总统行事夸张，但他也禁不住断定约翰逊确实“不仅是这个时代，而且是自古以来最强大、最繁荣、最富裕的国家”的领导人。[208]

北部湾事件恰巧发生于 8 月中旬民主党全国代表大会的筹备阶段，此时约翰逊试图把自己塑造成一个意志坚定的领导人，而把对手戈德华特描述成一个靠不住的无政府主义者。尽管总统在大选期间有意淡化了《北部湾决议案》的重要性，以便更好地把自己塑造成比戈德华特爱好和平的人，但他这么做，只是因为他不想就即将发动的战争进行一场公开辩论。就在美国人民给约翰逊投票，授予他维护和平的权力那一天，约翰逊任命威廉·邦迪主持一个跨部门的研究小组，想出扩大战争的办法。这项任命实际上早已作出，但由于其政治敏感性，无法在选举前得到认可。邦迪后来回忆说，尽管约翰逊在总统选举活动中许下了安抚人心的承诺，但总统的真实想法是“最大限度地利用北部湾事件”。[209]

一次挑衅？

关于北部湾事件，有一个问题从未得到很好的解答，即美国是否曾暗中计划在 8 月 4 日挑起一场袭击。这将解释，美国官方为什么在确认事件细节前就表现得好像确实发生了一场袭击。[著名的偏执狂电影导演奥利弗·斯通（Oliver Stone）在 1991 年的电影《刺杀肯尼迪》（*RFK*）中曾设计一个类似的故事情节，并将其与肯尼迪刺杀案联系起来。] 事实上，自 1898 年“缅因号”（*Maine*）军舰在古巴的一个港口爆炸，并引起民众不可阻挡的战争要求以来，制造这种挑衅一直是美国外交政策的一个悠久传统。1962 年 10 月 16 日，罗伯特·肯尼迪在国安会执委会会议上确实曾若有所思地说过，捏造一个类似于“缅因号”的事件，可能正是政府解决古巴导弹危机所需要的——至少在其初期。在导弹危机发生之前，美国参谋长联席会议深入参与策划了一系列针对古巴的挑衅行动，其目的非常明确，即挑起战争。[210]

尽管罗伯特·麦克纳马拉对这些建议很了解，但他仍然坚称：“任何对我们的社会和政治体制稍微有所了解的人都不可能怀疑存在某种挑起战争的阴谋。”[211] 威廉·邦迪补充道，挑衅行动不在计划之列，因为“它根本不符合我们的计划。我们 211
认为，局势还没有恶化到我们必须在南越问题上采取更强硬行动的地步”。[212]

事实似乎与此不符。乔治·鲍尔坚持认为，“马多克斯号”被派到北部湾“主要是为了挑衅”。尽管鲍尔也承认这次任务“有一些收集情报的目的”，但他仍然认为，“我感觉，如果驱逐舰卷入某种麻烦，这将正好提供我们所需要的挑衅”。[213] 迈克尔·福莱斯特在 8 月 3 日给腊斯克发电报说：“你也许知道，针对‘马多克斯号’的袭击行动和南越军队对北越海岸两个岛屿进行的‘34-A 作战计划’骚扰行动发生在同一个 60 小时之内……似乎很可能北越认为这艘驱逐舰是这次行动的一部分。”福莱斯特发给腊斯克的另一份电报显示，“白宫”（肯定是指麦克乔治·邦迪，也可能包括约翰逊）在得知 8 月 2 日所发生的事情后，特别批准了 8 月 4 日的袭击行动。约翰逊和邦迪推断，7 月 30 ~ 31 日的一系列袭击可能是 8 月 2 日事件的罪魁祸首，但他们仍然命令在 8 月 3 日发动更多此类袭击，并提前计划，如果这些袭击激起北越相应的反应，美国该采取何种报复措施。同样，在 8 月 3 日，时任美国驻西贡大使马克斯韦尔·泰勒建议华盛顿，如果近期北越军队购买苏联的米格战机，美国应该故意诱导他们空袭美国在那里的侦察机。

9 月初，丹尼尔·埃尔斯伯格的上司约翰·麦克诺顿拟了一份“南越行动计划”草案，其中他建议美国“挑起北越的军事回应，并利用这种回应……开始逐步加强南越和美国对北越的联合军事行动”。该计划建议恢复在北越海岸的德索托巡航和“34-A 作战计划”，这两项行动当时都已暂停。他还补充说：“进一步的主要问题是，我们加强并调整上述行动到何种程度，才足以激起北越的回应并引起我们随后的报复行动。可以考虑的行动方式是让美国的海军巡逻舰逐渐靠近北越海岸，以及（或者）将其与‘34-A 作战计划’联系起来。”[214] 几天后，泰勒、腊斯克、惠勒和麦克纳马拉批准了一份文件，该文件表明美国可能希望故意挑起一场针对美国巡逻舰的袭击，从而为报复行动创造借口。威廉·邦迪提交的另一份备忘录公开讨论了美国加强美国海军在北部湾的巡逻并“越来越靠近北越海岸”的可能性。这些行动“可以挑起北越的军事反应以及我
212 们随后的报复行动”。[215] 埃尔斯伯格说，这个计划被搁置了，因为在大选前采取这种行动风险太大。但当局仍在继续制订计

划。[216]此外，政府已准备好由比尔·邦迪起草的国会决议案，现在只是在等待——用麦克纳马拉的话说——“敌人突然采取行动”。他在6月份认为这是不可能的。[217]

考虑到所有这些因素，再加上美方不必要的仓促反应，美国在北部湾蓄意制造挑衅的证据非常有力。英国驻河内的总领事肯尼思·布莱克威尔（Kenneth Blackwell）在当时不加掩饰地表示：“对这个事件唯一说得通的解释可能是，美国人有意挑起北越采取敌对反应。”[218]

实际上，操纵这一事件的政治基础，在事件发生之前就已准备就绪。在7月26日的白宫晚宴上，据说约翰逊告诉富布赖特，南越政权面临崩溃的危险，可能需要一项支持发动战争的决议来支撑南越政府。在此之前几天，乔治·鲍尔曾就同样的主题首次与富布赖特进行探讨。两个人都非常清楚，这项决议的价值在于，它能在即将到来的大选中让戈德华特无法拿“在共产主义问题上态度软弱”这一问题大做文章。在约翰逊和富布赖特在白宫面谈后的次日，泰勒大使按照国务卿腊斯克的明确指示向阮庆将军承诺，美国在不久的将来会空袭北越。[219]当然也有另外一种可能，即美国在西贡的下级官员急于扩大在南越的战争，在他们的长官不了解详情的情况下挑起了一场攻击。埃德温·莫伊兹指出，这些官员“向海军提出关于德索托巡航队应该做什么的请求和建议，然后根据德索托巡航的时间表制定‘34-A作战计划’的袭击方案，这样可能会有更大的机会让北越认为巡航的驱逐舰参与了袭击行动，从而对其发起攻击”。[220]事实上，在8月4日的事件发生后，袭击立刻就被推迟了。[221]

最后，4年之后，当政府被迫在富布赖特领导的听证会上就这一问题作证时，约翰逊向麦克纳马拉承认，比起“指控我们挑起了某种袭击”，政府有“更好的论据”证明发生过某种袭击。[222] 所有这些证据都不能确凿地证明，美军曾被命令制造挑衅事件，并因此在它认为发生了袭击时，急切地采取行动，以发动一场战争。但它确实揭穿了麦克纳马拉所坚持的看法，美国在北部湾的蓄意挑衅并不像他想让国人相信的那样“难以置信”。

越南“北部湾”

213 正如我们所见，美国政府对 1964 年 8 月 4 日事件的描述，是自欺欺人和蓄意欺骗的产物。一旦事件的真相浮出水面，最初真实的困惑就变成了彻头彻尾的欺骗，于是总统被迫掩盖他将国家带入战争的不太诚实的方式。

首先，政府的所作所为可能恰恰造成了它本来在北越试图避免的局面。这一事件激发了腊斯克的人马（以及其他人群）中的不知情者自发去解释北越的卑鄙且毫无理智的行为背后的动机。[223] 由于这些分析都是基于错误的信息，他们为美国政府规划的道路自然被对事件错误的理解所腐蚀。

虽然美国民众可能对其政府的行动一无所知，但在发生袭击的北越，北越政府完全了解美国及其南越共和国军（ARVN）盟友通过联手实施秘密行动，轰炸北越乡村并破坏其工业基础设施。对他们来说，实行袭击的飞行员以及破坏小组领导人的国籍并不重要，因为他们很清楚，南越军队在没有美国主子指挥的情况下是多么无能。

据埃德温·莫伊兹在河内的调查，正是美国对北部湾事件和后续袭击的歪曲描述致使北越得出结论，与美国人进行任何形式的谈判都无济于事。北越方面认为，通过缓和自己对南越的态度或竭力避免与美国发生正面冲突来取悦美国都没有意义。越南民主共和国海军刊物《海权》（*Hai Quan*）1964 年 11 月的一篇文章说：“在捏造了‘第二次北部湾事件’之后，美国人将其作为实行报复的借口。但实际上，他们所有的阴谋都是事先安排好的。”[224]范文同（Pham Van Dong）总理坚称：“这一犯罪行动是事先计划好的。这是‘将战争带到北方’这一阴谋的第一步。”黄文欢（Hoang Van Trai）将军认为，美国制造这一事件旨在为即将对北越进行的大规模轰炸开创先例。[225]

关于北部湾事件爆发一星期后北越中央委员会召开的一次特殊会议，研究越南的学者加雷思·波特描述如下：“党的领导人得出结论，美国对南越进行直接军事干预并轰炸北越的可能性极大，党和国家要做好准备，应对一场发生在南方 214
的大战。9 月，越南人民军的第一批作战部队开始沿着胡志明小道前进。”讲越南语的前美国外交官威廉·戴克（William Duiker）指出，在战后不久出版的一部越南官方历史书描述了一场越共中央政治局会议，会议审议了美国的干预可能会造成的令人担忧的军事前景，并得出结论，北越需要“在未来一到两年内取得军事胜利”。随后，政治局制订了更为激进的计划以摧毁有战略价值的小村庄，扩大解放区并消灭越南共和国军队。研究过越南相关文件的波特也对此表示赞同。“到此为止”，他说，“河内的党内军事家们一直希望避免采取可能会引起美国加强其对南越介入程度的行动”。但北部湾事件之后，“河内的领导人显然已得出结论，美国正准备直接干涉南越危机，现在防止这种意外情况的最佳方法是在华盛顿从‘特殊战争’阶段转为有限制战争之前取得决定性胜利”。河内指定其两名高级军官中的一名来负责这项工作。[226]事实上，美国情报人员也证实，直到 1964 年末才有团级规模的北越部队进军南越。北越还对胡志明小道进行了重大升级，以使武器及军队能够更容易地从北穿到南，同时提升了北越防空系统的质量。[227]在用马列主义行文语言编纂的《越南人民军官方历史》（*The*

Official History of the People's Army of Vietnam）一书中，编者认为美国“捏造北部湾事件，欺骗全世界以及美国国内舆论”，以便“美国帝国主义者公然动用其空军轰炸北越”。其结果是一场“针对一个独立主权国家的令人难以置信的野蛮战争”，在一开始“帝国主义者们”就受到了“沉重打击”，北越人民击落敌机并“不断勇敢地击退敌人”，这“让他们非常震惊”。[228]在越南，就像世界上的任何其他地方一样，历史的确是由胜利者书写的。

在这一时期，南越内部的军事行动也变得越来越具有侵略性，越南南方民族解放阵线突击队（Viet Cong commandos）首次开始对南越境内的美国人和设备发动直接攻击。

虽然苏联对轰炸的反应要冷静得多，但轰炸所激发的战争最终使迪安·腊斯克和苏联外长安德烈·葛罗米柯之间达成的极有希望的妥协协定（尽管是非正式的）化为泡影，这份协定约定美苏双方共同减少国防开支，从而改善双方经济状况，并降低发生核战争和常规战争的风险。[229]

空袭还对美国稳定南越政治局势的努力造成了意想不到的影响。8月7日，阮庆将军利用危机所造成的混乱局势，宣布南越进入紧急状态。然后他决定颁布一部新宪法，并宣布自己为总统。在随后10天内，佛教徒和学生的抗议行动席卷全国，在全国大部分大城市造成了内乱。很快，骚乱就蔓延到了乡村地区，在这些长期处于天主教精英少数派统治下的地区，爆发了更多愤怒的抗议活动。随后发生了暴乱，阮庆迫于压力不得不废除他的新宪法，并辞去总统职务，这时离他宣布当选总统不到21天。8月26日，他显然崩溃了，退居至西贡（Saigon）北部的度假胜地大叻（Da Lat）。由于还没有新的领导人，西贡的佛教徒和天主教徒之间开始爆发冲突，泰勒大使和威斯特摩兰将军竭力劝阮庆回到总理职位。这又导致了持不同政见的将军们产生政变企图，但在最后一刻失败了。华盛顿的美国官员们自信地认为空袭能稳固南越领导层，却不料它反而削弱了南越政府那本已摇摇欲坠的根基，使这个国家相互敌对的少数民族之间产生分裂，并为南越脆弱的国家高层的无尽混乱创造了条件。[230]

也许约翰逊关于战争的谎言产生的一个同样重要的影响 216
是其对国内的影响。他捏造北部湾事件这一事实最终严重削弱了总统努力赢得的民众对战争的支持，以及战争成功所需的民主基础。正如汉娜·阿伦特（Hannah Arendt）后来在阅读《五角大楼文件》时指出的那样，政府的“撒谎政策针对的不是敌人［这也是相关文件没有透露任何可能属于《间谍法》（Espionage Act）范畴的军事机密的原因之一］，而是国内受众，是为了在国内进行政治宣传，尤其是为了欺骗国会”。[231]

一切如常

如前所述，早在麦克纳马拉及其他人在国会作伪证并向媒体提供误导性陈述时，掩盖真相的行动就已开始，这时最初对事件的解释在他们的头脑中受到质疑已很久。证词中的明显漏洞，比如麦克纳马拉关于赫里克指挥官不属于美国海军的奇怪论点，表明了他对真相的态度，即真相是一种麻烦之物，可以在适当的时候忽略它或希望它消失。事实上，1966 年，当 8 月 4 日在北部湾值勤的北越鱼雷艇的 19 名成员被俘获时，美国太平洋舰队总部发出加急电报，命令即刻停止并终止对他们的审问。绝对没有人向这些囚犯提出关于北部湾事件的问题，因为审讯人员被要求“避开”这个话题。那些 8 月 4 日在现场的水兵被与其他共产党囚犯分开关押，并很快被遣返回北越。[232]

约翰逊从北部湾事件的成功经验中认识到，他可以随心所欲地对待参议院以及整个国家。在他成功地在战争发生的原因上误导国会和国民后，他继续将这一方法用于战争的升级。1965 年 2 月 13 日，总统授权开展“滚雷行动”（Operation Rolling Thunder），这是针对北越目标的系统的、更大规模的轰炸行动。[233] 这一初步决定受到了民众超乎寻常的欢迎，也得到了国会的支持。然而，海军陆战队抵达岘港（Da Nang）不到两周，美国陆军参谋长哈罗德·K. 约翰逊（Harold K. Johnson）就要求再多调三个师的兵力到越南。但约翰逊继续回避有关政策变化的问题。在 3 月 13 日的新闻发布会上，他告诉国民：“我们在那里的政策就是艾森豪威尔总统所制定的决策，正如自我担任总统以来，46 次在不同场合说过的那样，
217 这个政策过去被肯尼迪总统坚守并执行，现在由我们来继续执行。”[234]

谎言一说出口，就一发不可收拾。在一周后的另一场新闻发布会上，约翰逊继续坚称：“我们在越南的政策和一年前一样，对于那些对这个问题有疑问的人来说，它和 10 年前一样。”[235] 就在他说这些话的时候，总统的办公桌上放着一份威斯特摩兰将军提出的增派一万名士兵保卫南越机场的请求。同一天，即 3 月 20 日，参谋长联席会议将一份计划递交给了麦克纳马拉，要求再部署两个师的兵力到南越北部和中部省份。[236] 在两周内，约翰逊往越南增派了两个师以及两万人的支援部队，并扩展他们的职能范围，让他们不再仅仅防守基地安全，将美国的职责由原先的“滚雷”空袭转向进攻性基地防御。不久之后，威斯特摩兰告诉总统，除非他同意再增派 44 个营的兵力，否则南越将沦陷。[237]（威斯特摩兰发出此警告时，美国在越南大概有 75000 名士兵。）回想起一年前他与理查德·拉塞尔的对话，总统仔细听取了华莱士·M. 格林将军（General Wallace M. Greene）的警告，即想要完成美国的目标至少需要“5 年时间，外加 50 万人的军队”。在这次谈话中双方没有

对事实作任何粉饰。约翰逊询问军事顾问："你们都认为国会和民众会听凭我们把 60 万士兵和数十亿美元丢到 1 万英里之外吗……如果你们在许下承诺跳楼之后发现这楼有多高，你们就会希望收回这个承诺。"总统颇为信赖的朋友兼顾问克拉克·克利福德警告他："这可能是个无法脱身的泥潭。这可能会导致我们无休止地投入，需要派遣越来越多的陆地作战部队，而没有希望获得最终胜利。"但参谋长联席会议建议约翰逊召集后备队以及国民警卫队，同时请求民众支持更大规模的战争。[238]

然而，约翰逊没有听取这些意见。他继续利用让国会通过的决议案让美国陷得更深。马克斯韦尔·泰勒大使告诉总统，参议员富布赖特曾质疑，《北部湾决议案》是否涵盖即将向越南派遣新的作战师的决定。约翰逊回答说，他认为没有必要再让国会参与此事。后来，当记者问同样的问题时，总统坚称："对于任何读过［北部湾］决议的人来说，这个问题的答案是非常清楚的。给你们提个醒，那份文件上写着，国会批准并支 218
持总统作为三军总司令作出的决定，即采取一切必要措施，击退任何针对美军的武装攻击，并阻止进一步的侵略。"[239]约翰逊的声明显然与他一周前读到的国家安全委员会关于《北部湾决议案》的分析报告不一致，分析报告认为，该决议案"通过的基础是，'如果有必要对现行政策进行重大改变'时与国会共同协商决定"。[240]

总统甚至不愿意承认美国正在对其战争政策作出重大改变。约翰逊拒绝了麦克纳马拉、邦迪、莫耶斯还有其他人的建议，比起向国民说明关于他正在进行的这场战争的详情，他更关心如何防止他的秘密被泄露出去。[241]他承认派遣军人数在增加，但他只是在一场下午 3 点左右专门为最高法院举办的新闻发布会上提到，美国部队的规模将从 75000 人增加至 125000 人。他还说："以后还需要更多兵力，将根据需求增派部队。”[242] 发布会结束后，参谋长联席会议主席惠勒发电报给威斯特摩兰将军，并建议他：“如果公告没有列出先前方案的全部细节，而只是提到将采取一种循序渐进的方式，不要感到惊讶或失望。采取这种策略是为了减少国际上的反对声音。”[243] 迪安·腊斯克发电报给泰勒在西贡的二当家亚历克西斯·约翰逊（Alexis Johnson），指示他公开表示，华盛顿“将继续执行先前的方案。为了保持这一策略，部署工作将在一段事件内间隔进行，所有的相关宣传工作都要保持低调”。[244] 麦克·邦迪警告政府中的每个人都要遵守总统的路线。“在任何情况下”，他警告道，“都不得提及美军的行动或其他未来的行动方案”。[245] 在同沃尔特·李普曼会面之后，他告诉总统：“沃尔特一直在批判的一个问题是，他认为你试图以普遍共识扼杀相关讨论”。[246] 有意思的是，极为强硬的乔·奥尔索普——他曾表示，想到约翰逊将采取其对手李普曼关于战争的观点就感到恐惧——也通过助手道格拉斯·卡特在 1965 年 7 月的一场午宴上警告说，总统“关闭政府的公开对话，而这会危及政府以及”约翰逊自身。[247]

其实，约翰逊没有如实说明他所批准的增兵计划，实际上，增兵后驻越南的美军人数会达到 20 万人。美国正在走向全面战争，但没有人愿意承认这一事实。最后，6 月 8 日，一位名叫罗伯特·麦克洛斯基（Robert McCloskey）的国务院
219 公共信息官员向《纽约时报》记者证实，当局在越南动用美国作战部队的决定已“酝酿好几个星期”。[248] 第二天，《时代》周刊的编辑注意到这样一个惊人的事实：“昨天，国务院的一名小官员告诉美国人民，实际上，他们正处于在亚洲大陆的一场陆地战争中。这是政府首次公开宣布在南越投入美国陆地作战部队开展作战行动的决定，其中一个不寻常之处是：向国民宣布这一决定的不是总统，不是内阁成员，甚至也不是总统非

正式顾问团成员，而是一名公共事务官员。”文章继续写道，值得注意的是，“对于从根本上改变美国介入越南事务的方式，使其”变成“一场美国对亚洲人的战争这一举动，至今没有任何官方解释”。[249]

很多总统身边的人都敦促他向国会和国民承认事实。被泰勒接替驻南越大使职位的亨利·凯博特·洛吉（Henry Cabot Lodge）问约翰逊：“你怎么能丝毫不说明原因，就把大量年轻人派到那里去？”[250]但约翰逊坚持继续瞒下去，因为他担心任何关于战争的公开谈论都会毁了他通过《民权法案》的机会。总统这样解释：“我现在就能让‘伟大社会’成为现实——这是一个黄金时期。我们有一个好的国会，我也是合适的总统，我可以做到。但如果我公开谈论战争的代价，‘伟大社会’计划就不能实现。老威尔伯·米尔斯（Old Wilbur Mills）会坐在这儿，彬彬有礼地感谢我，把我的‘伟大社会’构想打回来，然后告诉我，他们愿意付出我们为这场战争所需要的任何代价。”[251]后来，他用更生动的约翰逊式的语言描述了他低调实施决定的计划：“如果你有一个只有一只眼睛的丈母娘，而且她的这只独眼正好长在她的脑门上，那你就不能让她待在起居室里。”[252]

与此同时，在官方报道和大多数媒体盲目乐观的爱国主义背后，战争在朝着糟糕的方向发展，约翰逊似乎比任何人都更了解这一事实。就像他在 1965 年 6 月 21 日向麦克纳马拉抱怨的那样，他一再向助手抱怨说，他

> 非常沮丧，因为不管从国防部还是从国务院那里我都得不到任何能鼓舞人心的方案，我只能祈祷并咬牙坚持下去……同时希望他们会放弃。我不相信他们会放弃。而且我也没有看到……任何……能带来胜利的计划，不管是军事上还是外交上。[253]

220 总统继续巡游全国，向选民们承诺，正如他在3月所做的那样："美国有战必胜。这一点毫无疑问！"[254]后来他鼓励士兵们，"一定要取得胜利"，还告诉他们，"我们知道你们会完成任务"。[255]杰克·瓦伦蒂（Jack Valenti）是约翰逊的时任高级助理，他在约翰逊死后几十年里，不知疲倦地在媒体上为他辩护。他后来试图辩称，约翰逊一直在寻求通过谈判来解决问题。瓦伦蒂写道："在我记忆中，约翰逊从不认为我们会取得传统意义上的'胜利'。"[256]但正如迈克尔·比齐罗斯所反驳的那样："问题在于，如果这是他的意图，他也没有向他派往越南的美国人坦白这一点。"[257]

私下里，据约翰逊妻子的日记记载，他在3月份曾向她倾诉："我无法脱身，也无法用我现有的东西完成它。我也不知道到底该怎么做。"[258]他还告诉妻子，在越南问题上，他觉得自己仿佛坐在一架正在坠落的飞机上，但"我没有降落伞"。[259]

与大众记忆相反，当时媒体大都赞成这场战争，至少直到战争的最后阶段是如此。虽然记者们有时对许多单独的军事行动进行批判性报道，但几乎从未有人对战争的基本崇高性提出质疑。在《未经审查的战争》（*The Uncensored War*）中，丹尼尔·哈林（Daniel Hallin）指出了一些"不言而喻的主张"，这些主张奠定了关于越南的电视报道的基调和界限。首先，新闻记者们将越战定性为"我们的战争"，一场代表整个国家并在其支持下进行的军事行动。其次，人们试图通过与两次世界大战的比较，使越南战争成为美国军事史上合乎逻辑、顺其自然的一步。这方面的一个典型例子是1966年美国全国广播公司（NBC）的一次报道，该报道以"第1步兵师（First Infantry Division）、北非铁血军团（Big Red One of North Africa）、奥马哈海滩（Omaha Beach）、诺曼底、德国，以及现在的柬埔寨边境”为结束语。在此基础上更进一步，许多记者借用士兵们的惯用语“印第安区域”（Indian Country）来描述越共控制的地区，将其与美国西部边疆及其高度浪漫化的“狂野西部”意象联系起来，以此为解释越南的混乱局面提供一种可接受的叙事。哈林指出，媒体的第三种手段是，把越南描述成考验美国年轻男子阳刚之气的试验场。1966 年 2 月，NBC 新闻如此评价驻越南的美军：“他们不仅是世界上最伟大的士兵，还是世界上最伟大的男人。”[260]

军方不断夸大其作战进展，而五角大楼的文官们则进一步夸大这些说辞，国民从未得到过任何可靠的信息——无论是来自政府、军方还是媒体——让他们对美国在越南战败的可能性做好准备。因此，当真相最终不可避免地暴露出来时，它所带 221
来的冲击是更大的。政府不仅最初为了参与越南战争而欺骗了国民，而且在开战后，向国民虚报了战争进展。《华盛顿邮报》专栏作家理查德·科恩（Richard Cohen）后来代表他的诸多同行说道：“在越战期间，政府一直对我说谎。”因此，“我十分愤世嫉俗。我是信用危机版本的‘萧条婴儿’（Depression baby）。我是被谎言塑造出来的”。[261]1966 年，非主流杂志《壁垒》（*Ramparts*）刊登的一篇关于北部湾及越战的文章以《该死的一切都是谎言》（*The Whole Damn Thing Was a Lie*）为题引起了人们的共鸣[262]。即使在一代人之后，它的影响丝毫未减。小说家克兰西·西加尔（Clancy Sigal）引用“北部湾——那不是袭击”，谈到了历史学者约瑟夫·埃利斯（Joseph Ellis）关于他自己所谓作为越战老兵的经历的虚构描写。“为什么不在越南问题上撒谎？”西加尔在 2001 年夏天写道。“每个人都这么做。在东南亚的这场战争由谎言而起，在谎言中进行，其幕后推手是狡猾的政客和说谎者，这些人直到今天都还没有被要求对他们的谎言负责。”[263]

威廉·富布赖特紧接着就意识到，他被他的老朋友愚弄了。尽管他没有得到政府的信任，但他听到了关于大选后立即开始实施的战争升级计划的报告。当马克斯韦尔·泰勒大使于12月初向富布赖特的委员会作证时，富布赖特试图就这些问题向他提问。泰勒承认，当前正在形成一种共识，即赞成作出更大规模的军事承诺以挽救南越政府。但是，富布赖特问道，为了拯救一个没有真正的政府，而且在许多重要方面并不作为一个真正的国家而存在的国家参战有什么意义呢？[264]

事实上，富布赖特低估了局势。但这并不重要。他已经同意并说服他的同僚授予政府法定权限，在它认为必要的时候部署100万人的军队——至少约翰逊和他的顾问是这么解释的。富布赖特后来意识到自己被耍得团团转，在他的余生中，没有什么比这更让他痛苦的了。

富布赖特与约翰逊的关系很快就开始恶化。1965年2月，当一名助手告诉约翰逊，富布赖特由于总统很少与他磋商而感到“受伤”时，约翰逊回答说，这位参议员“是个爱哭鬼”，他不能“继续每天早晨在早餐前吻他”。[265]“告诉那个狗娘养的我在打高尔夫”，当总统真的往他家打电话时，富布赖特大声叫嚷道。[266]富布赖特猛烈谴责约翰逊于1965年春天对多米
222 尼加共和国的干预，他提出的最尖锐的谴责是，约翰逊“不诚实”，根据他的分析这也是“整个事件”的特点。他提前24小时呈交给总统他的演讲稿，并坚称他只是想对总统收到的“错误建议”予以纠正。约翰逊对他的演讲和演讲稿都不置一词，而只是不再把富布赖特当作朋友和政治盟友，并表示他对这种公然的不忠行为感到“受伤”和“愤怒”。[267]

富布赖特的报复

1965年秋天的某个时候，富布赖特已经确信约翰逊经常

欺骗自己。到如今，无论在个人层面还是在政治层面，他都无法同总统共情，并且他对战争的走向由衷地感到痛苦，于是他在 1966 年初决定召集外交委员会，就战争的进展举行一系列高调的听证会。富布赖特对于两年前约翰逊要求他引导参议院通过《北部湾决议案》一事越来越感到愤怒。约翰逊及其团队在决议通过期间故意把富布赖特蒙在鼓里，不让富布赖特知道赫里克指挥官对攻击事件提出质疑的电报，更不用说后来所有能够证明没有发生袭击的相关证据了。富布赖特说，如果他在 1964 年 8 月就知道这些电报和相互矛盾的证据，“我确信我不会急于采取行动”，为约翰逊政府向参议院提出《北部湾决议案》。“我想我对参议院造成了很大的伤害”，富布赖特承认，“我至少可以……警告……未来的参议院，不能以如此随意的方式处理这些问题”。[268] 1966 年 1 月，《纽约时报》报道称，参议院外交委员会主席告知国务卿，“政府在越南的所作所为没有任何法律依据”。[269] 舞台已就绪。

听证会在 1966 年 2 月的第二周开始，电视台对其进行现场直播，这是约翰逊政府迄今为止最戏剧化和不愉快的时刻。现在，最有利于事件的官方版本的那些因素正被用来破坏它。正如作家迈克尔 · X. 德利 · 卡皮尼（Michael X. Delli Carpini）写的那样：“鉴于对手的合法性（一位受人尊重的参议员），听证会的规模（在国会大厦举办），以及这次事件的对抗性（国会与总统的较量；总统所在政党的一名成员，同时也是总统从前的支持者，对总统的越南政策发起激烈的挑战），这场对峙极具新闻价值。”[270] NBC 和美国哥伦比亚广播公司（CBS）对听证会的大部分内容进行了现场直播——这对两家电视台都意味着巨大的广告收入损失——数百万美国人观看了富布赖特严厉盘问政府官员的过程。大多数政府官员都显 223
得很蠢，或很奸诈，或两者兼而有之，因为他们一再试图粉饰一个正在明显恶化的不利局势。这场听证会标志着将涌现一批受人尊敬的建制派异议者，公开反战者将由任性粗野、偶尔还会使用暴力的示威者转变为受人尊敬的军界人士、外交官以及学者。

富布赖特本人是南方种族主义者和自由国际主义（liberal internationalism）的批评者，这一背景使他作为战争的批评者具有特殊的政治权威，因为他容易被归类为典型的自由主义者。此外，听证会证人名单上有一些令人敬佩的人物，如在奠边府沦陷时担任陆军助理参谋长的詹姆斯·莫里斯·加文（James Maurice Gavin）将军，还有备受敬佩的外交官乔治·凯南，凯南被整个建制派称为“遏制政策之父”。和加文一样，他呼吁尽快结束美国对战争的介入，与北越谈判停火。[271]朝鲜战争英雄马修·李奇微（Matthew Ridgway）将军也给委员会致信，表示他赞同这一观点。[272]《纽约时报》很快发表长篇社论支持富布赖特，并要求被富布赖特质询的官员们给出答案，甚至以他们的两面性为契机，询问如何结束美国对战争的参与。编辑们写道：“除非美国能更好地理解它是如何卷入越战的，否则它无法有尊严地从中脱身。”[273]沃尔特·李普曼也表示，听证会“撕破了官方的假面具，让人们看到了战争的本质，以及我们现在的政策在把我们引向何方”。[274]

听证会在国外也被广泛报道，连美国最坚定的盟友、英国的执政党工党中也有很多人支持这次听证会。罗伯特·肯尼迪也跟着煽风点火，努力参与委员会对约翰逊政策的严厉质询，他的这种两面派行为让约翰逊心烦意乱。3月2日，肯尼迪呼吁无限期停止轰炸，并进行无条件的和平谈判。现在，就连约翰逊以及战争的支持者，如雅各布·贾维茨（Jacob Javits，纽约州共和党代表）和詹宁斯·兰道夫（Jennings Randolph，西弗吉尼亚州民主党代表），都希望遏制他们认为的总统篡夺国会发动战争的权利的行为。兰登书屋出版社（Random House）加急出版了听证会记录。在全国范围内，知名企业家首次公开质疑此次战争的合理性，而这最终促成了一个名为“立即谈判”（Negotiations Now）的组织的成立，其成员包括600多名企业高管。[275]与其身份相称的 224
是，这些企业高管们担心约翰逊和麦克纳马拉在战争的财政负担方面误导了国民，现在战争对国家的收支平衡造成了严重破坏，并威胁到经济增长和利率。从政治角度上说，约翰逊战争政策的支持率在这一时期大幅下降——在1月26日和2月26日期间，支持率从63%下滑到低于49%。比尔·莫耶斯写信给白修德说：“我从未见过华盛顿像今天这样充斥着不和谐的声音。”[276]

麦克乔治·邦迪称这些听证会是对政府的“宣战”，并指出“白宫就是这么认为的”。[277]约翰逊总统对富布赖特成功地让持异议者上法庭一事感到极为恼怒，他打电话给电视台负责人，要求他们立刻停止电视直播。然后，他说服J.埃德加·胡佛煽动联邦调查局去调查，富布赖特和委员会是否接受了共产主义者提供的消息。富布赖特被严格监视，按照麦卡锡主义的逻辑运作的联邦调查局发现，委员会证人的证词与“记录在案的共产党出版物或共产党领导人的声明”之间有许多“相似之处”。在约翰逊的明确命令下，胡佛的手下还试图向埃弗里特·德克森（Everett Dirksen）和伯克·希肯卢珀提供“证据证明，富布赖特要么是共产党间谍，要么就是被共产主义国家愚弄了”。据C.D.德洛克（C. D. DeLoach）探员说，这两人认为，富布赖特“与共产主义利益集团有纠缠不清的关系并对其负有很大的责任”，他们都怀疑这是因为他对约翰逊拒绝任命他为国务卿感到愤懑。[278]

这种错误的行动只能暗示，约翰逊的偏执狂在越战时期误导他的政治判断力到了何种程度，他愿意利用国家机关，通过将反对的声音归咎于共产党的阴谋来压制几乎所有合法的异议和批评。同样的推理很快就会被他用来解释，为什么成千上万的美国人，包括上百万中产阶级以及许多忠实的民主党人，会加入和平运动。约翰逊愿意接受的另一种解释是乔治·李迪（George Reedy）的理论，即政府高估了普通美国人的智商，他们日益增长的反战情绪不是因为他们越来越认识到战争的升级是通过欺骗实现的，而是因为他们比政府认为的还要无知。他在给约翰逊的信中表示："我们一直假设美国人民知道很多实际上他们根本就不知道的事情，并提出了一些对公众来说过于复杂的观点。"[279]

225 约翰逊在北部湾事件上撒的谎最终让富布赖特变成了美国最有影响力的和平主义者。4 月，他向美国报纸出版商协会（Newspaper Publishers Association）宣称，他担心美国的"权力傲慢"，并将美国"权力和使命的过度扩张与最终摧毁古希腊、拿破仑时期的法国和纳粹德国的相似情况"相提并论。（这促使戈德华特参议员要求这位阿肯色州民主党人辞去职务，原因是他故意给"敌人帮助和安慰"。）[280] 与此同时，富布赖特开始越来越多地关注北部湾事件。这位委员会主席记起，韦恩·莫尔斯曾在事件初期接到过来自五角大楼内部的电话，建议他向麦克纳马拉索取"特纳·乔伊号"和"马多克斯号"的航海日志。当时麦克纳马拉表示，它们不对外开放，莫尔斯也没有强迫他交出这些文件的权力。1966 年，富布赖特问乔治·鲍尔，他是否相信袭击真的发生过，鲍尔只是重复了约翰逊总统的"飞鱼"理论。

很快，由于最初几场听证会得到了媒体的广泛关注，越来越多的知情者说出了他们的故事。1967 年 7 月，在《阿肯色公报》（*Arkansas Gazette*）上刊登的一篇美联社（Associated

Press）文章报道了对那两艘驱逐舰的船员的采访，文章指出，一些船员怀疑他们根本没有遇到过任何船只，这引起了对官方叙事的重大质疑。文章还提到，政府早在事件发生前就已开始着手起草决议案。[281]［这篇由10名记者组成的调查小组完成的文章，被《纽约时报》《华盛顿邮报》《华盛顿之星》（*The Washington Star*）和《巴尔的摩太阳报》（*The Baltimore Sun*）等美联社用户忽视了。］

富布赖特的助手们还收到某人发来的一些神秘报告，此人从《新闻周刊》的一篇文章中了解到，富布赖特对该决议案深感遗憾。这位匿名者在信中解释道："我知道，第二次北越鱼雷艇袭击几乎可以肯定没有发生。这么长时间以来，我一直没能找到办法，把这个信息披露给一个负责任的人或者组织，此人或该组织需要能够且会正确运用这些信息，而不是把它们用来让美国政府陷入尴尬。"他进一步指出："美国海军在北部湾的巡航显然是为了激怒北越。"这位作者后来透露自己是杰克·考尔斯（Jack Cowles）中校。1964年8月4日，46岁的他驻扎在美国海军的"作战室"——旗舰描迹室（Flag Plot）。他猜测，当约翰逊下令进行报复性打击时，麦克纳马拉相信袭击的真实性，但其他评估过海军作战行动报告的人认为这些袭击都是虚构的。几个月后，考尔斯中校得知对两艘被俘的北约鱼雷舰船员及指挥官的审讯情况，他的猜测得到了证实。这两艘船正是被认定为攻击"马多克斯号"和"特纳·乔 226
伊号"的船只，但船上没有人知道任何关于此类袭击的信息，无论是计划中的还是已经执行的。

考尔斯最终同意与富布赖特会面，富布赖特详细询问了他，并被他的真诚深深打动。但这位指挥官却因为挺身而出遭到了报复，他的海军上级强迫他进行精神检查，同时建议他为了自己的利益，以"身体残疾"为由退役。考尔斯拒绝了，于是他被调到一个无关紧要的岗位上，他在那里一直待到1969年达到法定退休年龄，此前整整十年没有晋升。[282]

《纽黑文纪事报》（*New Haven Register*）刊登的一封信提供了另一条线索，随后美联社的报道也提到了这一点。这封信的作者是一位名叫约翰·怀特（John White）的康涅狄格州高中老师，他称，他曾于1964年8月在位于太平洋的美国军舰"松岛号"（USS Pine Island）上作为海军军官服役。他回忆称，当时美国驱逐舰之间来回传递"混乱的无线电电报"——"混乱是因为这些驱逐舰本身也不确定自己是否在遭到攻击"。怀特说，他曾与"马多克斯号"的领班声呐兵交谈过，对方告诉他，从声呐检测图像没发现任何东西，"这意味着没有鱼雷经过水面向该船只或其他地方发射……然而，五角大楼向总统报告说北越对我们发动了袭击，总统也向国会报告了该情况。为什么？……在一阵恐慌中，基于错误的信息，总统被赋予了前所未有的权力。如今，这一权力使他能够发动一场不宣而战的战争，把50多万人卷入其中，耗资数亿美元"。[283]怀特还把他的信的副本寄给了富布赖特，富布赖特现在比以往任何时候都急于召开第二轮听证会，这一轮听证会将聚焦于北部湾事件本身。[284]

约翰逊让长年担任海军助手，现在是国防部副部长的保罗·尼采去劝富布赖特取消听证会。这次会面于1967年12月14日举行，理查德·拉塞尔和海军部长保罗·R.伊格内修斯（Paul R. Ignatius）也出席。保罗·尼采承认，最初对袭击事件存在一些困惑，但他又坚持认为，如果再继续深入调查此事会让美国"出洋相"，因为这会让共产主义的宣传者们"非常高兴"。尼采还带来了他心目中的王牌，关于8月4日事件的所谓截获情报，并坚称它们是证明袭击事件真实发生过的"确凿"证据，但他拒绝让参议员们做记录，并称必须对他

们完全保密。[285]但富布赖特完全不为所动，而拉塞尔也许也 227
同样渴望重申自己委员会的机构特权，选择支持同事。拉塞尔坚称，参议院有权获取所有相关文件，而不仅仅是尼采声称能证明他观点的那些。[286]五角大楼内部的一名匿名爱国人士对那晚在北部湾发生的事情以及随后掩盖真相的努力有极其详细的了解，他开始给富布赖特写信，指导他向政府索取信息。这位匿名爆料人士解释说，他这么做不是因为他认为北部湾事件是个“骗局”，他认为这是“一个由混乱造成的错误，被总统用来证明军队建议他采取的总行动计划和政策是正确的”。然而，当富布赖特和他的委员会开始要求提供相关文件时——特别是海军航海日志、事件爆发当晚国家军事指挥中心（National Military Command center）和驱逐舰之间的通信记录，还有麦克纳马拉手中的仍然是最高机密的武器系统评估小组（Weapons System Evaluation Group）研究报告——那个人就不再来信了。[287]

1968 年初，正当全国舆论开始转向反战时，富布赖特公开宣布他打算就北部湾问题举行听证会，约翰逊闻讯大怒。在一份约翰逊打算给富布赖特的口述备忘录中——他指示他的秘书：“不要归档。撕碎，冲走。我们没有寄出过这样的文件。我不希望它被记录下来。”——总统告诉这位阿肯色人：“河内的人……非常欣慰，因为他们的报纸和广播每天都在报道充斥着美国的混乱、分裂和怀疑。另外，面对这次严峻的考验，西贡政府正在被美国的混乱、痛苦以及政治运动和分裂动摇根基。”坦率地说，如果参议院外交委员会主席继续调查北部湾事件详情，约翰逊准备指责他在助长敌人的士气。约翰逊没有寄出这封信，但他的助手们不遗余力地试图破坏听证会。然而，富布赖特不会让步。

听证会召开时，美军正在进行溪山战役（siege of Khe Sahn），北越即将发动春节攻势（Tet Offensive），此外，1968 年 1 月 23 日上午朝鲜扣押了美国情报船普韦布洛号（the *Pueblo*），这一切为听证会增添了戏剧性色彩。普韦布洛号事件中，三名美国水兵受伤，一名死亡。约翰逊立刻命令一艘核动力航母前往现场，第二次战争恐慌随之而来。当富布赖特在派恩布拉夫（Pine Bluff）告诉听众，“我可以告诉你们，我不认为这次事件会催生出又一份决议案”时，他很可能已经阻止了另一次军事反应。富布赖特的传记作者兰德尔·伍兹（Randall Woods）指出，普韦布洛号事件促使人们寻求对北部湾事件真相的更全面的解释。就连由坚定支持约翰逊的编辑拉塞尔·威
228 金斯（Russell Wiggins）主导的《华盛顿邮报》社论版也认为，现在是时候让全国人民了解“1964 年 8 月北部湾事件的全部真相”了。[288] 尽管麦克纳马拉越来越鄙视富布赖特，对外交委员会的其他成员也不屑一顾，但他还是同意在委员会前作证，这也许是因为他希望在离开政府担任世界银行行长之前挽救他已遭玷污的声誉。

听证会于 1968 年 2 月 20 日在国会大楼 S-116 室举行，持续了 7 个半小时。麦克纳马拉基本上坚持了他将近 4 年前的说法，解释称：“即使现在回想起来，我发现，这两起袭击事件的基本事实今天看来和当时是一样的。”他声称，多次目击袭击的迹象是假的，包括“巡逻舰遭到炮击”一事。他称对美国可能故意挑起袭击的指控既“不可思议”又“荒谬”。当委员会提出被俘的北越鱼雷艇指挥官坚称没有发生攻击时，麦克纳马拉回应说，一名所谓的“北约海军高级官员”的证词就“在前几天刚刚被曝光”并证实了官方的说法，但他根本就没有拿出存在这样一名军官的证据或他的证词。（事实上，这个人的名字曾出现在 1966 年 7 月的一份海军审讯报告中。）[289] 更重要的是，麦克纳马拉拿出了一份他声称是来自“完全可

信”的北越消息来源的文件，其中有关于袭击的细节。当富布赖特要求亲自检查这份文件时，麦克纳马拉又立刻把它归为机密文件，但他确实大声朗读了其中的部分内容，并坚称：“我认为，这些信息只能引向这样一个结论，即袭击确有其事。”麦克纳马拉读的极有可能是他和夏普在四年前很重视的美国国家安全局截获的情报，但他没有意识到他们混淆了第一次和第二次袭击的日期。当富布赖特拿出赫里克令人困惑的电报时，麦克纳马拉坚决予以否认，在这些电报中，这位指挥官开始怀疑袭击的真实性。麦克纳马拉坚持情报的有效性，他最终同意展示这些截获的情报，但前提是委员会成员必须离开会议室。参议员们由于对情报文件的了解有限，只能完全依赖麦克纳马拉对这些截获情报的解读。[290]

国防部长还继续坚持说，现已公开的“34-A作战计划”和驱逐舰的巡航没有任何关系。尽管事实上，在8月3日上午第一次北部湾袭击发生后，他曾建议总统故意泄露激起这次袭 229
击的可能是这些巡逻舰这一事实，以平息国会的愤怒和共和党扩大战争的要求，但他还是这么说了[291]（理查德·拉塞尔被选为泄露者，他尽职尽责地把这个消息传给了记者们。）事实上，迪安·腊斯克在袭击发生后曾发电报给泰勒大使，说：“我们认为，目前的‘34-A作战计划’已开始让河内方面感到不安，‘马多克斯号’事件与他们抵制这些行动的努力直接相关。我们无意屈服于这种压力。”[292]富布赖特出示的电报表明，赫里克指挥官不同意这一评估结果，因此在8月3日给他的上级发电报请求取消巡逻，但麦克纳马拉丝毫没有退让：“即使现在回想起来，我发现，这两起袭击事件的基本事实今天看来和当时与国会对它们进行充分探究时是一样的。”[293]事实上，国会根本就没有“充分探究”袭击事件的真相，而只是接受了约翰逊和麦克纳马拉的相关说辞。

尽管富布赖特和麦克纳马拉之间达成协议，双方都不对媒体发表任何关于听证会的实质性言论，但麦克纳马拉立刻发布了一份他声称“能证明”他关于袭击事件说法的长达21页的文件。在文件中，他攻击富布赖特和委员会质疑他和总统的诚实。但就在第二天，富布赖特拿出了他的“最后王牌”：政府不仅花了相当大的力气来掩盖证明其错误的证据，还将一名试图说出真相的军官考尔斯中校关进了精神病院。麦克纳马拉极其虚伪地作证道：“我相信真相会水落石出，我已准备好让……任何人……来检查国防部的原始资料。”[294]

1968年3月，《纽约时报》报道称，总统正在考虑威斯特摩兰将军提出的增兵266000名士兵的要求，同时还有消息说，总统认为有了《北部湾决议案》，他可以不经国会批准就这么做。就在这时，事情终于出现了转机。富布赖特宣布决议案“无效”，就和“任何基于虚假陈述的合同”一样。他为自己引导参议院通过了这项决议案而向国民道歉，他承认：“这是我一生中最大的遗憾。”[295]在参议院，他的十几名同事起身为他的演讲鼓掌，并呼吁就这场战争进行全面辩论。加罗德·纳尔逊（Gaylord Nelson）评论说：“如果这位来自阿肯色州的参议员在1964年的那场辩论中在参议院会场上说，这项决议案意味着批准一项空前的承诺或数量不受限制的军队……那
230 他早就下台了。”[296]

在越南事务和美国外交政策都陷入困境的情况下，麦克纳马拉终于在1968年2月底离开五角大楼，成了世界银行行长。后来他在涉及威斯特摩兰将军和CBS新闻的诉讼案件中作证说，他在公开场合表现出的几乎所有关于这场战争的乐观态度都是具有欺骗性的。早在1965年11月3日或“1966年年中或更早”，——他在证词的不同部分提到的时间不同——麦克纳马拉就断定这场战争“无法在军事上获胜”。在证人席上，

他试图用语义上的花招来为自己的欺骗行为辩护。“我说，我们不可能通过军事行动取胜。我们可以双管齐下，政治和军事手段兼用。”[297]

噩梦降临

随着 1968 年一天一天地过去，约翰逊的政治前景继续恶化。罗伯特·肯尼迪宣布他不与总统竞争的条件：他希望成立一个委员会，以找出一个体面的战争解决方案，委员会成员由肯尼迪本人任命。他还暗示，约翰逊可能有必要承认自己犯下的错误。与此同时，尼古拉斯·卡岑巴赫声称，政府仅凭《北部湾决议案》就有近乎无限的发动战争的权力，参议员尤金·麦卡锡（Eugene McCarthy，明尼苏达州民主党代表）听到这番话后立刻离开了会议室。麦卡锡对他所称的政府的“教宗无谬误”至高信条（doctrine of Papal infallibility）感到气愤，对他的手下宣布：“必须有人来对付这些家伙，而我正准备这么做，即使这意味着我得竞选总统。”[298] 他确实这么做了，并在 3 月 12 日的新罕布什尔州初选中获得了 42.2% 的选票，这让总统倍感尴尬，同时促使肯尼迪放弃他的最后通牒，并于两天后也参加竞选。

无论是在政治层面还是在个人层面，约翰逊和肯尼迪都有许多充分的理由相互憎恨。他们的过去充斥着各种企图毁掉对方职业生涯的恶毒、卑劣的计谋。但由于他们追求完全相左的政治形式，当他们两人都试图将个人的愿景应用于越南战争时，在美国政治进程中划出了一条实际上无法跨越的分界线。约翰逊曾对多丽丝·卡恩斯说：“对美国的稳定最大的威胁是原则政治，它会引导群众痴迷于关于无限目标的非理性想法，一旦群众采取行动，一切就都乱套了。”[299] 在约翰逊时代，没有哪个政治家比令人畏惧的罗伯特·肯尼迪更有勇气和热情实践这种形式的有原则的民粹主义（principled populism）。

现在，鲍勃·肯尼迪回来了，他不仅要打败约翰逊，还要把他彻底碾碎成灰，让他再也爬不起来。此外，他还把他兄长
231 的很多老顾问带了回来——这些人的认可对这位得克萨斯出身的缺乏安全感的总统来说非常重要。约翰逊深信，他之所以发动对越战争，是因为那些肯尼迪派知识分子敦促他这么做，以兑现遇刺总统的承诺，这一信念让鲍比造成的伤害更加难以忍受。前任总统的弟弟，时任纽约州初级参议员的罗伯特·肯尼迪，终于抛开近几年来的抑郁情绪，试图夺回他哥哥的神圣衣钵，他似乎把这个国家的所有弊病都归咎于白宫里那个狡诈的战争贩子。谁不仅要对战争负责，还要对暴乱、辍学和毒品问题负责？肯尼迪问道。不是像肯尼迪和他的反战部下那样“呼吁改变的人”，他在全场热烈的掌声中，空中挥舞着拳头喊道，“而是美国总统约翰逊，他才是让我们分裂的人！”[300]

国家正在分崩离析，林登·约翰逊帮助穷人和有色人种的梦想正在崩溃，成为一个政治梦魇。在他最受欢迎的时期，约翰逊就已开始进行国内改革，其规模甚至超过罗斯福留下的政治遗产。从 1964 年开始，约翰逊精心策划通过了《经济机会法案》（Economic Opportunity Act），创立了《联邦医疗保险》（Medicare）、“启智计划”（Head Start Program）、《机动车安全条例》（Motor Vehicle Safety Act），以及《选举权法案》（Voting Rights bill）等一系列条例程序。其中许多方案后来取得了显著的成功。《联邦医疗保险》使美国几乎所有的老年人都能享受医疗服务。仅在 1965 年夏天，“启智计划”就为 50 万名儿童提供了健康的膳食和更高质量的教育。[301]

但是，日益增加的战争拨款很快就破坏了国家的收支平衡，支持约翰逊政治野心的可用资金和政治意愿也随之大大减少。他很快就发现自己必须缩减计划规模。1968 年，总统拒绝

了休伯特·汉弗莱提出的国内政策方案，而这些方案和总统本人在战前所倡导的政策方案十分相似，他也无法赞同克纳委员会（Kerner Commission）关于种族主义的结论，因为他无法拨款资助这些建议的落实。[302] 许多人批评约翰逊的“伟大社会”构想未能解决贫困、歧视和其他城市弊病，但事实上，我们永远不会知道，如果没有越南战争的破坏，这些努力会取得多大的成功。1970 年 4 月，在国务院保持中立的情况下，参议院外交委员会最终以 13∶1 的投票结果决定废除《北部湾决议案》。[303] 但是，合法废除该决议案的工作被尼克松政府及其在参议院的盟友特别是堪萨斯州的罗伯特·道尔阻挠了，罗伯特·道尔在表决前将该决议案与一项军售法案联系在了一起。该法案的废除表决两次在参议院分别以 81∶10 和 57∶5 的结果通过，但从未在众议院进行表决。[304] 然而，1971 年 1 月，尼克 232
松总统在签署一份允许以信贷条件向其他国家出售美国商品的法案时，匆忙加上了一项废除《北部湾决议案》的条款。《纽约时报》的通讯报道仅用四个段落报道了决议案的废除。[305] 也许这就是这样一份在混乱、欺骗和政治操纵中产生并执行的决议案应得的待遇。

这场战争在美国社会中促生了众多冲突，并加剧了已有的冲突。军队在它被迫背负的沉重的谎言的巨大压力下几近崩溃，因为军官和士兵都开始鄙视他们认为不诚实和不值得信任的文官。H.R. 麦克马斯特（H. R. McMaster）上校写道，“战争不是在战场上输掉的，而是在华盛顿特区输掉的”，其原因在于，林登·约翰逊及其高级顾问团“傲慢、软弱，为了自身利益而撒谎，最重要的是，他们放弃了他们对美国人民负有的责任”。[306] 为谎言而战这一事实无疑助长了无望感和疏离感，导致参加过这场战争的许多士兵染上毒瘾，遭受精神和情绪障碍。无论是个人还是整个机构的恢复，都需要几十年的时间。

在国内，正如托马斯·鲍尔斯（Thomas Powers）指出的那样：“发生在越南的暴力事件似乎在美国国内也引起了类似的暴力氛围、一种对极端的渴望；人们感到历史在加速，时间奔流不止，重大问题即将到达需要作出最终决定的时刻。”[307] 人们划定政治界限、阶级界限、年龄界限和种族界限，并抱持仇恨、怀疑、恐惧或三者交织的态度看待界限另一边的所有人。约翰逊无视宪法，允许胡佛和联邦调查局对合法的美国公民为所欲为，侵犯了公民自由。联邦调查局还对学生组织进行秘密资助和渗透。冒充示威者的政府人员为了诱捕和获得政治利益，煽动他人实施暴力。内战或暴力镇压似乎一触即发。反战运动为年轻的新左派运动的爆发提供了燃料，其领导者极为蔑视那些导致了这场灾难性战争的老一辈自由主义领导人。他们偶尔也谈论革命，并投身于越来越多的挑衅性抗议活动。战争以及公立学校的强制合并摧毁了罗斯福的旧联盟，该联盟曾是民主党的根基，并在四年前的选举中——就在北部湾事件后不久——赢得了压倒性的多数票。现在，在每个方面，犹太人憎恨黑人，年轻人憎恨工人阶级，南方的保守派憎恨北方的自由
233 派，反之亦然。这场战争不仅终结了约翰逊的总统任期，还摧毁了民主党在总统政治中的霸权，给罗斯福的自由主义联盟造成了沉重的打击，至今仍未恢复。

1967年4月4日，在他被暗杀前整整一年，小马丁·路德·金博士（Dr. Martin Luther King Jr.）在纽约市河滨浸信会教堂的讲坛上发表演讲，他不顾约翰逊政府的强大压力，公开指出这场战争“与国内为建立一个公正的社会所进行的斗争”之间存在“非常明显的联系”。金认为，战争使美国对民权和社会争议的承诺“支离破碎，仿佛那是被一个因战争而疯狂的社会所抛弃的政治事业”。约翰逊的战争政策是“把那些已经被我们的社会削弱的黑人年轻人”派到“8000英里之外，

保卫东南亚的自由，而这是他们在乔治亚州西南部或东哈莱姆区（East Harlem）都没有享受过的”。他总结道，美国已经成为“当今世界最大的暴力传播者”。[308]现在，约翰逊试图帮助的群体的领袖金博士在谴责约翰逊发动战争，而这是一场约翰逊认为为了保护他提供给该群体的社会项目有必要进行的战争。这场原本旨在维持国内和平的战争现在把整个国家变成了一个持续的政治战场，公民们发起运动，挑战政客们代表他们发声和行动的权力。“我们正处于这样一个关键时刻，如果我们的国家要从自己的愚蠢行为中生存下来，我们必须冒生命危险，挺身而出”，金说道，“每个有人道主义信念的人都必须以最适合自己信念的方式抗议，重要的是，我们都必须抗议”。[309]

总统现在在哪儿都找不到慰藉。学生示威者当街焚烧他的肖像，并高呼：“嘿，嘿，林登·约翰逊。你今天又杀了多少孩子？”在他发表辞职演说的前一天举办的一次与顾问召开的会议上，约翰逊在一张纸上潦草地写道：

刽子手——希特勒
停止战争
促进和平[310]

约翰逊似乎确信，学生们是被国外敌对势力操纵才会做出这等行为，尽管他没有具体说明是哪些势力。当中央情报局局长理查德·海姆斯（Richard Helms）呈交给他的秘密报告提出完全相反的论点，指出叛乱的源头在国内，“共产党人无法从中获得任何好处”时，约翰逊表示，“目前，联邦调查局在收集美国激进分子信息方面的工作受到限制”。因此，他要求海姆斯“考虑授权该局使用更先进的调查技术”，[311]以便为他 234
的信念寻找证据。警察国家的策略正是从这种猜疑的种子里生长出来的。

即使在他敌人的敌人中，约翰逊也没能得到任何支持。对于美国保守主义者，包括那些曾经构成民主党选民基础的人而言，抢劫、暴乱以及暴力反战示威提出了与越南战争的失败相同的根本问题。正如一位总统助理说的那样："这个伟大的国家怎么能任由自己被一小群暴徒摆布，受其侮辱呢？"[312]

这是美国历史上的一个特殊时期，国家领导人一旦公开露面，就会引发暴力冲突，或被人用恶毒的言辞攻击为骗子和"战犯"。不管他们是去演讲还是出门买日用品，情况都是如此。麦克纳马拉不仅在坎布里奇镇被一群不守规矩的哈佛学生粗暴对待，而且在马撒葡萄园岛也找不到除了麦克乔治·邦迪之外的网球搭档。一名抗议者甚至在麦克纳马拉的五角大楼办公室窗外自焚。[313]麦克纳马拉终于无法承受战争带来的压力。在他周围的许多人看来，他对战争和随之而来的众多灾难负有的责任把他逼向了崩溃的边缘。他看起来异常憔悴、睡眠不足，在会议上会愤怒、大喊大叫，偶尔会中断会议，躲在窗帘后面哭泣。约翰逊害怕他会"像詹姆斯·福莱斯特（James Forrestal）一样"——也就是说自杀。[314]麦克纳马拉后来坚称，他当时并没有"在精神和肉体上濒临崩溃"。

事实上，对于任何相信自己是正直的人的公职人员来说，麦克纳马拉的不安都是可以理解的。但是，即使他说的是实话——或者他试图说实话——那也是在故意无视令人不快的事实的基础上的自欺欺人，比如在北部湾事件上正是如此。直到1995年，当他前往越南与他从前的对手会面时，极度自信的麦克纳马拉才肯承认自己的错误。他说，1964年8月4日没有发生任何针对美国舰船的攻击，美国在越南试图做的许多事情都是"错误的，大错特错"。[315]但是，虽然麦克纳马拉确实对他和他的同僚的判断提出了质疑，但他从未谈到他在他所掌握的信息以及他掌握信息的时间上故意误导国会和整个国家方面所扮演的角色。他认为，这些谎言并不是造成他失败的一个重要因素，甚至在后来以他的名义出版的两本关于这场战争及其教训的书中，他也没有提及这些谎言。

毫无疑问，林登·约翰逊的情况更糟。从他在 1964 年 8 月 4 日开启那场错误的冒险起，这位政治大师和不折不扣的操 235
盘手，就为他的政治自杀埋下了伏笔。从政治角度来说，早在他于 1968 年 3 月 31 日宣布退出总统竞选的意外决定前，他就已经失去了国民的支持。总统信任的顾问哈里·麦克珀森（Harry McPherson）写信给他说："我认为，照现在的形势，不是罗伯特·肯尼迪被提名为总统候选人，就是尼克松赢得大选，或者两者兼而有之。"[316] 要不是因为由疯子索罕·索罕（Sirhan Sirhan）引发的历史偶发事件，麦克珀森的预判很有可能是对的。实际上，约翰逊谎言的最终受益者是汉弗莱。就这样，约翰逊的政治妄想症最终激发了他内心深处的恐惧。

最后，约翰逊因持续不停的斗争而感到筋疲力尽，他觉得自己不可能在这间办公室里再撑四年。他害怕自己会落得和伍德罗·威尔逊一样的下场，因中风或其他更严重的问题而丧失能力，"只能躺在白宫里，无法动弹，看着一片混乱的美国政府"。他后来告诉多丽丝·卡恩斯，他梦见"被一群人四面追赶……我被发动暴动的黑人、示威的学生、领福利救济的母亲、抗议的教授和歇斯底里的记者围追堵截。然后，出现了压垮骆驼的最后一根稻草。从我就任总统第一天起就担心的事真的发生了。罗伯特·肯尼迪公开宣布要夺回他兄长的宝座。美国人民在他家族姓氏魔力的号召下，在大街上载歌载舞。"[317]

约翰逊在结束他的总统任期时已完全崩溃，成了自己关于越南战争的谎言的政治牺牲品。他曾想在东南亚建立类似田纳西河流域管理局（Tennessee Valley Authority）的机构，帮助黑人和穷人提升地位，成为伟大的美国中产阶级。如果他赢得那场战争，这一切都会成为现实。但这场战争必输无疑，而他不肯承认这一点带来的只有毫无意义的灾难。

约翰逊终于开始面对现实。3月下旬，他接受了由麦克乔治·邦迪召集的一群“智囊”的建议。属于鹰派的前国务卿迪安·腊斯克曾在国安会执委会中极力主张和古巴开战，现在他认为，是时候想办法结束美国的行动，以一种体面的方式撤军。[318] 1968年3月31日，约翰逊宣布单方面停止对北越的轰炸，同时他自己决定不再竞选连任。“就像他所担心的那样”，他会在5年内死去。《纽约时报》刊登的讣告指出，总统的“伟大社会愿景在越战的沼泽中消融殆尽……”。[319]

236 约翰逊的辞职声明可能结束了他的噩梦，但几乎没能把这个国家从他的不诚实所带来的灾难中拯救出来。罗伯特·肯尼迪于1968年6月6日遇刺身亡，这为理查德·尼克松赢得大选铺平了道路。尼克松和约翰逊一样，以和平为竞选纲领，最后却扩大了战争，并对国民撒谎。尼克松政府的两次大危机——试图阻止《五角大楼文件》的出版和一系列“水门事件”丑闻——最初都源于他想阻止公众了解越南战争的真相，这几乎不是巧合。在前一个危机中，尼克松实际上是在保护约翰逊政府的谎言不被揭穿，包括那些与北部湾事件、“34-A作战计划”和德索托巡航相关的谎言。在后一个危机中，他表现出和约翰逊一样的傲慢和不愿意遵守民主政府准则的态度，而正是这种意愿导致约翰逊毁了他自己和他所属的政党，让政府掉入在当时看来是无止境的深渊中。

北部湾事件引发的对公众信任的侵犯和公共领导层的腐败，在此后数十年里一直困扰着美国政坛。国务院官员埃利奥特·艾布拉姆斯（Elliott Abrams）因在“伊朗门丑闻”期间向国会撒谎而被定罪，他试图以总统撒谎的传统为由为自己申辩。为了避免坐牢，他和他的律师引用了麦克纳马拉在北部湾事件中故意误导国会的例子。“如果他们可以通过撒谎让国家进入战争而不受惩罚”，艾布拉姆斯振振有词地说，“那我为什么不能这么做？”（艾布拉姆斯还引用了肯尼迪及其顾问在古巴导弹危机期间就从土耳其撤出导弹的决定故意误导国会和国民的例子。）[320]里根的国家安全事务助理罗伯特·麦克法兰（Robert McFarlane）也从历史中得出了同样的教训。正如他向采访者查理·罗斯（Charlie Rose）解释的那样：“约翰逊总统歪曲了北部湾事件的事实。我们陷入了一场战争。我们牺牲了许多生命。但没有人指控他，也没有人真的因为他撒谎或歪曲事实而诋毁他。好吧，乔治·布什今天可以回顾那段经历并说：‘等等。伊朗门事件就是小事一桩。没有人被杀。没有人受到伤害。因此，约翰逊总统不被追责而我需要承担责任，这不公平。’”[321]

北部湾事件发生后不久，美国国防部官员艾尔文·弗里德曼（Alvin Friedman）和麦克纳马拉的特别助理杰克·斯坦普勒（Jack Stempler）在飞行甲板上拜访了詹姆斯·斯托克戴尔（James Stockdale），不久后，斯托克戴尔乘坐的战机会在 237
北越上空被击落，他会在北越战俘营中度过七年半。“我们来这里只是为了查明一件事”，斯坦普勒告诉他，“那天晚上到底有没有什么该死的船出现在那里？”斯托克戴尔告诉自己，这个问题本身就“说明了一切”。他“站在船舱里就能想到接下来会发生的一切：华盛顿政府改变主意；内疚、悔恨、犹豫不决、改变主意、退缩。一代美国年轻人将为此埋单”。[322]越战肇始于谎言，这并不是当它全面侵蚀美国政治时唯一让美国民众感到恼火的原因。这场冲突就其本质而言是徒劳和无望的，在道德上也疑窦重重。一项要求年轻人走上战场成为杀手，甚至为了一些无法合理解释的原因而送死的政策，在一个政治民主国家里很难长期维持下去。但是，它被揭露是在暗地里进行的这一事实——通过谎言、误导和对北部湾事件真相的故意隐瞒——给它激发的愤怒蒙上了一层更丑陋、更恶毒的色彩。可悲的是，林登·约翰逊最终自食其果，但对于一个深谙经文的政治家来说，这也许是恰当的。

第五章　罗纳德·里根、中美洲与伊朗门丑闻

我希望我永远不会看到有一天，我们中有人——无论属于哪个党派——站起来说我们不能接受美国总统的话。

——参议员大卫·博伦（David Boren，俄克拉荷马州民主党代表）[1]

1996 年 5 月，一个凉爽的下午，一小群哀悼者安静地齐 238
聚在弗吉尼亚州的阿灵顿国家公墓，参加悼念仪式。参加这场仪式的是大约 15 年前美国在拉丁美洲小国萨尔瓦多进行的一场秘密战争中丧生的士兵的遗孀、子女、朋友和父母，该仪式是官方承认遇害者死亡真相的第一丝曙光。21 名美国人在萨尔瓦多的作战行动中遇害，但由于五角大楼和里根统治下的白宫都不承认这一事实，这些阵亡的士兵从未获得他们应得的荣誉。

美国在萨尔瓦多的行动是华盛顿在 20 世纪 70 年代末和 80 年代初进行的一场孤立战争。当时的萨尔瓦多人处于军政府的统治下（即使在拉丁美洲，其人权记录也很糟糕），还面临马克思主义者领导的游击队叛乱，萨尔瓦多人无法或不愿充分遏制他们的杀戮行为，以赢得吉米·卡特（Jimmy Carter）领导下的白宫或民主党控制下的国会的公开支持。但与此同时，无论是白宫还是国会都不愿意让这个政权完全崩溃，使自己蒙受让又一个国家落入共产主义者手中的指控。[邻国尼加拉瓜的索摩查独裁政权（Somoza）已于 1979 年倒台。这使得萨尔瓦多政权崩溃的可能性变得不能容忍。] 卡特政府在 1980 年 12 月暂时中断了对萨尔瓦多政权的经济和军事援助，但当萨尔瓦多的崩溃似乎近在眼前时，又于 1981 年 1 月全面恢复
了援助。1981 年 1 月，里根政府上台时，其首要任务之一是 239

向萨尔瓦多人提供足够的军火，以帮助他们赢得对游击队的战争，而不管他们在取得胜利的过程中可能犯下何种侵犯人权的罪行。

由于每个人都对越南战争依然记忆犹新，国会于 1981 年对 55 名美国军事顾问采取了严格限制，并制定了严格的交战规则以禁止他们参与作战行动。然而，萨尔瓦多境内的美国部队很快就摒弃了这些繁文缛节。里根政府隐瞒了关于美国士兵参与战斗的报告，并命令美国战地指挥官不可签发任何战斗嘉奖的申请书。然而，那里的军事顾问的确得到了战斗津贴，而且他们在战场上携带自己的武器，这导致马克思主义者领导的法拉本多·马蒂民族解放阵线游击队（FMLN guerrillas）像对待任何敌方战士一样对付他们。然而，对于里根政府的公共关系工作来说，维持遵守国会规定的表象是如此关键，以至于当一名美国新闻工作者在萨尔瓦多拍摄到一名手持 M-16 步枪的美军上校时，这位记者立刻被驱逐出境。另一个令人毛骨悚然的官方混淆视听的例子是被奈特·里德报业（Knight-Ridder）的一篇报道揭露的，内容是关于一支精锐的美军直升机部队——第 101 空降师第 160 特遣队（160th Task Force of the 101st Airborne Division）的。该报道引用一名前秘密军事专家一段令人恐怖的讲述作为结尾，他解释了"洗尸"（body washing）的通常做法。这位前军官说："如果有人在执行任务时被杀，而且该人所执行的任务在政治层面上非常敏感，我们会把尸体运送回国，然后在瓦丘卡堡（Fort Huachuca）[位于亚利桑那州的一个偏远陆军情报基地]用吉普车轧过他，或者我们会安排一场直升机坠毁事故，或者等到发生一场事故时再把一两具尸体塞进残骸中。这样做并不怎么难。"[2]

1983 年 2 月，杰伊·T. 斯坦利上士（Staff Sergeant Jay

T. Stanley）在一架美国直升机上被地面炮火所伤，成为美国军方在萨尔瓦多内战中的首位伤亡人员。美国大使馆最初试图隐瞒此事，告诉记者，这架直升机当时正在运送斯坦利和其他顾问去维修一个无线电中继站。最终，美国人被迫承认，这架直升机和另一架直升机载有美国顾问，他们当时在空中指挥萨尔瓦多人的作战行动。再一次，卷入该事件的三人被命令离开这个国家。

当然，小小的萨尔瓦多只是在这一时期充斥着内战和反叛乱的中美洲的一个小角落。尼加拉瓜、危地马拉与（在较小程度上）洪都拉斯都深陷充满恐怖与破坏的统治中长达 10 年之久，事实证明，这种统治远比任何对地区民主甚至公民社会的承诺都要强大。截至 1992 年 12 月，萨尔瓦多人最终结束这场持续 12 年的内战时，在这个只有马萨诸塞州那么大，人口刚 240
刚超过 550 万的国家，大约有 7.5 万人遇害。在邻国尼加拉瓜，一场由美国支持的内战导致了当地约 360 万人口中的约 4 万人死亡。在约有 930 万人口的危地马拉，在 30 年间，约有 15 万至 20 万人被政府谋杀或“失踪”，这些谋杀或“失踪”案的三分之一发生在 20 世纪 80 年代。统计数据证明，在这些冲突中，按照人口比例，每一次被杀的人数都比在美国内战、第一次世界大战、第二次世界大战、朝鲜战争和越南战争中被杀的美国士兵人数的总和还要多。然而，即使在各方武装人员都放下武器之后，战争造成的物理破坏仍继续阻碍发展。但一旦对它的代理战争失去兴趣，美国几乎就会抛弃这一地区，任其自生自灭，并将其在该地区历史中的血腥角色弱化为更大的冷战大戏中的一段小插曲。除了数十名军事顾问在萨尔瓦多或尼加拉瓜偶然陷入交火之外，很少有美国人因美国参与这些战争而遭受任何严重的后果。然而，真正严重受损的是美国民主制度的品质，以及里根政府自身在国内外的地位。

“他编造谎言……”

对历史学家和记者而言，罗纳德·里根与真相的关系一直是个疑难问题，对于那些希望对他占据8年的总统职位和将他推向该职位的选民保持应有的尊重的人来说更是如此。里根本人的官方传记作者埃德蒙·莫里斯（Edmund Morris）称他“明显是傻瓜”（an apparent airhead）。[3]已故政治家克拉克·克利福德曾在里根总统任期的早期因为称他为“和蔼可亲的笨蛋”（amiable dunce）[4]而引起了一场小麻烦。新闻杂志编辑则似乎更喜欢用“闲散的”（disengaged）一词。然而，所有这些解释都是用来回避里根作为总统反复故意误导美国人民这一事实的托词。他的支持者提出的最常见辩护词——如果可以称之为辩护的话——是里根在很大程度也误导了他自己。回顾过往，美国的政治制度在如此反复无常的人物的统治下也能正常运作，是非常了不起的。几乎可以肯定的是，整个政治制度似乎达成一致，假装里根是一个比他本人更为稳重、更为投入的领导人，因为真相在某种程度上太过可怕，令人无法接受。这一切究竟是里根精彩表演的一部分，还是当时尚未确诊的阿尔茨海默病发病的迹象，可能永远都不会为人所知。

241 人们委婉地称里根为“闲散”之人，相关逸事证据即使在今天依然令人震惊。他经常根据自己恍惚不清的关于老电影的记忆说服自己相信“历史真相”。[5]里根在接待一名白宫访客时，假装自己曾在二战末期参与德国集中营的解放工作，尽管他甚至从未以士兵身份驻扎海外。他对末日浩劫特别着迷，甚至连他预测末日将在他的总统任期内降临这一点也人尽皆知。他捏造了所谓的“口信”称，教宗支持他的中美洲政策，而这对梵蒂冈的每个人来说都是新闻。[6]他在1985年的某一天宣称，南非在某种程度上已经“废除了我们国家曾经存在过的种族隔离制度”，而此时的南非仍处于彼得·威廉·波塔（P. W. Botha）残暴的种族隔离政权统治之下。[7]最终，人们对美国总统这种奇怪的声明变得习以为常，白宫里也很少有人会予以纠正。里根的一位前高级顾问承认，总统只是喜欢“建立自己的小世界并居于其中”。里根的一个孩子补充道：“他编造谎言并相信它们。”[8]更令人震惊的是，他也说服其他人相信了这些谎言。

里根很可能相信他自己的谎言，但他的顾问——诸如卡斯帕·温伯格（Caspar Weinberger）、威廉·凯西（William Casey）、亚历山大·黑格（Alexander Haig）、乔治·舒尔茨（George Shultz）、罗伯特·麦克法兰（Robert McFarlane）、托马斯·恩德斯（Thomas Enders）、埃利奥特·艾布拉姆斯（Elliott Abrams）、奥利弗·诺斯（Oliver North）这些人——则不是这样。他们之所以欺骗，主要是为了短期的政治私利。也许他们每一个人都相信自己这样做是为了服务于更崇高的使命，一种更深的爱国主义，就像他们中的许多人后来所宣称的那样。即便如此，这也是一种特别自私的爱国主义，因为在他们的算盘中，这种爱国主义能够合理化他们将自己的判断凌驾于美国法院系统及其力图执行的《宪法》之上的决定。这些官员之所以说谎，是因为他们觉得不能将真相交付给国会和国民。他们撒谎是因为真相不符合他们更大的目标，也因为（他们认为）说谎在这个制度下不会带来惩罚。对他们中的许多人而言，真相本身在公共生活中没有价值。此外，国会的大部分成员——包括在政治上与总统结盟的共和党人和许多不与总统结盟的民主党人——毫不迟疑地接受了这些谎言，并使之成为这10年间的立法基础。政治上的权宜之计要求他们不要花太多时间和精力去辨别政府声明中的真相，以免卷入冲突导致的意识形态和政治动荡并被踢出局。那些少数不配合的立法者发现，他们得到的政治回报只有意识形态和政治上的强烈抨击。

242 政府之所以就它的中美洲政策说诸多谎言，部分出于政治动机，部分出于意识形态动机。里根政府上台时有许多计划，旨在逆转它认为的美国全球地位和美国从盟友和敌对阵营得到的尊重不断下降并带来威胁的局面。里根想要振兴军队和中央情报局，并让共产主义阵营知道，美国在代理战争这场盛大博弈中将不再是懦夫。“让我们告诉那些参加过那场战争的战士，我们永远不会再要求年轻人在一场我们的政府不敢赢的战争中冒死战斗”，里根在 1980 年的总统竞选中承诺道。[9] 这曾是他想要信守的一个承诺。

里根总统当政时期的历史资料至今封锁在位于加利福尼亚州西米谷的罗纳德·里根总统图书馆。这在很大程度上是因为当年乔治·H.W. 布什总统签署的一份总统令以行政命令的形式推翻了以前的法律。但是，得益于包括沃尔特·拉费伯尔（Walter LaFeber）、辛西娅·安森（Cynthia Arnson）、威廉·列奥格兰德（William LeoGrande）在内的历史学家对发生在这一时期的这些事件的重构，再加上华盛顿的美国国家安全档案馆（National Security Archive）孜孜不倦地进行档案解密工作，我们今天可以看到，媒体是如何热切地帮助里根政府创造其虚构的中美洲景象的。尽管许多新闻记者确实通过调查里根政府官员在这 10 年间作出的诸多虚假声明的细节而脱颖而出，但他们并没有指责政府蓄意撒谎。这种胆怯部分是出于心理原因，部分是出于政治原因。罗纳德·里根当选总统一事，曾让大多数精英媒体成员震惊不已。正如时任《华盛顿邮报》高级主编威廉·格赖德（William Greider）所指出的那样，里根的当选“让新闻界、编辑和记者十分痛苦。在保守派的想象中，造成这种痛苦的是党派层面上的原因，其实不然，真正的原因在于，里根的当选似乎证实了批评者放出的信号，即新闻界脱离了民众。里根胜选所营造的氛围和影响规模远超新闻界所能预料的程度。他们当时的感觉是，‘我的天啊，他们竟然选出了这个 9 个月前我们认为是毫无希望的小丑的家伙……这里正在发生一些事情，而我们不理解，也不想挡道儿’”。[10]格赖德的上司，报业传奇本·布莱德利（Ben Bradlee）对此表示同意，他观察到自己和同行“恢复了遵从”（return to deference）。布莱德利认为，媒体对里根的慷慨出于“一种潜意识的感觉……即我们这次面对的是一个完完全全反对我们、不喜欢我们且不相信我们的人，我们不应该给他任何机会证明他是对的”。[11] 布莱德利认为，在水门事件之后，多数民众含 243
蓄地告诫媒体：“‘好了，伙计们，现在已经够了，够了。’他们批评我们走得太远了，试图让一切都变成水门事件。我认为我们对这种批评的敏感度远远超过了正常水平，而且我们的确懈怠了。”[12]

媒体的这种新的遵从态度得到了白宫的广泛关注和高度赞赏。里根的资深媒体顾问，后来成为内阁官员的詹姆斯·贝克（James Baker）后来承认：“我认为我们没有什么可抱怨的。”[13] 白宫通信联络主任大卫·格根（David Gergen）说，他发现，“与卡特和福特相比，人们更愿意假定里根是无辜的”。[14] 1981 年 3 月，精神错乱的约翰·欣克利（John Hinckley）枪击总统后，记者们特别热切地以一种近乎英雄崇拜的同情报道总统。正如格根回忆的那样：“3 月份的枪击事件……改变了整个形势。我们有了新的资本……第二个蜜月期。”[15]

有了默许的新闻媒体和瘫痪的民主党，里根政府几乎可以完全在它自己编造的现实版本基础上制定其中美洲政策——这个版本符合华盛顿内部辩论的意识形态和政治基调，但在其他方面却完全与现实脱钩。华盛顿关于中美洲的论述有时候听起来就像其参与者经历了一场爱丽丝的镜中奇遇一样天马行空。世界上最强国的国家领导人将穷得叮当响的弹丸小国尼加拉瓜视为对得克萨斯州安全的威胁。里根宣布正式进入“紧急状态”，并由于据称在同样不构成威胁的萨尔瓦多发生的事件，暂停了重要的宪法约束。当这些行动没有激起这个体系的任何警觉时，里根政府进而又迈出了令人难以置信的一步：它建立了一个秘密政府机构，用以实施里根政府的外交和军事政策，避开了法律、辩论，有时甚至是理性等不方便的宪法障碍。

回顾：危地马拉，1954

中美洲在历史上一直是美国政客的“后院”，在美国政治中处于一潭死水般的落后地位，这种情况招致了大量不引人注目的冒险行为。除了偶尔的危机——其中最有名的是泰迪·罗斯福（Teddy Roosevelt）决定为了在巴拿马修建运河而在当地煽动一场革命——该地区在很大程度上被媒体、大多数政治家以及（毋庸置疑）大多数美国人所忽视。但是，在 20 世纪
244 50 年代，所谓的共产主义威胁已足以引起任何一个美国政治家的关注，而笃信秘密外交政策价值的艾森豪威尔总统自然也不例外。艾森豪威尔政府在 1954 年决定推翻危地马拉民选的哈科沃·阿本斯（Jacobo Arbenz）政府，并对此撒谎，正是这一做法为里根政府在该地区的行动提供了最明确的先例。

美国中央情报局着手推翻阿本斯政府，至少部分原因是来自美国联合果品公司（United Fruit Company）的压力。该公司担心其拥有的广阔的农业用地被征用。美国当局明确否认卷入其中。例如，美国驻联合国大使亨利·卡伯特·洛奇（Henry Cabot Lodge）称这次政变为“一场危地马拉人针对危地马拉人的叛乱”。[16] 美国国务卿约翰·福斯特·杜勒斯欣

喜地说："危地马拉政府与美国联合果品公司之间的争端已经由危地马拉人自己解决了。"[17]艾森豪威尔总统私下对中央情报局局长艾伦·杜勒斯［(Allen Dulles）约翰·福斯特的弟弟］和一队特工表示祝贺说："感谢你们所有人。你们阻止了苏联在我们的西半球建立滩头阵地。"此时，美国国务院正在准备一份正式声明，其内容为："国务院没有证据表明，这不是一场危地马拉人对其政府的反抗行动。"[18]

与此同时，媒体也参与了这种伪装。报纸和新闻杂志按照官方的脚本，刊印了关于这场危机完全虚构的叙述。根据政府向其发行者提出的一项秘密要求，《纽约时报》甚至从危地马拉撤走了驻地记者悉尼·格鲁森（Sidney Gruson），格鲁森在政变前发表的报道咄咄逼人，使艾伦·杜勒斯感到担忧。[19]不过，危地马拉人对这一切一清二楚。与那些容易受骗的美国人不同，危地马拉人没有毫无疑问地接受国务卿约翰·福斯特·杜勒斯的夸张声明，即“美国政府现在掌握的官方文件证明了克里姆林宫破坏美洲体系的邪恶目标”。[20]尼加拉瓜人所看到的反倒是美国假“民主”之名推翻了一个民主选举的政府。这些事件发生期间，刚毕业的年轻阿根廷医生埃内斯托·“切”·格瓦拉（Ernesto “Che” Guevara）刚好客居危地马拉。这场政变给他上了一堂关于美国的大课，让他终生难忘。不久后，他前往古巴，在当地帮助菲德尔·卡斯特罗发动了反帝国主义革命。后来，他又去了其他国家，包括人生的最后一站玻利维亚。在美国中央情报局的协助下，切·格瓦拉在此遭到暗杀。他的死使他成为反美革命的第一个全球性象征，成为世界各地（包括美国在内）抵抗美帝国主义的英雄化身。

中央情报局推翻阿本斯政府，导致危地马拉近40年不间 245
断的军事独裁统治，以及当局对几乎所有形式的人权和公民自由的残酷镇压。中央情报局精心挑选相关人员，组建了以政变领导人卡斯蒂略·阿马斯（Castillo Armas）上校为首的替代政权，该政权立即颁布了一项新法律，规定对一系列据称与共产主义有关的政治“罪行”判处死刑。这些“罪行”包括许多传统的工会活动。阿马斯还通过禁止文盲进入选民名册，剥夺了危地马拉 3/4 的选民的选举权。他宣布所有的政党、劳工联合会和农民组织为非法组织，并无限期地推迟了所有的总统选举。随着时间的推移，危地马拉发展成为一个由军方支持的恐怖分子领导的国家。军队变成自成一体的社会阶层，坐拥自己的银行、投资基金和工业项目。军方最高领导层在被称为“将军区”（Zone of the Generals）的地区拥有广阔的农场，并经常向这个国家的大地主收黑手党式的保护费。半官方的行刑队几乎袭击了民间社会的每一个群体，他们谋杀律师、教师、新闻记者、农民领袖、牧师和宗教工作者、政治家、工会组织者、学生以及教授，并且在实际上免于惩罚。然而，该政权暴行的最大受害者是这个国家的原住民玛雅印第安人（Mayan Indians）。该政府在恐怖的独裁统治期间灭绝了 20 多万人，其中大部分是玛雅人，1999 年由联合国发起的历史真相调查委员会（Historical Clarification Commission）称之为“种族灭绝”。

美国对自己扶植的政权的种族灭绝行为的反应是什么？美国政府机构对这个问题保持沉默，并封存了相关记录。危地马拉历史真相调查委员会的 9 卷官方报告指控美国政府对该国官方所谓的“刑事镇压叛乱”给予了协助。[21] 例如，报告引用了美国解密文件，其中提到，一名中情局官员曾出现在危地马拉情报官员——这些人要对行刑队的谋杀负责——策划 1965 年秘密行动的房间里。这些文件表明，在 20 世纪 60 年代后半期，美国中央情报局和其他美国官员在让政府机构的指挥结构和信息传达处于集权控制方面发挥了关键作用，而正是这些机构将在几十年内指挥官方的暴力行为。历史真相调查委员会还发现，直到20世纪80年代中期，美国政府官员除了实施极具破坏性的反叛乱行动之外，还“通过施加压力维持危地马拉过时且不公正的社会经济机构”。[22]

除了中央情报局的协助之外，美国与危地马拉政权合作的总体水平很难衡量。正如沃尔特·拉费伯尔指出的那样，“华盛顿官员对他们在危地马拉的作品并不满意，但是他们不情 246
愿切断援助并面对后果，这一点和犹豫要不要停止喂养宠物蟒蛇的人一样”。[23]考虑到该政权反对共产主义，从艾森豪威尔、杜勒斯到尼克松、福特和基辛格等诸多美国领导人都忽视了其残暴行为。但卡特政府公开谴责该政权的人权记录，这一做法使美方立场复杂化，最终导致危地马拉以美国对其内部事务的干涉不可原谅为由拒绝美国的援助。到了1982年，在里根政府执政期间，该政权的杀戮行为似乎达到了一种可怕的高潮。在埃弗拉因·里奥斯·蒙特（Efrain Rios Montt）将军这个重生福音派基督徒（born-again evangelical Christian）的独裁统治下，军队屠杀了多达1.5万名印第安人，因为他们被怀疑与反政府的游击队合作，或可能向其提供帮助。一个个村庄被夷为平地，无数农民被迫迁徙以协助镇压叛乱。曾经有一次，当多达4万名幸存者试图在墨西哥寻求避难时，军队的直升机对他们的营地进行了扫射。[24]正是在这一有利时机，里根总统借机祝贺里奥斯·蒙特对民主作出贡献，并补充说蒙特一直蒙受美国国会和媒体中的自由主义者的“恶评”。[25]此外，在这场大屠杀期间，美国驻危地马拉大使弗雷德里克·查宾（Frederick Chapin）宣称：“谋杀已经停止……危地马拉政府已经走出黑暗，奔赴光明。”事实上，到1983年底，被行刑队杀害的平民人数已经翻倍至每月约220人。[26]查宾在给他上级的一份秘密报告中谴责了“危地马拉可怕的人权现实”，并表示，一贯的政策要求美国“忽视这些人权记录，强调战略概念，也许我们可以追求更为道德的路线”。[27]里根政府没有理会他的建议。尽管国会不会批准额外的援助，美国的资金依然通过以色列到达里奥斯·蒙特的手中，此外还有中央情报局经手的款项（数目至今未明）。[28]在1985年大选之后，美国大使馆公开宣布，“重建危地马拉民主的最后一步”已完成，并相应地恢复了所有的援助资金。1990年，在一名美国公民被危地马拉士兵谋杀之后，老布什总统被迫再一次切断援助，但美国中央情报局的秘密援助仍未中断。[29]

在此期间，在危地马拉发生的恐怖事件几乎没有出现在美国报纸的头版，更不用说各大电视网晚间新闻了。事实上，危地马拉被认为是美国对外政策中无关紧要的一个配角，在国会或媒体中没有引发什么争论。因为美国政治家们在1954年后从未看到任何将危地马拉“拱手让给”共产主义的真正危险，他们也认为没有理由过多卷入当地的种族屠杀引发的各种问
247 题。出于同样的理由，没有任何一届美国政府觉得不得不承认自己与危地马拉执政当局的关系的真相。对该国的相关政策在很大程度上可以秘密进行，美国只是偶尔对危地马拉的民主问题进行虚伪的说教，国会的回应或媒体的调查也不多。因此，美国当局极少对此撒谎。不幸的是，饱受磨难的弹丸小国萨尔瓦多的情况截然不同。

“西语世界版的‘越南’？”

公平地说，当罗纳德·里根及其政府成员于1981年1月就任时，反共产主义政府侵犯人权的行为不是一个大问题。里根挑选的联合国代表，一个从前不知名的学者珍妮·柯克帕特里克（Jeane Kirkpatrick）为新政府的外交政策提供理论支撑。里根在读到她在由美国犹太人委员会（American Jewish

Committee）发行的新保守主义刊物《评论》（*Commentary*）发表的一篇文章后，决定提拔这位默默无闻的乔治城大学教授。她在这篇文章中嘲笑吉米·卡特对反共主义独裁政权所持的厌恶态度。柯克帕特里克认为，这样的威权主义政权（Authoritarian Regimes）应该得到支持，因为相较于那些试图控制公民内心世界并倾向于与苏联或古巴结盟的政权，这种威权主义政权要好得多。柯克帕特里克认为，这些反共产主义国家不仅服从于美国的利益，假以时日它们也能成为真正的民主国家。“人们通常需要几十年，甚至几个世纪的时间来养成必要的纪律和习惯。”[30]

里根政府上任后计划“划清界限”，对抗共产主义的进攻，并选择萨尔瓦多作为自己的试验场。里根政府成员不打算让任何对人权、宗教权利或任何其他类型权利的关注干扰他们在事关生死的重要战场上取得胜利。在萨尔瓦多问题上，里根新任命的国务卿亚历山大·黑格将军宣布：“国际恐怖主义将取代人权”成为美国外交政策的基础，“因为它是对人权最严重的侵犯”。[31]他所谓的“恐怖主义”并不是指我们通常理解的以政治恐吓为目的对平民的攻击，而是指对美国支持的专制政权的游击抵抗。这个定义后来在尼加拉瓜问题上被扩展到包括当地政府对美国支持的游击队的抵抗。

如果国会中的大多数人都赞同这些偏见，那么那些很快就侵蚀美国对萨尔瓦多政策几乎每个方面的谎言就没有必要了。但是萨尔瓦多早在卡特政府执政时期就已成为相当有争议的话题。自从哈里·杜鲁门无助地看着毛泽东领导的马克思主义革 248
命于1949年在中国取得胜利，并进而促成麦卡锡主义这个怪物横空出世后，没有一位总统——尤其是没有一位民主党总统——愿意被指控有国家在他的“见证”下走向共产主义。正如我们在前一章所看到的，这种恐惧是林登·约翰逊将其总统职位押注在关于越南的灾难性决定的主要动机之一。但是，卡特政府中见证过越南问题的成员（他们中许多人曾经在约翰逊政府中担任高层职位）对“另一个越南”的恐惧实际上不亚于对“另一个中国”的恐惧。他们很清楚，美国允许自己在一场无法取胜的战争中与一个不受欢迎且不可持续的盟友在政治上绑在一起是多么危险。尽管卡特政府一再试图帮助萨尔瓦多军政府抵挡马克思主义起义者，但它总是被迫切断对萨援助，因为萨尔瓦多政府无法控制其安全部队的疯狂屠戮行为。据卡特政府驻萨尔瓦多大使罗伯特·怀特（Robert White）所言，这些安全部队“要对成千上万名年轻人的死亡负责，他们处决这些人仅仅是因为怀疑这些年轻人是左派人士或者同情左派的人士”。值得赞扬的是，卡特政府试图面对这个难题，用罗伯特·怀特的话说，即如何“向一支会把军事援助用于以一种完全不受控制的方式进行暗杀和杀戮的部队提供军事援助”？[32]但卡特政府从未解决这个问题。

萨尔瓦多权力集团由这样一群人领导，他们不仅谋杀反对派政治家、劳工领袖、农民和工人，还谋杀该国天主教会最受爱戴的成员。1980年3月，奥斯卡·阿尔鲁尔福·罗梅罗（Oscar Arnulfo Romero）大主教在一家医院的小礼拜堂内被暗杀，当时他正在主持一场葬礼弥撒。此前不久，他在萨尔瓦多的大都会主教座堂的一次礼拜天布道期间，读了一封反对美国进一步军事援助的信。[33]根据迪恩·欣顿（Deane Hinton）大使在1981年12月的一份秘密电报，策划这场暗杀的会议由前少校罗伯托·道布伊松（Roberto D'Aubuisson）主持。他是国民警卫队（National Guard）的一名前情报军官，也是军事和政治机构中右翼党派的主要政治人物。道布伊松从未因他在这场谋杀中扮演的角色而被起诉，无论是卡特政府（没有掌握确切情报）还是里根政府（掌握了确切情报）都不愿意因为未能控制这个臭名昭著的刺客而惩罚萨尔瓦多当局。在 1980 年至 1986 年间，情报委员会（Committee on Intelligence）成员帕特里克·莱希（Patrick Leahy，佛蒙特州民主党代表）参议员再三要求政府官员提供关于罗梅罗暗杀事件的情报。莱希称：“他们说他们对此毫不知情。很明显， 249
道布伊松与针对大主教的谋杀行动有密切联系，但美国政府不想承认这一点。因为这将破坏美国当局的政策。谎言建立在谎言之上。”[34]

然而，在 1980 年 12 月，在准军事组织残忍谋杀四名美国女教徒之后，卡特政府短暂地中止了所有的军事援助。但是，卡特政府在离任前一个星期很快恢复了援助资金。三天后，它实际上增加了援助金额，并进一步承诺“支持萨尔瓦多政府同由古巴和其他共产主义国家秘密地……支持的左派恐怖主义进行斗争”。[35] 自 1977 年以来，美国首次把武器纳入对萨尔瓦多的援助，因为卡特配置了一笔可自由支配的特殊资金，这允许他在没有国会监督或干预的情况下调配资金。卡特通过指控尼加拉瓜的桑地诺民族解放阵线（Sandinistas，简称桑解阵）向萨尔瓦多的游击队提供武器来为自己的决定辩护。此外，他还暂停了美国向尼加拉瓜革命领导人提供的有争议的 7500 万美元援助计划中未结清的款项。[36]

关于行刑队和认证听证会

里根政府在萨尔瓦多内战问题上所遇到的抵触要比前任政府少很多。尽管对里根及其顾问来说，美国支持的武装力量谋杀无辜平民是一个无关紧要的问题，但这些谋杀确实造成了公共舆论方面的问题，尤其是涉及教会领袖、修女和美国公民时。以教会为主要力量的抗议运动在全美兴起，越来越多的议员对投票赞成援助军政府变得越发不安。相应地，这就使得游说议员和促使新闻记者做倾向性报道这些麻烦事成为必要。白宫不得不处理众议院议长蒂普·奥尼尔（Tip O’Neill，马萨诸塞州民主党代表）给它带来的特殊问题。奥尼尔对自己当年作为年轻的国会议员投票赞成《北部湾决议案》悔恨不已，他将关注中美洲问题视为一种救赎方式。此外，他所在选区内的一群玛利诺外方传教会（Maryknoll Order）修女，包括他90多岁的伯母尤妮斯·“安妮”·托兰（Eunice “Annie” Tolan）修女，不断游说他阻止向那些凶手提供任何援助。“我在玛利诺外方传教会有很多朋友，他们使我消息十分灵通”，当时奥尼尔解释道，“他们关注这件事……就像关注越南那样”。[37]“所有的政治都是家门口的事”（All politics are local）这种旧式参政态度是向《最后的欢呼》（*The Last Hurrah*）所处时代的回归，正是这种态度使他致力于尽一切可能停止美国对萨尔瓦多军政府的援助。奥尼尔很少赢得众议院一半议员的支持，而在参议院支持他的议员人数从未超过1/3。但每次这一
250 话题被提起时，他都会引起一场激烈的争论，并收获里根政府新的谎言。

与此同时，可以说，里根政府为萨尔瓦多杀手权力集团的利益展开了宣传攻势。里根当局面临的首要问题是美国女教徒被暗杀所带来的政治影响。许多国会议员对卡特政府在暗杀事件后恢复对该政权的军事援助的决定感到愤怒，但直到一周后里根政府上任，他们才有机会表达自己的愤怒。新政府的第一反应是将暗杀事件归咎于这些修女本身。例如，珍妮·柯克帕特里克坚持认为：“这些修女不仅仅是修女，她们也是政治活动家……代表［反对派］解放阵线的利益，是那些用暴力反抗解放阵线的人杀害了这些修女。”[38]国务卿亚历山大·黑格甚至推测，修女们向行刺者开枪还击了，他对众议院外交委员会说：“修女们乘坐的车子可能试图冲过路障，或者意外地被认

为在冲过路障，而且可能发生了交火。”[39]事实上，美国在调查杀害这些妇女的凶手的身份，或者试图将他们绳之以法方面都没有采取任何行动。当时仍留任美国驻萨尔瓦多大使的罗伯特·怀特曾给国务卿黑格发一份机密电报，上面写道：“令我惊讶的是，国务院竟然公开声称，对修女被杀案的调查正在令人满意地进行。大使馆从未提交任何支持这一言论的报告。我再次重申，根据我的判断，没有任何迹象表明当局正采取任何真诚的行动来寻找或惩罚实施这一暴行的罪犯。”[40]他立刻被解职了。副国务卿沃尔特·斯托塞尔（Walter Stoessel）后来承认，国务院“没有证据表明这 4 名美国传教士参与了我们定义的政治活动”。[41]

然而，国务院继续试图为这些依然未知的凶手开脱罪责。1983 年，美国国务院的一项内部调查再次得出结论称：“非常有说服力的证据表明，没有更高层面的组织参与此事。”1993 年 7 月，国务院对萨尔瓦多政策的一次官方总结重复了一样的观点：“导致这起事件的更有可能是当时混乱和放任的氛围，而不是高级别的军事参与。”事实上，在这起谋杀事件发生 17 年后，4 名被判对这起事件负有责任的前国民警卫队队员都承认，他们是根据“上面的命令”行事。[42]联合国发起的一项调查也在 1993 年公布相关结果，帮助证实了他们的供词。报告称，奥斯卡·埃德加多·卡萨诺瓦·贝哈尔［（Oscar Edgardo Casanova Vejar）时任省级国民警卫队指挥官］上校和他的堂兄弟卡洛斯·尤金尼奥·比德斯·卡萨诺瓦［（Carlos Eugenio Vides Casanova）时任国民警卫队指挥 251 官，后来成为萨尔瓦多国防部部长］上校至少“知道国民警卫队队员奉命执行了谋杀行动”。[43]但罗伯特·怀特大使进一步指控称，几乎可以肯定，谋杀案就是在这两个人的命令下执行的，而他的大使馆则掌握当局企图掩盖事实真相的有力证据。

[2002 年 7 月，美国西棕榈滩市（West Palm Beach）的一个陪审团裁决比德斯·卡萨诺瓦军官和何塞·吉列尔莫·加西亚（José Guillermo García）军官向 3 名酷刑和绑架受害者赔偿 5460 万美元，这一判例开创了人权法诉讼方面的一个关键先例。][44]

然而，当时政府通过简单地承诺将进行调查并确保有罪之人受到惩罚，就有效地平息了对修女问题的批判。民主党人感到无力反对这种欺骗。该党在 1980 年大选中遭到公众的大力抵制，民主党人现在对这段经历仍惊魂未定。不仅在任民主党总统吉米·卡特遭到了大比分落败，而且共和党人在国会选举中赢得了 34 年来最成功的结果。媒体也处于传统意义上总统“蜜月期”最狂热的阶段。在此期间，他们歌颂最引人注目的政府成员，向他们的道义勇气和超凡智慧致敬。除了里根本人，这些媒体英雄中最著名的是黑格将军。正在他试图在杀害女教徒的凶手身份问题上欺骗国会时，这位新任国务卿发现自己被《时代》周刊的一篇封面故事歌颂为外交政策的新“牧师”—— 用他妻子的话来说，一个像“希腊神”的军人和政治家。[45]

里根政府利用这段友善的时期描绘了一幅在所谓人权斗争中不断取得进展的图景。尽管杀戮事件仍在以惊人的速度发生，但几乎都被归咎于游击队。代理助理国务卿约翰·布什内尔（John Bushnell）在 1981 年初对参议院外交委员会说：“我认为可以肯定地说，安全部队未经授权就杀害的［平民］人数……肯定没有左派武装力量杀害的人数多。”[46] 当时在萨尔瓦多境内开展工作的人权组织中，有至少 3 家组织发布的报告驳斥了布什内尔未经证实的论断。当被要求解释其中的差异时，布什内尔抨击了这些组织的调查结果，甚至指责萨尔瓦多天主教会的大主教管区一直为共产主义分子所渗透。[47]

里根总统最终提出了他自己的理论。在1983年12月，他若有所思地说："我要说出一个我以前从未大声说过的猜测……我不确定这一切是否都是右翼分子所为，也许那些游击队武装还未意识到……他们在执行了这些暴力行动之后能侥幸逃脱处罚，还能推动推翻政府的企图，而为他们的罪行受到指 252
责的是右翼分子。"[48]实际上，军方自己的评估结果同里根毫无依据的假设相冲突。早在1981年11月，五角大楼一个评估组就发现，萨尔瓦多军队将"制度性暴力"和"极端右派恐怖主义"问题视为失准的或者无关紧要的小问题，而"普遍不予理会"。此外，评估组发现武装部队内部没有稳定的力量"来反对更为保守的官员容忍过度使用武力和暴力的倾向"。[49]这份由弗莱德·E.沃纳（Fred E.Woerner）准将签署的机密报告警告道："右派有增无减的恐怖行为和对制度性暴力的持续容忍可能会很危险地削弱民众的支持，到最后，人们不再将武装部队视为社会的保护者，而是当成占领军。"[50]与之相似的是，在1982年4月，一位名叫里卡多·亚历杭德罗·菲亚略斯（Ricardo Alejandro Fiallos）的萨尔瓦多上尉向国会调查组解释说，萨尔瓦多的行刑队"由安全部队成员组成。这些小队所执行的恐怖行动——如政治暗杀、绑架、随机谋杀等——事实上是由高级军官策划，并由安全部队成员执行的"。[51]一年之后，共和党控制的参议院情报委员会再次发现，"不可否认……重大政治暴力——包括行刑队的活动——一直与萨尔瓦多安全机构的成员有关系，尤其是其安全部门……军队、安全部队和其他机构中的许多萨尔瓦多军官都参与了鼓动或指挥行刑队活动或其他暴力侵犯人权的行动"。[52]战争结束后，萨尔瓦多天主教会大主教管区汇总了相关数据，结果如下：在1980年至1989年期间，由政府策划或支持的谋杀案达41048起；由左翼游击队支持的仅为776起。[53]因此，政府递交给国会和国家的每一份报告内容都不准确，错误率几乎达到 5500%。如果把这种程度的持续的计算失误简单地归咎于无能，那就很难让人相信了。

在华盛顿，似乎没有人关心这些差异，他们也不愿意指责里根几乎一无所知，这也许是里根政治天赋的真正基础。里根于 2004 年 6 月逝世，享年 93 岁。他在当时没有因故意撒谎而受到指责，即使在今天也没有。他相信他想要相信的，并且不让事实干扰他自己的准宗教信仰。但他的下属不能拿这种幼稚的借口来逃避责任。每个人都充分意识到，美国的萨尔瓦多盟
253 友正在以惊人的速度屠杀无辜者，但除了少数例外，他们都选择撒谎，以便美国可以继续向这些杀人者提供更好、更致命的武器装备。

然而，国会中的反对者努力寻找挑战政府的依据，并最终提出了针对《1961 年对外援助法案》（Foreign Assistance Act of 1961）的两项烦琐的独立修正案。于 1975 年通过的该法案第 116 条规定，向“严重侵犯”人权的国家提供经济援助是非法的，除非该援助将直接惠及贫困人口。第 502（b）条规定，美国不得向“一贯严重侵犯”人权的政府提供军事援助，除非总统认为有关援助对美国国家安全至关重要。[54]

该战略是根据国会议员斯蒂芬·索拉茨（Stephen Solarz，纽约州民主党代表）、乔纳森·宾厄姆（Jonathan Bingham，纽约州民主党代表）和参议员克里斯多夫·杜德（Christopher Dodd，康涅狄格州民主党代表）起草的一部新法律的基础上形成的。如果总统不能“证明”萨尔瓦多政府在以下 6 个不同的方面有所改善，这部法律将使里根政府切断对萨尔瓦多政府的所有援助并撤走其 55 名军事顾问：人权、当局对安全部队的控制、经济改革、公平选举、当局与游击队的和平谈判，以及对 6 名美国公民（包括 4 名女教徒）谋杀案的

持续调查。[55]

上述手段显然不足以让一个执意要撒谎的政府坦诚交代。此外，国会本身在寻求事实真相方面也几乎达不到纯粹的境界。虽然国会议员希望有一个讨论会来控诉侵犯人权的行为，但他们不愿意为一项可能会导致萨尔瓦多政府败在马克思主义叛军手中的措施承担责任。新的认证听证程序使他们能够为和平、劳工或教会等团体的利益发表声明，这些声明将发表在这些团体所在社区的地方报纸和电视广播中——在这些地方，人们对政府政策的反对立场几乎不会动摇。他们能够通过让对手难堪来为自己赢得政治好感，但他们无法迫使里根政府说出真相。如果后者愿意向国会撒谎——保证取得了进展，但实际上毫无进展——那么整个程序将变成一场骗局。

果然，政府以毫不掩饰的蔑视态度看待国会的整个行动。里根政府驻萨尔瓦多大使迪恩·欣顿认为这是国会"同时支持和反对某事"的一种方式，而对此不予理睬。他坚持认为，议员们"不想为拒绝向萨尔瓦多政府提供资源这一决定承担责任，而另一方面，他们也不想支持它。因此，他们创建了一套认证程序，让我们其他人经历重重考验，而总统必须在认证程序中作证"。[56]负责人权和人道主义事务的助理国务卿埃利奥 254
特·艾布拉姆斯（不久后担任负责美洲事务的助理国务卿）称这一认证程序为国会"为战争提供资金"的一种方式，因为"如果游击队获胜……它不想承担被指责的风险，同时想保留辱骂我们是法西斯主义者的权利"。[57]

在认证期间，政府在控制萨尔瓦多军队的绑架、谋杀和酷刑活动方面取得的进展微乎其微，这迫使包括里根总统在内的政府成员一再对国会撒谎。从 1982 年 1 月 28 日开始，里根试图向国会证明："萨尔瓦多政府正在竭尽全力地作出重大努力，以按照国际认可的人权标准行事。"他指出："我国驻萨尔瓦多大使馆汇编的统计数据表明，在过去的一年里，暴力水平有所下降，安全部队涉嫌实施的暴行也有所减少。”[58]虽然政府无法对所有发生的谋杀事件作出解释，但是它的确提出了自己的理论：“游击队通常和家庭成员和其他非战斗人员一起行动……因此，当这些团伙被军队发现或与其交战时，很难避免非战斗人员的伤亡。”[59]

当时负责美洲事务的助理国务卿托马斯·恩德斯在他的证词中承认：“进展很慢。我在这一点上同意你们的看法。但我们正在取得一些成果……那些数据说明了这一点。”[60]然而，就在同一周，美国民权同盟（American Civil Liberties Union）和美洲观察（Americas Watch）两个人权组织联合发布了一份冗长的、有大量注释的报告，报告详细指控萨尔瓦多政府“每周实施约 200 起出于政治动机的谋杀案”，这一数据可能是恩德斯愿意承认的数字的 4 倍以上。[61]此外，据反政府武装（Contra）领导人埃德加·查莫罗（Edgar Chamorro）在给《纽约时报》的一封信中所披露，萨尔瓦多政府经常纵容其半官方准军事部队使用“谋杀、致残、拷打和强奸”等手段。[62]恩德斯及其手下竭力诋毁这些人权组织关于平民死亡数据的报告，但他们并没有作出任何努力让自己获取准确的数据。相反，他们依赖有瑕疵的方法，低估了暴力。在评估政府的准确性时，众议院情报委员会的监督和评估小组委员会成员很快发现，恩德斯和其他人经常“用基于萨尔瓦多军队官方声明得出的论断来支持政策主张”。[63]换言之，美国政府根据杀戮者自己的说法来判定他们杀了多少人。

此外，当大使馆试图自己作出评估时，它所选择作为其估算依据的主要资料来源是萨尔瓦多新闻报道中的伤亡者名单。
255 但大使馆官员承认，这些出版物“只报道当时派驻有通讯记者的地区的死亡情况”。[64]因为这些地区很少包括大多数谋杀事件发生的农村战场，所以实际谋杀数据被严重低估了。例如，在1981年，萨尔瓦多报纸报道称，在相对和平的圣安娜省有1449人被杀，但在“战场省份”莫拉桑省（Morazan）和查拉特南戈省（Chalatenango）分别只有247人和47人被杀。[65]即使萨尔瓦多的报纸能够获取确切的统计数据，他们几乎肯定会因为编辑方针而降低这些数目。回想起20世纪80年代初，当时的萨尔瓦多是一个被受军方保护的右翼恐怖分子围困的社会。萨尔瓦多几乎所有中间偏左的记者和许多温和派记者都被谋杀或被迫流亡。所有剩下的萨尔瓦多报纸的右派意识形态倾向使它们在任何可行的情况下都忽略右翼恐怖袭击。在1981年，只有13起恐怖袭击事件被报道，而且只有一起发生在首都之外。[66]最后一点，大使馆官员们可能受到了中央情报局的误导，尽管他们自己可能没有意识到这一点。罗纳德·里根于1981年3月9日批准了该机构的一项秘密行动，其中包括一个在萨尔瓦多实施的媒体计划，旨在促进对叛军不利的报道和对政府有利的报道。人们几乎不能指望带有这种目的的公关运动会本着非常严谨的态度追求真相。中央情报局帮助萨尔瓦多的杀人者散布关于他们自己以及他们的对手的谎言，美国大使馆的报告很可能受到了这些谎言的不良影响。

然而，就在第一次认证听证会前夕，政府得知在埃尔莫佐特村（El Mozote）发生了一场可怕的大屠杀，这座小村庄位于对游击队员十分友好的莫拉桑省。1982年1月26日，在第一次听证会的前一天，《纽约时报》的雷蒙德·邦纳（Raymond Bonner）和《华盛顿邮报》的阿尔玛·吉列尔莫普列托（Alma Guillermoprieto）同时报道了一起事件，他们都认为数百名手无寸铁的平民被“穿制服的士兵”草率地杀害。（邦纳认为受害者人数在722~926之间。）两名记者都没有目睹大屠杀的发生过程，并且都指出，带他们去现场的向导与萨尔瓦多游击队有联系。但记者们亲眼看到了尸体，摄影师苏珊·梅塞拉斯（Susan Meiselas）也拍摄记录了大部分死难者的遗体。[67]

当这些故事登上美国两家重要报纸的头版时，政府知道自
256 己遇到了一个大问题。如果总统此时签署一份声明，断言萨尔瓦多军队在实现美国制定的人权目标方面取得了实质性进展，这将带来极其尴尬的局面，因为就在一天前，有报道称萨尔瓦多军队实施了大屠杀。这两篇报道提到一支由美国训练和装备的精锐部队，这使问题更加复杂。超过 1 亿美元的军事和经济援助处于危险之中，助理国务卿恩德斯说，他后来记得自己当时在想："最重要的是，埃尔莫佐特村大屠杀事件如果是真的，这可能会毁掉所有的努力……当我第一次听说此事时，我肯定是这么想的。"他担心战争将变得"难以为继"。[68]

于是，大使馆派了两名年轻官员去调查这一事件。（美国官员在 1 月 6 日首次收到了关于这场屠杀的报告，但由于没有新闻报道，这些报告并没有促使当局开展任何调查行动。）尽管调查人员因担心自身安全而从未到过埃尔莫佐特村，但他们在与该村的难民交谈后相信，的确发生了类似于大屠杀的事件。整个调查持续了不到一天的时间。游击队提议带领美国人视察现场，但美方拒绝了。相反，他们在士兵在场的情况下对那些"受到威胁的、恐惧的"难民进行了访谈，而那些士兵穿着与屠杀执行者同款的制服。"这可能是一个人能做的最糟糕的事情"，被派去调查此事的人之一、国防部专员约翰·麦凯（John McKay）少校后来承认道。虽然如此，麦凯指出，在与这些村民交谈时，"你可以观察并感觉到这种巨大的恐惧感……我曾到过越南，我熟悉这种氛围。这种恐惧感是压倒性的。我们察觉到了这一点，并且可以看出这种恐惧感并不是游击队带来的"。[69] 正如这些人在他们发往华盛顿的电报中所报

告的那样，一对老年夫妇甚至描述说自己看到了“很多尸体”，但他们越来越害怕在士兵在场的情况下谈论此事。“这是应该在另一个国家、另一个时间点讨论的事情”，一个村民解释道。[70]多年以后，每一个调查人员都向记者马克·丹纳（Mark Danner）承认，他们那天的所见所闻深深地困扰着他们。正如麦凯所说：“最后，我们去了那里，而我们不想发现那儿真的发生过什么可怕的事情……我们没有去现场这个事实被证明对我们的报告非常不利——你知道的，萨尔瓦多人从来不好好清理他们的弹壳。”[71]他在那次调查中的同事托德·格林特里（Todd Greentree）总结道，他所进行的访谈“使我确信，可能真的发生过一场大屠杀，他们让人们排成一排并朝这些人开枪”。[72]然而，这两个人都理解他们调查的政治背景。他们被要求写一份能够“使那些在远方的人信服的报告——你知道的，我指的是像托马斯·恩德斯这样的人——而这些人最关心的显然不是弄清楚到底发生了什么”。[73]

当他们的报告送达恩德斯手中时，这些年轻人对村民的故 257
事中令他们感到担忧的内容得出的初步观察结果已经按照里根党派路线的叙述轮廓被重新改写。“我们派了两名大使馆官员去调查关于埃尔莫佐特村大屠杀的报告……”，恩德斯向国会解释道。“他们所提供的报告清楚地表明，在去年 12 月份，占领埃尔莫佐特村的游击队与进攻的政府军之间发生过对峙。”但恩德斯坚持认为，“没有证据证实政府军在交战区有组织地屠杀平民，也没有证据表明平民受害人数稍微接近报纸所提到的 733 或 926”。恩德斯还指出，大使馆官员被告知，在整个村庄内居住的人“可能不超过 300”人，“而且现在有许多包括难民在内的幸存者”。他表示，因此他很难相信真的有许多人被杀。恩德斯还点名抨击人权委员会（the Human Rights Commission）和国际特赦组织（Amnesty International）的报告，二者的报告都指控发生了大屠杀，并提供证据来支持这一说法。[74]

在相关信息没有得到任何确认的情况下，当时负责人权和人道主义事务的助理国务卿埃利奥特·艾布拉姆斯试图对记者的报道和他们的人品进行进一步的诽谤。埃尔莫佐特村事件“在某种意义上非常有趣”，他对参议院外交委员会说，“因为我们发现，首先，数据不可信，正如助理国务卿恩德斯所指出的，根据我们得到的信息这个村庄只有300人”。[75]正如丹纳后来所指出的那样，艾布拉姆斯的观点具有误导性，因为两篇新闻报道都完全清楚地表明，大规模屠杀发生在几个村庄。政府当时采取所有必要手段来诋毁关于大屠杀的报道，而艾布拉姆斯给出的这一特殊论点与政府的该战略一脉相承。“我们发现，该事件发生在12月中旬，[但它]直到委员会将要进行认证的时候才被公开”，艾布拉姆斯继续道，“因此，这似乎充其量就是个被游击队利用的冲突事件”。[76]

里根政府在意识形态战争中的可靠盟友《华尔街日报》社论版也加入了这场诽谤《纽约时报》和《华盛顿邮报》记者的行动。2月10日，《华尔街日报》的编辑发表了一篇题为《媒体的战争》(*The Media's War*)的长篇社论。文章将其所谓的公众关于这场战争“非常困惑的”认知归罪于“美国媒体对这场斗争的报道方式”。这篇社论只是简单地转述政府的说法作为其中心论点。(“右派和左派的极端主义者大多在黑夜中执行
258 谋杀行动。两派都有一些成员是士兵，但两派在很久以前就学会了身穿军服以迷惑受害者的伎俩。”)然而，这篇社论还指责邦纳和吉列尔莫普列托“轻信”那些农民对埃尔莫佐特村大屠杀的描述，并将他们的目击报告和采访斥为“宣传活动”。(未提及梅塞拉斯拍摄的照片。)此外，该社论将大使馆对此事的调查与直接从现场报道的记者的调查相提并论，而在大使馆的

调查中，调查者们从未到过涉事村庄，此外他们的结论被缓和处理，他们关心的问题也几乎都被删除了。[77]

这场运动继续进行。《华尔街日报》的编辑乔治·梅隆（George Melloan）迈出了不同凡响的一步。他出现在电视上，暗示记者们的秘密活动。他向采访者表示，《纽约时报》记者“雷蒙德·邦纳有明显的政治倾向”，他还把邦纳的报道与赫伯特·马修斯（Herbert Matthews）“在20世纪50年代美化菲德尔·卡斯特罗的报道”相提并论，后者“是《纽约时报》永远的耻辱”。[78]（马修斯在古巴革命期间报道过卡斯特罗。卡斯特罗上台后，他就被调离了报道古巴新闻的岗位，并在此后不久离开了《纽约时报》。）当时颇有影响力的保守派压力集团“媒体准确性”（Accuracy in Media）接受了这一指控，并在许多电视访谈节目中指责邦纳和吉列尔莫普列托在故意说谎，其严重程度不亚于沃尔特·杜兰蒂（Walter Duranty）在20世纪30年代的骗局。该组织在其简报中指控邦纳开展了“一场有利于萨尔瓦多马克思主义游击队的宣传战”。[79]

这场争论在20世纪80年代的美国变得如此离奇，两名发现了大屠杀证据的记者竟然被比作一个未能察觉在自己眼皮子底下发生的大屠杀的记者。但这一战术奏效了。1982年8月，《纽约时报》将邦纳召回纽约，并安排他去都市新闻组。执行主编A.M.罗森塔尔（A. M. Rosenthal）早已昭告天下，他对邦纳关于这场冲突的报道感到非常不快。他给出官方解释说邦纳需要更多的历练，并选择了一个名叫雪莉·克里斯蒂安（Shirley Christian）的记者接替邦纳的工作。雪莉·克里斯蒂安为《迈阿密先驱报》（*The Miami Herald*）写的报道与里根政府的思想路线更为一致。无论这名主编的意图是什么，邦纳的调职对那些还留在中美洲的记者产生的影响令人深感不安。

在事件发生十多年后，由于记者马克·丹纳决定查明埃尔莫佐特村大屠杀事件的真相，今天我们才对埃尔莫佐特村事件的真相有了清晰的了解，也知道了那些试图诋毁关于大屠杀的
259 新闻报道的政府成员当时掌握什么情报。丹纳的调查对那些政府内外机械性重复政府观点的人而言是一种强有力的谴责。在邦纳、吉列尔莫普列托和梅塞拉斯回国并向读者展示他们的证据后不久，美国国务院收到了一份来自美国驻洪都拉斯大使约翰·内格罗蓬特（John Negroponte）的机密电报。该电报报道了一名美国大使馆官员和一名众议院外交委员会成员对科洛蒙卡瓜（Colomoncagua）难民营的一次访问，许多莫拉桑省的幸存者都逃到了这里。电报描述了难民们的陈述："他们称，12 月 7~17 日在莫拉桑省发生的一次军事扫荡行动造成了大量的平民伤亡和财产破坏，并导致了他们流离失所。"[80] 将在 2004 年出任乔治·W. 布什政府驻伊拉克大使的内格罗蓬特本人指出："这些被提到的村庄名称与《纽约时报》1 月 28 日发表的同一主题文章的内容相一致。"他指出，这些难民"在这个时候决定逃走，而在过去，他们在扫荡期间都没有离开……这增加了关于莫拉桑省北部发生过比以往规模更大且强度更高的军事行动的报道的可信度"。[81] 然而，国务院决定对这个信息进行保密。等到 6 个月后，在 1982 年 7 月进行第二次认证汇报时，大屠杀已成为古老的历史。当时恩德斯吹嘘说，"在这次汇报期间，关于大屠杀的指控比上次少了很多"，他把这种趋势归因于"许多早期的报告被证明是杜撰或夸大的"。[82] 与前一次一样，第二次认证听证会也充满了争吵，但绝大多数人都支持里根政府对该政权的援助。这一次，军事援助增加了一倍多，从 3500 万美元增至 8200 万美元，而经济援助也增至原先金额的两倍多。[83] 1993 年，恩德斯终于向一名记

者承认:“我现在知道，我们和大使馆提交给国会的材料是错误的。”[84]

10 年之后，萨尔瓦多人自己才最终调查清楚埃尔莫佐特村事件的真相。1992 年秋天，战后萨尔瓦多真相调查委员会（postwar Salvadoran Truth Commission）的调查员花了超过 35 天的时间来挖掘那片满是腐烂尸体、骨骼、颅骨和弹壳的墓葬地。他们在埃尔莫佐特村及其邻近村庄确认了 500 多具人类遗骸。[85]在埃尔莫佐特村教堂的圣器收藏室发现的 143 具人类遗骸中，有 136 具被判定为儿童或青少年，他们的平均年龄为 6 岁。在剩下的 7 具成年人遗骸中，有 6 具是妇女，其中 1 具是孕晚期妇女。[86]当所有取证工作完成后，委员会发现至少有 24 人参与了射杀，并且除了一枚弹壳外，其余全部弹壳都来自美国制造和提供的 M-16 步枪。在这些弹壳中，“184 枚有可识别的弹头印记，表明这些弹药是在密苏里州的莱克城为美国政府制造的”。[87]没有人因为与埃尔莫佐特村事件有关的 260 任何罪行而被起诉或审判，丹纳称这一事件为“拉丁美洲现代史上最大规模的屠杀事件”。这些凶手可能会为此感谢里根政府的谎言以及那些愿意说谎的男男女女。

到 1982 年 7 月的第二次认证辩论时，国会中的里根政策反对者先前的斗争欲望都消失了。“我们已经赢了”，当时一名政府官员吹嘘道，“我们已经成功地使萨尔瓦多的人权问题变得令人厌倦了”。[88]认证程序继续进行，但现在每个人都只是各司其职，对任何投票结果都没有什么质疑。与此同时，萨尔瓦多人举行了一系列全国性选举，这进一步巩固了政府在媒体和国会中的政治地位。随着反对派被成功控制，里根政府显然觉得它可以发表更符合事实的声明。这些声明产生了讽刺性的效果，证实了里根政府之前的陈述是多么不诚实。与前两场认证听证会相比，第三场承认了下列事实：在萨尔瓦多，“侵犯人权的行为依然存在……民主的进一步发展以及对人权的保护尚未得到保障”。政府还表示萨尔瓦多的司法系统存在“系统性低效”问题，并承认需要“进一步加强军事纪律”。[89]但负责美洲事务的国防部副助理部长内斯托尔·桑切斯（Nestor Sanchez）却乐观地指出：“至少萨尔瓦多人现在收留俘虏。”这一观点可以被认为是承认，草率处决是萨尔瓦多政府以前的正常做法。[90]然而，即使此时的里根团队已重振信心，国务卿乔治·舒尔茨依然觉得有必要继续谴责美国国内那些希望关注人权问题的人，尤其是那些“想要看到苏联在萨尔瓦多扩大影响力的教士”。（舒尔茨的相关言论从公开的听证会记录中被删除了。）[91]

然而，行刑队的谋杀行动数量从未如政府所声称的那么低，而且在1983年仲秋再次开始呈上升趋势。此外，杀手们此时已把注意力转向美国希望赖以制订政治战略的中间派力量。温和的农民联盟领导人、教会工作者、基督教民主党（Christian Democratic Party）领导层成员，甚至连萨尔瓦多外交部的第三号官员也从他们的家中被带走，遭到拷
261 打和射杀。美国驻萨尔瓦多大使托马斯·皮克林（Thomas Pickering）承认，“根据他们对受害者的选择和其他情报，我们知道”两支主要的行刑队“不是游击队组织”。[92]并非巧合的是，大约在这个时候，美国大使馆开始泄露它所知的参与行刑队杀戮的军队和政府官员的名字——尽管恩德斯之前对国会坚称，行刑队是一种“没有组织中心的现象”，因此不受任何同美国有任何往来的萨尔瓦多机构所控制。[93]

正如我们所见，真实的死亡人数比报道中的多很多，因此里根政府感到有必要设法限制美国人获取关于萨尔瓦多的信息。虽然政府不能直接控制或审查美国媒体派驻萨尔瓦多的记者，但它在威胁这些记者方面取得了相当大的成功，特别是在

雷蒙德·邦纳失去工作之后。正如一名记者告诉为《哥伦比亚新闻评论》（*Columbia Journalism Review*）调查此问题的迈克尔·马辛（Michael Massing）的那样，“邦纳事件使我们所有人都意识到，大使馆完全能够采取强硬手段……如果他们能踢走《纽约时报》的记者，那你就得小心了”。[94] 一旦萨尔瓦多不再是国会中激烈辩论的话题，大多数媒体对报道萨尔瓦多也就完全失去了兴趣。杀戮在继续，但报道却没有。与此同时，政府尽其所能阻止其盟友的受害者讲述他们的故事。1984年4月，美国国务院禁止吉列尔莫·温戈（Guillermo Ungo）入境美国，他是一名与法拉本多·马蒂民族解放阵线结盟的萨尔瓦多社会民主党人。几个月后，同样的事情发生在4名来自萨尔瓦多被谋杀和失踪政治犯母亲和亲属委员会（Committee of Mothers and Relatives of Political Prisoners Disappeared and Murdered in El Salvador，CO-MADRES）的萨尔瓦多妇女身上。这些母亲受邀来接受乔治城大学颁发的首届罗伯特·F.肯尼迪人权奖（Robert F. Kennedy Human Rights Award），但被拒绝入境，因为国务院坚持认为这些人鼓吹暴力。当被问及她们究竟是如何鼓吹暴力时，一名国务院发言人回答道：“我不能提供相关信息。”[95] 与此同时，美国政府却欢迎罗伯托·道布伊松（被美国大使馆认定为一个庞大的右翼暗杀网络的领导人和杀害罗梅罗大主教的凶手）访美，并希望与他建立更好的合作关系。大概也是在这一时期，美国联邦调查局对反战组织萨尔瓦多人民团结委员会（Committee in Solidarity with the People of El Salvador，CISPES）执行了秘密调查，包括非法闯入办公室、监视等。除了美国政府的非法活动外，没有发现其他非法活动。[96]

是什么促使政府在这个问题上继续疑神疑鬼呢？毕竟，在萨尔瓦多问题上，它已经赢得了华盛顿政策和媒体界的舆论

262 战，并在每一场认证听证会上获胜，挫败了国会和新闻界的批评者。然而，从政治上讲，里根政府确实有合理的理由感觉自己受到了外界围攻。尽管已取得许多政治上的胜利，但政府成员仍旧对持续的民调数据感到沮丧，这些数据表明，尽管援助政策可以不受阻碍地继续下去，但美国人无论如何都不会赞成美国对中美洲进行军事干预。[97]考虑到萨尔瓦多武装力量腐败成风且普遍低效——他们在许多方面与20年前美国的南越盟友非常相似——如果要避免共产党的胜利，直接采取军事干预似乎是美国不可避免的选项。政府中的许多人感到自己不得不为萨尔瓦多及其邻国尼加拉瓜准备应急预案。1985年4月17日，《纽约时报》刊登了一份泄露出来的机密文件复印件的部分内容，其中白宫宣称：“考虑到我们在该地区的重大利益，如果其他政策方案失败，直接动用美国军事力量……必须被现实地作为一种最终选择。”[98]但是，只要公众依然坚决反对美国在中美洲任何形式的军事干预，那么这样的方案就不可能行得通。

也许里根政府的态度也是出于这样的认识，即美国在萨尔瓦多问题上的谎言仅仅是美国关于中美洲众多虚假陈述中的一小部分。在邻近的尼加拉瓜，美方正在执行一项绝对机密的外交政策，其主要内容为秘密战争、向毒贩和军火商支付可疑资金、大规模宣传行动，以及最终向作为美国在伊朗的死敌的恐怖分子出售先进武器并送他们《圣经》和生日蛋糕。这座大厦随时都可能倒塌，伴随而来的是刑事起诉的可能性以及里根总统职业生涯的毁灭。因此，里根团队设法将所有涉及中美洲的讨论限制在他们自己规定的辩论范围之内，毕竟未经授权的信息披露可能会使对手揭露他们所进行的颠覆民主的暴行，里根政府需要确保这种情况不会发生。

“离得克萨斯一天车程”

虽然罗纳德·里根非常热衷于阻止马克思主义在各地的传播，尤其是在中美洲地区，但他最同情的不是萨尔瓦多政府，而是尼加拉瓜叛军。尼加拉瓜反政府武装最初是由索摩查独裁政权的余党所创建，其战斗目标是推翻桑地诺革命政权——1979 年桑地诺政权刚上台时，卡特政府曾短暂且十分谨慎地容忍该政权，当时该政权的意识形态似乎尚不明确，也许还未 263
成型。反政府武装由半法西斯主义性质的阿根廷军政府进行小规模训练，直到中央情报局和里根政府的不同成员开始支持他们的事业。在第一届任期期间，里根的智囊团不让他表达对尼加拉瓜反对派武装事业的热情，担心对中美洲战争的过多关注会使选民不安，并破坏里根对富人减税和对穷人削减政府援助的任务。然而，在 1984 年里根再次赢得大选之后，他的顾问决定放松一些限制。在第二次就职典礼之后，里根发表的第一次演讲就专门讨论了这个话题。总统告诉全国民众，“桑地诺政权一直在通过武装颠覆袭击他们的邻国”，他们甚至与阿亚图拉·霍梅尼（Ayatollah Khomeini）统治下的伊朗建立了关系。这两则声明内容都不属实。[99]具有讽刺意味的是，这些顾问关于里根本人和美国未来的看法都千真万确，美国人很快就会了解真相，并大为震惊和失望。为了了解事情是如何发展到这一步的以及造成这一局面的谎言，我们必须回到里根第一届任期刚开始的时候。

1981 年 2 月 6 日，《纽约时报》的一篇头版文章告诉读者：“苏联和古巴去年已同意向马克思主义者领导的萨尔瓦多游击队提供大量武器。”该文章提出这一指控的根据是“据称是萨尔瓦多安全部队从抓获的叛乱分子手中缴获的机密文件”，这些文件是由里根政府的成员泄露给该报的。[100]《纽约时报》的这则独家新闻引发了一系列类似的报道和后续报道，而这些报道也是由里根政府官员精心策划的。2月下旬，随着国务院发布白皮书《共产主义对萨尔瓦多的干预》(Communist Interference in El Salvador)，报道热潮达到了顶点。该白皮书将萨尔瓦多内战描述成“共产主义大国通过古巴进行间接武装侵略的典型案例”，并且在多处再现了国务院在1965年2月就南越问题发布的一本充斥着类似误导性内容的白皮书的措辞。[101] 许多记者毫不怀疑地接受了这些结论。例如，美国广播公司记者巴瑞·邓斯莫尔(Barrie Dunsmore)从国务院报道说，该报告“清楚地说明了萨尔瓦多左派叛乱分子与世界各地的共产主义政府之间的联系”。[102] 正是《共产主义对萨尔瓦多的干预》为美国对尼加拉瓜的干涉创造了条件。

国务卿黑格最初试图为针对古巴的军事行动寻求支持，他称古巴为中美洲动乱的“根源”。他甚至向总统保证，如果得到“命令”，他将“把那个该死的岛屿变成一个停车场”。[103] 迈克尔·迪弗(Michael Deaver)后来回忆说，黑格的提议把他“吓了一大跳”，但里根最亲近的顾问很快设法禁止这位
264 国务卿同里根单独会面，以免易受影响的总统被他的计划所说服。[104] 黑格还泄露了一份关于美国封锁古巴的提案，该提案将使国家陷入一场战争。但民众的反应太过激烈，他们生怕美国卷入“另一场越南战争”，他不得不立马放弃原有方案。迪弗和詹姆斯·贝克指示黑格收敛言辞，因为他的言论正在转移人们对政府经济计划的注意力。

讨伐古巴的建议被拒绝后，黑格将注意力转向了尼加拉瓜。这位国务卿声称他有“不容置疑”的证据表明，有“大量”武器从尼加拉瓜流入萨尔瓦多叛军手中。这些在保密的国会情报简报中公布的“证据”包括延长的尼加拉瓜机场跑道、被烧毁的米斯基托人(Miskito)的村庄和一些军事基地的照片，但没有证据表明存在军火交易。此外，美国的情报报告已

得出结论，两国之间曾经庞大的军火交易量到1981年已变得很少或完全停止。这可能是为了避免里根政府所威胁的那种军事行动而作出的努力，这在黑格的回忆录中也得到证实了。[105]但黑格和政府的其他成员拒绝承认这一点。他们继续撒谎，以便把所谓的军火交易作为他们在该地区更大的军事计划的借口。

众议院情报委员会的监督和评估小组委员会最终得出结论，政府关于武器运输的大部分声明“存在若干夸大其词和过度解读的问题”。[106]正如前参议院情报委员会（Senate Intelligence Committee）副主席丹尼尔·帕特里克·莫伊尼汉（Daniel Patrick Moynihan）在竭尽全力澄清走私军火问题后于1983年底所指出的那样:“他们向我们展示了一杆……一杆猎枪。”根据莫伊尼汉所讲，可是当他们“连一颗猎枪子弹都无法生产时……政府正在说谎这个事实就变得很清楚了”。[107]在黑格作证6个星期之后，甚至国务院也不得不承认，它拿不出尼加拉瓜持续向萨尔瓦多叛军运送武器的同期证据。国务院甚至承认，美国“没有经由尼加拉瓜运送武器的确凿证据”。[108]

尽管政府从未为其观点提供任何令人信服的证据，但它的确设法说服了国会资助一场低级别战争以实施其计划。里根政府手下的打手是尼加拉瓜反政府武装的成员。该组织的初始成员来自安纳斯塔西奥·索摩查（Anastasio Somoza）旗下令人讨厌的国民警卫队。反政府武装由中央情报局提供武器和训练，由国务院提供公共关系咨询，在此之前，他们由信奉新法西斯主义的阿根廷人训练。这种秘密战争的授权形式是总统在1981年3月9日签署的一份秘密“裁决”。[109]

尼加拉瓜反政府武装援助项目从一开始就披上了虚假的外 265
衣。中央情报局局长威廉·凯西认为，向国会说谎是一个原则问题，并称国会议员为“国会山上的那群混蛋”。[110]过去每当他策划涉及敏感信息的秘密行动时，他的本能反应都是掩饰、否认和消失。尼加拉瓜也不例外。即使当他在公开场合或在国会讨论这些问题时，用卡斯帕·温伯格的话来讲，凯西体内似乎安装有“内置扰频器”，使他给出的答复令人费解。[他甚至不能正确地读“尼加拉瓜”这个词，把它读成“尼加哇哇”（Nicawawa）。这使得委员会中的一名民主党人开玩笑说，不应允许任何人推翻一个他不能正确念出国名的国家政府。]正如负责使中央情报局保持责任心的众议院情报委员会成员诺曼·峰田（Norm Mineta，加利福尼亚州民主党代表）所抱怨的那样：“我们就像蘑菇。他们使我们处于黑暗之中，并给我们喂粪肥。”[111]

当国会情报委员会最初批准资金，使凯西能够装备反政府武装，以阻截他口中的正在走私到萨尔瓦多的武器时，凯西承诺成立一支约500人的作战部队。[112]到1982年2月，凯西向国会介绍其进展情况时，作战人数已翻倍，而这仅仅是开始。[113]尽管委员会的民主党人未能叫停这一行动，但他们的确成功地给拨款增加了一项附加条件，坚决要求“该计划仅限于阻截萨尔瓦多叛乱分子的军火”。[114]中央情报局被明令禁止把任何资金“用于推翻尼加拉瓜政府或挑起尼加拉瓜和洪都拉斯之间的军事冲突”。[115]（桑地诺分子和以洪都拉斯为基地的反政府武装之间存在许多小规模边境冲突，许多批评政府的国会议员担心，政府会将其中一个冲突捏造成类似于北部湾事件的战争借口。）

很难想象，这些议员居然真的相信他们制定的规则能够在这种情况下得到执行。首先，哪个尼加拉瓜流亡者会为了阻止武器流入萨尔瓦多而冒生命危险？他们的指挥官安立奎·贝穆德斯（Enrique Bermudez）十分清楚地告诉记者，尼加拉瓜反政府武装正在为取得胜利而战。他宣称：“我们是尼加拉瓜人。我们的目标是推翻共产主义政权，并在我们国家建立一个民主政府。”[116]为此目标，他们没有像中央情报局保证的那样袭击军事目标，而是攻击农田、谷仓和小村庄等毫无防护的非军事目标，他们采用恐怖分子的手段，而不是设法赢得民众支持的游击队的方式。其次，即使严格遵守，国会的条件也不可能对该计划的管理方式产生任何实质性影响。当《新闻周刊》披露该行动规模的不断扩大和反对派武装的胆大妄为时，凯西 266
说尼加拉瓜反政府武装的人数为1500人，但该杂志估计实际人数接近4000人。[117]

许多国会议员对他们发现的谎言表示愤慨，一些议员试图彻底叫停尼加拉瓜反政府武装计划。但这些持不同政见者从未有机会在国会两院通过他们的议案，更不用说让它们由总统签署成为法律。他们所能做的就是提出一系列旨在限制美国参与的议案。1982年12月，一项禁止调动资金“用于推翻尼加拉瓜政府”的议案由整个国会再次投票通过，并由总统签署成为法律。[118]中央情报局再次对其置之不理，按照凯西认为合适的方式处理尼加拉瓜事务。

尽管国会有禁令，凯西及其副手继续催促尼加拉瓜反政府武装尽一切可能设法推翻桑解阵政府。领导人被指导如何在公众面前陈述他们的主张，但前尼加拉瓜反政府武装的领导人埃德加·查莫罗承认：“私下里，他们经常说，‘总统想让你们占领马那瓜（Managua）’。”[119]当里根被一名记者问及他的计划是否旨在让尼加拉瓜反政府武装取得军事胜利时，他坚持按自己的剧本出演。“不”，他一本正经地回答，“因为那是违反法律的”。1983年4月，他在向全国发表的电视讲话中也提出了同样的主张。[120]私底下，官员们并非如此谨慎。一位美国驻外大使曾问威廉·凯西：“真正的目标是什么，比尔？你想做什么？”这位中情局局长毫不犹豫地回答：“消灭桑解阵。”[121]

中情局一方面急于控制马那瓜，另一方面因国会的限制和无能的盟友的作战能力而感到沮丧，因此经常亲自下场，对尼加拉瓜政府及其公民开展秘密战争行动，然后掩饰自己的行动角色。在这些行动中，最明目张胆的一例是 1984 年 1 月 3 日由尼加拉瓜人自己揭露的，当时他们宣称中央情报局正在尼加拉瓜的港口布雷。[122] 这个信息没有引起美国媒体的关注——美国媒体成员往往会不假思索地否定桑解阵政府的声明——直到 3 月 21 日，一艘苏联油轮在进入马那瓜的桑地诺港（Puerto Sandino）时，撞到一颗水雷，船体严重受损。苏联谴责这次爆炸为“严重罪行”和“盗匪与海盗的行径”，并向美国驻莫斯科大使表示强烈抗议，后者则按照华盛顿上级的命令拒绝接受抗议，坚称美国对布雷事件没有责任。[123] 与此同时，当布雷相关新闻最终登上美国媒体时，尼加拉瓜反政府武装的领导人之一阿道夫·卡列罗（Adolfo Calero）兴高采烈地企图抢功。
267 在随后的数周里，来自日本、巴拿马、利比里亚、荷兰和苏联的船只在尼加拉瓜的三个主要港口遭到了水雷的破坏，有 15 名海员受伤，2 名渔夫死亡。[124]

整个事件的发展过程就像北部湾事件可怕的电视回放，只是时间和空间不同。正如美国拒绝为其在 1964 年策划、装备和指导的针对北越海岸线的“34-A 行动计划”承担责任一样，中情局也构思了同样的计划，雇用特工执行这一计划，并为特工提供水雷和必要的专业技术以布设水雷。所有的行动都由中情局在洪都拉斯老虎岛（Tiger Island）的一个秘密基地运转的“母船”监督。中情局的船只就在尼加拉瓜 12 海里领海界线之外，船上装载着直升机，所有特工都在直升机的运送下到达港口。如果一项行动对中央情报局的这些合同工来说过于困难，就会交给美国海军海豹突击队。[125] 然而，国防部长卡斯帕·温伯格回想起自己的前任罗伯特·麦克纳马拉，公开宣称："美国没有在尼加拉瓜的港口布雷。"[126]

在遭到里根驳斥之前，国务卿乔治·舒尔茨曾强烈反对继续布雷的决定，并称该计划"十分危险"且"令人无法容忍"。[127]国会监督委员会（Congressional Oversight Committees）的成员们感到愤怒不仅是因为这个决定本身就非常愚蠢，而且是因为政府没有告知国会它正计划实施这一决定。事实上，后来发现威廉·凯西曾告知参议院情报委员会布雷的决定，但只说了一句话，委员会的每一个成员后来都承认这句话很令人费解。5 天之后，为了获得中情局所需要的 2100 万美元的资金，凯西向委员会成员重复了这句话，委员会成员们显然在不知道资金流向的情况下拨出了这笔款项。当该委员会的主席、著名的保守派共和党人巴里·戈德华特终于弄清楚事情背后的真相时，他变得非常愤怒，并在参议院的公开会议上朗读中央情报局关于整个事件的机密报告。尽管情报委员会的工作人员很快阻止了他，而且这篇报告也从《国会议事录》中删除了，但中情局的秘密战争不再是秘密了。第二天的《华尔街日报》报道称，尽管官方一再否认，但美国政府的确在尼加拉瓜的港口布了雷，并为之撒谎。[128]在马那瓜最初试图引起世界关注的 4 个多月后，这一内幕才被披露。

受骗的国会议员再次表达了自己的愤怒，一些新的声音也 268
加入到了这个阵营。戈德华特公布了他写给威廉·凯西的一封引人注目的信，抱怨说："我很愤怒。"[129]情报委员会副主席丹尼尔·帕特里克·莫伊尼汉为此事提出了辞职，并指责凯西"用虚假情报对付委员会"。但当凯西对他进行形式上的道歉时，他立刻收回了辞呈。[130][凯西告诉自己的副手约翰·麦克马洪（John McMahon）："我完全不想这么做……我道歉仅仅是为了挽救尼加拉瓜反政府武装。"][131]凯西还被迫将他手下负责拉丁美洲行动的部门主管杜安·"杜威"·克拉里奇（Duane

"Dewey" Clarridge）从南非召回，当时克拉里奇正在同当地种族隔离政权谈判，争取南非对尼加拉瓜反政府武装的援助。尽管有相当多的书面证据证实了这次行程，但克拉里奇后来还是向国会调查委员会否认了这次行程。他最终以七项伪证罪被起诉，后来被乔治 H.W. 布什总统赦免。然而，当时没有人对此事采取任何行动。4 月 26 日，参议院情报委员会公布了一份新闻稿，指出凯西和委员会成员"取得一致意见认为，需要更为全面有效的监督程序"，而且中情局也"承诺在此过程中充分合作"。[132] 然而，与此同时，凯西正与奥利弗·诺斯秘密合作，在沙特阿拉伯为尼加拉瓜反政府武装募集资金，以便规避国会的这些限制。

国际法庭（The World Court）在以 15：0 的投票结果一致通过的判决中谴责了布雷行动。（美国拒绝为其行为辩护，退出了国际法庭。）美国官员公开为自己辩护，声称美国有权针对尼加拉瓜进行"集体自卫"，因为桑地诺援助了萨尔瓦多游击队。然而，这在任何人看来都是不可思议的，毕竟萨尔瓦多是一个内陆国家。此外，美国并没有与萨尔瓦多缔结任何只要萨尔瓦多提出请求就可以启动此类援助的协定——关键是，萨尔瓦多也没有提出请求。再者，美国必须"防范"尼加拉瓜这一想法本身就是对常识的侮辱。正如一名政府官员当时承认的那样："很不幸，这是胡说八道。"[133] 参议院表示赞同，并以 84：12 的投票结果宣布布雷行动违法。

接下来的一系列蓄意欺骗发生在同年 10 月。当时新闻报道披露，中情局出版和分发了后来被称为"谋杀手册"（murder manual）的文件，其中建议"选择性地使用暴力"以使桑解阵的政府官员保持"中立态度"。由于此事被爆出的时间就在里根与 1984 年民主党总统候选人沃尔特·蒙代尔（Walter Mondale）之间一场已计划好的总统辩论前几天，总

统被迫就这一问题发表讲话。里根解释说，该手册“被转交给中情局在尼加拉瓜的负责人印刷，并被删去了多页内容…… 269
他又把它送交至中情局，中情局在印刷前又删去了更多内容。但无论如何，有 12 份原始副本被分发，没有被中情局提交印刷”。[134] 再一次，这个解释从头到尾都是假的。该手册实际上是由中情局的一名合同工撰写的。中情局总部仅仅删除了其中一行关于雇用罪犯的内容。[135] 中情局分发了 3000 份复印件，而不是总统所声称的 12 份，而且尼加拉瓜反政府武装又印刷了多达 2000 多份。[136]

1986 年 3 月，政府决定制造另一场尼加拉瓜反政府武装危机——事实上，国会立法似乎已经预料到了这一点。当时，里根政府声称，有 1500~2000 人的尼加拉瓜军队入侵了洪都拉斯。不幸的是，洪都拉斯人自己公开表明，没有发现外国入侵本国的任何迹象并拒绝求援。这种不服从的态度激怒了国务院官员威廉·沃克（William Walker），他冲着美国驻洪都拉斯的使馆人员大吼：“你们必须要求他们宣布有入侵行为！”[137]“在这个问题上，你别无选择”，美国大使约翰·费尔什（John Ferch）随后告知洪都拉斯总统，“你得马上寄一封信到那里去……他们都快疯了。这很荒谬，但你必须这么做”。费尔什不久后就被迫离开了。[138]

在尼加拉瓜问题上撒谎成为里根政府中美洲政策非常重要的一部分，因此总统下令成立了一个几乎专门为这个目的服务的特别办公室，名为公共外交办公室（Office of Public Diplomacy，OPD）。该机构从中情局本身分离出来是十分必要的举措，因为《1947 年国家安全法案》（1947 National Security Act）明令禁止间谍机构参与国内活动，里根总统的第 12333 号行政命令（Executive Order 12333）也禁止该机构参与任何“意欲影响美国政治进程、公众舆论……或媒体”的行动。[139] 然而，事实上这些限制只是带来了不便。例如，凯西局长将中情局的宣传专家小沃尔特·雷蒙德（Walter Raymond Jr.）调至国家安全委员会正是为了这些目的。（雷蒙德已从中情局退休，但继续以他的新身份定期与凯西会面。）公共外交办公室设在国务院内，但直接向国家安全顾问威廉·克拉克（William Clark）报告。在古巴流亡者奥托·J. 莱克（Otto J. Reich）的领导下，该办公室与雷蒙德、埃利奥特·艾布拉姆斯、奥利弗·诺斯以及中情局特别行动小组负责人艾伦·菲耶尔（Alan Fiers）密切合作。据雷蒙德所言，该办公室的任务是“给桑解阵抹黑，并给尼加拉瓜反对派联盟［尼加拉瓜反政府武装］树立正面形象”。[140]

公共外交办公室在多个方面开展了这项工作，包括给被看
270 好的记者提供特权，在全国主流舆论杂志和专栏版上刊登署名为尼加拉瓜反政府武装领导人的代笔文章，并频繁报道关于桑解阵的负面新闻（不论其内容是否属实）。[141] 公共外交办公室享有 935000 美元的年度预算，还有 8 名从国务院、国防部、美国新闻署和国际开发总署借调的专业工作人员。[142] 据该办公室自己的记录，仅在其运行的第一年，它就向 1600 个大学图书馆、520 个政治科学院（系）、122 名社论作者、107 个宗教组织、无数的记者、右翼说客和国会议员发送了抨击桑解阵的材料。它为相关拥护者预约了 1570 场演讲和脱口秀节目；公共外交办公室的官员在一份备忘录中吹嘘说，仅在 1985 年 3 月的一个星期内，他们欺骗《华尔街日报》的编辑刊登了一篇据称是由一名不知名的教授执笔的专栏文章，引导美国全国广播公司对尼加拉瓜反政府武装进行了新闻报道，撰写和编辑了多篇署名为尼加拉瓜反政府武装发言人的专栏文章，并在国内媒体上发表了关于一名访问尼加拉瓜的国会议员的经历的虚假报道。奥托·莱克曾吹嘘他有能力说服编辑和高管用他喜欢

的记者取代他不喜欢的记者，他还威胁那些不合作的记者，他将来会一直监视他们。这种威胁被证明对美国国家公共广播电台（National Public Radio）产生了效果，莱克将其称为“波托马克河上的莫斯科”（Moscow on the Potomac）。（那里的一名记者回忆说，一位编辑曾就他的一篇报道问他：“奥托·莱克会怎么想？”）[143]公共外交办公室的特工和雇员散播的谎言包括：将桑解阵描绘成恶毒的反犹主义分子，报道称苏联向马那瓜运送米格战斗机，以及揭露驻尼加拉瓜的美国记者接受桑解阵特工的性贿赂——包括异性和同性——作为回报进行有利于桑解阵形象的新闻报道。后一项指控刊登在1985年7月29日的《纽约》（*New York*）杂志上，直接消息来源是莱克，但他拒绝承担责任。与公共外交办公室签有秘密合同的组织“媒体准确性”很快开始点出这些记者的名字，尽管这些指控纯属虚构。[144]伊朗门事件被披露之后，美国总审计长1987年的一份报告发现，莱克的办公室曾“从事被禁止的秘密宣传活动”，该办公室很快被关闭。[145]

尼加拉瓜的“开国元勋们”

然而，在其各项职能被披露出来之前，公共外交办公室最重要的工作之一是使国会和媒体相信，奥利弗·诺斯及其同僚挑选出来在国外代表尼加拉瓜反政府武装的那些文官领导人主张民主。1985年6月，在哥斯达黎加的圣何塞（San José）成立了一个名为尼加拉瓜反对派联盟（United Nicaraguan Opposition，UNO）的组织，该组织的成员被指导如何应对记 271
者的提问，并被指示决不承认他们从政府中的任何人那里接受资助或指导。他们还被告知不要发表任何想要推翻桑解阵政府的言论，而是坚持说他们是为了“为民主创造条件”而战斗。[146]（事实上，1985年7月，奥利弗·诺斯就制定了一个三阶段计划，其明确目标是推翻桑解阵政权。）[147] 公共外交办公室同国务院、中央情报局和国家安全委员会的高级官员一起，为了将其选定的3个尼加拉瓜平民描绘成尼加拉瓜反政府武装的真正领导人，付出了巨大的努力，耗费了可观的费用。尼加拉瓜反对派联盟是诺斯的主意。它的领导人——埃德加·查莫罗是一名转行为广告商的前耶稣会修士，阿图罗·克鲁兹（Arturo Cruz）是心怀不满的前桑解阵驻美国大使，阿道夫·卡列罗（Adolfo Calero）是马那瓜可口可乐灌瓶厂的前经理——由美国政府精心挑选，以制造一个民主的尼加拉瓜反政府武装领导层的假象。反对派联盟的《圣何塞宣言》（San José Declaration）是由卡列罗、克鲁兹和诺斯在迈阿密的一家酒店的客房内起草的。当时诺斯承认，该宣言几乎毫无意义，并在一份备忘录中指出："卡列罗同意签字的唯一原因是，他知道桑解阵不可能达到为他们确立的标准。"他们一致同意，宣言旨在"让美国国会相信反对派是由合适的人领导的"，除此之外再无其他。[148] 实际上，真正的权力完全被掌控在将军们的手中，尤其是前索摩查政权上校恩里克·贝穆德斯（Enrique Bermudez）。贝穆德斯认为，理事会不过是其军队的"政治部门"，而且还是个门面。[149] 尽管卡列罗和贝穆德斯都和中情局合作多年，但中情局更喜欢贝穆德斯，因为他专注于手头的工作，不会多管闲事。当查莫罗有一次试图说服他在"空壳"理事会中的"领导"同僚们取代反民主的贝穆德斯时，中情局情报站的前副主管约翰·马利特（John Mallet）严厉地斥责他为"愚蠢的……傻瓜"，居然相信文职部门的随便一个人就可以撤换一名反政府武装的将军。[150]

里根政府在华盛顿的卡内基国际和平基金会（Carnegie Endowment for International Peace）的一次活动中将尼加拉瓜反政府武装理事会介绍给了新闻媒体，吸引了数十台电视摄像机和数百名记者。这些人被反复问及他们是否被美国政府的某个部门收买代表尼加拉瓜反政府武装。他们再三坚称他们不是，并表示对他们的动机是金钱而不是爱国这一暗示感到非常愤怒。（阿图罗·克鲁兹在这个问题上态度十分坚决，而他从中情局调走后，每个月由诺斯支付 7000 美元。）[151] 事实上，他们所有人都能通过中情局秘密援助项目的各种分支获得许多其他赚钱机会，在这些援助项目中，腐败猖獗，数以千万计美 272
元的去向从未被解释。罗伯特·欧文（Robert Owen）是诺斯与尼加拉瓜反政府武装之间的联络人，根据欧文在 1985 年提交给上司的一份秘密备忘录，尼加拉瓜反对派联盟完全是“美国政府为争取国会支持而创造的……实际上，它所取得的所有成就都是因为美国政府一直在当地指挥并操纵”。此外，根据欧文的备忘录，反对派联盟的领导人“爱撒谎，驱动他们的是贪欲和权力”。[152]

尽管罗纳德·里根以大量下放其总统职权而著称，但涉及在尼加拉瓜问题上误导整个国家时，他承担的责任超过了他应当承担的限度。1986 年 3 月 16 日，里根在他于美国总统办公室发表的一次电视讲话中，提出了一个又一个毫无根据的论断，其中大多数明显不真实。“问问你们自己”，总统大声讲道，“苏联人、朝鲜人、古巴人以及来自巴勒斯坦解放组织（PLO）和红色旅（Red Brigades）的恐怖分子在我们这个半球做什么，他们在我们的门口安营扎寨 ”；“天主教会已被选为袭击目标——神父被驱逐出国，天主教徒在做完弥撒后当街被打”；“整个犹太社区（已）被迫逃离尼加拉瓜”；“ 桑解阵已明确表示，通往胜利的路……将经过墨西哥”。里根极大地夸大了桑解阵的军事能力，这甚至比国务院和国防部所提供的注水数据还要夸张。最后，他指控“尼加拉瓜政府的高层官员深度参与毒品走私”。他甚至展示了一张模糊的照片，据他描述，这张照片描绘的是一名桑解阵官员正在往一架飞往美国的飞机上装载可卡因。“似乎没有什么罪恶勾当是桑解阵不会去做的”，总统声称，“这是一个非法政权”。[153]

再一次，美国政府关于尼加拉瓜境内存在恐怖主义组织的说法根本就没有可靠的证据。虽然桑解阵的确骚扰了那些反对他们领导的神父，但他们很少监禁这些神职人员，也从未拷打或杀害这些教士，而这种惨案在邻国萨尔瓦多经常发生。此外，逃离尼加拉瓜的小型犹太社区的人并没有声称自己遭遇宗教迫害；这些犹太人是经济难民，而不是政治难民。无须多言，在桑解阵明目张胆的暴政和美国强加的战争的双重负担下，尼加拉瓜是一个非常不宜居住的地方。该国领导人从未提及将他们的革命扩展到墨西哥，至少没有以任何严肃的、里根政府成员可用来制造证据的方式提及。总统展示的那张臭名昭著的毒品走私照片，最终被证明是一个被定罪的罪犯的照片，
273 他当时正充当美国政府的线人以争取减刑。事实证明，他是美国缉毒特工唯一能够确定曾试图从尼加拉瓜向美国走私毒品的人。[154]

到 1986 年中期，任何关注此事的人都应该知道，政府对其中美洲政策所宣称的几乎所有事情都是建立在蓄意欺骗的基础之上。那么，华盛顿官方是如何忽略这种欺骗模式的？人们可以在与情报信息和监督相关的法律之中找到部分答案。众议院外交委员会成员、情报特别委员会（Select Committee on Intelligence）前主席李·汉密尔顿（Lee Hamilton，伊利诺伊州民主党代表）议员后来抱怨说：“里根总统声称尼加拉瓜桑解阵政府正在向萨尔瓦多的共产主义游击队运送‘大批武器’，但包括我在内的一些国会议员知道，美国的情报并不能支持里根总统的这一主张。但是我们不能对总统的主张作出回应，因为这些信息是保密的。”[155] 但这个问题有更深的根

源。大多数参议院议员和众议院议员，甚至民主党人，都根本无法相信，他们的总统、国务卿、国防部长、国家安全顾问、中央情报局局长，以及他们的副手在撒谎。1982 年，在众议院议员爱德华·博兰（Edward Boland，马萨诸塞州民主党代表）的领导下，国会开始通过年度的《博兰修正案》（Boland Amendments），以阻止中情局或美国政府的其他任何官方机构参与尼加拉瓜反政府武装的活动。他们不断地修改法律，以应对政府可能想出来规避法律约束的任何狡诈的替代方案。这些任务是以适当的严肃态度进行的。事实上，在一次投票前，博兰在要求同事同他一起结束政府的这场战争的时候，回顾了历史。他警告说："我们在 1964 年批准《北部湾决议案》时，我们没有获知全部的真相。我们不能——我们当中的许多人不能——看到它将我们带往何方。今天，众议院不再受到这种不利因素的影响。你们在秘密会议上听到了武装战斗人员的数量、该项目的花费和扩充计划。同时，你们也清楚桑解阵分子不是什么好人。"[156] 博兰及其同事没有预料到的是政府的欺骗能力。参议员大卫·博伦（俄克拉何马州民主党代表）在参议院会议上说出了 20 世纪 80 年代华盛顿盛行的偏见："我希望我永远不会看到有一天我们中有人——无论属于哪个党派——站起来说我们不能接受美国总统的话。"[157]

第二个问题与下列因素有关：一是政府在 1980 年发动的意识形态战争的奇怪烙印，二是相关事件对国会和新闻媒体所产生的令他们畏缩的影响。尽管不是每个人都相信官方的谎 274
言，但几乎没有人愿意公开地说出来，以免招来一场针对他们自己的口诛笔伐风暴。罗纳德·里根当选总统标志着"新右派"（New Right）在美国的崛起，这建立在自 20 世纪 60 年代末以来在许多美国人中不断滋生的一系列不满情绪的基础上。到了 20 世纪 70 年代后期，人们对反战运动过激行为的抗拒和公民社会的崩溃，在许多美国中产阶级人士中引发了焦虑，这为对左派的愤怒反击提供了沃土。再加上，一直存在的阶级和种族仇恨、越南战争造成的宏观经济滞胀问题，以及随后在 20 世纪 70 年代爆发的石油危机，使美国人更加不愿意接受累进税率和优厚的福利政策。与此同时，保守派组织者利用了人们对最高法院在堕胎、学校祷告和种族融合等问题上下达的不得人心的判决的普遍不满情绪。最后，面对苏联的军事冒险主义以及整个第三世界反美民族主义的真正爆发，许多美国人感到无助和愤怒。再加上美国的战败带来的羞辱和否定感，以及负责策划并执行战争的传统外交政策建制派威信扫地，这两股力量汇合在一起，推动了一些在 10 年前还被认为在政治上不可接受的想法的合理化。

在新右派的世界观中，国家当前正在经历的所有令人感到不安的变化都汇聚成对“自由主义精英文化”的批判。保守派思想家们声称发现了一个支配美国政治和文化生活的秘密阴谋。媒体开始拥护被新保守主义“教父”欧文·克里斯托所称的由“科学家、教师和教育行政人员”组成的“新阶层”（New Class），他们指责这些人蔑视普通美国民众。新阶层的成员以某种方式操纵美国人相信，美国人是邪恶的，在越南夺走了大量民众的生命，造成了严重破坏；至于水门事件，自由派媒体成功地进行了一场“政变”［按照《评论》编辑诺曼·波德霍雷茨（Norman Podhoretz）的观点］，只是为了满足他们自己的集体虚荣心。根据新右派的解释，在越南战争和建制派丧失意志之后，新阶层的激进分子控制了整个建制派，包括外交委员会、三边委员会（Trilateral Commission）和常春藤联盟。

第一代新保守派成员大部分由前左派组成，他们主要是（但不仅仅是）犹太学者出身，在知识上效忠于资本主义和美

国军事力量，但保留了对神学争论和政治纯洁的痴迷。克里斯 275
托尔曾经说过，新保守派知识分子的工作是“向美国人民解释为什么新保守派是对的，向知识分子解释为什么知识分子是错的”。时任《华尔街日报》社论版编辑的已故媒体人罗伯特·巴特利（Robert Bartley）是克里斯托尔在这一行动中最具影响力的盟友。两人都早已是狂热的冷战分子，但是在克里斯托尔的引导下，巴特利也很快投身于新阶层战争。《华尔街日报》的社论版很快成了为反革命摇旗呐喊的地方，全国的商界人士也被提醒要提防新阶层的危害。

随着保守派个人和团体资助者表现出渴望为新保守派对原来的自由主义建制派的意识形态攻击提供支持，华盛顿内部辩论的方式也开始发生变化。一个新的保守主义反建制派出现了，它巧妙地复制了建制派的机构，以最终取代它们。美国企业研究所（American Enterprise Institute，AEI）、美国战略与国际研究中心（Center for Strategic and International Studies，CSIS）、传统基金会（Heritage Foundation），以及数以百计的小型意识形态组织很快就取代了那些为自由派和温和派提供安身之所的机构。文鲜明（Sun Myung Moon）的统一教会（Unification Church）斥资超过10亿美元创建了《华盛顿时报》（*Washington Times*），以取代《华盛顿邮报》。因为在秘密渗透外交委员会方面进展不大，保守派成立了当前危险委员会（Committee on the Present Danger，CPD），这是一个由一群心怀不满的鹰派“智者”和新保守派知识分子组成的对冷战痴迷的组织，为里根国家安全团队提供了59名成员，包括里根本人在内。当前危险委员会致力于宣传它的信条，即“对我们的国家、世界和平和人类自由事业的主要威胁是苏联的统治欲”以及它“从单一中心莫斯科支配世界的长远目标”。[158]

这些专注于意识形态的力量结合在一起，足以在20世纪80年代的华盛顿为里根政府创造一种政府的谎言被当作真理的环境。曾经名誉扫地的麦卡锡主义策略再度以更加复杂的新形式重出江湖。波德霍雷茨写道："面对一场共产主义者和反共产主义者之间二者必取其一的冲突，任何拒绝帮助反共主义者的人就是在帮助共产主义者。"[159]美国驻联合国代表珍妮·柯克帕特里克猛烈抨击众议院民主党人，称他们对政策的反对使"美国成为勃列日涅夫的共产主义革命不可逆转学说的执行者"。她后来还声称："美国国会中的一些人……实际上希望看到马克思主义者在中美洲夺取政权。"[160]里根的通信联络主任帕特·布坎南（Pat Buchanan）在《华盛顿邮报》上
276 写道，民主党人通过阻挠执政当局对尼加拉瓜反政府武装的援助，已经"和莫斯科一起"成为"勃列日涅夫主义（Brezhnev doctrine）在中美洲的共同担保人"。[161]

尽管民主党人不希望让人觉得他们是在回应这种离谱的威胁，但他们也不愿意承担可能与中美洲的"失守"有关的政治风险，无论这种指控多么荒唐。曾经的自由派媒体《新共和》（*New Republic*）的编辑在确保政府有关这一关键地区的政策取得胜利方面起到了关键作用。《新共和》杂志的抨击比布坎南或波德霍雷茨的攻击更为巧妙，但在意图和效果上毫不逊色。"有些民主党人"，该杂志的编辑抱怨道，"包括国会中的一些人，他们明确认同桑解阵，认同他们的社会蓝图、政治目标，甚至认同他们对美国的敌意"。众议院议长蒂普·奥尼尔并不真正关心中美洲的安宁；相反，他"如此渴望伤害他的克星罗纳德·里根，以至于真正的问题反而变得无足轻重"。[162]报道尼加拉瓜反政府武装对谋杀、强奸和折磨无辜者等行为持放任态度的人权组织被《新共和》中伤为"桑解阵的同情者"。[163]国会中关注这些侵权行为的人（毕竟，这些暴行是用美国纳税

人的钱进行的）被诽谤为“桑解阵合唱队，真正关心的既不是自由也不是法律，而是独裁政府及其事业”。[164]

里根总统的中美洲政策在曾经的美国自由主义旗舰刊物上收获了支持，这一点反映了，在整个总统任期内，媒体对里根的态度相当温和。在里根任期的初期，新闻媒体经常指出，总统对现实的理解存在所谓的“错误”。总统的支持者经常抱怨这种行为，很快记者们就收敛了。里根作为象征符号，其地位已远远超过他的政治家属性。1986年7月4日，当总统出现在私人赞助的自由女神翻修庆祝典礼上时，《时代》周刊的编辑认为，里根是“美国魅力的一种典范——似乎是所有在世人物中最简单、最不复杂的人，但又是一个具有丰富内涵的人物。这种复杂性以一种前所未有的方式将他与他的国家的神话和权力联系起来”。[165]时任《新闻周刊》华盛顿分社负责人的权威时事评论员莫顿·康德拉克（Morton Kondracke）表示，总统已成为“一种对抗未知未来的魔法图腾”。[166]由于负责平衡批评的专业人士对总统的这种奉承讨好，两党制和媒体的监督作用都明显减弱了。民主党的政治顾问罗伯特·斯夸尔（Robert Squier）劝告他的当事人称，发起对总统的反对行动 277
毫无意义。“我们已经放弃与罗纳德·里根作对——这没什么好处。”[167]

一些记者清楚地意识到当局在中美洲问题上的欺骗行为，但却不能突破环绕在任何特定话题周围的谎言丛林。在某些情况下，奥利弗·诺斯与编辑进行了交涉，以阻止他认为会暴露秘密行动并可能危及美国人质生命安全的报道。《华盛顿邮报》记者乔安妮·奥芒（Joanne Omang）因不断被埃利奥特·艾布拉姆斯和罗伯特·麦克法兰灌输关于中美洲的谎言而感到非常沮丧，于是她辞去了工作，尝试成为小说家。“他们把黑的说成白的”，而考虑到新闻报道客观性的限制，奥芒别无选择，只能同意。“尽管我已经用尽了自己全部的专业资源，可还是误导了读者。”[168]

一个“好主意”

詹姆斯·麦迪逊（James Maddison）在1788年写道，美国宪法赋予国会“控制钱袋的权力”（power over the purse），作为限制政府其他机构“过度膨胀的特权”的一种手段。麦迪逊写道，这种掌握钱袋的权力是“《宪法》可以用来武装人民直接选出的众议员的最完整、最有效的武器”。[169]正如一个国会委员会所报告的那样，没有这样的限制，国家可能会被置于“通往独裁的道路上”。当总统及其手下开始实施他们最大胆的一系列欺骗行为时——被统称为“伊朗门事件”——乔治·舒尔茨在国家安全委员会的一次会议上试图向同事说明这一点：“任何人都不能花费国会没有拨款或分配的资金，这是宪法规定的，我们必须遵守。”[170]相反，里根的手下选择通过一个私人筹款方案来忽略这一基本的宪法原则。正如诺斯后来所说：“这个方案……几乎是由凯西局长制定的，这些工作将如何避开美国政府……凯西局长和我讨论的两条标准［是］，这些必须是独立经营的海外商业企业——［并且］它们最终应该创造收入：它们将创造自己的收入并且自我维持。”[171]

凯西和诺斯及他们在政府中的盟友——首先是国家安全委员会的罗伯特·麦克法兰和后来加入的约翰·波因德克斯特（John Poindexter）、国务院的埃利奥特·艾布拉姆斯以及中情局的艾伦·菲耶尔和克莱尔·乔治（Clair George）——一起建立了他们“独立的”外交政策机构，以在中美洲进行秘密战争。几乎是在偶然的情况下，他们这一做法最终扩展到了
278 美国的中东政策。在里根总统向全国人民承诺“美国永远不会向恐怖分子妥协——这样做只会引来更多的恐怖主义”[172]的同

时，他的下属正在实施一项秘密外交政策，他们向被国务院视为“恐怖主义”国家的伊朗提供尖端武器，以赎回关押在黎巴嫩的美国人质。政府的一些成员——特别是国务卿乔治·舒尔茨和国防部长卡斯帕·温伯格——变得惊慌失措，当他们发现自己无法阻止这一行为时，便设法与它保持距离。尤其是舒尔茨，他认为里根正犯下“可以将自己送入弹劾程序的罪行”，并一再威胁要辞职。但他缺乏勇气实施自己的威胁，因此，任由自己充当一个虚假外交政策的代言人。[173]

如果不是奥利弗·诺斯及其下属坚持把里根政府关于中美洲问题上的谎言和他们自己关于中东问题的谎言混为一谈，那么关于中美洲问题的大部分谎言很可能仍然是秘密。当诺斯和波因德克斯特决定用向伊朗出售武器的超额利润为尼加拉瓜反政府武装提供资助时，对尼加拉瓜反政府武装的非法援助和对伊朗的非法武器运输交织在一起，成了一桩丑闻。波因德克斯特后来宣誓称，他批准这项有政治危险性的计划时，甚至没有向里根总统提及此事。他作证说：“我非常慎重地决定不去征求总统的意见，这样如果这件事被泄露出去，他就不会受到影响，并且可以推诿称自己不知情。”[174]尽管他确实承认曾讨论过，如果这项计划被公开，实施一个“替罪羊”计划，但波因德克斯特拿不出任何能够证明这一令人震惊的说法的文件。[175]巧合的是，这个“替罪羊”计划还要求诺斯为挪用资金这一行为本身充当替罪羊，并要求波因德克斯特和其他所有与这些政策相关的人都坚持说，里根对以他的名义开展的任何非法活动都毫不知情。正是由于这些人有能力将公众的注意力完全集中在挪用资金这一行为上——在此问题上，调查人员无法找到任何证据来证明总统有罪或无罪——才可能使里根总统免受弹劾审判的折磨。波因德克斯特和里根是否都对里根参与这一计划的程度撒了谎——就像他们在与多方面的阴谋有关的其他许多事情上撒谎一样——两人可能会把真相带进坟墓。

与伊朗门事件有关的官方谎言，无论是从广度，还是从捏造事实的大胆程度来看，都十分引人注目。有关官员似乎真心相信，只要坚称它不存在，整个行动就可以保密，这表明，他们对语言构建和重建这个世界的力量有着近乎孩子般的信心。
279 谎言能够持续这么久，证明国会和华盛顿媒体的轻信及总统控制政治话语的权力。事实证明，如此规模的秘密外交政策是一个巨大的工程，需要一个庞大的公司基础设施和数百人——还有数千名士兵——跨越几个大洲的通力合作。由于国会在1985年和1986年两次限制了里根政府对尼加拉瓜反政府武装的军事援助，政府秘密地从第三方国家为尼加拉瓜反政府武装筹集了3400万美元，并从美国私人捐助者那里额外获得了270万美元。诺斯及其同事组织了一个秘密援助尼加拉瓜反政府武装的团体，并称之为“公司”（the enterprise），该团体由平民商人和退休的美国官员组成。该组织有自己的飞行员、飞机和特工，通过瑞士银行账户筹资。但与此同时，每当媒体报道这些活动时，政府都会向国会议员和监督委员会否认他们对这些活动有所了解。[176]直到1986年11月，伊朗门事件才最终被曝光——不是因为华盛顿的调查记者，而是由于黎巴嫩一家不起眼的周刊《帆船》（*al-Shiraa*）的一篇报道。

由于托尔委员会（Tower Commission）、国会联合调查委员会和独立律师劳伦斯·沃尔什（Lawrence Walsh）的律师团队收集了大量证词，我们对伊朗门丑闻以及随后的否认掩饰行为有了非常详细的历史记录。为了便于讨论，我们不需要全面重温这个极其复杂且具有争议性的故事，我们可以仅探讨支撑这个故事的谎言及其对政府和国家造成的影响。

1.1985年9月至1986年8月：麦克法兰、波因德克斯特和诺斯在国家安全委员会和中情局支持尼加拉瓜反政府武装和违反《博兰修正案》问题上反复对国会撒谎。1985 年春天，由于众议院和参议院民主党人越来越担心法律遭到藐视，37 名众议员写信给里根总统称，执政当局对在洪都拉斯的反桑解阵分子的支持违反了《博兰修正案》，并力劝他“严格遵守”法律。时任国家安全顾问的麦克法兰回应众议院外交委员会主席李·汉密尔顿（伊利诺伊州民主党代表）说，他可以“秉持着无比坚定的个人信念”说，这些担忧毫无根据。“我想向你保证，我和我的工作人员的行为一直都符合法律精神和条文”，麦克法兰写道，“国家安全委员会的任何资金没有也不会被花在直接或者间接支持在尼加拉瓜的军事或者准军事行动上”。在后续的信件中，他补充道：“同样重要的是强调我们没有做什 280
么。我们没有为军事或准军事行动从美国人或第三方那里寻求资金或者其他支持。”[177] 麦克法兰寄了类似的信给参议院情报委员会的主要负责人帕特里克·莱希（佛蒙特州民主党代表）和大卫·达伦伯杰(David Durenberger，明尼苏达州共和党代表)。为麦克法兰起草这些信件的诺斯后来承认，这些信件“内容不实、错误满篇、误导性很强、含糊其词且问题多多”。[178] 但它们达到了麦克法兰等人的预期效果：阻止了国会进一步调查。事实上，麦克法兰已经成功地从沙特阿拉伯为尼加拉瓜反政府武装筹集了 3200 万美元的捐款。这笔钱不可能像麦克马兰所坚称的那样是“自愿捐款的”。此外，他清楚地知道向以色列和韩国索取资金、武器，或二者兼而有之的情况。麦克法兰指示诺斯修改涉及他了解这些行动的相关备忘录内容，但诺斯出于恶意或疏忽，并没有这么做。麦克法兰承认 4 项对国会隐瞒信息的罪名，所有这些谎言构成了联邦法院的判决基础。为此，他被判处两年缓刑、2 万美元罚款和 200 个小时社区服务。

在麦克法兰于 1985 年 12 月 4 日辞职之后，约翰·波因德克斯特接任他在国家安全委员会的职位。他重复了同样的谎言，试图使国会相信，先前作出的承诺依然有效。波因德克斯特声称，在提出这一保证之前，从未看过诺斯的信。然而，正如他后来解释的那样，如果他真的这样做了，他的目的“肯定是为了隐瞒信息”。[179]在伊朗门事件听证会上被问询时，波因德克斯特解释说：“我不想让国会知道我们执行总统的政策的细节。”为了防止这种情况，他愿意用他所称的“谎言”来代替。[180]同麦克法兰一样，波因德克斯特也在很大程度上依赖奥利弗·诺斯作为其代理人。根据委员会的会议记录，在白宫战情室召开的一次会议上，诺斯告诉国会领导人，他只在人权和改善国家形象方面向尼加拉瓜反政府武装提供建议。他没有给他们提供军事建议，也不知道具体的军事行动。正如李·汉密尔顿后来作证所说的那样，诺斯还声称他没有向尼加拉瓜反政府武装提供资金或军事建议，也没有以任何形式违反《博兰修正案》。他将所有与他的故事相冲突的信息都归咎于“苏联的造谣活动”。[181]众议员戴夫·麦克库迪（Dave McCurdy，俄克拉荷马州民主党代表）深受触动，并表示他希望诺斯的答案能够结束所有进一步的调查。李·汉密尔顿主席也非常满意。汉密尔顿指示委员会成员暂缓审议，要求总统提供有关国家安全委员会联络和支持尼加拉瓜反政府武装的所有资料的调查决
281 议。“根据我们的讨论和对所提供证据的审查，我认为已公布的媒体［对诺斯的］指控无法得到证实。”[182]

当诺斯在1987年作证期间被问到那次会议时，他解释说：“我现在就告诉你们，辩护律师和在座的所有人，我误导了国会……我参与准备了为国会提供的错误满篇、误导性极强、含糊其词，且问题很多的文件。我在接受聚集在白宫战情室的委员会质询的时候，我再次这样做了。我不为我的所作所为辩解。”[183]诺斯只是声称，他“不想在这一整件事上向国会透露

一个字”。诺斯和波因德克斯特都被判犯有欺骗和妨碍国会的罪行，但他们的判决都被上诉法院撤销，理由是这些审判都受到了在国会的无效证词的影响。[184]

2.1986年10月：在一架美国飞机在尼加拉瓜坠毁之后，里根、舒尔茨、艾布拉姆斯、乔治和菲耶尔在关于美国卷入尼加拉瓜战争的问题上对国会和媒体撒谎，并误导它们。1986年10月5日，桑解阵士兵击落了一架载有三名美国人的小型飞机，这架飞机从位于萨尔瓦多、由中情局控制的伊洛潘戈空军基地向尼加拉瓜南部的反政府武装运送武器，这引发了第二轮谎言。这架飞机的两名美国飞行员在这场空难中丧生，但其货物抛掷员尤金·哈森弗斯（Eugene Hasenfus）却幸存了下来。在被桑解阵抓获后，他很快就供认了自己在该行动中的角色，并表示他相信整个行动都由中央情报局控制，并得到了美国政府的批准。这一飞行行动的暴露使美国官员陷入了恐慌，因为它可能会向世界揭露，美国曾经强烈谴责尼加拉瓜的罪行背后的罪魁祸首正是美国自己，即利用一个国家的领土去援助另一个国家的反叛分子，以达到颠覆政府的目的。这架飞机是“民主工程”（Project Democracy，诺斯为秘密援助尼加拉瓜反政府武装的行动所取的名字）的几架飞机之一。行动被叫停后，中情局特工立刻被命令将“民主工程”的“小型空军”（little air force，诺斯这样称呼它）剩下的飞机开到一个偏远的机场，推土机已经在此地挖掘出一个大坑。正如诺斯1991年在回忆录中所写的那样：“这些飞机被推进坑里，布满炸药，然后被炸毁。剩下的残骸被燃料浸透，然后被焚烧。大火燃烧了数日。当浓烟终于散去，烧焦的残骸被掩埋。……可以称之为终极掩饰。”[185]

当一名记者问及政府与此事的关系时，里根总统回答称，“完全没有关系”，并补充道，“政府同这架飞机完全没有关系…… 282

我们一直都知道有私人团体和普通公民一直在试图帮助这些反政府武装，我们对这些事情的了解也就到此为止了，但我们不知道他们行动的具体情况”。国务卿舒尔茨解释说，这些飞行是由“同政府完全没有关系的私人”进行的。他后来说，他的论断是以助理国务卿埃利奥特·艾布拉姆斯的保证为基础的，后者很快会被发现是这一特定谎言最强有力和最积极的实施者。首批新闻报道开始出现后，艾布拉姆斯立即在美国有线新闻网上露面，告诉记者罗兰德·埃文斯和罗伯特·诺瓦克（Robert Novak），没有任何与美国政府有关的人与这些飞行行动有联系，因为“那是违法行为。我们被禁止这么做，而且我们也不会这么做。从任何意义上讲，这都不是美国政府的行为。绝不是”。他接着把这些人的死亡和哈森弗斯的被捕归咎于美国国会。艾布拉姆斯说，“之所以会这样，之所以有美国人被杀，飞机被击落，是因为国会不采取行动”去资助尼加拉瓜反政府武装。[186]

艾布拉姆斯随后出席了众议院西半球事务小组委员会（House Subcommittee on Western Hemisphere Affairs）的会议，并坚持说：“哈森弗斯先生参与的这次飞行行动是一次个人行为。它不是由美国政府组织、指导或资助的。”艾布拉姆斯在随后的几天里向参议院外交委员会和参议院情报委员会重复了他的保证说辞。在后两个场合，陪同他的是中情局主管行动的副局长克莱尔·乔治和中情局中美洲特别行动小组负责人艾伦·菲耶尔。据菲耶尔说，艾布拉姆斯彻底否认相关事件的说辞令两人“大吃一惊”。因为各委员会此时已经明白，他们几乎不能相信政府成员会在中美洲问题上说实话，所以他们反复提同样的问题。然而，每一次艾布拉姆斯都作出同样的回应，他说自己是在为“整个政府”辩护。虽然乔治和菲耶尔的回答都十分谨慎，但当艾布拉姆斯作出他们知道是虚假的陈述时，他们也没有驳斥艾布拉姆斯。同时，他们不顾一切证据，坚称中情局没有“间接参与组织、指导和协助由私人执行的补给任务以支持尼加拉瓜的民主抵抗运动”。这明显是一个谎言，艾布拉姆斯后来为此辩解说，它并不比肯尼迪的助手在古巴导弹危机后所说的任何话更糟，也不比约翰逊在北部湾事件中所说的任何话更差。后来在试图为自己的不诚实言行辩护时，艾布拉姆斯会向托尔调查委员会作证说，他一直“小心”地拒绝向诺斯询问任何可能揭示相关活动的问题，以避免得知有关飞行行动的信息。但是，因为他对国会的陈述一直是以他所谓 283
的“完全了解”为基础，所以这样的辩词无法令人信服。由于这一证词，艾布拉姆斯被迫承认关于他向国会非法隐瞒有关哈森弗斯事件的重要信息的指控。他还被哥伦比亚特区律师协会除名。艾伦·菲耶尔接受了认罪协议，承认向国会隐瞒信息的罪名，而乔治则接受了审判，被判犯有两项伪证罪。然而，在1992年大选之后，乔治·H.W.布什总统签署发布特赦令，这三个人由此获释。[187]

3.1986年10月：艾布拉姆斯在关于他在从文莱苏丹那里为反政府武装筹集资金方面发挥的作用的问题上向参议院情报委员会撒谎。埃利奥特·艾布拉姆斯的另一个谎言涉及他试图从文莱苏丹那里为尼加拉瓜反政府武装筹集资金的失败尝试。艾布拉姆斯本人安排了这次捐赠，并以化名前往伦敦与文莱外交大臣会面。然而，因为奥利弗·诺斯的秘书福恩·霍尔（Fawn Hall）颠倒了电汇账户的数字，这笔钱就丢了。1986年11月25日，当艾布拉姆斯在参议院情报特别委员会（Senate Select Committee on Intelligence）的听证会上被参议员比尔·布莱德利（Bill Bradley）直接问到这个问题时，他生气地回答道：“我们不会的，你知道的，我们不从事筹款活动。我们不参与，我的意思是，国务院的职责从来都不是筹款，除了从国会筹集资金。”[188]这一谎言也构成了艾布拉姆斯最终认罪协议的一部分，也是他因为“具有‘误导性’的证词”而极不情愿地向该委员会道歉的依据。它使得情报委员会成员、参议员托马斯·伊格尔顿（Thomas Eagleton，密苏里州民主党代表）指出，艾布拉姆斯的证词让他“想吐”。[189]

4.1986年11月：里根就其对伊朗行动的了解撒谎；凯西、波因德克斯特、盖茨和诺斯为自己的行动编造了一份虚假的年表。凯西和波因德克斯特就他们各自的角色向国会作了伪证。时任总检察长米斯（Meese）在1986年11月25日召开了一场新闻发布会，宣布他发现美国政府“挪用”向伊朗出售武器的资金来为尼加拉瓜反政府武装购买武器。关于伊朗门丑闻的一个大误解是人们普遍认为，米斯的报告终于揭示了事情的真相。正如奥利弗·诺斯在其回忆录中所指出的那样，政府通过将注意力集中在“挪用”问题上获益良多。具体的细节是如此具有戏剧性，如此迷人，以至于它，

284 > 实际上，转移了公众对这个故事的其他方面，甚至更为重要的方面的注意力，例如总统和他的高级顾问还知道和支持了其他什么事情。假如这可以暗示，这一可怕的行为仅仅是国家安全委员会一名中层助理（也许还有他的直接上司，国家安全顾问）的责任，而且这名工作人员完全按照自己的意愿行动（然而这是不可能的），此外，他的行为甚至可能是犯法的——假如公众和新闻界专注于这一点，那么你们就不会发现另一个水门事件。[190]

出售军火的新闻最早于1986年11月3日由《帆船》周刊曝光。伊朗议会议长阿里·阿克巴尔·哈什米·拉夫桑贾尼（Ali Akbar Hashemi Rafsanjani）在第二天对伊朗议会的

讲话中证实了这一消息，并补充了关于麦克法兰赠送一本《圣经》和一个巧克力蛋糕作为会面谢礼的细节。当时，幕僚长唐纳德·瑞根（Donald Regan）告诉总统，将该行动“公之于众”的时间到了。但波因德克斯特不同意，并且这种反对意见占了上风，总统向记者保证说，这个新闻“来自中东地区，对我们而言，没有任何依据”。[191] 总统的新闻秘书拉瑞·斯派克斯（Larry Speakes）后来承认，里根“当时知道［这句话］是错误的”。[192] 6 天后，总统在一场面向全国发表的电视讲话中改变了他的说法，他承认向伊朗运送了一些导弹，但他再次撒谎，坚称：“［这些导弹］合在一起可以轻松地被装进一架货机。”危机持续发酵，里根在 8 天后的 11 月 19 日面对媒体时，继续坚持他令人难以置信的故事。他继续重复美国“与其他国家或他们向伊朗运送武器的行动都没有任何关系，包括以色列在内”。[193] 然而，此时波因德克斯特已经向媒体介绍了美国与以色列谈判提供武器的情况，因此，除了总统本人之外的所有人都对里根的叙述的虚假性心知肚明。

当局对此事件作出可信解释的压力继续增大。国会要求凯西和波因德克斯特提供证词。正是在这个时候，这两个人联合诺斯和中情局副局长罗伯特·盖茨编造了一份“企业”年表，以掩盖他们的违法行动并保护他们的总统。在这份文件中，他们延续了里根早先的一系列谎言称，中央情报局中没有人知道除了石油钻探设备外还有其他东西被送到了伊朗。诺斯进一步修改了这份年表以暗示，在整个美国政府中没有一个人知晓此事的真相，而事实上，乔治·舒尔茨同时期的笔记证明，他、麦克法兰和里根全都非常清楚这些货物的真实情况。舒尔 285
茨随后咨询了国务院法律顾问亚伯拉罕·索法尔（Abraham Sofaer），他在多大程度上有法律责任说出此事的真相。索法尔告诉他，他在法律上有义务这么做。舒尔茨在被如此告知后威胁说，如果他们不纠正年表，他就辞职。凯西在被问及虚假年表的问题之前就死于脑出血，但诺斯和波因德克斯特后来均证实，他知道这些年表是有意“不准确”的。[194]

5.1986年11月：“挪用”问题被发现。诺斯就其同尼加拉瓜反政府武装的联系向米斯撒谎。米斯召开新闻发布会，就他和里根的知情程度撒谎；米斯还就诺斯和波因德克斯特对尼加拉瓜反政府武装行动的参与撒谎；米斯指示国家安全小组成员传播关于他们对里根行动的了解的虚假消息。在美国司法部官员在诺斯的办公室发现著名的“挪用”事件备忘录后，总检察长米斯在11月24日同里根、老布什、温伯格、舒尔茨、波因德克斯特、瑞根和凯西一起参加了一场会议。会上，美国的最高执法官员告诉房间里的其他人，虽然向伊朗运送武器可能是违法行为，但里根对此毫不知情。米斯随后询问是否有人有不同的看法。特别检察官劳伦斯·沃尔什说，米斯“似乎在引导高级官员，虚伪地否认总统对［运送给伊朗的］霍克导弹（HAWK missiles）交易”的了解。[195]事实上，舒尔茨、米斯、瑞根、温伯格和波因德克斯特都很清楚这一声明内容失实。温伯格在1985年12月7日的会议上的同期记录显示，在总统在场的情况下，与会者非常详细地讨论了运送事宜。（尽管温伯格的笔记后来显示，正是他在1985年11月批准了从国防部库存中转移霍克导弹，但他向国会否认对此事知情。）[196]在第二天清晨，就在米斯将挪用资金的事情披露给公众的数小时前，他与凯西曾私下会面，但是米斯坚称他没有试图从凯西那里获取任何消息，也没有对此次谈话做记录。[197]

当米斯和总统终于在11月25日将此事公之于众时，他们还是谎话连篇。说话最多的米斯告诉记者，1985年以色列向伊朗运送美国武器一事并没有得到里根总统的批准，总统对此也不知晓，此外，这些武器“当时并不涉及美国”。米斯声称，

美国所做的只是“向伊朗运送少量的防御性武器和零部件”，并非当作赎金，而是为了改善关系。米斯称，“这些行动是合 286
法的，因为总统已签署一项授权必要的秘密行动的命令”。最初的托词是，这些运输行动不需要授权命令，因为它们是由以色列在总统不知情、也没批准的情况下进行的。这项被签署的命令有追溯效力。米斯进一步声称：“实际上，没有美国人负责管理任何流向中美洲武装力量的资金。”事实上，诺斯、艾布拉姆斯和凯西等人都在亲自指挥这些行动。[198]

后来，在对诺斯的审判期间，在诺斯的律师布兰登·沙利文（Brendan Sullivan）的盘问下，米斯同意沙利文的说法，即米斯在找诺斯、波因德克斯特及其同事询问幕后情况时，并没有“进行刑事调查或任何形式的正式调查”。沙利文表示，更确切地讲，美国总检察长只不过是进行了“一次同事间的闲聊……几乎就像政府里面的同事……试图了解……基本事实”。沙利文说，米斯的关注点“并不是一个身居其位的总检察长的工作重点，而是设法收集信息来尽自己所能地保护总统，并处理国会中正在酝酿的这个巨大的政治问题”。米斯解释道，因此诺斯“没有义务”如实回答他的问题。[199]

6.1987 年 1 月：温伯格就他的角色对托尔委员会和公众撒谎。据独立检察官劳伦斯·沃尔什称，国防部长卡斯帕·温伯格“就总统对伊朗行动的了解情况”“故意”对托尔委员会、国会和沃尔什的调查人员“撒谎”。[200]

7.1986 年 12 月至 1992 年 11 月：副总统布什在 12 月 12 日接受托尔委员会的问询时，以及在 1988 年和 1992 年的总统选举期间，一直在就其对此事的了解情况撒谎。1986 年 12 月 3 日，时任副总统乔治·H.W. 布什在华盛顿的美国企业研究所对听众说：“我不知道，并且反对……任何支付赎金或者任何规避国会意愿和美国法律的行为。”[201] 副总统声称对人质交易毫不知情，直到1986年底，参议员大卫·达伦伯杰（明尼苏达州共和党代表）向他介绍参议院情报委员会的听证会。老布什反复告诉媒体成员，他所知道的提议从未提出“武器换
287 人质”。他在1988年的竞选自传中写道，如果他知道舒尔茨和温伯格对这一被提议的交易怀有“严重的疑虑”的话，“我们可能会用一种全新的眼光看待这个计划，将其视为一场注定失败的豪赌”。[202]布什进一步向《华盛顿邮报》记者大卫·布罗德（David Broder）解释说：“也许我会有更强硬的态度。但当你不知道一些事情时，就很难作出反应……我们不是局内人。”[203]在回答布罗德提出的至少三个不同问题时，布什都坚称他不知道这两名内阁官员强烈反对这场交易。然而记录显示，副总统仅错过了一场出现反对意见的会议。乔治·舒尔茨坚称，他在1986年1月7日的会议上“尽我所能地有力表达了我的观点”，副总统也出席了这场会议。温伯格和舒尔茨两人的同期笔记也记录了布什对这次行动强有力的支持。

在1988年的总统竞选中，老布什巧妙地避开这些矛盾的问题，并轻松地击败了民主党候选人、马萨诸塞州州长迈克尔·杜卡基斯（Michael Dukakis）。但在1992年6月，当沃尔什公开他发现的温伯格1700页的笔记时，关于布什撒谎的话题再次浮出水面。在9月下旬，一位名叫霍华德·泰歇（Howard Teicher）的前里根国家安全委员会工作人员在接受美国广播公司《夜线》（*Nightline*）节目的主持人泰德·科佩尔（Ted Koppel）以及后来接受《纽约时报》记者大卫·约翰斯顿（David Johnston）的采访时说，他和奥利弗·诺斯一起向老布什详细地介绍了与麦克法兰出访伊朗的任务有关的所有活动。[204]10月13日，当老布什告诉美国全国广播公司记者凯蒂·库里克（Katie Couric），他“知道武器换人质的事”时，他使问题进一步复杂化了。当被问到他是否知道这场交易时，

老布什回答道："是的，我一直都是这么说的，并就此发表了演讲。"白宫解释称，老布什误解了这个问题，此外，老布什知道武器运送和人质被释放这两件事，但不知道它们是同一场交易的一部分，直到相关内情在 1986 年底被公开。[205] 然而，老布什一再修改他对此事参与情况的说辞，使人们无法知道，关于此事，他想让公众相信什么。或许，他想让真相消失。

8.1988~1992 年：舒尔茨和温伯格一直在就他们对伊朗门有关行动的了解程度误导特别检察官劳伦斯·沃尔什。根据沃尔什的报告，他的调查发现了许多为国务卿舒尔茨准备的笔记和备忘录。这些资料表明，他一直都非常了解各位先生的行动。诺斯、波因德克斯特和麦克法兰在宣誓后被质问时都比他更愿意供认。舒尔茨最终承认，他的证词是"虚假陈述"。但 288
沃尔什并没有追查下去，因为他不愿意起诉唯一一个一直试图中止该行动的高官。根据沃尔什的最终报告，温伯格"故意对托尔委员会、国会和我们撒谎"。温伯格的笔记证实，他事先知道总统已经批准了 1985 年霍克导弹的运输事宜，而他曾提醒里根，拟议的运输计划是违法的。据温伯格说，总统回答说，他"可以接受关于违反法律的指控，但不能接受'高大强壮的罗纳德·里根总统放弃了解救人质的机会'的指控"。当总统开玩笑说要坐牢时，温伯格告诉他，他"不会一个人战斗"。[206]

9.1987~1990 年：里根总统再次发表了大量与该事件的历史记载不一致的声明。1987 年 5 月，里根还是总统时，他对一群报纸编辑宣称："事实上，我绝对参与了支持自由斗士的决策。这一开始就是我的主意。"[207] 但在同年 8 月，他坚称："需要指出的是，我不知道转移资金的问题。"[208] 1990 年，在对约翰·波因德克斯特审判期间提到武器出售和资金转移的问题时，里根坚称："这是在我的授意下进行的秘密行动"，但他仍旧声称不知道实施细节。[209] 总统继续坚称，他理解他所称的“所谓的伊朗门事件”，而其他人却不理解。那些由他和诺斯提供武器的伊朗人是“不属于政府或伊朗政府军的个人”。[210] 后来被诊断为阿尔茨海默病的里根在为波因德克斯特的审判作证时说：“迄今为止，对于转移资金的事情，我不掌握任何信息或者内情……迄今为止，我想不起来曾经听到过有转移资金的事情……没有人向我证明过有转移资金的事情。”[211]

最终逃脱

置身于这一丑闻和丑闻最初披露所激发的极端反应中，各个党派根据政治利益划定了战线。前参议院军事委员会主席、参议员约翰·托尔（John Tower，得克萨斯州共和党代表）被指定领导调查委员会，他曾是罗纳德·里根选择的中情局局长第一人选，但因为酗酒且沉湎女色，最后他的提名被取消了。前参议员兼国务卿埃德蒙·马斯基（Edmund Muskie）以及前（和后来再次当选的）国家安全事务顾问布伦特·斯考克罗夫特（Brent Scowcroft）加入了托尔的行列。托尔委员会从丑闻中的许多（但并非全部）主要参与者那里收集了证词，但
289 没有权力强迫那些面临刑事风险的人。委员会给出的结论非常宽宏大量，严格遵循政府在最初的“替罪羊”计划中所设计好的脚本。总统只是被指责“管理风格”过于宽松，允许助手在总统不知情的情况下执行外交政策。然而，他在知晓转移资金事件方面被明确地免于罪责，而正是这件事被所有人视为判定里根的犯罪程度及其政治前途的决定性因素。

当国会在几个月后介入调查时，共和党人和民主党人之间正在开展激烈的党派辩论，争论到底有多少真相是对国家有利的。秘密行动的本质从未受到严重质疑。因此，委员会所关心的唯一问题是，这一特别的秘密行动是不是有点过头，以及谁

可能为此事承担责任。

针对奥利弗·诺斯的调查中，国会调查人员面临一个独特的问题。诺斯不仅是一个公认的骗子，还是一个不思悔改的骗子。他为自己向国会、媒体和美国人民撒的谎感到骄傲。他骄傲地宣称，如果再给他一次机会，他还会做同样的事情，这让国会在如此厚颜无耻的态度面前感到无可奈何。诺斯利用他成排的服役奖章、上镜的微笑和爱国主义说教，塑造了一个虚张声势的形象，很少有人愿意与之纠缠。他把“替罪羊”的角色发挥得淋漓尽致。他是在代人受过，没错，但只是因为其他人的懦弱迫使他这么做。他让人们知道他并不是单独行动的。但现在，他在国会面前，准备承受（并反击）所有来自敌人的攻击。

这一战略取得了完美的效果。通过视诺斯为英雄的右翼组织的共同努力，国会被数以万计的电报和电话所淹没，被要求授予诺斯奖章，以鼓励他的勇气和胆量，而不是强迫诺斯去作证，更不是起诉诺斯。在他给出让自己免于起诉的证词时，其谎言受到了支持者的热烈欢迎和立法者出于恐惧的姑息。当作证结束时，国会几乎没有比开始时更接近真相。但整个调查由于对诺斯的偏袒和许多调查人员表现出的懦弱而陷入了困难。

这一情况的讽刺之处在于，媒体所报道的整个国家对诺斯证词的反应和大多数美国人对其方法和目标的强烈反对并不一致。[212] 事实证明，委员会不愿起诉诺斯，与其说是对美国人民真正信仰的反应，不如说是对政府支持者和其他保守派运动人士编造的虚假的“波将金”式（Potemkin）公众反应的反应。
大多数媒体也被愚弄了。例如，《时代》周刊报道称，“这位童 290
子军和爱国人士得到了整个国家的支持”，《新闻周刊》封面故事的副标题称，“‘替罪羊’变成了民族英雄”。后续报道认为，穿着挂满勋章的军装的诺斯，“在某种程度上是吉米·史都华

（Jimmy Stewart）、加里·库珀（Gary Cooper）和约翰·韦恩（John Wayne）的结合体"。[213] 这两家周刊的报道都直接与当时公布的民调结果相冲突，包括这两家周刊自己的民调结果。《时代》周刊的民调结果显示，61% 的人认为"民族英雄"这个词不能用来描述诺斯。根据《新闻周刊》的民调结果，45% 的受访者认为诺斯是个爱国者和英雄，而 48% 的人则不这么认为。1987 年 7 月 9 日，《哥伦比亚广播公司丹·拉瑟的晚间新闻》（*The CBS Evening News with Dan Rather*）在没有证据的情况下报道称："你们当中有 96% 的人支持诺斯，赞同他的行为。"该节目接着将诺斯比作兰博（Rambo）和肮脏的哈里（Dirty Harry）。[214] 总的来说，在 1987 年 6 月和 7 月进行的 4 项独立民意调查中，68%~81% 的受访美国人不同意将"英雄"这一称谓用于奥利弗·诺斯。事实证明，"恶棍""受害者""危险""狂热"和"能够被收买的"等标签更受欢迎。[215]

正如他们在事情发生时设法对其视而不见一样，事实证明，当它最终被揭露时，许多记者急于将其重要性降至最低。一旦国会错失机会，记者们似乎就开始对负责查明真相的人投以最大的蔑视，来自俄克拉荷马州的共和党法律专家劳伦斯·W. 沃尔什（Lawrence W.Walsh）成了众矢之的。沃尔什拥有强迫证人作证的权力，以及一批调查人员，他能够证明政府中的许多高官——包括国防部长卡斯帕·温伯格、国务卿乔治·舒尔茨，甚至还有副总统乔治·布什——在整个调查期间对他们的参与情况撒了谎。在华盛顿的记者群体中，这则消息遭到了集体抵制。在《华盛顿邮报杂志》（*The Washington Post Magazine*）的一篇文章中，玛乔丽·威廉姆斯（Marjorie Williams）将沃尔什的责任感描述为"过时的"，并嘲笑沃尔什认为"行政部门的成员对国会和其他调查人员撒谎是一件很严重的事情，是严重的犯罪”。[216]《纽约时报》记者戴维·E. 罗森鲍姆（David E. Rosenbaum）在报纸的头版评论道，伊朗门这个话题已经“基本上引不起美国民众的注意了”，因为向国会和国民撒谎而被审判的政府成员从“恶棍”变成了“殉道者”。罗森鲍姆写道：“至于沃尔什先生，他自己可能会成为整个事件中最受人鄙视的人物。”[217]

然而，无论沃尔什希望取得什么成果，都因当时的跛脚鸭总统乔治·H.W. 布什于 1992 年 12 月 24 日决定对所有与丑闻有关的人进行赦免而几乎立即化为泡影，老布什当时自己也面临卸任后被起诉的风险。这些赦免令预先阻止了对杜安·“杜 291
威”·克拉里奇和国防部长温伯格原定的审判。沃尔什告诉《新闻周刊》，“他们已经完成了伊朗门事件的掩盖工作”，他补充道，“很难找到一个足够有力的词来形容一个如此蔑视诚实的总统”。沃尔什说，这些赦免“是对法治的轻蔑。它给人的印象是，背靠强大政治关系的高官可以坐享优待。此外，我认为这严重损害了美国总统的形象”。[218]

但是，虽然参与了构成里根政府秘密外交政策的各种谎言和阴谋的个别罪犯可能没有被绳之以法，但这些谎言很难说完全没有受到惩罚。最重要的是，真相的披露几乎终止了政府对尼加拉瓜反政府武装战争的支持。“在更多的钱流向尼加拉瓜之前，这将给华盛顿带来一段寒冷的日子，”参议员大卫·达伦伯杰在这个新闻传开的那天这样指出，“奥利（Olie，奥利弗·诺斯）可能已经毁了他的尼加拉瓜计划”。[219]事实证明，这一预言颇具先见之明。随着国会和布什政府迫使尼加拉瓜反政府武装领导人放下武器，并同意一项和平计划（这正是里根政府在过去八年中动用所有的资源抵制的计划），援助最终在 1988 年 2 月被终止。

里根的总统任期也受到了影响，因为人们发现，里根在最好的情况下是个不知道自己政府内部运行情况的领导人。里根本人表现得越来越糊涂。在托尔委员会作证时，他大声地朗读其工作人员给他的台本，作为他证词的一部分。[220] 从政治角度来看，他从未恢复过来。右翼组织者霍华德·菲利普斯（Howard Phillips）宣称："里根不仅是个跛脚鸭，还是个废物。"的确，共和党在 1986 年的选举中遭遇惨败，结果，罗伯特·博克（Robert Bork）出任最高法院大法官的提名也被否决，这是令总统非常难堪的事情，也是保守主义运动遭遇的重大挫折。1987 年底，《国会季刊》（*Congressional Quarterly*）估计，总统在国会的法案通过成功率已降至自 1953 年国会开始保存记录以来的最低水平。

接下来探讨的是乔治·布什在 1992 年的总统选举活动。老布什在 1988 年成功的竞选中设法回避了这个丑闻，而关于他参与此事的许多细节仍是秘密。但由于劳伦斯·沃尔什坚持不懈地调查真相，这一事件在 4 年后再次给老布什带来了困扰。就在 1992 年的选举日之前，沃尔什公布了相关证据，表明当时在任的老布什一直在撒谎。1992 年 6 月，当温伯格这位前国防部长因新的指控被起诉时，沃尔什只是转述了温伯格
292 的大量笔记。但在大选开始 4 天前，沃尔什公布了这些笔记的节选内容，包括在 1986 年 1 月 7 日的会议期间所做的笔记。这份笔记详细记述了向伊朗运送 4000 枚陶氏（TOW，反坦克）导弹以换取 5 名人质的决定。温伯格写道："乔治·舒尔茨和我反对，比尔·凯西、埃德·米斯（Ed Meese）和副总统赞成。"

老布什的支持者（据称包括总统本人）指责沃尔什公布卡斯帕·温伯格的同期笔记是导致老布什竞选连任失败的主要原因。《纽约时报》记者大卫·约翰斯顿在大选结束 4 天后指出："竞选后，在白宫相互指责的氛围中，'沃尔什是破坏者'这一

观点已经上升为共识。老布什的一些忠诚支持者认为，沃尔什通过负面宣传实现了他在法庭上没有实现的目标——通过这件事迫使一名里根政府的官员下台。”[221]

显然，在这一不光彩的事件中，有很多责任要承担。不仅是媒体，连国会也选择忽视政府不断散布的谎言。正如时任中情局副局长（后来升为局长）罗伯特·盖茨（Robert Gates）所指出的那样：“让尼加拉瓜反政府武装成为一颗定时炸弹的首要因素是，美国政府不愿将尼加拉瓜视作一个重大的国家政策问题并接受其结果，但却如此地执着于尼加拉瓜反政府武装的事业，以至于违背了国会明确的意愿，并史无前例地在白宫外开展一项由外国政府和私人资助的外国秘密行动。”[222]盖茨还指出：“1986 年 10 月，参议院以 50 ∶ 47 的投票结果否决了一项修正案，该修正案要求政府向国会报告政府与尼加拉瓜反政府武装私人赞助者的关系。这给参与此事的中情局人员传递了什么样的信息？”显然，国会本可以更加努力地确保从政府那里得到真实的简报。但它只是不时地试图这么做，而没有坚持到底。

论及里根、老布什及其同伴承担的伊朗门丑闻的后果，他们只能怪自己。他们关于萨尔瓦多的造谣行动的成功使他们相信，他们可以在外交事务上撒谎而几乎完全不受惩罚。国会和媒体没有提出有力的挑战。这些政客实施了战争行动，煽动谋杀桑解阵的同情者，并提供虚假证据以支持他们的政策，但国会却拒绝追究他们的责任。此外，中美洲大部分地区被破坏，数以万计的无辜者被谋杀，美国政府在世界范围内蒙羞，我们自身的法律体系遭到颠覆，我们的公民对我们国家的民主化进 293
程的信任被进一步削弱，相比之下，这些谎言的编造者所受到的惩罚是微不足道的。事实上，包括埃利奥特·艾布拉姆斯和约翰·波因德克斯特在内的许多被沃尔什成功起诉的人，不仅在选举后被乔治·H.W. 布什总统完全赦免，而且还在他儿子小布什的政府中获得了高级职位和重要的人事委任状。其他卷入丑闻的人也是如此，如约翰·内格罗蓬特和奥托·莱克。其他人，如奥利弗·诺斯，在保守派媒体界的有线新闻和电台访谈节目中受到赞颂。整个国家可能因为里根政府关于中美洲的谎言而遭受了损失。毫无疑问，美国秘密支持的专制政权和游击队武装的受害者也是如此。该政策最终自行崩溃，作恶者的欺骗行为被揭穿。但整个国家从未正视过不诚实的官员领导国家所带来的后果。那些撒谎者也没有因此而名誉扫地，只是经历了一些不便。从长远来看，里根总统的声望恢复到了丑闻发生前的水平，整个事件逐渐被许多人视作仅仅是冷战胜利道路上的一次小挫折。随着这次事件中的许多当事人重新掌权，且对他们欺骗行为的后果不表示任何遗憾或忏悔，美国似乎准备重复其不幸的历史，即试图使基于历史的现实让位于基于意识形态的谎言。乔治·W. 布什总统效仿的不是他的父亲——老布什在这个故事中只是一个小角色，还结束了导致丑闻的行动——而是罗纳德·里根。里根因为固守其坚定不移的思想信念，并且不愿意在现实面前对其进行调整，故而激发了他下属的不诚实和违法行为。在伊朗门事件被揭露给美国民众 18 年后，第二届布什政府卷入了一场类似的争论，即小布什政府是否基于它知道或者很容易就能知道是错误的理由将国家带入了伊拉克战争。由于第二届布什政府中的许多人是第一届布什政府的原班人马，他们的支持者也从事着与前一届政府一样的工作，小布什政府似乎几乎自发地拒绝吸取不久前的教训。正如乔治·桑塔亚纳（George Santayana）所预言的那样，由于无视历史教训，美国人注定要重复历史悲剧。

第六章　结论：乔治·布什和后真相时代的总统

人逃离的不是欺骗，而是欺骗带来的伤害；在这个阶段，他们所痛恨的基本上不是欺骗，而是某些欺骗所带来的令人不快的可恨后果。

——弗里德里希·尼采[1]

无须赘言，同生活中许多事情一样，总统的不诚实言行已 294
经今非昔比。在 20 世纪 60 年代以前，几乎没有人能够想象，一位总统会在战争与和平这样至关重要的问题上故意误导民众。当总统撒谎最终被证明是事实时，谎言的曝光促使林登·约翰逊和他的继任者理查德·尼克松被迫下台。约翰逊对第二次北部湾事件的虚假保证以及该事件后来的曝光，最终导致他自己的政治生涯彻底终结、他的政党遭到破坏和排斥，以及这位雄心勃勃的得克萨斯人蒙受耻辱。他的继任者——同样雄心勃勃、不诚实的尼克松——也是如此。尼克松为自己的欺骗行为付出了代价，包括他的总统职位、他的声誉，以及他的政党在接下来的总统选举中的惨败。

然而，到了 20 世纪 80 年代中期伊朗门事件发生时——此时离尼克松遭到公开羞辱才 10 年多——总统对公众撒谎已经成了一件十分寻常的事情，很容易以更伟大的事业的名义为此辩护。在策划向伊朗秘密出售武器期间，里根内阁的官员和总统本人都警告说，一旦事情暴露，后果会很严重。特别是乔治·舒尔茨，他在关键会议期间提出，里根总统正犯下“可以将自己送入弹劾程序的罪行”。但当卡斯帕·温伯格再次提醒时，里根回答说：“如果他们愿意，可以弹劾我，访问日是星期三。”
在另一场重要的伊朗门计划会议上，里根对聚在一起的顾问预 295
测说，一旦向媒体泄密，“我们都得在白宫前面接受质问”。[2]

尽管真相的披露带给全国政治体系的震撼持续了一年左右，但事实证明，总统和他的手下似乎高估了被证明是骗子和恐怖分子的武器供应商所要付出的代价。里根和布什总统仍然是受全国敬佩、被许多人爱戴的人物，人们对本书前述章节中详细描述的谎言和罪行只字不提。里根于2004年6月以93岁高龄去世，在人们为颂扬这位已故总统的一生举办的为期一周的纪念活动期间，媒体几乎没有提及伊朗门事件。

也许我们不应该感到惊讶。毕竟，前国务卿亨利·A.基辛格（Henry A. Kissinger）——连他的好友和崇拜者都称他为近乎病态的撒谎者——继续保持着他几十年来作为媒体外交政策分析大师和社交晚宴贵宾的地位。这并非因为人们不顾他败坏的名声，而正是因为——至少在一定程度上——他的这种名声。例如，大卫·哈伯斯塔姆（David Halberstam）在2001年写道，基辛格的“独特优势”在于他能够“在必要时撒谎”，并能记住他对每个人说过的各种谎言。[3]哈伯斯塔姆无意讽刺，他显然认为令人信服的撒谎能力是政治家的必备才能。需要注意的是，前总统吉米·卡特因极度诚实而在公共生活中赢得了声誉，但他没能因此在媒体或政治建制派内部得到任何好处。[4]虽然人们无法确定故意误导的意愿是这两个人受欢迎或不受欢迎的基础，但人们怀疑存在一种默认的偏见，即在许多美国人看来，政客讲太多真话并不是一种完全值得钦佩的品质。

从谎言对个人政治生涯的影响来看，一位美国总统有目的的欺骗行为几乎完全取决于这种行为发生的背景。一个政治家无论是在自己撒谎还是在授权别人以自己的名义说谎以前，唯一能预测的是，政治家无法预测谎言的最终后果。比尔·克林顿曾因在宣誓的情况下就通奸问题“撒谎”而被弹劾——幸运的是，他的许多前任总统在任时都没有面临过这样的选择。在克林顿的案例中，他最激烈的批评者成功地动员全国人民支持总统，并使自己看起来很可笑。在保守派让克林顿下台的欲望达到顶峰的时候，也就是在他被弹劾的那一天，总统的个人支持率上升到了 68% 这一极高点。[5] 尽管如此，在自己与莫妮卡·莱温斯基（Monica Lewinsky）私通这件事上对整个国家和大陪审团撒谎，是克林顿犯过的代价最为高昂的错误，包括私通 296
行为本身。这一行为是软弱与傲慢交织的产物，背叛了他最亲密的支持者和他自己内心深处扎根已久的总统野心。尽管共和党和华盛顿媒体中一些自封的道德警察恶劣地侵犯了克林顿的隐私，但他应该找到一种保护自己隐私的方法，而不是在宣誓时诉诸蓄意的欺骗。

总统在大多数人认为是隐私的道德问题上撒谎所引发的复杂的道德问题使许多人感到不适，令这群人感到欣慰的是，克林顿的继任者乔治·W. 布什重新恢复了总统在涉及国家重大事务，尤其是事关战争与和平的问题上撒谎的传统。作为候选人的布什可能会宣称他将“告诉美国人民真相”，但已成为总统的他实际上宣称自己有权在任何他的目标需要的时候进行误导。小布什时期的司法部在美国最高法院辩称，他的政府要求在任何其认为必要的时候“发布虚假信息、不完整的信息，甚至错误的信息”的权利。[6] 这一声明甚至超越了当年的国防部官员阿瑟·西尔维斯特在古巴导弹危机期间代表肯尼迪总统所提出的著名表述，当时他宣称：“必要时为了拯救自己而说谎，这是政府的固有权利。”[7]

再次误入战争歧途

作为总统，乔治·W. 布什似乎都无意假装自己在说实话。正如自由派评论员迈克尔·金斯利（Michael Kinsley）在这届政府执政早期所评论的那样：“小布什政府的谎言往往明显得可笑，以至于你想知道他们为什么会费力说谎。直到你意识到：他们不觉得说谎麻烦。如果说实话麻烦会少一些，他们也会试着这么做。小布什典型的撒谎方式是在某些话题上构建另一种现实，并将反对它的人看作痴迷于‘细微差别’的哭哭啼啼的呆子，这个阶层的总统，我是指美国总统，有比担心这种小事更重要的事情要做。”[8] 当总统在入侵伊拉克的理由方面说的谎被揭露时，布什的新闻助理对这一系列爆料的回应提供了另一种著名的解释：“美国总统不是事实核查员。”[9]

在小布什政府的外交政策声明中，对真实性毫不在意的态度表现得最为明显，但这种态度在几乎所有政府治理领域都很
297 明显。例如，尽管他曾以财政保守派的身份参加总统竞选，但当他开始提出完全失衡的政府预算时，小布什用这样一个理由为自己辩解：“正如我在芝加哥竞选时所说的那样，当被问及政府是否应该有赤字支出时，我说只有在这些情况下政府才应该有赤字支出：国家处于紧急状态、国家经济衰退或者爆发战争。”事实上，在 2000 年的竞选中，提出这些例外情况的是他的对手阿尔·戈尔（Al Gore），而不是布什州长。[10] 当布什当局的行政管理和预算局（Office of Management and Budget）因公布的数字严重低估布什政府主要针对富人的过度减税政策可能会造成的预算赤字规模而被《纽约时报》的一位专栏作家、经济学家保罗·克鲁格曼（Paul Krugman）指责时，行政管理和预算局在互联网上提供了一份修改过的新闻稿，以取代先前的那一份，而不承认对其作过任何修改。[11] 三年后的 2004 年 2 月，《华盛顿邮报》的一篇头版报道回顾了这届政府发布过的经济统计数据，并指出这些数据“严重夸大了政府的财政健康状况和经济状况将创造的工作岗位数量”。同一天，该报纸的另一篇报道以“布什的减税主张与美国国税局的数据不一致”为标题再次强调了这一说法。[白宫新闻秘书斯科特·麦克莱伦（Scott McLellan）在其不断增加的美国总统

正式否认的身份清单上，继“事实核查员”后，又增加了“统计员”。][12]

在 2003 年春天的地面战争后，随着关于伊拉克威胁真实性的令人惊讶的事件层出不穷，对真实性的轻率态度是政府的工作方式这一点变得非常清楚。小布什为了说服国家开始其第一次“预防性”战争而提出的理由自始至终都充满了谎言。小布什政府就伊拉克领导人萨达姆·侯赛因对美国人的安全构成的威胁程度说的谎非常多，这里只能举出几个例子。[13] 2002 年 9 月，布什和英国首相托尼·布莱尔 (Tony Blair) 一起宣称：“我想提醒你们，就在视察员首次进入伊拉克遭到拒绝时——最终也未能入境——国际原子能机构（International Atomic Energy Agency，IAEA）的一份最新报告指出，他们再过 6 个月就能研制出［核］武器。我不知道我们还需要什么更充分的证据。”事实上，小布什所提及的评估报告发表于十多年前，而且是在伊拉克军事力量在海湾战争中被严重削弱前作出的。他的新闻秘书阿里·弗莱舍（Ari Fleischer）试图在《华盛顿邮报》上辩称：“实际上是国际战略研究所（International Institute for Strategic Studies）发布了这篇推断伊拉克能够在短短 6 个月内研制出核武器的报告。”然而，在布什最初提出其主张时，该报告尚未发表，因此无法支撑他的说法。

小布什还在面向全国的演讲中补充说：“伊拉克可能会在 298
某一天突然决定向恐怖组织或恐怖分子个人提供生物或化学武器”，通过这种联盟，“伊拉克政权可以攻击美国而不留下任何痕迹”。但这一说法也完全没有依据，并且与中央情报局的情报相矛盾。在布什发表演讲后被解密的证据认为，侯赛因对美国发动生化武器袭击的可能性很“低”，但如果受到美国袭击行动的挑衅，可能会采取协助恐怖分子这种“极端手段”。在同一场演讲中，布什警告全国民众，伊拉克拥有一支不断壮大的无人驾驶飞机机队，可用于执行“针对美国的任务”。然而，中情局的一份报告显示，该机队更像是一次“实验”和“尝试”，并称其“对伊拉克的邻国和该地区的国际军事力量构成严重威胁”——但没有提到它的武力足以威胁美国。[14]

直到2003年，小布什发表国情咨文演说，提出那个著名的“十六字”（sixteen words）争议之时，小布什反复无常的不诚实行为才广为人知，“十六字”争议指的是他口中所谓伊拉克从非洲国家尼日尔购买铀“黄饼”的故事。[15]但媒体对区区“十六字”的关注之所以最为值得关注，是因为白宫成功地对这一故事开展了倾向性叙事。因为在总统的国情咨文中，并不是只有这16个字是虚假的。许多被用来支撑美国进攻伊拉克的证据在战后的审查中消失了。毫无疑问，这些证据中的一些是诚实过错的产物，这与准确评估明显模糊的情报的难度有关。但是，如果诚实是他们的主要关注点之一，小布什及其工作人员完全可以将这一判断的复杂性传达给民众。事实上，他们有意坚持的恰恰相反：在不可能存在确定性的问题上强调已掌握的信息的确定性。总统及其顾问几乎一致坚持主张，美国面临的来自萨达姆·侯赛因及其所谓的大规模杀伤性武器的威胁是无可争辩的。这里只需要举出几个例子加以说明：

“本届政府和其他几届政府收集的情报都明确证明，伊拉克政权仍持有并隐藏着一些有史以来最致命的武器。”——乔治·W. 布什在2003年3月17日的全国致辞[16]

“简单地说，萨达姆·侯赛因现在拥有大规模杀伤性武器是确凿的事实。”——迪克·切尼（Dick Cheney）于2002年8月26日在海外战争退役军人全国大会（Veterans of Foreign Wars National Convention）上的发言[17]

299 “我们知道他们拥有大规模杀伤性武器……这一点不存在

任何争议。无法想象”，联合国调查人员有机会却找不到这些武器。——唐纳德·拉姆斯菲尔德（Donald Rumsfeld），2002年9月[18]

“我绝对相信那里有大规模杀伤性武器，而且证据唾手可得。”——科林·鲍威尔（Colin Powell）在2003年5月4日对记者的讲话[19]

“完全可以肯定的是，我们确实知道他正在利用他的采购系统来获得他所需的设备，以便浓缩铀用于制造核武器。”——迪克·切尼于2002年9月6日在美国全国广播公司节目《会见新闻界》（*Meet the Press*）上的发言

事实上，以上每一则声明后来都被总统自己的武器核查小组认定为错误判断。[20]虽然政府内外的许多人都误认为伊拉克可能拥有这类武器，但只有小布什政府——在英国布莱尔政府的支持下——坚持认为，在评估相互冲突的证据细节时，不可能存在任何分歧。事实上，美国政府内部的一些专家完全知道，他们所掌握的关于伊拉克大规模杀伤性武器计划的消息是多么简略和不完整，但这些人要么被忽视，要么被故意抹黑。例如，据接受《洛杉矶时报》采访的美国官员透露，五角大楼国防情报局在2002年9月的一份秘密报告中告知国防部长拉姆斯菲尔德：“关于伊拉克是否正在生产和储备化学武器，或者伊拉克是否拥有或将建立其化学战剂生产设施，我们并没有找到确凿的信息。”[21]据中央情报局人力情报部门的前负责人帕特里克·朗（Patrick Lang）说，当布鲁斯·哈德卡斯尔（Bruce Hardcastle）这位负责中东、南亚和反恐的国防情报官员向布什政府的官员解释他们误读了这些证据时，小布什政府做的不仅仅是解除哈德卡斯尔的职务。“他们还辞退了哈斯卡德尔。他们想要的只是初级联络官，而不是一个与他们争论的高级情报人员。哈德卡斯尔说，‘我无法与这些人共事’。

他们持有这样的意识形态，他们知道结果应该是什么，当他们没能从情报人员那里得到想要的结果时，就认为这些情报工作者是笨蛋。他们秉持一种几乎是伪宗教的信仰，希望情报机构提供证据，表明存在某种威胁，特别是迫在眉睫的威胁，以便让他们能够证明自己的说法。这有悖于应有的程序，即通过证据来证明案件。”美国国务院情报研究局（Department of State's Bureau of Intelligence and Research）前负责人格
300 里戈·泰尔曼（Greg Thielman）也评论道：“所有情报人员都知道，白宫并不关心任何证明不存在大规模杀伤性武器或表明联合国核查人员的调查工作十分有效的信息。每个人都知道白宫对这些信息充耳不闻。比工作压力更糟糕的是，他们根本不在乎。”[22]

2003 年 10 月初，负责在战后的伊拉克寻找武器的布什政府伊拉克调查小组（Iraq Survey Group，ISG）的负责人戴维·凯（David Kay）正式告知国会，在寻找了近 6 个月，花费了超过 3 亿美元之后，他和他的团队依旧没能找到伊拉克拥有化学或者生物武器的证据，并发现伊拉克的核计划仅停留在“非常粗浅”的状态。[23]这与政府官员以前在不经意间发表的声明是一致的，但这些声明在政府在备战期间煽动的近乎歇斯底里的气氛中被忽视了。例如，两年前，在 2001 年 2 月与埃及外交部长在开罗的一次会议上，国务卿鲍威尔为联合国当时对侯赛因统治下的伊拉克实施的经济制裁辩护称：“坦白说，这些手段已经起作用了。他在研发大规模杀伤性武器方面没有取得任何重大进展。他没有能力发展常规力量与邻为敌。”[24]然而，小布什总统对他自己虚构的所谓伊拉克威胁深信不疑，甚至在他自己的武器核查员推翻这一主张之后，他仍然坚持其真实性。布什争辩说，“伊拉克的大规模杀伤性武器计划已持续 20 多年，涉及数千人和数十亿美元，并且受到安

全工作和欺骗行动的精心保护，这些行动甚至在伊拉克自由行动（Operation Iraqi Freedom）结束之后还在继续”，他还非常虚伪地补充道，“报告上就是这么写的”。[25]

尽管已被自己的专家反驳，政府仍试图通过发表虚假声明来维持这样一种假象，即小布什在战前的观点和警告已得到证实。在2003年夏天被问到“大规模杀伤性武器在哪里”时，小布什回答道：“我们已经找到它们了。”数月后，副总统切尼也声称：“已有确凿证据表明萨达姆·侯赛因确实拥有大规模杀伤性武器。”[26]最终，当美国广播公司新闻网记者黛安娜·索耶（Diane Sawyer）采访小布什，要求总统说明他战前的主张和战后的发现之间的脱节问题时，小布什对这位记者对欲望和能力的区分一笑置之。小布什问道：“区别在哪里？”[27]随后，在他的第三次国情咨文演讲中，小布什没有向公众承认他先前的警告是具有误导性的，而是试图借助修辞技巧，不提侯赛因实际的武器状况，只讲他所谓的“与大规模杀伤性武器相关的计划和行动”。[28]

如果我们仔细研究小布什总统不断将萨达姆·侯赛因和奥 301
萨马·本·拉登联系起来的尝试，会发现相似的模式。尽管从来没有可靠的证据，大多数美国人也开始认为这种联系是理所当然的。2002年10月7日，小布什在辛辛那提的一次演讲中声称，侯赛因和基地组织之间的高级别接触“可以追溯至10年前”。虽然小布什的声明在严格意义上可能是准确的，但也极具误导性。他提到的高级别接触发生在20世纪90年代早期，当时基地组织还处于襁褓阶段，这两个人结盟在很大程度上是为了反对沙特王室。小布什告诉听众，基地组织的领导人离开阿富汗到了巴格达，并提到一个“级别非常高的基地组织领导人今年在巴格达接受治疗”。但事实上，据美国情报部门称，被总统提及的约旦人阿布·穆萨布·扎卡维（Abu Mussab

Zarqawi）实际上并不是本·拉登组织的一员，而是另一个独立组织的负责人。他用许多化名旅行，在伊朗和黎巴嫩的时间多于在伊拉克的时间。[29] 小布什及其手下还通过宣传一位名叫伊桑·赛义德·海德里（Ihsan Saeed al-Haideri）的伊拉克叛逃者的故事来为战争辩护。海德里声称自己曾受雇于位于巴格达附近的非法化学、生物和核设施，而在他被揭露多次未能通过测谎仪检查并被美国情报机构认定为不可靠之后，他仍坚持自己的说辞。[30] 在 2003 年 2 月的联合国安理会上，这位叛逃者不足信的证词构成了国务卿鲍威尔提出的战争理由的重要部分。他在一年多之后承认，他的“消息来源不准确，充满错误，在某些情况下极具误导性”。然而，即使在鲍威尔坦白之后，2004 年 5 月，在白宫官方网站上仍有一份支持战争的长篇文章，其中部分内容基于这些虚假指控。[31]

副总统切尼不断提到 9·11 劫机事件的主谋穆罕默德·阿塔（Mohamed Atta）和伊拉克情报官员艾哈迈德·哈利勒·易卜拉欣·萨米尔·阿尼（Ahmed Khalil Ibrahim Samir al-Ani）之间的所谓会晤，并称这次会晤是于 2001 年 4 月在布拉格举行的。这一说法是基于捷克情报机构的一位未经证实的线人的报告，被赞同政府战争计划的专家不断散播。《纽约时报》记者威廉·萨菲尔（William Safire）甚至称之为“毫无争议的事实”。与此同时，即使在捷克总统哈维尔（Havel）告知小布什总统几乎可以肯定没有发生过此类会晤后，切尼仍继续声称“非常肯定”这场会晤发生过。此外，当基地组织高级领导人阿布·祖贝达（Abu Zubaydah）最终于 2002 年 3 月在巴基斯坦被捕时，他告诉捉拿者，本·拉登本人曾拒绝与侯赛因结盟的提议。[32] 祖贝达的解释很快就被在当年春天晚些时候
302 被抓获的基地组织高级特工的证词所证实，其中包括 9·11 袭击事件的主要策划者之一哈立德·谢赫·穆罕默德（Khalid

Shaikh Mohammed）。[33] 2003 年 7 月，美军军队最终抓获了萨米尔·阿尼。他也否认发生过任何此类会面。[34]

事实证明，当涉及政治或者意识形态上有利的主张时，小布什政府对证据不以为然。在对包括机密资料在内的所有相关资料进行仔细研究之后，官方的 9·11 委员会工作人员宣布，没有发现“任何可信的证据表明伊拉克和基地组织合作袭击美国”，或两者之间有任何“合作关系”。然而，小布什和切尼仍旧不为所动。当小布什被问及其反复强调的密切联系与委员会工作人员基于证据的结论之间的差异时，小布什回答道：“我之所以一直坚持认为伊拉克、萨达姆以及基地组织之间存在联系，是因为伊拉克和基地组织之间有联系。”副总统切尼在相关报告公布的前一天还继续声称萨达姆·侯赛因“与基地组织有长期的联系”，这让他在相反的证据面前显得更加好斗。切尼告诉美国全国广播公司财经频道（Consumer News and Business Channel）的一位记者：“论及萨达姆和基地组织之间是否存在联系这一问题，两者之间显然存在某种联系。这是已经得到证实的事实。我们找到了确凿的证据。”他接着列举了他所谓的“一系列接触”，并称这些接触与委员会的调查结果相矛盾，甚至拒绝放弃他对所谓的布拉格会议的信念，而委员会没有发现任何能够证明该会议举办过的证据。切尼在反复提及关于所谓的布拉格会议的“来自捷克的报告”时，从未提到瓦茨拉夫·哈维尔总统本人已收回这一说法并将这一混乱局面归罪于一个有酗酒问题的情报官员。当被这档节目的主持人问到，他是否曾声明这次会面已经“得到了很好的证实”时，切尼回答：“不，我从来没有这样说过。”事实上，2001 年 12 月 9 日，切尼在美国全国广播公司的节目《会见新闻界》中，在数百万观众面前说过这些话。[35] 几乎没有证据表明，小布什政府的高层官员——包括总统和副总统在内——对他们有意或无意用来欺骗国民并为发动战争提供误导性理由的谎言感到懊悔。

在许多方面，小布什团队制造的氛围与约翰逊总统在1964年8月国会通过《北部湾决议案》期间所营造的氛围非常相似。小布什的骗局采取了同样的营造危机氛围的方法——
303 同样夸大敌方的实力，同样对调查人员和分析人员施加压力，以证明领导层已经决定采取的政治路线的合理性。安东尼·津尼（Anthony Zinni）少将在1997~2000年期间担任美国中央司令部司令，后来成为小布什政府的巴以和谈特使。他在战后指出："有一些战略思想家长期以来一直想入侵伊拉克。他们看到了一个机会，并利用了眼前的威胁和这种威胁与恐怖主义的联系以及9·11事件带来的恐怖情绪作为催化剂和理由。这是另一起北部湾事件。"（在发表这一声明之后，津尼被布什政府的官员告知，他"再也不会被白宫任用"。）[36]

必须补充说明的一点是，总统在欺骗国家的过程中得到了许多媒体的帮助。美国最具影响力的外交事务访谈者、《纽约时报》专栏作家托马斯·弗里德曼（Thomas Friedman）写道："在我看来，我们不需要找到任何大规模杀伤性武器来证明这场战争的合理性……小布什总统不欠世界任何关于下落不明的化学武器的解释（即使事实证明，白宫在这个问题上夸大其词）。很明显，随着萨达姆暴政的结束，一个具有大规模杀伤性的组织已被摧毁。"[37]《华盛顿邮报》的编辑们在很大程度上同意这一观点。他们抛弃了总统有关战争与和平的主张中真相的内在价值，写道："虽然小布什政府可能公开夸大或者扭曲了部分事实，但政府所说的大部分内容反映了广泛的国际共识。"[38]这段叙述也是错误的。因为除了以色列之外，没有一个国家的民众支持布什在伊拉克的战争，而托尼·布莱尔治下的英国是唯一对这场战争作出重大贡献的国家。

即使小布什发动战争的理由被揭露是虚构的，媒体对他仍保持温和的态度。小布什在战后虚假地宣布："萨达姆·侯赛因是否有一个武器计划？答案是：绝对有。我们还给了他一个允许核查人员进入的机会，但他却不让他们进入。"这时连像美国有线电视新闻网的霍华德·库尔茨（Howard Kurtz）这样富有同情心的记者也不得不承认，这一说法"与现实毫无关系"。因为在入侵前，核查人员已经在伊拉克停留数月，在调查侯赛因是否拥有武器方面正在取得他们所谓的巨大进展。然而，当库尔茨在他的美国有线电视新闻网节目《可靠消息来源》（*Reliable Sources*）中向《华盛顿邮报》白宫记者达纳·米尔班克（Dana Milbank）询问小布什的不实声明时，这位白宫常驻记者中最严厉的记者回答道："我认为，民众基本上都认同总统只是在履行自己的职责。有时他犯的一些小错误会酿成大问题。他处在巨大压力之下。"[39]同样令人难以置信的是，数月之后，小布什在2004年1月与波兰总统共同举行的记者招待会上公然发表了同样的虚假声明。然而，主流媒体再 304
一次几乎一致地忽略了这一点。谈到侯赛因和核查人员（小布什宣布开战决定时，他们在伊拉克），总统的原话是："这是侯赛因所做的选择，他不让我们进入。"[40]小布什总统在发表这一不容置疑的谎言之后得到了宽容对待，目睹了这一切的国防部长唐纳德·拉姆斯菲尔德在两个月后提出了一个同样站不住脚的主张。当美国有线电视新闻网记者沃尔夫·布利策（Wolf Blitzer）问，现在回过头来看会不会认为"当时没有给联合国更多时间继续进行核查而是发动战争是个错误"时，拉姆斯菲尔德回答说："嗯，联合国核查人员当时不在那里。联合国调查员已经离开了。"当布利策指出核查人员之所以离开只是因为美国已经明确表明战争即将开始时，拉姆斯菲尔德迅速转换了话题，问道："你想要多少种解决方案呢？"并再次错误地指控伊拉克“每隔一天”就攻击美国的飞机。[41]

乔治·W. 布什故意撒谎的嗜好在内部圈子里几乎不是什么秘密，最终还被认为是无足轻重的。在 2002 年 9 月，美国广播公司的无党派国内政治解读节目《新闻短笺》（*The Note*）指出，对于一些记者而言，小布什团队一直存在信誉问题，因为它坚持“上即是下，黑即是白”。[42] 2002 年 10 月底，达纳·米尔班克在《华盛顿邮报》的头版报道中勇敢地罗列了小布什的许多谎言，但他（或他的编辑）故意避免使用“撒谎”这一动词。取而代之，读者看到的是如下繁冗婉转的说辞：小布什在声明中“对关键主张添枝加叶”。总统的断言“就算不是错误的”，也显然是“可疑的”。总统的“言辞有些花哨……有些随意……省略了修饰语”，而且“严重偏离了现实”。[43] 事实上，据我所知，“小布什总统说谎”这样的表述在他总统任期内从未出现在任何一家美国主流报纸上。《华盛顿邮报》的传奇编辑本·布莱德利（Ben Bradlee）评论道：“即使是最好的报纸也从未学会如何应付那些一本正经撒谎的公众人物。例如，没有一个编辑敢登载尼克松对水门事件首次评论的这个版本：‘尼克松总统昨晚对全国电视观众说，“水门事件涉及国家安全问题”，因此他无法对这起离奇的案件发表评论。这是一个谎言。’”之所以出现这种情况，一方面是因为媒体对政府的尊重和这样一种信念，即美国民众不会接受一名小记者称总统为骗子；另一方面是因为华盛顿内部文化的封闭性——在华盛顿的社交圈里大家普遍认为，给别人贴上“骗子”的标签是比真正成为骗子更严重的事情。最终，随着里根主义
305 （Reaganism）的兴起和共和党极右势力地位的崛起，许多受意识形态驱使的记者把他们对盟友事业的忠诚看得比他们的新闻责任更重要。当国务院官员约瑟夫·威尔逊着手揭露小布什关于尼日尔铀交易方面的谎言时，记者罗伯特·诺瓦克

（Robert Novak）通过曝光威尔逊妻子的中情局特工身份，在破坏威尔逊的可信度方面发挥了极其重要的作用。诺瓦克在伊朗门危机期间承认，只要官方的谎言对他所信任的意识形态事业有帮助，他完全不介意充当官方谎言的传播者。诺瓦克还表示，他"钦佩"里根政府的官员埃利奥特·艾布拉姆斯在电视节目中向他撒谎，以便掩盖美国政府在支持尼加拉瓜反政府武装方面发挥的作用。[44]诺瓦克承认，对他而言忠于意识形态比真相重要，就像他在"特工门事件"（Wilson-Plame affair）中扮演的角色一样，但这并没有削弱他在华盛顿顶级记者小圈子中的地位，也没有危及他作为《华盛顿邮报》专栏作家和CNN常驻评论员的身份。

这种遵从——更不用说意识形态上的自我审查——不仅不符合国家利益，对总统本人也是一种伤害。本书所研究的案例表明，总统对国家撒下弥天大谎，对自己没有任何好处，而记者对那些谎言不置一词，无论是对记者自己还是对总统都没有任何好处。正如本·布莱德利就这一话题所提出的那样："试想一下，如果美国人当时知道他们的领导人认为［越南］战争正在迅速恶化，历史会发生怎样的变化？在接下来的7年里，成千上万的美国人和更多亚洲人的生命将得到拯救。这个国家可能永远不会对其领导人失去信心。"[45]

事实上，美国总统诚实守信的美德已经变得可有可无。无论美国公民是否意识到，总统一职现在运行在一个"后真相"政治环境中。无法再通过媒体——《第一修正案》赋予媒体的权力和责任——来让总统保持诚实。美国入侵伊拉克后似乎每天都在发生的死亡、破坏以及战争造成的混乱局面似乎正是无视"现实"所要付出的代价。

就乔治·W.布什而言，他个人也在一定程度上为撒谎付出了代价。2004年2月，随着戴维·凯揭露伊拉克武器计划的真实状况，小布什的支持率大幅度下降。[46]一项由《时代》周刊和CNN共同发起的民意调查显示，此时只有44%的美国人认为小布什是“一个值得信赖的领导人”。[47]然而，根据《华盛顿邮报》走访的许多外交政策专家的说法，对于美国和
306 全球未来的安全来说更为严重的是，小布什的不诚实行为严重破坏了政府的海外信誉，破坏了美国基于其良好的信誉在全球范围内展开交易的能力以及美国情报的价值。这些后果并非空谈。“外交政策的反冲是非常严重的”，五角大楼国防咨询委员会（Pentagon’s Defense Advisory Board）成员、十分强硬的战争支持者肯尼斯·阿德尔曼（Kenneth Adelman）承认道。小布什总统时期的国务院政策规划办公室（Department of State Policy Planning office）（共和党）负责人理查德·哈斯（Richard Haas）承认，谎言的后果是，“美国今后将更难争辩说，情报机构证明有必要进行一些有争议的行动，如预防性攻击。”[48]

“让世界重新开始”

为什么美国总统会认为在他们最重要的决定上必须欺骗国会、媒体以及国民呢？也许在亚伯兰·M. 舒尔斯基（Abram M. Shulsky）的论点中可以找到对这种行为最优雅的辩护，他被小布什总统的伊拉克战争的一些策划者奉为导师。舒尔斯基是美国五角大楼特种部队办公室（Pentagon’s Office of Special Forces）的负责人，该团队的工作成果被用来推翻中情局的专业分析并支持战争。他和这场战争的主要思想启蒙者、国防部副部长保罗·沃尔福威茨（Paul Wolfowitz）以及其他许多新保守主义者一样，都是已于1973年离世的政治哲学家、纳粹德国难民列奥·施特劳斯（Leo Strauss）的崇拜者。舒尔斯基与“新美国世纪计划”（战争战略最初是由该政

府智库所构思）的负责人加里·施密特（Gary Schmitt）一起撰写了一篇发表于1999年的文章，题为“列奥·施特劳斯和情报世界（我们指的不是理性）”[*Leo Strauss and the World of Intelligence (by Which We Do Not Mean Nous)*]。在这篇文章中，两位作者认为施特劳斯的隐微学说“提醒人们注意政治生活可能与欺骗紧密相关。实际上，它表明欺骗是政治生活的常态，而希望（更不用说期望了）建立一个没有欺骗行为的政治体制则是例外”。[49]

芝加哥大学社会思想委员会（Committee on Social Thought at the University of Chicago）主席罗伯特·皮平（Robert Pippin）是施特劳斯的批评者，他解释道：“施特劳斯认为，好的政治家除了有判断力还必须依靠一个小圈子。在国王耳边低语的人比国王更重要。如果你有这样的才能，你就无须为你在公共场合的言行负相应的责任。”纽约大学的哲学家斯蒂芬· 307
霍姆斯（Stephen Holmes）也认为：“他们相信，敌人在撒谎，这时你必须假装同意，但暗地里坚持自己的观点。”他继续道：“整个故事因施特劳斯的（实际上是柏拉图的）思想复杂化了——哲学家不仅要向民众，还要向掌权的政客们说高尚的谎言。”甚至连施特劳斯的崇拜者也承认这一点。施特劳斯在芝加哥大学的好友和同事，同时也是施特劳斯著作的编辑约瑟夫·克洛普西（Joseph Cropsey）解释说，在施特劳斯的思想中，一定程度的公开欺骗被认为是绝对必要的。“政府工作人员在公共场合讲话时必须十分谨慎，这是显而易见的。——‘如果我告诉你真相，我只会帮助敌人’。”[50]

无论背后的动机有多高尚，这一主张都不能真正令人信服。在本书研究的案例中——包括涉及乔治·W.布什的案例——我们发现，总统撒谎主要是为了获得政治上的便利。撒谎的决定是由美国民主实践核心的一个基本矛盾引起的，此外，这些谎言甚至很难说是某种“决定”的结果，因为没有证据表明本书讨论的任何一位总统甚至考虑过说出真相的后果。美国总统别无选择，只能实行大国政治外交政策，但美国公民几乎没有被要求从这些角度去理解这个世界。曾任肯尼迪和约翰逊助手的乔治·鲍尔（George Ball）持不同的意见，他在 1967 年说道：“我们在积极实践结盟和势力范围政治时，使用了威尔逊普世主义 (Wilson Universalism) 的词汇和句法，现在是我们停止用政治夸张法来迷惑自己的时候了。”[51] 当必须达成某项交易并为伟大的目标作出妥协时，美国总统往往宁愿选择欺骗而不是教育。这种选择在美国历史、政治和文化中有着深厚的根基，可以追溯到这个国家的成立本身。

在革命年代，美国人相信他们正在开启托马斯·杰斐逊所说的“人类历史的新篇章”。[52] 在他们看来，将美国与世界其他强国隔离开来的两片广阔的海洋以及他们脚下的土地所提供的丰富的物质资源是神圣眷顾的标志。因此，美国人认为自己处于历来指导国家间关系的大国政治体系之外，不受其约束。托马斯·潘恩（Thomas Paine）曾大声疾呼：“我们有能力开始重新建设世界。”[53] 这句话经常被罗纳德·里根借用。即使是极为理性的亚历山大·汉密尔顿也被这令人兴奋的愿景所感染。他在《联邦党人文集》（*The Federalist Papers*）第一篇中写道：“似乎有下面的重要问题留待我国人民用他们的行为和范例来求得解决：人类社会是否真正有能力通过深思熟虑和
308 成熟选择来建立一个优良的政府，还是他们命中注定只能永远依赖由武力和偶然建立的政治法则生存……由此看来，假使我们选错了自己将要扮演的角色，那就应当将其认为是全人类的不幸。”[54] 在用词的选择上，汉密尔顿呼应了他同时代的本杰明·富兰克林的观点。后者在 1777 年从巴黎写给一个朋友的信中写道：“我们的事业是全人类的事业，我们在捍卫自己的

自由的同时也在为他们的自由而战，这是一个共识。这是上天赋予我们的神圣使命，我相信，上天也已经赋予了我们与之相称的精神和美德。”[55]

开国元勋将战争和贫困的产生归咎于欧洲民族国家之间的政治体系。他们自然倾向于试图将自己完全从外交官和军队的世界中抽离出来。[56]当时国会中的共和党领导人艾伯特·加勒廷（Albert Gallatin）试图限制美国派驻欧洲各国首都的公使人数。他认为，由于美国外交政策的主要目的是服务于商业，派驻领事就可以处理所有必要的外交事务。在1893年之前，美国人甚至拒绝任命大使级别的外交官员，认为这一头衔带有君主主义色彩。加勒廷和他的杰斐逊主义盟友们还强烈反对联邦党人扩充海军的计划，他们坚信这会威胁到国内共和制度的生存。[57]美国试图在享受自由贸易带来的物质利益的同时，保护他们脆弱的共和制度免遭旧世界猖獗的道德病毒的破坏。无论外国势力的动机是什么，开国元勋都劝告其放弃。

华盛顿总统的告别演说成为美国第一个世纪的外交政策“圣训”，他劝告后代要保护他们的神圣实验不受欧洲政治的狭隘敌意的影响，并将和平置于几乎所有其他目标之上。虽然他建议同所有国家“和谐共处”并“自由往来”，但同时劝告美国人“不向他国要求特权或特惠，亦不给予他国以特权或特惠”。华盛顿强调：“期待或指望国与国之间有真正的恩惠，实乃最严重的错误。”[58]约翰·昆西·亚当斯可能是这个国家最为成功的外交家，他采纳了这些观点，并达到了更高的雄辩水平。在1821年，他向后人发出了严厉的警告：

> 无论自由和独立的标准已经或者将要在哪里展现，都将得到她［美国］的心、她的祝福和她的祈祷。但是，她不会到国外去寻找恶魔加以消灭。她真诚地希望所有人都

> 309 获得自由和独立。她将只是自身自由与独立的捍卫者和支持者……她清楚地知道，一旦她投入到其他国家的旗帜之下，即使这是争取独立的旗帜，她就会卷入利益和阴谋以及个人的贪婪、忌妒和野心的战争中无法脱身，而这些战争会披上自由的外衣，篡夺自由的标准……她可能会成为世界的独裁者，不再是她自己精神的统治者。[59]

无论自华盛顿和昆西·亚当斯时代以来世界发生了多大的变化，美国人对国与国之间典型的合作与让步关系几乎没有形成成熟的看法。[60]从18世纪末建国到20世纪初崛起为世界强国，美国经历了收缩与扩张、传教士般的激情与商业帝国主义、对外“孤立”与炮舰外交等时期。然而，美国领导人几乎从未试图解释国家间的外交往来需要耐心的妥协和战略权衡。无论是对内还是对外，无论是设法买卖商品还是寻求拯救灵魂，无论是为世界树立榜样还是强行重整国际社会的排序，美国人都一如既往地认为自己在这个以民族认同为代价而陷入腐败的世界中能够保持清白之身。

在19世纪末和20世纪初，这种摆脱外国影响的愿望转变成一种按照自己的设想重塑世界的狂热传教士般的冲动，这个愿望可能在威尔逊总统时期达到了言辞上的顶峰。在威尔逊看来，与人类有关的任何事情都不可能与美国的利益“毫不相关”。[61]我们是地球上“唯一的理想主义国家”，担负着“通过带来和平和正义来拯救世界的重任”。[62]1915年，威尔逊宣布，美国不能“将我们对个人自由和国家自由发展的热忱局限于只对我们自身造成影响的事件和运动上。哪里有民族在通往独立和权利的艰难道路上跋涉，我们就能在哪里感受到这种热情”。[63]虽然威尔逊传教士般的冲动可能同华盛顿和亚当斯等人的理念（美国应该尽量避免外交纠纷）存在直接的冲突，但它也受到了同样的信念的启发——美国与众不同，比其他国家更为优越，并且肩负神圣的责任，即不能允许自己卷入他国琐碎的、自私自利的行为。威尔逊留下的传统在罗斯福和肯尼迪两位总统的任期内依旧很强大，事实上，这两位总统的演讲都 310
充斥着其特有的华丽辞藻和全球雄心。

这种偏好并不令人惊讶，因为两人都在贯彻一个可能是植根于美国土壤中最深的传统。佩里·米勒（Perry Miller）发表于 1952 年的划时代论文《荒野使命》（*Errand in the Wilderness*）提出，清教徒横渡大西洋一直是“基督教世界大戏中的一个重要组成部分”。清教徒不是作为贫困的难民，而是作为“一支有组织的基督徒工作小组”离开了英格兰。他们决心创造一个可以让家乡的英国同胞效仿的改革的社会模式。[64] 用他们的领袖约翰·温斯罗普（John Winthrop）的话来说，他们是来创建“山巅之城（a City upon a Hill）的，［因为］所有人都在注视着我们”。罗纳德·里根在 1980 年的一次总统竞选全国电视辩论中引述的正是温斯罗普的名言。[65]

“公众舆论及其问题”

美国的政治辞令倾向于接受先验的说法，如里根口中美利坚的神圣起源、美国相对于世界其他国家的道德优势以及所谓对国内外民主的毫不动摇的坚持。然而，正如我们大多数人所承认的那样，事实上我们的历史使这些主张中的每一项都受到相当大的挑战。重要的是，我们还要理解，即使是出于好心，政治民主的实践本身就存在问题，而且只是部分可行。在 20 世纪 20 年代初出版的一系列关于政治民主内部运行的具有远见的著作中，沃尔特·李普曼剖析了他所认为的成功民主共和国运行的必要前提条件——有机会了解公共政策相关细节的、有能力且有公德心的公民。他发现整个理念是个危险的乌托邦，应该被搁置。在李普曼看来，共和主义理论的核心是“全能”（omnicompetent）的公民。“人们相信，只要被告知更多的真相，只要产生更多的兴趣，只要听更多的演讲并阅读更多的报告，就能逐渐掌握指导公共事务的能力。”不幸的是，李普曼得出结论：“整个设想是错误的。”[66]

事实上，李普曼认为，“公众舆论”是根据人们关于世界的“信息地图”（maps）或“信息图像”（images）而不是根据世界本身而形成的。[67]大众的政治意识反映的并不是实际环境，而是介于中间的“拟态环境”（pseudo-environment）。更复杂的一点在于，这种拟态环境被人们感知它的方式进一步破坏了。公民只有有限的时间和注意力用于公众关注的问题。新闻是为大众消费而设计的，因此，媒体必须采用一些相对简单的词语和线性故事情节来讨论高度复杂且绝对非线性的情
311 况。新闻界为了在竞争中赢得更多的读者（和广告收入），竞相采用耸人听闻和极度简化的方式呈现新闻报道，而更重要的信息却不被报道，也得不到关注。李普曼认为，由于新闻工作受到经济条件和专业领域的限制，新闻“杂乱无序地出现［在我们面前］”。如果是报道一场棒球赛的结果、一次横跨大西洋的飞行或一位君主的死亡，这种新闻处理方式是可以接受的。然而，如果遇到更加微妙的情况，新闻工作“就会导致无休止的混乱、误解甚至曲解。例如，在一项政策的成功与否或外国民众的社会状况等问题上，真正的答案既不是肯定的，也不是否定的，而是微妙的，各类证据势均力敌”。[68]必须补充说明的一点是，李普曼在这里提出的问题随着时间的推移变得愈发严重，因为自他的预见性著作出版以来，媒体的炒作力度和公众的冷漠程度都加强了许多倍。

李普曼提出的拟态环境不仅由我们接收的信息组成，它同样由李普曼所谓的“我们头脑中的图景”（the pictures in our heads）组成。选民基于他们自己的个人经历对新闻作出反应，而这些经历包含了影响他们对新闻的解读的某些刻板印象、倾向性和情感联系。我们强调那些证实我们原有信念的东西，而忽视或者贬低那些可能与之矛盾的事物。李普曼把普通民众比作在一场体育赛事中坐在后排的盲人观众。“他不知道正在发生什么，为什么会发生，应该发生什么；他生活在一个他看不见、不理解，也无法指导的世界里。”[69]李普曼悲叹道，因此，在现代社会中，民主只为“理论上应该参与统治的人中的极小部分人”运作。[70]李普曼认为，没有人期望一个钢铁工人、音乐家或者银行家了解物理学，那么为什么要期望这些人了解政治呢？

约翰·杜威在1922年5月3日发表于《新共和》杂志的一篇文章中回复了李普曼的问题，后来又在出版于1927年的一本尽管具有倾向性却非常重要的著作《公众及其问题》（*The Public and Its Problems*）中回应了李普曼。[71]杜威承认，选民不是“全能的”——也就是说“有能力制定政策，判断它们的结果，有能力知道……什么是对自己有好处的”，并热情地分享了他的共和主义理想，即政府可以被组织起来激发公民的慷慨和公民意识。[72]但是，他不同意李普曼对精英阶层善行的乐观信任。杜威称：“一个专家阶层会不可避免地脱离共同利益，成为一个拥有私人利益和私人知识的阶层，而私人知识在社会事务中根本就不是知识。”[73]一个专业的鞋匠可能非常了解如何修鞋，但只有穿鞋的人才知道哪里疼。“民主必须从家庭开始……它的发源地就在友好的社区中。”[74]杜威还指出，不幸的是“漠不关心的态度是普遍冷漠的证据，而冷漠则证明 312
了公众是如此困惑，以至于找不到自我”。[75]

综上所述，以上这些传统至少可以部分解释在美国政治生活中总统的欺骗行为持续存在的原因。一方面，美国人的“头脑中”一直有一幅不切实际的世界图景，这幅图景基于他们对自己的神圣目标、无私的利他主义、民主的诚信的信念，而不是政治、武力和外交的现实情况。但关于这些现实因素的教育仍没有对他们产生影响，部分原因是这些神话在我们的教育系统、媒体和社会话语中的强大影响力以及伴随民主实践的失败。此外，由于美国民众极度厌恶强权政治，而且媒体缺乏足够的商业动机来向其受众传授关于公民素养的基本知识，这些失败被夸大了。即使是那些怀有美好愿望的总统，也会认为欺骗是一个根本无法整合处理国际外交中令人不快的现实的体制所带来的不可避免的后果。无论讲真话多好，鉴于美国文化似乎对撒谎行为有所期待，撒谎的短期代价可以忽略不计。正如弗里德里希·尼采指出的那样，这些诱惑几乎无法抵挡。虽然人们可能渴望“真理合意的对生命有益的结果，但［他们］对于没有结果的纯粹知识漠不关心，［而且］对于可能有害和危险的真理甚至抱有敌意”。至少在谎言被说出的那一刻，人们往往看不到撒谎的长期代价。[76]然而，只要稍作计算就会发现谎言的最终代价是相当高昂的，不仅对国家和民主事业，而且对总统自己的抱负和遗产也是如此。

这种情况能否得到补救，取决于以下两种可能性中的一个：要么未来的总统意识到欺骗的长期代价超过它的短期利益，要么公众成熟到主动自我教育，认识到国际政治中的复杂安排的必要性，以及这些安排不符合这个国家天真的信念，即自己对这个世界来说是一股纯真且仁慈的力量。显而易见的解决方法是说服美国总统相信用长远的战略视角取代他们当前的短期战术性观点的价值。但是，“在政治中，没有什么比从长计议更困难的了”，记者罗纳德·布朗斯坦（Ronald Brownstein）指出，“对于政治家来说，长远的利益几乎不足以说服他们忍受眼前的痛苦。政治学家会说，这个体系偏向于当下而不是未来。父母可能会说政治家的行为就像永远长不大的青少年。政治家和青少年都面临的一个问题是，未来总会到来。”[77]

揭开真相的政治勇气并非完全没有先例。哈里·杜鲁门显 313
然考虑过在他从波茨坦回来后对美国民众坦诚交代，哪怕只有一丁点，直言不讳一直是他备受赞扬的品质。演讲撰稿人塞缪尔·罗森曼在其撰写的一份广播演讲稿中勇敢地承认：“我必须坦白地说，我不喜欢《柏林协议》（Berlin agreement）的这项条款。我仍然不喜欢它。直到会议将要结束的时候，我才同意相关规定。然而，每一项国际协定都有妥协的成分。这一项也不例外。没有一个国家可以期望得到它想要的一切。这是一个相互妥协的问题，是一个愿意对你的邻居让步的问题。在此情况下，有诸多理由可以证明我们采取的行动是正确的，其中大部分内容已经在克里米亚达成了一致。”[78]然而，当杜鲁门面向国民讲话时，他跳过了关于他不赞同协议条款的部分，只是抽象地谈了与邻居妥协的价值。[79]（几乎可以肯定，他指的是划定奥德河—尼斯河线和驱逐当地德国人的问题。）即使是如此平凡无奇且含糊不清的坦白，显然也被认为对总统来说风险过大，无法大声说出来。虽然杜鲁门比大多数美国总统坦白得多，但他在谈到让步和妥协时的措辞非常笼统，不太可能激发对这一特定案例中的是非曲直的真正辩论。在谈及具体细节时，他只提到了协议中那些可能会受美国人欢迎的部分。

要找到一个现代政治家以本书建议的方式讲真话的例子，我们必须将镜头转向法国总统夏尔·戴高乐，在20世纪50年代末和60年代初，法国正与其长期殖民地阿尔及利亚脱离关系。当痛苦的分离时刻到来时，戴高乐没有试图欺骗他的国民。相反，他像对待成年人一样对待他的同胞，建议他们吞下这颗苦果，并找到一种方法，通过其他手段来实现法国的强国目标。这绝非易事。戴高乐为阿尔及利亚的独立作出的让步在国内激发了一场未遂的政变，很多人担心会爆发内战——一个半世纪以来，没有一位美国总统被要求面对这种危险。[80]

除了这些挑战，戴高乐本来可以像美国领导人那样利用冷战这个令人信服的借口为自己的谎言开脱，因为他深知苏联在阿尔及利亚制造麻烦的可能性，以及他无论如何都会因为这方面的问题面临危险。他对一位突尼斯访客说，他担心民族解放阵线（National Liberation Front）可能会落入“赫鲁晓夫的魔掌”，尽管民族解放阵线事实上代表了“高达九成”的阿尔及利亚人，但在戴高乐看来，前一种情况更为重要。他还指
314 出，苏联驻巴黎大使给他留下了“明确的信号，即苏联打算越来越多地干预阿尔及利亚的事务”。[81]然而，戴高乐没有采取任何不诚实的捷径，而采取这种捷径是当今美国总统的第二天性。他允许自己被议会中的右翼成员指责为“投降者”，却成了整个国家的英雄。[82]正如托尼·史密斯（Tony Smith）在他关于这一事件的历史著作中指出的那样：“戴高乐在团结同胞重新认识法国在世界中的地位的同时，使反对者受到孤立且丧失信誉，与之相比，阿尔及利亚只是一个相对次要的问题。凭借在大西洋联盟、欧洲一体化和东欧问题上的大胆政策举措，戴高乐将军恢复了法国在国际舞台上的重要地位。至于阿尔及利亚，他实现了第四共和国在1957年之前不抱任何希望的目标：通过准许阿尔及利亚独立，维护了（事实上甚至提高了）本国人民的尊严。”[83]

如果我们能从本书讲述的故事中学到什么，那就是总统不能在具有潜在严重后果的重要政治事件上，特别是在事关战争与和平的问题上肆无忌惮地说谎。这些谎言必然会变成扼杀撒谎者本身的怪兽。如果罗斯福告诉国民关于雅尔塔会议的真相，那么美国就更有可能参与建立他在签订秘密协议时所设想的

那种世界共同体，而这份协议最终起到了相反的作用。约翰·肯尼迪为确保苏联撤出在古巴的导弹而同意进行交易，但又就交易的本质撒谎。事实证明，撒谎行为对他在冷战竞争的背景下维持持久、稳定的和平这一愿景非常不利。林登·约翰逊不仅摧毁了他建立一个“伟大社会”的远大理想，还失去了他自己的总统职位和他从政的大部分合法依据。而罗纳德·里根通过关于中美洲的谎言创造了一种驱动力，通过这种驱动力，他的顾问们认为他们有权启动一项秘密的、非法的外交和军事政策，而其目的与总统在一些关键领域的既定目标几乎完全相悖，如处理被认定是恐怖分子的政府。当谎言最终被揭穿时，这种现实与目标之间的差距使美国外交陷入了瘫痪，并几乎导致里根政府垮台。在 1992 年，谎言导致老布什的第二次总统竞选以失败告终。

在一个更好的世界里，未来的美国总统会从前任的经验中吸取教训：通过拒绝回答某些问题来保守真正的机密。展现出他们自己和他们支持的政治家的行为最好的一面。为自己和家人创造隐私区域，隔绝所有的公众监督。但是，在任何情况下都不要说谎。

全书注释列表

第一章　引言：关于个人的谎言与总统的谎言

1 Maureen Dowd, “Liberties：Xiao Bushi on the Tiger,” *New York Times,* April 8, 2001.

2 当笔者在电话中向陶曼玲女士（Ms.Dowd）提出这个问题时，她表示她认为威廉·萨菲尔在《纽约时报》杂志的周日专栏“论语言”（On Language）中提出的观点更好。

3 参见“Report：Presidents Washington Through Bush May Have Lied About Key Matters,” *The Onion,* December 4, 2002.

4 Michael Getler, “Wanted：More Woodwards (and Bernsteins),” *The Washington Post,* May 2, 2004.

5 在《纽约时报》详细报道了杰森·布莱尔（Jason Blair）的谎言后，美国各家报纸在两周内提到了他共计 1428 次，除此之外，《纽约时报》发表了一篇长达 1.4 万字的文章评论此事，该文是《纽约时报》有史以来最长的文章之一。关于对布什的欺骗行为的处理的讨论，参见 Susan D. Moeller, “Media Coverage of Weapons of Mass Destruction,” May 5–26, 1998; October 11–31, 2002; May 1–21, 2003, Center for International and Security Studies, University of Maryland (College Park, MD, 2004), *http://www.cissm.umd.edu/documents/WMDstudy_full.pdf.* 此外参见 Eric Alterman, *What Liberal Media？The Truth About Bias and the News,* paperback ed. (New York：Basic Books, 2004), 268–92.

6 然而，奇怪的是，众议院投票通过的弹劾条款并没有明确指出比尔·克林顿究竟犯下什么罪行才值得被弹劾。诚然，我们被告知，他撒了谎并涉嫌密谋妨碍司法公正，但许多总统都做过同样的事，为什么只有克林顿被弹劾？到底是哪一桩谎言导致他被钉在历史的耻辱柱上？幸运的是，虽然文章本身在这一点上完全含糊不清，但众议员弹劾经理比尔·麦科勒姆（Bill McCollum，佛罗里达州共和党代表）愿意提供一个解释。据我所知，这是唯一能解释这部弹劾大戏之谜的史料。在这场戏剧性的听证会上，麦科勒姆向全国观众宣读了他所谓的“我们迄今为止公布的超级档案”的第 547 页。这一页摘自克林顿总统的证词，内容如下：

克林顿：“你可以自己推断，我的证词是，我没有发生过我所理解的性关系。”

问题：“包括摸她的乳房、亲吻她的乳房，或者摸她的外阴部？”

克林顿：“对的。”

麦科勒姆向全国观众说道：“如果有人想知道总统在哪里犯了伪证罪，这就是答案。如果你还记得，这是一个非常具体的定义，包括触摸乳房和外阴部。”参见 Jeffrey Toobin, *A Vast Conspiracy* (New York：Random House, 2000), 360.

7 此段引用自 Eric Boehlert, “The Press vs. Al Gore,” *Rolling Stone,* December 6–13, 2000.

8 关于谎言在 2000 年美国总统大选中的作用的长篇讨论，参见 Alterman, *What Liberal Media？ The Truth About Bias and the News* (New York：Basic Books, 2003), 148–75.

9 Michel de Montaigne, *Essays,* J. M. Cohen, trans. and intro. (New York：Penguin Books, 1978), 31.

10 在她对谎言和撒谎的各种含义进行的极其有益的研究中，埃弗林·沙利文（Evelin Sullivan）仅仅根据安娜·弗洛伊德（Anna Freud）提出的弗洛伊德模式，就列出了欺骗的若干形式。她列举的这些形式如下：

•“否认”（Denial）是“自我”（ego）通过拒绝感知令人不愉快的现实来保护“自性”（self）的方式。

•“压抑”（Repression）是防止痛苦或危险的想法进入意识。

•“转移”（Displacement）是将被压抑的情感（通常是敌意），释放到比实际引起这种情绪的对象危险性更小的对象上。

•“隔离”（Isolation）是从伤害性的情境中将情感分离开来或将不相容的态度用不受逻辑影响地隔开；它通过不允许对冲突的态度或它们之间的关系进行相关的思考来做到这一点。

•“合理化”（Rationalization）是试图向自己证明，自己的行为是合理且正当的，因此值得自己和他人的认可。

•“投射”（projection）是将自己的困难归咎于他人，或将自己的欲望归因于他人。

•“升华”（Sublimation）是通过用一个人所属的文化所接受的非性的欲望来满足或消除受挫的性欲。

•“幻想”（Fantasy）是通过想象中的成就来满足受挫的欲望，最常见的是做白日梦。

•“反应形成”（Reaction formation）是通过夸大对立的态度和行为类型并把它们作为障碍来防止危险的欲望被表达出来。

•“心力内投”（Introjection）是将外部的价值和标准整合到“自我结构”（ego structure）中，这样“自性”就不会受到作为外部威胁的价值和标准的摆布。 埃弗林·沙利文还列出了后来研究人员推荐的其他自我防御机制，包括：

•“扭曲”（Distortion）是指为了满足扭曲者的内心需求而重新塑造外部现实。

•“疑病症”（Hypochondriasis）是把对别人的愤怒转化为对自己的愤怒，然后转化为对疼痛和其他身体症状的感知。

•“消极攻击行为”（Passive-aggressive behavior）是伤害或击败自己，以使他人感到内疚或挫败。

•“解离”（Disassociation）是指将可能引起难以忍受的感觉的想法、记忆或经历从意识中移出。

- “抑制”（Suppression）是指将思想或感觉从意识中排除，但与“压抑”不同的是，它允许在更合适的时间检索记忆。

参见 Evelin Sullivan, *The Concise Book of Lying* (New York：Farrar, Straus & Giroux, 2001), 175–76. 此外参见下列著作，例如 Ludwig Wittgenstein, *Philosophical Investigations,* 2nd ed., G. E. M. Anscombe, trans. (Oxford：Basil Blackwell, 1958); Michel Foucault,*The Archeology of Knowledge,* A. M. Sheridan, trans. (New York：Pantheon, 1972); Jacques Derrida, *Of Grammatology,* Gayatri Chakravoty Spivak, trans. (Baltimore：Johns Hopkins University Press, 1976); William James, *Essays in Pragmatism,*. Albury Castell, ed. and intro. (New York：Hafner, 1948); Richard Rorty, *Philosophy and the Mirror of Nature* (Princeton, NJ：Princeton University Press, 1979); John Dewey, *The Public and Its Problems* (New York：H. Holt and Co., 1927), 这部著作应该同 Walter Lippmann, *Public Opinion* (New York：Penguin Books, 1946, © 1922) 一起阅读。关于其中一些作者以及他们对历史研究提出的问题的有益讨论，参见 Peter Novick, *That Noble Dream: The Objectivity Question and the American Historical Profession* (New York：Cambridge University Press, 1988); Terry Eagleton, *Literary Theory: An Introduction* (Cambridge, MA：Blackwell, 1996, © 1983); Robert B. Westbrook, *John Dewey and American Democracy* (Ithaca, NY：Cornell University Press, 1991); Alan Ryan, *John Dewey and the High Tide of American Liberalism* (New York：W. W. Norton, 1995); Todd Gitlin, *The Twilight of Common Dreams: Why America Is Wracked by Culture Wars* (New York：Metropolitan Books, 1995); Richard Rorty, *Achieving Our Country: Leftist Thought in Twentieth-Century America* (Cambridge, MA：Harvard University Press, 1998) and *Philosophy and Social Hope* (New York：Penguin Books, 1999); Robert F. Berkhofer, *Beyond the Great Story: History as Text and Discourse* (Cambridge, MA：Harvard University Press, 1995); Louis Menand, ed., *Pragmatism: A Reader* (New York：Vintage, 1997); Louis Menand, *The Metaphysical Club: A Story of Ideas in America* (New York：Farrar, Straus & Giroux, 2001); Mark Lilla, *New French Thought: Political Philosophy* (Princeton, NJ：Princeton University Press, 1994) and *The Reckless Mind: Intellectuals in Politics* (New York：New York Review of Books, 2001); James T. Kloppenberg, “Pragmatism：An Old Name for Some New Ways of Thinking？” *Journal of American History* 83 (June 1996)：136–37; Frank Ninkovich, “No Post-Mortems for Postmodernism, Please,” *Diplomatic History* 22 (Summer 1998); Todd Gitlin, “Postmodernism：Roots and Politics—What Are They Talking About？” *Dissent* (Winter 1989); Perez Zagorin, “History, the Referent, and Narrative：Reflections on Postmodernism Now,” *History & Theory* 38 (February 1999).

11 Friedrich Nietzsche, "On Truth and Lie in an Extra Moral Sense"(《真理和谎言之非道德论》这篇尼采的残篇在作者离世后出版)in *The Portable Nietzsche,* Walter Kaufmann, ed., intro., trans. (New York: Penguin Books, 1954), 42–47.

12 Ibid. 在这里，我赞同尼采的观点："什么是词？词是神经刺激的声音摹本。但是，从神经刺激进一步推论到我们之外的一个原因，这就已经是充足理由律的误用和滥用了……各种不同语言的共存表明，对于语词来说，从来就没有什么真理问题，从来就没有什么正确表述问题，否则就不会有如此之多的语言了。'物自体'(与任何后果无关的纯粹真理正应如是)对于语言创造者来说是完全不可理解的东西，而且一点也不值得追求。"

13 Theodore Sorensen, *Kennedy* (New York: Harper and Row, 1965), 509.

14 Seymour Hersh, "A New National Bargain," *OLAM* 5761 (Summer 2000): 15.

15 Ibid.

16 所有《圣经》经文都引用自英王詹姆士钦定译本(King James version)。

17 Sullivan, *The Concise Book of Lying,* 25.

18 St. Augustine, "Against Lying," *Treatises on Various Subjects,* Roy J. Defarrari, ed., *The Fathers of the Church,* vol. 16 (Washington: Catholic University of America Press, 1952), ch. 18, par. 37.

19 参见 Thomas Aquinas, *Summa Theologica,* The Fathers of the English Dominican Province, trans. (London: Burns, Oates & Washbourne, 1922), 2: 2 ques. 100, art. 4; and "The Evil of Lying," in *Summa of Theology: The Pocket Aquinas,* Vernon J. Bourke, ed. (New York: Washington Square Press, 1968), 218.

20 被称为"礼仪女士"(Miss Manners)的社会哲学家在这方面也表达了一致的观点，她解释说："在礼仪女士看来，用'你看起来很糟糕'和'我觉得你的聚会太无聊了，我宁愿待在家里什么都不做'来代替'见到你真好'和'哦，对不起，我很忙'这种罪恶的不实之词是不合适的。"参见 Judith Martin, *Miss Manners Rescues Civilization* (New York: Crown, 1996), 96.

21 参见 Immanuel Kant, "On the Supposed Right to Lie from Altruistic Motives," in *The Critique of Practical Reason and Other Writings,* Lewis White Beck, ed. and trans. (Chicago: University of Chicago Press, 1949), 346–50. Benjamin Constant from France, 1797, part VI, no. 1, 121–24, is quoted in Kant's essay. 此外参见 Benjamin Constant, *Political Writings,* Biancamaria Fontana and Raymone Guess, eds. (New York: Cambridge University Press, 1988).

22 Hannah Arendt, "Lying in Politics: Reflections on the Pentagon Papers," in *Crises of the Republic* (New York: Harcourt Brace Jovanovich, 1972), 4.

23 参见 Deborah A. Kashy and Bella M. DePaulo, "Who Lies," *Journal of Personality and Social Psychology* 70(5) (1998): 1037.

24 Bella M. DePaulo, Deborah A. Kashy, Susan E. Kirkendol, Melissa M. Wyer, and Jennifer A. Epstein, "Lying in Everyday Life," *Journal of Personality and Social Psychology* 70(5) (1998): 991, 993.

25 David Shaw, "Tinseltown Spins Yarns—Media Take Bait," *Los Angeles Times,* February 12, 2001.

26 John Horn, "The Reviewer Who Wasn't There," *Newsweek,* June 11, 2001.

27 Liza Featherstone, "Faking It: Sex, Lies, and Women's Magazines," *Columbia Journalism Review,* March 2002, *http://www.alternet.org/story.html？ StoryID=12543.*

28 *Wall Street Journal,* June 20, 2002; *New York Times,* June 22, 2002 (关于美国来德爱公司的具体情况); *New York Times,* June 26, 2002 (关于沃尔玛公司的具体情况); *Washington Post,* June 26, 2002, and *Wall Street Journal,* September 19, 2002 (*http://online.wsj.com/home/us*) (关于世界通信公司的具体情况); *Wall Street Journal,* June 28, 2002 (关于施乐公司的具体情况); *Wall Street Journal,* August 7, 2002 (关于泰科国际的具体情况).

29 James Lardner, "Why Should Anyone Believe You？" *Business 2.0,* March 2002, 42.

30 Tim Rutten, "Digging for the Truth in Colson's Column," *Los Angeles Times,* March 29, 2002, *http://www.imglmb1.com/tribune/0207/tld_att_latimes.html.*

31 Louis Menand, "False Fronts," *New Yorker,* July 23, 3001.

32 Sally Quinn, "Not in Their Backyard: In Washington, That Letdown Feeling," *Washington Post,* November 2, 1998.

33 Ibid.

34 George F. Will, *Washington Post,* December 20, 1998.

35 Thomas Nagel, "The Shredding of Public Privacy," *Times Literary Supplement,* January 24, 1999.

36 参见 Sissela Bok, *Lying: Moral Choices in Public and Private Life* (New York: Vintage, 1978), 139.

37 参见 Walter Lippmann, *The Phantom Public* (New York: Macmillan and Co., 1924), 13–14.

38 Dean Acheson, *Present at the Creation: My Years in the State Department* (New York: W. W. Norton, 1969), 375.

39 罗伯特·恩特曼（Robert Entman）指出，关于公众使用新闻媒体情况的最详细数据来自密歇根大学政治研究中心（University of Michigan Center for Political Studies, CPS）1974 年的全国调查，调查结果显示，公众使用新闻媒体的实际情况未能达到这些期望。受访者中，表示自己"经常"阅读两份或三份报纸和所有四类新闻报道的受访者只占样本的 5.6%；表示自己经常阅读这四类文章但只阅读一份报纸的人占样本的 6.5%，因此经常阅读的人总共不超过 12%。从另一个角度来看，略低于 1/7 的美

国人 (13.7%) 表示，他们经常阅读两份或两份以上的报纸并观看全国晚间新闻。所有这些数据都是基于受访者的自我报告和“经常”（frequently）等不精确的类别得出的；几乎可以肯定的是，调查结果高估了真实的媒体使用情况。大多数人认为应该表现出兴趣，许多人夸大了他们的良好公民身份。认真并习惯性地关注各种媒体的人数可能比数据显示的要少。

在密歇根大学政治研究中心于 1984 年进行的调查中，不太详细的调查问题也引出了类似的结果。例如，那些报告说在上个星期有 5 天、6 天或 7 天在电视上看全国新闻的人和经常阅读两份或三份报纸的人共占样本的 15.5%，这接近 1974 年的结果。在过去的 10 年里，每户的报纸发行量和全国新闻节目收视率都有显著的下降。这些数据表明，只有不超过 15% 的公众达到了通过广泛且深入地使用各种媒体来监测公共事务的标准。1984 年的调查还询问了受访者这样的问题：在 1984 年的选举前后，哪个政党在众议院和参议院拥有多数席位？选举并没有改变政党的主导地位；民主党已经控制了众议院 30 年，共和党控制了参议院 4 年。在该问题的 4 个小问题中（选举前在众议院和参议院占据多数席位的政党，选举后在众议院和参议院占据多数席位的政党）只有 19.7% 的受访者答对了 4 个小问题，有 6% 的受访者答对了 3 个小问题。而受访者中，大约一半的受访者答对了 1~2 个小问题，有 1/4 的受访者回答说不知道。再思考一下这个问题：在 1956 年，有 45% 的公众无法说出自己所在选区内任何国会候选人的名字。1984 年，这一比例为 68%。如果说数据中有什么趋势，那就是尽管教育程度不断提高，媒体数量不断增加，但是民众的信息掌握程度和投票意愿并没有提高。基奇·阿达托（Kiky Adato）补充了一段材料，以说明这种情况，他指出 1968~1988 年期间，新闻报道中插入总统候选人原声摘要的时常从 1968 年的 42.3 秒下降到 1988 年的 9.8 秒。1968 年，几乎有一半的原声摘要在 40 秒或以上，而在 1988 年，这一比例不到 1%。1968 年，在晚间新闻中，候选人的原声摘要经常长达 1 分钟以上。20 年后，这种情况完全不存在了。参见 Robert N. Entman, *Democracy Without Citizens: Media and the Decay of American Politics* (New York：Oxford University Press, 1989), 23–26; Kiky Adato, “The Incredible Shrinking Sound Bite” (Cambridge, MA：Joan Shorenstein Barone Center, June 1990), 4; and James S. Fishkin, *Democracy and Deliberation: New Directions for Democratic Reform* (New Haven：Yale University Press, 1991), 52.

40 估计关注公众的人数（占人口百分比）：

Author	*Date*	*Type of Indicator*	*Size*
Free and Cantril	1967	Knowledge	26
Kriesberg	1949	Knowledge	25
Devine	1970	Behavior, interest, media exposure	25
Genco	1984	Interest, media exposure	22

NSB NSF	1983	Interest, knowledge, media exposure	20
Cohen	1966	Knowledge	19
Marttila & Kiley	1985	Knowledge	18
Levering	1978	Knowledge	15
V.O. Key	1961	Interest	15
Rosi	1965	Behavior, knowledge	13
Rosenau	1961	Behavior, interest	10
Cohen	1966	Behavior, interest	9
SSRC	1947	Knowledge	8

参见 Thomas W. Graham, "Public Opinion and U.S. Foreign Policy Making Decision Making," in David A. Deese, *The New Politics of American Foreign Policy* (New York：St. Martin's Press, 1994).

41 参见 John Stuart Mill, *Considerations on Representative Government* (South Bend, IN：Gateway Editions, 1962), 34.

42 转引自 Edward Walsh, "Harbury Loses Bid to Sue U.S. Officials," *Washington Post,* June 21, 2002. 此外参见 Wendy Kaminer, "Lies and Consequences," *American Prospect* 13(9), May 20, 2002.

43 Sissela Bok, *Secrets: On the Ethics of Concealment and Revelation* (New York：Vintage Books, 1983), 177.

44 John M. Orman, *Presidential Secrecy and Deception* (Westport, CT：Greenwood Press, 1980), 4.

45 参见 William Earl Weeks, *John Quincy Adams and American Global Empire* (Lexington：University Press of Kentucky, 1992), 99, 144, 145.

46 *http://www.sewanee.edu/faculty/Willis/Civil_War/documents/Lincoln5por.html.*

47 参见 Walter LaFeber, *The American Age: United States Foreign Policy at Home and Abroad Since 1750* (New York：W. W. Norton, 1989), 382. 此外参见 Richard J. Barnet, *The Rocket's Red Glare: When America Goes to War—The President and the People* (New York：Simon & Schuster, 1990), 214; Robert Dallek, *Franklin D. Roosevelt and American Foreign Policy: 1932–1945* (New York：Oxford University Press, 1979); and Warren F. Kimball, *The Juggler: Franklin Roosevelt as Wartime Statesman* (Princeton, NJ：Princeton University Press, 1991).

48 John A. Thompson, "The Exaggeration of American Vulnerability：The Anatomy of a Tradition," *Diplomatic History* 16(1) (1992)：28.

49 参见 Barnet, *The Rocket's Red Glare,* 211.

50 参见 LaFeber, *The American Age,* 382; Barnet, *The Rocket's Red Glare,* 207, 214; Dallek,

Franklin D.Roosevelt and American Foreign Policy, 312–13; Eric Alterman, *Who Speaks for America？ Why Democracy Matters in Foreign Policy* (Ithaca, NY：Cornell University Press, 1998), 72–74; and Kimball, *The Juggler,* introduction. 此外参见 Thompson "The Exaggeration of American Vulnerability"; and Richard W. Steele, "The Great Debate：Roosevelt, the Media, and the Coming of the War, 1940–1941," *Journal of American History* 71, no. 1 (1984)：71–75. 美国卷入第二次世界大战的原因，特别是围绕罗斯福以及他先前是否对珍珠港袭击事件有任何了解的问题，近 50 年来一直是相当有争议的话题。海军部长弗兰克·诺克斯（Frank Knox）在袭击发生后立即进行的调查，以及由最高法院法官欧文·罗伯茨（Owen Roberts）领导的一个杰出的军事专家小组在随后的几个月里进行的调查都得出结论，罪魁祸首是太平洋司令部，而不是美国政府内部的阴谋。到 11 月底，太平洋司令部已经处于最高警戒状态，而珍珠港只是日本人的若干潜在目标之一。此外，罗伯塔·沃尔斯泰特（Roberta Wohlstetter）和大卫·M. 肯尼迪（David M. Kennedy）等学者经过深入研究认为，用肯尼迪的话说，"鉴于总统毫不动摇地坚持大西洋和欧洲战区的优先地位，以及海军和军事顾问都确信真正危险的对手不是日本而是德国，阴谋论的说法根本经不起推敲"。（然而，肯尼迪确实指责罗斯福没有寻求外交解决方案。）然而，关于罗斯福共谋的理论经久不衰，被他的共和党对手和极右翼孤立主义媒体反复炒作。无论是当时公布的资料还是后来发现的证据，都不能证明罗斯福对日本的威胁有所疏忽。最近两项研究成果，参见 Howard W. French, "Pearl Harbor Truly a Sneak Attack, Papers Show," *New York Times,* December 9, 1999; and Thomas Fleming, *The New Dealers' War: FDR and the War Within World War II* (New York：Basic Books, 2001), 45–48. 此外参见 David M. Kennedy, *Freedom from Fear: The American People in Depression and War, 1929–1945* (New York：Oxford University Press, 1999), 524–25; and Roberta Wholstetter, *Pearl Harbor: Warning and Decision* (Stanford, CA：Stanford University Press, 1962), 44–47. 有些人认为珍珠港事件是罗斯福总统留下的"后门"，关于这方面的讨论，参见：Charles A. Beard, *President Roosevelt and the Coming of the War, 1941: A Study in Appearances and Realities* (1948; reprinted, Hamden, CT：Shoe String Press, 1968); and Charles Tansill, *Back Door to War: The Roosevelt Foreign Policy, 1933–1941* (Chicago：Regnery, 1952). 这一观点被以下学者所质疑：James B. Crowley, "A New Deal for Japan and Asia：One Road to Pearl Harbor," in *Modern East Asia: Essays in Interpretation,* Crowley, ed. (New York：Harcourt, Brace, 1970), 235–63; and Herbert Feis, "War Came at Pearl Harbor：Suspicions Considered," *Yale Review* (1951). 早期的反驳性概述，参见 Samuel E. Morrison, "Did Roosevelt Start the War？ History Through a Beard," *Atlantic Monthly* (August 1948)：91–97.

51 参见 Thomas A. Bailey, *Man in the Street: The Impact of American Public Opinion on Foreign Policy* (New York：Macmillan, 1948), 13.

52 Orman, *Presidential Secrecy and Deception,* 46.

53 参见 “United States Objectives and Programs for National Security,” April 14, 1950, *Foreign Relations of the United States, 1950,* vol. I (Washington, D.C.：GPO, 1977), 244, 234–92. 此外参见 Ernest May, ed., *American Cold War Strategy: Interpreting NSC 68* (Boston：St. Martin's Press, 1993).《长电报》参见 George F. Kennan, *Memoirs: 1925–1950* (Boston：Little Brown, 1967), 271–97. 此外参见他以 X 先生这一化名在其论文 “The Sources of Soviet Conduct,” 中对《长电报》的核心论点进行的阐述，*Foreign Affairs,* July 1946. 此外参见 Michael J. Hogan, *A Cross of Iron: Harry S. Truman and the Origins of the National Security States, 1945–1954* (New York：Cambridge University Press, 1998), 10, 12.

54 参见 James Bamford, *Body of Secrets: Anatomy of the Ultra-Secret National Security Agency from the Cold War Through the Dawn of a New Century* (New York：Doubleday, 2001), 53. 此外参见 Michael R. Beschloss, *Mayday: Eisenhower, Khrushchev and the U–2 Affair* (New York：Harper & Row, 1986), 51–52; and David Wise and Thomas B. Ross, *The U–2 Affair* (New York：Random House, 1962), 83. 关于对《纽约时报》自愿参与艾森豪威尔的欺骗行为的指责，参见 Ted G. Carpenter, *The Captive Press: Foreign Policy Crises and the First Amendment* (Washington, D.C.：Cato Institute, 1995), 56.

55 参见 Bamford, *Body of Secrets,* 54.

56 Ibid., 59–60.

57 Ibid., 60–62. 关于理查德・赫尔姆斯，参见 Thomas Powers, *The Man Who Kept the Secrets: Richard Helms and the CIA* (New York：Alfred A. Knopf, 1979), 304–5.

58 该引文的结尾是：“如果让我再来一次，我们会守口如瓶。”（And if I had to do it all over again, we would have kept our mouths shut.）参见 David Wise, *The Politics of Lying: Government Deception, Secrecy and Power* (New York：Random House, 1973), 35.

59 Richard Morin and Dan Balz, “Americans Losing Trust in Each Other and Institutions; Suspicion of Strangers Breeds Widespread Cynicism,” *Washington Post,* January 28, 1996.

60 Richard Morin and Dana Milbank, “Most Think Truth Was Stretched to Justify IraqWar,” *Washington Post,* February 13, 2004.

61 Albert Hirschman, *The Rhetoric of Reaction* (Cambridge：Harvard University Press, 1991), 36–37. 此外参见 Robert Merton's classic, “The Unanticipated Consequences of Purposive Social Action,” *American Sociological Review* 1 (December 1936)：894–904;and Garrett Hardin, “The Cybernetics of Competition,” *Perspectives in Biology and Medicine* (Autumn 1963)：77.

62 Robert Jervis, *System Effects: Complexity in Political and Social Life* (Princeton, NJ：

Princeton University Press, 1998), 10–11. See also J. R. McNeill, *Something New Under the Sun: An Environmental History of the Twentieth-Century World* (New York：Norton, 2000).

63 Jervis, *System Effects,* 56.

64 关于“因果机制”的讨论，参见 Larry Griffin and Charles C. Ragin, “Some Observations of Formal Methods of Qualitative Analysis,” *Sociological Methods and Research* 23 (1994)：13. 关于“事件的内在逻辑”的讨论，参见 Andrew Abbott, “From Causes to Events：Notes on Narrative Positivism,” *Sociological Methods and Research* 20 (1992)：445. 关于“决策的影响”，参见 Terry Lynn Karl, *The Paradox of Plenty: Oil Booms and Petro-States* (Berkeley：University of California Press, 1991), 11. 关于“路径依赖”概念的有用讨论，参见 James Mahoney, “Path Dependence in Historical Sociology,” *Theory and Society* 29 (2000); and Paul Pierson, “Increasing Returns, Path Dependence, and the Study of Politics,” *American Political Science Review* 94 (June 2000).

65 参见 Chalmers Johnson, *Blowback: The Costs and Consequences of American Empire* (New York：Metropolitan Books, 2000), 8–10.

第二章　富兰克林·罗斯福、哈里·S. 杜鲁门和雅尔塔会议

1 William Safire, “Putin’s China Card,” *New York Times,* June 18, 2001.

2 Jim Hoagland, “Bush with the Vision Thing,” *Washington Post,* June 21, 2001.

3 Diane Shaver Clemens, *Yalta* (New York：Oxford University Press, 1970), 103–4.

4 参见 Russell D. Buhite, *Decisions at Yalta: An Appraisal of Summit Diplomacy* (Wilmington, DE：Scholarly Resources Inc, 1986), 1. 根据美国海军医务部在罗斯福抵达前准备的一份报告，丘吉尔有充分的理由担心虱子。报告中有一部分建议通过在煤油中滴入滴滴涕（D.D.T.）来应对住宿中的“臭虫侵扰”。内容出自“Report of Medical Department Activities at Crimean Conference,” Ross T. McIntire Papers, box 4, Franklin D. Roosevelt Library, Hyde Park, NY (hereafter FDRL).

5 关于罗斯福总统当时的情况，参见 U.S. Department of State, Foreign Relations of the United States (hereafter FRUS), Diplomatic Papers：*The Conferences at Malta and Yalta, 1945* (Washington, D.C.：GPO, 1955), 4–5. 关于丘吉尔首相当时的情况，参见 Winston Churchill, *The Second World War,* Vol. 6：*Triumph and Tragedy* (London：Cassell, 1954), 341. 此外参见 W. Averell Harriman, with Elie Abel, *Special Envoy to Churchill and Stalin, 1941–1946* (New York：Random House, 1975), 390.

6 美国代表团的简报材料如下：“在政治上，虽然本政府可能不反对苏联在该地区［波兰和巴尔干］占据主导地位，但它也不希望看到美国在该地区的影响力完全丧失。”参

见“Reconstruction of Poland and the Balkans：American Interests and Soviet Attitude,” Harry L. Hopkins Papers, container 170, folder 2, FDRL.

7 参见 *Appendix to the U.S.Congressional Record,* 81st Cong., 2nd sess., 1950, XCVI, A541. 此外参见 David Fromkin, *In the Time of the Americans* (New York：Alfred A. Knopf, 1995), 479; Alger Hiss, “Yalta：Modern American Myth,” *Pocket Book Magazine,* no. 3, September 1955, 14.

8 莱希多次写道，他对这个项目“没有信心”。参见 William D. Leahy Diary, September 19, October 2, December 15, 1944, reel 3, William D. Leahy Papers, Manuscript Division, Library of Congress, Washington,D.C.; Leahy Diary, February 11, May 20, 1945, reel 4, Leahy Papers. 此外参见 Eben A. Ayers Diary, August 8, 1945, Eben A. Ayers Papers, Harry S. Truman Library, Independence, MO (hereafter HSTL); and Daniel Yergin, *Shattered Peace: The Origins of the Cold War and the National Security State* (Boston：Houghton Mifflin, 1977), 73.

9 参见 Henry L. Stimson Diary, July 15–24, 1945, Henry L. Stimson Diaries, Manuscript Division, Library of Congress, Washington, D.C.

10 关于卡特利奇的情况，参见 Richard Reeves, “Why Presidents Lie,” *George,* May 2000, 54.

11 Geoffrey Ward, *A First-Class Temperament* (New York：Book-of-the-Month Club,1989), xiii.

12 Ibid., 5.

13 Franklin D. Roosevelt, Public Papers, 1944–45, vol. 13, 405.

14 参见 Louis Halle, *The Cold War as History* (New York：Chatto and Windus,1967); Dexter Perkins, *The Diplomacy of a New Age: Major Issues in U.S.Policy Since 1945* (Bloomington：Indiana University Press, 1967); Robert Divine, *Roosevelt and World War II* (Baltimore：Johns Hopkins Press, 1969); Arthur M. Schlesinger Jr., *The Vital Center* (Boston：Houghton Mifflin, 1949); Arthur M. Schlesinger Jr., “The Origins of the Cold War,” *Foreign Affairs* 46 (October 1967); Arthur M. Schlesinger Jr., *The Crisis of Confidence* (New York：Houghton Mifflin, 1969); Herbert Feis, *From Trust to Terror: The Onset of the Cold War, 1945–1950* (New York：W. W. Norton, 1970); Herbert Feis, *The War They Waged and the Peace They Sought* (Princeton, NJ：Princeton University Press, 1957); Herbert Feis, *Between War and Peace: The Potsdam Conference* (Princeton, NJ：Princeton University Press, 1960); Robert Maddox, The *New Left and the Origins of the Cold War* (Princeton, NJ：Princeton University Press, 1973); Robert W. Tucker, *The Radical Left and American Foreign Policy* (Baltimore：Johns Hopkins Press, 1971); John Lewis Gaddis, *The United States and the Origins of the Cold War, 1941–1947* (New York：Columbia University Press, 1972);

William Henry Chamberlin, *America's Second Crusade* (Washington, D.C.: Regnery, 1950); Lisle Rose, *After Yalta: America and the Origins of the Cold War* (New York: Scribner, 1973); Adam B. Ulam, *Expansion and Co-Existence: The History of Soviet Foreign Policy* (New York: Praeger, 1968); William Taubman, *Stalin's American Policy: From Entente to Détente to Cold War* (New York: W. W. Norton, 1982); Charles S. Maier, "Revisionism and the Interpretation of Cold War Origins," *Perspectives in American History* 4 (1970): 313–47; Hugh Thomas, *Armed Truce: The Beginnings of the Cold War, 1945–46* (New York: Atheneum, 1987); Norman A. Grabner, "Cold War Origins and the Contemporary Debate: A Review of Recent Literature," *Journal of Conflict Resolution* 13 (March 1969): 123–32; Henry A. Kissinger, *Diplomacy* (New York: Simon & Schuster, 1994). 此外参见 Churchill, *The Second World War.*

15 参见 William Appleman Williams, *The Tragedy of American Diplomacy* (New York: Dell Publishing Company, 1959 and 1972); William Appleman Williams, *American- Russian Relations, 1781–1947* (New York: Octagon Books, 1952); Denna Frank Flemming, *The Cold War and Its Origins, 1917–1960* (Garden City, NY: Doubleday, 1961); Gar Alperovitz, *Atomic Diplomacy: Hiroshima and Potsdam—The Use of the Atomic Bomb and the American Confrontation with Soviet Power* (New York: Simon & Schuster, 1965); Barton J. Bernstein, ed., *Towards a New Past: Dissenting Essays in American History* (New York: Pantheon Books, 1968); Barton J. Bernstein, ed., *Politics and Policies of the Truman Administration* (Chicago: Quadrangle Books, 1970); Gabriel Kolko, *The Politics of War: The World and United States Foreign Policy, 1943–1945* (New York: Random House, 1968); Bruce Kulick, *American Policy and the Division of Germany: The Clash with Russia over Reparations* (Ithaca, NY: Cornell University Press, 1972); Lloyd C. Gardner, *Architects of Illusion: Men and Ideas in American Foreign Policy, 1941–1949* (Chicago: Quadrangle Books, 1970); Athan Theoharis, *The Yalta Myths: An Issue in U.S. Politics, 1945–1955* (New York: Oxford University Press, 1970); Martin Sherwin, *A World Destroyed: The Atomic Bomb and the Grand Alliance* (New York: Knopf, 1975); Yergin, *Shattered Peace;* Thomas J. McCormick, *America's Half-Century* (Baltimore: Johns Hopkins University Press, 1989); Deborah Welch Larson, *Origins of Containment: A Psychological Explanation* (Princeton, NJ: Princeton University Press, 1985); Fred Inglis, *The Cruel Peace: Everyday Life in the Cold War* (New York: Basic Books, 1991); Carolyn Eisenberg, *Drawing the Line: The American Decision to Divide Germany, 1944–1949* (New York: Cambridge University Press, 1996); Christopher Lasch, "The Cold War: Revisited and Revisioned," *New York Times Magazine,* January 14, 1968; Edward Pessen, *Losing Our Souls: the American Experience in the Cold War* (Chicago: I. R. Dee,

1993).

16 参见 John Lewis Gaddis, "The Emerging Post-Revisionist Synthesis on the Origins of the Cold War," *Diplomatic History* 7 (Summer 1983)：171–90.（此外参见 Lloyd C. Gardner, Lawrence S. Kaplan, Warren F. Kimball, and Bruce Kuniholm 这几名学者的回应。）; John Lewis Gaddis, *We Now Know: Rethinking Cold War History* (New York：Oxford University Press, 1997); Geir Lundested, *The American Non-Policy Toward Eastern Europe* (New York：Humanities Press, 1975); Melvyn Leffler, *A Preponderance of Power: National Security, the Truman Administration and the Cold War* (Stanford, CA：Stanford University Press, 1992); Fromkin, *In the Time of the Americans;* Vladislav Zubok and Constantine Pleshakov, *Inside the Kremlin's Cold War: From Stalin to Khrushchev* (Cambridge, MA：Harvard University Press, 1996); Michael J. Hogan, *A Cross of Iron;* Marc Trachtenburg, *A Constructed Peace: The Making of the European Settlement, 1945–1963* (Princeton, NJ：Princeton University Press, 1999).

17 Gaddis, *We Now Know,* 25. 然而，许多历史学家质疑加迪斯（Gaddis）的观点。例如，沃捷特克·马斯特尼（Vojtech Mastny）写道："尽管斯大林在意识形态上很执着，但革命对他来说只是一种获取权力的手段，而不是目标本身。"祖博克（Zubok）和普列沙诺夫（Pleshakov）也同样指出，斯大林推动世界革命，这本身并不是一个目标，重要的是它为建立一个强大的苏联提供了理由。参见 Vojtech Mastny, *Cold War and Soviet Insecurity: The Stalin Years* (New York：Oxford University Press, 1996), 3–5; Zubok and Pleshakov, *Inside the Kremlin's Cold War,* 15.

18 Melvyn Leffler, "The Cold War：What Do 'We Now Know'？" *American Historical Review* (April 1999)：523.

19 吉姆·阿特伍德上校（Colonel Jim Atwood）引述卢修斯·克莱将军（General Lucius Clay）的讲话，CNN, *The Cold War,* episode 9, "The Wall," broadcast November 22, 1998.

20 Robert E. Sherwood, *Roosevelt and Hopkins: An Intimate History* (New York：Harper Brothers, 1948), 869.

21 Ibid., 870.

22 "Big 3 Agreement Lauded by Hoover," *New York Times,* February 13, 1945.

23 "Congress Leaders Praise Big Three," *New York Times,* February 13, 1945. 此外参见 Sherwood, *Roosevelt and Hopkins,* 870.

24 "History at Yalta," *New York Times,* February 14, 1945, 在这篇报道中，《泰晤士报》庆祝了会谈的结果，并称这场会谈"不仅不负众望，而且大大超出了众人的预期。"《华盛顿邮报》指出，会议成果将"消除许多有关盟国关系的祸根……"《基督教科学箴言报》表示自己"对在合作精神和实践方面取得的重大进步感激不尽"。亲共和党的《纽约先驱论坛报》(*New York Herald Tribune*)表示,“会议在整体上逻辑自洽、非常理性,并且提供了一个坚实的基础,我们可以在此基础上共同将我们面前的艰巨任务推进到下一阶段”。该报还指出,“最重要的事实”是,这次会议“再次证明了盟国的团结、力量和决断力”。《费城纪录报》(*Philadelphia Record*)称这场会议为“联合国在第二次世界大战中取得的最大的胜利”。参见“Pro and Con of National Issues: Crimea Meeting Press Appraisal of the Results,” *U.S. News & World Report,* February 23, 1945. 此外参见 Hiss, “Yalta: Modern American Myth,” 7; James F. Byrnes, *Speaking Frankly* (New York: Harper Brothers, 1947), 45.

25 “After Yalta: So the Big Three Didn't Break Up After All, Now What ? ” *Life,* February 26, 1945.

26 *Time,* February 19, 1945.

27 Walter Lippmann, “Today and Tomorrow,” *New York Herald Tribune,* February 15, 1945.

28 关于卡廷惨案和罗斯福总统获知情报的时间的相关情况,参见 Benjamin B. Fischer, “Stalin's Killing Field,” *Studies in Intelligence* (Winter 1999–2000): 63,64.

29 截至 1944 年,将近一半的美国民众认为苏联是可以信赖的伙伴。关于官方和非官方的亲苏宣传,参见 Melvin Small, “How We Learned to Love the Russians: American Media and the Soviet Union During World War II,” *Historian* 36(3) (1974): 475.

30 U.S. Department of State, *The Fort-nightly Survey of American Opinion on International Affairs,* no. 19, March 7, 1945, 2–3.

31 “After Yalta: So the Big Three Didn't Break Up After All, Now What ? ” *Life,* February 26, 1945.

32 历史学家阿森·塞奥哈里斯(Athan Theoharis)指出,在签署协议时,在 28 个国会选区中波兰裔美国人在投票人口中占很大比例,因此,可以预测这些选区的代表会对协议提出最严厉的批评。它们主要分布在纽约市、芝加哥、克利夫兰、底特律、密尔沃基、加里、布法罗、威斯康星州北部以及康涅狄格州、新泽西州和宾夕法尼亚州的工业区。参见 Theoharis, *The Yalta Myths,* appendix Q, 238.

33 参见 The Honorable John Lesinski to Franklin D. Roosevelt, February 24, 1945, Papers of Harry S. Truman, President's Secretary's Files, box 186, Misc. Correspondence file, HSTL. 关于波兰裔美国人大会的内容,参见“Memorandum to the Senate of the United States on the Crimea Decisions Concerning Poland,” March 1945, Papers of Harry S. Truman, SMOF: Naval Aide to the President Files, 1945–53, box 7, Communications file, “Churchill to Truman, April 1945,” HSTL.

34 参见 Hiss, “Yalta: Modern American Myth,” 8.

35 *Time,* February 26, 1945. 此外参见 Robert L. Messer, *The End of an Alliance: James F. Byrnes, Roosevelt, Truman, and the Origins of the Cold War* (Chapel Hill: University of

North Carolina Press, 1980), 54–70; and Townsend Hoopes and Douglas Brinkley, *Driven Patriot: The Life and Times of James Forrestal* (New York：Vintage Books, 1993［also 1992］), 247.

36 Press and Radio Conference #9 Held by War Mobilization Director James F. Byrnes on Tuesday, February 13, 1945, at 4：05 M.E.W.T., in the Conference Room, East Wing of the White House, James F. Byrnes Papers, folder 637(3), Clemson University Library, Clemson, South Carolina; and Yalta Minutes, February 5–9, 1945, Byrnes Papers, folder 622.

37 Press and Radio Conference #9; and Yalta Minutes, February 6, 1945.

38 *New York Times,* February 11, 1945; and "Yalta Legman," *Newsweek,* February 9, 1945. 对伯恩斯的动机的更多解读，参见 Trachtenburg, *A Constructed Peace* 11–12; and Fraser Harbutt, *The Iron Curtain: Churchill, America and the Origins of the Cold War* (New York：Oxford University Press, 1986), 86–92.

39 伯恩斯从未放弃对雅尔塔的幻想，这对他自己的政治前途来说是一种奇怪，也多少有些可悲的事情。在制造了关于协议的混乱之后——这正是操纵大师罗斯福的意图——伯恩斯最终看到自己的希望幻灭了，他的职业生涯也结束了，因为协议的现实与他在新闻发布会上发表的言论和国会证词不相符。

在 1945 年 4 月 7 日的一篇日记中，哈罗德·伊克斯（Harold Ickes）指出，雅尔塔的幽灵是导致新总统和国务卿之间关系紧张的因素之一。Harold Ickes Diary, April 7, 1945, Harold Ickes Papers, Manuscript Division, Library of Congress, Washington, D.C.

40 James B. Reston, "Light on Foreign Policy Awaited," *New York Times,* February 11, 1945.

41 参见 *New York Times,* February 4, 1945; and Arthur H. Vandenberg, "The Need for Honest Candor：Clarification of Our Foreign Policy," *Vital Speeches of the Day,* February 1, 1945, 226–30. 此外参见 Bernard K. Duffy, "James F. Byrnes's Yalta Rhetoric," *Journal of Political Science* 10(2) (1983)：61–69.

42 赖斯顿后来把自己的报道才能归功于对高层"知情官员"的想法的"剽窃"。参见 Eric Alterman, "The Ultimate Insider," *Columbia Journalism Review* (September–October 1991)：49.

43 James B. Reston, "Pacific War Role for Soviets Hinted," *New York Times,* February 13, 1945.

44 Walter Lippmann, "Today and Tomorrow," March 3, 1945.

45 例如，从伦敦报道的《纽约时报》记者雷蒙德·丹尼尔（Raymond Daniell）在解释罗斯福未能为重组后的波兰争取到有争议的领土利沃夫市的主权背后的原因时几乎是在向读者眨眼示意，他指出："看来克里米亚会议很可能达成了一些秘密协议，为了避免这个词的阴险含义，也许应该称之为君子协定。"对于苏联在波兰问题上的立场，丹尼尔给出了可以想象的最乐观的解释，他暗示斯大林之所以保留苏联对利沃夫的主权，就是为了以政治家风范将其归还给波兰人。丹尼尔指出，斯大林“明确表示，他无意干涉新生波兰的内政”。然而，在本周晚些时候，他又补充了一句谨慎的评论。他写道：“因为这在很大程度上取决于在实践中对2500字公报中的一些笼统和含糊之处的解读……”然而，他以一种极其乐观的语气结束了文章，他说：“告诉各国人民，他们在选择自己的政府形式时将得到三大国的支持这一承诺，可以说是罗斯福先生和美国理想主义的胜利。” Raymond Daniell, “Crimea Parley Provides Pattern for Europe,” *New York Times,* February 18, 1945.

46 “After Yalta：So the Big Three Didn’t Break Up After All, Now What？” *Life,* February 26, 1945.

47 参见 Ross T. McIntire, *White House Physician* (New York：G. P. Putnum’s Sons, 1946), 204–5.

48 关于罗斯福总统的整体状况，参见 Robert H. Ferrell, *The Dying President: Franklin D.Roosevelt, 1944–1945* (Columbia：University of Missouri Press, 1998), 105–9. 斯退丁纽斯在日记中继续写道：“总统似乎休息得很好，很平静，他说他在来这儿的路上得到了充足的睡眠。他说，自从离开华盛顿后，他每天晚上都要休息10个小时，但仍然不明白为什么他没有睡懒觉。”但是他接着又写道：“我要强调的是，从马耳他到克里米亚会议和亚历山大会议，我发现他总是头脑清醒，完全有能力处理每一种情况。有传言说罗斯福在前往雅尔塔的路上或是在会议现场健康状况恶化，据我所知，这样的说法毫无依据。”丘吉尔的私人医生莫兰勋爵回忆说：“以医生的眼光来看，总统是一个病得很重的人。他有脑动脉硬化晚期的所有症状，所以我认为他只能活几个月。”就在他和丘吉尔离开英国去参加会议的前一天，莫兰收到了一封来自美国医学会（American Medical Association）主席、美国医师协会（American College of Physicians）前主席罗杰·李医生（Dr. Roger Lee）的信，信中措辞令人感到十分不安。李医生报告说罗斯福在8个月前突发心脏衰竭，并描述了总统的性情：“他脾气暴躁，如果他必须长时间集中精力，就会变得非常暴躁。”然而，安东尼·艾登指出，“我不认为总统的健康状况恶化影响了他的判断，尽管他在会议上的做法没有那么果断。”在回程中，国际通信社（International News Service）的记者鲍勃·尼克松 (Bob Nixon) 在阿尔及尔上船，他记得总统看起来非常“消瘦、憔悴、苍白”，尽管他的声音听起来不错，精神很好，而且看起来很清醒。参见 Diane Shaver Clemens, *Yalta,* 102–4; 此外参见 Edward R. Stettinius Jr., *Roosevelt and the Russians: The Yalta Conference* (Garden City, NY：Doubleday and Co., 1949), 72; Thomas M. Campbell and George C. Herring, eds., *Diaries of Edward R. Stettinius Jr., 1943–1946* (New York：New Viewpoints, 1975), 235; Lord Charles Moran, *Churchill: Taken from the Diaries of Lord Moran* (Boston：Houghton Mifflin, 1966), 234, 239, 242–43, 247; Anthony Eden, *The Reckoning* (Boston：Houghton Mifflin, 1965), 593. 此外参见 V·别列科夫（V. Bereshkev）写给小亚瑟·施莱辛格（Arthur Schlesinger Jr.）的一封关于罗斯福健康状况的信。据他估计，罗斯福总统警惕性很强，对发生在雅尔塔会议的一切讨论和所达成的协议内容了如指掌。Franklin D. Roosevelt Library, Miscellaneous Documents, box 2, FDRL.

49 参见 Jan Kenneth Herman, "The President's Cardiologist," *Navy Medicine* 81(2) (March–April 1990), 13.

50 事实上，虽然詹姆斯·伯恩斯在一次谈话中指出，罗斯福"在雅尔塔明显不在状态"，但他并没有表示罗斯福的身体状况对他在谈判中的表现产生了不利影响。他甚至认为，由于总统的状况，斯大林可能在一些问题上听从了罗斯福。参见 Davies Diary, June 6, 1945, box 17, Davies Papers.

51 参见 Samuel I. Rosenman, *Working with Roosevelt* (New York：Harper and Co., 1952), 527–28. 罗森曼（Rosenman）还这样评论罗斯福："我对总统不断停顿且无效的讲话方式甚为失望。他的一些即兴发言与会场主题完全不相干，有些讲话内容近乎荒谬。"可以在下列文献中读到罗森曼的这段评论："Oral History Interview with Judge Samuel I. Rosenman," New York, New York, October 15, 1968, and April 23, 1969, interview by Jerry N. Hess, courtesy of the Harry S. Truman Presidential Library, *http://www.trumanlibrary.org/oralhist/rosenmn.htm.*

52 参见 Knud Krakau, "American Foreign Relations：A National Style？" *Diplomatic History* 8(3) (1984)：265.

53 Harriman to Roosevelt, October 10, 1944; Roosevelt to Harriman, October 11, 1944, FRUS, 1944, IV, 1006, 1009; W. Averell Harriman memo of conversations with FDR, October 21–November 19, 1944, Harriman Papers. 此外参见 Rudy Abramson, *Spanning the Century: The Life of W. Averell Harriman, 1891–1986* (New York：William Morrow, 1992), 387; Warren F. Kimball, *Forged in War: Roosevelt, Churchill and the Second World War* (New York：William Morrow, 1997), 289.

54 当伦敦的波兰流亡政府人士读到雅尔塔会议的最终宣言时，他们立即召开会议发表了这样的声明："在波兰问题上采取的方法违背了约束盟国的基本原则，构成了对《大西洋宪章》（Atlantic Charter）的文字和精神以及每个国家捍卫其自身利益的权利的侵犯。"然而，如果这个结果让他们感到惊讶，他们只能怪自己。罗斯福总统早就对他们的要求失去了耐心。罗斯福曾向英国的迈尔斯中尉（Lieutenant Miles）抱怨说："我已经厌倦了这帮人……难道［他们］期望，如果苏联越过自己以前的边界，我们就向乔·斯大林宣战？即使我们想这样做，苏联仍然可以派出两倍于我们总兵力的军队，而我们在这个问题上根本没有发言权。"安东尼·艾登在 1944 年 6 月曾指出："可怜的波兰人如果对这些模糊而慷慨的承诺抱有任何信心，那就真是自欺欺人了。总统以后不会再为这些承诺而感到尴尬了。"虽然丘吉尔在雅尔塔比罗斯福更关心波兰问题，但他也早已对伦敦的波兰流亡政府失去耐心，他认为波兰流亡政府从本质上来说，浪漫主义情怀满满，做事不切实际。在 1944 年秋天，丘吉尔终于爆发了："如果你们不能作出任何决定，你们就不是个政府。你们是一群冷酷无情的，想要摧毁欧洲的人。我要让你们这帮人自生自灭。" 参见 Edward Raczynski, *In Allied London* (London: Weidenfeld and Nicolson, 1962), 266. 此外参见 Lloyd C. Gardner, *Spheres of Influence: The Great Powers Partition Europe from Munich to Yalta* (Chicago: I. R. Dee, 1993); Larson, *Origins of Containment,* 22–24, 78–82.

55 该协议的全文可以在参议院外交委员会的报告中找到：*World War II International Agreements and Understandings,* 83rd Congress, 1st sess., 1953, GPO. 所有引文均来自官方文本。

56 参见 Messer, *The End of an Alliance,* 51. Note that the authors of the original text were James Byrnes and Alger Hiss.

57 Page minutes of meeting of foreign ministers, February 10, 1945. U.S. Department of State, *FRUS, The Conferences at Malta and Yalta, 1945,* 872–3. 此外参见 Mastny, *Cold War and Soviet Insecurity,* 251.

58 相关讨论参见 Barton J. Bernstein, "American Foreign Policy and the Origins of the Cold War," in Bernstein, *Politics and Policies of the Truman Administration,* 21.

59 Woodford McClellan, "Molotov Remembers: Review of 'Sto sorok besed s Molotvym: Izdnevnika F Chuyeva,'" *Cold War International History Project Bulletin* 1 (Spring 1992): 17–20. 此外参见 Felix Chuev, ed., *Molotov Remembers: Inside Kremlin Politics: Conversations with Felix Chuev* (Chicago: I. R. Dee, 1993), 76.

60 参见 William D. Leahy, *I Was There: The Personal Story of the Chief of Staff to Presidents Roosevelt and Truman, Based on His Notes and Diaries Made at the Time* (New York: Whittlesey House, 1950), 315–16. 此外参见 Gardner, *Spheres of Influence,* 237; Melvin Leffler, "Adherence to Agreements: Yalta and the Experiences of the Early Cold War," *International Security* 11: 1 (Summer 1986).

61 该评估出现在 Dimitri Volkogonov, *Stalin: Triumph and Tragedy,* Harold Timken, ed. and trans. (New York: Grove Weidenfeld, 1991), 505.

62 这段关于斯大林的故事来自 Akai Mgeladze, *Stalin, kakim ya ego znal* (Tibilisi, 2001), 137, and is cited in Simon Sebag Montefiore, *Stalin: The Court of the Red Tsar* (New York: Knopf, 2004), 484.

63 参见 Fromkin, *In the Time of the Americans,* 482.

64 美国国务院在会议前撰写的一份报告认为，任何关于三国有效控制波兰的建议都是"不现实的"。作战部长亨利·史汀生告诉国务卿斯退丁纽斯，对于当时波兰的情况，"苏联人在法律层面上拥有绝对意义上的处置权"。论及丘吉尔首相在这件事上的态度，参见 Sir John Colville, *The Fringes of Power: Downing Street Diaries* (London: Norton,

1985), entry for January 23, 1945. 此外参见 Messer, *The End of an Alliance,* 50, for the State Department and Stimson's observations.

65 参见 Edgar Snow, *Journey to the Beginning* (London: Random House, 1959), 357.

66 参见 Churchill, *The Second World War,* vol. 6, 198. 比丘吉尔的这段叙述更为准确的观点，参见 Albert Resis, "The Churchill-Stalin Secret 'Percentages' Agreement on the Balkans, Moscow, October 1944," *American Historical Review* 83(2) (April 1978): 368–78, 该论文基于对下列资料的解读："Anglo-Russian Political Conversations at Moscow, October 9–October 17, 1944," PREM, 9/434/4 9565. 此外参见 "The Meaning of TOLSTOY: Churchill, Stalin and the Balkans, Moscow, October 1944," Joseph M. Siracusa, ed. *Diplomatic History* 3 (Fall 1979): 443–63; Charles Gati, "Hegemony and Repression in the Eastern Alliance," in *Origins of the Cold War: An International History,* Melvyn Leffler and David S. Painter, eds. (London: Routledge, 1994), 175–98; Marc Trachtenberg, *A Constructed Peace,* 4–8; E. L. Woodward, *British Foreign Policy in the Second World War* (London: H. M. O. Stationary Office, 1970–76), 150; F. W. D. Deakin, "European Resistance Movements, 1939–1945," in *British Policy Towards Wartime Resistance in Yugoslavia and Greece,* Phyllis Auty and Richard Clogg, eds. (London: Macmillan, 1975), 244–47; Geoffrey Roberts, "Ideology, Calculation and Improvisation: Spheres of Influence and Soviet Foreign Policy, 1939–1945," *Review of International Studies* (October 1999): 655–73; and Norman Davies, *Europe: A History* (New York: Oxford University Press, 1996), 1037. 读者如果想要了解与罗斯福总统讨论的相关部分，可以在下列文献中查考：*FRUS, 1944, IV,* 1006, and Churchill to Roosevelt, October 18, 1944, and Roosevelt to Churchill, October 22. 读者如果想要了解被删节的苏联档案记录，参见 Oleg A. Rzheshevsky, "Soviet Policy in Eastern Europe, 1944–45: Liberation or Occupation?" in *End of the War in Europe, 1945,* Gill Bennett, ed., (London: HMSO, 1996), 161–72. 在以下文献中转载了丘吉尔的所谓备忘录（至少据作者说是这样）：C. L. Sulzberger's *A Long Row of Candles: Memoirs and Diaries, 1939–1954* (New York: Macmillan and Co., 1969),photograph following 525.

67 参见 Churchill, *The Second World War,* vol. 6, 201; and Harriman, *Special Envoy,* 358. 尽管哈里曼提出了建议，但根据霍普金斯的备忘录，美国政府至少在 1944 年春末就知道了这些会谈。Harry Hopkins, "American Policy Toward Spheres of Influence," Harry L. Hopkins Papers, group 24, container 170, folder 1.

68 参见 *Churchill and Roosevelt: The Complete Correspondence,* vol. 3, C–678/1 (May 21, 1944), edited with commentary by Warren F. Kimball (Princeton, NJ: Princeton University Press, 1984). 此外参见 Kimball, *Forged in War,* 252–53; and Kimball, *The Juggler,* 98–99.

69 参见 Fromkin, *In the Time of the Americans,* 483–84; and C. L. Sulzberger, *Such a Peace:*

The Roots and Ashes of Yalta (New York: Continuum, 1982), 88, 95.

70 参见 Briefing Book Paper for the Yalta Conference in U.S. Department of State, *FRUS, The Conferences at Malta and Yalta, 1945,* 234.

71 埃夫里尔·哈里曼观察到，在整个第二次世界大战期间，以及在雅尔塔谈判期间，罗斯福“始终对东欧问题表现出极少的兴趣，除非这些问题影响到美国民众的情绪”。在他的个人文件中，哈里曼甚至引用了罗斯福的话，罗斯福在 1944 年 5 月解释说他不在乎“与苏联接壤的国家是否成为共产主义国家”。参见 Harriman, *Special Envoy,* 366; “Secret and Personal Memorandum of Conversations with the President During Trip to Washington, D.C., October 21–November 19, 1944,” container 175, Papers of W. Averell Harriman, Manuscript Division, Library of Congress, Washington, D.C., 9; and William Larsh, “W. Averell Harriman and the Polish Question, December 1943–August 1945,” *East European Politics and Societies* 7(3) (1993): 545. 对罗斯福和波兰问题的不同解读，参见 Trachtenburg, *A Constructed Peace,* 8–10.

72 参见 U.S. Department of State, *FRUS, The Conferences at Cairo and Tehran, 1943,* 511–512.

73 Zbigniew Brzezinski, “The Future of Yalta,” *Foreign Affairs* 63 (Winter 1984–85): 279; Harriman, *Special Envoy,* 366; Larsh, *W. Averell Harriman and the Polish Question,* 545; and Larson, *Origins of Containment,* 11.

74 所有引用的罗斯福在国会的讲话内容都直接摘自记录于 1945 年 3 月 1 日《国会记录》（*Congressional Record*）的讲话文本和其他资料。

75 有趣的是，这段话似乎完全照搬了波伦写给罗森曼的一份备忘录，其中概述了演讲中要宣告的已取得的胜利。在提到关于波兰的协议条款时，波伦更加直言不讳，但他能够将其描绘成对波兰人民来说最好的解决方案。Charles Bohlen, “Memorandum for Judge Rosenman,” February 18, 1945, Samuel I. Rosenman Papers, container 27, folder 7, FDRL.

76 参见 “Far East: Russian Desires,” Harry L. Hopkins Papers, Sherwood Collection, Book 10: Yalta Conference, group 24, container 337, folder 6, FDRL.

77 参见 Stettinius Jr., *Roosevelt and the Russians,* 98; and Byrnes, *Speaking Frankly,* 42–4.

78 *Congressional Record,* 84th Congress, 1st sess., 1955, CI, Part 3, 3383.

79 根据哈里·霍普金斯的助手从雅尔塔寄给詹姆斯·伯恩斯的一份秘密备忘录，“总统已经从英国首相和斯大林元帅那里得到了完全令人满意的答复，即如果有必要，为美国争取额外的席位。鉴于公报中没有关于这个问题的内容，总统非常希望这个问题的任何方面都不要被私下讨论。”这份备忘录署名为奥格登·凯尼芬少校（Ogden Kniffin, Major, C. E.），参见 Kniffin to Byrnes, February 13, 1945, Byrnes Papers, folder 622.

80 关于杜鲁门这段内容被引用于 Arnold A. Offner, *Another Such Victory: President Truman*

and the Cold War, 1945–1953 (Stanford, CA：Stanford University Press, 2002), 19–20.

81 “我们大英帝国在联合国有 4~5 个席位，如果把英属印度算在内，则有 6 个，但苏联只有一个联合国席位，这对这样一个大会提出了很高的要求。鉴于苏联人已作出或即将作出其他重要让步，我希望能够在这个问题上向苏联人表示友好姿态。除了他们的领头国家，他们应该还有两个加盟共和国得到联合国席位，这不是什么过分的要求，而且在我看来，这样对我们也有利，因为我们不会是唯一一个在联合国拥有多个成员国票数的国家。”参见 Churchill, *The Second World War,* vol. 6, 359–60.

82 参见 Doris Kearns Goodwin, *No Ordinary Time: Franklin and Eleanor Roosevelt: The Home Front in World War II* (New York：Simon & Schuster, 1994), 586.

83 参见 Beatrice Berle and Travis Jacobs, *Navigating the Rapids, 1918–1971: From the Papers of Adolf A. Berle* (New York：Harcourt Brace Jovanovich, 1973), 477.

84 “Roosevelt and Churchill：United but Divided,” *New York Times,* June 11, 1972.

85 参见 Conrad Black, *Roosevelt: Champion of Freedom* (New York：Public Affairs, 2003), 1106.

86 Winston Churchill to Franklin D. Roosevelt, February 28, 1945, Map Room Files, container 7; Churchill to Roosevelt, March 8, 1945, Map Room Files, container 7; Churchill to Roosevelt, March 13, 1945, Map Room Files, container 7; “MR-OUT- 94,” February 3, 1945, Map Room Files, container 21; Churchill to Roosevelt, March 10, 1945, Map Room Files, container 7; and Churchill to Roosevelt, March 27, 1945, Map Room Files, container 7, FDRL.

87 有趣的是，丘吉尔使用了“我们的解释”（our interpretation）一词，他向罗斯福表示，避免实施“苏联人版本的民主”的唯方式是“坚持我们对雅尔塔宣言的解释”。Churchill to Roosevelt, March 27, 1945, Map Room Files, container 7, FDRL.

88 在这份旨在传达英美统一立场的草案中，丘吉尔向斯大林表示，他们认为莫斯科的讨论不符合“雅尔塔的精神，实际上在某些地方也不符合其文字内容”。就莫斯科委员会通过投票否决苏联政府或卢布林波兰政府不欢迎的波兰人，从而阻碍伦敦波兰人加入的做法，丘吉尔表示特别关注。同样，他对莫洛托夫撤回让外部观察员进入波兰的提议表示失望。Churchill to Roosevelt, March 31, 1945, Map Room Files, container 7. 在同一天发送的电报中，罗斯福积极地回应了丘吉尔的电报内容，并把自己的信息也发送给了斯大林。有趣的是，除了表达自己对波兰问题谈判状况的担忧，罗斯福还多次提到美国公众可能会对这些问题感到失望：“我相信您也知道，在美国，要执行政府的任何国内外政策，都需要得到美国人民的真正支持。美国人民自己做决定，任何政府行为都不能改变它。我之所以提到这一事实，是因为您的来信中关于莫洛托夫先生出席旧金山会议的最后一句话使我怀疑您是否充分重视这一因素。”Roosevelt to Churchill, March 31, 1945, Map Room Files, container 7; and Roosevelt to Stalin, March 31, 1945, Map Room

Files, container 7.

89 丘吉尔的语言经常传达出一种强烈的紧迫感。在 1945 年 3 月 13 日给罗斯福的电报中，丘吉尔写道："当然，没有您的援助，我们在莫斯科无法取得任何进展，如果我们步调不一致，波兰的厄运就注定了。" Churchill to Roosevelt, March 13, 1945, Map Room Files, container 7.

90 罗斯福不想直接与斯大林对抗，而是想"在全面政治休战的幌子下"实现妥协。用罗斯福的话说，他们的共同目标是"卢布林波兰人停止针对他们在波兰的政治对手的措施"。Roosevelt to Churchill, March 11, 1945, Map Room Files, container 7. 在 1945 年 3 月 15 日的一份电报中，罗斯福仍试图向丘吉尔保证，英美两国对雅尔塔协议的解释没有分歧。Roosevelt to Churchill, March 15, 1945, Map Room Files, container 7.（在这次交流中，罗斯福和丘吉尔也详细讨论了罗马尼亚的局势。然而，笔者选择把重点放在英美两国在波兰问题上的分歧上，因为相关问题引发了大量的历史评论。）然而，尽管有这些主张，罗斯福一再强调保持克制。他告诫丘吉尔，他们必须考虑到斯大林的观点，即伦敦的波兰流亡人士参与了针对红军的"恐怖主义"活动。同样，他指出，英美两国需要注意自身行动的宣传性含义。他写道："我们必须小心，不要让人觉得我们在提议停止土地改革。这将使卢布林波兰人有机会指责说，只有他们代表农民的利益，反对地主。" Roosevelt to Churchill, March 11, 1945, Map Room Files, container 7.

91 这是因为英美两国的谈判代表试图迫使苏联人接受，总部设在伦敦的波兰流亡人士发挥比苏联人在雅尔塔同意的更大的作用。罗斯福在给丘吉尔的信中承认："如果我们试图回避这样一个事实，即正如协议中明显显示的那样，我们对卢布林波兰人的重视程度要高于对新政府中的其他两个集团，我想我们会被指控为试图推翻克里米亚的决定"。参见 Roosevelt to Churchill, March 29, 1945, Map Room Files, container 7. 斯大林在 3 月 31 日对丘吉尔和罗斯福的电报的回应与罗斯福的信息一致。Stalin to Roosevelt, April 7, 1945, Map Room Files, container 9, folder 3. 此外参见 Leffler, "Adherence to Agreements," 95; and Kimball, ed., *Churchill and Roosevelt,* vol. 3, 593. 此外参见 Harriman, *Special Envoy,* 406–14, 439–40; Charles E. Bohlen, *Witness to History, 1929–1960* (New York：W. W. Norton, 1973), 188–92; and Clemens, *Yalta,* 306.

92 *The Diaries of Sir Alexander Cadogan, O.M., 1938–1945,* David Dilks, ed. (New York：G. P. Putnam's Sons, 1972), 716. 此外参见 Jon Meacham, *Franklin and Winston: An Intimate Portrait of an Epic Friendship* (New York：Random House, 2003), 324.

93 Kimball, *Forged in War,* 322.

94 Bradley F. Smith and Elena Agarossi, *Operation Sunrise: The Secret Surrender* (New York：Basic Books, 1979), 72–104.

95 据哈里曼的说法，罗斯福在一次午餐会上把这事告诉了安娜·罗森博格（Anna Rosenberg）。安妮·奥黑尔·麦考密克（Anne O' Hare McCormick）又将相关内情告诉了哈里曼，她在总统离开华盛顿前往沃姆斯普林斯的那天见过总统。她后来跟哈里曼分享了她最后一次同总统谈话的回忆。总统告诉她，虽然总统本人“完全相信他在向国会提交的关于雅尔塔会议决定的报告中所说的话”，但他还是得出结论说，“埃夫里尔是对的；我们不能和斯大林做生意。他违背了在雅尔塔作出的每一个承诺。”哈里曼接着又说道：“但他发现斯大林不是个言而有信的人；要么就是斯大林无法控制苏联政府。”这一信息载于哈里曼 1954 年 1 月 25 写的一份备忘录中，并引用于他的回忆录：Harriman, *Special Envoy,* 44. 那些认为无论美国领导人采取何种行动冷战都不可避免的人经常引用这句话。哈里曼和海军上将莱希还讲述了罗斯福和斯大林在雅尔塔会议结束立即就德国投降问题爆发的严重分歧，在此次争端中，罗斯福总统指出：“我十分痛恨［斯大林］的线人，不管他们是谁。他们对我或我信任的下属的行动进行如此卑鄙的歪曲。”然而，斯大林很快就对此道歉了，罗斯福也在临终前发出的最后一封电报中称这是一个“小”分歧，这让哈里曼非常懊恼。杜鲁门总统的传记作者也倾向于采取这种观点。不太同情杜鲁门总统的历史学家劳埃德·加德纳（Lloyd Gardner）也指出：“然而，即使在他生命的最后两个星期，当一些观察家看到罗斯福对苏联的态度‘比以往更为强硬’时，他［杜鲁门］向银行家托马斯·拉蒙特（Thomas Lamont）致信，感谢他大力赞扬美国在雅尔塔问题上就波兰边界问题达成的妥协方案。‘不幸的是，正如你明智地观察到的那样，在国际政治领域，如此多的美国人仍然生活在天真的时代。’”参见 Leahy, *I Was There,* 334; Harriman, *Special Envoy,* 436–440; and Gardner, *Spheres of Influence,* 238.

96 该争论与关于约翰·F. 肯尼迪总统是否会继续并扩大美国对越南战争的参与这一问题的讨论几乎完全相似。

97 根据协定文本，美国大使哈里曼、苏联外交部长莫洛托夫和英国大使阿奇博尔德·克拉克－克尔（Archibald Clark-Kerr）应该“首先在莫斯科与目前的临时政府成员以及波兰国内外的其他波兰民主领导人进行磋商，以便按照上述方针［即在更广泛的民主基础上］重组目前的政府”。然而，丘吉尔指示克拉克－克尔“推动组建一个足以代表整个波兰的全新的波兰政府，以便我们承认其合法地位”。这显然与《雅尔塔协定》的内容相矛盾，《雅尔塔协定》只提到了“重组的”波兰临时政府，“它现在正在波兰境内运作”。同时，哈里曼坚持认为，在组建新政府时应征求流亡领导人的意见，并且在确定邀请名单时不给予卢布林政府任何特殊权力。参见 James Forrestal, *The Forrestal Diaries,* Walter Millis, ed., (New York：Viking, 1951), 48–51; Harry S. Truman, *Memoirs of Harry S. Truman: Year of Decisions,* vol. I (Garden City, NY：Doubleday and Co., 1955), 81; Leffler, “Adherence to Agreements,” 95; Clemens, *Yalta,* 173–215; Martin F. Herz, *Beginnings of the Cold War* (New York：McGraw-Hill, 1966), 38–92; and Richard C. Lukas, *The Strange Allies: The United States and Poland, 1941–5* (Knoxville：University of Tennessee Press, 1978), 128–42.

98 Leffler, "Adherence to Agreements," 96.

99 Woodward, *British Foreign Policy in the Second World War,* 501.

100 参见 Isaac Deutscher, "Myths of the Cold War," in David Horowitz, ed., *Containment and Revolution* (London: Blond, 1967), 17.

101 Offner, *Another Such Victory,* 456.

102 Ibid. 如果读者想要了解奥夫纳（Offner）著作在这部分的详尽论述以及杜鲁门总统的失败之处，参见 chapter 16, 456–70.

103 Kimball, *Forged in War,* 242.

104 埃莉诺·罗斯福的评论，参见 "Unfinished Notes" (August 1941), Belle Willard Roosevelt Papers, Manuscript Division, Library of Congress, Washington, D.C.

105 Zubok and Pleshakov, *Inside the Kremlin's Cold War,* 69.

106 Ibid., 275–76.

107 Ibid., 277.

108 Norman M. Naimark, *The Russians in Germany: A History of the Soviet Zone of Occupation, 1945–1949* (Cambridge: Harvard University Press, 1995), 467.

109 "Anglo-Russian Political Conversations at Moscow, October 9–October 17, 1944," 7,40–42. 此外参见 Resis, "The Churchill-Stalin Secret 'Percentages' Agreement," 8–9.

110 参见 Vladimir O. Pechatnov, "The Big Three After World War II: New Documents on Soviet Thinking About Postwar Relations with the United States and Great Britain," Cold War International History Project, working paper no. 13, Woodrow Wilson Center for Scholars, 22.

111 Ibid. 此外参见 Zubok and Pleshakov, *Inside the Kremlin's Cold War,* chapter 1; and William C. Wohlforth, "New Evidence on Moscow's Cold War," *Diplomatic History* 211 (Spring 1997): 234–35. 佩恰特诺夫（Pechatnov）的结论来源于收藏在俄罗斯联邦外交部档案中的几份分析报告，这些报告由三位著名的苏联外交官伊万·M. 迈斯基（Ivan M. Maisky）、马克西姆·M. 李维诺夫（Maxim M. Litvinov）和安德烈·A. 葛罗米柯（Andrei A. Gromyko）在 1944 年 1 月至 1945 年夏天之间撰写。佩恰特诺夫指出，这三名外交官都是"苏联最富有经验的西方问题专家，都是大联盟的积极参与者，[并且]在当时处于苏联二战后计划的最前沿。李维诺夫是外交部部长莫洛托夫的副手，也是外交部战后秩序和和平条约准备特别委员会的主席；迈斯基是另一位负责外交事务的助理人民委员，负责赔偿计划；葛罗米柯是时任苏联驻美国大使，带领苏联团队参加联合国筹备会谈。"

112 Norman Naimark, "The Soviets and the Christian Democrats: The Challenge of a 'Bourgeois Party in Eastern Germany,' 1945–1949," *East European Politics and Societies* 9 (Fall 1995): 3.

113 David Holloway, *Stalin and the Bomb: The Soviet Union and Atomic Energy, 1939–1954* (New Haven, CT：Yale University Press, 1994), 168.

114 Sergei N. Goncharov, John W. Lewis, and Xue Litai, *Uncertain Partners: Stalin, Mao and the Korean War* (Stanford, CA：Stanford University Press, 1993), 3. 根据美国国家安全局的截获信息，在 1945 年 9 月 27 日延安至莫斯科的电文中，中国共产党（CCP）要求苏联将其军队空运至中国东北地区，以便他们能够在蒋介石和美国军队调往该地区之前抵达，尽管苏联在与蒋介石签订的条约（1945 年 8 月 14 日签署）中承诺不帮助中国共产党。斯大林对此事的具体回复，我们不得而知。中国共产党向苏联承诺提供安全和秘密的登陆区，以及从日本人那里缴获的“大量”汽油，作为空运的奖励。苏联已经向中共提供了缴获的日本武器。该文件题为“通信情报和中国对朝鲜战争的干预”（COMINT and the PRC Intervention in the Korean War）（标有“绝密文件”TOP SECRET UMBRA），未注明日期和作者。该文件可以在美国国家安全局网站上查阅，网址为 *http://www.nsa.gov/korea/papers/prc_intervention_korean_war.pdf.* 相关信息在第 5 ~ 7 页。更多背景信息，参见 Goncharov, Gaddis, and Xue, *Uncertain Partners,* 8, 14; Chen Jian, *Mao's China and the Cold War* (Chapel Hill：University of North Carolina Press, 2001), 34–38; and Michael Sheng, *Battling Western Imperialism* (Princeton, NJ：Princeton University Press, 1997), 98–118.

115 参见 Kathryn Weathersby, “Soviet Aims in Korea and the Origins of the Korean War, 1945–50：New Evidence from the Russian Archives,” Cold War International History Project, working paper no. 8, Woodrow Wilson Center (November 1993)：5–19; Kathryn Weathersby, “To Attack or Not to Attack,” *Cold War International History Project Bulletin* 5 (Spring 1995)：1–9; and Kathryn Weathersby, “New Russian Documents on the Korean War,” *Cold War International History Project Bulletin* 6–7 (Winter 1995/1996)：30–35. 此外参见 Wohlforth, “New Evidence on Moscow's Cold War,” 236–37.

116 Joseph E. Davies Journal, April 23, 1945, box 16, Joseph E. Davies Papers, Manuscript Division, Library of Congress, Washington, D.C.; and Joseph E. Davies Diary, April 23, 1945, box 16, Davies Papers. 此外参见 Larson, *Origins of Containment,* 158.

117 参见 Zubok and Pleshakov, *Inside the Kremlin's Cold War,* 69; and Wohlforth, “New Evidence on Moscow's Cold War,” 236–37.

118 Papers of Harry S. Truman, Post Presidential Files, box 643, Memoirs files, “Discussion, January 23, 1954.”

119 劳爱德·加德纳（Lloyd Gardner）似乎在 *Spheres of Influence* 一书中暗示了这种可能性。

120 罗斯福在战争期间无情对待德国和东欧犹太难民，这一点不可原谅，虽然笔者对这点同样感到不安，但这与本论点几乎没有关系。

121 引用自 Gardner, *Architects of Illusion,* 76.

122 参见 Davies Diary, May 21, 1945, box 17, Davies Papers; and Joseph C. Grew, *Turbulent Era: A Record of Forty Years in the U.S. Diplomatic Service,* Vol. 2, Walter Johnson, ed., Nancy Harvison Hooker, asst. (Boston：Houghton Mifflin, 1952), 1485n. 当时，格鲁即将成为代理国务卿，他在 1945 年 6 月 28 日至 1945 年 7 月 3 日期间担任这一职务；这一时期是前任国务卿小爱德华・斯退丁纽斯辞职到詹姆斯・伯恩斯被任命为新任国务卿的过渡时期。此外参见 Sherwin, *A World Destroyed,* 176; and Robert Scialiano, "Politics, the Constitution, and the President's War Power," in Deese, *The New Politics of American Foreign Policy,* 153–58.

123 戴维斯一贯主张保持耐心和改善与莫斯科的关系，他对杜鲁门的做法越来越失望。他在一份题为“苏联与英美两国关系的恶化及其对和平的严重威胁”（Deterioration in Relations Between the Soviets and Britain and the United States and Its Serious Threat to Peace，发表于 1945 年 9 月 29 日）的长篇备忘录中，提出了一种不同的方法，在他看来，这种方法更接近罗斯福总统的做法。该备忘录见于 Papers of Harry S. Truman, President's Secretary's Files, box 117, Potsdam file, HSTL.

124 参见 Peter Grosse, *Operation Rollback: America's Secret War Behind the Iron Curtain* (Boston：Houghton Mifflin, 2000), 70; and Taubman, *Stalin's American Policy,* 259.

125 参见 Jonathan Daniels, *The Man of Independence* (Philadelphia：Lippincott, 1950), 285.

126 参见 John Lewis Gaddis, "The Insecurities of Victory," in *The Long Peace: Inquiring into the History of the Cold War* (New York：Oxford University Press, 1987).

127 参见 Daniels, *The Man of Independence,* 278.

128 关于杜鲁门的更多信息，参见 Messer, *The End of an Alliance,* 134; and Fromkin, *In the Time of the Americans,* 489.

129 David McCullough, *Truman* (New York：Simon & Schuster, 1992), 382.

130 摩根索的日记被引用于 Messer, *The End of an Alliance,* 70. 此外参见 Offner, *Another Such Victory,* 23.

131 U.S. Department of State, *FRUS, 1945, V,* 1075. 此外参见 Averell Harriman, *Peace with Russia*? (New York：Simon & Schuster, 1959), 3–4. 对这一论点的提出背景更详尽的解释，参见 Diane S. Clemens, "Averell Harriman, John Deane, the Joint Chiefs of Staff, and the 'Reversal of Co-operation' with the Soviet Union in April 1945," *International History Review* 14 (1992)：227–306.

132 参见 Kai Bird, *The Chairman: John J. McCloy: The Making of the American Establishment* (New York：Simon & Schuster, 1992), 69

133 参见 Harriman, *Special Envoy,* 291. 在 1944 年 1 月 19 日的新闻发布会上，哈里曼坚持要“在私底下”处理这个问题，参见 Larsh, "W. Averell Harriman and the Polish

Question," 528.

134 Larsh, "W. Averell Harriman and the Polish Question," 531–34.

135 莫洛托夫对哈里曼离开莫斯科"深表遗憾"，因为他哈里曼为"美苏关系的事业"做了很多。赫鲁晓夫在他的回忆录中说，哈里曼"执行的政策非常符合我们的心意"。参见 Nikita Khrushchev, *Khrushchev Remembers*, Vol. 2 (London, 1972), 414; and U.S. Department of State, *FRUS, 1945, VI,* 782–85; Harriman, *Special Envoy,* 531. 此外参见 711–61/10– 2645, Record Group 59, U.S. Department of State Central Decimal Files, National Archives, Washington, D.C.; and Thomas, *Armed Truce,* 143.

136 Harriman, *Special Envoy,* 514–15.

137 参见 Walter LaFeber, *The New Empire: An Interpretation of American Expansion, 1860–1898* (Ithaca, NY：Cornell University Press, 1963); *The Panama Canal: The Crisis in Historical Perspective* (New York：Oxford University Press, 1978); and *Inevitable Revolutions: The United States in Central America,* 2nd ed., (New York：W. W. Norton, 1993).

138 参见 Winston Churchill to Anthony Eden, January 8, 1942, in Churchill, *The Second World War,* vol. 3, 696; and Gardner, *Architects of Illusion,* 59.

139 Clemens, "The 'Reversal of Co-operation,'" 282.

140 Papers of Harry S. Truman, Post-Presidential Files, box 643, Memoir file, "Cabinet," HSTL.

141 参见 Henry L. Stimson Diary, April 23 and 26, May 10, 1945, reel 9; and Charles E. Bohlen, "Memorandum of Meeting at the White House, 2：00 p.m., April 23," Papers of Harry S. Truman, President's Secretary's File, "Russia," box 187, file "Russia Molotov," HSTL.

142 Henry L. Stimson and McGeorge Bundy, *On Active Service in Peace and War* (New York：Harper, 1948), 609–11. 此外参见 Yergin, *Shattered Peace,* 82–83; Stimson Diary, April 23, 1945; and Forrestal, *The Forrestal Diaries,* 49.

143 Stimson Diary, April 23, 1945.

144 Leahy, *I Was There,* 351; and Leahy Diary, April 23, 1945, reel 4, Leahy Papers. 此外参见 Stimson Diary, April 23, 1945; and Forrestal, *The Forrestal Diaries,* 49.

145 Leahy Diary, April 23, 1945; and Leahy, *I Was There,* 352. 此外参见 Sherwin, *A World Destroyed,* 158; Bohlen Memo, April 23, 1945.

146 "Interview with W. Averell Harriman," Papers of Harry S. Truman, Post-Presidential Files, box 641, Memoir file "Harriman," HSTL. 此外参见 Harriman, *Special Envoy,* 448; Stimson Diary; April 23, 1945; Forrestal, *The Forrestal Diaries,* 49; and Bohlen Memo, April 23, 1945.

147 按日期顺序为杜鲁门收集的电报往来记录，可在下列档案中找到：Papers of George

Elsey, "Historical Reports and Research Notes," box 1, folder 2. 其中"最简短"的电报标号为 742 ，日期标注为 4 月 11 日（April 11），Papers of George Elsey, "Historical Reports and Research Notes," box 1, folder 2.

148 "The Polish Problem," May 30, 1945.

149 参见 Bohlen Memo, April 23, 1945; Fromkin, *In the Time of the Americans,* 488–89; and McCullough, *Truman,* 374–75.

150 马丁 · J. 舍温（Martin J. Sherwin）指出，尽管杜鲁门希望在自己的回忆录中夸大描述这次会面，但其他与会当事人认为，总统"在会议开始前就已经确信需要'相当残酷的坦率'"，特别是在波兰问题上。参见 Sherwin, *A World Destroyed,* 157. 其他补充内容参见 Stimson Diary, April 23, 1945; Leahy Diary, April 23, 1945; Bohlen Memo, April 23, 1945; Leahy, *I Was There,* 352; and Forrestal, *The Forrestal Diaries,* 48–51.

151 后者只要求建立一个"重组的"波兰临时政府，"它现在正在波兰境内运作"。参见 Forrestal, *The Forrestal Diaries,* 50–51; and Truman, *Year of Decisions,* 80–81.

152 Truman, *Year of Decisions,* 82.

153 其他关于这次会面的回忆录和评论，参见 Bohlen, *Witness to History,* 213; R. J. Donovan, *Conflict and Crisis: The Presidency of Harry S. Truman, 1945–49* (New York：W. W. Norton, 1977), 37–39; William E. Pemberton, *Harry S. Truman: Fair Dealer and Cold Warrior* (Boston：Little, Brown, 1989), 47; Clemens, "The 'Reversal of Co-operation,'" 305; and Andrei Gromyko, *Memories,* Harold Shukman, trans. (London：Hutchinson, 1989), 96.

154 Davies Journal, April 30, 1945, box 16, Davies Papers.

155 参见 McCullough, *Truman,* 374–75; Gardner, *Spheres of Influence,* 255; Larson, *Origins of Containment,* 152–8; and Leffler, "Adherence to Agreements," 88. 史汀生是一个有趣的人物，他对自己在第一次世界大战中在野战炮兵部队服役感到非常自豪，而且仍然喜欢被称为"史汀生上校"（Colonel Stimson）。McCullough, *Truman,* 377.

156 请注意，根据美国国防部发布的官方"冷战认可证书"（Cold War Recognition），美国政府将冷战的开始日期定为 1945 年 9 月 2 日，即日本在密苏里号战列舰上正式投降的那一天。然而，笔者认为这一做法没有什么历史合理性，美国国会或国防部也没有试图从历史的角度为其辩护。

157 参见 Abramson, *Spanning the Century,* 396.

158 Charles E. Bohlen, "Memorandum of Conversation," April 20, 1945, Papers of Harry S.Truman, President's Secretary's File, "Russia," box 187, file "Russia Molotov," HSTL.

159 Zubok and Pleshakov, *Inside the Kremlin's Cold War,* 95, n304. 此外参见 Gromyko, *Memories,* 258–59.

160 参见 Alonzo L. Hamby, *Man of the People: A Life of Harry S. Truman* (New York：Random

House, 1995), 317–18. 奇怪的是，汉比（Hamby）在脚注中不仅提到了特使哈里曼，还提到了波伦（Bohlen）。

161 参见 Truman, *Year of Decisions,* 81–82, 99; Harriman, Special Envoy, 452–54; William Leahy Diary, April 23, 1945; and *FRUS, 1945, V,* 256–59. 此外参见 Abramson, *Spanning the Century,* 396; John Lewis Gaddis, "The Insecurities of Victory," in *The Long Peace,* 31; Yergin, *Shattered Peace,* 83; and Adam Ulam, *The Rivals* (New York：Viking Press, 1971), 64.

162 参见 Lloyd C. Gardner, *Architects of Illusion,* 61–62.

163 I. F. Stone, "Trieste and San Francisco," *Nation,* May 26, 1945.

164 参见 Ernest K. Lindley, "How Good Is Russia's Word ? " *Newsweek,* April 30, 1945; and *Newsweek,* May 21, 1945. 此外参见 Harriman, *Special Envoy,* 456.

165 Charles L. Mee Jr., *Meeting at Potsdam* (New York：Evans, 1975), 4–5.

166 长期担任杜鲁门助手的马修·J. 康纳利（Matthew J. Connelly）认为，总统"由于他们在参议院的关系，对伯恩斯先生有很大的信心。伯恩斯先生从南卡罗来纳州过来与杜鲁门先生交谈后，便立即决定接手了。杜鲁门先生对伯恩斯先生来说，恐怕是个无足轻重的任务，因为伯恩斯先生认为自己有超强的智慧。"参见 Oral History Interview with Matthew J. Connelly, New York, New York, August 21, 1968, interview by Jerry N. Hess, available courtesy of the Harry S. Truman Library, *http://www.trumanlibrary.org/oralhist/connly3.htm.*

167 Messer, *The End of an Alliance,* 70.

168 Ibid., 56. 伯恩斯坚持认为，会谈就波兰"自由和不受限制的选举"作出了具体决定，"而不仅仅是声明"。

169 James F. Byrnes to Truman, April 25, 1945, Byrnes Papers. 这份文件的第二份副本，以及伯恩斯装订好的笔记，可以在下列文件中找到"Crimean Conference" folder, Papers of Harry S. Truman, SMOF：Naval Aide to the President Files, 1945–53, box 11. 关于伯恩斯笔记的更多信息，参见 Gar Alperovitz, with the assistance of Sanho Tree et al., *The Decision to Use the Atomic Bomb and the Architecture of an American Myth* (New York：Knopf, 1995), 217.

170 协议作出如下声明："I. 世界组织决定 1. 应于 1945 年 4 月 25 日星期三召集一次关于拟议的世界组织的联合国会议，并应在美利坚合众国举行。将被邀请参加这次会议的国家应该是：(a)1945 年 2 月 8 前在《联合国家共同宣言》（Declaration by United Nations）上签字的国家；(b) 在 1945 年 3 月 1 日前向共同敌人宣战的国家。"以下是希斯对这个问题的看法：

"［罗斯福］总统：我们用'联系国家'（Assiciated Nations）指的是那些同［德国］断绝关系，但并未向其宣战的国家。

今日午餐时，斯退丁纽斯先生给莫洛托夫先生的国家名单。

斯［大林］询问了阿根廷的情况。

总统：*阿根廷并非联系国家。*［加星号是为了强调］

斯［大林］：如果'联系国家'加入，那么阿根廷也会加入。土耳其也会参与其中。

总统：我的想法是邀请那些名单中帮助我们的人［这里'已经'这个词被划掉了］，条件*［原文中加星号是为了强调］是他们要宣战。

斯［大林］：是在他们宣战之前，还是在他们宣战之后？

总统：是在这些国家宣战之前，咱们得加个截止时间，应该定在3月1日。

斯：同意。"

希斯的这段笔记的可靠性由詹姆斯·F. 伯恩斯的会议记录所证实，伯恩斯留下的内容如下：

"罗斯福总统……除了那些已经签字的国家，还有一小部分所谓的联系国家与我们一同战斗。这些国家同德国断绝了外交关系，但是并未宣战。

马歇尔：阿根廷呢？

罗斯福总统：阿根廷人压根就不在其中。

马歇尔：但是阿根廷人同德国断交了。

罗斯福总统：但是阿根廷还没有被接受为联系国家。

马歇尔：我可不是站在阿根廷人的立场上说话……

罗斯福总统：我的想法是，邀请那些帮助过我们的联系国家。我们可以以他们宣战为条件邀请他们。

马歇尔：为何这些国家不参与其中？

罗斯福总统：立刻给这些国家设定一个时间限制。

马歇尔：比方说3月1日。

罗斯福总统：就定在3月1日。

丘吉尔首相：我很高兴听到总统说这些国家必须先向德国宣战，然后才获准参加会议，我觉得马歇尔……"

参见 *FRUS, The Conferences at Malta and Yalta, 1945,* 783, and Yalta Minutes, February 8, 1945, Byrnes Papers, folder 622. 此外参见"Nations to be Invited to the United Nations Conference," and "Policy Toward Argentina," Harry L. Hopkins Papers, container 170, folder 2; and "Protocol of the Proceeding of the Crimea Conference," Harry L. Hopkins Papers, Sherwood Collection, book 10: Yalta Conference, group 24, container 337, folder 7.

这一决定牵扯到美国与拉丁美洲其他国家的关系这一更大、更复杂的问题（而在拉丁美洲，各国强烈支持阿根廷的态度），以及仍在升温的波兰争端。事实证明，这一决定主要是负责美洲事务的助理国务卿——未来的共和党副总统，狡猾的纳尔逊·A. 洛克菲勒的创意，他将一份关于此事的备忘录放在罗斯福总统面前并得到了他的签名，但不清楚总统是否理解自己签署的这份文件的内容。阿根廷在美国参战后与纳粹德国保持了整整两年的外交关系，而且还成为轴心国在西半球的间谍和颠覆活动的基地。一名为《华盛顿邮报》供稿的作者批评说，美国代表团在阿根廷问题上热衷于宽恕和忘记的做法，“在为下一场战争而不是即将到来的和平”作准备的背景下才有意义。《新共和周刊》的编辑和专栏作家沃尔特·李普曼也提出了类似的抱怨。在美国代表团决定公布其与苏联在波兰问题上的争议之后，莫洛托夫决定就阿根廷问题举行自己的新闻发布会，他在会上自嘲地宣读了科德尔·赫尔（Cordell Hull）和罗斯福关于该法西斯政权的一系列严厉的语录。莫洛托夫问道：“如果阿根廷有代表权，为什么波兰不应该有代表权？”当然，斯大林对此争论肯定也印象深刻。例如，亨利·基辛格在40年后提出的一个真正滑稽的解释中认为，“当美国决定组织抵抗苏联的扩张主义时，美国这样做的依据是斯大林没有遵守他在雅尔塔作出的，美国领导人和公众所理解的承诺”。基辛格没有提到，这种理解本身是美国领导人撒谎、保密、故意操纵和选择性记忆的结果。

关于洛克菲勒动用的秘密手段，参见 Bohlen, *Witness to History,* 206–7. 此外参见 Ferrell, *The Dying President,* 112. 哈里曼后来说，他当时向纳尔逊·洛克菲勒问道：“纳尔逊，你到底是我国驻阿根廷的大使，还是为阿根廷人说话的大使？” Harriman, *Special Envoy,* 455–56. 参见 Herbert Elliston, “Argentina Action：More Fear Than Strength,” in *Report on San Francisco* (Washington, D.C.：Washington Post, 1945) 314–15; “Pandora’s Box at the U.N.C.I.O,” in ibid., 10–11; “Spain and Argentina,” *New Republic,* April 30, 1945, 573; and *Congressional Record,* 79th Congress, 1st sess., May 3, 1945, A2046. 此外参见兰·B. 伍兹（Randall B. Woods）在下列文章中对这一话题展开的精彩讨论：“Conflict or Community：The United States and Argentina’s Admission to the United Nations,” *Pacific Historical Review* (August 1977)：361–86. 想要了解更多会议上关于拉丁美洲问题的整体讨论，参见 Albert Vannucci, “The Influence of Latin American Governments on the Shaping of United States Foreign Policy：The Case of U.S.–Argentina Relations, 1943–1948,” *Journal of Latin American Studies* (November 1986)：355–82. 关于苏联在阿根廷问题上扮演的角色的讨论，参见 Mario Rapoport, “Argentina and the Soviet Union：History of Political and Commercial Relations (1917–1955),” *Hispanic American Historical Review* (1986)：252. 莫洛托夫被引用于 *New York Herald Tribune,* May 1, 1945 以及 Gardner, *Architects of Illusion,* 61–64; Kissinger, *Diplomacy,* 415.

一些人认为，斯大林在1945年9月暗中违反了雅尔塔协议的“文字和精神”，他帮助了中国共产党，而不是蒋介石政府。《雅尔塔协定》在相关问题上的表述如下：“苏联方面表示愿意与中国国民政府缔结美苏友好同盟条约，以便用其武装部队援助中国，使中国从日本的枷锁下获得解放。”笔者不同意，如果这种援助真的存在，会构成对上述规定的违反。1945年8月，斯大林还与蒋介石签署了一项协议，在谈判期间，斯大林承诺不援助中国共产党。同样，无论这里发生了什么援助，笔者都认为不属于协议本身的范畴。以上内容来自美国国家安全局的档案“COMINT and the PRC Intervention in the Korean War,”查阅网址：*http://www.nsa.gov/korea/papers/prc_intervention_ korean_ war.pdf.* 不管怎么样，如果确实发生了违反规定的行为，也是在联合国的阿根廷事件之后很久才发生的。

171 就在杜鲁门向莫洛托夫讲授苏联履约问题的当天，莱希上将在日记中写道：“一致认为……美国对苏联采取强硬态度的时机已经到来，如果苏联放慢甚至停止其在欧洲和亚洲的战争努力，对我们的战争前景不会造成特别的伤害。”参见 Leahy, *I Was There,* 351; and Leahy Diary, April 23, 1945.

172 事实上，总统后来坚称，他并没有打算取消对苏联的租借援助，只是根据已经发生变化的情况对其进行审查，但他的本意被个别海军军官对其最初命令的过度热情歪曲了。然而，这似乎极不可能。总统在签署命令后，尚有 4 天时间对其进行修改。租赁项目管理人约瑟夫·格鲁（Joseph Grew）在命令生效的前一天向苏联人宣布不会执行该命令，这引起了轰动。根据格鲁向国务卿提交的报告，哈里曼“说，我们将‘遭到苏联人的严厉反击，但我们必须面对它’。”参见 Herbert Feis, *Between War and Peace,* 28–30, 101. 此外参见 Bernstein, “American Foreign Policy and the Origins of the Cold War,” in *Twentieth-Century America: Recent Interpretations,* 2nd ed., Barton J. Bernstein and Allen J. Matusow, eds. (New York：Harcourt Brace Jovanovich, 1972), 28. 关于斯大林就此事对哈里·霍普金斯作出的反应，参见“How the Cold War Started,” *U.S. News & World Report,* March 3, 1950, 14.

173 Harriman, *Special Envoy,* 455–56, 457, 461.

174 杜鲁门显然告诉约瑟夫·戴维斯，他将波茨坦会议安排在内华达原子弹试验期间，并要求戴维斯“严格保密”。Davies Diary, May 21, 1945, box, 17, Davies Papers. 这条记录写于 1954 年，是根据戴维斯锁在保险柜里的他与杜鲁门谈话笔记所写。

175 用杜鲁门的话说，斯大林在波茨坦对美国的关切相当宽容。然而，斯大林只是短暂地表示同意。杜鲁门在其总统任期结束几年后，在一段口述历史中说：“不，我对［苏联］有非常好的印象。让斯大林同意我们想要做的那些事情并不困难。但［在波茨坦会议之后］他回到莫斯科，打破了一切……” Harry S. Truman Oral History Interview, Post Presidential Files, HSTL.

176 Memo for the President by Stimson, September 11, 1945, U.S. Department of State, *FRUS, The Conference of Berlin* (*The Potsdam Conference*)*, 1945,* vol. 2, 40–45. 哈里曼问道：“苏联加入对日战争有多紧迫或重要？”这句话道出了许多人的疑问。杜鲁门和伯恩斯在得知原子弹爆炸的消息后都认定苏联的参与不再可取，史汀生也提出了同样的建议。哈里曼从他在莫斯科大使馆的职位上，帮助中国领导人不断采取新的拖延战术，以阻挠中苏关于苏联参战的谈判。参见 Leffler, *A Preponderance of Power,* 83. 此外参见

Harriman, *Special Envoy,* 455–57, 461. 美国隐瞒有关核弹的消息的决定也给美苏关系带来了进一步的压力，这是可以理解。《纽约时报》报道说："人类最可怕的武器的发明者坚持对他们的盟友保密，这在莫斯科引起了明显的反应。" 参见 C. L. Sulzberger, "Big Three Try Again to Ease World Strains," *New York Times,* December 16, 1945. 此外参见 Bernstein, "American Foreign Policy and the Origins of the Cold War," 47.

177 Harriman, *Special Envoy,* 455–57, 461.

178 参见 Messer, *The End of an Alliance,* 105. Truman shared Byrnes's sentiments. 参见 Entry for July 25, 1945, Truman Diary.

179 Stimson Diary, September 4, 1945.

180 这一建议出现在约瑟夫·格鲁撰写的备忘录中，可以在《史汀生日记》（*Stimson Diary*）中找到，上面还有史汀生对该事件的评论。参见 Stimson Diary, May 13, 1945, reel 9, Library of Congress. 此外参见 Grew, *Turbulent Era,* II, 1455–56; and Messer, *The End of an Alliance,* 100.

181 杜鲁门总统的言论被引用于 Gardner, *Architects of Illusion,* 58.

182 詹姆斯·伯恩斯向苏联外交部长莫洛托夫解释说，战场上的破坏已经改变了德国的局势，现在无法要求德国按照在雅尔塔讨论的赔款顺序给予赔偿。苏联人不情愿地接受了这一论点，并同意减少他们的要求，美国随后也迅速忽略了这些要求。参见 Eisenberg, *Drawing the Line,* 103. 根据詹姆斯·F. 伯恩斯留下的会议记录，在雅尔塔开会期间，罗斯福向丘吉尔和斯大林解释说："现在是建立某种赔偿委员会的时候了，该委员会将根据每个国家的需要以及德国人的赔偿能力，为每个国家争取到最大利益。" 参见 Yalta Minutes, February 5, 1945, Byrnes Papers, folder 622. 关于斯大林就波兰问题的提议，参见 Barton J. Bernstein, "American Foreign Policy and the Origins of the Cold War," 358. (Bernstein's essay is reprinted from *Politics and Policies of the Truman Administration.*) 伯恩斯坦（Bernstein）继续补充说："在布达佩斯［1945 年］举行了自由选举，共产党被击溃；11 月初，就在美国承认匈牙利的两天后，共产党在那里的全国选举中败北。在保加利亚，选举是在'完全有序和没有干扰的情况下'进行的，尽管美国人提出抗议，但由共产党主导的单人票（代表大多数政党）取得了胜利"。为此他得出结论："虽然苏联一般不会允许在东欧出现符合西方理想的条件，但斯大林却在采取谨慎的措施，寻求与西方的和解。" 然而，爱德华·马克（Eduard Mark）在 2001 年发表的一篇论文对这一观点提出了质疑："近年来，俄罗斯和东欧已经公布了这一问题的相关材料。此外，英国政府最近才透露，英国截获了莫斯科从 1943 年中期到 1945 年对欧洲共产党的指示。" 根据马克的研究："在东欧，这一战略在战后被称为'人民民主'（Narodniya demokratiya/Popular Democracy），其目的是通过建立广泛的、以共产党为主导的、在表面上遵守'资产阶级民主'惯例的联盟，以此利用小型共产党党派的力量。这一策略旨在：（1）分裂反对派，或以其他方式削弱当地反对派；（2）建立具有政治吸引力的中心，通过改革和复苏计划巩固民众的支持；（3）尽量减少西方国家对逐步建立直接隶属于苏联的共产主义主导的政权的反对意见，以免苏联过早地卷入与盟国的危险冲突，并丧失与盟国继续合作所带来的巨大利益。”他给出的结论如下：“相比之下，斯大林认为东欧走向社会主义化的价值在两个方面有绝对意义。这显然是他在东欧政策的最终目标，这一目标深深植根于他的政权的意识形态和他的个人信仰。此外，从他的马克思列宁主义观点来看，将苏联的军事安全最终托付给东欧的社会主义国家，显然比与资本主义国家达成协议更明智，因为他认为资本主义国家本质上是掠夺性的潜在敌人。正是这些资本主义国家，而不是支离破碎的德国，是斯大林对未来感到担忧的主要原因。”参见 Eduard Mark, “Revolution by Degrees：Stalin’s National-Front Strategy for Europe, 1941–1947,” Cold War International History Project, working paper no. 31 (*http://cwih si.edu/working%20papers-pdf.htm*), 6–7. 爱德华・马克的观点同杰弗里・罗伯茨（Geoffrey Roberts）在诸多论文中提到的观点相一致，包括在下列论文中所提到的内容—— “Stalin and the Cold War,” *Europe-Asia Studies,* December 1997 以及 “Ideology, Calculation and Improvisation.”

183 Averell Harriman, 相关语录引用于 “Off the Record Discussion of the Origins of the Cold War,” May 31, 1967. 相关资料归作者所有。

184 参见 *Chicago Tribune,* March 24, 1947; Grosse, *Operation Rollback,* 199; and Theoharis, *The Yalta Myths,* 52–53.

185 这些选举是在芝加哥、密沃尔基以及底特律进行的。参见 Robert D. Ubriaco Jr., “Bread and Butter Politics or Foreign Policy Concerns：Class Versus Ethnicity in the Midwestern Polish Community During the 1946 Congressional Elections,” *Polish American Studies* 51(2) (1994)：5–32.

186 Joseph E. Grew, “Political Situation in Poland,” May 6, 1945, Papers of Harry S. Truman, President’s Secretary’s Files, box 186, Misc. Correspondence file, HSTL.

187 Yergin, *Shattered Peace,* 171.

188 霍普金斯告诉斯大林，“在我们这样的国家，公众舆论会受到特定事件的影响，而在这种情况下，我们与苏联关系方面的公众舆论的恶化主要是因为我们未能落实与《雅尔塔协定》中涉及波兰问题的那部分内容。” Top Secret Harriman memo, dated 8：00 p.m., May 28, 1945, W. Averell Harriman Private Papers.

189 Taubman, *Stalin's American Policy,* 104.

190 据加迪斯在 1972 年的解读：“苏联政权不受国会、公众舆论或媒体的压力的影响。” 斯大林的绝对权力为他提供了“比他那些奉行民主原则的西方同行更多的机会，来克服国际上对其政策的限制”。参见 John Lewis Gaddis, *The United States and the Origins of the Cold War,* 360–61.

191 参见 Thomas G. Paterson, “Presidential Foreign Policy：Public Opinion and Congress：

The Truman Years," *Diplomatic History* 3(1) (1979)：10–11.

192 戴维斯指出，他与李普曼的谈话内容是严格"保密"的。Franklin D. Roosevelt to Winston Churchill, March 29, 1945, in U.S. Department of State, *FRUS, Diplomatic Papers: 1945, V,* 189; Davies Diary, June 5, 6, 9, 1945, box 17, Davies Papers; Memorandum of Conversation, May 23, 1945, Davies Papers; and 711.61/5–2345, records group 59, National Archives, College Park, MD. 此外参见 Larson, *Origins of Containment,* 118.

193 参见 Davies Diary, June 6, 1945. 根据戴维斯对《雅尔塔协定》的解读，当时伯恩斯说："《雅尔塔协定》的精神没有任何让人产生疑惑的地方，该协定无意建立一个独立于卢布林政府的波兰新政府。"此外参见 Leffler, "Adherence to Agreements," 97.

194 参见 Fromkin, *In the Time of the Americans,* 492; Yergin, *Shattered Peace,* 127–29; and Taubman, *Stalin's American Policy,* 120.

195 McCormick, *American's Half-Century,* 65.

196 Fromkin, *In the Time of the Americans,* 491.

197 Gardner, *Architects of Illusion,* 60.

198 参见"Neighboring Nations in One World," Department of State Bulletin 13 (4 November 1945)：709–11.

199 McCullough, *Truman,* 490.

200 参见 Hugh DeSantis, *Diplomacy of Silence: The American Foreign Service, The Soviet Union and the Cold War, 1933–1947* (Chicago：University of Chicago Press, 1980), 147–52. 此外参见 Harriman, *Special Envoy,* 515; and Leffler, *A Preponderance of Power,* 40, 47.

201 1948 年 1 月 5 日，杜鲁门在一封未寄出的给伯恩斯的信中写道："如果不以铁腕和强硬的语言来应对苏联人，另一场战争是不可避免的。" Harry S. Truman, *Off the Record: The Private Papers of Harry S. Truman,* Robert H. Ferrell, ed. (New York, Harper & Row, 1980), 80.

202 美国公众中对盟国合作水平不满意的人数从雅尔塔会议前的 46% 下降到雅尔塔会议后的 15%。认为这次会议成功的美国人数量是认为不成功的美国人数量的 5 倍多。参见 Memorandum for the President from Secretary of State Edward Stettinius, "Reaction to the Crimean Conference," March 13, 1945, President's Secretary's Files, container 129, Crimean Conference, FDRL; "Public Reaction to the Crimean Conference," March 27, 1945, Official File 200, container 67, Crimean Conference, FDRL; and Messer, *The End of an Alliance,* 61.

203 根据民意调查，呼吁美国政府信任苏联的受访者比例从 1945 年 3 月的 55% 这一历史高点下降到了一年后的 35%。参见 *Public Opinion Quarterly* 10 (Spring 1946)：115.

204 这一点在 1945 年和 1946 年尤其明显，在民意调查中表示外交事务至关重要的美国人比例在 1945 年 10 月下降到 7%，在 1946 年 2 月上升到 23%，然后在 6 月又回落到

11%。这些调查结果与 1941 年 11 月 81% 的历史最高值形成了鲜明对比。参见 Gabriel Almond, *The American People and Foreign Policy* (New Haven, CT: Yale University Press, 1960), 73.

205 1953 年 4 月 29 日，A.J. 泰勒（A. J. Taylor）在《新政治家》(*New Statesman*) 和《国家》杂志上发表文章时首次用这个术语指代"建制派"，他们"用这一群体的标志性口吻说话，他们的用餐时间和吃的食物都与其他人群不同，他们享受自己的特权教育体系，信奉自己的那一套宗教，在可见之处和不可见之处占据要职"。亨利·费尔利（Henry Fairlie）在《观察家报》(*The Spectator*) 上撰文描述这一群体为"一群有权势的人，彼此认识，或者至少认识他们可能需要认识的人；他们有如此多的共同点，以至于不需要相互解释；他们设法在宪法或政治形式之外行使权力：有权力制止他们不赞成的事情，提拔他们认为可靠的人；并给不可靠的人设置障碍；总而言之，有权力保持现状"。杰弗里·霍奇森（Geoffrey Hodgson）在 1970 年将美国版的"建制派"定义为"一个自发建立起来的男性团体，其中几乎没有女性，这些人在美国国防和外交政策路线上秉持两党共同的理念，并对其产生实际影响……一个人若想获得成为其中一员的资格，必须有在相应领域有能力的声誉，并至少获得以下领域中的至少两个或三个领域的认可——纽约地区的国际商业界、银行业和法律业；华盛顿的政治领域；以及学术界，尤其是坎布里奇的学者圈……"从第二次世界大战到 20 世纪 60 年代末，通过共同行动的历史，他们共享"自由国际主义"(liberal internationalism) 的政策，一种追求中心的本能，以及在新官僚主义总统的权力范围内私下工作的习惯。参见 Leonard Silk and Mark Silk, *The American Establishment* (New York: Basic Books, 1980), 8; and Geoffrey Hodgson, "The Establishment," *Foreign Policy* (3), 3,13.

206 David Lawrence, "The Tragedy of Yalta," *U.S.News & World Report,* March 2, 1945.

207 "Funeral March," *Time,* February 26, 1945.

208 这种描述并不完全适用于《时代》杂志的外国编辑惠特克·钱伯斯于 1945 年 3 月 3 日发表的文章"屋顶上的幽灵"。本章后面将结合希斯－钱伯斯案（Hiss-Chambers case）讨论该文。

209 "Vote Secret, Soviet Pole Demand Casts Shadows for San Francisco," *Newsweek,* April 9, 1945.

210 "The Nations," *Time,* April 9, 1945.

211 Ibid.

212 *Time,* June 11, 1945.

213 Hanson Baldwin, "America at War: Victory in the Pacific," *Foreign Affairs* 24(1) (October 1945): 35.

214 Henry Luce, "Dumbarton Oaks and San Francisco," *Fortune* supplement, May 1945.

215 U.S. Department of State, *The Department of State Bulletin* 12: 302 (April 8, 1945):

600.

216 参见 Leffler, *A Preponderance of Power,* 28. 此外参见 Messer, *The End of an Alliance,* 64–70,77; and Rose, *After Yalta,* 244–62.

217 Memorandum of the Press and Radio News Conference, Tuesday, September 4, 1945 (Not for the Press) (For Departmental Use Only), Byrnes Papers, folder 598.

218 U.S. Senate, Committee on Foreign Relations, *Hearings on the Investigation of Far Eastern Policy,* 79th Congress, 1st sess., 1945, 233.

219 Memorandum of the Press and Radio News Conference, Tuesday, January 29, 1946 (Not for the Press) (For Department Use Only), Byrnes Papers, folder 556. 此外参见 "Secret of the Kuriles," *Time,* February 11, 1946.

220 伯恩斯在回忆录中解释道："我不知道这个协议，但原因是可以理解的。当时，我还不是国务卿。斯退丁纽斯先生是国务卿。[尽管他说他也与此事没有什么关系]……有关千岛群岛问题的协议不是在会议桌上达成的，而是在三巨头之间的私下会谈中达成的，包括这份协议在内的各项议定书是在 2 月 11 日签署的。如果我那天在雅尔塔[他提前一天离开]，我很可能就会知道这个消息。总统回来后，他没有向我提及此事，而且该协议被锁在他在白宫的保险柜里。初夏时节，我得知罗斯福总统已承诺促使中国作出关于旅顺港、大连港和南满铁路的让步，但直到我担任国务卿后的一段时间，我才因为来自莫斯科的一则新闻询问并了解到了协议的全部内容。我向杜鲁门总统提出了这个问题，他要求莱希上将把白宫里那些载有与外国政府协议的文件移交给国务院。我想知道有多少张欠条没有兑现。" 参见 Byrnes, *Speaking Frankly,* 43. 斯退丁纽斯在捍卫远东协定时回避了他自己所了解的问题。参见 Stettinius Jr., *Roosevelt and the Russians,* 303–6. 更准确的版本，参见 Messer, *The End of an Alliance,* 170.

221 参见 U.S. Senate, Committee on Foreign Relations, *Hearings on the Investigation of Far Eastern Policy,* 79th Congress, 1st sess., 1945, 233; and Theoharis, *The Yalta Myths,* 37.

222 Charles E. Bohlen, "Memorandum of Conversation," April 22, 1945, Papers of Harry S. Truman, President's Secretary's File, "Russia," box 187, file "Russia Molotov," HSTL.

223 这份备忘录似乎是由埃尔西和小詹姆斯・K. 瓦达曼（James K.Vardaman Jr.）上尉共同撰写并送呈给总统的。参见 James K.Vardaman Jr., "Memorandum for the President," June 12, 1945, Papers of George Elsey, box 3, "Historical Reports and Research Notes, Yalta Conference Briefings" file, HSTL.

224 参见 Leffler, *A Preponderance of Power,* 84.

225 Harriman, *Special Envoy,* 494–98.

226 *Chicago Tribune,* September 6, 1945.

227 参见 Harold B. Hinton, "Stalin's Price to Fight Japan Bared by Accord on Japan," *New York Times,* February 12, 1945. 罗斯福关于远东的秘密协议被证明是非常受欢迎的，特

别是当中国和苏联根据斯大林和罗斯福之间的原始谈判达成两国自己的协议时。《纽约时报》在 1945 年 8 月 28 日称该协议是“一场伟大的和平胜利，不亚于在战场上取得的任何胜利……协议内容符合《联合国宪章》和《开罗宣言》的所有要求……”“中苏条约一定让那些末日预言者们大失所望……这项条约大大提高了雅尔塔协定关于远东格局划分方案的声望”。该报声称，双方“以非常合理的代价”获得了各自的利益。后来强烈反对《雅尔塔协定》的《生活》杂志在 1945 年 9 月 10 日指出，中苏谈判达成的“协议是常识的巨大胜利，就像日本的失败是武装力量的胜利一样。与过去 20 年的任何外交事件相比，宋子文 – 斯大林条约为悲观主义者提供的弹药（把柄）更少……中国目前的前景证明了美国近 50 年来的亚洲政策是正确的”。参见“The Russo-Chinese Pact,” *New York Times,* August 28, 1945, 18. 此外参见 Hiss, “Yalta：Modern American Myth.”

228 连《芝加哥论坛报》也没有主张废除这些协定。*Chicago Tribune,* February 1, 1946. 此外参见 Republican Senate Policy Committee, “Chronology of Secret Agreements at Yalta,” *Republican News,* March 1946.

229 Arthur Krock, “In the Nation,” *New York Times,* February 12, 1945.

230 无论是《纽约时报》《新闻周刊》《美国新闻与世界报道》《时代》周刊《星期六晚邮报》《芝加哥美国先驱报》，还是其他报刊，都是如此，参见 Theoharis, *The Yalta Myths,* 46–7.

231 “The Skeletons in the Closet” (editorial), *New York Times,* March 26, 1947.

232 参见 Theoharis, *The Yalta Myths,* 45.

233 *U.S. News & World Report,* May 17, 1946.

234 从波罗的海的什切青到亚得里亚海边的里雅斯特，一幅横贯欧洲大陆的“铁幕”已经降落下来。（“From Stettin in the Baltic to Trieste in the Adriatic, an iron curtain has descendedacross the Continent,”）Winston Churchill, Fulton, Missouri, March 5, 1946.

235 George Kennan, Telegram dated March 20, 1946, Harry S. Truman Administration “Newsclippings” file, box 64, Papers of George Elsey, HSTL.

236 关于《纽约时报》的更多内容，参见 Harbutt, *The Iron Curtain,* 172. 关于范登堡的情况，参见 Gaddis, *The United States and the Origins of the Cold War.* 关于乔治·凯南发布的长电报，参见 Kennan, *Memoirs: 1925–1950,* 271–97. 此外读者可以参见他在下列文章中对长电报中心论点的阐述：“The Sources of Soviet Conduct,” *Foreign Affairs,* July 1946, reprinted in Hamilton Fish Armstrong, ed., *The Foreign Affairs Reader* (New York：Harper & Brothers, 1947), 464–83. 此外参见 Hogan, *A Cross of Iron,* 10.

237 Leahy Diary, November 28 and December 11, 1945, reel 4, Leahy Papers. 此外参见 Yergin, *Shattered Press,* 155.

238 杜鲁门私下表示，他“对最近对苏联政府的绥靖态度非常不满”，并担心“很难让国务卿承认我们目前的绥靖政策中的错误”。与此同时，自由派媒体中的批评者称苏联的承诺“不值一文”，并告诫杜鲁门要从雅尔塔的“悲剧”中“吸取教训”。根据体检人员 1946 年 4 月的报告，伯恩斯的健康状况自他前往雅尔塔后基本没有变化。他被宣布“身体状况非常好”。参见 *New York Times,* February 5, 1946; and *Washington Post,* February 1, 1946. 杜鲁门的相关评论，参见 Cabell Phillips, “‘Inner Circle’ at the White House,” *New York Times Magazine,* February 24, 1946; Leahy Diary, February 20, 1946, and February 21, 1946, reel 4, Leahy Papers; and Messer, *The End of an Alliance,* 177–79.

239 参见 Grosse, *Operation Rollback,* 89.

240 这封信的草稿是乔治·埃尔西为克利福德（Clifford）而写，其原件收录于 Harry S. Truman Administration, box 63, folder 2, Papers of George Elsey, HSTL.

241 该报告题为“美国与苏联的关系：特别委员会给总统的报告，1946 年 9 月”（American Relations with the Soviet Union：A Report to the President by the Special Council to the President, September—, 1946），可以在下列著作中找到：Arthur Krock, *Sixty Years on the Firing Line* (New York：Funk and Wagnalls, 1968), appendix A, 421–82. The original draft, entitled “Comments on Soviet Compliance with International Agreements Undertaken Since January 1941,” “Russia,” file 4 of 8, box 15, Clark Clifford Papers, HSTL.

242 Offner, *Another Such Victory,* 180–81.

243 Dean Acheson, *Present at the Creation,* 220–25. 此外参见 Dean Acheson, *Sketches from Life of Men I Have Known* (New York：Harper & Row, 1961), 108; Hoopes and Brinkley, *Driven Patriot,* 278; and Harry S. Truman, *Memoirs: 1946, Year of Trial and Hope* (New York：Signet, 1956), 128. 关于范登堡对杜鲁门、媒体以及外交政策进程的影响的更多信息，参见 James Reston, *Deadline: A Memoir* (New York：Random House, 1991), 168. 此外参见 Patrick Lloyd Hatcher, *The Suicide of An Elite: American Internationalists and Vietnam* (Stanford, CA：Stanford University Press, 1990) 206; and Eric Alterman, *Sound & Fury: The Making of the Punditocracy,* 2nd ed. (Ithaca, NY：Cornell University Press, 2000), 42.

244 *Congressional Record,* 79th Congress, 2nd sess., 1946, XCII, Part 4, 6216–17.

245 Harry S. Truman, speech, April 17, 1948, Washington, D.C., and press conference, April 23, 1948.

246 Harry S. Truman to Eleanor Roosevelt, March 16, 1948. 此外参见 Eleanor Roosevelt to Harry S. Truman, March 13, 1948, President’s Secretary’s File, box 322, Potsdam file, HSTL.

247 在一次宴会上，罗伯特·塔夫脱催促他的夫人“恭维一下范登堡”，罗伯特·塔夫脱抱怨说：“他被恭维得太彻底了，我找不到新的没有被人恭维过的地方。”参见 Yergin,

Shattered Peace, 47.

248 *Congressional Record,* 79th Congress, 2nd sess., 1946, XCII, Parts 3, 7, 8, and 9, 3841, 9060–63. 此外参见 Reston, *Deadline,* 159.

249 Harold B. Hinton, "U.S. Review on Orient Gets Spur in Visit by Quirino; Vandenburg Urges Clarity," *New York Times,* August 7, 1949.

250 William C. Bullitt, "How We Won the War and Lost the Peace," Part One, *Life,* August 30, 1948.

251 William C. Bullitt, "How We Won the War and Lost the Peace," Part Two, *Life,* August 30, 1948. 罗斯福总统在远东问题上的让步导致毛泽东的部队取得了胜利，加利福尼亚州共和党人威廉・F. 诺兰（William F. Knowland）对其背后的原因作出了解释。他在1949年8月8日的参议院会议上解释说："雅尔塔协议在中国国民党当局不知情或不同意的情况下，将不属于我国而属于中国的东西交易出去，无论从国际法角度还是从良好的道德角度来看，都是一种不可辩解的行为。我相信，通过这一行动，我们确保了共产党军队的控制范围不会停留在中国东北地区，因为苏联人被赋予了对满洲铁路和大连港的实际控制权；此外，这一行动还导致，共产主义对华北地区的控制几乎不可避免。[雅尔塔协定]突然中断了我方对中国国民党当局的援助，禁止向他们输送武器，而此时苏联政府正在向中国共产党人提供他们从日本关东军那里缴获的武器，据我方军事专家的估测，这些武器可以供100万人的大军使用10年。与此同时，我们还对中国国民党当局实施禁运，而他们是我们的盟友，是自1899年海约翰提出门户开放政策（Hay Doctrine）以来的历史性朋友，是联合国的成员，也是五大国之一。当我们彻底中断对中国国民党当局的援助之时，苏联正在照顾它的朋友。" *Congressional Record,* 81st Congress, 1st sess., 1949, XCV, Part 3, 1949. 请注意，丘吉尔后来还发现，将雅尔塔的失败归咎于罗斯福不佳的健康状况是很有用的分析角度。"我们现在可以看到，罗斯福总统日渐衰退的身体机能导致总统无法及时把握广泛的世界问题。在这种情况下，一位总统无法采取行动，而另一位总统却一无所知。" 参见 Kimball, *Forged in War,* 324.

252 关于克拉克・克利福德的情况，参见 Barnet, *The Rocket's Red Glare,* 280–81. 此外参见 Robert A. Divine, *Foreign Policy and U.S. Presidential Elections, 1940–1948* (New York：New Viewpoints, 1974), 172.

253 "Summary of Remarks of Charles E. Bohlen at the Fourth Meeting of the Working Group Participating in the Washington Exploratory Talks on Security, July 20, 1948," reproduced in Frank Kofsky, *Harry Truman and the War Scare of 1948* (New York：St. Martin's Press, 1995), appendix A, 287. 尽管他把拯救美国航空业的需要列为理由之一，考夫斯基（Kofsky）的整本专著对战争恐慌的人为本质进行了更广泛、令人信服的论证。

254 Ibid., 135.

255 参见 Athan Theoharis, "The Escalation of the Loyalty Program," in Bernstein, *Politics and the Policies of the Truman Administration,* 243. 此外参见 Sam Tanenhaus, *Whittaker Chambers: A Biography* (New York：Random House, 1996), 206.

256 具体数字是 3154 人，取自 Ellen Schrecker, *Many Are the Crimes: McCarthyism in America* (Boston：Little, Brown, 1998), 298.

257 *Congressional Record,* 81st Congress, 1st sess., 1949, XCV, Part 3, A1343–44.

258 Raymond Swing, "What Really Happened at Yalta," *New York Times Magazine,* February 20, 1949.

259 拉德与希斯访谈（Ladd-Hiss interview）的完整内容，参见 Ladd's memorandum to J. Edgar Hoover, March 25, 1946, Federal Bureau of Investigation Files. 此外参见 Allen Weinstein, *Perjury: The Hiss-Chambers Case,* 2nd ed. (New York：Random House, 1997), 318.

260 参见 Roger Morris, *Richard Milhous Nixon: The Rise of an American Politician* (New York：Henry Holt, 1990), 391.

261 以下文段为惠特勒·钱伯斯决定成为共产主义者的过程的回忆："1925 年初的一天，我坐在哥伦比亚大学校园的一张水泥长椅上，面对着一个小小的希腊神龛和我曾经的政治偶像亚历山大·汉密尔顿的雕像。当时阳光明媚，但天气寒冷，我裹着大衣里蜷缩着。我在那里要一劳永逸地回答两个问题：一个人可以在一个垂死挣扎的世界上继续生活吗？如果能，在 20 世纪的危机中这个人应该怎么做？" Whittaker Chambers, *Witness* (New York：Random House, 1952), 195.

262 Ibid., 331.

263 Weinstein, *Perjury,* 313. 此外参见 Alger Hiss, "Memorandum of Duties in the Department of States, 1944 Until January 15, 1947," September 1948, Hiss Defense Files.

264 由于不知道罗斯福总统已经决定给苏联三个联合国席位，"总统的一位专家［大概是希斯］丝毫没有察觉到罗斯福总统的反应，为斯退丁纽斯起草了一份反对将任何一个苏联加盟共和国纳入为和平组织创始成员国的论据清单"。当苏联人提出反驳时，由希斯、葛罗米柯和英国代表格拉德温·杰布（Gladwyn Jebb）组成的小组委员会同意将其打印出来。当希斯在全体会议上第一次看到新打出的报告副本时，他向伊登抗议说，报告中包含了美国支持苏联提案的声明，而这并没有得到同意。伊登回答说："你不知道已经发生了什么。"罗斯福总统没有向斯退丁纽斯提及他与英国人进行的任何讨论，罗斯福只是听说了这件事。这确实反映了希斯对雅尔塔会议缺乏影响力。参见 Stettinius, *Roosevelt and the Russians,* 195–197. 此外参见 Forest C. Pogue, "The Big Three and the United Nations," in John Snell et al., *The Meaning of Yalta* (Baton Rouge：Louisiana State University, 1956), 182; and Weinstein, *Perjury,* 312–13.

265 希斯在美国国务院的上司，都是狂热的反共分子，没有发现他在雅尔塔或其他地方的任何行动存在不忠的迹象。然而，希斯的一位同事弗雷德里克·B. 里昂斯（Frederick B. Lyons）在 1948 年的一份备忘录中写道，如果希斯将远东委员会的建议转达给苏联人，苏联人就会“知道我们希望做什么，并据此制定他们的计划。这样他们也许会坚持自己的要求，作为他们加入对日战争的条件”。参见 Weinstein, *Perjury,* 320.

266 参见 David Remnick, “Unforgiven,” in *The Devil Problem & Other True Stories,* rev. ed. (New York：Picador, 1997), 113–32.

267 “大卫·惠特克·钱伯斯的证词”，1948 年 8 月 3 日，美国众议院内部安全委员会公开会议。参见 *Congressional Record,* 81st Congress, 1st sess., 1949, XCV, Part 3, 3767–71. 此外参见 Chambers, *Witness,* 689; and Alger Hiss, *In the Court of Public Opinion* (New York：Alfred A. Knopf, 1957), 147.

268 W. H. Lawrence, “Communists Solid for Dewey to Win, Truman Declares,” *New York Times,* September 29, 1948.

269 参见 *Time,* May 28, 1945.

270 参见 Yergin, *Shattered Peace,* 406.

271 *Washington Post,* December 10, 1948.

272 Robert Bendiner, “The Trials of Alger Hiss,” *Nation,* June 11, 1949. 此外参见 Ralph de Toledano, *Seeds of Treason: The Story of the Chambers-Hiss Tragedy* (New York：Funk and Wagnalls Co., 1950), chap. 13; and Alistair Cooke, *A Generation on Trial: USA vs. Alger Hiss* (New York：Alfred A. Knopf, 1950).

273 参见 Hiss, *In the Court of Public Opinion,* 212.

274 *New York Herald Tribune,* July 10, 1949. 此外参见 Tanenhaus, *Whittaker Chambers,* 412.

275 参见 *Congressional Record,* 81st Congress, 2nd sess., 1950, XCV, Part 3, 900–4. 蒙特后来还将他在参议院发表的讲话稿复印了几千份，分发到全美各地。在讲话稿中有这样的副标题，如《希斯的工作就是颠覆政策》（Hiss’s Job Was to Pervert Policy）、《白宫当局阻挠调查》（The White House Obstructed Investigation）以及《为什么我们必须挫败今天的政治阴谋家》（Why Today’s Political Plotters Must Be Stopped）参见 Weinstein, *Perjury,* 453.

276 对话的全部内容，参见 Theoharis, *The Yalta Myths,* 93.

277 参见 *Congressional Record,* 81st Congress, 2nd sess., 1950, XCV, Part 3, 756

278 参见 *Congressional Record,* 81st Congress, 1st sess., 1949, XCV, Part 1, A1047–48.

279 Weinstein, *Perjury,* 451.

280 参见 Jim Bishop, *FDR’s Last Year* (New York：William Morrow, 1974).

281 参见 *Congressional Record,* 81st Congress, 2nd sess., 1950, XCV, Part 3, 1046. 此外参见 Theoharis, *The Yalta Myths,* 128; and Fred J. Cook, “Hiss the Prothonatary Warbler,”

Nation, September 21, 1957, 142–80.

282 “Gen. Hurley on Yalta：FDR Tried to Back Out,” *U.S.News & World Report*, June 9, 1951.

283 赫尔利被引用于 U.S. Senate Committee on Foreign Relations and Committee on Armed Services, *Military Situation in the Far East, Hearing to Conduct an Inquiry into the Military Situation in the Far East and the Facts Surrounding the Relief of General Douglas MacArthur from His Assignments in That Area*, 82nd Congress, 1st sess., 1951, Part 4, 2837–39. 此外参见 Russell D. Buhite, “Patrick J. Hurley and the Yalta Far Eastern Agreement,” *Pacific Historical Review* 37：3 (1968)：343–53. 其中关于“蓝图”（blueprint）的言论出自第 349 页。

284 Weinstein, *Perjury*, 453–54.

285 “我们当中有些人是真正懂得远东问题的，如果我国政府听取了这部分人的意见，我国军队现在就不会和中国和朝鲜交战，也许很快就会在法属印度支那和印度作战了。”这是索克思（George Sokolsky，本名乔治・索凯尔斯基）在 1950 年 11 月 5 日在美国广播公司广播节目（American Broadcasting Co. radio stations）中给出的解释。

286 Harold B. Hinton, “Marshall U.S. Foe, M’Carthy Charges,” *New York Times*, June 15, 1951.

287 当年 2 月，众议院和参议院的共和党成员与共和党全国委员会（the Republican National Committee）一起通过一项声明，谴责“雅尔塔的秘密协定”。斯泰尔斯・布里奇斯（Styles Bridges）问道：“我们还要继续为罗斯福先生在雅尔塔的错误辩护多久？”卡尔・蒙特想知道，罗斯福为什么认为“有必要”让一个“认为共产主义是一项崇高事业”的人留在他的顾问团中。“也许共和党更加警觉和批判的态度会迫使［罗斯福和杜鲁门］更彻底地清理门户……也许，如果我们共和党人更早、更积极地坚持披露在雅尔塔达成的秘密协议，我们就会更早地发现，在那场会议上肯定有一些影响因素在起作用，这些影响因素除了考虑美国的利益和世界的安全与完整外，还有其他目的和动机。”*Congressional Record*, 81st Congress, 2nd sess., 1950, XCVI, Part 2, 1541. 关于布里奇斯和蒙特的情况，参见 Theoharis, *The Yalta Myths*, 91–92.

288 参见 Robert A. Taft, *A Foreign Policy for Americans* (Garden City, NY：Doubleday and Co., 1951), 50–51.

289 关于塔夫脱的情况，参见 Theoharis, *The Yalta Myths*, 102.

290 “V.F.W. Condemns Yalta ‘Sell-Out,’ ” *New York Times*, September 2, 1950.

291 关于《新领袖》杂志的情况，参见 Kenneth O’Reilly, “Liberal Values, Cold War, and American Intellectuals：The Trauma of the Alger Hiss Case,” in Athan Theoharis, ed., *Beyond the Hiss Case: The FBI, Congress and the Cold War* (Philadelphia：Temple University, 1982), 313.

292 参见 Arthur Schlesinger, "A Shameful Story," *New York Times Book Review,* March 19, 1978; and O' Reilly, "Liberal Values, Cold War, and American Intellectuals," 316.

293 Ibid., 315.

294 钱伯斯回忆录《证人》是 1952 年美国畅销书排行榜第 9 名。*New York Times Book Review,* June 8,1952; and *Time,* May 26, 1952. 参见 Tanenhaus, *Whittaker Chambers,* 463; and Stephen J. Whitfield, *The Culture of the Cold War* (Baltimore：Johns Hopkins University Press, 1991), 18.

295 Sidney Hook, *New York Times Book Review,* May 23, 1953. 1952 年，菲利普·拉夫在《巴黎评论》(*Partisan Review*) 中这样评价《证人》这本书："钱伯斯说，在那些年里，人民阵线（Popular Front）的思想主导了美国人民的生活，这可能有些夸张，但当他明确指出，当时正是这种思想主导了知识分子和国家之间的大部分交流渠道时，他丝毫没有夸张。这种思想告诉全国人民应该相信什么并塑造了全国人民的思想。人民阵线的人把自己当成了'专家'。他们控制着新闻和舆论的咽喉……国民……无法理解或相信，共产主义阴谋的大规模爆发是可能的，或者说共产主义阴谋已经渗透得如此之深了。"当钱伯斯最终向全国人民发表他的证词时，他遇到了激烈的抵抗，这从本质上反映了人民阵线思想的痛苦，以及它对被迫面对政治生活事实的非理性愤怒。希斯案的重要性恰恰在于，它戏剧化地表现了这种思想在受到攻击时为生存而进行的斗争和所有的报复行为。这种思想最害怕的是历史的混乱和邪恶，它逃避历史经常强加给它的艰难选择。它努力拯救希斯，是为了维护自己的幻想，避免认识到自己易受骗和长期拒绝接受现实。参见 Philip Rahv, "The Sense and Nonsense of Whittaker Chambers," in Arabel J. Porter and Andrew J. Dvosin, eds., *Essays on Literature and Politics, 1932–1972* (Boston：Houghton Mifflin, 1978), 322–23.

296 "美国国务院小组中的一些参加会议的人员是罗斯福总统的幕僚，他们认为，斯大林元帅回到莫斯科后与政治局发生了矛盾，因为他对英美两大资本主义国家太友好了，而且作出了太多的让步，在奉行教条主义的马克思主义眼中，共产主义的苏联永远不会真正信任这两个国家。政治局的某些成员很可能认为，苏联在雅尔塔实际上被出卖了。"参见 Stettinius Jr., *Roosevelt and the Russians,* 309–10. 此外参见 Edward R. Stettinius Jr., "After Yalta：Why the FDR-Stalin Pact Broke Down," *Look,* July 5, 1949.

297 例如，《时代》杂志的匿名评论员嘲笑道："英俊的'大埃德'·斯退丁纽斯总是容易受到影响，[他] 认真地告诉乔叔叔（约瑟夫·斯大林），如果他们在战后共同合作，苏联的每所房子都可以通上水管和电。"评论家讥讽道，这本书"赞扬了政治家的失败"，为"罗斯福总统在波兰问题上的悲剧性软弱提供了借口，即苏联人已经抵达波兰"。*Time,* November 7, 1949.

298 *FRUS, The Conference of Berlin,* I, 13. 此外参见 *Ulam, Expansion and Co-Existence,* 314–77.

299 Appendix to the *Congressional Record,* 81st Congress, 2nd sess., 1950, XCVI, A5410,A5416.

300 关于“可能是”这番问题，笔者推荐读者查阅 Schrecker, *Many Are the Crimes* 书中第10 章的内容。

301 Schrecker, *Many Are the Crimes,* 400.

302 *Congressional Record,* 81st Congress, 2nd sess., 1950, XCVI, Part 2, A4752.

303 艾奇逊的反对者，特别是参议员麦卡锡，强烈谴责他 1 月 12 日的“全国新闻记者俱乐部”演讲，艾奇逊在演讲中明确地将韩国排除在美国的防御伞之外。如果想要了解相关细节，参见 Bruce Cumings, *The Origins of the Korean War,* Vol. 2：*The Roaring of the Cataract, 1947–1950* (Princeton, NJ：Princeton University Press, 1991), 416–19, 436–39. 对于《芝加哥论坛报》和共和党国会关于所谓在雅尔塔出卖韩国的指控，参见 *Congressional Record,* 81st Congress, 2nd sess., 1950, XCVI, Part 1, 572, 635; and Theoharis, *The Yalta Myths,* 98.

304 关于艾奇逊和杜鲁门的相关情况，参见 Walter LaFeber, “NATO and the Korean War,” *Diplomatic History* 13：4 (Fall 1989)：473; Krock, *Sixty Years on the Firing Line,* 260; and Steven L. Rearden, *The Evolution of American Strategic Doctrine: Paul H.Nitze and the Soviet Challenge* (Boulder, CO：Westview Press, 1984), 30.

305《纽约时报》的这番言论被引用于 Theoharis, *The Yalta Myths,* 96.

306 Herbert Hoover, speaking in Des Moines, Iowa, August 30, 1951, reprinted in *The New York Times,* August 31, 1951.

307 U.S. Senate, Committee on Foreign Relations, *Hearings on the Japanese Peace Treaty and Other Treaties Relating to Security in the Pacific,* 82nd Congress, 2nd sess., 1952, 4.

308 *New York Times,* February 7, 1952.

309 *Chicago Herald Tribune,* April 13, 1952.

310 关于专栏作家亚瑟·克罗克和雷蒙德·莫利的情况，参见 Theoharis, *The Yalta Myths,* passim.

311 参见“New Evidence,” *Time,* June 25, 1951.

312 *Congressional Record,* 82nd Congress, 2nd sess., 1952, XCVIII, Part 10, A274–41.

313 参见 Theoharis, *The Yalta Myths,* 137–38. 罗斯福的女儿安娜·罗斯福·哈尔斯特德（Anna Roosevelt Halsted）曾与罗斯福一起前往雅尔塔，她对塔夫脱参议员对她父亲在雅尔塔的行动的描述表示异议。在听了塔夫脱对哥伦比亚特区共和党俱乐部的广播讲话后，安娜·罗斯福写信给塔夫脱，要求提供他的讲话记录，以便——用她的话说——可以“研究你的一些发言，因为坦率地说，我被有关雅尔塔会议的不准确的言辞、含沙射影的内容和半真半假的言论惊呆了，我想仔细研究一下”。Anna Roosevelt to Robert A. Taft, January 29, 1951, Anna Roosevelt Halsted Papers, box 85, folder 3, FDRL. 安娜·

罗斯福收到了讲话文字稿以及塔夫脱的短笺，表示愿意对她的任何批评意见作出回应。Taft to Roosevelt, February 9, 1951, Anna Roosevelt Halsted Papers, box 85, folder 3. 塔夫脱的演讲中引起安娜·罗斯福的批评最多的语句，可以从她在讲话稿中划线的句子和随后在1951年3月8日的信中予以驳斥的句子看出来。她对塔夫脱的以下指控意见最大，即她父亲允许哈里曼和霍普金斯主导在雅尔塔制定政策的过程，以及美国天真地认为"苏联是爱好和平的民主国家"。Roosevelt to Taft, March 8, 1951, and "Radio Address of Robert A. Taft to the Republican Club of the District of Columbia," January 29, 1951, Anna Roosevelt Halsted Papers, box 85, folder 3. 在富兰克林·罗斯福总统的众多子女中，安娜并不是唯一一个被雅尔塔的阴影所困扰的。富兰克林·罗斯福的儿子詹姆斯·罗斯福（James Roosevelt）在20世纪50年代中期是加利福尼亚州的国会议员，他收到了媒体的大量来件，特别是《洛杉矶时报》对雅尔塔会议和前总统的不公平批评的信件。他收到的一份剪报是韦斯特布鲁克·佩格勒（Westbrook Pegler）在《洛杉矶考查报》（*Los Angeles Examiner*）上发表的一篇专栏文章，其中提到一名海军翻译声称雅尔塔会议是"[他]所见过最大的酒后闹剧之一"。Nan Blair to James Roosevelt, April 13, 1955, and "One Colossal Brawl," James Roosevelt Papers, container 405, folder 6, FDRL.

314 参见 Theoharis, *The Yalta Myths,* 137–38.

315 关于艾森豪威尔在乔治·马歇尔的问题上向麦卡锡妥协的具体情况，参见 Anthony Leviero, "Truman Declares General Betrays Moral Principles," *New York Times,* October 10, 1952; James Reston, "Stevenson Scores Rival on M' Carthy in Wisconsin Talks," *New York Times,* October 9, 1952.

316 "The 1952 Republican Platform," *Congressional Quarterly Almanac* (Washington, DC: Congressional Quarterly, 1952), 491.

317 "Eisenhower Frees Chiang to Raid Mainland; Bids Congress Void All 'Secret' Pacts Abroad; Would End Controls; Opposes Tax Cuts Now," *New York Times,* July 11, 1952.《星期六晚邮报》曾就这一问题进行长期的宣传，参见 Ann Sue Cardwell, "Why Not Repudiate Yalta's Betrayal of Poland and Weaken Soviet Grip?" *The Saturday Evening Post,* May 12, 13, 1950.

318 "The 1952 Democrat Platform," *Congressional Quarterly Almanac* (Washington, DC: Congressional Quarterly, 1952), 496.

319 艾森豪威尔敦促"摒弃《雅尔塔协定》，因为该协议违反了《大西洋宪章》的原则，并且苏联政府也单方面违反了《雅尔塔协定》，这致使了对波兰的奴役。因此，我们必须给予波兰人民和波兰的所有美国朋友希望……"参见 *Time,* September 20, 1952; and Richard Nixon, *New York Times,* October 6, 1953.

320 艾森豪威尔在其第一次国情咨文中承诺，他不会"承认过去与外国政府达成的允许这种奴役的秘密谅解中的任何一项承诺”。参见“Eisenhower Urges Congress to Accuse Russia of Pacts,” *New York Times,* February 3, 1953. 此外参见 Senate Foreign Relations Committee, *World War II International Agreements and Understandings,* 83rd Congress, 1st sess., 1953, 1.

321 *New York Times,* February 21, 1953.

322 参见 *Congressional Record,* 84th Congress, 1st sess., 1955, CI, Part 3, 2031; *Chicago Tribune,* February 12, 1955; and Theoharis, *The Yalta Myths,* 199. 此外参见 “Secret Agreements,” *Congressional Quarterly Almanac,* 1953 (Washington, DC：Congressional Quarterly, 1953), 224–25.

323 “Yalta— Eight Years Later,” *New York Times,* February 4, 1953.

324 Samuel L. Sharp, “Yalta Repudiated,” *New Republic,* February 18, 1953.

325 Robert A. Caro, *The Years of Lyndon Johnson: Master of the Senate* (New York：Alfred A. Knopf, 2002), 493–4, 524–5.

326 Samuel Shaffer, *On and Off the Floor: Thirty Years as a Correspondent on Capitol Hill* (New York：Newsweek Books, 1980), 63.

327 *New York Times,* February 24, 1953, in Caro, *The Years of Lyndon Johnson,* 525.

328 Neil MacNeil, *Dirksen: Portrait of a Public Man* (New York：World Publishing Company, 1970), 114.

329 关于艾森豪威尔的情况，参见 Theoharis, *The Yalta Myths,* 173.

330 关于参议员 H. 亚历山大·史密斯（H. Alexander Smith，新泽西州共和党代表）的情况，参见 Duane A. Tanenbaum, “The Bricker Amendment Controversy：Its Origins and Eisenhower’s Role,” *Diplomatic History* 9(1) (1985)：79. 此外参见 Walter LaFeber, *America, Russia, and the Cold War, 1945–1966* (New York：Wiley, 1967), 178–79. 关于布里克修正案（Bricker Amendment）的有益讨论，参见 Richard A. Melanson, “Domestic Politics and American Foreign Policy, 1947–1994：A Conceptual Framework,” National War College, National Defense University, prepared for delivery at the annual meeting of the Society for Historians of American Foreign Relations, Bentley College, Waltham, MA, June 1994. 关于该修正案最终被否决的立法手段的说明，参见 Caro, *The Years of Lyndon Johnson,* 527–41.

331 关于艾森豪威尔的更多信息，参见 *New York Times,* March 4, 1955.

332 福斯特·杜勒斯在参议院外交委员会的一次执行会议上说，这些协议可以成为一种有用的手段，“要求苏联遵守他们所承诺的某些事情……［而］鉴于他们自己的违约行为，我们自己不一定会感到受到约束”。Senate Foreign Relations Committee, *Executive Sessions of the Senate Foreign Relations Committee* (Historical Series), 84th Congress, 1st sess., 1955 (1978 年 4 月，这段记录公之于众), 455.

333 更多内容，参见 John F. Stacks, *Scotty: James B.Reston and the Rise and Fall of American*

Journalism (New York：Little, Brown, 2003), 143–46.

334 参见 Kimball, *Forged in War,* 287–88; Martin Gilbert, *Winston S. Churchill,* Vol. 7：*Road to Victory* (Boston：Houghton Mifflin, 1986), 1038–39.

335 Elie Abel, "Poles' Fate Fixed," *The New York Times,* March 17, 1955. 丘吉尔之所以愤怒，有他自己特殊的理由。当时美国国务院无能地试图抹去丘吉尔的反法和反波兰的言论，结果适得其反，起到了为懒惰的记者强调这些内容的作用。人们听到丘吉尔说："我自己并不在乎波兰人的命运。"他还表示自己同意罗斯福总统的观点，即波兰人"无论是在波兰国内，还是在海外，都是一个争吵不休的民族"。

336 参见 James B. Reston, "Tragedy of Yalta Laid to Disunity," *New York Times,* March 18, 1955; Peter D. Whitney, "Churchill Finds Mistakes in U.S. Version of Yalta; Envoys Score Disclosure," *New York Times,* March 18, 1955; "Republicans Weigh Action Denouncing Wartime Talks," *New York Times,* March 18, 1955; and "Yalta in French Eyes," *New York Times,* March 18, 1955. See also the account in Reston, *Deadline,* 236–45.

337 林登·约翰逊在参议院提出了这一特别指控。*Congressional Record,* 84th Congress, 1st sess., 1955, CI, Part 3, 3336.

338 *Congressional Record,* 84th Congress, 1st sess., 1955, CI, Part 3, 3351.

339 Ibid., 3138.

340 "Hiss Identifies Yalta Notation," *New York Times,* March 17, 1955.

341 *Congressional Record,* 84th Congress, 1st sess., 1955, CI, Part 3, 3031.

342 "Nixon Sees No Attempt to Sell Out at Yalta," *Los Angeles Times,* March 18, 1955.

343 参见 "War Documents Gratify Lehman," *New York Times,* October 21, 1955.

344 参见 Fromkin, *In the Time of the Americans,* 479.

345 参见 Walter Lippmann, *Washington Post,* April 13, 1955, op-ed page.

346 十年后，左派历史学家加尔·阿尔佩罗维茨（Gar Alperovitz）利用许多相同的证据，重新提出了极右翼为支持这位持不同政见的将军而提出的相关论点，认为杜鲁门决定投弹的动机不是为了赢得太平洋战争，而是为了恫吓苏联。参见 Alperovitz, *Atomic Diplomacy;* Alperovitz, *The Decision to Use the Bomb.*

347 参见 "Top State Rivals Cross Paths Here," *New York Times,* October 6, 1958; "Harriman Called Yalta 'Architect,'" *New York Times,* April 29, 1955; and "Eisenhower Won't Join in Attack on Harriman," *New York Times,* May 5, 1955.

348 关于这两份报道的进一步讨论，参见 Theoharis, *The Yalta Myths,* 207.

349 Raymond J. Sontag, "Reflections on the Yalta Papers," *Foreign Affairs* 33(4) (July 1955)：622.

350 *Congressional Record,* 84th Congress, 1st sess., 1955, CI, Part 4, 5157; and U.S. Senate,

Committee on Foreign Relations, *Hearings on Senate Resolution Favoring the Discussion at the Coming Geneva Conference of the Status of Nations Under Communist Control,* 84th Congress, 1st sess., 1955.

351 *Congressional Record,* 84th Congress, 1st sess., 1955, March 24, 1955, 3627–35.

352 U.S. Senate Committee on Armed Services and Committee on Foreign Relations, *Military Situation in the Far East,* 82nd Congress, 1st sess., 1951, 2839.

353 该文作者约翰・坎贝尔（John Campbell）认为，苏联发言人“如此坚持地宣布冷战结束”是不祥之兆，并警告说：“我们可以预期苏联的路线会有周期性的转变，因为他们试图通过各种手段赢得优势。” John C. Campbell, “Negotiation with the Soviets：Some Lessons of the War Period,” *Foreign Affairs* 34(2) (January 1956)：319.

354 然而《纽约时报》的编辑们补充道：“如果西方国家能够从实力而非弱点出发进行谈判，并且不需要以任何代价达成协议，那么谈判可能是值得的。” *New York Times,* January 27, 1955.

355 怀疑者不需要担心。艾森豪威尔和杜勒斯在日内瓦提出的美国和苏联之间“开放领空”的建议，使得与苏联的任何谈判都变得不可能。相关讨论，参见 McGeorge Bundy, *Danger and Survival: Choices About the Bomb in the First Fifty Years* (New York：Random House, 1987), 295–305.

356 参见 Henry Kissinger, *Nuclear Weapons and Foreign Policy* (New York：W. W. Norton, 1969), 57.

357 这在一定程度上是因为希斯在 1955 年出狱后坚持不懈地为自己洗清罪名，但这也和此案与雅尔塔会议的密切联系有关。1953 年，当艾森豪威尔总统提名罗斯福总统在雅尔塔会议期间的翻译查尔斯・波伦为美国驻苏联大使时，波伦的提名确认听证会成为又一个重新审视所谓的间谍希斯在雅尔塔造成的损害的场合。参议员霍默・弗格森（Homer Furgeson）要求从波伦那里了解，希斯是否“准备了任何数据或获得了任何信息，而那些协议是在此基础上达成的”。他问希斯参加了哪些部分的讨论。他特别坚持要知道希斯是否在秘密的远东协定中发挥了重要作用，因为“现在看来，它［雅尔塔会议］对在中国发生的事情有很大影响”。波伦不同意，但是弗格森不为所动。虽然此案被反复争论至最细微的细节，但雅尔塔问题从未淡出背景。希斯出狱后首先发表的是一篇长达 4700 字的文章，为《雅尔塔协定》辩护。这篇文章与前共产党人马克斯・伊斯特曼（Max Eastman）的另一本书一起由口袋书局（Pocket Books）出版，伊斯特曼称雅尔塔会议是“侮辱下的默许”。《纽约时报》认为这篇文章的问世本身就值得一写。即使在今天，这个问题仍然激起双方的激愤。1996 年，美国国家安全局公布了一系列在 20 世纪 40 年代发往莫斯科的被称为“维诺那计划”（Venona）档案的共产党截获文件，右翼善辩者埃里克・布林德尔（Eric Breindel）坚持认为，这些文件表明，希斯在去雅尔塔时，“也就是说在 1945 年，仍是一名苏联特工”。布林德尔继续说道：“难怪，苏联外交官安德烈·葛罗米柯在1945年夏天告诉美国同行，莫斯科不会反对任命希斯为联合国成立大会的秘书长——这在战后苏美合作中是罕见的。”2001年，基本书局（Basic Books）出版了一本名为《新经销商的战争》（*The New Dealers' War*）的战争史著作，作者是托马斯·弗莱明（Thomas Fleming），他指出：“苏联的一名秘密特工出现在会议的中心。”参见 Charles E. Bohlen Nomination, Committee on Foreign Relations, U.S. Senate, 83rd Congress, 1st sess., 1953, 123–25. 此外参见 Peter Hiss, “Hiss Pens Defense of Yalta Meeting,” *New York Times,* October 12, 1955; Hiss, “Yalta: Modern American Myth” ; Eric Breindel, “Hiss's Guilt,” *New Republic,* April 15, 1996; Eric Breindel, “New Evidence in the Hiss Case,” *Wall Street Journal,* March 14, 1996; Eric Breindel, “Alger Hiss: A Glimpse Behind the Mask,” *Commentary,* November 1988; and Thomas Fleming, *The New Dealers' War,* 484. 最近的其他论点部分基于“维诺那计划”档案，并在很大程度上触及了希斯案，或者对该案切中要害，这些论点可以在以下著作中查阅：Tanenhaus, *Whittaker Chambers;* Weinstein, *Perjury;* Allen Weinstein and Alexander Vassilliev, *The Haunted Wood: Soviet Espionage in America—The Stalin Era* (New York: Random House, 1999); Harvey Klehr and John Earl Haynes, *Venona: Decoding Soviet Espionage in America* (New Haven, CT: Yale University Press, 1999); Tony Hiss, *The View from Alger's Window: A Son's Memoir* (New York: Alfred A. Knopf, 1999); Schrecker, *Many Are the Crimes;* Nigel West, *Venona: The Greatest Secret of the Cold War* (London: HarperCollins, 1999); John Lowenthal, “Venona and Alger Hiss,” *Intelligence and Security* 15(3) (Autumn 2000); John Erman, “The Alger Hiss Case: A Half-Century of Controversy,” *Studies in Intelligence,* Fall 2000–2001, 1–14; Jacob Weisberg, “Cold War Without End,” *New York Times Magazine,* November 28, 1999, *http://www.nytimes.com;* Joshua Micah Marshall, “Exhuming McCarthy,” *American Prospect,* no. 43 (March–April 1999), *http://www.prospect.org;* and Victor Navasky, “Cold War Ghosts: The Case of the Missing Red Menace,” *Nation,* July 16, 2001. 关于充斥着麦卡锡时代的歇斯底里和恶意情绪的论点，参见 Herbert Romerstein and Eric Breindel, *The Venona Secrets: Exposing Soviet Espionage and America's Traitors* (Washington, D.C.: Regnery, 2000); and Arthur Herman, *Joseph McCarthy: Re-examining the Life and Legacy of America's Most Hated Senator* (New York: Free Press, 2000). 关于笔者本人的简短评论，参见 Eric Alterman, “I Spy with One Little Eye,” *Nation,* April 29, 1996. The actual documents in question can be found in Robert L. Benson and Michael Warner, eds., *Venona: Soviet Espionage and American Response, 1939–1957* (Washington, D.C.: National Security Agency and Central Intelligence Agency, 1996). 关于希斯案的关键档案标号 No. 1822，日期为1945年3月30日，这份档案还有一个备受争议的脚注，日期标注为1969年8月8日。

在钱伯斯去世40周年之际，一位白宫助手和包括小威廉·F. 巴特利（William F. Buckley Jr.）在内的著名共和党人在旧行政办公大楼举办的百人私人活动中将钱伯斯誉为“富有同情心的保守派和忠诚的共和党人”。参见 Elaine Sciolino, “G.O.P. Devotees Pay Honor to Whittaker Chambers,” *New York Times,* July 10, 2001; and Ralph Z. Hallow, “White House Honors Memory of Whittaker Chambers,” *Washington Times,* July 10, 2001, *http://www.washtimes.com.* 关于安东尼·雷克的情况，参见 NBC's *Meet the Press,* November 24, 1996, transcript. 此外参见 Jacob Heilbrunn, “The Great Equivocator：Dr. Maybe Heads for the CIA,” *New Republic,* March 24, 1997. 2002 年夏天，一项新的指控在杰罗尔德·谢克特（Jerrold Schecter）和利昂娜·谢克特（Leona Schecter）夫妇撰写的专著中浮出水面。两位作者指控，苏联军事情报部门称，在雅尔塔会谈期间，希斯向苏联格勒乌（GRU）副主任米哈伊尔·米尔什泰因（Mikhail Milshtein）将军提供了定期简报，他在简报中揭露了美国的谈判计划，并分享了他对美国各谈判代表的看法。但这一指控没有任何文件证据支撑，同时也被谢克特夫妇与前苏联情报人员帕维尔·苏多普拉托夫（Pavel Sudoplatov）共同撰写的前一本书所反驳，苏多普拉托夫也曾指控罗伯特·奥本海默（Robert Oppenheimer）充当间谍。苏多普拉托夫说，希斯在 20 世纪 30 年代曾为苏联从事间谍活动，但他似乎不知道希斯被指控在雅尔塔会议期间充当内鬼——必须补充的是，这一点尚未得到证实。相关指控，参见 Jerrold Schecter and Leona Schecter, *Sacred Secrets: How Soviet Intelligence Operations Changed American Histor*y (New York：Brasseys, 2002), 130–33. 哈维·克莱尔（Harvey Klehr）对这本书的评论如下：“在《神圣的秘密》（*Sacred Secrets*）一书中，一些秘密材料听起来很有道理，似乎与我们已经知道的苏联间谍活动相符。但是，由于没有提供资料来源和档案，而且有许多小错误，即使是那些倾向于相信谢克特夫妇诸多主张的人也不会对此感到满意。”参见 Harvey Klehr, “Spies Like Us：The Schecters Get the History of Soviet Espionage Not Quite Right,” *Weekly Standard,* July 1, 2002.

在谢克特夫妇的著作问世之后，又有一波专著和论文问世，提出了进一步的论据和反驳意见，然而这些都没能改变持不同意见者的想法。参见 Eduard Mark, “Who Was ‘Venona's Ales’？ Cryptanalysis and the Hiss Case,” *Intelligence and National Security* 18, no. 3 (Autumn 2003); John Earl Haynes and Harvey Klehr, *In Denial: Historians, Communism, and Espionage* (San Francisco：Encounter Books, 2003). 关于伊丽莎白·本特利（Elizabeth Bentley）的内容，参见 Kathryn S. Olmsted, *Red Spy Queen: A Biography of Elizabeth Bentley* (Durham：University of North Carolina Press, 2002); and Lauren Kessler, *Clever Girl: Elizabeth Bentley's Life In and Out of Espionage* (New York：Harper- Collins, 2003). 关于整个历史时期的文献证据，参见 Katherine L. Herbig and Martin F. Wiskoff, “Espionage Against the United States by American Citizens,

1947–2001," PERSEREC Technical Report 02–5 (Monterey, CA：Defense Personnel Security Research Center, 2002), *http://www.fas.org/sgp/library/spies.pdf.* Finally, in *Alger Hiss's Looking-Glass Wars: The Covert Life of a Soviet Spy* (New York：Oxford University Press, 2004), G. 爱德华・怀特（G. Edward White）试图通过上述的一些资料来源来全面介绍本案的前因后果，但几乎没有提出塔南豪斯（Tanenhaus）的著作《惠特克・钱伯斯传》（*Whittaker Chambers*）中所没有的内容。

第三章　约翰・F. 肯尼迪和古巴导弹危机

1 Richard Rovere, "Letter from Washington," *New Yorker,* November 3, 1962.

2 Arthur Schlesinger Jr., *A Thousand Days: John F. Kennedy in the White House* (Boston：Houghton Mifflin, 1965), 841.

3 Roger Hilsman, Letter to the Editor, *New York Review of Books,* May 8, 1969.

4 Robert F. Kennedy, *Thirteen Days: A Memoir of the Cuban Missile Crisis* (New York：New American Library, 1969), 56.

5 *Time,* November 8, 1982.

6 Richard Strout, "TRB from Washington," *New Republic,* December 11, 1962.

7 McGeorge Bundy, "The Presidency and the Peace," *Foreign Affairs,* April 1964.

8 Ibid.

9 Transcript of Sylvester speech as published in *Congressional Record, Senate,* 88th Cong.,1st sess., June 24, 1963, 859.

10 *Hearings,* House Foreign Operations and Government Information Subcommittee,88th Cong., 1st sess., 19 March 1963, 15. 此外参见 *The Politics of Lying,* 39. 被政府要求接替西尔维斯特的职务的伊利・艾贝尔将国务卿作出这一声明的决定归因于"阿瑟相当容易激动。他在兴奋的时候很容易夸大自己的观点。如果他说，在某些情况下，政府有时不得不说出不完全的真相，没有人会和他争论。但是他夸大了这一点，并试图让人们觉得，说谎是政府的神圣职责……这当然会让每个人都激动起来。" Elie Abel Oral History, 12, John F. Kennedy Library, Boston, MA (hereafter JFKL).

11 William Manchester, *One Brief Shining Moment: Remembering Kennedy* (Boston：Little, Brown, 1983), 215.

12 Walter Trohan, *Chicago Tribune,* October 27, 1962.

13 Zbigniew Brzezinski, "The Implications of Change for United States Foreign Policy," *Department of State Bulletin,* 52 (July 1967), 19–23.

14 *Newsweek,* November 5, 1962.

15 *Time,* November 2, 1962.

16 *New York Times,* November 4, 1962.

17 James Reston, "The President's View," *New York Times,* October 29, 1962.

18 当斯图尔特·奥尔索普向《星期六晚邮报》的编辑提议撰写这篇文章时，这位记者非常有信心约翰·肯尼迪会见他，并提供内部访问的机会。参见 Stewart Alsop to Benn Hibbs, October 26, 1962, Joseph and Stewart Alsop Papers, Special Correspondence-Saturday Evening Post, October–December 1962, box 31, Library of Congress, Washington, D.C. (hereafter LC).

19 Stewart Alsop and Charles Bartlett, "In Time of Crisis," *Saturday Evening Post* CCXXXXV (December 8, 1962), 15–21.

20 Ibid., 16, 20.

21 麦克纳马拉和邦迪在 10 月 16 日与总统等人的会议上发表了这些评论。参见 Timothy Naftali and Philip Zelikow, eds., *The Presidental Recordings: John F. Kennedy: The Great Crises II* (New York：W. W. Norton), 440. 这些对话最初发表在早期版本的笔录中，原载 Ernest R. May and Philip Zelikow, eds., *The Kennedy Tapes: Inside the White House During the Cuban Missile Crisis* (Cambridge, MA：The Belknap Press of Harvard University Press, 1997). 然而，有人对转录的准确性提出了疑问，参见 Sheldon M. Stern, "What JFK Really Said," *Atlantic Monthly* 285, no. 5 (May 2000); and Sheldon M. Stern, "The 1997 Published Transcripts of the JFK Cuban Missile Crisis Tapes：Too Good to Be True？," *Presidential Studies Quarterly* 30 (September 2000). 之后，编辑们尽一切努力在更完整的版本中解决这些问题。这里提到的都是第二个版本（也就是更准确的版本）。

22 参见 "Transcript of 2nd ExComm Meeting, October 16, 1962, 6：30–7：35," in Laurence Chang and Peter Kornbluh, eds., *The Cuban Missile Crisis, 1962: An NSA Reader* (New York：New Press, 1992), 97–114. 此外参见 Kai Bird, *The Color of Truth: McGeorge and William Bundy, Brothers in Arms: A Biography* (New York：Simon & Schuster, 1998) 226; Sheldon M. Stern, *Averting "The Final Failure": John F.Kennedy and the Secret Cuban Missile Crisis Meetings* (Stanford, CA：Stanford University Press, 2003), 91; and Elie Abel, *The Missile Crisis* (Philadelphia：Lippincott, 1966), 51.

23 关于当时美苏两国核能力的细目，参见 Raymond L. Garthoff, *Reflections on the Cuban Missile Crisis* (Washington, D.C.：The Brookings Institution, 1987), 142. 关于该问题的进一步讨论，参见 Barton J. Bernstein, "Reconsidering the Missile Crisis：Dealing with the Problems of the American Jupiters in Turkey," in James A. Nathan, ed., *The Cuban Missile Crisis Revisited* (New York：St. Martins Press, 1992), 65; and Kai Bird, *The Chairman: John J. McCloy, The Making of the American Establishment* (New York：Simon & Schuster, 1992), 524.

24 Alsop and Bartlett, "In Time of Crisis," 16.

25 Ibid., 18. 据约瑟夫·奥尔索普说，肯尼迪“公开蔑视史蒂文森，而且总是如此。他喜欢听关于史蒂文森的笑话，而我也很想开这种玩笑。肯尼迪认为史蒂文森是一个自顾不暇、装腔作势的家伙。史蒂文森属于总统不喜欢的那一类人：那种装腔作势的自由主义者。[古巴导弹危机后] 肯尼迪对他的判断力和决断力明显缺乏敬佩之情”。参见 Joseph Alsop Oral History, interviewed by Elspeth Rostow, June 23, 1964, Washington, D.C., 73–74, JFKL.

26 Alsop and Bartlett, "In Time of Crisis," 18. 发表这一评论的官员后来被确认为国家安全委员会工作人员迈克尔·福雷斯托（Michael Forrestal），他受肯尼迪家族的指示，向巴特利特和其他人提供了他们的故事版本。斯图尔特的弟弟约瑟夫·奥尔索普试图在一篇专栏文章中使用这篇文章作为证据，证明总统想要解雇史蒂文森，直到他被麦克乔治·邦迪提前劝阻，邦迪在文章发表前从总统本人那里得知了这篇文章。文章完成后，奥尔索普预计它将引起“许多议论”，并敦促《星期六晚邮报》为史蒂文森的负面反应准备好一份答复。参见 Stewart Alsop to Hibbs, November 19 and November 29, 1962, Joseph and Stewart Alsop Papers, Special Correspondence-Saturday Evening Post, October–December 1962, box 31, LC.

27 "U.S. Bases Abroad," *Time,* November 9, 1963.

28 Schlesinger Jr., *A Thousand Days,* 827.

29 Sorensen, *Kennedy,* 714.

30 Bundy, *Danger and Survival,* 435. 此外参见 Philip Nash, *The Other Missiles of October: Eisenhower, Kennedy and the Jupiters, 1957–1963* (Chapel Hill: University of North Carolina Press, 1997), 3.

31 参见 Graham T. Allison, *Essence of Decision: Explaining the Cuban Missile Crisis* (Boston: Little, Brown, 1971).

32 Sorensen, *Kennedy,* 714. 这种一般的叙述框架可以在很多早期记录中找到，例如读者可以参见：Alsop and Bartlett, "In Time of Crisis" ; Abel, *The Missile Crisis*; Schlesinger Jr., *A Thousand Days;* Hugh Sidey, *John F. Kennedy, President* (New York: Atheneum, 1964); Richard E. Neustadt, "Afterword: JFK (1968)," in *Presidential Power: The Politics of Leadership* (New York: John Wiley, 1960, 1968); Henry M. Pachter, *Collision Course: The Cuban Missile Crisis and Coexistence* (New York: Frederick A. Praeger, 1963); Edward Weintal and Charles Bartlett, *Facing the Brink: An Intimate Study of Crisis Diplomacy* (New York: Charles Scribner's Sons, 1967); Richard E. Neustadt and Graham T. Allison, "Afterword" to Kennedy, *Thirteen Days;* and Alexander L. George, "The Cuban Missile Crisis, 1962," in Alexander L. George, David K. Hall, and William E. Simons, eds., *The Limits of Coercive Diplomacy: Laos, Cuba, Vietnam* (Boston: Little,

Brown, 1971), 86–143.

33 Walter Lippmann, *Washington Post,* November 13, 1962. The T&T column “Blockade Proclaimed” appeared in *The Washington Post* on October 25, 1962, 参见 *http:// www.mtholyoke.edu/acad/intrel/cuba/lippmann.htm.* 关于李普曼提到史蒂文森的情况以及就职演说，参见 Walter Lippmann Oral History, Interview by “Mrs. Farmer,” 1964, 3–6, JFKL.

34 “Turkey Relieved at U.S. Firmness：Gratified That Bases Were Not Bargained Away,” *New York Times,* October 29, 1962.

35 *U.S. News & World Report,* November 12, 1962, 43.

36 参见 summary of a November 2, 1962, article from *Akis* sent to the State Department by the U.S. embassy in Turkey, National Security File, box 226, NATO-Weapons, Cables, Turkey, JFKL.

37 “Their Bases and Ours,” *Time,* November 2, 1962.

38 关于人们对美国拆除部署在土耳其的导弹一事之解释，参见 Nash, *Other Missiles,* 153.

39 例如，在参议院会议上，参议员巴里·戈德华特（Barry Goldwater，亚利桑那州共和党代表）问道：“总统先生，发生了什么？”戈德华特想要知道，导弹的移除和其他事情是否是“涉及古巴和裁军计划的某种交易”。*Congressional Record,* 88th Cong., 1st sess., February 19, 1963, 2534–35. 此外参见 Nash, *Other Missiles,* 167.

40 参见 C. L. Sulzberger, *The Last of the Giants* (New York：Macmillan, 1970), 928.

41 Rusk testimony, January 25, 1963, and McNamara testimony, February 21, 1963, *Executive Sessions of the Senate Foreign Relations Committee* (Historical Series), vol. 15：105–6, 111.

42 参见 Transcript of Press and Radio News Briefing, November 27, 1962, and January 23, 1963, Transcripts of Daily News Conferences of the Department of State, vols. 27 and 28：October–December 1962 and January–March 1963, RG 59, General Records of the Department of State, Records of the Office of News and Its Predecessors, National Archives, College Park, MD.

43 *Meet the Press,* Non-classified, Interview, December 16, 1962, item no. CC02755, in National Security Archive Microfiche Collection, *Cuban Missile Crisis, 1962* (Washington, D.C.：National Security Archive, 1990).（可在数字化美国国家安全档案在线查阅——Digital National Security Archive：*www.nsarchive.chadwyck.com*). Hereafter NSA.

44 NATO Missiles in Turkey, Confidential, Cable State, December 6, 1962, Rusk to U.S. Embassy, Turkey, item no. CC02690; and [Summary of Dean Rusk's October 28, 5：00 p.m. Briefing of Latin American and OAS Ambassadors] Confidential, Cable State,

October 28, 1962, item no. CC01509, NSA. 腊斯克在会见拉美和美洲国家组织（OAS）大使时表示："在这些谈判中，美国没有达成任何协议，没有进行任何不为人知的交易，也没有在幕后达成任何谅解。"

45 NBC *White Paper,* "Cuba: The Missile Crisis," February 9, 1964. 此外参见 Nash, *Other Missiles,* 158.

46 Pachter, *Collision Course,* 52–53.

47 Roger Hilsman, "The Cuban Crisis: How Close We Were to War," *Look,* August 25,1964. 在这篇文章中，希尔斯曼还重复了腊斯克的那段"怒目而视"的评论，并说国务卿不是对邦迪说的，而是对美国广播公司的约翰·斯卡利说的。这意味着，要么作者在他的故事中添油加醋，要么就是腊斯克非常喜欢他的这句话，所以一再重复。后者似乎更有可能，因为希尔斯曼也引用了这样一则史料：腊斯克告诉斯卡利，到时候"一定要报道"他的评论。此外参见 Hilsman, *To Move a Nation,* 219.

48 Memorandum from ABC Correspondent John Scali to the Director of the Bureau of Intelligence and Research (Hilsman), undated, in *FRUS, 1961–1963, Vol. XI: Cuban Missile Crisis and Aftermath,* 227.

49 Hilsman, *To Move a Nation,* 222.

50 Abel, *The Missile Crisis.*

51 艾贝尔指出保罗·尼采也向艾贝尔宣读了同时期的笔记，但是并没有让艾贝尔看这些笔记。艾贝尔在自己的口述历史中讨论了相关材料的来源问题：25, JFKL.

52 Ibid., 95–96. Elie Abel Oral History, Interviewed by Dennis J. O' Brien, March 18,1970, New York City, 12. 此外参见 Roswell L. Gilpatric Oral History, Interviewed by Dennis J. O' Brien, May 5, 1970, 113, JFKL.

53 Ibid., 95.

54 Ibid., 193–94.

55 Ibid., 96. 艾贝尔后来说道："我并不总是同意阿德莱·史蒂文森的观点，但在我看来，他在这里确实扮演了一个相当光荣的角色，甚至可能是一个勇敢的角色。" Elie Abel Oral History, 24, JFKL.

56 参见 Roger Hagan, "Cuba: Triumph or Tragedy," *Dissent* 10 (Winter 1963): 13–26; Roger Hagan and Barton J. Bernstein, "The Military Value of Missiles in Cuba," *Bulletin of the Atomic Scientists* (February 1963); Leslie Dewart, "The Cuban Crisis Revisited," *Studies on the Left* 5 (Spring, 1965): 15–40; Ronald Steel, "Endgame," *New York Review of Books,* March 13, 1969, reprinted in Ronald Steel, *Imperialists and Other Heroes: A Chronicle of the American Empire* (New York: Random House, 1971); Roger Hilsman and Ronald Steel, "An Exchange on the Missile Crisis," *New York Review of Books,* May 8, 1969, 36–38; and Sidney Lens, *The Military-Industrial Complex* (Kansas City: Pilgrim Press, 1970),

91.

57 参见 James Daniel and John G. Hubbell, *Strike in the West: The Complete Story of the Cuban Crisis* (New York：Holt, Reinhart and Winston, 1963); Thomas Lane, *The Leadership of President Kennedy* (Caldwell, Idaho：The Caxton Printers, 1964); Mario Lazo, *Dagger in the Heart: American Policy Failures in Cuba* (New York：Funk and Wagnalls, 1968); Paul D. Bethel, *The Losers: The Definitive Report, by an Eyewitness of the Communist Conquest of Cuba and the Soviet Penetration in Latin America* (New Rochelle, NY：Arlington House, 1969); Malcolm E. Smith Jr., *Kennedy's Thirteen Greatest Mistakes in the White House* (New York：The National Forum of America, 1968); and Dean Acheson, "Dean Acheson's Version of Robert Kennedy's Version of the Cuban Missile Affair：Homage to Plain Dumb Luck," *Esquire,* February 1969, 76–77.

58 Kennedy, *Thirteen Days,* 108–9.

59 大量有影响力的专著、论文和其他作品对土耳其朱庇特问题的分析都是基于罗伯特·肯尼迪在《十三天》中提供的信息。参见 Neustadt, "Afterword：JFK (1968)," in *Presidential Power*; Neustadt and Allison, "Afterword" to Kennedy, *Thirteen Days*; Lens, *The Military-Industrial Complex*; Graham T. Allison, "Conceptual Models and the Cuban Missile Crisis," *American Political Science Review* 63(3) (September 1969)：689–718; Allison, *Essence of Decision;* George, "The Cuban Missile Crisis, 1962" ; James A. Nathan, "The Missile Crisis：His Finest Hour Now," *World Politics* 27 (January 1975)：269–88; Henry Fairlie, *The Kennedy Promise: The Politics of Expectation* (Garden City, NY：Doubleday, 1973); Barton J. Bernstein, "Courage and Commitment：The Missiles of October," *Foreign Service Journal* (December 1975)：9–11, 24–27; Barton J. Bernstein, "The Cuban Missile Crisis," in Lynn H. Miller and Ronald W. Pruessen, eds., *Reflections on the Cold War: A Quarter-Century of American Foreign Policy* (Philadelphia：Temple University Press, 1974), 108–42; Bruce Miroff, *Pragmatic Illusions: The Presidential Politics of John F. Kennedy* (New York：David McKay, 1976); Thomas G. Paterson, "Bearing the Burden：A Critical Look at JFK's Foreign Policy," *Virginia Quarterly Review* 54 (Spring 1978)：193–212; Herbert Dinnerstein, *The Making of a Missile Crisis, October 1962* (Baltimore：Johns Hopkins University Press, 1976); Jerome H. Kahan and Anne K. Long, "The Cuban Missile Crisis：A Study of Its Strategic Context," *Political Science Quarterly* 87 (December 1972)：564–94; Robert Beggs, ed., *The Cuban Missile Crisis* (London：Longman Group Ltd., 1971); and Richard J. Walton, *Cold War and Counterrevolution: The Foreign Policy of John F. Kennedy* (New York：Viking Press, 1972).

60 尽管罗伯特·肯尼迪显然确实寄了一份副本给他的兄长。正如欧内斯特·梅和菲利普·泽利科指出的那样："原件在总统办公室的肯尼迪档案中，而不是在罗伯特·肯尼迪的文件中。这个文件也不在腊斯克的文件中，这表明该文件可能是为腊斯克写的，但是并没有送到他手中。”参见 May and Zelikow, *The Kennedy Tapes,* 608. 另一种可能性是，罗伯特・肯尼迪特意起草这份文件，作为历史记录留存于世，但是从未打算将其发送或采取行动。

61 Memorandum from Attorney General Kennedy to Secretary of State Rusk, 30 October 1962, in *FRUS, 1961–1963, vol. XI,* 270–71. 此外参见 Arthur Schlesinger Jr., *Robert Kennedy and His Times* (Boston：Houghton Mifflin, 1978), 545.

62 Schlesinger Jr., *Robert Kennedy,* 545.

63 *FRUS, 1961–1963, vol. XI,* 271, *n*2.

64 Schlesinger Jr., *Robert Kennedy,* 545–46. 罗伯特・肯尼迪交给多勃雷宁的赫鲁晓夫写于 1962 年 10 月 28 日写给肯尼迪总统的信，最初发表于 *Problems of Communism* (Spring 1992)：60–62, 此外也登载于 *FRUS, 1961–1963, Vol. VI: Kennedy-Khrushchev Exchanges,* 189–90.

65 “The Lessons of the Cuban Missile Crisis,” *Time,* September 27, 1982.

66 Bundy, *Danger and Survival,* 432–34.

67 这些新材料激发了学术界对古巴导弹危机的重新审视，笔者在自己的分析中也参考了其中大部分内容。参见 James G. Blight and David A. Welch, *On the Brink: Americans and Soviets Reexamine the Cuban Missile Crisis,* 2d ed. (New York：Noonday, 1990); James G. Blight, Bruce J. Allyn, and David A. Welch, *Cuba on the Brink: Castro, the Missile Crisis, and the Soviet Collapse* (New York：Pantheon, 1993); Nathan, *The Cuban Missile Crisis Revisited;* Robert Smith Thompson, *The Missiles of October: The Declassified Story of John F.Kennedy and the Cuban Missile Crisis* (New York：Simon & Schuster, 1992); Mary S. McAuliffe, ed., *CIA Documents on the Cuban Missile Crisis* (Washington, D.C.：CIA History Staff, October 1992); Gen. Anatoly I. Gribkov and Gen. William Y. Smith, *Operation ANADYR: U.S. and Soviet Generals Recount the Cuban Missile Crisis* (Chicago：Edition Q, 1994); Dino A. Brugioni, *Eyeball to Eyeball: The Inside Story of the Cuban Missile Crisis,* rev. ed. (New York：Random House, 1990, 1991); and Chang and Kornbluh, *The Cuban Missile Crisis, 1962.* 关于多勃雷宁本人对危机的回忆，参见 Anatoly Dobrynin, *In Confidence: Moscow's Ambassador to America's Six Cold War Presidents (1962–1986)* (New York：Times Books, 1995). 来自冷战国际史项目（Cold War International History Project，CWIHP）的资料，参见 Raymond L. Garthoff, “The Havana Conference on the Cuban Missile Crisis,” *CWIHP Bulletin* 1 (Spring 1992)：2–4; Mark Kramer, “Tactical Nuclear Weapons, Soviet Command Authority, and the Cuban Missile Crisis,” *CWIHP Bulletin* 3 (Fall 1993)：40, 42–46; James G. Blight, Bruce J. Allyn, and David A. Welch, “Kramer vs. Kramer, Or, How Can

You Have Revisionism in the Absence of Orthodoxy？” ibid., 41, 47–50; Philip Brenner and James G. Blight, “Cuba, 1962：The Crisis and Cuban-Soviet Relations：Fidel Castro’s Secret 1968 Speech,” *CWIHP Bulletin* 5 (Spring 1995)：1, 81–85; Alexandr Fursenko and Timothy Naftali, “Using KGB Documents：The Scali-Feklisov Channel in the Cuban Missile Crisis,” *CWIHP Bulletin* 10 (March 1998)：58, 60–62; “Russian Foreign Ministry Documents on the Cuban Missile Crisis,” introduction by Raymond L. Garthoff, *CWIHP Bulletin* 5 (Spring 1995)：58, 63–77; Vladislav M. Zubok, “‘Dismayed by the Actions of the Soviet Union’：Mikoyan’s Talks with Fidel Castro and the Cuban Leadership, November 1962,” *CWIHP Bulletin* 5 (Spring 1995)：59, 89–92, 93–109, 159; Mark Kramer, “The ‘Lessons’ of the Cuban Missile Crisis for Warsaw Pact Nuclear Operations,” ibid., 59, 110, 112–115, 160; and James G. Hershberg, “Anatomy of a Controversy：Anatoly F. Dobrynin’s Meeting with Robert F. Kennedy, Saturday, 27 October 1962,” ibid., 75, 77–80.

68 参见 Bruce J. Allyn, James G. Blight, and David A. Welch, eds., *Back to the Brink: Proceedings of the Moscow Conference on the Cuban Missile Crisis, January 27–28, 1989* (Lanham, MD：University Press of America, 1992), 92–93.

69 参见 Blight and Welch, *On the Brink,* 82–83; and Rusk, *As I Saw It,* 240–41. 此外参见 Thomas J. Schoenbaum, *Waging Peace and War, Dean Rusk in the Truman, Kennedy and Johnson Years* (New York：Simon & Schuster, 1988).

70 马克·克莱默（Mark Kramer）争辩说，多勃雷宁收回了这一主张。参见 Kramer, “Tactical Nuclear Weapons,” 40, 42–46; and Blight, Allyn, and Welch, “Kramer vs. Kramer,” 41, 47–50. 巴顿·J. 伯恩斯坦补充了以下观点，解释了他为什么怀疑 10 月 26 日星期五的会议是否发生过。“1989 年 1 月，多勃雷宁声称，10 月 26 日星期五他与罗伯特·肯尼迪的谈话中首次提到了土耳其与古巴导弹交易的问题，当晚与总统进行简短的电话交谈后，司法部部长说美国政府将考虑这个问题。多勃雷宁最近声称在 26 日进行了这样的谈话，这似乎非常可疑。如果真有这样的谈话，为什么肯尼迪兄弟在周六的执委会会议上对赫鲁晓夫公开要求进行这样的交易表现得惊讶和沮丧？即使苏联公开提出这一要求，两兄弟在 27 日对此也会有更好的准备，他们也可以迅速推动执委会批准这一要求。或者，兄弟俩本可以在星期六与一小群人提前举行会议，而不是在晚上举行特别会议，安排秘密接受关于朱庇特导弹的交易。” Bernstein, “Reconsidering the Missile Crisis,” 125–26, *n*183. 关于白宫在这一问题上的日志，参见 President’s Telephone Memorandum, October 26, 1962, POF, JFKL; 此外参见 Stern, *Averting “The Final Failure,”* 289–90. 斯特恩（Stern）指出，谢尔盖·赫鲁晓夫认为电话记录支撑了对这一说法的真实性的信念，并在与斯特恩的通信中表达了这一点。

71 Dobrynin, *In Confidence,* 94.

72 多勃雷宁大使发给苏联外交部的电报：

1962 年 10 月 27 日：

最高机密

禁止复制

复印件编号：*1*CIPHERED TELEGRAM

我问罗伯特·肯尼迪："土耳其问题怎么办？"

罗伯特·肯尼迪回答说："如果这是实现我前面提到的规定的唯一障碍，那么总统认为在解决这个问题上没有任何不可逾越的困难。对总统来说，最大的困难是公开讨论土耳其问题。从形式上看，在土耳其部署导弹基地是根据北约理事会的一项特别决定进行的。现在宣布美国总统单方面决定从土耳其撤出导弹基地——这将损害北约的整个结构和美国作为北约领导国的地位，正如苏联政府非常清楚的那样，北约内部存在许多争论。简而言之，如果现在宣布这样的决定，将严重撕裂北约。"

罗伯特·肯尼迪接着说道："然而，肯尼迪总统也准备与 N.S. 赫鲁晓夫就这个问题达成一致。我认为，要从土耳其撤出这些基地，我们需要 4~5 个月。考虑到北约内部的程序，这是美国政府做到这一点所需的最短时间。"罗伯特·肯尼迪接着补充说："关于整个土耳其问题，如果赫鲁晓夫总理同意我所说的，我们可以以总统本人、苏联大使和我为媒介，继续在赫鲁晓夫总理和肯尼迪总统之间交换意见。"罗伯特又说了一句："然而，总统本人不能在任何公开场合就该方面讨论土耳其问题。"罗伯特·肯尼迪随后警告说，他对土耳其问题的评论是极其机密的；在华盛顿内部，除了他和他的兄长，只有 2~3 个人知道。

Russian Foreign Ministry Archives, Moscow, cited in Richard Ned Lebow and Janice Gross Stein, *We All Lost the Cold War* (Princeton, NJ：Princeton University Press, 1994), appendix, 523–26.

73 Nikita S. Khrushchev, *Khrushchev Remembers: The Last Testament,* trans. and ed. Strobe Talbott (Boston：Little, Brown, 1970), 497; and Dobrynin, *In Confidence,* 88–9. 费奥多尔·布尔拉茨基（Fyodor Burlatsky）是尼基塔·赫鲁晓夫的演讲稿作者之一，他坚定地认为，美国承诺撤出朱庇特导弹这一决定非常重要，这是让赫鲁晓夫改变主意的最重要信息。但是谢尔戈·米高扬（Sergo Mikoyan），赫鲁晓夫的顾问阿纳斯塔斯·米高扬之子，坚定地认为情况并非如此。他表示："赫鲁晓夫让步的主要原因是美国的最后通牒以及即将升级的威胁。罗伯特·肯尼迪并未就撤离朱庇特导弹一事给出明确承诺，没有正式的承诺。这不是美国传达的信息的主要部分，其中朱庇特绝对是个配角。他们传达的信息是：要么你们把导弹撤出来，要么由我们来解决问题。这就是关键所在……真正让赫鲁晓夫屈服的是最后通牒、空袭和入侵的威胁以及不可避免的局势升级。"然而，由于两人都是依靠次要证据和道听途说，因此都无法直接说明赫鲁晓夫的决策过程。关于这两个人的观点，参见 Bernard Grenier, "The Cuban Missile Crisis

Reconsidered：The Soviet View：An Interview with Sergo Mikoyan," *Diplomatic History* 14 (Spring 1990)：220.

74 多勃雷宁在此次会晤中留下的记录：

苏联驻美国大使多勃雷宁给苏联外交部的电报：

1962 年 10 月 28 日

最高机密

禁止复制

复印件编号：*1*CIPHERED TELEGRAM

一切都表明，R. 肯尼迪看到关于赫鲁晓夫的答复的报告非常满意，他真的非常欣慰。

临别时，罗伯特·肯尼迪再次要求对美苏双方就土耳其问题的协议严加保密，“特别是不能让记者知道，在我们这里，暂时连塞林格都不知道这件事”。（不完全清楚为什么他认为有必要提到他的名字，但他确实提到了）。

我回答说，在大使馆内，除了我以外没有人知道昨天和他的谈话。罗伯特·肯尼迪表示，除了目前的通信和今后通过外交渠道交换意见外，在重要问题上，他将与我保持直接联系，避免任何中间人。

在离开之前，罗伯特·肯尼迪再次感谢 N.S. 赫鲁晓夫迅敏而有效地给出了答复。

Archive of Foreign Policy of the Russian Federation, Moscow, cited in “Russian Foreign Ministry Documents on the Cuban Missile Crisis,” introduction by Raymond Garthoff, 76. 此外参见 Dobrynin, *In Confidence,* 89.

75 参见 Alexandr Fursenko and Timothy Naftali, *One Hell of a Gamble: Khrushchev, Castro and Kennedy, 1958–1964* (New York：W. W. Norton, 1997), 284–85.

76 CNN's *The Cold War,* “Cuba,” episode 10, November 29, 1998.

77 Letter from Chairman Khrushchev to President Kennedy, October 28, 1962, in *FRUS,1961–1963, vol. VI,* 189.

78 Dobrynin, *In Confidence,* 90. 此外参见 Dobrynin's contemporaneous memorandum on the meeting, Telegram from Soviet Ambassador to the USA A. F. Dobrynin to the USSR Foreign Ministry, October 30, 1962, in *CWIHP Bulletin* 8–9 (Winter 1995–96), 303–4.

79 Sergei N. Khrushchev, 641.

80 事实上，李普曼在发表该专栏的前一天拜访过乔治·鲍尔，而鲍尔并没有试图劝阻他。参见 Ronald Steel, *Walter Lippmann and the American Century* (Boston：Little, Brown, 1980), 535. 李普曼的文章，参见 Walter Lippmann, “Blockade Proclaimed,” *Washington Post,* October 25, 1962, *http:// www.mtholyoke.edu/acad/intrel/cuba/lippmann.htm.*

81 参见 Fursenko and Naftali, *One Hell of a Gamble,* 275, 393–94. 此外参见 Nash, *Other Missiles,* 132–37.

82 *New York Times,* October 24 and October 25, 1962; 此外参见 Nash, *Other Missiles,* 133.

83 参见 Bernstein, "Reconsidering the Missile Crisis," 125–26, *n*183.

84 Blight and Welch, *On the Brink,* 256–57.

85 参见 Fursenko and Naftali, *One Hell of a Gamble,* 249–50. 不过，福尔先科和纳夫塔利指出，美国的档案中还没有找到证实这一点的证据。Ibid., 389, *n*20.

86 参见 Sergei N. Khrushchev, *Nikita Khrushchev and the Creation of a Superpower* (University Park：Pennsylvania State Press, 2000), 594–95.

87 参见 Garthoff, *Reflections on the Cuban Missile Crisis,* 86–88; and Michael Beschloss, *The Crisis Years: Kennedy and Khrushchev, 1960–63* (New York：Harper Collins, 1991), 536.

88 Kennedy, *Thirteen Days,* 108–9.

89 Blight, Allyn, and Welch, *Cuba on the Brink,* 224.

90 Nikita Khrushchev, *Khrushchev Remembers: The Glasnost Tapes,* trans. and ed. Jerrod L.Schecter with Vyacheslav Luchkov (Boston：Little, Brown, 1990), 182.

91 "我建议我们不要理会赫鲁晓夫的最新信件，而对他早先信件中的建议作出回应。我的建议得到了泰德·索伦森和其他人的支持，这一建议在向约翰·斯卡利提出的建议中得到了完善。" Kennedy, *Thirteen Days,* 101–2.

92 参见 Cuban Missile Crisis Meetings, October 27, 1962, *Transcript-Presidential Recordings,* JFKL, 2, 3, 8. 此外参见 Mark. J. White, *Missiles in Cuba: Kennedy, Khrushchev, Castro and the 1962 Crisis* (Chicago：Ivan R. Dee, 1997), 214–19; and Beschloss, *Crisis Years,* 528.

93 White, *Missiles in Cuba,* 130–31. 在他的口述历史中，斯卡利还提到了他估计发生在1972年的与一位苏联官员的对话，这位官员告诉他："这些提议从未被转达给莫斯科"，因为"它们从未被认为是重要的"。然而，他无法确认这位官员的身份，因为这段对话发生在口述历史采访10年前。参见 John Scali Oral History, interviewed by Sheldon Stern, November 17, 1982, 10, JFKL.

94 Cuban Missile Crisis Meetings, October 16, 1962, 6：30–7：55, *Transcript-Presidential Recordings,* JFKL. 此外参见 Blight and Welch, *On the Brink,* 307; and May and Zelikow, *The Kennedy Tapes,* 100–101.

95 Stern, *Averting "The Final Failure,"* 254.

96 参见 Fred Kaplan, "The War Room：What Robert Dallek's New Biography Doesn't Tell You About JFK and Vietnam," *Slate,* May 19, 2003, *http://slate.msn.com/id/ 2083136;* and Fred Kaplan, "The Evasions of Robert McNamara," *Slate,* December 19, 2003, *http://slate.msn.com/id/2092916.* 此外参见 Fred Kaplan, "Kennedy and Cuba at 35," *Boston Sunday Globe,* October 12, 1997; and Stern, *Averting "The Final Failure,"* 98f, 269f, 284f, 299f. 此外，作为补充材料，读者可参阅 Eric Alterman, "The Century of the 'Son of a Bitch,'" *Nation,* December 12, 2000 (posted November 26, 2003).

97 Hans Morgenthau, *Truth and Power: Essays of a Decade, 1960–1970* (New York: Praeger, 1970), 158.

98 Thomas Halper, *Foreign Policy Crisis* (Columbus, OH: Charles E. Merrill, 1971), 189–93.

99 Alsop and Bartlett, "In Time of Crisis," 16–20. 颇具讽刺意味的是，奥尔索普·巴特利特（Alsop Bartlett）的文章实际上削弱了决策者对他们在此类论坛上公开坦率发言的能力的信心，因为它清楚地表明，执委会的谈话很快就会以政治上有害的方式泄露给媒体。阿德莱·史蒂文森当然认为，这将导致可能危及国家安全的自我审查。参见［Statement by Adlai Stevenson on His Role in the Cuban Crisis］Non-Classified, Statement, December 3, 1962, item no. CC02670, NSA. 另见《美国新闻与世界报道》（*U.S. News & World Report*）的文章，该文章分析了阿德莱·史蒂文森的文章的影响，并得出结论："［肯尼迪政府］最隐秘的政策审议中秘密外衣被揭开了。政府的最高官员们面临着这样的前景：任何不合群的意见——在最机密的层面——都可能导致公开曝光。这种情况已经发生过一次。它可能再次发生。" "After Cuba: Who Stood for What," *U.S. News & World Report,* December 17, 1962.

100 Nathan, "The Heyday of the New Strategy," in Nathan, *The Cuban Missile Crisis Revisited,* 21.

101 Ibid.

102 参见 George Ball, *The Past Has Another Pattern* (New York: W. W. Norton and Co., 1982), 295, 309. 此外参见 Thomas G. Paterson, "Fixation with Cuba: The Bay of Pigs, Missile Crisis, and Covert War Against Castro," in *Kennedy's Quest for Victory, American Foreign Policy, 1961–63* (New York: Oxford, 1989), 149.

103 参见 John Barlow Martin, *Adlai Stevenson and the World* (Garden City, NY: Doubleday and Co., 1977), 634.

104 Bernstein, "Reconsidering the Missile Crisis," in Nathan, *The Cuban Missile Crisis Revisited,* 104, 125–26, *n*183.

105 引用自 Stern, *Averting "The Final Failure,"* 100.（请注意，斯特恩在文中通过省略重复的单词和语篇，精简了肯尼迪的措辞。）

106 参见 White, *Missiles in Cuba,* 98.

107 Garry Wills, *The Kennedy Imprisonment* (Boston: Little, Brown, 1980), 166.

108 Barton J. Bernstein, "Understanding Decisionmaking, U.S. Foreign Policy, and the Cuban Missile Crisis: A Review Essay," *International Security* 25 (1) (Summer 2000): 134–64, especially 161. 目前尚无这次会议的档案记录。

109 这段话并不是要对苏联到底为什么决定在古巴部署导弹作出明确的判断，事实上，笔者也不认为这个问题与笔者在本书中的研究有多大关系。不过，笔者认为可以确定的是，苏联和古巴对美国对古巴政权造成威胁的担忧会在这一决定中起到相当大的作用。其他问题也可能如此，包括超级大国之间的整体政治 / 军事平衡、持续的柏林危机、赫鲁晓夫的内部考虑等。赫鲁晓夫当然选择在事后强调美国对古巴的威胁，据称他认为："我们的目标是……不让美国入侵古巴，为此，我们要用我们的导弹与他们对抗，让他们三思而行。"参见 Nikita Khrushchev, *Khrushchev Remembers: The Last Testament,* 496. 关于早期的延伸讨论（其结论笔者并不认同），参见 Arnold J. Horelick, "The Cuban Missile Crisis," *World Politics* 16 (April 1964): 378–83. 关于该问题的最新证据，参见 Fursenko and Naftali, *One Hell of a Gamble,* 181–82.

110 Donald F. Chamberlain, CIA Inspector General, to Walt Elder, June 5, 1975, Rockefeller Commission Papers, Gerald R. Ford Library Materials, JFK Assassination Materials Project, National Archives, College Park, MD. 张伯伦（Chamberlain）的信中引用了"猫鼬行动"的文件，包括罗伯特・肯尼迪 1962 年 1 月 19 日给麦科恩的备忘录。此外参见 Fursenko and Naftali, *One Hell of a Gamble,* 150.

111 Barton J. Bernstein, "Commentary: Reconsidering Khrushchev's Gambit—Defending the Soviet Union and Cuba," *Diplomatic History* 14(2) (Spring 1990): 234.

112 James G. Hershberg, "Before 'The Missiles of October': Did Kennedy Plan a Military Strike Against Cuba？" in Nathan, *The Cuban Missile Crisis Revisited,* 237.

113 这些提议被转交给了麦克纳马拉部长，但从未付诸实施，相关资料保存于 Joint Chiefs of Staff, Top Secret/Special Handling/Noforn Report, "Report by the Department of Defense and Joint Chiefs of Staff Representative on the Caribbean Survey Group to the Joint Chiefs of Staff on Cuba Project," March 9, 1962, in the papers of the Assassinations Records Review Board (ARRB). 特别是，参见 Annex to Appendix to Enclosure A, "Pretexts to Justify U.S. Military Intervention in Cuba," 8–11. 此外参见 Bamford, *Body of Secrets,* 84–85.

114 Memorandum of Mongoose Meeting Held on Thursday, October 4, 1962, item no. CC00520, NSA. 10 月 11 日，爱德华・兰斯代尔向小组报告说，正在准备加强"猫鼬行动"的建议。Action Proposals, Mongoose, Top Secret, Memorandum, October 11, 1962, item no. CC02244, NSA.

115 May and Zelikow, *The Kennedy Tapes,* 46.

116 Memorandum for the Record, October 16, 1962, in *FRUS, 1961–1963, vol. XI,* 43–45.

117 关于苏联对美国有关古巴的行动的认识，参见 M. Zakharovand S. Ivanov to N. S. Khrushchev, September 14, 1962; and Cable from USSR Ambassador to the USA A. F. Dobrynin to Soviet Foreign Ministry, October 15, 1962, in *CWIHP Bulletin* 8–9 (Winter 1996–97): 278. 此外参见 James Hershberg, "More Evidence on the Cuban Missile Crisis: More Documents from the Russian Archives," ibid., 270–77.

118 Bruce J. Allyn, James G. Blight, and David A. Welch, "Essence of Revision：Moscow, Havana, and the Cuban Missile Crisis," *International Security* 14 (3) (Winter 1989–1990)：145. 此外参见 Laurence Chang, "The View from Washington and the Views from Nowhere：Cuban Missile Crisis Historiography and the Epistemology of Decision Making," in Nathan, *The Cuban Missile Crisis Revisited,* 141–42.

119 Central Intelligence Agency, "The Military Build-up in Cuba," no. 85–3–62, CIA Records; Thomas L. Hughes to acting secretary of state, "Daniel's Conversation with Castro," December 13, 1963, box 23–F–1–2F, Hubert H. Humphrey Papers, Minnesota Historical Society, cited in Thomas G. Paterson, "Commentary：The Defense-of-Cuba Theme and the Missile Crisis," *Diplomatic History* 14(2) (Spring 1990)：255.

120 美国官员当然明白朱庇特导弹部署在土耳其会带来的问题。在 1962 年 8 月底去度蜜月之前，约翰·麦科恩把罗伯特·肯尼迪拉到一边，建议美国将朱庇特导弹撤出土耳其，这样它们就不会成为苏联报复的诱人目标。汤米·汤普森（Tommy Thompson）在 10 月 17 日预言，赫鲁晓夫将“用意大利和土耳其的导弹为自己的行动辩护”。参见 McCone, "Memorandum of Meetings with the President," August 23, 1962, doc. 8, in McAuliffe, ed., *CIA Documents on the Cuban Missile Crisis*; and "MemCon, October 17, 1962, 8：30 a.m.," ibid., 160. 此外参见 Fursenko and Naftali, *One Hell of a Gamble,* 204; and Nash, *Other Missiles,* 120.

121 Philip Zelikow, Timothy Naftali, and Ernest May, eds., *The Presidential Recordings: John F. Kennedy:* Volumes 1–3, *The Great Crises* (New York：W. W. Norton, 2001), 451.

122 Bernstein, "Commentary," 233.

123 Abel, *The Missile Crisis,* 193.

124 Kennedy, *Thirteen Days,* 94–95.

125 例如，小施莱辛格（Schlesinger Jr.）在其著作《罗伯特·肯尼迪》(*Robert Kennedy*) (542), 中暗示读者，肯尼迪总统长期以来一直在试图移除这些导弹。此外，肯尼斯·奥唐纳和大卫·鲍尔斯（David Powers）指出，肯尼迪总统曾经 5 次下达移除土耳其导弹的命令。参见 O' Donnell and Powers, with Joe McCarthy, *"Johnny, We Hardly Knew Ye": Memories of John Fitzgerald Kennedy* (Boston：Little, Brown, 1972), 337. 此外参见 Roger Hilsman, *The Cuban Missile Crisis: The Struggle Over Policy* (Westport, CT：Praeger, 1996), 202–3; Abel, *The Missile Crisis,* 168–71; Allison, *Essence of Decision,* 44, 101, 142, 226; Morton H. Halperin and Arnold Kanter, "The Bureaucratic Perspective：A Preliminary Framework," in Halperin and Kanter, *Readings in American Foreign Policy: A Bureaucratic Perspective* (Boston：Little Brown, 1973), 35; and I. M. Destler, *Presidents, Bureaucrats, and Foreign Policy: The Politics of Organization Reform* (Princeton, NJ：Princeton University Press, 1974), 3.

126 艾森豪威尔后来承认道："把导弹扔进海里比把它们扔给我们的盟友要好得多。"参见 Nash, *Other Missiles,* 3.

127 Ibid., 100–112.

128 "Recollection by Dean Rusk of Negotiating Channel through Andrew Cordier and Details of Negotiations to Remove Jupiters Prior to Crisis, 2/ 25/87," The Cuban Missile Crisis, 1962: The Making of U.S. Policy, NSA microfiche collection, available at *http://www.cwi org.*

129 Barton J. Bernstein, Trading the Jupiters in Turkey, *Political Science Quarterly* 95, no. 1 (Spring 1987): 97–125.

130 National Security Action Memorandum No. 181, Top Secret, August 23, 1962, item no. CC00295, NSA.

131 塔斯社（TASS）在 9 月 11 日发表了一篇表达苏联不满的文章，次日《纽约时报》转载了这篇文章。关于肯尼迪在 9 月 13 日的新闻发布会的记录，参见 *New York Times,* September 14, 1962. 此外参见 Donald L. Hafner, "Bureaucratic Politics and 'Those Frigging Missiles,' JFK, Cuba and the U.S. Missiles in Turkey," *Orbis,* Summer 1977, 318.

132 Attempts to Equate Soviet Missile Bases in Cuba with NATO Jupiter Bases in Italy and Turkey, Unclassified, Internal Paper, October 10, 1962, item no. CC00570, NSA. 在这种情况下，美国政府关注的是苏联在古巴秘密部署地对空导弹的问题。该备忘录认为，朱庇特导弹的部署工作是在完全公开通知的情况下进行的，符合联合国的集体自卫标准。

133 Zelikow et al., eds., *The Presidential Recordings,* 611. 早在 10 月 19 日，肯尼迪的演讲稿撰写人泰德·索伦森就撰写了一份宣布实施封锁的声明草案，其中还表示美国愿意就撤出北约在土耳其和意大利的导弹基地进行谈判。Draft of Speech, October 19, 1962, Theodore Sorensen Papers, box 49, Classified Subjects Files 1961–1964, Cuba Subjects, JFKL. 另一份准备在美国空袭古巴导弹基地时使用的演讲稿摘要也表明，肯尼迪认为撤回土耳其导弹是解决危机的一个潜在的有效方法。Synopsis of President's Speech, Summary, Theodore Sorensen Papers, box 48, Cuba General, JFKL.

134 Ibid., 361–62. 10 月 24 日发布的这一评估请求也以电报的形式发送给了在巴黎的托马斯·芬勒特（Thomas Finletter）大使，以考虑北约可能的反应。Cable State, October 24, 1962, National Security File, box 226, NATO-Weapons, Cables, Turkey, JFKL. 无论是黑尔还是芬勒特，都回应说土耳其很看重朱庇特导弹，不愿意将其撤离，尽管用潜基"北极星"导弹替换朱庇特导弹可以让朱庇特导弹的移除过程变得更为顺利。关于黑尔的情况，参见［Assessment of Consequences for the NATO Alliance if the Jupiters Are Traded for the Cuban Missiles—In Three Sections］Secret, Cable Ankara, October 26, 1962, item no. CC01470, NSA. 关于芬勒特的情况，参见［Turkish Position with regard

to Trading Jupiters for Soviet Missiles in Cuba] Secret, Cable Paris, October 25, 1962, item no. CC01328, NSA.

135 Ormsby-Gore to Foreign Office, October 27, 1962, cited in White, *The Cuban Missile Crisis* (London：Macmillan and Co., 1996), 222.

136 Cuban Missile Crisis Meetings, October 27, 1962, *Presidential Recordings-Transcripts,* JFKL, 32–38.

137 Zelikow et al., eds., *The Presidential Recordings,* 364.

138 Kaplan, "War Room."

139 Stevenson to JFK, October 17, 1962, Sorensen Papers, box 49, JFKL, emphasis in original. 此外参见 White, *The Cuban Missile Crisis,* 172.

140 Martin, *Adlai Stevenson and the World,* 724. 乔治・鲍尔解释道:"在敦促我们提供这样一种交易时，史蒂文森并不是在提出一个尚未讨论过的想法。他们如此愤怒的原因是，他在当天晚些时候才提出这一提议，当时，总统和执委会已经决定采取另一种方针。在长达一周的辩论中，史蒂文森没有出席，在疲惫不堪的执委会成员看来，所有的痛苦讨论都被他无视了。" Ball, *The Past Has Another Pattern,* 295. 此外参见 White, *The Cuban Missile Crisis,* 171.

141 此前，这一声明是由约翰・麦科恩而不是麦克洛伊所写。参见 May and Zelikow, eds., *The Kennedy Tapes,* 464; and Beschloss, *Crisis Years,* 508. 但谢尔顿・斯特恩（Sheldon Stern）仔细聆听了执委会的录音，并得出结论：这是个错误。参见 Stern, *Averting "The Final Failure,"* 273, *n* 231.

142 哈里曼写道:"在相当长的时间里，赫鲁晓夫无疑受到了沉重的压力，要求他对我们的基地圈做些什么，而我们在土耳其部署朱庇特导弹则使情况更加恶化。"哈里曼表示，克里姆林宫中的一个强硬集团逼迫赫鲁晓夫采取大胆行动，而这样的交易可能会缓解他从这一派别中感受到的压力。W. Averell Harriman, Memorandum on Kremlin Reactions, October 22, 1962, Averell Harriman Papers, Special File, Public Service, Kennedy/Johnson Administrations, Cuba, box 452, LC. 10 月 25 日，巴西政府提出一项建议，要求实现拉丁美洲的无核化，同时保证该地区所有国家的领土完整。这个计划至少要求从古巴撤出所有苏联的核系统，从关塔那摩湾和波多黎各撤出美国的核系统。作为回报，所有相关国家将再次承诺不入侵古巴，而古巴也将承诺不入侵该地区的任何国家。参见 Garthoff, *Reflections on the Cuban Missile Crisis,* 74, 116. 此外，哈里曼于 10 月 26 日表示支持巴西的提议，并提出了在这些建议不足以解决危机的情况下采取更多外交手段的建议。其中，最重要的是提出一项关于从无核国家领土上移除所有核武器的协议。对于美国，哈里曼明确表示:"这将意味着从土耳其和意大利撤走我们的导弹……" W. Averell Harriman, Memorandum, October 26, 1962, Harriman Papers, Special File, Public Service, Kennedy/Johnson Administrations, Cuba, box 452, LC.

143 Schlesinger Jr., *Robert Kennedy,* 556.

144 Fursenko and Naftali, *One Hell of a Gamble,* 321.

145 Stewart Alsop, *The Center: The Anatomy of Power in Washington* (London: Hodder and Stoughton, 1968), 192. See also, White, *The Cuban Missile Crisis,* 167.

146 巴特利特说的话出自 Sally Bedell Smith, *Grace and Power: The Private World of the Kennedy White House* (New York: Random House, 2004), 324.

147 Alsop and Bartlett, "In Time of Crisis."

148 Kenneth O' Donnell Oral History, cited in Thomas, *Robert Kennedy: His Life,* 232. 与此同时，肯尼迪玩世不恭地派出他的新闻秘书皮埃尔·塞林格，公开否认《星期六晚邮报》关于史蒂文森支持导弹交易的报道，并赞扬他在危机期间的表现。News Conference at the White House, Unclassified, Press Briefing, December 3, 1962, item no. CC02669, NSA. 肯尼迪甚至给史蒂文森写了一封信表示支持，对《邮报》的文章引发的"不幸的混乱"表示遗憾。肯尼迪在信中写道："查尔斯·巴特利特是这篇文章的共同作者，这一事实让我特别难以接受——也许你在报纸行业的私人朋友身上也遇到过同样的问题。在这一特殊情况下，我没有与任何新闻工作者讨论过古巴危机或任何与之相关的事件——我确信《星期六晚邮报》文章中引用的内容不是来自白宫。" Kennedy to Stevenson, December 4, 1962, Theodore Sorenson Papers, box 48, Cuba-General, JFKL.

149 Walter Johnson, ed., *The Papers of Adlai E. Stevenson, VIII* (Boston: Little, Brown, 1972–79), 351–52. 此外参见 White, *The Cuban Missile Crisis,* 167.

150 Ball, *The Past Has Another Pattern,* 158. 此外参见 White, *The Cuban Missile Crisis,* 177; and Beschloss, *Crisis Years,* 467.

151 Gilbert Harrison, "Why Stevenson," *The New Republic,* December 15, 1962, 6.

152 Robert F. Kennedy Oral History, 322, JFKL. 此外参见 Jeff Sheshol, *Mutual Contempt: Lyndon Johnson, Robert Kennedy, and the Feud that Defined a Decade* (New York: W. W. Norton, 1997), 98–99.

153 W. W. Rostow to Lyndon B. Johnson, October 5, 1968; and Lyndon B. Johnson Daily Diary, October 24, 1962, to October 30, 1962, Lyndon B. Johnson Library, Austin, TX (hereafter LBJL). 此外参见 Beschloss, *Crisis Years,* 509.

154 Kennedy, *Thirteen Days,* 46; and RFK Oral History Interview, February 1965, JFKL. 此外参见 Paterson, "Fixation with Cuba," 149.

155 Fursenko and Naftali, *One Hell of a Gamble,* 323.

156 Joe Alsop, "The Soviet Plan for Deception," *Washington Post,* November 5, 1962.

157 参见 Telegram from Soviet Ambassador to the USA Dobrynin to USSR Foreign Ministry, November 5, 1962, in *CWIHP Bulletin* 8–9 (Winter 1996–97), 325–26.

158 "Khrushchev's Oral Communication of December 10, 1962," *Problems of Communism*

41, special edit. (Spring 1992).

159 “Kennedy Letter of December 14, 1962,” ibid. 此外参见 Fursenko and Naftali, *One Hell of a Gamble,* 323.

160 Bundy, *Danger and Survival,* 432–36.

161 Theodore Sorensen, letter to the author, June 12, 1998. 请读者注意的一点是，索伦森在他的口述历史中提供的关于总统的版本，包含了他之前说过的同样的谎言。然而，考虑到相关人员达成的保密协议，这并不罕见。 参见 Theodore C. Sorensen Oral History, interviewed by Carl Kaysen, March 26, 1964, 66–67. 关于有类似缺陷的，由私人提供的陈述，参见 Robert F. Kennedy Oral History, interviewed by John Barlow Martin, May 14 1964, 322; and Llewellyn Thompson Oral History, interviewed by Elizabeth Donahue, March 25, 1964, 23–26, JFKL.

162 Schlesinger, Jr., *Robert Kennedy,* 547.

163 Pierre Salinger, *With Kennedy* (Garden City, NY：Doubleday, 1966), 299.

164 Benjamin C. Bradlee, *Conversations with Kennedy* (New York：W. W. Norton, 1975),131–33.

165 参见 Hilsman, *To Move a Nation,* 196. 此外参见 Richard Ned Lebow, “The Traditional and Revisionist Interpretation Reevaluated：Why Was Cuba a Crisis ？” in Nathan, *The Cuban Missile Crisis Revisited,* 164.

166 加尔布雷斯的话出自 Ronald Steel, “Endgame,” *New York Review of Books,* March 13, 1969, 15–22.

167 参见 Kennedy, *Thirteen Days,* 67. 根据对录音的解读，欧内斯特·梅和菲利普·泽利科把对话时间定在 10 月 23 日星期二晚上 7：30 左右。参见 May and Zelikow, *The Kennedy Tapes,* 342, es pecially *n*18.

168 Thomas G. Paterson and William J. Brophy, “October Missiles and November Elections：The Cuban Crisis and American Politics, 1962,” *Journal of American History* 73 (1) (June 1986)：95–96.

169 参见 Brugioni, *Eyeball to Eyeball,* 151–53. See also Stern, *Averting “The Final Failure,”* 162.

170 “The Ugly Choice,” *Time,* September 14, 1962.

171 “The Monroe Doctrine and Communist Cuba,” *Time,* September 21, 1962.

172 Paterson and Brophy, “October Missiles and November Elections,” 96.

173 参见 McAuliffe, *CIA Documents on the Cuban Missile Crisis.*

174 Theodore C. Sorensen, Memo for the Files, September 6, 1962, Cuba Collection, State/FOIA, Theodore C. Sorensen Papers, Classified Subject Files, 1961–64, General, 1962, JFKL. 此外参见 Fursenko and Naftali, *One Hell of a Gamble,* 197.

175 肯尼迪显然在 10 月 16 日意识到了这一点，他说："上个月我应该说，我们不在乎。" Cuban Missile Crisis Meetings, October 16, 1962, *Presidential Recordings-Transcripts,* JFKL, 15. 此外参见 Bundy, *Danger and Survival,* 413.

176 "Kennedy's Patience," *Chicago Tribune,* September 15, 1962. 9 月 14 日，《纽约时报》（"肯尼迪暗示战争谈话"）、《华盛顿邮报》（"总统敦促美国在古巴问题上'保持清醒'"）和《芝加哥论坛报》（"没有古巴威胁：肯尼迪"）在各自的头版上都对古巴局势进行了详尽报道。次日《纽约时报》和《华盛顿邮报》发表的文章的语气都比《芝加哥论坛报》更为克制。《纽约时报》的编辑发表了这样的看法："今天的古巴问题，复杂、微妙且危险，但还没有危险到需要采取草率行动的地步。肯尼迪总统一直坚定而坦率。如果赫鲁晓夫和卡斯特罗总理发出了挑战，那么它已经得到了回应。它可以走到这一步——但不能太远。"《华盛顿邮报》的编辑们也表示赞同："无论多么希望采取军事行动，只要眼前的军事安全允许，只要其他美洲国家的完整性不受到威胁，就必须抵制仓促和冲动的军事冒险。" "Kennedy, Cuba, and the USSR," *New York Times,* September 14, 1962; and "Soviet-Cuban Crisis," *Washington Post,* September 14, 1962.

177 William L. Ryan, "Writer Tells How Russians Control Cuba," *Chicago Tribune,* September 14, 1962; Anthony Burton, "Close-up of Russia in Cuba," *Chicago Tribune,* September 17, 1962; and Jules Dubois, "Report Russia Shear Power from Castro," *Chicago Tribune,* September 25, 1962.

178 Paterson and Brophy, "October Missiles and November Elections," 96–97.

179 参见 Max Holland, "A Luce Connection：Senator Keating, William Pawley, and the Cuban Missile Crisis," *Journal of Cold War Studies* I (Fall 1999)：139–67; and Brigitte Nacos, "Press, Presidents, and Crises," (PhD diss., Columbia University, 1987), 51.

180 参见 Lawrence Freedman, *Kennedy's Wars: Berlin, Cuba, Laos, and Vietnam* (New York：Oxford University Press, 2000), 161.

181 撰写这份政策指导的是泰德·索伦森的弟弟。Thomas Sorensen, "Information Policy Guidance on Cuba," October 21, 1962, Cuba-Subjects, General and Historical Information, box 48, Classified Subjects File, Theodore C. Sorensen Papers, JFKL, 3. 此外参见 Nash, *Other Missiles,* 119.

182 相关引言出自 Graham Allison, "Cuban Missiles and Kennedy Macho," *Washington Monthly,* October 1972.

183 "Why Cuba Isn't Like Turkey," *Chicago Tribune,* October 24, 1962.

184［Guidance for U.S. Officials at Home and Abroad in Explaining U.S. Actions Against Soviet Bases in Cuba］Confidential, Cable State, October 24, 1962, item no. CC01150, NSA.

185 保守派在对导弹交易一无所知的情况下进行攻击，指责肯尼迪总统对苏联和古巴等国过于软弱，参见 Daniel and Hubbell, *Strike in the West;* Lane, *The Leadership of President Kennedy;* Lazo, *Dagger in the Heart;* Bethel, *The Losers;* Smith Jr., *Kennedy's Thirteen Greatest Mistakes;* and Acheson, "Dean Acheson's Version of Robert Kennedy's Version of the Cuban Missile Affair."

186 参见 Steel, "Endgame."

187 Paul H. Nitze, *From Hiroshima to Glasnost: At the Center of Decision: A Memoir* (New York：Grove Weidenfeld, 1989), 237.

188 Spruille Braden, *Diplomats and Demagogues* (New Rochelle, NY：Arlingotn House,1971), 430–31. 此外参见 Gaddis Smith, *The Last Years of the Monroe Doctrine* (New York：Hill and Wang, 1994), 110.

189 Robert D. Crane, "The Cuban Crisis：A Strategic Analysis of American and Soviet Policy," *Orbis,* Winter 1963, 549, 562.

190 David Lowenthal, "U.S. Cuban Policy：Illusion and Reality," *National Review,* January 9, 1963, 16.

191 Richard M. Nixon, "Cuba, Castro and John F. Kennedy," *Reader's Digest,* November 1964.

192 参见 Paterson and Brophy, "October Missiles and November Elections," 108.

193 Nacos, "Press, Presidents, and Crises," 80.

194 Brugioni, *Eyeball to Eyeball,* 468–69.

195 Blight and Welch, *On the Brink,* 81–82.

196 JCS to President Kennedy, "Recommendation for Execution of CINCLANT OPLANS 312 and 316," JCSM–844–62, October 28, 1962, OSD Records, 71–A– 2896, National Records Center, Suitland, MD.

197 军事委员会主席、参议员理查德·拉塞尔（佐治亚州民主党代表），外交委员会主席、参议员詹姆斯·威廉·富布赖特（James William Fulbright，阿肯色州民主党代表），以及参议员伯克·希肯卢珀（艾奥瓦州共和党代表）都给出了一致的意见：对古巴进行打击，而非采取封锁。参见 John McCone's notes on the leadership meeting on October 22, Memorandum for the File, October 24, 1962, in *FRUS, 1961–1963, vol. XI,* 158–61. 此外参见 Paterson and Brophy, "October Missiles and November Elections," 104.

198 例如，在 1987 年，麦克乔治·邦迪解释说："我听了 10 月 27 日的会议录音带，我可以十分自信地说，我不认为有任何需要担心的问题。我不记得有人说过担心因为古巴事件而被处以私刑。" *Proceedings of the Hawk's Cay Conference on the Cuban Missile Crisis,* Marathon, FL, March 5–8, 1987, Final Version (Center for Science and International Affairs, Harvard University, April, 1988), 115. 泰德·索伦森更进一步，认为肯尼迪选择封锁时完全知道这会对他的政治地位产生不利影响。索伦森说，"肯尼迪确信，他

的行动会在选举中损害他的政党”，肯尼迪认识到，空袭将是“在选举日之前拆除导弹的一种更快、更受欢迎的方式”。Theodore C. Sorensen, *The Kennedy Legacy* (New York, Macmillan and Co., 1969), 190. 此外参见 Lebow, “The Traditional and Revisionist Interpretation Reevaluated,” 163.

199 参见 Paterson and Brophy, “October Missiles and November Elections,” 102.

200 I. F. Stone, “The Brink,” *New York Review of Books,* April 14, 1966, reprinted as “What Price Prestige？” in Robert A. Divine, ed., *Cuban Missile Crisis,* 2nd. ed. (NY：Marcus Weisner Publishing, 1988), 159–62. 斯通（Stone）的判断是基于伊利·艾贝尔的陈述。罗纳德·斯蒂尔（Ronald Steel）当时也提出了类似的指控。参见 Steel, “Endgame,” reprinted in Steel, *Imperialists and Other Heroes.*

201 Gribkov and Smith, *Operation ANADYR,* 166–77. 格里布科夫最初称，有 98 枚战术弹头，但后来把数字修正为 158 枚。参见 Bird, *The Color of Truth,* 245. 此外参见 Stuart H. Newberger, “Secrets of October 1962：Opening Cuban Missile Crisis Files Under FOIA,” *American Bar Association Journal,* October 1992; and Robert A. Divine, “Alive and Well：The Continuing Cuban Missile Crisis Controversy,” *Diplo-matic History* 18 (4) (1994)：551–61.

202 学者们对这一话题争论不休。亚历山大·福尔先科和蒂莫西·纳夫塔利认为，在 1962 年 9 月 8 日给苏联驻古巴指挥官的备忘录中，赫鲁晓夫明确表示“只有莫斯科的直接命令才能授权使用核武器”，这一文件证据“应该消除任何剩余的疑问，即苏联驻古巴指挥官普利耶路夫（Pliev）将军没有得到使用战术核导弹的口头授权”。然而，雷蒙德·加特霍夫基于上述两人研究所用的同一份苏联档案认为，这两位学者忽略了一些重要的段落，这些段落导致对这一命令中的火力控制权的解释更为模糊。他的结论是：“指令防空部队投入作战的权力在驻古巴苏维埃部队集团的指挥官手中，而将核弹道导弹和红外弹道导弹部队投入作战则需要等待莫斯科发出信号。陆军（Luna 导弹）和空军（巡航导弹 FKR-1 和 IL-28）战术核力量的使用并没有明确限定要得到莫斯科的事先批准，但有一个有趣的例外：对美国关塔那摩基地使用核巡航导弹则需要‘总参谋部的命令’。”然而，每一位学者都同意，一旦危机成为公众事件，赫鲁晓夫就明确表示，使用任何核武器都需要得到莫斯科的事先批准。Alekandr Fursenko and Timothy Naftali, “The Pitsunda Decision：Khrushchev and Nuclear Weapons,” *CWIHP Bulletin* 10 (March 1998)：223–27; and Raymond Garthoff, “New Evidence on the Cuban Missile Crisis：Khrushchev, Nuclear Weapons, and the Cuban Missile Crisis,” *CWIHP Bulletin* 11 (Winter 1998)：251–62.

203 Alexander M. Haig Jr., with Charles McCarry, *Inner Circles: How America Changed the World: A Memoir* (New York：Warner Books, 1992), 102–3.

204 Henry Kissinger, “Strains on the Alliance,” *Foreign Affairs* 41(2) (January 1964)：262.

205 事实上，美国驻意大利大使馆认为，意大利政府和公众舆论很可能不会反对美国撤回导弹。［Assessment of Possibility of Withdrawing Jupiter Missiles from Italy—In Two Section］, Secret, Cable Rome, October 26, 1962, item no. CC01463, NSA.

206 巴顿·伯恩斯坦对这些可怕的担忧提供了一些生动的例子：

> 会议记录显示，麦科恩说："苏联在古巴的武器对准了我们的心脏，使我们在履行对自由世界的承诺时遇到了很大的障碍"……国防部助理部长保罗·尼采自杜鲁门时期以来就热衷于冷战，他在会议一开始就反对苏联的提议："对土耳其人来说，撤出导弹是一种耻辱……苏联的下一步将是整个北约地区的无核化。"他的这番话的言外之意，大家都知道：让步只会导致苏联要求更多的让步。而美国的底线在哪里？盟友为何要相信美国的许诺？……邦迪的助手罗伯特·科默在11月初表示："这会造成大麻烦。"科默对邦迪这样说道："（尽管）我们在古巴导弹问题上的表现让［我们的盟友］振作了起来，但提前撤出朱庇特导弹将重新唤起［他们］的潜在恐惧。"1963年1月初，对该交易仍一无所知的科默试图说服总统不要撤走这些武器。科默报告说："土耳其的政治前景相当不确定，我们看到了未来的麻烦。"

Bernstein, "Reconsidering the Missile Crisis," in Nathan, *The Cuban Missile Crisis Revisited,* 78, 84, 99. 科默警告说，会造成对美国对盟国的承诺的"信任危机"，相关例子，参见 Komer to Bundy, November 12, 1962, National Security File, box 226, NATO-Weapons, Turkey, JFKL. 斯图尔特·奥尔索普（Steward Alsop）在攻击史蒂文森时坚称，肯尼迪"真诚地相信，史蒂文森提出的这种让步……会鼓励苏联人（就像希特勒在慕尼黑会议上受到鼓励那样），进一步冒险，期待美国方面的进一步让步"。, Robert W. Merry, *Taking on the World: Joseph and Stewart Alsop—Guardians of the American Century* (New York：W. W. Norton, 1996), 394. 关于官方和半官方历史中的关于这些观点的例子，参见 Abel, *The Missile Crisis,* 95; Pachter, *Collision Course,* 66; Schlesinger Jr., *A Thousand Days,* 829–30; and Sorensen, *Kennedy,* 752–54.

207 Bundy, *Danger and Survival,* 436–37.

208 Bernstein, "Trading the Jupiters in Turkey," 113–14.

209 引自 I. F. Stone, "The Brink," in Divine, ed., *Cuban Missile Crisis,* 160.

210 Bernstein, "Trading the Jupiters in Turkey," 113–16.

211 Kennedy to the secretary of state, August 21, 1961, box 82–98, National Security File, JFKL. 此外参见 Frank Costigliola, "Kennedy, the European Allies and the Failure to Consult," *Political Science Quarterly* 110 (1) (1995)：105–23.

212 Theodore Sorensen Oral History Interview, JFKL.

213 Memorandum of Conversation, October 28, 1962, in *FRUS, 1961–1963, vol. XI,* 288.

214 Harold Macmillan, *At the End of the Day, 1961–1963* (New York：Harper & Row,1973), 212–13.

215 Sergei N. Khrushchev *Nikita Khrushchev,* 636–37. 关于苏联为避免在解决危机时与古巴盟友发生重大决裂而所作的努力，参见 Hershberg, "More Evidence on the Cuban Missile Crisis：More Documents from the Russian Archives," 以及相关苏联档案，收录于 *CWIHP Bulletin* 8–9 (Winter 1996–97)：270–77, 278–347.

216 "Prime Minister Castro's Letter to Premier Khrushchev, October 31, 1962," document 59, in Chang and Kornbluh, *The Cuban Missile Crisis, 1962,* 254.

217 Blight, Allyn, and Welch, *Cuba on the Brink,* 215.

218 米高扬进一步解释了他对菲德尔·卡斯特罗对危机解决方案的反应的愤怒之情："你知道的，卡斯特罗那货是疯子。他让我等了整整 10 天都没有见我。我最后告诉他，我要回国了，他会后悔。卡斯特罗才最终跟我见了一面。卡斯特罗是个疯子。" Rusk, *As I Saw It,* 245.

219 参见 1962 年 12 月 12 日赫鲁晓夫在最高苏维埃会议上的讲话文稿，保存于 State Department Bureau of Intelligence and Research's compilation of Soviet post-crisis statements provided to Averell Harriman. Memorandum, Undated, Harriman Papers, Special File, Public Service, Kennedy/Johnson Administrations, Cuba, box 452, LC. 此外参见福尔先科和纳夫塔利针对相关观点的讨论：Fursenko and Naftali, *One Hell of a Gamble,* 324。

220 参见 Dobrynin, *In Confidence,* 98; and CNN's *The Cold War,* episode 10, "Cuba," No–vember 29, 1998.

221 Fursenko and Naftali, *One Hell of a Gamble,* 353–54. 此外参见 William Taubman, *Khruschchev: The Man and His Era* (New York：W. W. Norton, 2002), 575–77.

222 参见 Bird, *The Color of Truth,* 249.

223 *Public Papers of the Presidents: John F. Kennedy, 1961–1963,* 3 vols. (Washington, D.C.：GPO, 1962–64), December 30, 1962. 此外参见 Richard Reeves, *President Kennedy* (New York：Simon & Schuster, 1993), 445.

224 参见 Peter Kornbluh, "Kennedy and Castro：The Secret Quest for Accomodation," National Security Archive Electronic Briefing Book No. 17, August 16, 1999; and Philip Brenner, "Thirteen Months：Cuba's Perspective on the Missile Crisis," in Nathan, *The Cuban Missile Crisis Revisited,* 187–219.

225 苏联谈判代表在 10 月 30 日给莫斯科外交部的信中确认："考虑到肯尼迪总统通过罗伯特·肯尼迪在 10 月 27 日与多勃雷宁同志的谈话传达的愿望，我们在纽约谈判期间……不会提出美国在土耳其的导弹基地问题。" Telegram from Soviet Deputy Foreign

Minister Kuznetsov and Ambassador to the UN Zorin to USSR Foreign Ministry, October 30, 1962, in *CWIHP Bulletin* 8–9 (Winter 1996–97)：302–3. 苏联外交部长在答复这封电报时重申："你在与吴丹和美国驻纽约代表的谈判中，在任何情况下都不应触及这个问题，因为这是莫斯科和华盛顿之间直接谈判的主题。" Telegram from USSR Foreign Minister A. A. Gromyko to the Soviet Mission in New York, November 1, 1962, in ibid., 309–10.

226 参见 Bernstein, "Reconsidering the Missile Crisis," 99.

227 May and Zelikow, *The Kennedy Tapes,* 691–92.

228 *Congressional Record,* 88th Congress, 1st sess., February 25, 1963.

229 *Congressional Record,* 88th Congress, 1st sess., February 19, 1963, 2534–35.

230 *Congressional Record,* 88th Congress, 1st sess., August 15, 1963, appendix, A4936.

231 Lens, *The Military-Industrial Complex,* 91.

232 Paterson, "Bearing the Burden," 106.

233 Martin Amis, *Experience* (New York：Talk Miramax Books, 2000), 137.

234 人们在首次尝试从危机中吸取教训时，特别赞扬了政府在危机期间成功对相关信息和磋商过程进行保密的做法。此外，他们还强调这种保密对于迅速且令人满意地解决这类情况的重要性。参见 "Some Lessons from the First Two Weeks of the Cuban Crisis," Top Secret, Memorandum, November 1, 1962, item no. CC01806, NSA.

235 Procedures for Handling Media Representatives, Non-Classified, Memorandum, October 27, 1962, item no. CC01493, NSA.

236 McGeorge Bundy to Joseph Alsop, November 27, 1962, Joseph and Stewart Alsop Papers, General Correspondence, November–December 1962, box 18, LC. 此处邦迪是在回应奥尔索普就此事向总统发出直接呼吁。值得玩味的是，奥尔索普表示，他认为该指令在肯尼迪政府期间不会造成太大的伤害，但他担心它为未来的政府开创了先例，即利用这种政策限制媒体收集信息和报道政府行动的能力。参见 Alsop to the President, November 24, 1962, and Alsop to Bundy, November 26, 1962, Joseph and Stewart Alsop Papers, General Correspondence, November–December 1962, box 18, LC.

237 Memorandum from Robert Manning, Assistant Secretary for Public Affairs to all Assistant Secretaries of State, Procedures Relating to Contacts with News Media Representatives, November 27, 1962, Transcripts of Daily News Conferences of the Department of State, Vol. 27：October–December 1962, RG 59, General Records of the Department of State —Records of the Office of News and Its Predecessors, National Archives, College Park, MD. 这份备忘录被分发给各助理国务卿后，曼宁（Maning）在新闻发布会上将其介绍给媒体成员。国务院确实暂停了报告程序；然而，它并没有取消该指令，并保留了在任何时候恢复该指令的权利。

238 引自 Nacos, "Press, Presidents, and Crises," 39.

239 Ibid., 63.

240 "Strange Aftermath of the Cuban Deal," *U.S.News & World Report,* November 12, 1963.

241 "News as a Weapon," *Chicago Tribune,* November 2, 1962, editorial.

242 *U.S. News & World Report,* November 5, 1962.

243 "The Crisis," *Newsweek,* November 12, 1962.

244 引自 Nacos, "Press, Presidents, and Crises," 63.

245 Allison, *Essence of Decision.* 本书随后所有涉及《决策的本质》的引文都出自本书 1971 年的原版。1999 年，艾利森和菲利普·泽利科共同出版了《决策的本质》第二版，将大多数事实错误都更正了一番。参见 Graham T. Allison and Philip Zelikow, *Essence of Decision: Explaining the Cuban Missile Crisis,* 2d ed. (New York：Longman, 1999). 巴顿·J. 伯恩斯坦（Barton J. Bernstein）对该书第二版进行了长时间的详细研究，他指出，尽管两位作者纠正了第一版中的大多数事实错误，但"修订后的版本几乎从未说明修改了哪些主要解释，以及对其进行修改的原因。新版避免提及本书早期版本或与本书第一版的批评者进行明确的对话，且未明确承认 1971 年版的错误"。在 2001 年夏的一期《外交史》（*Diplomatic History*）中，出现了针对该书的第二篇重要评论，作者为布鲁斯·克利克（Bruce Kuklick）。这位评论员指出，本书第一版忽略了柏林和德国与苏联思想之间的关系，而且在知识和认识论方面也存在混乱，不知道该书想要传达的是什么样的经验教训。参见 Bernstein, "Understanding Decisionmaking," 134–64, 尤其是第 164 页的内容；以及 Bruce Kuklick, "Reconsidering the Missile Crisis and Its Interpretation," *Diplomatic History* 25(1) (Summer, 2001)：517–23. 关于德国在苏联思想界中扮演的角色，参见 Trachtenberg, *A Constructed Peace,* part 3.

246 Colin Gray, *The Soviet-American Arms Race* (Farnborough：Saxon House, 1976), 28.

247 参见 David A. Welch, "The Organizational Process and Bureaucratic Politics Paradigms：Retrospect and Prospect," *International Security* 17 (2) (Fall 1992)：112. 此外参见 Steve Smith, "Allison and the Cuban Missile Crisis：A Review of the Bureaucratic Politics Model of Foreign Policy Decision-Making," in *Millennium: Journal of International Studies* 9 (1); Hafner, "Bureaucratic Politics and 'Those Frigging Missiles,'"；Robert J. Art, "Bureaucratic Politics and American Foreign Policy：A Critique," *Policy Sciences* 4 (December 1973)：467–90; and Stephen D. Krassner, "Are Bureaucracies Important (Or Allison Wonderland)," *Foreign Policy* 7 (Summer 1972)：159–79.

248 Allison, *Essence of Decision,* ix. 此外参见 Welch, "The Organizational Process," 112.

249 诺伊施塔特、希尔斯曼和席林曾经是哥伦比亚大学的同事。霍尔珀林在哥伦比亚大学读书期间，曾经是席林的学生，后来霍尔珀林在布鲁金斯研究所工作的时候，是 I. M. 戴斯勒（I. M. Destler）的同事。诺伊施塔特是肯尼迪的总统交接顾问。希尔斯曼曾在国务院情报和研究局（Department of State's Bureau of Intelligence and Research）工作，并担任负责远东事务的助理国务卿。霍尔珀林曾在约翰逊和尼克松时期担任国防部副助理部长和国家安全委员会的工作人员。霍尔珀林的书是在布鲁金斯研究小组的协助下撰写的，诺伊施塔德、席林、艾利森和戴斯勒是该小组的成员。参见 Hafner, "Bureaucratic Politics and 'Those Frigging Missiles,'" 308.

250 Allison, "Conceptual Models and the Cuban Missile Crisis," 689–718.

251 参见 Graham T. Allison, "Cuban Missiles and Kennedy Macho," *Washington Monthly,* October 1972, 15–19.

252 Allison, *Essence of Decision,* 129–30, 309, *n*123.

253 丹·考德威尔（Dan Caldwell）后来证明，艾利森在美国封锁古巴的动向方面也被误导了。参见 D. Caldwell, "A Research Note on the Quarantine of Cuba," *International Studies Quarterly* 22 (1978)：625–33.

254 Allison, *Essence of Decision,* 229.

255 Ibid., 228.

256 Ibid., 230.

257 J. Garry Clifford, "Bureaucratic Politics" *Journal of American History* (June 1990)：162. 此外参见 Graham T. Allison and Morton H. Halperin, "Bureaucratic Politics：A Paradigm and Some Policy Implications," *World Politics* 25 (Spring 1972)：40–80; Morton H. Halperin, "The Decision to Deploy the ABM：Bureaucratic and Domestic Politics in the Johnson Administration," ibid., 62–96; Morton Halperin, with the assistance of Priscilla Clapp and Arnold Kanter, *Bureaucratic Politics and Foreign Policy* (Washington, D.C.：The Brookings Institution, 1974); Destler, *Presidents, Bureaucrats, and Foreign Policy;* David J. Alvarez, *Bureaucracy and Cold War Diplomacy: The United States and Turkey, 1943–1946* (Thessaloníki：Institute for Balkan Studies, 1980); Stephen D. Cohen, *The Making of United States International Economic Policy: Principles, Problems, and Proposals for Reform* (New York：Praeger, 1977); Jerel A. Rosati, "Developing a Systematic Decision- Making Framework：Bureaucratic Politics in Perspective," *World Politics* 33 (January 1981); Leslie Gelb with Richard K. Betts, *The Irony of Vietnam: The System Worked* (Washington, D.C.：The Brookings Institution, 1979); James C. Thomson, "On the Making of U.S. China Policy, 1961–1969," *China Quarterly* 50 (April–June 1973)：220–43; and Robert P. Haffa Jr., "Allison's Models：An Analytic Approach to Bureaucratic Politics," in John E. Endicott and Roy W. Stafford Jr., eds., *American Defense Policy* (Baltimore, MD：Johns Hopkins University Press, 1977), 224.

258 Krassner, "Are Bureauracies Important," 160–61.

259 Allison, *Essence of Decision,* 181. 巴顿·伯恩斯坦（Barton Bernstein）在以下著作中论

述了这一观点：“Understanding Decisionmaking,” 134–64.

260 Krassner, “Are Bureaucracies Important,” 162. Schlesinger Jr. is quoted in Daniel Elsberg, “The Quagmire Myth and the Stalemate Machine,” *Public Policy* (Spring 1971), 218.

261 参见 Clifford, “Bureaucratic Politics,” 163. 此外参见 Theodore Draper, “Reagan’s Junta：The Institutional Sources of the Iran–Contra Affair,” in Charles W. Kegley and Eugene Wittkopf, eds., *The Domestic Sources of American Foreign Policy: Insight and Evidence* (New York, 1988), 131–41.

262 Krassner, “Are Bureaucracies Important,” 168.

263 Blight and Welch, *On the Brink,* 104–5.

264 Garthoff, *Reflections of the Cuban Missile Crisis,* 87; and Sorensen, *The Kennedy Legacy,* 192.

265 参见 Martin Walker, *The Cold War: A History* (New York：Henry Holt, 1994), 181.

266 参见 Jack Snyder, *Myths of Empire: Domestic Politics and International Ambition* (Ithaca, NY：Cornell University Press, 1991), 41–42. 此外参见 Francis Rourke, *Bureaucracy, Politics, and Foreign Policy* (Boston：Little, Brown, 1969).

267 罗斯福总统确保了联合国的创立，并且在对日战争中争取到了一个盟友；肯尼迪确保了移除古巴境内所有的苏联“进攻性”武器。

268 参见 Schlesinger Jr., *A Thousand Days,* 840–41.

269 Address to the Democratic National Convention, Robert F. Kennedy, Atlantic City, NJ, August 27, 1964, at JFKL Web site：http://www.cs.umb.edu/jfklibrary/r082764.htm. 此外参见 Inglis, *The Cruel Peace,* 165.

270 Hilsman, *To Move a Nation,* 227.

271 Blight and Welch, *On the Brink,* 147–48.

272 Henry A. Kissinger, “Reflections on Cuba,” *Reporter,* November 22, 1962, 21–24.

273 参见 Bundy, *Danger and Survival,* 445–47. 此外参见 Rusk et al., “The Lessons of the Cuban Missile Crisis,” *Time,* September 27, 1982.

274 参见 Schlesinger Jr., *A Thousand Days,* 831.

275 George, “The Cuban Missile Crisis, 1962,” x.

276 Bernstein, “Reconsidering the Missile Crisis,” 106.

277 Ibid.

278 George, “The Cuban Missile Crisis, 1962,” xi.

279 Nathan, “The Heyday of the New Strategy,” 1.

280 Ibid., 5.

281 例如，参见白宫助理比尔·莫耶斯（Bill Moyers）写的信，其中说：“关于古巴危机的报道给我留下了深刻的印象，对古巴实施封锁的想法在最后一刻才出现——而且直到像［执委会］这样的工作组……为新思想的出现提供温床才出现。" Letter to the President, Unsigned, from the files of Bill Moyers, February 1965, in David M. Barrett, *Lyndon B. Johnson's Vietnam Papers: A Documentary Collection* (College Station, TX：Texas A&M University Press, 1997), 103.

282 Brian VanDeMark, *Into the Quagmire: Lyndon Johnson and the Escalation of the Vietnam War* (New York：Oxford, 1991), 48.

283 Telegram from the Department of State to the Embassy in Vietnam, December 29, 1965, in *FRUS, 1964–1968,* vol. III：*Vietnam, July–December 1965,* 741.

284 Cyrus Vance Oral History Interview, March 9, 1970, Interview no. 3, 11, LBJL.

285 Memorandum from Secretary of Defense McNamara to President Johnson, July 20,1965, in *FRUS, 1964–1968,* vol. III, 171, 176.

286 Blight and Welch, *On the Brink,* 155–56.

287 W. W. Rostow to Harriman, January 28, 1966, box 499, Harriman Papers, LC. 此外参见 Randall B. Woods, *Fulbright: A Biography* (New York：Cambridge University Press, 1995), 408.

288 Russell to Louis Wolfson, January 4, 1966, in Barrett, *Lyndon B. Johnson's Vietnam Papers,* 302–3.

289 David Kaiser, *American Tragedy: Kennedy, Johnson and the Origins of the Vietnam War* (Cambridge, MA.：Harvard University Press, 2000), 370.

290 参见 Dewart, "The Cuban Crisis Revisited," 40. 面对这样的批评，麦克纳马拉也同意，古巴危机期间的经历与美国在越南的战略不无关系。但他所认可的并不是简单的"吸取教训"范式。相反，在他看来，在这两种情况下，这只是简单的常识。他解释说，在越南开战的"理由与古巴导弹危机期间选择封锁的理由完全一样。我的意思是，如果你只是说让它见鬼去吧，让我们全力以赴，把他们——古巴人或越南人——炸得灰飞烟灭，看看你在做什么。你实际上是在要求苏联人，或者在某些情况下，中国人，进行军事报复。然后会发生什么。听着：我们正处于核大国之间的一场重大战争中"。参见 Blight and Welch, *On the Brink,* 194.

291 Doris Kearns, *Lyndon Johnson and the American Dream* (New York：Harper & Row, 1976), 177–78. Kearns points out that her source materials are her personal notes taken "verbatim" during her time with Johnson. 参见 ibid., 401.

292 Robert Dallek, *Flawed Giant: Lyndon Johnson and His Times, 1961–1973* (New York：Oxford University Press, 1998), 100.

293 Notes of Meeting, July 26, 1965, in *FRUS, 1964–1968, vol. III,* 255.

294 Wills, *The Kennedy Imprisonment,* 189.

295 Michael R. Beschloss, *Taking Charge: The Johnson White House Tapes, 1963–1964* (New York：Simon & Schuster, 1997), 238.

296 Kearns, *Lyndon Johnson,* 253–54.

297 Ibid.

298 VanDeMark, *Into the Quagmire,* 50.

299 Beschloss, *Taking Charge,* 357.

300 Notes of the Leadership Meeting, White House, Washington, August 4, 1964, in *FRUS, 1964–1968, Vol. I: Vietnam, 1964,* 616.

301 Ibid., 619. 此外参见 H. W. Brands, *The Wages of Globalism: Lyndon Johnson and the Limits of American Power* (New York：Oxford University Press, 1995), 228.

302 Theodore H. White, *The Making of the President, 1964* (New York：Atheneum, 1965), 373–74. 此外参见 Beschloss, *Crisis Years,* 509.

303 Stone, "The Brink," 160.

304 当笔者在给西奥多·索伦森的信中提到这个问题时，他回答道："你的建议很有道理，即尽早全面披露肯尼迪在解决古巴导弹危机中的立场，可能有助于使那些认为他的立场只包括针对苏联的武力威胁的潜在模仿者清醒。"（索伦森还指出，他是当年知道"罗伯特·肯尼迪代表约翰·肯尼迪总统传达关于保证最终在土耳其拆除朱庇特导弹的口头信息"的人中资历最浅的一个。）索伦森还指出，他也是"与国家安全事务的'官方'联系最少的人……我觉得我无权独自透露这些信息。"1982 年在《纽约时报》发表文章揭露古巴导弹危机猛料的正是麦克乔治·邦迪，因此，索伦森表示，1989 年的莫斯科会议并没有透露任何新消息。索伦森补充道："在《肯尼迪遗产》（*The Kennedy Legacy*）一书的若干段落以及肯尼迪本人都明确表态，肯尼迪总统在很大程度上通过通信、谈判和外交手段来结束危机，这一点一直为公众所知……［但］非常有可能，正如你在信中所建议的那样，早些披露肯尼迪对赫鲁晓夫关于土耳其导弹的保证会减缓约翰逊总统和尼克松总统对越南的投入，但我对此观点表示怀疑。"Theodore Sorensen to the author, June 12, 1998.

305 Sorensen, *The Kennedy Legacy,* 208.

306 Robert McNamara, *In Retrospect: The Tragedy and Lessons of Vietnam* (New York：Times Books, 1995), 96–97.

307 Mark Falcoff, "Learning to Love the Missile Crisis," *National Interest,* Summer 1989,63–64.

308 Ibid., 69–70.

309 National Security Planning Group Meeting, Top Secret, Minutes, November 11, 1984, item no. C03316, NSA. 此外参见 Chang, "The View from Washington and the Views from Nowhere," 132.

310 Les Aspin, *Washington Post,* January 8, 1991.

311 David E. Sanger, "Bush Sees 'Urgent Duty' to Pre-empt Attack by Iraq," *New York Times,* October 8, 2002.

312 Ibid.

313 Christopher Maquis, "Missile Crisis Cited to Make Opposite Points," *New York Times,* October 8, 2002, *http://www.nytimes.com/2002/10/09/international/09GLOB.html*; and Alison Mitchell, "Lawmakers Make Their Cases as Votes on Use of Force Draw Near," *New York Times,* October 9, 2002.

314 Fred Kaplan, "Bush's Cuban Missile Fantasy, 2002 and 1962: No Comparison," *Slate,* October 9, 2002, *http://www.slate.com/? id=2072167.* 在以下文章中，读者也可以找到类似的论据：Jefferson Morley, "A Precedent That Proves Neither Side's Point," *Washington Post,* October 13, 2002, *http://www.washingtonpost.com/wp-dyn/articles/A15080-2002Oct11.html.* 关于双方的类比论证，参见 Todd S. Purdum, "The Missiles of 1962 Haunt the Iraq Debate," *New York Times Week in Review,* October 13, 2002, *http:// www.nytimes.com/2002/10/13/weekinreview/13PURD.html ? ex=1035602226&ei=1&en=4a5bfa9a808c33d4*; and Kevin Sullivan, *Washington Post,* October 11, 2002.

315 Michael Dobbs, "Listen to Kennedy on Cuba for Clues About Bush on Iraq," *Washington Post,* January 19, 2003.

316 Fred Kaplan, "Bush's Cuban Missile Fantasy 2002 and 1962," *Slate,* October 9, 2002, *http://www.slate.com/? id=2072167.*

317 Reeves, *President Kennedy,* 420–21. 巴顿·J. 伯恩斯坦在谈到里夫斯时写道："他似乎不了解，也许也不知道，最近有证据表明，肯尼迪［在 10 月 27 日］提出了用美国在土耳其的导弹换取苏联在古巴的导弹的秘密提议。"参见 Bernstein, "A Thousand Days in the White House," *Washington Post Book World,* October 31, 1993, 5.

318 Richard Reeves, "Thirteen Days in October," *New York Times,* October 8, 1997.

319 Roger Hilsman, *The Cuban Missile Crisis: The Struggle over Policy,* preface.

320 Ibid., 124.

321 Ibid., 134.

322 Bruce Handy, "Blast from the Past," *Vanity Fair,* February 2001, 271.

323 参见 "Ads for Missile-Crisis Movie Are Pulled Because of Errors," *New York Times,* January 13, 2001.

324 参见 "Senator Kennedy Praises Movie About His Brothers," *Associated Press,* February 2,2001. 此外参见 Jay Carr, "To the Brink and Back," *Boston Globe,* January 12, 2001; Roger Ebert, "Thirteen Days," *Chicago-SunTimes,* January 12, 2001; and Desson Howe, "A Thrilling 'Thirteen Days,'" *Washington Post,* January 12, 2001. 在众多评论中，读

者如果想要寻找两处例外，并且想要了解学术界对此原因的相关讨论，参见 Eric Alterman, "Thirteen Days of Our Lives," *Nation,* January 29, 2001; and Michael Nelson, "Thirteen Days Doesn't Add Up," *Chronicle of Higher Education,* February 2, 2001. 然而这部影片引起了如下反响：

在一场由美国公共电视网（PBS）主办的关于这部电影的网络讨论中，罗伯特·麦克纳马拉被问到："美国同意将导弹从土耳其撤出……难道不是结束古巴导弹危机的交换条件吗？"他回应说："美国没有同意将导弹撤出土耳其。事实上，不同于一些历史书，这部电影正确地重现了我听到的，总统告诉鲍比（罗伯特·肯尼迪）向苏联驻华盛顿大使多勃雷宁大使传达的内容，当时鲍比对多勃雷宁大使说：'协议的内容是，如果你们同意在联合国的监管下将导弹撤出古巴，我们美国人会同意不入侵古巴'——苏联人没有按照协议规定来，但是他们将部署在古巴的导弹撤走了，只不过并不是在联合国的监管下。现在，达成这一协议并不难，因为我们美国人无意入侵，尽管卡斯特罗和赫鲁晓夫在危机爆发前都不确定这一点。我认为，对入侵的恐惧可能促使他们在古巴部署了导弹。"

"但是，无论如何，在鲍比同多勃雷宁会面之前，我们当时在总统办公室讨论了部署在土耳其的朱庇特导弹的状况。它们在军事上已经过时了。从某种意义上说，这些导弹从军事角度来看是一堆废品。但它们对土耳其和北约来说具有非常重要的政治意义。在历时 13 天的危机期间里，我们曾考虑将移除这些导弹作为与赫鲁晓夫交易的一部分。我们与土耳其人和北约都讨论过这个问题，土耳其人和北约都强烈反对任何此类交易。"

"他们说，这将被他们土耳其和欧洲的人民视为美国软弱的标志；如果你迫于苏联压力放弃这些武器，人们就会质疑美国为土耳其和北约提供安全保障的可信度。因此，土耳其人和北约都强烈反对这一方案。因为这个原因，总统的顾问建议他不要把该方案作为交易的一部分，总统自己也反对把此方案作为交易的一部分。然而，在古巴导弹危机爆发之前，在这 13 天开始之前，他曾向国务院表示：'我们必须把那些导弹从那里撤出来；这些导弹毫无价值，一旦苏联进攻，一旦发生危机，导弹就会引来苏联的火力，所以让我们把导弹撤出来。'"

"因此，由于我提到的原因，土耳其和北约都不希望撤离导弹，所以没有采取行动将其移除。但在总统的办公室里举行的一次重要会议上——当时我们六、七个人都在场——我们都认为，这些导弹在军事上是一堆垃圾，我们应该把它们撤走，但由于在苏联的压力下撤走这些导弹会被土耳其和北约解读为美国软弱的表现，我们无法将其纳入协议。"

"所以总统同意了，他让鲍比告诉多勃雷宁，我们同意保证不入侵古巴，以换取赫鲁晓夫将苏联的导弹撤出古巴。此外，多勃雷宁还可以告诉赫鲁晓夫，我们将——单方面地，而不是作为协议的一部分——把朱庇特导弹撤出土耳其，并通过土耳其海岸上的北极星潜基导弹取而代之。这就是我们的约定。这不是一个协议；这是单方面行动的声明。”

参见 *http://www.newshour.com,* February 22, 2001.

325 White, *The Cuban Missile Crisis,* 220.

326 McNamara, *In Retrospect,* 97.

327 Blight and Welch, *On the Brink,* 174.

328 Ibid., 162.

329 Roger Hilsman and Ronald Steel, “An Exchange of Views,” *New York Review of Books,*May 8, 1969, 36–38.

330 杜鲁门的话语出自 Gardner, *Architects of Illusion,* 56. 此外参见 Truman, *Memoirs: Year of Decisions,* 444–45. 杜鲁门是在呼应卢修斯·克莱（Lucius Clay）将军在柏林发表的观点：“苏联人只理解一个东西，那就是武力。” Colonel Jim Atwood, quoting Clay on CNN's *The Cold War,* episode 9, “The Wall,” broadcast November 22, 1998.

331 参见 Harris Wofford, *Of Kennedys and Kings* (New York：Farrar, Straus & Giroux, 1980), 426.

第四章　林登·B. 约翰逊与北部湾事件

1 Tim Weiner, “Once Commandos for U.S., Vietnamese Are Now Barred,” *New York Times,* April 14, 1995.

2 McNamara, *In Retrospect,* 120.

3 Fredrik Logevall, *Choosing War: The Lost Chance for Peace and the Escalation of War in Vietnam* (Berkely：University of California Press, 1999), 204.

4 Edwin E. Moïse, *Tonkin Gulf and the Escalation of the Vietnam War* (Chapel Hill：University of North Carolina Press, 1996), 226.

5 “Letter to the Department of State from the International Security Agency, April 22, 1955,” excerpted in Len Ackland, ed., *Credibility Gap: A Digest of the Pentagon Papers* (Philadelphia：American Friends Service Committee, 1972), 35.

6 Dwight D. Eisenhower, *Mandate for Change, 1953–1956: The White House Years* (Garden City, NY：Doubleday, 1963), 372. 此外参见 Theodore Draper, “The American Crisis：Vietnam, Cuba and the Dominican Republic,” *Commentary* (January 1967)：29.

7 “Memorandum from Secretary of Defense Robert McNamara to President Johnson, March 13, 1964,” quoted in George Mct. Kahin, *Intervention: How America Became Involved in Vietnam* (New York：Alfred A. Knopf, 1986), 91.

8 *The Pentagon Papers: The Defense Department History of Decisionmaking on Vietnam.*

The Senator Gravel edition, vol. 2 (Boston：Beacon, 1971–1972), 22.

9 Kaiser, *American Tragedy,* 277.

10 文中所采用的数据来自 “America in Vietnam,” *New York Times,* April 30, 1985.

11 D. Michael Shafer, “The Vietnam Combat Experience：The Human Legacy,” in D. Michael Shafer, ed., *The Legacy: The Vietnam War in the American Imagination* (Boston：Beacon Press, 1990), 93.

12 David Brown, “Children’s Leukemia Risk Tied to Agent Orange,” *Washington Post,* April 20, 2001.

13 Robert Buzzanco, *Vietnam and the Transformation of American Life* (Malden, MA：Blackwell, 1999), 115.

14 Ibid.

15 Thomas G. Paterson, “Historical Memory and Illusive Victories：Vietnam and Central America.” *Diplomatic History* 12, no. 1 (1988)：10.

16 Buzzanco, *Vietnam and the Transformation,* 114.

17 参见 John Mueller, *War, Presidents and Public Opinion* (New York：John Wiley & Sons, 1973), 113.

18 文中所用数据来自 David Halberstam, *The Best and the Brightest* (New York：Random House, 1969). 此外参见 Bird, *The Color of Truth,* 297.

19 参见 Robert A. Caro, “Lyndon B. Johnson,” in Robert A. Wilson, ed., *Power and the Presidency* (New York：PublicAffairs, 1999), 80; and Robert A. Caro, *The Path to Power: The Years of Lyndon Johnson* (New York：Alfred A. Knopf, 1982), xviii.

20 Caro, “Lyndon B. Johnson,” 81.

21 Lloyd Gardner, *Pay Any Price: Lyndon Johnson and the Wars for Vietnam* (Chicago：Ivan R.Dee, 1995), 9.

22 Caro, “Lyndon B. Johnson,” 74.

23 艾奇逊的话语出自 George C. Herring, *LBJ and Vietnam: A Different Kind of War* (Austin：University of Texas Press, 1994), 16.

24 Joseph Califano, *The Triumph and Tragedy of Lyndon Johnson: The White House Years* (New York：Simon & Schuster, 1991), 10.

25 Caro, *The Path to Power,* xix.

26 Ibid.

27 Clark Clifford with Richard Holbrooke, *Counsel to the President* (New York：Random House, 1991), 386.

28 Robert Kennedy Oral History, 322, JFKL. 罗伯特・肯尼迪显然向记者罗兰德・埃文斯（Rowland Evans）重复了这个故事，他用总统的“先天性骗子”这一描述来叙述这个故事。参见 Rowland Evans Oral History, Interview by Roberta F. Greene, July 30, 1970, Washington, D.C., 18, JFKL.

29 Kearns, *Lyndon Johnson,* 253.

30 拉菲伯尔言论的节选以及关于“边疆”的引言出自 Walter LaFeber, “The Rise and Fall of American Power, 1963–1975,” in William Appleman Williams et al., eds., *America in Vietnam: A Documentary History* (New York：Anchor, 1985), 216.

31 参见 Blema S. Steinberg, *Shame and Humiliation: Presidential Decision Making on Vietnam* (Pittsburgh：University of Pittsburgh Press, 1996), 8–13.

32 Kearns, *Lyndon Johnson,* 251–52.

33 David Halberstam, “LBJ and Presidential Machismo,” in Jeffrey Kimball, *To Reason Why: The Debate About the Causes of U.S. Involvement in the Vietnam War* (Philadelphia：Temple University Press, 1990), 201.

34 Beschloss, *Taking Charge,* 370–72.

35 Ibid., 363–70 and 400–404.

36 参见 Brugioni, *Eyeball to Eyeball,* 152–53.

37 Logevall, *Choosing War,* 282.

38 *New York Times,* October 4, 1964. 此外参见 Logevall, *Choosing War,* 242.

39 Logevall, *Choosing War,* 148. 此外参见 *The Pentagon Papers,* Gravel Edition, 3：174.

40 Manning to LBJ, June 15, 1964, box 54, NSF VN, LBJL. 此外参见 Logevall, *Choosing War,* 149.

41 Beschloss, *Taking Charge,* 398. 此外参见 “Mansfield memo to the President, December 7, 1963,” Files of McGeorge Bundy, NSF, Country File, Vietnam, box 1, LBJL; and his memo to the President of February 1, 1964, Files of McGeorge Bundy, NSF, Memos to President, box 1, LBJL.

42 参见约翰逊总统和参议员富布赖特的电话谈话记录 (to Senator Fulbright)，December 2, 1963, JFK Assas. Related Conversations, LBJL.

43 Logevall, *Choosing War,* 168.

44 尽管摩根索的观点极其简略，但至少在 1965 年 3 月参议员弗兰克·彻奇（Frank Church）举办的晚宴之后，摩根索的助手哈里·麦克弗森（Harry McPherson）提请总统注意这一观点。参见 McPherson’s memo to the president, March 5, 1965, Harry McPherson Office Files, White House Aides, LBJL.

45 Ronald Steel, *Walter Lippmann and the American Century* (Boston：Little, Brown, 1980), 550. 此外参见 Logevall, *Choosing War,* 143.

46 Michael R. Beschloss, ed. *Reaching for Glory: Lyndon Johnson's Secret White House Tapes, 1964–65* (New York：Simon & Schuster, 2001), 168.

47 Ibid., 166.

48 Logevall, *Choosing War,* 283.

49 *New York Times,* March 19, 1964. 此外参见 Thomas Powers, *The War at Home: Vietnam and the American People, 1964–1968* (New York：Grossman, 1973), 3–4. 此外参见 Logevall, *Choosing War,* 195.

50 Walter Isaacson and Evan Thomas, *The Wise Men: Six Friends and the World They Made* (New York：Simon & Schuster, 1986), 650.

51 *Washington Post,* November 30, 1964. 此外参见 Logevall, *Choosing War,* 288.

52 Hubert H. Humphrey, *Education of a Public Man: My Life and Politics* (Garden City, NY：Doubleday, 1976), 320–24. 此外参见 Logevall, *Choosing War,* 347.

53 Logevall, *Choosing War,* 391.

54 Michael Barone, *Our Country: The Shaping of America from Roosevelt to Reagan* (New York：Free Press, 1990), 399. 此外参见 Logevall, *Choosing War,* 288.

55 这则观点记录于 Andrew L. Johns, "Opening Pandora's Box：The Genesis and Evolution of the 1964 Congressional Resolution on Vietnam," *Journal of American-East Asian Relations* 6, nos. 2–3 (Summer–Fall, 1997)：178. 约翰·肯尼迪在辩论中提出这一点时，情绪很紧张，关于相关情况的讨论，参见 Schlesinger Jr., *A Thousand Days,* 71–72.

56 Telephone conversation transcript, Johnson to Russell, May 27, 1964, LBJL.

57 Robert D. Schulzinger, *A Time for War: The United States and Vietnam, 1941–1975* (New York：Oxford University Press, 1997), 145.

58 Beschloss, *Reaching for Glory,* 402.

59 Kearns, *Lyndon Johnson,* 252–53.

60 引自 Clifford, *Counsel to the President,* 417.

61 引自 David M. Barrett, *Uncertain Warriors: Lyndon Johnson and His Vietnam Advisers* (Lawrence：University of Kansas, 1993), 15.

62 Tom Wicker, *JFK and LBJ: The Influence of Personality upon Politics* (New York：Penguin,1968), 205.

63 关于这一观点的更多证据，参见 James K. Galbraith, "Exit Strategy," *Boston Review,*October–November 2003, *http://www.bostonreview.net/BR28.5/galbraith.html;* and Kaiser, *American Tragedy,* 213–84.

64 参见 Frederick Nolting, *From Trust to Tragedy* (New York：Praeger, 1988), 21; and Stanley Karnow, *Vietnam: A History* (New York：Viking, 1983), 214.

65 参见 Steinberg, *Shame and Humiliation,* 83.

66 Caro, *Path to Power,* 141–42.

67 Bird, *The Color of Truth,* 272.

68 Kaiser, *American Tragedy,* 475.

69 Logevall, *Choosing War,* 133.

70 Ibid., 34.

71 Robert McNamara, *Argument Without End: In Search of Answers to the Vietnam Tragedy* (New York：PublicAffairs, 1999), 215–17. 正如罗伯特·杰维斯（Robert Jervis）在网上讨论组 H-Diplo（1999 年 2 月 1 日）所指出的，该书的论点提供了“一个迷人但基本上是误导性的描述，揭示了麦克纳马拉仍然像他担任国防部长时那样难以理解反对的观点。该书看起来像是接受了大量的指责，而实际上，在更深层次上是一种自我开脱”。

72 Deborah Shapley, *Promise and Power: The Life and Times of Robert McNamara* (Boston：Little, Brown, 1993), 277.

73 约翰逊的这番言论出自他于 1965 年 7 月 28 日写给曼斯菲尔德（Mansfield）的一封信，这段内容收录于 Steinberg, *Shame and Humiliation,* 81.

74 David Halberstam, “LBJ and Presidential Machismo,” in Kimball, *To Reason Why,* 201.

75 参见 Beschloss, *Taking Charge,* 411.

76 Snyder, *Myths of Empire,* 300.

77 Robert Scheer, “The Hoax of Tonkin,” in *Thinking Tuna Fish, Talking Death: Essays on the Pornography of Power* (New York：Hill and Wang, 1988), 157.

78 David Halberstam, *The Best and the Brightest,* 434.

79 Kaiser, *American Tragedy,* 407.

80 麦克纳马拉在《回顾》（*In Retrospect*）一书的第 315 页非常自豪地转载了这封信的内容。

81 笔者认为，罗伯特·卡洛彻底结束了关于林登·约翰逊性格的争论，这在《林登·约翰逊传》第三部《参议院之主》（*The Years of Lyndon Johnson: Master of the Senate*）中得到了充分的展示。证据散见于各处，以下摘要对其进行了总结和汇总：*The New Yorker,* March 4, 2002, *http://www.newyorker.com.* 仅举几十个例子中的一小部分，卡洛引述了约翰逊跟他的司机说过的一段话，约翰逊曾经对他的豪华轿车代驾司机喊道：“我告诉你，黑鬼。只要你是黑人，而且你到死都是黑人，就不会有人叫你的名字。所以不管你叫什么，黑鬼，你只要让它从你的背上滚落，你就会成功的。就当你自己是一件家具。”

82 Logevall, *Choosing War,* 145.

83 Halberstam, *The Best and the Brightest,* 532.

84 Ibid., 414.

85 Dallek, *Flawed Giant,* 491.

86 David Halberstam, “LBJ and Presidential Machismo,” 201.

87 Moïse, *Tonkin Gulf,* 33.

88 Diary Backup, January 15, 1966, LBJL.

89 Isaiah Berlin Oral History, JFKL. 此外参见 Kaiser, *American Tragedy,* 41.

90 *New York Times,* October 29, 1962.

91 Beschloss, *Taking Charge,* 390.

92 Ibid., 258.

93 约翰逊回复道："我不知道有这方面的计划。" Public Papers of the President, Lyndon B. Johnson, 1963–1964. I, 377–79, LBJL. 此外参见 Kaiser, *American Tragedy,* 322.

94 "President Lyndon B. Johnson, Statements on Vietnam, Campaign Period 1964," NSC Histories, NSF, Gulf of Tonkin Attack, August 1964, box 38, "Presidential Deci-sions—Gulf of Tonkin Attacks of Aug. 1964," tab 10, LBJL. 此外参见 Richard E. Neustadt and Ernest R. May, *Thinking in Time: The Uses of History for Decision-Makers* (New York: Free Press, 1986), 77.

95 Moïse, *Tonkin Gulf,* 50–68. See also J. J. Herrick memo entitled "Chronology of Events; gulf of Tonkin 4 August 1964," dated "13 July 1964 [13 August 1964] ." 关于 "34–A 作战计划" 的更多资料，参见 "Annex D to Appendix C, Maritime Operations," Papers of Edwin E. Moïse, box 1, AC 91–18/2, LBJL.

96 根据美国海军历史中心（U.S. Naval Historical Center）给出的关于这场冲突的官方说法，"'马多克斯号'用其 5 英寸和 3 英寸炮向当时离船 9000 码远的敌人开火。在'马多克斯号'没有注意到的情况下，敌方编队的第一艘［鱼雷］快艇 T–336 发射了两枚鱼雷中的一枚，射程在 5000 到 9000 码之间……紧接着，第二艘和第三艘快艇，T–339 和 T–333，发起了进攻。在距离'马多克斯号'不到 3000 码的地方，T–339 发射了两枚鱼雷……" Edward Marolda and Oscar Fitzgerald, *The United States Navy and the Vietnam Conflict,* Vol. 2: *From Military Assistance to Combat, 1959–1965* (Washington, D.C.: Naval Historical Center, 1986), 416–17. 值得注意的是，即使像这篇报道所说的那样，北越确实向马多克斯号开火，这些军舰也远远超出了能够击中的范围。

97 Moïse, *Tonkin Gulf,* 52–55, Herrick memo; and Bamford, *Body of Secrets,* 296–97. 此外参见 Marshall Wright and Sven F. Kraemer, Vietnam Information Group, "Presidential Decisions: The Gulf of Tonkin Attacks of August 1964," (Draft) November 1, 1968, 10–11. NSC Histories, NSF, Gulf of Tonkin Attack, August 1964, box 38, "Presidential Decisions–Gulf of Tonkin Attacks of Aug. 1964," tabs 1–8, LBJL.

98 Department of State, Top Secret memorandum, Forrestal to Secretary of State, August 3, 1964, Department of State, *FRUS 1964–1968,* vol.1, 599. 此外参见 Richard H. Schultz Jr., *The Secret War Against Hanoi: Kennedy's and Johnson's Use of Spies, Saboteurs and Covert Warriors in North Vietnam* (New York: HarperCollins, 1999), 191; and Bamford, *Body of Secrets,* 297.

99 Bird, *The Color of Truth* 286.

100 莫伊兹指出，两份同时期的越南档案都提到了召回信息：第一份档案是在 1964 年 8 月的越南民主共和国海军期刊《海关》（*HAI QUAN*）上刊载的一篇文章，其中讲述了 8 月 2 日的事件；第二份档案则是黄文泰将军（Hoang Van Thai）的一份当时无意发表的报告，这份报告讲述了 8 月 2 日至 8 月 5 日发生的各种事件。参见 Moïse, *Tonkin Gulf,* 88–92.

101 腊斯克的这番言论出自 Joseph C. Goulden, *Truth Is the First Casualty: The Gulf of Tonkin Affair—Illusion and Reality* (New York：James B. Adler and Co., 1969), 24.

102 Beschloss, *Taking Charge,* 495.

103 参见 Moïse, *Tonkin Gulf,* 60.

104 参见 Frank E.Vandiver, *Shadows of Vietnam: Lyndon Johnson's Wars* (College Station, TX：Texas A&M University Press, 1977), 21.

105 Bamford, *Body of Secrets,* 298.

106 Beschloss, *Taking Charge,* 495–97.

107 引自 Tom Wells, *The War Within: America's Battles over Vietnam* (Berkeley：University of California, 1994), 11.

108 Scheer, *Thinking Tuna Fish,* 154.

109 Moïse, *Tonkin Gulf,* 211.

110 McGeorge Bundy memo for Mr. George Reedy, August 7, 1965, "A brief chronology of events, August 3–7," August 7, 1964, NSF, NSC History, Gulf of Tonkin Attack, August 1964, box 38, "Presidential Decisions—Gulf of Tonkin Attacks of Aug. 1964," tab 12, LBJL.

111 O' Donnell is quoted in Anthony Austin, *The President's War* (New York：Lippincott, 1971), 30.

112 "Notes Taken at Leadership Meeting by Walter Jenkins," August 4, 1964, Johnson Papers, Meeting Notes File, box 2, LBJL. 此外参见 Wright and Kraemer, 27, LBJL; and Gardner, *Pay Any Price,* 138.

113 参见 telegram in "Presidential Decisions—Gulf of Tonkin Attacks, Vol.1," box 38, NSC History, NSF, tab 13, LBJL.

114 Ibid. 读者尤其要参阅标题为"袭击消息之证据"（Proof of Attack Messages）的文段，该段内容的撰写工作在很大程度上依赖马多克斯号船员的所谓肉眼观测情况。此外参见 Her rick memo, and Maddox Combat Information Center Log from 0145 August 4 to 0050 August 5, 1964, Maddox Quartermaster Log, from 0934 August 4 to 0644 August 5, 1964, Maddox Deck Log, July 31 through August 5, 1964, Turner Joy Combat Information Center Log, from 0517 to 2357 August 4, 1964, Turner Joy Quartermaster Log, from 0805

to 0310, August 5, 1964, and Turner Joy Deck Log, August 3 through August 5, 1964, Papers of Edwin E. Moïse, "Maddox and Turner Joy Logs" file, LBJL.

115 参见 Stockdale, *In Love & War,* 19–25. 此外参见 Marilyn B. Young, *The Vietnam Wars: 1945–1990* (New York：HarperCollins, 1991), 118.

116 Telephone conversation between Secretary McNamara and Admiral Sharp，August 4, 1964, Reference File, Vietnam, box 2, LBJL. 此外参见 Scheer, *Thinking Tuna Fish,* 158; and Gardner, *Pay Any Price,* 137.

117 Schulzinger, *A Time for War,* 144.

118 参见 Taylor Branch, *Pillar of Fire: America in the King Years, 1963–65* (New York：Simon & Schuster, 1998), 431.

119 *Pentagon Papers* (GPO) 3, IV, C：1, 84.

120 参见 Robert McNamara, "Memorandum for the President; Subject：South Vietnam," March 16, 1964, The Papers of Lyndon Baines Johnson, President 1963–1969, NSF, National Security Council Histories, Gulf of Tonkin Attack, August 1964, box 38, "Presidential Decisions—Gulf of Tonkin Attacks of Aug. 1964," tab 1, LBJL.

121 关于北部湾事件的起源的广泛讨论，参见 Johns, "Opening Pandora's Box," 175–206. 此外参见 William C. Gibbons, *The U.S. Government and the Vietnam War,* 4 vols. (Princeton, NJ：Princeton University Press, 1986–1996), 2：231–75; Karnow, *Vietnam: A History,* 357–62; and Schulzinger, *A Time for War,* 145–50. 关于这个主题的另一个极其宝贵的资料是威廉·邦迪的一份未发表的手稿，其中概述了他对战争走势的看法。参见 Unpublished Manuscript, Papers of William Bundy, box 1, LBJL, 读者尤其要参阅其中的第 13 章论述；此段内容后来被称为"邦迪稿本"（Bundy manuscript）。

122 Telephone conversation transcript, Johnson to McGeorge Bundy, March 4, 1964, LBJL.

123 参见 Minutes, Summary Record of Meeting on Southeast Asia, by Bromley Smith, May 24, 1964, "Presidential Decisions—Gulf of Tonkin Attacks, Vol.1," box 38, NSC History, NSF, LBJL; Agenda, Executive Committee Meeting, May 24, 1964, "Meetings on Southeast Asia, Vol. 1," box 18–19, Files of McGeorge Bundy, NSF, LBJL; "Draft Resolution on Southeast Asia," "Meetings on Southeast Asia, Vol. 1," box 18–19, Files of McGeorge Bundy, NSF, LBJL; *FRUS, 1964–1968,* 1：356–68; and *FRUS, 1964–1968,* 1：369, 371. "Draft Memorandum for Discussion：Alternative public positions for the U.S. on Southeast Asia for the period, July 1–November 15, by McGeorge Bundy," June 10, 1964, Files of McGeorge Bundy, NSF, Memos to President, box 2, LBJL; and "Summary Record of the Meeting on Southeast Asia," Cabinet Room, June 10, 1964, NSF, NS History, Tonkin, box 38, LBJL.

124 参见 William Bundy, "Memorandum on the Southeast Asia Situation：Probable Developments

and the Case for a Congressional Resolution," June 12, 1964; and William Bundy, "Basic Themes in Presenting the Resolution," NSC Histories, NSF, Gulf of Tonkin Attack, August 1964, box 39, "Presidential Decisions—Gulf of Tonkin Attacks of Aug. 1964," tab 25; along with drafts found in NSF, Vietnam Country Files, box 76, "Gulf of Tonkin, 8," LBJL. Compare with text of "Southeast Asia Resolution." [HJ Res. 1145] Text of Public Law, 88–408 78 Stat, 384, approved August 10, 1964, reprinted in *Joint Hearing Before the Committee on Foreign Relations and the Committee on Armed Services,* Senate, 88th Congress, 2nd sess., August 6, 1964 (Washington, D.C.: GPO, 1966), 2.

125 Telephone conversation transcripts, Johnson to Kennedy, June 9, 1964, and May 28, 1964, LBJL.

126 Bundy manuscript, chapters 13, 23, and 30–32. 此外参见 *FRUS, 1964–1968,* 1：516–18.

127 Taylor to Department of State, July 27, 1964. *FRUS,* 576–79. 此外参见 Gardner, *Pay Any Price,* 134.

128 Moïse, *Tonkin Gulf,* 26–27. See also Austin, *The President's War,* 235.

129 Bundy manuscript, chapters 13, 19, 21, 28. 此外参见 Moïse, *Tonkin Gulf,* 28.

130 *FRUS, 1964–1968,* 1：493–96.

131 Haig, *Inner Circles,* 124. 要查看 8 月 2 日和 8 月 4 日事件期间华盛顿、檀香山和北部湾地区之间的电报来往，参见 "Presidential Decisions—Gulf of Tonkin Attacks, Vol.1," box 38, NSC History, tabs 9–13, NSF, LBJL.

132 Summary Notes of 537th NSC Meeting, August 4, 1964, 12：35. 参见 Moya Ann Ball, "Revisiting the Gulf of Tonkin Crisis：An Analysis of the Private Communication of President Johnson and his Advisers," *Discourse and Society* 2, no. 3 (1991)：287.

133 Lunch notes, August 4, 164, Bundy Papers, box 1, cited in Gardner, *Pay Any Price,* 560.

134 Wright and Kraemer, 27, LBJL. 此外参见 Ball, "Revisiting the Gulf of Tonkin Crisis," 288.

135 "Summary of Leadership Meeting, August 4, 1964," by Walter Jenkins, August 4, 1964, Johnson Papers, Meeting Notes File, box 2, LBJL. 另见，同一场会议中的一组内容略有不同的记录，收录于 NSF, NS History, Tonkin, box 38, tab 21, LBJL.

136 参见 Scheer, *Thinking Tuna Fish,* 159.

137 参见 Moïse, *Tonkin Gulf,* 215.

138 LBJ Library Tape, August 4, 1964, 9：15 p.m. 此外参见 A. J. Langguth, *Our Vietnam: The War, 1954–1975* (New York：Simon & Schuster, 2000), 304. 请注意，西贡时间比东部夏令时间早 12 小时，而北部湾时间比东部夏令时间早 11 小时。在北部湾，驱逐舰使用西贡时间，但航母使用北部湾时间。檀香山的美国太平洋司令部比美国东部时间晚 6 个小时。Wright and Kraemer, 15, LBJL.

139 如果读者想要了解事情发生的顺序，参见 Moïse *Tonkin Gulf.* 净化版参见 Wright and Kraemer, iii–v, 15–38, LBJL. 摩尔的言论出自 *Washington Post,* August 11, 1964.

140 M. Bundy memo for Mr. George Reedy, August 7, 1965, LBJL.

141 H. R. McMaster, *Dereliction of Duty: Lyndon Johnson, Robert McNamara, the Joint Chiefs of Staff and the Lies That Led to Vietnam* (New York：HarperCollins, 1997), 133.

142 Haig, *Inner Circles,* 122.

143 在这份备忘录中，邦迪讲述了政府“险些中了邪，过早宣布战争通告”，并解释了背后的原因，也基本上说明了一切花费的时间都比大多人原先想象的要长。McGeorge Bundy, “Memorandum for the President：Chronology of the Gulf of Tonkin,” September 4, 1964, NSF, Vietnam Country Files, box 76, “Gulf of Tonkin,” LBJL.

144 Beschloss, *Taking Charge,* 390.

145 Ibid., 390.

146 Draft Congressional Resolution, May 24, 1964; Record of NSC Executive Committee Meeting, May 24, 1964; and Bundy to Johnson, June 10, 1964, LBJL.

147 Scheer, *Thinking Tuna Fish,* 156.

148 Ibid., 157.

149 引自 Halberstam, *The Best and the Brightest,* 414. 此外参见 Kaiser, *American Tragedy,*336, 书中记载邦迪“开玩笑地告诉［卡特］，也许这件事不应该想得那么远”。凯泽（Kaiser）引述了 *FRUS, 1964–68,* 1：290 相关内容，并且增加了一句：“哈伯斯塔姆（Halberstam）显然是根据传闻，在《出类拔萃之辈》（*The Best and the Brightest*）这本书中严重扭曲了这段对话的语气。”

150 Lloyd Gardner, “America’s War in Vietnam：The End of Exceptionalism ？” in Shafer, *The Legacy,* 20.

151 Young, *The Vietnam Wars,* 120–22.

152 Schlesinger Jr., *A Thousand Days,* 252.

153 Beschloss, *Reaching for Glory,* 300.

154 *Congressional Record,* 88th Congress, 1st sess., August 7, 1964, 18399–410.

155 *Congressional Record,* 88th Congress, 1st sess., August 6, 1964, 18402–403. 此外参见 Woods, *Fulbright: A Biography,* 354; and Kaiser, *American Tragedy,* 337.

156 *Congressional Record,* 88th Congress, 1st sess., August 7, 1964, 18446–47.

157 *Congressional Record,* 88th Congress, 1st sess., August 7, 1964, 18410–11.

158 参见 Wells, *The War Within,* 12.

159 Paul Kattenberg, *The Vietnam Trauma in American Foreign Policy* (New Brunswick, NJ：Transaction Books, 1980), 234.

160 McNamara, *In Retrospect,* 128, 142.

161 *New York Times,* August 8, 1962.

162 Moïse, *Tonkin Gulf,* 204–5.

163 Ibid., 198–99.

164 Memorandum for the Record, September 20, 1964, *FRUS, 1964–1968,* 1：778–81. 此外参见 Gardner, *Pay Any Price,* 142–43.

165 Ball, *The Past Has Another Pattern,* 379.

166 William Bundy, letter to author, May 13, 1993.（注：邦迪对笔者在《纽约时报》上发表的一篇专栏文章作出了主动的回应。这篇文章是在我决定写这本书之前写的，但它可能激发了我的写作。）

167 此外，值得注意的是，麦克纳马拉向约翰逊承认了较小的一点，即关于证据的问题，但没有承认较大的一点，即他们两人被误导了，并因此在第二起事件上误导了国民。谈话结束时，麦克纳马拉告诉总统："我们向他们的船头开了一枪以示警告，我们收到的消息是这么说的，但他们没有掉头，而是继续驶向驱逐舰。他们分头行动，从我方舰船的两边经过。如果你要靠近舰船发动攻击，而不是停下来，你就会这么做。但无论如何……你提出的问题是一个基本问题，我们也一直在努力找关于这个问题的证据。"参见 Beschloss, *Reaching for Glory,* 38–39.

168 相关言论出自 Wells, *The War Within,* 9.

169 Scheer, *Thinking Tuna Fish,* 153.

170 Michael Forrestal, Oral History Interview, November 3, 1969.

171 邦迪的评论是在 1995 年 4 月 17 日 PBS 的节目 *McNeil-Lehrer Newshour* 中发表的。此外参见 Logevall, *Choosing War,* 199.

172 "News Conference of Honorable Robert S. McNamara, Secretary of Defense, The Pentagon, Wednesday, August 5, 1964, 12：02 a.m.," NSC Histories, NSF, Gulf of Tonkin Attack, August 1964, box 38, "Presidential Decisions—Gulf of Tonkin Attacks of Aug. 1964," tab 22, LBJL.

173 读者要想了解北越海军装备的 1.5 英寸口径的火炮，参见 Moïse, *Tonkin Gulf,* 183; 读者要想知道仓库的具体位置，参见 ibid., 220.

174 President Lyndon B. Johnson, "Official Statements on the Gulf of Tonkin Attacks and on U.S. Policy in Vietnam," "Presidential Decisions—Gulf of Tonkin Attacks, Vol.1" box 38, NSC History, NSF, tab 10, LBJL.

175 "Security Council Hears U.S. Charge of North Vietnamese Attacks：Statement by Adlai E. Stevenson, U.S. Representative in the Security Council, August 5, 1964," *Department of State Bulletin,* August 24, 1964, 272–74.

176 Outgoing telegram, Department of State, Action Circular 248, August 7, 1964, NSF, NSC History, Gulf of Tonkin Attack, August 1964, box 38, "Presidential Decisions— Gulf of

Tonkin Attacks of Aug. 1964," tab 14, LBJL.

177 U.S. Senate, Foreign Relations Committee, Executive Sessions (Historical Series), XVI, 1064, 88th Congress, 2d sess. (Washington, D.C.: GPO, 1988), 293. 此外参见"Excerpts from the Executive Session, Transcript of the Rusk-McNamara Appearance Before the Joint Committee's Session, August 6, 1964," NSC Histories, NSF, Gulf of Tonkin Attack, August 1964, box 39, "Presidential Decisions—Gulf of Tonkin Attacks of Aug. 1964," tab 27, LBJL. 此外参见 Gardner, *Pay Any Price,* 136.

178 Daniel Ellsberg, from *Secrets: A Memoir of Vietnam and the Pentagon Papers* (New York: Viking, 2002), *http://www.ellsberg.net/writing/chapter1.htm.*（该注释内容只出现在该章的网络版中，而不是印刷版。）

179 参见 *Hearings Before the Committee on Foreign Relations,* Senate, 90th Congress, 2nd sess. (The Gulf of Tonkin, The 1964 Incidents), February 20, 1968 (Washington, D.C.: GPO, 1968), 95–96. 此外参见"Questions Raised by Secretary McNamara's Testimony on the Second Tonkin Gulf Incident, Monday, March 11, 1968." 此外参见 documents collected under the title "De Soto Patrols, August 3 and August 4," NSC Histories, NSF, Gulf of Tonkin Attack, August 1964, box 39, "Presidential Decisions—Gulf of Tonkin Attacks of Aug. 1964," tab 29, LBJL.

180 "Excerpts from the Executive Session of the Rusk-McNamara Appearance Before the Joint Committee's Session, August 6, 1964," NSF, NS History, Tonkin, box 38, LBJL.

181 Ellsberg, *Secrets.* 埃尔斯伯格转载了他在 1964 年 9 月的一个描述。其部分内容如下："两次抓捕军舰的任务；将俘虏带走，进行 36 ~ 48 小时的审讯；用反干扰装置诱捕军舰，然后释放；审讯后将俘虏送回；时间取决于海况和实时情报；……渗透小组在火力支援小组的陪同下拆除 1 号公路桥，在支撑柱和方墩附近放置短时延迟炸药，在引桥路上放置杀伤性地雷；…… 用两支 PTF 的 81mm 迫击炮和 40mm 火炮轰炸梅岛角观察站；……在两支越南海军陆战队的支持下，渗透的爆破队破坏了河内至越南的一段铁路，用 PTF 的橡皮艇在该地区周围埋设短程延迟炸药和杀伤性地雷。"

182 参见 Michael Forrestal memo to Secretary Rusk, August 8, 1964, Gibbons Papers, box1, LBJL.

183 1986 年，美国海军历史中心发布了越南战争官方历史的第二卷，其中约 70 页是关于北部湾事件和报复性空袭行动。参见 Edward Marolda and Oscar Fitzgerald, *The United States Navy and the Vietnam Conflict,* Vol. 2: *From Military Assistance to Combat, 1959–1965* (Washington, D.C.: Naval Historical Center, 1986), 393–462. 这两位作者在书中这样写道：

1964 年 8 月 4 日在北部湾的夜间行动极大地影响了美国处理东南亚冲突的方式。根据实际目击情况、声呐和雷达报告、敌方活动情报和其他相关信息——这些信息都表明北越快艇于 8 月 4 日晚袭击了“马多克斯号”和“特纳 · 乔伊号”军舰——美国领导人立即作出了有力的回应。(Marolda and Fitzgerald, 461).

184 至少在 2002 年初，笔者最后一次访问时是这样的；LBJL.

185 Rusk, *As I Saw It,* 444.

186 当时媒体一致持赞扬的态度，但丹尼尔 · 福特（Daniel Ford）于 1964 年 8 月 24 日在美国《国家杂志》(*The Nation*）上的一篇报道是个值得称赞的例外。在这篇文章中，他总结道：“我们在南越发动一场战争，输掉了一场革命。”杂志编辑还抱怨道：“总统认为，下令发动过度报复行动很合适，但这使我们更接近第三次世界大战。”

187 *Time,* August 14, 1964. 此外参见 Moïse, *Tonkin Gulf,* 230.

188 “Sea Action：This is No Drill,” *Newsweek,* August 17, 1964.

189 参见 Michael X. Delli Carpini, “Vietnam and the Press,” in Shafer, *The Legacy,* 136–37.

190 “The President Acts,” *New York Times,* August 5, 1964.

191 James Reston, “North Vietnam’s Motives,” *New York Times,* August 6, 1964.

192 Hanson W. Baldwin, “Sea Clashes in Asia,” *New York Times,* August 5, 1965.

193 Delli Carpini, “Vietnam and the Press,” 137.

194 John A. Bovey, telegram, from U.S. Embassy, Paris to Department of State, “Press Story on U.S. Support for SVN Guerilla [sic] Operations in North, August 8, 1964,” “Presidential Decisions—Gulf of Tonkin Attacks, Vol.1,” box 38, NSC History, NSF, tab 8, LBJL.

195 *New York Times,* August 5, 1964.

196 *New York Daily News,* editorial, August 6, 1964.

197 “Vietnam：We Seek No Wider War,” *Newsweek,* August 17, 1964.

198 参见 Kathleen J. Turner, *Lyndon Johnson's Dual War: Vietnam and the Press* (Chicago：University of Chicago Press, 1985), 85.

199 “The Tonkin Gulf Mystery,” *New York Times,* September 23, 1964.

200 约翰逊总统的这番言论出自 Beschloss, *Reaching for Glory,* 32.

201 John M. Blum, *Years of Discord: American Politics and Society, 1961–1974* (New York：W. W. Norton, 1991), 232. 此外参见 Moïse, *Tonkin Gulf,* 225–26.

202 Benjamin Page and Robert I. Schapiro, *The Rational Public: Fifty Years of Trends in American Policy Preferences* (Chicago：University of Chicago Press, 1992), 227–31.

203 Hugh Sidey, *A Very Personal Presidency* (New York：Atheneum, 1968), 122.

204 James L. Baughman, “The Self-Publicist from Pedernales：Lyndon Johnson and the Press,” *Diplomatic History* 12 (1988)：104. 此外参见 David T. Bazelon, “Big Business and the Democrats,” *Commentary* 39 (May 1965)：39–46.

205 1964 年的选举中，民主党人赢得了两个参议院席位，这使他们在参议院的优势为

68：37，并进一步赢得了37个众议院席位，这使他们在众议院的优势为295：140。

206 Theodore H. White, *The Making of the President, 1968* (New York: Atheneum, 1969), 22.

207 参见 Logevall, *Choosing War,* 281.

208 Kenneth Crawford, "Most Hopeful Times," *Newsweek,* January 4, 1965. 此外参见 Maurice Isserman and Michael Kazin, *America Divided: The Civil Wars of the Sixties* (New York: Oxford University Press, 1999), 127.

209 Young, *The Vietnam Wars,* 127. 此外参见 Gardner, *Pay Any Price,* 149.

210 在1962年3月交给罗伯特·麦克纳马拉但从未采取行动的一份题为"为美国军事干预古巴提供理由的借口"的报告中，参谋长们的愿望清单——代号为"诺斯伍兹行动"（Operation Northwoods）——所包含的惊人建议有：

• 炸毁约翰·格伦（John Glenn）乘坐的NASA飞船，然后"提供无可辩驳的证据证明……责任在于共产党人和古巴"。这将通过"制造各种证据来证明古巴人进行了电子干扰"来实现。

• 在古巴关塔那摩湾的美国海军基地"及其周边地区引发经过精心策划的一系列事件"，包括让"友好的"古巴人穿上古巴军装，让他们"在基地正门附近发动暴乱。让另外一些人假装是基地内的破坏分子。炸毁弹药，引发火灾，破坏飞机，向基地发射迫击炮，破坏其设施"。

• 在关塔那摩湾"炸毁一艘美国舰船［'不要忘了缅因号事件！'］，然后甩锅给古巴"，"而美国报纸上的伤亡名单将有助于点燃愤怒之火"。

• "在迈阿密地区、佛罗里达的其他城市，甚至在华盛顿发起古巴共产主义恐怖活动。"参谋长联席会议建议，这场针对美国公民和居住在美国的古巴人的恐怖活动可能包括"在精心挑选的地点引爆几枚塑料炸弹，逮捕古巴特工，并公布能够证明古巴与这些事件有关的事先准备好的文件……制造企图劫持民用飞机和船只的事件"，并将其伪装成"古巴政府纵容的骚扰措施"。

• "制造一起有说服力的事件，让人们相信一架古巴飞机袭击并击落了一架从美国飞往牙买加、危地马拉、巴拿马或委内瑞拉的民航包机。应选择飞行路线经过古巴的目的地。乘客可以是一群正在度假的大学生，也可以是任何一个有共同利益的人组成的团体，人数能够支撑包租一个非定期航班。"

这些建议被收录于"Joint Chiefs of Staff, Top Secret/Special Handling/ Noforn Report, Report by the Department of Defense and Joint Chiefs of Staff Representative on the Caribbean Survey Group to the Joint Chiefs of Staff on Cuba Project," March 9, 1962, in the papers of the Assassinations Records Review Board (ARRB). 尤其参见 Annex to Appendix to Enclosure A, "Pretexts to Justify U.S. Military Intervention in Cuba," 8–11. 这份报告的存在首次引起作者的注意是在 Bamford, *Body of Secrets,* 84–85.

211 三年多后，在普韦布洛号危机（Pueblo crisis）期间，参谋长联席会议又发起了另一个战争“借口计划”，这个计划涉及美国和朝鲜。这一次，参谋长联席会议提议将几乎无人驾驶的信号情报军舰“班纳号”（*Banner*）派往朝鲜海岸，作为潜在的目标，为战争提供借口。参见 Bamford, *Body of Secrets,* 270–72.

212 Michael Charlton and Anthony Moncrieff, *Many Reasons Why: The American Involvement in Vietnam* (New York：Hill and Wang, 1978), 117. 此外参见 McNamara, *In Retrospect,* 140.

213 Charlton, *Many Reasons Why,* 108. 此外参见 Moïse, *Tonkin Gulf,* 100.

214 Moïse, *Tonkin Gulf,* 100–101. 此外参见 Ellsberg, *Secrets.*

215 *Pentagon Papers* (Gravel), 3：193, 3：110.

216 Daniel Ellsberg conversation, November 3, 1994.

217 McNamara quoted in Robert Mann, *A Grand Delusion: America's Descent into Vietnam* (New York：Basic Books, 2001), 346.

218 参见 Logevall, *Choosing War,* 202.

219 Saigon to State, July 27, 1964, box 6, NSF VN, LBJL. 此外参见 Logevall, *Choosing War,*201.

220. Moïse, *Tonkin Gulf,* 101.

221 参见 State Department memo dated August 7, Dean Rusk to U.S. Embassy, Saigon, 这篇备忘录提议美军暂停空袭行动，该提议在两天后得到确认，“Presidential Decisions—Gulf of Tonkin Attacks, Vol. 1,” box 38, NSC History, NSF, tab 8, LBJL.

222 “Notes of the President's Luncheon Meeting with Foreign Policy Advisers,” by Tom Johnson, February 20, 1968, Tom Johnson Notes, box 2, LBJL.

223 例如，读者可以参见 Memo to Secretary Rusk from W. W. Rostow, “Speculation on the Background and Possible Implications of the Tonkin Gulf Incident,” August 5, 1964; and Memo to Secretary Rusk, from Thomas L. Hughes,［Bureau of Intelligence and Research］, “Peiping and Hanoi：Motivations and Probable Reactions to Gulf of Tonkin Crisis,” 这两份备忘录都存放于 NSC Histories, NSF, Gulf of Tonkin Attack, August 1964, box 38, “Presidential Decisions—Gulf of Tonkin Attacks of Aug. 1964,” tab18, LBJL.

224 Moïse, *Tonkin Gulf,* xv.

225 Ibid., 250–51.

226 参见 William J. Duiker, *Ho Chi Minh: A Life* (New York：Hyperion, 2000) 540–41, 17; and Gareth Porter, “Coercive Diplomacy in Vietnam：The Tonkin Gulf Policy Reconsidered？” Jayne Werner and David Hunt, eds., *The American War in Vietnam* (Ithaca, NY：Cornell University Southeast Asia Program #13, 1993), 18–21.

227 Moïse, *Tonkin Gulf,* 251–52.

228 Military History Institute of Vietnam, *Victory in Vietnam: Official History of the People's Army of Vietnam,* Merle L. Pribbenow trans., foreword by William J. Duiker (Lawrence: University of Kansas Press, 2002), 132.

229 Kaiser, *American Tragedy,* 493.

230 关于这些危机的全面记录，参见 Logevall, *Choosing War,* 218–21.

231 Arendt, "Lying in Politics," 14.

232 来源于笔者同埃德温·莫伊斯（Edwin Moïse）在 1994 年 6 月 9 日的电话访谈。

233 VanDeMark, *Into the Quagmire,* 72.

234 President's News Conference, March 13, 1965. Public Papers: Lyndon B. Johnson, 1965, book I, 274–81.

235 President's News Conference, March 20,1965, Public Papers: Lyndon B. Johnson, 1965, book I, 299–307. 此外参见 *Pentagon Papers,* vol. 3, 324.

236 参见 CINCPAC 192207Z and JCS Memorandum 204–65, 在下列著作中有所引用：VanDeMark, *Into the Quagmire,* 102.

237 Neustadt, "Afterword: JFK (1968)," 78.

238 Larry Berman, *Planning a Tragedy* (New York: W. W. Norton, 1982), 112–21.

239 VanDeMark, *Into the Quagmire,* 164.

240 McGeorge Bundy to Johnson, June 11, 1965, "Vol. 4," CNF, VN, box 54, NSF, LBJL. 此外参见 VanDeMark, *Into the Quagmire,* 257*n*.

241 President's News Conference, April 1, 1965. Public Papers: Lyndon B. Johnson, 1965,book I, 364–72. 在许多场合中，莫耶斯建议总统发表一种"白皮书"演讲，在演讲中详细说明"我们承诺的历史"。Moyers Memo to the President, February 9, 1965, Reference File, Vietnam, box 1, LBJL. 关于邦迪，引用麦克纳马拉的话，参见莫耶斯提交给总统的备忘录（日期标注为 1965 年 2 月 9 日）Reference File, Vietnam, box 2, LBJL. 约翰逊曾多次愤怒地试图阻止关于他的政策的真相和他正在考虑的选择被泄露出去，其中一次尝试，参见"Notes on telephone conversation between the president and Under Sec. Ball, 10: 00," February 15, 1965, NSF, Ball Papers, box 7, LBJL.

242 President's News Conference, July 28, 1965. Public Papers: Lyndon B. Johnson, 1965, book II, 795.

243 相关言论出自 Larry Berman, "Coming to Grips with Lyndon Johnson's War," *Diplomatic History* 17 (Fall 1993): 530.

244 相关言论出自 VanDeMark, *Into the Quagmire,* 110.

245 Ibid., 111.

246 Memo to the president, March 15, 1965, Files of McGeorge Bundy, NSF, Memos to the President, box 3, LBJL.

247 Cater memo to the president, July 26, 1965, Reference File, Vietnam, box 1, LBJL.

248 Halberstam, *LBJ and Presidential Machismo,* 586.

249 "Ground War in Asia," *New York Times,* June 9, 1965.

250 参见 Valenti notes, "July 21–27, 1965, Meetings on Vietnam," MNF, box 1, LBJL. 此外参见 VanDeMark, *Into the Quagmire,* 207.

251 William Manchester, *The Glory and the Dream: A Narrative History of America, 1932–1972* (Boston：Little, Brown, 1974; reprint edition, New York：Bantam, 1975), 1053.

252 Robert Dalleck, *Flawed Giant: Lyndon Johnson and His Times, 1961–1973* (New York：Oxford University Press, 1998), 277.

253 Beschloss, *Reaching for Glory,* 343.

254 约翰逊的这段语录转引自比齐罗斯的著作，出现在 Cal Thomas's syndicated column of November 15, 1991, entitled "George McGovern Was Right," *http://www.townhall.com,* and in Michael Beschloss, "LBJ's Unwinnable War," *Washington Post,* December 1, 2001.

255 Beschloss, "LBJ's Unwinnable War," *Washington Post,* December 1, 2001.

256 Jack Valenti, "LBJ's Unwinnable War," *Washington Post,* November 28, 2001.

257 Beschloss, "LBJ's Unwinnable War."

258 Beschloss, *Reaching for Glory,* 217.

259 Beschloss, "LBJ's Unwinnable War."

260 参见 Daniel Hallin, *The Uncensored War* (New York：Oxford University Press, 1986), 142–47.

261 Richard Cohen, *Washington Post,* January 31, 1980.

262 Donald Duncan, "The Whole Damn Thing Was a Lie," *Ramparts,* February 1966, 27–31.

263 Clancy Sigal, "Caught in a Fantasy Amid Subterfuge," *Los Angeles Times,* June 29, 2001.

264 参见 Randall Woods, *Fulbright: A Biography,* 406.

265 关于"爱哭鬼"（cry baby）的说法是总统在 1965 年 2 月 8 日写在备忘录上的，to Johnson from Douglass Cater, Reference File, Vietnam, box 1, LBJL.

266 相关言论出自 Randall B. Woods, "The Anatomy of Dissent：J. William Fulbright and the Vietnam War," unpublished manuscript, 1994, 4.

267 参见 Rowland Evans and Robert Novak, *Lyndon B. Johnson: The Exercise of Power* (New York：New American Library, 1966), 529.

268 相关言论出自 Scheer, *Thinking Tuna Fish,* 158–59.

269 来自《纽约时报》1965 年 1 月 29 日的报道，引自 "Statements Bearing on the Powers of the President Under the Gulf of Tonkin Resolution," NSC Histories, NSF, Gulf of Tonkin Attack, August 1964, box 39, "Presidential Decisions—Gulf of Tonkin Attacks of Aug. 1964," tab 33, LBJL.

270 Delli Carpini, "Vietnam and the Press," 140.

271 Wells, *The War Within,* 68.

272 Woods, *Fulbright: A Biography,* 405.

273 "Investigating Tonkin Gulf," *New York Times,* January 26, 1968.

274 Lippmann is quoted in Goulden, *Truth Is the First Casualty,* 179.

275 Wells, *The War Within,* 137.

276 Woods, *Fulbright: A Biography,* 410.

277 Ibid., 411.

278 Woods, 407–8. 此外参见 *William C. Berman, William Fulbright and the Vietnam War: The Dissent of a Political Realist* (Kent, OH：Kent State University Press, 1988), 68.

279 Reedy's memo to Johnson quoted in Turner, *Lyndon Johnson's Dual War,* 157.

280 Goulden, *Truth Is the First Casualty,* 179.

281 *Arkansas Gazette,* July 16, 1967.

282 Austin, *The President's War,* 165.

283 "Letters to the Editor," *New Haven Register,* December 6, 1967.

284 Austin, *The President's War,* 165.

285 Goulden, *Truth Is the First Casualty,* 207–8.

286 Austin, *The President's War,* 171–72.

287 Ibid., 177. 据富布赖特的线人说，该秘书的报告题为《1964 年 8 月 4 日至 5 日北部湾事件的指挥和控制》（Command and Control of the Tonkin Gulf Incident, August 4–5, 1964.）。报告日期是 1965 年 2 月 26 日，并于 1992 年 5 月 11 日解密。原始材料见 Papers of Edwin E. Moïse, box 1, AC 91–18/1, LBJL.

288 "Midwife to History," *Washington Post,* January 27, 1968.

289 Goulden, *Truth Is the First Casualty,* 214.

290 *Hearings Before the Committee on Foreign Relations,* 16. 此外参见 Shapley, *Promise and Power,* 454–55; "Notes of the President's Luncheon Meeting with Foreign Policy Advisers," by Tom Johnson, February 20, 1968, Tom Johnson Notes, box 2, LBJL.

多年以后，富布赖特终于获得许可，让外交委员会的工作人员检查截获的消息。他们发现，除了其中一条截获消息，其他情报实际上都提到了 8 月 2 日。据查阅该截获情报的工作人员之一 J·诺维尔·琼斯（J. Norville Jones）说，8 月 4 日的截获情报似乎也是"对 8 月 2 日攻击事件的夸耀性总结，[而且] 甚至国家安全局官员也不能确定该情报肯定与 8 月 4 日的行动有关。此外，拦截情报的时间顺序和美国海军驱逐舰报告的行动并不一致"。1954~1979 年在委员会工作并在最后 3 年担任委员会主席的琼斯指出："国家安全局找不到 8 月 4 日的截获情报的原件，但找到了其他截获情报的原件。"这也许并不奇怪。琼斯在 1995 年 11 月 23 日给《华盛顿邮报》编辑的一封信中透露了这一情况，题为“罗伯特·麦克纳马拉的不良信息”（Robert McNamara's Bad Information）。

291 参见 Gardner, *Pay Any Price,* 135.

292 Rusk to Taylor, August 3, 1964, *FRUS, 1964–1968,* 1：603–4. 此外参见 Gardner, *Pay Any Price,* 136.

293 *Hearings Before the Committee on Foreign Relations,* 107. 此外参见 Shapley, *Promise and Power,*454.

294 *Hearings Before the Committee on Foreign Relations,* 107.

295 Woods, *Fulbright,* 472. 此外参见 Gardner, *Pay Any Price,* 442.

296 Woods, *Fulbright,* 472.

297 Shapley, *Promise and Power,* 601.

298 Woods, *Fulbright,* 482.

299 Kearns, *Lyndon Johnson,* 332–33.

300 Shesol, *Mutual Contempt,* 425.

301 Buzzanco, *Vietnam and the Transformation of American Life,* 158.

302 Shesol, *Mutual Contempt,* 415.

303 John W. Finney, "Fulbright Panel Votes to Repeal Tonkin Measure; Acts to End a Basis for War Involvement as Well as ' 57 Mideast Declaration," *New York Times,* April 11, 1970. 新决议案的内容如下："参议院决定（众议院同意），根据 1965 年 8 月 10 日批准的通常称为《北部湾决议案》的题为《促进维护东南亚国际和平与安全的联合决议》（Joint Resolution to Promote the Maintenance of International Peace and Security in Southeast Asia）（78 Stat.384：Public Law 88-4-8）第 3 节的授权，该联合决议在第九十一届国会第二届会议休会之日终止。"请注意，在约翰逊执政期间曾强烈反对这一行动的国务院转而采取了中立立场。参见 "State Department Now Neutral on Repeal of Tonkin Resolution," *New York Times,* March 13, 1970.

304 John W. Finney, "GOP Acts to End Cambodia Debate/In Shift, Nixon Backers in Senate Press for Votes," *New York Times,* June 24, 1970; John W. Finney, "Senate, 79–5, Reaffirms War Powers of President," *New York Times,* June 23, 1970; "Gulf of Tonkin Measure Voted in Haste and Confusion in 1964," *New York Times,* June 25, 1970; John W. Finney, "Senators 81–10, Vote for Repeal of Tonkin Action/G.O.P. Seizes Initiative on Resolution Johnson Used as Basis for Wider War/House Backing Needed/Doves Accuse Republicans of Indulging in Crude and Cynical Partisanship," *New York Times,* June 25 1970; John W. Finney, "Senate Votes Again for Tonkin Repeal," *New York Times,* July 11, 1970.

305 "Gulf of Tonkin Resolution Is Repealed Without Furor," *New York Times,* January 14,

1971.

306 McMaster, *Dereliction of Duty,* 333–34.

307 引自 Isserman, *America Divided,* 181.

308 Buzzanco, *Vietnam and the Transformation of American Life,* 2.

309 Ibid., 3.

310 Lloyd C. Gardner, *Pay Any Price: Lyndon Johnson and the Wars for Vietnam* (Chicago: Ivan R. Dee, 1995), 457.

311 Johnson memo to Richard Helms, September 4, 1968, NSF, Intelligence File, box 2–II,LBJL.

312 Gardner, *Pay Any Price,* 462.

313 参见 Shapley, *Promise and Power,* 353–54, 377, 426–27, 444, 463, 496, 513.

314 Dallek, *Flawed Giant,* 495.

315 McNamara, *In Retrospect,* xvi.

316 McPherson to LBJ, March 18, 1968, Office Files of Harry McPherson, box 53, LBJL. 此外参见 Gardner, *Pay Any Price,* 448; and Robert Mann, *A Grand Delusion: America's Descent Into Vietnam* (New York: Basic Books, 2001), 595–96.

317 Kearns, *Lyndon Johnson,* 342–43.

318 参见 "Notes of the President's Meeting with His Foreign Policy Advisers, March 26,1968," by Tom Johnson, Tom Johnson Notes, box 2, LBJL; "Summary of Notes" Meeting Notes File, Special Advisory Group, box 2, LBJL; and [Additional unsigned notes, March 26, 1968], Meeting Notes File, box 2, LBJL.

319 "Lyndon Johnson, 36th President, Is Dead," *New York Times,* January 23, 1973.

320 参见 Elliott Abrams, *Undue Process: A Story of How Political Differences Are Turned into Crimes* (New York: Free Press, 1993), 221–222.

321 Robert McFarlane on *The Charlie Rose Show,* WNET, November 1, 1994.

322 Stockdale, *In Love & War,* 35–36.

第五章 罗纳德·里根、中美洲与伊朗门丑闻

1 参见 Cynthia J. Arnson, *Crossroads: Congress, the President, and Central America, 1976–1993,* 2nd ed. (University Park, PA: Pennsylvania State University Press; 1993), 197.

2 奈特·里德报业的这篇报道是由弗兰克·格雷夫（Frank Greve）和艾伦·沃伦（Ellen Warren）撰写，于 1984 年 12 月 16 日登上了该报业的全国性报纸，可在任何一家报纸上看到。关于该报业提出的问题的更广泛的讨论，参见 Robert Parry, "Lost History: Death, Lies, and Bodywashing: The USA's Secret War in El Salvador, 1981–1992,"

http://www.consortiumnews.com/archive/lost.html, originally posted on May 27, 1996.

3 Edmund Morris, *Dutch: A Memoir of Ronald Reagan* (New York：Modern Library, 1999), 579.

4 James M. Perry, "For the Democrats, Pam's Is the Place for the Elite to Meet," *Wall Street Journal,* October 8, 1981. 此外参见 Lou Cannon, *President Reagan: The Role of a Lifetime,* 2nd ed. (New York：Public Affairs, 2000), 105.

5 里根还曾经讲述过一段关于美西战争的历史，这段历史与该冲突的历史记录完全不符，但同亨利·方达的老电影《大封锁》(*Blockade*) 中的虚构历史近乎完全一致。参见 Jane Mayer and Doyle McManus, *Landslide: The Unmaking of the President, 1984–1988* (Boston：Houghton Mifflin, 1988), 92–93.

6 "Remarks at a Conference on Religious Liberty, April 16, 1985," *Reagan Papers,* 1985, book 1, 437–40; Joanne Omang, "Democrats Draft Latin Aid Options," *Washington Post,* April 18, 1985; Sara Gilbert, "Vatican Disputes Reagan Statements," *Washington Post,* April 19, 1985. 此外参见 William M. LeoGrande, *Our Own Backyard: The United States in Central America, 1977–1992* (Chapel Hill：University of North Carolina Press.

7 Mayer and McManus, *Landslide,* 131.

8 Eric Alterman, "Where's the Rest of Him？" *The Nation,* March 27, 2000.

9 "Vietnam：A Television History：Roots of War (1945–1953)," *The American Experience* (Boston：WGBH, 1983), transcript available at *http://www.pbs.org/wgbh/amex/vietnam/101ts.html.*

10 Mark Hertsgaard, *On Bended Knee: The Press and the Reagan Presidency* (New York：Farrar, Straus & Giroux, 1988), 99–100.

11 Ibid., 101.

12 Ibid.

13 Ibid., 3–4.

14 Ibid., 101.

15 Ibid.,116.

16 Anthony Marro, "When the Government Tells Lies," *Columbia Journalism Review,* supplement, Special 40th Anniversary edit., November/December 2001, 98.

17 Stephen Schlesinger and Stephen Kinzer, *Bitter Fruit,* expanded ed. (Cambridge, MA：Harvard University Press, 1999), 216–17.

18 Ibid., 218.

19 Tim Weiner, "Role of CIA in Guatemala Told in Files of Publisher," *New York Times,* June 7, 1997.

20 Radio and television address, June 30, 1954, U.S. Department of State, American Foreign

Policy, 1950–1955. Basic Documents, 2 vols. (Washington, D.C.: GPO, 1957), 1: 1311–15. 此外参见 Walter LaFeber, *Inevitable Revolutions: The United States in Central America,* 2nd ed. (New York: W. W. Norton, 1993), 126.

21 Kate Doyle, "Death Squad Diary," *Harper's Magazine,* June 1, 1999.

22 Glenn Garvin and Edward Hegstrom, "Racism Cited in Guatemala War: Truth Commission Blames US, Cuba," *Miami Herald,* February 26, 1999.

23 LaFeber, *Inevitable Revolutions,* 260.

24 Ibid., 321.

25 Ibid., 322.

26 Ibid.

27 引自 Kate Doyle, "Death Squad Diary." 此外参见 Kate Doyle, Director, Document 18, February 1983, "Ríos Montt Gives Carte Blanche to Archivos to Deal with Insurgency," CIA, secret cable, *National Security Archive Electronic Briefing Book No. 11, U.S.Policy in Guatemala, 1966–96, http://www.gwu.edu/~nsarchiv/NSAEBB/NSAEBB11/docs/.*

28 LaFeber, *Inevitable Revolutions,* 322.

29 Ibid., 360–61.

30 Jeane Kirkpatrick, "Dictatorships and Double Standards," *Commentary,* November 1979, 34–45.

31 Secretary Haig, news conference, January 28, 1981, U.S. Department of State, Bureau of Public Affairs, *Current Policy* 258, 5. 此外参见 also Arnson, *Crossroads,* 55.

32 Testimony of Robert White, U.S. Congress, House Committee on Appropriations Subcommittee of Foreign Operations, *Foreign Assistance and Related Programs Appropriations for 1982,* Hearings, Part 1, 97th Congress, 1st sess. (Washington, D.C.: GPO, 1981), 3, 17. 此外参见 Arnson, *Crossroads,* 58.

33 Arnson, *Crossroads,* 41.

34 Clifford Krauss, "How U.S. Actions Helped Hide Salvador Human Rights Abuses," *New York Times,* May 21, 1993.

35 U.S. Department of State, Press Statement, January 17, 1981, 1. 此外参见 Arnson, *Crossroads,* 51.

36 Arnson, *Crossroads,* 51.

37 Tip O' Neill press conference, February 23, 1982. 参见 John A. Farrell, *Tip O'Neill and the Democratic Century* (New York: Little, Brown, 2001), 612.

38 Lawyers Committee for International Human Rights, *A Report on the Investigation into the Killings of Four American Churchwomen in El Salvador,* New York, September 1981, Appendix 1–4. 此外参见 Arnson, *Crossroads,* 62–3.

39 U.S. Congress, House Committee on Foreign Affairs, *Foreign Assistance Legislation for Fiscal Year 1982,* Part 1, Hearings, March 13, 18, 19, and 23, 97th Congress, 1st sess. (Washington, D.C.: GPO, 1981), 163. 此外参见 Arnson, *Crossroads,* 63.

40 引自 Krauss, "How U.S. Actions Helped Hide."

41 David E. Anderson, *Washington News,* United Press International, April 22, 1981.

42 Larry Rohter, "Salvadorans Who Slew American Nuns Now Say They Had Orders," *New York Times,* April 3, 1998.

43 引自 Krauss, "How U.S. Actions Helped Hide."

44 Stephen Kinzer, "U.S. and Central America: Too Close for Comfort," *New York Times,* July 28, 2002.

45 George J. Church, Dean Brelis, and Gregory H. Wierzynski, "The Vicar Takes Charge," *Time,* March 16, 1981.

46 *Hearings Before the Committee on Foreign Relations*, 97th Congress, 1st sess., March 18 and April 9, 1981 (Washington, D.C.: GPO, 1981), 57. 此外参见 LeoGrande, *Our Own Backyard,* 93.

47 U.S. Congress, House Committee on Appropriations, Subcommittee on Foreign Operations, *Foreign Assistance and Related Programs Appropriations for Fiscal Year 1982,* Part 1, Hearings, February 25, March 24, and April 29, 1981, 97th Congress, 1st sess. (Washington, D.C.: GPO, 1981), 276. 此外参见 LeoGrande, *Our Own Backyard,* 93.

48 "Question and Answer Session with High School Students on Domestic and Foreign Policy Issues, December 2, 1983," *Reagan Papers,* 1983, book 2, 1642–47. 此外参见 LeoGrande, *Our Own Backyard,* 230.

49 Brigadier General Fred E. Woerner, "Report of the El Salvador Military Strategy Assistance Team," San Salvador, November 1981, 1, 17, 24, 45, 47. 此外参见 Arnson, *Crossroads,* 84.

50 参见 Krauss, "How U.S. Actions Helped Hide."

51 U.S. Congress, House Committee on Appropriations Subcommittee on Foreign Operations, *Foreign Assistance and Related Programs Appropriations for Fiscal Year 1982,* Part 1, Hearings, 36. 此外参见 Arnson, *Crossroads,* 60*n*.

52 Robert Parry, "Senate Panel Ties Salvadoran Officers to 'Terrorist Underground,'" Associated Press, October 11, 1984; "Senate Report Finds No Americans Aided Salvadoran Killings," Reuters, October 11, 1984.

53 相关数据出自 Charles William Maynes, "Dateline Washington: A Necessary War?" *Foreign Policy,* Spring 1991, 162.

54 Arnson, *Crossroads,* 12.

55 Arnson, *Crossroads,* 69.

56 Mark Danner, *The Massacre at El Mozote* (New York：Vintage, 1994), 91.

57 Ibid., 90–1.

58 Arnson, *Crossroads,* 86.

59 The White House, Presidential Determination No. 82–4, "Memorandum for the Secretary of State, Subject：Determination to Authorize Continued Assistance for El Salvador," January 28, 1982, 1–2, and accompanying Justification, 1–6. 此外参见 Arnson, *Crossroads,* 86.

60 Danner, *Massacre,* 137.

61 Americas Watch Committee and American Civil Liberties Union, "Human Rights in El Salvador," press release, January 26, 1982, 该报告随后以《萨尔瓦多人权报告》(*Report on Human Rights in El Salvador*) (New York：Vintage Books, 1982) 这一专著的形式出版。此外参见 Arnson, *Crossroads,* 85.

62 参见 Anthony Lewis, "Abroad at Home; Rights and Wrongs," *New York Times,* January 20, 1986.

63 U.S. Congress, House, Permanent Select Committee on Intelligence Subcommittee on Oversight and Evaluation, *U.S. Intelligence Performance on Central America: Achievements and Selected Instances of Concern,* Staff Report, September 22, 1982, 97th Congress, 2nd sess. (Washington D.C.：GPO, 1982), 17. 此外参见 Arnson, *Crossroads,* 89.

64 LeoGrande, *Our Own Backyard,* 153.

65 Ibid.

66 Ibid.

67 Alma Guillermoprieto, "Salvadoran Peasants Describe Mass Killing," *Washington Post,* January 27, 1982; Raymond Bonner, "Massacre of Hundreds Is Reported in Salvador Village," *New York Times,* January 28, 1982.

68 Danner, *Massacre,* 92–5.

69 Ibid., 108.

70 Ibid., 112.

71 Ibid., 124.

72 Ibid., 108.

73 Ibid., 116.

74 Ibid., 126.

75 Ibid., 127.

76 Ibid.

77 "The Media's War," *Wall Street Journal,* editorial, February 10, 1982. 此外参见 Danner,*Massacre,* 133–36.

78 Danner, 137.

79 Ibid.

80 Ibid., 136.

81 Ibid., 136–7.

82 引自 Joan Didion, " 'Something Horrible' in El Salvador," *New York Review of Books,* July 14, 1994.

83 Danner, *Massacre,* 142.

84 Clifford Krauss, "How U.S. Actions Helped Hide."

85 萨尔瓦多真相调查委员会确认了 500 多具尸体的身份，并承认有更多的尸体没有得到确认，遇难者的确切人数可能永远无法知晓。1992 年，一家名为"萨尔瓦多法律监护委员会"（Tutela Legal）的萨尔瓦多人权组织发布了一份埃尔莫佐特村大屠杀 794 名遇难者的名单。在 1994 年出版的著作《埃尔莫佐特村大屠杀纪实》（*The Massacre at El Mozote*）一书中，马克·丹纳将这一数据更新为 767 人，这一数据在雷蒙德·邦纳（Raymond Bonner）将近十年前给出的估计范围之内。Danner, *Massacre,* 157–58, 264, 280–304.

86 Danner, *Massacre,* 254.

87 Ibid., 159. 有消息称，《华尔街日报》诽谤那些讲述大屠杀真相的记者，并在该报所支持的军队和所反对的叛军所犯下的侵犯人权行为的规模和范围方面，普遍向读者提供了错误信息。作为对此的回应，《华尔街日报》的编辑们说，他们认为真相调查委员会的说辞"具有倾向性"。该报承认自己支持的一方确实犯下了许多杀戮行为，但仍然认为更大的责任在于"发动战争"的游击队。编辑们还指出："当我们审视战争的暴行时，我们应该记住战争的目的，并注意到历史对冲突双方的道德诉求的判断。"参见 "Salvador and Nicaragua," *Wall Street Journal,* March 19, 1993.

88 Suzanne Garment, "The El Salvador Rights Campaign Begins to Fade," *Wall Street Journal,* August 6, 1982. 此外参见 LeoGrande, *Our Own Backyard,* 172.

89 U.S. Department of State, "Report on the Situation in El Salvador with Respect to the Subjects Covered in Section 728(d) of the International Security and Development Cooperation Act of 1981," January 21, 1983, 1–67. 此外参见 Arnson, *Crossroads,* 119.

90 U.S. Congress, Senate Committee on Foreign Relations, *Presidential Certification on Progress in El Salvador,* Hearings, February 2, 1983, 98th Congress, 1st sess. (Washington D.C.: GPO, 1983), 20, 93, 545–46. 此外参见 Arnson, *Crossroads,* 119.

91 Arnson, *Crossroads,* 120.

92 Text, U.S. Ambassador to El Salvador Thomas R. Pickering's address before the

American Chamber of Commerce in San Salvador, November 25, 1983, 10. 此外参见 Arnson, *Crossroads,* 142.

93 Joanne Omang, "U.S. Seeks to Oust Salvador Officials Tied to Death Squads," *Washington Post,* November 5, 1983; Lydia Chavez, "U.S. Presses Salvador to Act on Men Tied to Death Squads," *New York Times,* November 5, 1983; U.S. Congress, House Committee on Foreign Affairs, Subcommittees on Human Rights and International Organizations and Western Hemisphere Affairs, U.S. Policy on El Salvador, Hearings, February 4 and 28 and March 7 and 17, 1983, 98th Congress, 1st sess. (Washington, D.C.: GPO, 1983), 16. 此外参见 Arnson, *Crossroads,* 141.

94 Hertsgaard, *On Bended Knee,* 197.

95 LaFeber, *Inevitable Revolutions,* 295.

96 Ibid., 295–6.

97 例如，在这一时期，任何涉及动用美国军事力量的建议都会遭到公众的激烈反对："在 1982 年 3 月，ABC 和《华盛顿邮报》联合举办的民调显示，有 82% 的受访民众反对派遣美国武装力量；到了 1983 年 5 月，这一比例上升至 85%，并且有 79% 的受访民众表示希望美国'不要介入'萨尔瓦多的事务。也有很多美国民众严厉反对美国对萨尔瓦多的军事和经济援助：1984 年全国广播公司（简称 NBC）的一项民意调查显示，71% 的受访民众反对军事援助，64% 的受访民众反对经济援助。"此外，"即使这是防止政府被左派游击队推翻的'唯一办法'，但在 1984 年 2 月支持率达到顶峰时，也只有不到 35% 的受访民众支持派遣美军。"政府对尼加拉瓜的政策也是如此。公众对反政府武装的支持率从未超过 33%，参见 Benjamin I. Page and Robert Y. Schapiro, *The Rational Public: Fifty Years of Trends in American Policy Preferences* (Chicago: University of Chicago Press, 1992), 275–76.

98 Hedrick Smith, "A Larger Force of Latin Rebels Sought by U.S.," *New York Times,* April 17, 1985. 此外参见 Arnson, *Crossroads,* 195.

99 Mayer and McManus, *Landslide,* 48.

100 Juan de Onis, "Soviet-Bloc Nations Said to Pledge Arms to Salvador Rebels," *New York Times,* February 6, 1981.

101 Juan de Onis, "U.S. Officials Concede Flaws in Salvador White Paper but Defend Its Conclusion," *New York Times,* June 10, 1981. 关于南越白皮书，文中这样写道："攻击南越的共产主义部队的核心力量是在北越接受过训练的官兵。他们奉命向南方进军，并且听候河内的军事最高指挥部调遣，严守河内的军纪……到后来，越来越多的北越进军南越的部队，其成员是从未到过南方的北越人。"参见 Marvin E. Gettleman, Jane Franklin, Marilyn B. Young, H. Bruce Franklin, eds., *Vietnam and America: A Documented History* (New York: Grove Press, 1995), 287.

102 Hertsgaard, *On Bended Knee,* 111.

103 LeoGrande, *Our Own Backyard,* 82.

104 Ibid.

105 黑格给出了如下解释："流入尼加拉瓜并从尼加拉瓜流入萨尔瓦多的武器减少了，这是哈瓦那和莫斯科发出的信号，表明它们已经收到并理解了美国的信息。" Alexander M. Haig Jr., *Caveat: Realism, Reagan and Foreign Policy* (New York：Macmillan, 1984), 131. 此外参见 Arnson, *Crossroads,* 76.

106 David Hoffman and George Lardner Jr., "Hill Panel to Disclose Criticism of Intelligence on Central America," *Washington Post,* September 22, 1982.

107 Daniel Patrick Moynihan, "System of Secrecy Has Served Liars Well," *Albany Times Union,* May 3, 1992. 此外参见 *Crossroads,* 275.

108 U.S. Department of State, press release, April 1, 1981, 1–2. 此外参见 Arnson, *Crossroads,* 75–76.

109 LeoGrande, *Our Own Backyard,* 115.

110 Ibid., 300.

111 Ibid.

112 Alfonso Chardy and Juan Tamayo, "CIA Deepens U.S. Involvement," *Miami Herald,* June 5, 1983. 此外参见 LeoGrande, *Our Own Backyard,* 299–300.

113 Don Oberdorfer and Patrick E. Tyler, "U.S. Backed Nicaraguan Rebel Army Swells to 7,000 Men," *Washington Post,* May 8, 1983. 此外参见 LeoGrande, *Our Own Backyard,* 299–300.

114 LeoGrande, *Our Own Backyard,* 301.

115 Bernard Weinraub, "Congress Renews Curbs on Actions Against Nicaragua," *New York Times,* December 23, 1982.

116 Philip Taubman, "Nicaraguan Exile Limits Role of U.S.," *New York Times,* December 9, 1982.

117 John Brecher, John Walcott, David Martin, and Beth Nissen, "A Secret War for Nicaragua," *Newsweek,* November 8, 1982. 此外参见 LeoGrande, *Our Own Backyard,* 302.

118 LeoGrande, *Our Own Backyard,* 304.

119 Ibid., 307.

120 "让我们说清楚美国对尼加拉瓜的态度。我们不是要推翻尼加拉瓜当局。"（Let us be clear as to the American attitude toward the Government of Nicaragua. We do not seek its overthrow.）引自 *New York Times,* April 28, 1983.

121 Mayer and McManus, *Landslide,* 72.

122 Stephen Kinzer, "Nicaraguan Port Thought to be Mined," *New York Times,* March 14,1984. 此外参见 LeoGrande, *Our Own Backyard,* 330.

123 Dusko Doder, "Soviets Blame U.S. in Tanker Blast," *Washington Post,* March 22, 1984; "U.S. Denies Responsibility," *New York Times,* March 22, 1984. 此外参见 LeoGrande, *Our Own Backyard,* 330.

124 LeoGrande, *Our Own Backyard,* 330.

125 Andres Oppenheimer, "Poor Islanders Fear a Role in Contra War Despite Chance of Jobs," *Miami Herald,* November 1, 1986; Mark Fazlollah, "NSC Bypassed Military with Covert Operations," *Miami Herald,* July 26, 1987; "CIA Employees Fought Nicaraguans," *Washington Post,* December 20, 1984. 此外参见 LeoGrande, *Our Own Backyard,* 331.

126 Doyle McManus, "U.S. Didn't Mine Ports: Weinberger," *Los Angeles Times,* April 9, 1984. 此外参见 LeoGrande, *Our Own Backyard,* 330.

127 George P. Shultz, *Turmoil and Triumph: My Years as Secretary of State* (New York: Charles Scribner's Sons, 1993), 308. 此外参见 LeoGrande, *Our Own Backyard,* 330–31.

128 David Rogers, "U.S. Role in Mining Nicaraguan Harbors Is Larger Than First Thought," *Wall Street Journal,* April 6, 1984.

129 "Goldwater Writes CIA Director Scorching Letter," *Washington Post,* April 11, 1984. 此外参见 LeoGrande, *Our Own Backyard,* 334.

130 "Moynihan's Statement on Quitting Panel Job," *New York Times,* April 16, 1984. 此外参见 LeoGrande, *Our Own Backyard,* 335.

131 LeoGrande, *Our Own Backyard,* 335–36.

132 参见 Peter Kornbluh, "The Iran-Contra Scandal: A Postmortem," *World Policy Journal* 5,no.1 (Winter 1987–88): 137.

133 LeoGrande, *Our Own Backyard,* 339.

134 "Text of the Second Reagan-Mondale Debate," *Washington Post,* October 22, 1984. 此外参见 LeoGrande, *Our Own Backyard,* 365.

135 Joel Brinkley, "CIA Chief Defends Manual for Nicaraguan Rebels," *New York Times,* November 2, 1984. 此外参见 LeoGrande, *Our Own Backyard,* 365.

136 Joel Brinkley, "CIA Disputes Reagan on Primer," *New York Times,* October 23, 1984. 此外参见 LeoGrande, *Our Own Backyard,* 366.

137 Roy Gutman, "Competing in Blunders: Washington vs. Managua," *Washington Post,* March 20, 1988. 此外参见 LeoGrande, *Our Own Backyard,* 458.

138 LeoGrande, *Our Own Backyard,* 458–59.

139 引自 Peter Kornbluh and Malcolm Byrne, eds., *The Iran-Contra Scandal: The Declassified*

History (New York：The New Press, 1993), 4.

140 Robert Parry and Peter Kornbluh, "Reagan's Pro-Contra Propaganda Machine," *Washington Post,* September 4, 1988.

141 William Finnegan, "Castro's Shadow：America's Man in Latin America, and His Obsession," *New Yorker,* October 14, 2002.

142 Joanne Omang, "The People Who Sell Foreign Policies," *Washington Post,* October 15,1985.

143 参见 Finnegan, "Castro's Shadow."

144 参见 Robert Parry and Peter Kornbluh, "Iran-Contra's Untold Story," *Foreign Policy* (Fall 1988)：3–30. 关于莱克的否认，参见 Finnegan, "Castro's Shadow."

145 引自 Finnegan, "Castro's Shadow."

146 LeoGrande, *Our Own Backyard,* 306–7.

147 引自 Kornbluh and Byrne, eds., *The Iran-Contra Scandal,* 391.

148 Rita Beamish, "Contra Leaders Joined Umbrella Group Only to Impress Congress," Associated Press, July 13, 1987.

149 "The Contras：How U.S. Got Entangled," *Los Angeles Times,* March 4, 1985. 此外参见 LeoGrande, *Our Own Backyard,* 307.

150 Arturo Cruz Jr., *Memoirs of a Counter-Revolutionary* (New York：Doubleday, 1989),254–55; Sam Dillon, "CIA Joins in Contra Feuding," *Miami Herald,* May 18, 1988. 此外参见 LeoGrande, *Our Own Backyard,* 540.

151 LeoGrande, 489.

152 引自 Kornbluh and Byrne, eds., *The Iran-Contra Scandal,* 53–54.

153 Eldon Kenworthy, "Where Pennsylvania Avenue Meets Madison Avenue：The Selling of Foreign Policy," *World Policy Journal* 5, no.1 (Winter 1987–88)：114–15. 此外参见 Joanne Omang, "Where Is the Evidence That Nicaragua Is a Center Of ? " *Washington Post,* national weekly edit., August 5, 1985.

154 Mayer and McManus, *Landslide,* 211.

155 Arnson, *Crossroads,* 275.

156 *Congressional Record,* July 27, 1983, H 5722. 此外参见 Arnson, *Crossroads,* 134.

157 Arnson, *Crossroads,* 197.

158 Anne H. Cahn, "Perspectives on Arms Control：How We Got Oversold on Overkill," *Los Angeles Times,* July 23, 1993.

159 Eric Alterman, *Sound & Fury: The Washington Punditocracy and the Collapse of American Politics* (New York：HarperCollins, 1992), 194.

160 Arnson, *Crossroads,* 123.

161 David S. Broder, "Buchanan's Scorn," *Washington Post,* March 16, 1986.

162 "Democrats and Commandantes," *New Republic,* July 28, 1986.

163 Fred Barnes, "The Sandinista Lobby," *New Republic,* January 20, 1986.

164 "The Sandinista Chorus," *New Republic,* August 25, 1986.

165 Lance Morrow, Laurence I. Barrett, and Barrett Seaman, "Yankee Doodle Magic：What Makes Reagan So Remarkably Popular a President," *Time,* July 7, 1986. 此外参见 Mayer and McManus, *Landslide,* 248.

166 Morton Kondracke, "The Myth and the Man," *Newsweek,* July 29, 1985.

167 Mayer and McManus, *Landslide,* 248.

168 Malcolm Byrne and Peter Kornbluh, "Iran-Contra：The Press Indicts the Prosecutor," *Columbia Journalism Review* (March/April 1994)：44.

169 James Madison, *The Federalist Papers,* No. 58.

170 引自 Mayer and McManus, *Landslide,* 191.

171 Ibid., 149.

172 里根总统 1985 年 6 月 18 日的新闻发布会内容，可在里根总统图书馆官网上查阅：*http://www.reagan.utexas.edu/resource/speeches/1985/61885c.htm.*

173 Theodore Draper, *A Very Thin Line: The Iran Contra Affairs* (New York：Hill and Wang, 1991), 59.

174 Mayer and McManus, *Landslide,* 192.

175 Ibid., 193.

176 Arnson, *Crossroads,* 183.

177 Lawrence E. Walsh, *Firewall: The Iran-Contra Conspiracy and Cover-Up* (New York：W. W. Norton, 1997), 190; Draper, *A Very Thin Line,* 117–19.

178 参见 Robert C. McFarlane, Testimony at Joint Hearings Before the House Select Committee to Investigate Covert Arms Transactions with Iran and the Senate Select Committee on Secret Military Assistance to Iran and the Nicaraguan Opposition (Washington, D.C.：GPO, 1987), 100–2, 170.

179 参见 John M. Poindexter, ibid., 100–8, 82.

180 引自 Kornbluh and Byrne, eds., *The Iran-Contra Scandal,* 118.

181 Draper, *A Very Thin Line,* 345.

182 参见 Peter Kornbluh, "The Iran-Contra Scandal：A Postmortem," *World Policy Journal* 5,no.1 (Winter 1987–88)：135.

183 诺斯在众议院和参议院特别委员会举行的联合听证会上的证词（North's testimony at joint hearings before the House and Senate select committees）,100–7, Part I, pp. 179–80.

184 Draper, *A Very Thin Line,* 346.

185 Oliver North with William Novak, *Under Fire: An American Story* (New York：HarperCollins, 1991), 272.

186 *Evans & Novak,* transcript, CNN, October 11, 1986.

187 Draper, *A Very Thin Line,* 355–61.

188 Ibid., 366–70.

189 Ibid., 371–72; Mayer and McManus, *Landslide,* 352, 407.

190 North, *Under Fire,* 7–8.

191 Kornbluh and Byrne, eds., *The Iran-Contra Scandal,* 305.

192 Mayer and McManus, *Landslide,* 295.

193 引自 Kornbluh and Byrne, eds., *The Iran-Contra Scandal,* 304–6.

194 Draper, *A Very Thin Line,* 490.

195 Lawrence E. Walsh, *Iran-Contra: The Final Report,* Vol. I (New York：Times Books,1994), 505. 此外参见 Theodore Draper, "Walsh's Last Stand," *New York Review of Books,* March 3, 1994.

196 Walsh, *Iran-Contra: The Final Report,* 408–12.

197 Draper, *A Very Thin Line,* 537.

198 *National Security Archives Reader,* 310.

199 Walsh, *Firewall,* 189–90.

200 Ibid., 338–43.

201 Ibid., 452.

202 Ibid., 453.

203 David S. Broder, "Bush Asserts Vindication in Iran Affair, Says Key Facts Were Denied Him," *Washington Post,* August 6, 1987.

204 Walsh, *Firewall,* 456.

205 Ibid., 457–58.

206 Ibid., 343–45.

207 Draper, *A Very Thin Line,* 570.

208 Ibid., 570.

209 Ibid., 570–71.

210 Mayer and McManus, *Landslide,* 389.

211 引自 Kornbluh and Byrne, eds., *The Iran-Contra Scandal,* 336.

212 参见 Amy Fried, *Muffled Voices: Oliver North and the Politics of Public Opinion* (New York：Columbia University Press, 1997), 113.

213 参见 Lance Morrow, "Charging up Capitol Hill：How Oliver North Captured the Imagination

of America," *Time,* July 20, 1987; "Ollie North Takes the Hill," *Newsweek,* July 20, 1987.

214 引自 Fried, *Muffled Voices,* 117.

215 尽管诺斯在 1987 年 7 月作证期间人气暴涨，但是高人气从来没有转化为人们对诺斯所作所为的支持，也没有提高人们对里根在伊朗或尼加拉瓜政策的认可度。接受民意调查的美国人中认为诺斯是英雄的比例从 1987 年 7 月 10 日《洛杉矶时报》的民意调查中的 4%（远远低于认为诺斯"可以被收买"的比例）到第二天 ABC 新闻调查中的 19% 不等。参见 Fried, *Muffled Voices,* 84–88, 112–13, and 222–27.

216 *Washington Post Magazine,* April 11, 1993.

217 David E. Rosenbaum, "The Inquiry That Couldn't," *New York Times Week in Review,*January 19, 1994.

218 Lawrence E. Walsh, *Firewall,* 506.

219 Mayer and McManus, *Landslide,* 350.

220 Ibid., 378.

221 Walsh, *Firewall,* 467–68.

222 参见 Robert M. Gates, *From the Shadows: The Ultimate Insider's Story of Five Presidents and How They Won the Cold War* (New York：Simon & Schuster, 1996), 393.

第六章　结论：乔治·布什和后真相时代的总统

1 Friedrich Nietzsche, "On Truth and Lie in an Extra Moral Sense," a fragment published posthumously in *The Portable Nietzsche,* Walter Kaufmann, ed., intro., trans. (New York：Penguin Books, 1954), 42–47.

2 Draper, *A Very Thin Line,* 59.

3 例如，著名作家和记者大卫·哈伯斯塔姆（David Halberstam）这样写道："基辛格的奇异能力不仅在于他善于在必要时刻装聋作哑，掩盖事实，还在于他不寻常的能力，他可以在特定议题上向十几个不同的人讲述完全不同的故事，并且记得给哪个人讲述的是哪个版本的故事。"参见 David Halberstam, *War in a Time of Peace: Bush, Clinton and the Gen erals* (New York：Scribners, 2001), 286–87.

4 著名记者兼作家鲍勃·伍德沃德（Bob Woodward）在他 1999 年出版的著作《影子：五位总统和水门事件的遗产》（*Shadow: Five Presidents and the Legacy of Watergate*）中以局内人视角，严厉批评了卡特许下的承诺，继而指责卡特总统歪曲了卡特与伍德沃德及其老板——时任《华盛顿邮报》执行编辑的本·布拉德利（Ben Bradlee）——和一群国会议员举行的会议。在伍德沃德和华盛顿建制派中的相当一部分人看来，卡特这种失实陈述（如果这算得上是失实陈述，而非简单的误解）使得卡特沦为和理查德·尼克松以及林登·约翰逊一样的政客。伍德沃德写道，会面之后，他"感到十分厌恶。我有一种令人不安的预感，即历史会在另一位总统身上再次上演”。伍德沃德不想忍受“与新总统之间的纷争”，因此他决定报道最高法院的新闻。这是第一次有人指责卡特总统撒谎，但也算不上真正意义上的指责。值得玩味的是，华盛顿的许多内部人士逐渐厌恶卡特，就像后来厌恶克林顿一样。令人不解的是，他们厌恶这两位总统完全出于不同的原因。他们认为卡特的诚实到了病态的程度，以至于他拒绝参与任何撒谎行为（无论是善意的谎言，还是其他类型的谎言），而这些谎言对内部政治机器是必要的。Bob Woodward, *Shadow: Five Presidents and the Legacy of Watergate* (New York: Simon & Schuster, 1999), 42, 52.

5 参见 Eric Alterman, *What Liberal Media? The Truth About Bias and the News* (New York: Basic Books, 2003), 146.

6 Edward Walsh, “Harbury Loses Bid to Sue U.S. Officials: Rebel’s Widow Alleged Deception,” *Washington Post,* June 21, 2002.

7 John M. Orman, *Presidential Secrecy and Deception: Beyond the Power to Persuade* (Westport, CT: Greenwood Press, 1980), 46.

8 Michael Kinsley, “Lying in Style,” *http://www.slate.com,* April 18, 2002.

9 Dana Milbank and Dana Priest, “Warning in Iraq Report Unread,” *Washington Post,*July 19, 2003.

10 参见 “President Works on Economic Recovery During NY Trip,” October 2001,*http://www.whitehouse.gov/news/releases/2001/10/20011003-4.html;* Jonathan Chait, “Red Handed,” *The New Republic,* May 13, 2002, *http://www.tnr.com/doc.mhtml? i= 20020513&s=chait051302;* Dana Milbank, “A Sound Bite So Good, the President Wishes He Had Said It,” *Washington Post,* July 2, 1992; Dana Milbank, “Karl Rove, Adding to His To-Do List,” *Washington Post,* June 25, 2002.

11 参见 Paul Krugman, “The Memory Hole,” *New York Times,* August 6, 2002.

12 参见 Dana Milbank, “White House Forecasts Often Miss the Mark,” *Washington Post,* February 24, 2004; and Jonathan Weisman, “Bush Assertion on Tax Cuts Is at Odds with IRS Data,” *Washington Post,* February 24, 2004. 关于“不是统计员”（not a statistician）这一说法的更多信息，参见 “Bush Aides Back Off Jobs Numbers,” CBS News, February 18, 2004, *http:// www.cbsnews.com/stories/2004/02/18/national/main600945.shtml.*

13 参见 Eric Alterman and Mark Green, *The Book on Bush: How George W. (Mis)leads America* (New York: Viking, 2004), 266–322. 注：本章节部分内容引用自该著作。

14 关于伊拉克军事能力的谎言，参见 “President Bush, Prime Minister Blair Discuss Keeping the Peace,” September 7, 2002,” *http://www.whitehouse.gov/news/releases/2002/09/20020907-2.html;* Joseph Curl, “Agency Disavows Report on Iraq Arms,” *Washington Times,* September 27, 2002, *http://www.washtimes.com/printarticle.*

asp ? action=print&ArticleID=20020927-500715; Dana Milbank, "For Bush, Facts Are Malleable," *Washington Post,* October 22, 2002, *http://www.washingtonpost.com/ac2/wp-dyn ? pagename=article&node=&contentId=A61903-2002Oct21¬Found=true;* Barton Gelman and Walter Pincus, "Depiction of Threat Outgrew Supporting Evidence," *Washington Post,* August 10, 2003; Eric Alterman, "Bush Lies, Media Swallows," *Nation,* November 7, 2002, *http://www.thenation.com/doc.mhtml ? i=20021125&s=alterman;* and International Institute for Strategic Study, "Iraq WMD Dossier Statement: Iraq's Weapons of Mass Destruction: A Net Assessment, An IISS Strategic Dossier," September 9, 2002, *http:// www.iiss.org/news-more.php ? itemID=88.* 此外参见 Brendan Nyhan, "Making Bush Tell the Truth," *http://www.salon.com,* November 5, 2002.

15 参见 Joseph Wilson, *The Politics of Truth: Inside the Lies That Led to War and Betrayed My Wife's CIA Identity* (New York: Carroll and Graf, 2004), 325–65.

16 George W. Bush, "Address to the Nation," March 17, 2003, *http://www.whitehouse.gov/news/releases/2003/03/20030317-7.html.*

17 Vice President Dick Cheney, "Vice President Speaks at VFW 103rd National Convention; Remarks by the Vice President to the Veterans of Foreign Wars 103rd National Convention," August 26, 2002, *http://www.whitehouse.gov/news/releases/2002/08/20020826.html.*

18 Mitchell Landsberg, "Ample Evidence of Abuses, Little of Illegal Weapons," *Los Angeles Times,* June 15, 2003.

19 Colin Powell, Remarks after NBC's *Meet the Press,* Washington, D.C., May 4, 2003, *http://www.state.gov/secretary/rm/2003/20166.html.*

20 关于这一点，参见 Thomas Powers, "The Vanishing Case for War," *New York Review of Books,* December 4, 2003.

21 Robert Scheer, "Bad Iraq Data from Start to Finish," *Nation,* June 11, 2003.

22 参见 Sidney Blumenthal, "There Was No Failure of Intelligence," *Guardian,* February 5, 2004, *http://www.guardian.co.uk/comment/story/0,3604,1141116,00.html.*

23 Dana Priest and Walter Pincus, "Search in Iraq Finds No Banned Weapons," *Washington Post,* October 3, 2003.

24 鲍威尔讲话的录音带曾在以下节目中展示：MSNBC's *Countdown with Keith Olberman, September 24, 2003*，可在以下网址找到这期节目的文字稿：*http://www.msnbc.com/news/ 971717.asp.*

25 Dana Priest and Dana Milbank, "Iraq Sought Missile Parts, President Says," *Washington Post,* October 4, 2003.

26 Greg Miller, "Cheney Is Adamant on Iraq 'Evidence': Vice President Revives Assertions

on Banned Weaponry and Links to Al Qaeda That Other Administration Officials Have Backed Away From," *Los Angeles Times,* January 23, 2004.

27 Richard W. Stevenson, "White House Memo: Remember 'Weapons of Mass Destruction'? For Bush, They Are a Nonissue," *New York Times,* December 18, 2003, *http://www.nytimes.com/2003/12/18/politics/18PREX.html.*

28 *http://www.whitehouse.gov/stateoftheunion/2004/.*

29 Priest and Milbank, "Iraq Sought Missile Parts."

30 Jonathan S. Landay, "White House Released Claims of Defector Deemed Unreliable by CIA," Knight Ridder Newspapers, May 17, 2004, *http://www.myrtlebeachonline.com/mld/myrtlebeachonlline/news/special_packages/iraq/8690113.html.*

31 参见 The White House, "A Decade of Deception and Defiance: Saddam Hussein's Defiance of the United Nations," September 12, 2002, *http://www.whitehouse.gov/news/releases/2002/09/iraqdecade.pdf.*

32 John B. Judis and Spencer Ackerman, "The First Casualty," *New Republic,* June 30, 2003.

33 Bill Keller, "The Boys Who Cried Wolfowitz," *New York Times,* June 14, 2003.

34 Reuters, "Iraqi, Possibly Tied to 9/11, Is Captured," *New York Times,* July 9, 2003.

35 小布什总统的评论，见 FDCH E-media, "Transcript: President Bush Speaks About 9/11 Commission," June 17, 2004, 可通过以下网址查阅：*http://www.nytimes.com.* 迪克·切尼的言论出自 CNBC's "Capital Report," June 17, 2004, 可通过以下网址查阅：*http://www.msnbc.com.* 关于迪克·切尼"确凿的事实"（pretty-well confirmed）这一评论，参见 NBC's "Meet the Press," Transcript, December 9, 2001, 可通过以下网址查阅：*http://www.msnbc.com,* and Greg Miller, "No Proof Connects Iraq to 9/11, Bush Says," *Los Angeles Times,* September 18, 2003. 委员会成员的报告，参见："Staff Statement Number 15," *New York Times,* June 17, 2004, *http://www.nytimes.com.* 更详尽的史料，参见 Walter Pincus and Dana Milbank, "Al Qaeda–Hussein Link Is Dismissed," *Washington Post,* June 17, 2004, and Philip Shenon and Richard W. Stevenson, "Leaders of 9/11 Panel Ask Cheney for Reports That Would Support Iraq-Qaeda Ties," *New York Times,* June 19, 2004.

36 参见 Eric Alterman, "Why Chickenhawks Matter," *Nation,* December 1, 2003.

37 Thomas L. Friedman, "The Meaning of a Skull," *New York Times,* April 27, 2003.

38 "Keep Looking," *Washington Post,* June 25, 2003.

39 CNN's *Reliable Sources,* July 20, 2003, transcript, *http://www.cnn.com/TRANSCRIPTS/0307/20/rs.00.html.*

40 The White House, "President Bush Welcomes President Kwasniewski to White House," January 27, 2004, *http://www.whitehouse.gov/news/releases/ 2004/01/20040127–3.*

html. 此外参见 Joe Conason, "Mr. Bush's Fantasy Planet," *http://www.salon.com,* January 27, 2004.

41 CNN, *Late Edition with Wolf Blitzer,* March 14, 2004, *www.cnn.com/TRANSCRIPTS/2004.03.14.html.*

42 ABC's *The Note,* September 3, 2002, *http://www.abcnews.go.com/sections/politics/DailyNews/TheNote.html.*

43 Dana Milbank, "For Bush, Facts Are Malleable: Presidential Tradition of Embroidering Key Assertions Continues," *Washington Post,* October 22, 2002.

44 参见 Eric Alterman, "Democracy's Lies," *New York Times,* November 4, 1991.

45 Benjamin C. Bradlee, "Reflections on Lying," The Press-Enterprise Lecture Series,No. 32, University of California, Riverside, January 7, 1977.

46 Richard Morin and Dana Milbank, "Most Think Truth Was Stretched to Justify Iraq War," *Washington Post,* February 13, 2004.

47 参见 Nancy Gibbs, "When Credibility Becomes an Issue," Time, February 16, 2004,*http://www.time.com.*

48 Glenn Kessler, "Arms Issue Seen as Hurting U.S. Credibility Abroad, " *Washington Post,* January 19, 2004.

49 Gary J. Schmitt and Abram N. Shulsky, "Leo Strauss and the World of Intelligence (By Which We Do Not Mean *Nous*)," in Kenneth L. Deutsch and John Murley, eds., *Leo Strauss, the Straussians and the American Regime* (New York: Rowan and Littlefield, 1999), 407–21.

50 Seymour M. Hersh, "Selective Intelligence," *New Yorker,* May 12, 2003. 此外参见 Leo Strauss, *An Introduction to Political Philosophy,* Hilail Gildin, ed. (Detroit: Wayne State University Press, 1990); and Deutsch and Murley, eds., *Leo Strauss.*

51 Lloyd Gardner, "America's War in Vietnam: The End of Exceptionalism ? " in *The Legacy: The Vietnam War in the American Imagination,* D. Michael Shafer, ed. (Boston: Beacon Press, 1990), 20.

52 Jefferson to Joseph Priestley, March 21, 1801, *The Works of Thomas Jefferson,* Paul L. Ford, ed. (New York: G. Putnam's Sons, 1905), 9: 218.

53 Paine and Reagan are quoted in Arthur Schlesinger Jr., "Foreign Policy and the American Character: The Cyril Foster Lecture" (Oxford, England: Oxford University Press, 1983), 8.

54 参见 Alexander Hamilton, John Jay, and James Madison, *The Federalist,* Jacob E. Cooke, ed. (Middletown, CT: Wesleyan University Press, 1961), 3. 此外参见 Michael Howard, *War and the Liberal Conscience* (New Brunswick, NJ: Transaction Publishers, 1977);

and Felix Gilbert, *To the Farewell Address: Ideas of Early American Foreign Policy* (Princeton, NJ：Princeton University Press, 1961).

55 参见 Benjamin Franklin to Samuel Cooper, Paris, May 1, 1777, *The Works of Benjamin Franklin,* 12 vols., John Bigelow, ed. (New York：G. Putnam's Sons, 1904), 7：215–16.

56 1783 年，埃尔布里奇·格里（Elbridge Gerry）向约翰·亚当斯说道："我认为派遣部长到国外并在国内接待他们没有必要。这只会带来一系列不便，如卷入欧洲政治，沦为欧洲政治家的傀儡，自身的美德和共和原则遭到腐蚀，继而受到欧洲的影响，国家分崩离析；被诱导开始偏爱宫廷的华丽，而不顾念本国公民的幸福；最后，改变我们的政府形式，不是沦为邪恶的贵族制，就是堕落为君主专制。"参见 James H. Huston, "Intellectual Foundations of Early American Diplomacy," *Diplomatic History* 1, no. 1 (1977)：8.

57 *Annals of Congress 1798,* 5th Cong., 1119–32；格里（Gerry）的这番言论出自 Huston, "Intellectual Foundations of Early America Diplomacy," 8. 此外参见 Robert David Johnson, *The Peace Progressives and American Foreign Relations* (Cambridge, MA：Harvard University Press, 1995), 15.

58 George Washington, Farewell Address, September 17, 1796, *http://www.yale.edu/ lawweb/ avalon/washing.htm.*

59 亚当斯的言论出自 William Appleman Williams, "The Age of Mercantilism, 1740–1828," in *William Appleman Williams Reader,* Henry W. Berger, ed. (Chicago：Ivan R. Dee, 1992), 216.

60 参见 Ivo H. Daaldier and James M. Lindsey, *America Unbound: The Bush Revolution in Foreign Policy* (Washington, D.C.：Brookings Institution Press, 2003); John Newhouse, *Imperial America: The Bush Assault on the World Order* (New York：Alfred A. Knopf, 2003); Michael Hirsh, *At War with Ourselves: Why America is Squandering Its Chance to Build a Better World* (New York：Oxford University Press, 2003); and Clyde Prestowitz, *Rogue Nation: American Unilateralism and the Failure of Good Intentions* (New York：Basic Books, 2003). 此外参见 Alterman and Green, *The Book on Bush.*

61 Woodrow Wilson, "An Address in the Princess Theater, Cheyenne, Wyoming," September 24, 1919; Woodrow Wilson, *The Public Papers of Woodrow Wilson,* vol. 63, Arthur S. Link et al., eds. (Princeton, NJ：Princeton University Press, 1966), 474.

62 Arthur Schlesinger Jr., "Foreign Policy and the American Character," in *The Cycles of American History* (Boston：Houghton Mifflin, 1986), 54. 此外参见 Lawrence E. Gelfand, "Where Ideals Confront Self-Interest：Wilsonian Foreign Policy" *Diplomatic History* 18, no. 1 (1994).

63 参见 Henry A. Kissinger, *Diplomacy* (New York：Simon & Schuster, 1994), 45.

64 Perry Miller, *Errand in the Wilderness* (Cambridge, MA: The Belknap Press of Harvard University Press, 1956).

65 关于罗纳德·里根，参见 Alterman, *Who Speaks for America？*, 53.

66 参见 Walter Lippmann, *A Preface to Morals* (New York: Macmillan, 1929), 278–79.

67 Ibid.; Robert B. Westbrook, *John Dewey and American Democracy* (Ithaca, NY: Cornell University Press, 1991), 55

68 参见 Walter Lippmann, *Liberty and the News* (New York: Harcourt, Brace and Howe, 1920), 38–41.

69 参见 Walter Lippmann, *The Phantom Public* (New York: Macmillan and Co., 1924), 13–14.

70 参见 Walter Lippmann, *Public Opinion* (New York: Penguin Books, 1946), 164.

71 John Dewey, *The Public and Its Problems* (New York: H. Holt, 1927).

72 参见 William A. Galston, "Salvation through Participation: John Dewey and the Religion of Democracy," *Raritan* 12 (1993): 158. 此外参见 Westbrook, *John Dewey and American Democracy,* 310.

73 约翰·杜威（John Dewey）的言论出自 Hilary Putnam," A Reconsideration of Deweyan Democracy," in *Renewing Philosophy,* Hillary Putnam, ed. (Cambridge, MA: Harvard University Press, 1992), 188–89.

74 参见 Dewey, *The Public and Its Problems,* 368.

75 Ibid., 122–23.

76 Friedrich Nietzsche, "On Truth and Lie in an Extra Moral Sense"（这是尼采身后出版的断章）in *The Portable Nietzsche,* Walter Kaufmann, ed., intro., trans. (New York: Penguin Books, 1954), 42–47.

77 Ronald Brownstein, "Knowing Hard Choices Can Be Painful, Bush Dodges Them," *Los Angeles Times,* June 10, 2002, *http://www.latimes.com/news/printedition/asection/la000040776jun10.column？ coll=la%2Dnews%2Da%5Fsection.*

78 "Draft of a Speech by President Truman on Berlin Conference," Papers of Samuel I. Rosenman, President's Secretary's Files, box 322, Potsdam file, HSTL.

79 参见 Harry S. Truman, "Report to the American People on the Potsdam Conference," August 9, 1945, in Dennis Merrill, ed., *Documentary History of the Truman Presidency,* vol.2, 412, 此外该资料刊载于 *http://www.presidency.ucsb.edu/site/docs/pppus.php？ admin=033&year=1945&id=97.*

80 Tony Smith, *The French Stake in Algeria, 1945–1962* (Ithaca, NY: Cornell University Press, 1978), 178–80.

81 Jean Lacouture, *DeGaulle, The Ruler, 1945–1970,* Alan Sheridan, trans. (New York: W. W. Norton, 1992) 312.

82 Ibid., 312.

83 Smith, *French Stake in Algeria,* 178–80.

致　谢

我是在1993年冬天开始写这本书的，那时我刚在斯坦福大学通过攻读美国史的口试。在构思本书的11年期间，我在杂志和互联网上发表了数以千计的专栏和文章，撰写了4本新书、我的第一本书的第二版以及一篇博士论文，本书中关于雅尔塔会议和古巴导弹危机的内容就是出自这篇博士论文。在此期间，我从未放下过这本书。我一直在思考它所提出的历史问题，至今已有11年。我想我终于找出了这些问题的答案，当然这要由读者来判断。

我开展这项工作的决定源于我对美国政治话语的非历史主义的失望，以及我对优秀的历史学术研究著作的热爱。我想我第一次产生这种热爱是在美国11年级的历史课上，感谢我的老师，已故的维尔纳·费格（Werner Feig）。我的学士学位论文荣誉导师、康奈尔大学的外交史学家沃尔特·拉费伯尔（Walter LaFeber）的友谊、指导和堪称典范的学术标准激励了我。我在耶鲁大学攻读了国际关系硕士学位，在那里我在努力写出不辜负保罗·肯尼迪（Paul Kennedy）教授期望的论文的同时，有机会提高我作为作家和学者的能力，我对保罗·肯尼迪教授的生活与工作方式一直怀有崇高的敬意。在斯坦福大学，我得到了许多优秀学者的专业训练，并很幸运地选择了巴顿·J.伯恩斯坦（Barton J. Bernstein）作为我的论文导师，我相信他对战后美国史议题的了解是无与伦比的，他作为导师的慷慨和作为学者的不屈不挠的评价标准，几乎影响了本书的每一页。事实上，该研究的最初想法来源于巴顿的一篇文章中的一个推测性脚注，它提出了这样一个问题：如果林登·约翰逊的前任有足够的勇气告诉世人为结束古巴导弹危机所做的妥协，约翰逊是否还会在政治上和心理上感到有相当强大的压力迫使他在越南毫无希望地坚持下去。

我的论文委员会的成员张少书（Gordon Chang）教授和大卫·霍洛韦（David Holloway）教授深入阅读了最终构成本书雅尔塔和古巴部分的大部分材料，约翰·肯尼迪图书馆的前首席档案管理员和历史学家以及研究导弹危机最出色的著作《避免“最终失败”：约翰·肯尼迪和秘密的古巴导弹危机会议》（*Averting "The Final Failure": John F. Kennedy and the Secret Cuban Missile Crisis Meetings*）的作者谢尔顿·斯特恩（Sheldon Stern），也细致地阅读了本书关于古巴的部分。我感谢他们对我的原稿进行了改进。当然，本书借鉴了无数致力于研究本书所涉及的议题的专业历史学家和记者的工作成果，我希望文本和来源注释能够表达出我对他们的感激之情。

说到总统图书馆，我对本书前 3 个章节的研究得到了位于海德帕克镇（Hyde Park）的富兰克林·D. 罗斯福总统图书馆、位于独立城（Independence）的哈里·S. 杜鲁门总统图书馆、位于波士顿的约翰·F. 肯尼迪总统图书馆和位于奥斯汀的林登·B. 约翰逊图书馆的档案工作人员的大力帮助。我还得到了杜鲁门、肯尼迪和约翰逊图书馆为我的研究提供的旅行资助。位于华盛顿的美国国家安全档案馆（National Security Archive）和冷战国际史项目（Cold War International History Project）所提供的资料对我的研究也非常有价值。

不幸的是，位于西米谷（Simi Valley）的罗纳德·W. 里根图书馆认为不适合向学者放开其大量档案，而布什总统根据第 1392 号行政令签署的总统令无限期推翻了本可以确保及时开放这些档案的法律。本书中关于中美洲的章节恐怕反映了这种无法获取里根政府档案的情况。我对此感到遗憾，但是别无他法。鉴于与当前国家安全事务相关的所有资料都早已得到法律的保护，拒绝开放由纳税人资助的档案馆的唯一原因就是保护相关人员免遭披露引起的个人或政治上的难堪。这种防备专业历史学家和具有历史意识的记者审查的做法可能是世界各地的专制国家的常态，但是我们美国人值得更好的，也应该要求更多。我呼吁读过本书的各位加入这场运动，让本国的法律回归初衷，以免以后的学者再遇到我在这方面遇到的困难。（详情请查看网站 http://openthegovernment.org）

我在生活中有幸结识了许多志趣相投的好朋友，所以我在要求他们仔细通读我的作品时并不感到难为情。这是我的第 6 本书，如果我没记错的话，杰出的作家和历史学家托德·吉特林（Todd Gitlin）、迈克尔·卡津（Michael Kazin）、迈克尔·沃尔德曼（Michael Waldman）和凯·伯德（Kai Bird）都阅读了几乎所有这些作品的全部或部分内容，他们给予了我需要几十年的友情支撑的那种诚挚的批评和鼓励。我对他们每一位学者的感激都难以言表，但我至少应该在此承认这一点。

因为我在十多年前就开始写作本书，在此过程中我得到的帮助比我记住的多很多，所以我必须感谢那些被遗忘的人。我的朋友安迪·乔丹 (Andy Jordan) 运用他作为图书管理员的技能，帮助我搜寻重要文献，凯伦·艾布拉姆斯（Karen Abrams）则奉献了她的文字编辑才能。感谢他们两个。许多能干的研究生和《国家》杂志前实习生也花费时间在档案馆、图书馆和互联网上，以搜寻资料来清除我的错误，确保本书尽可能准确。对于他们费尽心血的档案核实工作，我要感谢乔治敦大学的莎拉·斯奈德（Sarah Snyder）和克里斯托弗·莫里森（Christopher Morrison），《国家》杂志前实习生凯文·麦卡锡（Kevin McCarthy）和贾斯汀·沃格特（Justin Vogt），尤其是哥伦比亚大学的兰登·霍尔（Landon Hall）。

这本书如同我过去的许多作品一样是由里克·科特（Rick

Kot）编辑的，只要在我能控制的范围内，我未来的作品也会由他来编辑。作为编辑，里克讲义气、注重细节的品质，以及他对精准表述的灵敏度使他出类拔萃，我永远不会忘记有他在我身边是多么幸运。还要感谢里克的得力助手亚丽珊德拉·卢萨迪（Alessandra Lusardi）的细致工作，感谢我的文字编辑艾伦·埃伦德（Ellen Ellender）和布鲁斯·西尔维斯特（Bruce Sylvester）。感谢我的经纪人蒂娜·贝内特 (Tina Bennett) 一直以来给予我建议和鼓励。作为一名严肃的非虚构作家，能够在美国过上体面的生活是一种莫大的荣幸。此外，我还要感谢我在《国家》杂志、MSNBC 网站和美国进步研究中心的所有同事，感谢他们对我工作的支持和包容。

最后，我要感谢我的女儿们，戴安娜·西尔弗斯（Diana Silver）和伊芙·罗斯·阿特曼（Eve Rose Alterman），感谢她们为了让我完成本书而作出的所有牺牲，以及在我完成本书过程中带给我的所有快乐（和一些烦恼）。还要感谢我的父母，卡尔（Carl）和露丝·阿特曼（Ruth Alterman）。毕竟，如果我没有出生，我就不可能写出这本书。

图书在版编目(CIP)数据

当总统撒谎:官方欺骗及其后果的历史 / (美) 埃里克·阿尔特曼 (Eric Alterman) 著;王本涛, 徐蒙译. -- 北京:社会科学文献出版社, 2023.6

书名原文: When Presidents lie : a history of official deception and its consequences

ISBN 978-7-5228-1313-4

Ⅰ.①当… Ⅱ.①埃… ②王… ③徐… Ⅲ.①世界史-现代史-研究 Ⅳ.①K15

中国国家版本馆CIP数据核字(2023)第001041号

当总统撒谎:官方欺骗及其后果的历史

著　　者 / [美] 埃里克·阿尔特曼(Eric Alterman)
译　　者 / 王本涛　徐　蒙

出 版 人 / 王利民
组稿编辑 / 段其刚
责任编辑 / 王玉敏
文稿编辑 / 阿迪拉木·艾合麦提
责任印制 / 王京美

出　　版 / 社会科学文献出版社·联合出版中心(010)59367106
地址:北京市北三环中路甲29号院华龙大厦　邮编:100029
网址:www.ssap.com.cn
发　　行 / 社会科学文献出版社(010)59367028
印　　装 / 北京盛通印刷股份有限公司

规　　格 / 开　本:889mm×1194mm　1/32
印　张:16.5　字　数:414千字
版　　次 / 2023年6月第1版　2023年6月第1次印刷
书　　号 / ISBN 978-7-5228-1313-4
著作权合同登记号 / 图字01-2012-3123号
定　　价 / 95.00元

读者服务电话:4008918866